HERMES

在古希腊神话中,赫耳墨斯是宙斯和迈亚的儿子,奥林波斯神们的信使,道路与边界之神,睡眠与梦想之神,亡灵的引导者,演说者、商人、小偷、旅者和牧人的保护神……

西方传统　经典与解释　**HERMES**
Classici et Commentarii
施特劳斯全集
The Collected Works of Leo Strauss
中国社会科学院外国文学研究所
古典学研究室 ◎ 编
主编 ◎ 刘小枫

思索马基雅维利
Thoughts on Machiavelli

[美] 列奥·施特劳斯 Leo Strauss ｜ 著
叶然　马勇 ｜ 译

本书由中国社会科学院"绝学"、冷门学科建设项目——"古典学研究"资助出版

"施特劳斯全集"出版说明

1899年9月20日，施特劳斯出生在德国Hessen地区Kirchhain镇上的一个犹太家庭。人文中学毕业后，施特劳斯先后在马堡大学等四所大学注册学习哲学、数学、自然科学，1921年在汉堡大学以"雅可比的认识论"为题获得哲学博士学位。1924年，一直关切犹太政治复国运动的青年施特劳斯发表论文《柯亨对斯宾诺莎的圣经学的分析》，开始了自己独辟蹊径的政治哲学探索。三十年代初，施特劳斯离开德国，先去巴黎、后赴英伦研究霍布斯，1938年移居美国，任纽约社会研究新学院讲师，十一年后受聘于芝加哥大学政治系，直到退休——任教期间，施特劳斯先后获得芝加哥大学"杰出贡献教授"、德国汉堡大学荣誉教授、联邦德国政府"大十字勋章"等荣誉。

施特劳斯在美国学界重镇芝加哥大学执教近二十年，教书育人默默无闻，尽管时有著述问世，挑战思想史和古典学主流学界的治学路向，身前却从未在学界获得什么显赫声名。去世之后，施特劳斯才逐渐成为影响北美学界最重要的流亡哲人：他所倡导的回归古典政治哲学的学问方向，深刻影响了西方文教和学界的未来走向。上个世纪七十年代以来，施特劳斯身后才逐渐扩大的学术影响竟然一再引发学界激烈的政治争议。自由主义知识分子觉得，施特劳斯对自由民主理想心怀敌意，是政治不正确的保守主义师主；后现代主义者宣称，施特劳斯唯古典是从，没有提供应对现代技术文明危机的具体理论方略。为施特劳斯辩护的学人则认为，施特劳斯从来不与某种现实的政治理想或方案为敌，也从不提供解答现实政治难题的哲学论说；那些以自己的思想定位和政治立场来衡量和评价施特劳斯的哲学名流，不外乎是以自己的灵魂高度俯视施特劳斯立足于古典智慧的灵魂深处。施特劳斯关心的问题更具常识品质，而且很陈旧：西方文明危机的根本原因何在？施特劳斯不仅对百年来西方学界的这个老问题作出了超逾所有前人的深刻回答，而且提出了切实可行的应对方略：重新学习古典政治哲学作品。施特劳斯的学问以复兴苏格拉底问题为基本取向，这迫使所有智识人面对自身的生存德性问题：在具体的政治共同体中，难免成为"主义"信徒的智识人如何为人。

如果中国文明因西方文明危机的影响也已经深陷危机处境，那么施特劳斯的学问方向给中国学人的启发首先在于：自由主义也好，保守主义、新左派主义或后现代主义也好，是否真的能让我们应对中国文明所面临的深刻历史危机。

"施特劳斯集"致力于涵括施特劳斯的所有已刊著述（包括后人整理出版的施特劳斯生前未刊文稿和讲稿）。我们相信，按施特劳斯的学问方向培育自己，我们肯定不会轻易成为任何"主义"的教诲师，倒是难免走上艰难地思考中国文明传统的思想历程。

古典文明研究工作坊
西方典籍编译部甲组
2008 年

目 录

译者绪论 …………………………………………… 1
中译本凡例 ………………………………………… 29
本书细目 …………………………………………… 33

序 …………………………………………………… 49
引 言 ……………………………………………… 51
第一章 马基雅维利教诲的双重性 ……………… 63
第二章 马基雅维利的意图:《君主论》………… 131
第三章 马基雅维利的意图:《李维史论》……… 182
第四章 马基雅维利的教诲 ……………………… 339

索 引 ……………………………………………… 541

附 录
 瓦尔克的马基雅维利 …………………………… 545
 马基雅维利与古典文学 ………………………… 557
 尼可洛·马基雅维利 …………………………… 579

译者绪论

一 文学特征与问题意识

1958年,"二战"后的世界格局"初定"。凭借经过包装后的马基雅维利主义,美国完成了1898年崛起以来的宿愿,坐实为继英国之后新的世界帝国。有历史见识的中国人——这种人在现代并不多——会自然而然地问道:这是不是一次仁义的君临天下?尤其考虑到1958年也是朝鲜战争结束后第五年,同样是古巴导弹危机爆发前四年,以上追问更显必要。彼时,时任芝加哥大学政治学系教授的施特劳斯写下了这部《思索马基雅维利》,时年59岁,他从战火中的欧洲来到美国安定下来已经过去20年。开篇不远处,他就以苏格拉底对雅典用过的反讽方式说道,"若不理解与美国主义相反的马基雅维利主义,人们就不可能理解美国主义"(页14)。①

第一印象

本书是施特劳斯生前出版的所有书(包括论文集)中篇幅最大的一部,以英文本计足有348页。对于惜墨如金的他来说,这恐非偶然。他另外超过300页的作品只有同样来美国后所写的《自然正当与历史》(*Natural Right and History*,1953/1971,共326页)和《苏

---

① 凡引本书,均指英文本页码,即中译本的随文方括号页码。

格拉底与阿里斯托芬》(1966,共321页)。① 这三本书背后站着三个核心人物：柏拉图、马基雅维利、阿里斯托芬。②

本书还可以从另一个视角来把握。1963年,施特劳斯为其主编的《政治哲学史》第一版写过"柏拉图"章。③ 1964年的《城邦与人》居中一章"论柏拉图的《王制》"(On Plato's Republic)④是"柏拉图"章第一节"《王制》"的扩充版,而1971年的《柏拉图〈法义〉的论辩与情节》⑤是"柏拉图"章第三节"《法义》"(The Laws)的扩充版。此外,1958年出版《思索马基雅维利》之后,他还在去世前一年(1972)为《政治哲学史》第二版写了"马基雅维利"章,⑥可以说是《思索马基雅维利》的缩略升华版。在施特劳斯写作生涯中,能让他既写"短疏"又写"长疏"的主题只有柏拉图与马基雅维利。对于

---

① 二书中译本：《自然权利与历史》,彭刚译,北京：生活·读书·新知三联书店,2003/2006/2011/2016/2024；《苏格拉底与阿里斯托芬》,李小均译,北京：华夏出版社,2011/2021。施特劳斯早年的《斯宾诺莎的宗教批判》(1930)德文原本只有288页(包括20页附录),1965年英译后附上作者亲撰的英译本前言后则有327页。中译本：李永晶译,北京：华夏出版社,2013。参叶然,《施特劳斯文献分类编年》,作为附录收入施特劳斯,《古典政治理性主义的重生：施特劳斯思想入门》,重订本,潘戈编,郭振华等译,叶然校,北京：华夏出版社,2017,页345-375。

② 《思索马基雅维利》第295页论及马基雅维利与阿里斯托芬。

③ 据该书第三版(1987)迻译的中译本：列奥·施特劳斯、约瑟夫·克罗波西主编,《政治哲学史》,李洪润等译,北京：法律出版社,2009。"柏拉图"章有更好的中译文：《柏拉图的政治哲学》,收入《苏格拉底问题与现代性——施特劳斯讲演与论文集：卷二》,第三版,刘小枫编,刘振、叶然等译,北京：华夏出版社,2022,页551-605。

④ 施特劳斯,《城邦与人》,黄俊松译,上海：华东师范大学出版社,2022,页53-148。"王制"这个书名旧译"理想国","王制"是刘小枫先生建议的译法。

⑤ 程志敏、方旭译,北京：华夏出版社,2011。

⑥ 题为"尼可洛·马基雅维利",后收入他临终也没能完成的论文集《柏拉图式政治哲学研究》(张缨等译,北京：华夏出版社,2012,页283-308)。

柏拉图,他是由短到长。① 对于马基雅维利,他是由长到短。

《思索马基雅维利》英文标题是 Thoughts on Machiavelli,直译为"关于马基雅维利的一些思考"。这个标题在施特劳斯所有作品中显得独特。通常情况下,他要么以较具体也较长的表述为标题,要么以"关于(On)某某"(意译为"论某某")为标题,后一种情况仅见于他的论文。这次他写了这么厚一本书,却用了"关于某某"的标题结构,还在 on 前面加上了 Thoughts,这有何深意?

措辞上,"关于马基雅维利的一些思考"这个标题让人想起马基雅维利《李维史论》的意大利文原题 Discorsi sopra la prima Deca di Tito Livio,直译为"关于提图斯·李维前十卷的一些论说",常缩短英译为 Discourses on Livy[关于李维的一些论说]。对比"关于李维的一些论说"与"关于马基雅维利的一些思考",一为"论说",一为"思考",且均为复数,这意在表达什么?

"关于马基雅维利的一些思考"这个标题还让人想起弗朗切斯科·圭恰迪尼(Francesco Guicciardini, 1483—1540)的批评性小册子《关于马基雅维利〈一些论说〉的一些思考》(Considerazioni sui Discorsi del Machiavelli,约 1527—1529)——该书名可以雅译为《思索马基雅维利的〈李维史论〉》。圭恰迪尼是马基雅维利(1469—1527)的熟人,一个是"60 后",一个是"80 后"。施特劳斯在本书第 155 页注 157 引用过这个小册子。

问题意识

二十多年前国内学界刚开始深入研究施特劳斯时,曾有过一个

---

① 有一个不应忽略的细节:"柏拉图"章只有居中一节《治邦者》(The Statesman)没有扩充成"长疏",但《治邦者》的主题在他 1954 至 1955 年发表的路标式演讲《什么是政治哲学》第 2 节"古典解决方案"中占据显要地位。见施特劳斯,《什么是政治哲学》,李世祥等译,北京:华夏出版社,2014/2019,页 29-30。笔者所引的是 2014 年版。

争论:尽管施特劳斯广引古代和近代著作,也写过不少针对时贤的书评,但为什么他在自己的主要著作中不怎么引用时贤著作?是张狂,还是圣人所说的"狷者有所不为"(《论语·子路》第21章)?恐怕都不是。毋宁说,热爱智慧的施特劳斯不怎么引用时贤,是深思熟虑之后的态度,也是充分把握了当代关切之后的选择。比如,本书的意图之一就在于批判性地审视当代人对马基雅维利的理解路向。奇妙的是,在施特劳斯看来,当代人难以理解马基雅维利,恰恰是因为活在马基雅维利的影响之下:

> 一个人除非把自己从马基雅维利的影响中解放出来,否则不可能看到马基雅维利思想的真正品质。出于所有实践意图,这意味着,一个人除非靠自己并在自己身上(for himself and in himself)重新发现西方世界的前现代遗产,既重新发现圣经遗产,又重新发现古典遗产,否则不可能看到马基雅维利思想的真正品质。公正地对待(to do justice to)马基雅维利,要求一个人从前现代的观点向前看,而非从今天向后看;前一种情况会看到一个完全出人意料且令人惊诧的马基雅维利,这个马基雅维利崭新而陌生;后一种情况则会看到一个已经变得陈旧并变成我们自己人的马基雅维利,这个马基雅维利由此而几乎变得善良了。即便为了仅仅历史地理解,一个人也需要采用[从前现代的观点向前看]这个处理方式。马基雅维利确实知晓前现代思想:前现代思想存在于他之前。他不可能知晓[我们]当前时代的思想,这种思想可以说出现在他之后。(页12)

这种眼光无非是要表明,当代人自动屏蔽了马基雅维利与古人之间仅存的却重要的关联,从而把马基雅维利"善良化"或"软化"。

作为施特劳斯青年时期酷爱的著作家，①尼采（1844—1900）在《偶像的黄昏》（1888）结尾感谢古人时，感谢过一个更接近古人的马基雅维利。② 说施特劳斯接续了尼采的这番思考，并不为过。

不过，施特劳斯同样知道，尼采想用马基雅维利治疗的那个古人柏拉图并不是真的柏拉图（请比较本书第292页）。这等于说，从另一个角度看，尼采理解的古代图景毕竟是一幅"尼采的、太尼采的"图景，并以一种尼采想不到的贫乏方式型塑了20世纪以来的古代研究。因为，如施特劳斯在其他地方所说，尼采笔下的扎拉图斯特拉从山上下降到地表，在意图上迥异于柏拉图笔下的哲人从地表下降到洞穴：一个是自愿，一个是被迫。③ 这种自愿看似去除了古人的繁文缛节，全力张扬了高贵的权力意志，却也从根本上放纵了尼采这颗奇异灵魂挥之不去的现代式躁动。尼采没有做到他自己说的：与现代"自由［主义］思想"不同，"自由精神"作为高贵的自制才是真自由。④

那么，尼采为什么主张上述"自愿的下降"？因为他以魅力四射的、半崇古的言辞拒斥了古代的如下观点：沉思的生活高于实干的生活，或哲学生活高于政治生活。⑤ 尼采反对这个观点的理由是，沉思的生活若占据至高无上的地位，只会令此世充满政治软弱

---

① 参施特劳斯1935年6月23日致洛维特的信。中译文：《回归古典政治哲学：施特劳斯通信集》，重订本，迈尔夫妇编，朱雁冰、何鸿藻译，北京：华夏出版社，2017，页244-245。

② 尼采《偶像的黄昏》，"我感谢古人什么"，第2节。中译本：卫茂平译，上海：华东师范大学出版社，2007。

③ Leo Strauss, *On Nietzsche's Thus Spoke Zarathustra*, ed. Richard L. Velkley, Chicago: The University of Chicago Press, 2017, p. 26. 此为施特劳斯1959年关于尼采的讲课录音整理稿。施特劳斯更为正式的尼采论述，见《什么是政治哲学》，前揭，页45-46；《柏拉图式政治哲学研究》，前揭，页234-256。

④ 尼采《偶像的黄昏》，"一个不合时宜者的漫游"，第41节。

⑤ 对这个古代观点的讨论见《思索马基雅维利》第295页。

和道德伪善。是的,为了这种反对,尼采禁不住保留了——乃至史无前例地推进了——现代式躁动,而这种躁动未见得就能避免政治软弱和道德伪善,甚至还可能使情况远远更为恶化。①《思索马基雅维利》正是写于一个躁动的时代。

施特劳斯虽未明言,却实际上把尼采本人的如上主张溯源至马基雅维利。② 因为,若论以魅力四射的、半崇古的言辞拒斥沉思生活的至高无上性,则马基雅维利也许不比尼采差多少,尽管风格不同。更重要的是,马基雅维利使用了比尼采更接近古代的写作技艺。施特劳斯评论道,马基雅维利在对基督教本质所作的三次陈述中的居中一次认为:

> 对耶稣受难(the Passion)的信仰培养了被动性(passivity),或者说,培养了谦卑的或沉思的生活,而非培养了崇尚行动的(active)生活。(页179)

对基督教的这种批评使马基雅维利显得在推崇异教的古代,这也确实是他有意营造的表面:

> 《李维史论》的意图不仅是让古代的模式和秩序得见天日,而且最重要的是证明现代人能模仿古代的模式和秩序。……现代人认为不可能模仿古代,与其说是自然上(physically)不可能,不如说是道德上不可能。……因此,对马基雅维利来说,展示古代美德的样本还不够;他还有义务证明,古代人的美德是真正的(genuine)美德。证明既能够又应该模仿古代美德,等

---

① 参施特劳斯,《什么是政治哲学》,前揭,页45-46。
② 本书第171页提及"敌基督者",并在第197页注52引用了尼采《敌基督者》第33节。《敌基督者》中译本:吴增定、李猛译,吴增定导读,北京:生活·读书·新知三联书店,2017。

于反驳圣经宗教的种种主张。(页86)

马基雅维利的如上倾向看起来像不像现代的某些古典派的主张？我们也许很难说,现代的古典派中没人——自愿？——被马基雅维利的这个表面所欺骗。为了避免这种受骗,我们可以看施特劳斯如何专门揭穿上述表面：

> 异教[也]是一种虔敬,而在马基雅维利作品中,人们找不到异教虔敬的踪迹。(页175)

马基雅维利回归的既然不是古代虔敬,那么有无可能是古代哲学？在施特劳斯看来,马基雅维利早于尼采数百年就"逆练"过柏拉图《王制》中的主张：

> 古典政治哲学曾教诲道,诸城邦的得救取决于哲学与政治权力碰巧吻合(the coincidence),这真的是一种碰巧吻合,即人们能期盼或希望却不可能造就(bring about)的一件事。马基雅维利是第一个这样的哲人：他相信,一种宣传能造就哲学和政治权力相吻合(the coincidence),这种宣传把史无前例地更大规模的多数人(ever larger multitudes)争取到新的模式和秩序一边,从而也把一个人或少数人的思想改造成公众意见,并进而改造成公共权力。(页173)

看来,欲知"自愿的下降"有何来龙去脉,施特劳斯非得以前所未有的方式思索马基雅维利不可。这个方式就是刚才笔者提及的——着眼于马基雅维利在写作技艺上如何比尼采和他的时代更接近古代：

> 我们一次又一次对如下事实感到困惑：既然对于与伟大传

> 统决裂，[马基雅维利]这个人比其他任何人都负有更大的责任，那么在这个决裂行动中，这个人应该被证明是如下技艺的继承人，且是如下技艺完全当之无愧的继承人，这种技艺就是伟大传统在自身那些顶峰上所显明的最高写作技艺。如这个人所深知的，这种最高技艺根源于最高必然性。完美的书或言辞在每个方面都遵从所谓言辞写作必然性的那些纯粹而无情的法则（the pure and merciless laws of what has been called logographic necessity）。（页 120–121）

最后这句中长长的表述源自柏拉图论写作技艺的灿烂篇章——《斐德若》264b。① 马基雅维利在阅读古人时，以及在他自己下笔时，其抵达的精微程度远非尼采可比，哪怕尼采已经比当代著作家们精微多了。我们也许难以想象戴着这样一副眼镜的施特劳斯会以解读马基雅维利的篇幅解读尼采，因为相较而言尼采真没那么多东西可说。更何况，古人和马基雅维利的这种精微写作技艺，在特定程度上为尼采所蔑视。正因如此，尼采才发明了他独步天下的格言体。②

不论如何，依笔者浅见，本书的如下著名观点可看作本书的结论：

> 对马基雅维利来说，古典政治哲学最卓越的代表是色诺芬，马基雅维利提到色诺芬著作的次数，比他提到柏拉图、亚里

---

① 柏拉图，《柏拉图四书》，第二版，刘小枫编译，北京：生活·读书·新知三联书店，2019，页 365。

② 参施特劳斯 1967 年有关尼采的讲课稿的一处论述（中译本：《尼采的沉重之思》，马勇译，上海：华东师范大学出版社，2020，页 201–202）。另外，在施特劳斯看来，尼采写的最具有柏拉图式写作技艺的著作是《善恶的彼岸》。施特劳斯留下的唯一专论尼采的论文就是《注意〈善恶的彼岸〉谋篇》，收入《柏拉图式政治哲学研究》，前揭，页 234–256。

士多德、西塞罗著作的次数加起来更多,也比他提到其他任何著作家(李维除外)的著作的次数更多。……色诺芬看起来(appears)比其他任何古典著作家都远远更容忍"那种自然而寻常的获得[他物]的欲望"。但是,马基雅维利只提及了《希耶罗》和《居鲁士的教育》,而没有提及《齐家者》,也没有提及色诺芬的其他任何苏格拉底式著作(Socratic writings)。色诺芬的思想和作品有两个焦点(foci),即居鲁士与苏格拉底。马基雅维利非常关注居鲁士,却遗忘了苏格拉底。(页291)①

话说回来,马基雅维利在如下意义上不如尼采:虽然尼采像马基雅维利一样通过高扬古代来反对古代,但尼采毕竟真诚地敬畏古人的高贵,所以尼采再怎么刻薄地对待苏格拉底,终究还是由衷地为柏拉图的高贵辩护。② 而如前所示,马基雅维利缺乏任何意义上的虔敬,这决定了他欣赏不来古人的高贵。在本书第40页注47,施特劳斯特意援引尼采《快乐的科学》③卷一第1则格言来回击马基雅维利的这种轻佻。马基雅维利那张闻名于世的肖像所透露的狡黠,只能撩拨尼采嗤之以鼻的制度决定论者的隐秘内心。

那么,问题来了:如果施特劳斯跟随尼采重新举起古代的义旗,这种义举会不会导致一个民族——尤其像中国这样的民族——在军事经济技术为王的时代任人凌辱?本书最后两页讨论了这个问题。

---

① 引者按:这段话的内容也在《尼可洛·马基雅维利》一文结尾(倒数第3段)用于总结"作为一个整体的马基雅维利教诲"。见本书最后一篇附录。

② 尼采在28岁出版处女作时就是这个态度,45岁因病封笔前夕也还是这个态度。一个人高贵与否,真的是天性。参尼采《肃剧的诞生》第14节(中译本:《悲剧的诞生》,孙周兴译,北京:商务印书馆,2012);尼采《善恶的彼岸》前言(中译本:魏育青等译,上海:华东师范大学出版社,2016)。

③ 黄明嘉译,上海:华东师范大学出版社,2007。

两条并非解释学的解释原则

在此,还值得附带谈论一个与本书问题意识并非不相关的问题。二十年前施特劳斯刚登陆中国时,笔者还是个大学生,尤其是一个在各种决定论教育下长大的大学生。故而,当时笔者与不少青年一样对于"要像作者一样理解作者"这条施特劳斯式解释原则(区别于解释学)非常感兴趣。与这条解释原则相匹配的还有"表面即核心"这条解释原则。没承想,二十年后笔者主译的《思索马基雅维利》正是阐发这条原则的主要场合之一,开篇不久就说道:

> 内在于事物表面——且仅仅内在于事物表面——的问题才是事物的核心。(页13)

不过,直到快要读完此书时,笔者才恍悟,"要像作者一样理解作者"这个说法不够准确,因为

> 马基雅维利没有能力清楚地描述他自己的所作所为。立足于他自己对人性的狭隘看法,人们不可能恰当地理解他身上的最伟大之处。(页294)

换言之,像马基雅维利一样理解马基雅维利,恰恰就无法完全理解马基雅维利。

事实上,早在20世纪40年代,施特劳斯还在纽约为学术生存奔波时,就在演讲《历史主义》(1941)中指出,若把"要像作者一样理解作者"推向极致,则恰恰回归了以兰克(1795—1886)为代表的历史主义。[①] 对于笔者这个多年来自以为反对历史主义的堂·吉

[①] 施特劳斯,《历史主义》,收入《苏格拉底问题与现代性》,前揭,页183-184。

诃德,这无异于晴天霹雳。其实,问题没有那么复杂,与其说努力跟随作者理解作者,毋宁说这只是必要的准备工作,而远远更必要也更重要的工作则是,努力跟随高人,尤其跟随柏拉图、孔子、老子,来理解包括高人在内的任何作者。施特劳斯喜欢援引的斯威夫特(1667—1745)早就说过类似的话。① 当然,这就引出另一个更艰深的问题,即如何理解高人之间的异同。不论如何,自此以后,凡有学生追问"解释学困境",我都首先力荐《历史主义》,并对学生说:为师在这篇演说面前只是个小学生。

从"要跟着高人理解任何作者"这条原则回到"表面即核心"这条原则,则可知施特劳斯这后一条原则也没有那么玄:其要义是严肃对待高人的"言辞写作必然性",并以此为标准来思索高人和不那么高的人各自的"言辞写作必然性"——倘若存在后一种必然性的话。

谋篇

既然写作技艺对本书至关重要,我们就值得关注本书的谋篇。在一篇小序和一篇不长的引言之后是篇幅分布不均的四章:

第一章 马基雅维利教诲的双重性/共37大段,②共39页

---

① 同上,页191。斯威夫特的话是:"若说古代人所在的山峰较高,挡住了现代人的视线,那也是爱莫能助",因为现代人达不到古代人的高度,非不为也,乃不能也。换言之,要看清现代人,就不能不借助古代人的视线。参斯威夫特,《书籍之战》,收入《图书馆里的古今之战》,李春长译,北京:华夏出版社,2015,页198(本注中的引文引自该中译本,略有改动)。《思索马基雅维利》第78页及当页注51提及斯威夫特。

② 本书的每个自然段通常很长,因为施特劳斯要严格保证每段形成他的一个论证步骤。为此,他还给每段拟好了标题,只是生前没有公布而已。故笔者在此把他的一段称为一个"大段",区别于中译时从大段中切分出的小段。参本"译者绪论"第3节,及"中译本凡例"。

第二章　马基雅维利的意图:《君主论》/共 26 大段,共 31 页
第三章　马基雅维利的意图:《李维史论》/共 59 大段,共 89 页
第四章　马基雅维利的教诲/共 87 大段,共 126 页

按以上布局,四章标题均提到马基雅维利,且首章与末章都提到"教诲",中间两章均提到"意图",一章从《君主论》讨论"意图",另一章从《李维史论》讨论"意图"。这就形成了一个极其规整的对称结构,突显了《君主论》与《李维史论》双峰并峙。这当然有所针对:尽管"人们倾向于认为,《君主论》从属于《李维史论》",但施特劳斯倾向于认为,"《君主论》像《李维史论》一样全面:这两本书各自都包含了马基雅维利所知晓的一切"(页 17)。施特劳斯甚至还送了一个"彩蛋"给我们:《君主论》有 26 章,本书论《君主论》的第二章则有 26 大段。这启发我们思考,本书论《李维史论》的第三章有 59 大段又有何深意?依据本书第 48 页提示的阅读技巧,似乎可以把目光转向《李维史论》全书第 59 章。

再来看篇幅分布:四章的篇幅走势是先稍稍下降,然后极速上升,且中间两章加起来与第四章的篇幅相差无几。观察后三章的标题可知,这也许透露了,《君主论》与《李维史论》合在一起才是马基雅维利的教诲。这同样有所针对:既然这两部作品已经构成了马基雅维利的整全教诲,那么,

> 人们必须注意,马基雅维利表达了"他所知晓的一切"的那两本书,与他的其他所有言论之间存在多大距离。(页 223)

换言之,马基雅维利的其他作品在何种程度上"很外在"(extraneous)?实际上,这种外在性绝非意味着创作得很随意。施特劳斯强调,例如《曼陀罗》"这部谐剧无论多么不雅(unseemly),都并不比《君主论》和《李维史论》更不得体"(页 286)。毋宁说,这是在启发我们思考,这两部作品与"很外在"的作品之间如何相互渗透。

二　阅读这本书的准备

施特劳斯以政治哲人名世，但他在政治史学上亦功力深厚。他最重要的政治史学研究也许当推《城邦与人》(1964)中讨论修昔底德的最后一章。早于《城邦与人》之前几年写成的《思索马基雅维利》(1958)同样可以说是相当重要的政治史学研究。因为被思索的马基雅维利除了是现代政治哲人第一人，还是令兰克这样的人也不得不认真对待的史学大家。① 更不用说，马基雅维利本人也是政治史上的人物。因此，要阅读这本书，先得具有基本的史学准备，尤其是古罗马史和近代意大利史。

基本史实

古罗马史可划分为四个时代：王政时代(前753—前510)、共和国时代(前509—前27)、帝国时代(前27—476)、东罗马帝国时代(395—1453)，后二者有所重叠，因为395年罗马帝国分裂为东西两个部分，西罗马帝国至476年为日耳曼人所灭，这一年也是整个西方古典时代终结之年。

与斯巴达不同，罗马建立自身秩序依赖的不只是一位大立法者，而是持续产生的多位大立法者。据罗马最卓越的史学家塔西佗(Tacitus，约56—约120)所说，整个创制过程横贯王政时代和共和国时代早期，即从第二位国王努马(Numa，前753—前673在位)一直到十人团，而前450年十人团制定的十二表法是"最后一套公正

---

① 兰克，《关于马基雅维利》，作为附录收入《近代史家批判》，孙立新译，北京：北京大学出版社，2016，页261-288。

的法律"。① 什么败坏了罗马的内在秩序? 恰是罗马对外扩张的成功。随着前2世纪后期对外霸权的建立,罗马人"所追求的除了元首权力(principatu)以外,就没有任何别的东西了"。②

但另一方面,古代史学家并没有傻到无视如下事实:第一,罗马作为大国崛起后以哪怕残忍的"罗马和平"(Pax Romana)终结了上古西方持续数个世纪的大混战;第二,凯撒(前100—前44)、奥古斯都(前63—14)、五贤帝③身上具备世所罕见的政治能力,这种政治能力用古希腊罗马的术语来说就是某种"美德"(希腊文ἀρετή,拉丁文virtus),哪怕是打了折扣的"美德"。故而,罗马的外在秩序与内在秩序之间的是非对错,若要评判得恰如其分,则极为考究史学家的功力:

> 对于人们不可能依据普遍规则预先决断的某种事情,最有能力也最有良知的治邦者能当机立断(can be decided in the critical moment by the most competent and most conscientious statesman on the spot),而所有人在事后回顾时能看到这种当机立断是正当的;在正义的极端行动与不义的极端行动之间作出客观的辨别(discrimination),乃是史学家的高贵职责之一。④

---

① 塔西佗《编年史》3.26-27。中译本:王以铸、崔妙因译,北京:商务印书馆,1981。

② 塔西佗《纪事》(*Historiae*)2.38。中译本:《历史》,王以铸、崔妙因译,北京:商务印书馆,1985。

③ 即涅尔瓦(Nerva,96—98年在位)、图拉真(Trajanus,98—117年在位)、哈德良(Hadrianus,117—138年在位)、安东尼(Antoninus,138—161年在位)、奥勒留(Aurelius,161—180年在位),亦即马基雅维利多次提及的"好罗马皇帝们"。

④ 施特劳斯《自然正当与历史》第161页。译文引自中译本《自然权利与历史》,前揭,页164,略有改动。

除了塔西佗，罗马时期有此功力的史学家还有三位——珀律比俄斯（Πολύβιος，约前 200—约前 118）、李维（Livius，前 59—17）、普鲁塔克（Πλούταρχος，约 46—119 以后）。① 《李维史论》所研究的就是李维 142 卷鸿篇巨制《自建城以来》(Ab urbe condita)的头十卷。我们会问，马基雅维利本人是否具备这种史学家的功力？另外，美国虽然实力登顶，却为什么仍然称不上建立了"美国和平"（Pax Americana）？

李维生于意大利北部，家境殷实。他主要是个文士，至少从屋大维接受奥古斯都尊号（前 27 年）起，他就长期待在罗马城从事研究和写作。在罗马期间，他与奥古斯都建立了友谊，哪怕他在写作中有时表现得像个共和派，奥古斯都也没有怎么怪罪他。② 公元 14 年奥古斯都驾崩后，李维就回乡了，不久在那里去世。李维流传下来的只有一部通史著作《自建城以来》，而且其中多有残缺。尽管如此，李维也是奥古斯都时期最伟大的史学家，在当时与文学领域的维吉尔（前 70—前 19）并峙。李维的史学文笔同样达到一流水平。如果不是因为后来出现了塔西佗，李维本可称为整个罗马史学最伟大的代表。塔西佗本人也很称赞李维。③

从李维来罗马起，他就开始写《自建城以来》，历时 40 年，到奥古斯都晚年他才写完。全书原有 142 卷，从传说中埃涅阿斯抵达意大利写到奥古斯都养子德鲁苏斯之死。卷 1 至 5 从罗马王政写到高卢人进犯罗马共和国，至前 390 年为止；卷 6 至 15 写罗马统一意大利，至前 265 年为止；卷 16 至 20 从第一次布匿战争爆发写到第二次布匿战争爆发以前，至前 219 年为止；卷 21 至 30 写第二次布匿战争，至前 201 年为止；卷 31 至 45 从第二次布匿战争结束写到

---

① "珀律比俄斯"旧译"波利比乌斯"或"波里比阿"。这四大史学家在马基雅维利著作和《思索马基雅维利》中均十分重要。
② 塔西佗《编年史》4.34。
③ 塔西佗《编年史》4.34。

第三次马其顿战争结束,至前167年为止;卷46至90从罗马进入扩张巩固阶段写到苏拉之死,至前78年为止;卷91至120从庞培开始崛起写到凯撒被刺后不久,至前43年为止;卷121至142从屋大维开始崛起写到德鲁苏斯之死,至前9年为止。没有写当代史,当是李维有意为之。

不过可惜完成的142卷中传世的也只有:卷1至10,即从埃涅阿斯抵达意大利到第三次萨姆尼乌姆战争,至前293年为止;卷21至45,即从第二次布匿战争到第三次马其顿战争结束,至前167年为止,且卷41至43不完整。此外,有些失传的卷有片断传世。①

现在我们把视线挪到476年西罗马帝国灭亡后。兰克叙述道,这时的意大利难以达到统一,

> 是因为有三种力量在不断地对抗着:其一,在混乱中变得强大的教宗势力;其二,希腊因素,本来历史上连罗马也归属希腊;其三,伦巴第人。②

这里说的希腊指以拜占庭为大本营的东罗马帝国。西罗马亡后一段时期内,意大利在法理上归属东罗马。在这个时期,从地理上看,意大利北部归伦巴第,中部(包括罗马城)归教宗,南部归东罗马。到了接近马基雅维利的14世纪,意大利的三分局面没有改变,改变的只是北部和南部的权力归属:北部变得小国林立,南部归法国,从1435年起又转归西班牙。中部的教宗权力有过波动,但仍然存续了下来。

1469年,马基雅维利生于意大利北部小国之一佛罗伦萨的没落贵族家庭。佛罗伦萨是意大利北部最大的手工业中心。13世纪

---

① 关于李维的叙述参考了王焕生,《古罗马文学史》,北京:中央编译出版社,2006,页328-330。

② 兰克,《历史上的各个时代》,杨培英译,北京:北京大学出版社,2010,页33。

中叶以前,佛罗伦萨的政权掌握在封建贵族手中。1293年,贵族政权遭到颠覆,佛罗伦萨建立共和国。但一百年不到,国内就爆发了1378年梳毛工人起义,"起义的雇佣工人是近代无产阶级的前身,他们所作的斗争是历史上城市无产者第一次向大工场主争夺政权的伟大行动"。① 15世纪前期,行商巨富美第奇家族(Medici)成为共和国的新贵,并最终建立僭政。家族的初代宗主是科西莫(Cosimo,1434—1464年在位),到了洛伦佐(Lorenzo,1469—1492年在位)时代,美第奇家族的僭政达到极盛,洛伦佐也由此而得名"豪华者"(il Magnifico)。值得注意的是,洛伦佐继位的1469年正好是马基雅维利出生的年份,当时洛伦佐年方二十。

1494年,洛伦佐去世后第二年,马基雅维利25岁,列强——法国、西班牙、神圣罗马帝国——之间爆发了对意大利的争夺战,史称"意大利战争",这一打就是半个多世纪(1494—1559)。意大利战争可谓列强争夺神圣罗马帝国的"三十年战争"(1618—1648)的预演,在欧洲政治史上的地位不轻。意大利战争初期,佛罗伦萨还经历了政权更迭和改制变法,这时已经长大成人的马基雅维利直接参与其中。

事情是这样的:1494年,法国兵临佛罗伦萨城,亲西班牙的美第奇家族无力抵抗,直接投降。由于不满美第奇家族的僭政,也不满教宗和教会的腐败,圣多明我会修士萨沃纳罗拉(Savonarola,1452—1498)趁势领导了一场起义,并恢复了佛罗伦萨共和国。萨沃纳罗拉渴望改革教会体制,建立一个神权共和国。且不说马基雅维利是否完全赞同萨沃纳罗拉,至少他不仅参与了起义,而且于起义成功后立即投身新政权的建设,出任军事和外交官员,一直干到了萨沃纳罗拉被处死后十多年(1512)。1512年,流亡中的美第奇家族在西班牙支持下返回佛罗伦萨复辟,次年(1513),洛伦佐之孙

---

① 周一良、吴于廑主编,《世界通史:中古部分》,第二版,北京:人民出版社,1972,页197。过去我们的世界史教材也曾具有可读性,比如这一本。

洛伦佐二世(1513—1519年在位)立为僭主,时年21岁,与他的同名祖父即位时年纪相仿。由此,原共和国官员马基雅维利遭到解职和拘禁,不久释放。

于是,马基雅维利隐居著书,但他并没有像人们所认为的那么执着于已成过往的共和国,而是于1513年迅速写出《君主论》献给洛伦佐二世。在献辞中,他有意含混地称呼洛伦佐二世为洛伦佐·美第奇。这个名字是祖孙两个洛伦佐共用的名字,但无疑会让人首先想起那个更"豪华"的洛伦佐。仅仅四年后(1517),更大部头的《李维史论》问世。此后,马基雅维利隐居著书的步伐没有停歇,相继写出《战争的技艺》①(1520)和《佛罗伦萨史》(1525)两部大著,并把后一本书献给了美第奇家族的另一位权力人物朱利奥(Giulio),即教宗克勒门斯七世(Clemens②VII,1523—1534年在位)。

然而,又两年后(1527),政局再次动荡,佛罗伦萨共和派又掀起反抗美第奇家族和外国侵略者的起义。正如上次共和派起义一样,马基雅维利这次又打算投身共和国的建设。但共和派不睬,知道马基雅维利曾与美第奇家族过从甚密,就拒绝了他的要求。同年,马基雅维利因病去世,享年58岁。

在他去世前一个多月,教宗所在的罗马城遭到神圣罗马帝国煊赫的皇帝查理五世(1519—1556年在位)——他这时还身兼西班牙国王——纵兵烧杀,无数古罗马文明遗产一朝化为灰烬。作为一个反对教宗的意大利爱国者,马基雅维利曾作何感想?1530年,美第奇家族再次借西班牙之助而灭亡了同样短命的佛罗伦萨共和国。这轮回得有些乏味的佛罗伦萨噢……

马基雅维利的期待与谋篇

与中国古人一样,西方古人也素有"述古"的敬畏之心。尽管

---

① *Dell' Arte della Guerra*,亦译作《兵法》或《用兵之道》。
② 此为拉丁文名,英译作 Clement。

可以说马基雅维利所"述"的"古"是他捏造的"古",但施特劳斯注意到,马基雅维利仍然期待读者在某种程度上能借助他的作品来"带着深深的崇敬"阅读古代经典。以《李维史论》为例,

> 马基雅维利对其读者的期待,与其说是[在读《李维史论》之前]读过李维和其他著作家们,不如说是在读过《李维史论》一遍或不止一遍之后结合《李维史论》来阅读李维和其他著作家们。马基雅维利当然期待其读者带着比寻常更多的悉心来阅读李维,或返回表面来说,带着深深的崇敬来阅读李维。马基雅维利对于李维的叙事或李维的文本作出过一些改动,这些改动不必(need not)削弱上述崇敬。(页121-122)

我相信,对于《君主论》来说同样如此。因此,阅读《思索马基雅维利》之前的第二个准备是,反复对比阅读马基雅维利与他论及的古人。当然,同样值得做的是,在读过《思索马基雅维利》不止一遍之后结合此书来阅读马基雅维利与他论及的古人。笔者过去念书时,刘小枫老师常说,青年人读书就得像女孩子买衣服一样货比三家。

在此,我们无力谈论李维《自建城以来》和其他相关古代作品的读法,但可以复述施特劳斯在本书中呈现的《君主论》与《李维史论》各自的谋篇。他把《君主论》26章划分为四篇,并把《李维史论》142章三卷各自划分为若干篇,以上各篇又都包含数章,当然,有几篇只包含一章:

《君主论》①
第1篇:多种类型的君主国(1-11)②

---

① 主要参考本书第55页。
② 圆括号中的是章号,以下皆同。

第 2 篇：君主及其敌人们（12-14）
第 3 篇：君主及其臣民或朋友们（15-23）
第 4 篇：明智与运气（24-26）。①

《李维史论》
卷一②
第 1 篇：诸城邦的起源（最古老的古代）（1）
第 2 篇：政体（2-8）
第 3 篇：缔造者们（9-10）
第 4 篇：宗教（11-15）
第 5 篇：……（16-18）③
第 6 篇：……（19-24）
第 7 篇：……（25-27）
第 8 篇：感恩④（28-32）
第 9 篇：有美德的统治阶级⑤（33-45）
第 10 篇：多数人⑥（46-59）
第 11 篇：最年轻的时期（60）

卷二⑦

---

① 本书第 74 页注 42 指出了这一篇的论证进程。
② 主要参考本书第 100 页注 24。
③ 从此篇到本卷第 10 篇交替讨论了缔造者们与宗教。不过，这未必表明应该以缔造者或宗教为这些篇命名，且这几篇主题并不完全清晰，故施特劳斯暂未为第 5 至 7 篇命名。
④ 本书第 160 页给出了这个标题。
⑤ 本书第 100 页给出了这个标题。
⑥ 本书第 105 页给出了这个标题，并称卷二第 58 章在此篇中最重要。本书第 278 页注 198 则说卷二第 52 章在全书中最重要。
⑦ 主要参考本书第 102 页注 36。

第1篇:罗马人的征服,以及其种种后果,即西方陷入东方的奴役(1-5)

第2篇:罗马人的战争,这区别于如下几类战争,即罗马帝国的征服者们发动的战争、犹太人发动的战争、现代人发动的战争(6-10)

第3篇:诸起源(11-15)

第4篇:根本的三者组合,即步兵、炮兵、骑兵(16-18)

第5篇:虚假的种种意见(19-22)

第6篇:种种理由(23-25)

第7篇:种种激情(26-32)

第8篇:基弥尼森林(33)

卷三①

第1篇:缔造者-统帅(1-15)②

第2篇:真正的美德与多数人,及其他论题(16-34)③

第3篇:马基雅维利的事业(35-49)

有关著作的译本

由于马基雅维利著作原文为意大利语,且李维著作原文为拉丁文,故如果不太通这两种语言,则阅读本书之前得准备有关著作的精良译本。马基雅维利著作的中译本可以用八卷本《马基雅维利全集》。④ 另外,《李维史论》还有一个值得对比的中译本,题为《论李

---

① 主要参考本书第105-106页。
② 本书第90页说卷三第3章是全书中"典型的一章"。
③ 施特劳斯没有指明何为"其他论题",而只指出划到卷三第34章是因为此章重复了卷一第58章,即卷一第10篇中最重要的一章。
④ 薛军等编译,长春:吉林出版集团,2011。

维》。① 此中译本虽不是从意大利语版翻译的,但其译笔相当精审,有些表述不输《全集》中的译本,甚至有优胜之处。

若要更精细地阅读《君主论》与《李维史论》,则值得推荐施特劳斯的两个弟子按《思索马基雅维利》的教导完成的英译本。② 就准确度以及与本书的匹配度来说,这两个英译本大体上胜过前述中译本。

李维著作目前有王焕生前辈的节译本,译品上佳。③ 由于是节译本,故施特劳斯提及的有些选段在这个节译本中找不到。施特劳斯自己手头使用的《自建城以来》全译本(注意李维著作本来也有缺)是 Loeb 丛书中的 B. O. Foster 英译本,他在本书第 150 页注 149 中提到了这个英译本。这个英译本较老,晚近有新的、也许更完备的英文全译本。④

---

① 冯克利译,上海:上海人民出版社,2005。

② Niccolò Machiavelli, *The Prince*, tr. Harvey C. Mansfield, 2nd edition, Chicago: The University of Chicago Press, 1998; Niccolò Machiavelli, *Discourses on Livy*, tr. Harvey C. Mansfield & Nathan Tarcov, Chicago: The University of Chicago Press, 1996.

③ 《自建城以来:第一至十卷选段》,桑德罗·斯奇巴尼选编,王焕生译,北京:中国政法大学出版社,2009;《自建城以来:第二十一至三十卷选段》,乔万尼·罗布兰诺选编,王焕生译,北京:中国政法大学出版社,2015;《自建城以来:第三十一至四十五卷选段》,乔万尼·罗布兰诺选编,王焕生译,北京:中国政法大学出版社,2018。

④ Livy, *The Rise of Rome: Books One to Five*, tr. T. J. Luce, Oxford: Oxford University Press, 1998; Livy, *Rome's Italian Wars: Books Six to Ten*, tr. J. C. Yardley, with notes by Dexter Hoyos, Oxford: Oxford University Press, 2013; Livy, *Hannibal's War: Books Twenty-One to Thirty*, tr. J. C. Yardley, with notes by Dexter Hoyos, Oxford: Oxford University Press, 2006; Livy, *The Dwan of the Rome Empire: Books Thirty-One to Forty*, tr. J. C. Yardley, with notes by Waldemar Heckel, Oxford: Oxford University Press, 2000; Livy, *Rome's Mediterranean Empire: Books Forty-One to Forty-Five*, tr. Jane D. Chaplin, Oxford: Oxford University Press, 2007.

三 关于本书的翻译

西方要籍大举汉译已逾百年,严复(1854—1921)提出的信、达、雅成为许多译者欣赏的翻译标准。宽泛而言,这个标准站得住。不过,本书提醒我们注意一个广受当代人忽略的问题:

> 在翻译马基雅维利和其他伟大著作家们时,哪怕在以正常能力翻译他们时,之所以译得非常糟糕,是因为译者们在阅读根据高贵修辞术(noble rhetoric)的那些规则写就的书时,以为这些书是遵从俗众修辞术(vulgar rhetoric)的那些规则而完成的。(页121)

所谓高贵修辞术让我们想起前文引用过的一句话:

> 完美的书或言辞在每个方面都遵从所谓言辞写作必然性的那些纯粹而无情的法则。(页121)

为了论述得更完备,还有必要提到并非由《斐德若》264b 而是由《高尔吉亚》提供的"我们可以暂时称为指控性修辞术或惩罚性修辞术(accusatory or punitive rhetoric)的某类高贵修辞术"(页296)。①

---

① 《高尔吉亚》有李致远多年沉潜所撰的"译述":《修辞与正义:柏拉图〈高尔吉亚〉译述》,成都:四川人民出版社,2021。另参施特劳斯两部《高尔吉亚》讲课录音稿:《追求高贵的修辞术:柏拉图〈高尔吉亚〉讲疏(1957)》,王江涛译,北京:华夏出版社,2023;《修辞、政治与哲学:柏拉图〈高尔吉亚〉讲疏(1963年)》,李致远译,上海:华东师范大学出版社,2017。

不论如何,这意味着,哪怕当今语言功底好的译者很少,但语言功底好对一个译者来说仍只是最初步的准备。要译好一部体大思精的作品,译者更应该具备作者的高贵,并有能力侦察到这种高贵如何呈现在作者的修辞中。哪怕我们说马基雅维利未必高贵,他对高贵修辞术的高超模仿也需要译者能够掌握高贵修辞术。这对于我们来说难乎其难,尤其对笔者来说更是如此。

可是,另一方面,笔者要趋近这个目标,也非无迹可循,那就是不要轻易相信一个表述是无意为之。哪怕作者用到一个习语,也未必用的是此习语的通俗含义。如施特劳斯自己所说,"一个不普通的人——哪怕不是每个人——当然有自由去赋予普通惯例以不普通的意义"(页20)。故而,像第10页的 has lent the weight of his name to 就使用了习语 lend one's name to sth,一般可意译为"允许自己参与"。可是,在笔者看来,这里可能突显了 lent 和 weight,故似乎更宜直译作"把自己名字的分量出租给"。

再者,当作者反复用到同一个表述时,译者最好以同一个译法来翻译。如果作者实在是用了此表述的不同义项,那么这些不同义项中的每一个也都要按同一个译法来翻译。这就是为什么笔者做翻译特别辛苦。有时下这种功夫还可能沦为无用功,因为笔者智量短浅,以至于不免南辕北辙。另外,为了追求精确性,笔者有时可能过多使用"诸"和"们",并过多使用方括号补足原文代词对应的实词,令人读来烧起一把无名业火。至于原文中以分号隔开的特别长的句子,中译时也并没有把分号改为句号。如第148页"我们可以试图将马基雅维利的想法表述如下……"这个相当长的句子,连用数个分号,中译时一仍其旧,因为译者推测,这是为了使这里提到的想法保持为一个整体。总之,本译本在一定程度上保留以上"过多"和繁复,乃是唯恐改得太顺眼之后反失作者的原意或深意。

但笔者深知,这只对于笔者这样的译者来说是一道保险阀,更智慧的译者则确乎无需受此约束。唯有当想起施特劳斯的如下话语时,笔者才略感安慰:中古那些追求译文 in ultimate literalitatis[极为信实]的译者常常落笔形成 in ultimate turpitudinis[极不雅驯]的译文。①

本书早先有署名申彤的译本《关于马基雅维里的思考》(南京:译林出版社,2009),译功了得,在学界已使用多年。笔者在翻译本书时,有些疑难之点查阅过申译本后,顿觉涣然冰释。当然,做翻译不可能完美,不论申译本还是本译本。本译本只是给学界提供另一个参考,绝不敢说能够在各方面胜过申译本。本译本不同于申译本之处,主要在于翻译原则及风格。申译本更为追求文采华丽,常用两个或数个表述叠加在一起来译同一个英文表述,如把第 19 页有名的 exalted 一词译作"深奥崇高"(到底是深奥还是崇高?),以便与稍前的"耗费篇幅"形成四字对应。本译本则更希望给读者提供一个学习英文原书的工作译本,如这个 exalted 就严格译作"超拔",且通篇这样翻译这同一个词。

本译本除了译出本书原文,还为各大段标上序号,并将有些过长的大段划分为小段。另外,还为全书加了大量"译按"备考,且附录了施特劳斯的四篇有关马基雅维利的重要文献:②

第一,1953 年书评《瓦尔克的马基雅维利》。③

第二,1956 年 3 月 2 日至 1957 年 12 月 9 日写作《思索马基雅

---

① 施特劳斯,《如何着手研究中古哲学》,收入《古典政治理性主义的重生》,前揭,页 289。

② 以下第二篇收入本书时为叶然重译,另三篇收入本书时均使用既有中译文,但经过叶然校订。参"中译本凡例"。

③ 原文出处:Leo Strauss, "Walker's Machiavelli," *The Review of Metaphysics*, 6.3 (March 1953), pp. 437–446。既有中译文:《苏格拉底问题与现代性》,前揭,页 460–468。这篇书评所评的是 Niccolò Machiavelli, *The Discourses*, 2 vols., tr. Leslie J. Walker, S. J., New Haven: Yale University Press, 1950。

维利》时为每个大段所加的序号和标题,①生前未公布。为便于读者使用这份文献,笔者将其列于本书正文之前,题作"本书细目",并将其中各条散入全书各大段之前。

第三,1970年论文《马基雅维利与古典文学》,②此文是《思索马基雅维利》有关片断的汇编,当然对某些片断也有所扩充。此文也是施特劳斯最后一篇公开发表而未收入专著或自编文集的文章。

第四,1972年为《政治哲学史》第二版所写的"马基雅维利"章,题为"尼可洛·马基雅维利"。③ 此文是对《思索马基雅维利》的缩写和升华。此所谓升华几乎意味着重新思索马基雅维利:如施特劳斯去世前18天所说,"1972年和1973年是迄今我[身体]最糟糕的年头"。④ 烈士暮年,壮心不已!

以笔者寡见,施特劳斯更多关于马基雅维利的重要论述还见于:

第一,《自然正当》(1946)一文对马基雅维利的讨论。

---

① 原文出处:Leo Strauss, "Thoughts on Machiavelli: The Headings", in Heinrich Meier, *Political Philosophy and the Challenge of Revealed Religion*, tr. Robert Berman, Chicago: University of Chicago Press, 2017, pp. 187-197。既有中译文:《苏格拉底问题与现代性》,前揭,页445-459。据此文献本身所示,写作过程有过八个月的中断,故写作本书总共花了13个月。虽然这个时长超过当今论文流水线上的熟练工写一本书的时长,但我们仍会感叹,写出这样一本奇书,只花了13个月,真乃天下奇才! 可是,如本书第174页所说,"对于《李维史论》和《君主论》这样的书,除非一个人'日以继夜'琢磨很长时间,否则这样的书不会透露出其作者所意图透露的全部意义"。

② 原文出处:Leo Strauss, "Machiavelli and Classical Literature," *Review of National Literatures*, 1.1 (1970), pp. 7-25。既有中译文:《苏格拉底问题与现代性》,前揭,页661-676。

③ 后收入施特劳斯的临终文集《柏拉图式政治哲学研究》(1973,正式出版在1983年)。原文出处:Leo Strauss, *Studies in Platonic Political Philosophy*, Chicago: The University of Chicago Press, 1983, pp. 210-228。既有中译文:《柏拉图式政治哲学研究》,前揭,页283-308。

④ 1973年9月30日致索勒姆的信。中译文:《回归古典政治哲学》,前揭,页482。

第二,《自然正当与历史》(1953)对马基雅维利的讨论。

第三,《关于色诺芬〈希耶罗〉的再次陈述》(Restatement on Xenophon's *Hiero*, 1954)一文对马基雅维利的讨论。①

第四,1954年名为《自然正当》的课程第9讲关于马基雅维利的部分。

第五,《什么是政治哲学》(1959)一文第3节"现代解决方案"。

第六,《现代性的三次浪潮》一文,该文与上述"现代解决方案"颇多相似,大约写于1959年前后,生前未发表,首版于1975年。

第七,1962年名为《自然正当》的课程第13讲关于马基雅维利的部分。②

其他未尽之处,请参考"中译本凡例"。

本书从开篇到第三章,以及索引,由湖南大学马克思主义学院马勇译出初稿,第四章由河南大学文学院叶然翻译。全书大部分文史类译按为马勇撰写,其余文史类译按为刘小枫教授和叶然撰写。文史类以外的所有译按,尤其考订性的译按,为叶然撰写。关于附录的翻译,参"中译本凡例"。全部译稿,包括全部译按,先经刘小枫教授作过少量却关键的改订,又经叶然多轮实质性"地毯式统校",以至于不放过任何一个字,最后几乎没有多少内容未经校改。

---

① 经刘小枫老师提示,此文——乃至其最终来源《论僭政》——可能是写作《思索马基雅维利》的内在动因,从而也可能是理解本书的钥匙。参《思索马基雅维利》第13页译按。

② 以上七则文献中除第四则和第七则以外均已有中译文。第一则:《苏格拉底问题与现代性》,前揭,页256,页258,页261-262。第二则:《自然权利与历史》,前揭,页4,页62注22,页139注15,页164-165,页181-186,页190-192,页194-195。第三则:施特劳斯、科耶夫,《论僭政:色诺芬〈希耶罗〉义疏》,重订版,彭磊译,北京:华夏出版社,2016,页215-219,页225-226(篇名译作《重述色诺芬的〈希耶罗〉》)。第五则:《什么是政治哲学》,前揭,页31-38。第六则:《苏格拉底问题与现代性》,前揭,页490-503。以上各则文献的原文信息均可在中译文按语中找到。第四则和第七则文献的原文则可在如下网页下载:leostrausscenter.uchicago.edu/audio-transcripts/courses-audio-transcripts。

叶然在统校时采纳了一位不愿透露姓名的同仁提出的许多条实质性修改意见。

四　致谢

笔者统校译稿时，有幸得到多位师友指教。绝非谦虚地讲，如果单靠我们两位译者，翻译质量会比现在下降不少。

首先，要感谢马勇和我共同的授业恩师刘小枫先生。启动本书的翻译就是受刘老师之命，确立本书的基本体例，包括将施特劳斯的写作提纲作为段落标题插入文本，以及收入施特劳斯在撰写本著之前和之后发表的三篇关于马基雅维利的文章作为附录，也是刘老师的设计。第四章许多大段的切分也是刘老师所为，为笔者节省了许多精力。有时，刘老师还会主动增补文史译按，部分译按还篇幅不小，多涉及他关注的地缘政治。

笔者要感谢马勇兄。作为孝顺的人子和可敬的父亲，他尤擅史学，酷爱翻译。有他做合作译者，并撰写文史类译按，令译本更为可读。谨以本译本纪念我与他十多年的同窗情分。

刘老师安排的译稿审读人对一些细节的精当订正，令笔者由衷感叹，谨致谢忱。最后要感谢华夏出版社编辑的敬业态度和精心勘误。

本译稿为合作成果，最后由笔者统筹。有功则归于合作译者马勇兄和强大的师友顾问团，有过则归于笔者。因缘际会，笔者用功于本书翻译的时间仍然不够，唯愿日后再版时订正错讹于万一，望诸君教我（笔者邮箱 yesizhan@163.com），感激不尽！

叶然

开封，2024 年 2 月 27 日

改订于同年 12 月 8 日

中译本凡例

一 本书的构成

1. 作者的强调性表述，在原书中为斜体，在中译本中为楷体。若楷体之后附列原文，则原文不再标为斜体。当然，按"经典与解释"丛书体例，较不常见的人名首次出现也会标为楷体，非作者所强调。另外，作者用到的希腊文表述原本用拉丁字母拼写，中译本均还原为希腊字母。

2. 为了通顺文意或解释非英文表述，译者会以方括号增补有关内容。同时，作者引用他人著作时，或解释非英文时，曾以圆括号增补有关内容，今译者统一改这类圆括号为方括号，并以译按注明是作者所补。同时，有些圆括号若自身在另一组圆括号内，则改为方括号。

3. 作者有时会在自己的英文表述之后以圆括号注出对应的非英文表述。如第 209 页注 82 中的 power（virtù）中译后变成"能力（virtù）"，请勿以为这是译者把 virtù 译作"能力"，余者类推。判断标准很简单：但凡非英文处于圆括号中，则均是作者在自己的英译后所附的原文。

4. 注释分为原注和译按。原注本来是尾注，今全部转为脚注，并保留原注序号。所有的原注本来均未分段，仅以破折号划分意群，译者循此为原注分段，并将有些过长的段落再行切割。

5. 原书页码以方括号随文插入中译本正文。但因原注由尾注转为脚注,故尾注原来的页码插入了脚注中。这些脚注中的方括号页码的具体位置,见书末"索引"开头的译按。本书自身及所有译按征引的本书页码和注释号均是就原书而言。

6. "译者绪论"第 3 节提及的第二篇附录改名为"本书细目"置于卷首,且为叶然重译之译文。同时,"本书细目"中各大段①的标题也以楷体分散列于各大段之前。有的大段内部划分为数个小段,乃译者所为,不一定恰当。另外三篇附录则置于书末,采用现有译文(参"译者绪论"第 3 节注释),并经叶然逐字校订过,但仍勉力保留了旧译风格。校订这三篇时所加的注释标为"校按",文中方括号数字为英文本页码。本书翻译的惯例亦适用于此三文。

二 关于引用

1. 征引包括马基雅维利著作在内的所有古代和近代著作时,均使用阿拉伯数字标明并以小圆点隔开卷、章、节。如李维《自建城以来》9.40.6 指该书卷九第 40 章第 6 节。但圣经的引用遵从惯例,用冒号隔开章和节。当一本书未分卷或节,而只分章时,则仅标一个数字,如《君主论》17 指该书第 17 章。当一本书未分节,而只分卷和章时,则只使用一个小圆点,如《李维史论》1.17 指该书卷一第 17 章。如是戏剧,小圆点隔开的则是幕和场,如《曼陀罗》3.2 指该剧第三幕第 2 场。

2. 本书第 16 页注 2 提及了作者所用意大利语版《马基雅维利全集》的出版信息。作者在那里还说,他会在标注卷号和章号之后用圆括号注出该版页码,如《李维史论》1.55(211)。在中译本中,若此类圆括号处于另一组圆括号中,则改用方括号。这容易导致与带方括号的原书页码相混,但不难分辨。

---

① 关于"大段"的定义,参"译者绪论"第 2 节注释。

3. 本书中征引文献时，包括征引书信时，若未标明作者，则一般推定为马基雅维利作品，对应的中译文在中译本《马基雅维利全集》（长春：吉林出版集团，2011）中不难找到。注意，当引用一个光溜溜的 Opere 时，指向的是意大利语版《马基雅维利全集》。

4. 本书有时征引古代文献时按西方惯例省略书名，译者均直接补足书名。本书有时征引现代文献时则省略部分出版信息，译者也均直接补足，除非难以考证。所引文献凡有较善的译本，无论中译还是英译，均在译按中提及。

5. 作者在征引文献时经常比较两个文献，或比较两批文献，或比较一个文献与一批文献，或比较一批文献与一个文献。若是后三种情况，则在隔开前后两者的"与"字前面加逗号，如第 23 页注 18 中的"比较《君主论》3（11，13），9（33），23 靠近结尾处，与《李维史论》1.9（119），1.18 靠近开头处，3.22（393）"。注意有时"与"字前面或后面还会用到分号，但仍一律从"与"字断开前后两者。

6. 作者引用的非英文著作，若作者提供了英译文，则按英译文译出。若这是马基雅维利的文字，则同时以译按标注"对应中译本某页某段某行"，此皆指向中译本《马基雅维利全集》。尽管笔者在转译英译文时参考了此中译本，但由于英译文通常比此中译本精确，故笔者一准乎英译文。若作者引用非英文文献而不给出英译文，则由译者参考相关资料译出，并以译按注标原文是什么语种。

三 措辞与译名

1. 译文中有的意群太长，则置入引号中，便于整体观之。如第 59 页的"'好的等于古代的和符合惯例的'这个等式"。请读者勿因引号而以为是在引用什么。

2. 如"译者绪论"第 2 节所说，作者把《君主论》和《李维史论》各卷划分为诸"篇"。《君主论》的"篇"原文为 part，《李维史论》各卷的"篇"原文为section。与此同时，作者还使用了一个重要术语，即"章群"，一个章群的范围可能大于一篇，也可能小于一篇，颇为自由。表示"章群"的原文有多个，如第35页注39中的series of chapters，第90页的group of chapters，第156页的division，第160页的subsection。尤其注意，作者在比如第41页似乎用section表示章群，若不注意看原文，容易与"篇"相混同。

3. 在中译专名时，译者尽可能采用了中译本《马基雅维利全集》的译法。有些专名译法之所以偏离此中译本，要么是因为译者倾向于约定俗成的译名，如Medici未译作"梅迪奇"，而是译作"美第奇"，要么是因为要更贴近原文发音，如第205页Demetrius未译作"德米特里"，而是译作"德美特里俄斯"——这是希腊人名，最终原文是Δημήτριος。对于李维用到的专名，译者尽可能采用《自建城以来》王焕生中译本的译法。

4. 本书中的意大利语人名中的di或de或della，乃至法语人名中的de和德语人名中的von，置于姓氏前面则不译出，置于地名前面则译出所属关系。如第22页的"洛伦佐·美第奇"（Lorenzo de' Medici）和第171页注188中的"米兰多拉的皮科"（Pico della Mirandola）。

本书细目①

序[5]

引　言[9]②

1. 马基雅维利是传授缺德的缺德教师[9]
2. 马基雅维利是绝无仅有的传授缺德的缺德教师[10]
3. 智术化的观点攻击这种头脑质朴的观点[10]
4. 称马基雅维利是爱国者或科学家，是在误导人[10]
5. 尽管——或不如说因为——马基雅维利是爱国者或科学家，他才可以是传授缺德的教师[11]
6. 由于马基雅维利的影响，故有人否认他缺德[11]
7. 有必要从前面的时代，而非从后面的时代，来理解马基雅维

---

① ［译按］此细目原为笔记，故多有不成句的短语，及各种符号，所涉希腊文亦往往未标音调符。为便于阅读，笔者进行了最低限度的润色：每当难以断定有些符号的所指时，则保留原样。笔者还补足了希腊文音调符，并以方括号形式标注了对应的原书页码。原文标注了各部分的写作时间，今置入脚注，标为"原注"。原文本来未提及"序"，因为序是最后写的（1957 年 12 月）。注意施特劳斯在这样一份研究渎神者的笔记结尾写下了 Finis—Laus Deo［完工——荣耀归于上帝］。

② ［原注］引言及第一章写于 1956 年 3 月 2 日至 25 日，及 7 月 25 日至 8 月 16 日。

利[12]

8. 马基雅维利是堕落天使——理论人[12]
9. 马基雅维利与美国[13]
10. 我们的任务是恢复恒久的问题[14]

第一章 马基雅维利教诲的双重性[15]

1. 关系隐晦的两本书[15]
2.《君主论》之于《李维史论》正如君主国之于共和国[15]
3. 由于共和国不合时宜,故《论共和国》变成了《论李维》[16]
4. 种种反驳[16]
5. 这两本书各自都包含马基雅维利所知晓的一切——这两本书在主题上没有区别[17]
6. 马基雅维利的知识范围[17]
7. 以言说对象来区分这两本书:现实中的君主不同于潜在的君主[20]
8.《君主论》简短、紧迫、召唤行动,《李维史论》反之[21]
9.《君主论》对主人言说,《李维史论》对朋友们言说[22]
10.《君主论》不如《李维史论》直截了当[23]
11. 若论第一印象,则《君主论》比《李维史论》更传统[24]
12.《君主论》的种种沉默[24]
13.《李维史论》也并非完全坦率[27]
14.《君主论》在某些方面比《李维史论》更坦率[27]
15. 马基雅维利的视角等于《君主论》的视角,还是《李维史论》的视角,还是不同于这两个视角?[29]
16. 如何像马基雅维利阅读李维一样阅读马基雅维利?[29]
17. 据马基雅维利所说,李维通过沉默而最清楚地透露了他的意见,这些意见即他对普通观点的反对[30]

18. 马基雅维利的种种沉默：对此世、此生、地狱、魔鬼、灵魂保持沉默［30］

19. 马基雅维利暗中提及了永恒还是创世，也暗中提及了基督教起源于人［31］

20. 马基雅维利在《君主论》开头暗中提及了教会问题［32］

21. 审查 → 隐藏［32］

22. ［马基雅维利克制是因为大胆］①［34］

23. 明显的错误是故意为之［35］

24. 作为聪明的敌人，马基雅维利有理智能力，但不道德［36］

25. 自相矛盾在于，除非通过首先诉诸古老的古代，否则马基雅维利不可能引入新事物［36］

26. 有些章的标题与正文之间不一致：马基雅维利没有在章题中指出，罗马贵族用宗教或欺骗来控制平民［37］

27. 马基雅维利的意图在于近乎不可能地结合庄重与轻浮［38］

28. 马基雅维利暗中提及了，要知晓他的敌人的意图，有多么困难［40］

29. 戏仿经院派论辩——（三个冒名顶替者）——马基雅维利利用基督教的敌人，以便说出关于基督教的真相［40］

30. 种种重复［42］

31. 种种离题［45］

32. 种种含混术语［47］

33. 种种数字［48］

34. 马基雅维利的渎神［49］

35. 种种数字（续）［52］

36. 结论［53］

---

① ［译按］本大段原来只有序号而无标题，此标题为译者所加。

第二章　马基雅维利的意图:《君主论》[54]①

1.《君主论》是论著[54]
2.《君主论》也是为时代而作的小册子[55]
3.《君主论》的运动是先上升后下降:居中的是顶点[56]
4. 第一篇的运动:从熟悉的、此地的、此时的、寻常的转向不熟悉的、古代的、罕见的(此三者即最高主题),此后就是下降[56]
5. 第二篇的运动:急速上升到对最伟大实干者们的传统理解的种种根源[58]
6. 第15至23章中的运动:上升到有关最伟大实干者们的完全真相(这暗示着将伟大传统连根拔起),然后下降[59]
7.《君主论》第四篇中的运动[61]
8. 传统 → 非时代性的真相(而不是为时代而作的小册子)关系到时代,因为这种真相是新的或革命的,而不是传统的[61]
9. 必须从"传统的-革命的"这种双重性来理解"论著-小册子"这种双重性[62]
10. "小册子"(即第26章)造成的特定困难:对解放意大利需要哪些政治条件保持沉默[63]
11. 第3至5章中偷偷呈现了解放意大利需要哪些政治条件[65]
12. 解放意大利需要全面革命,尤其需要道德的全面革命[67]
13. 教会世俗化——与基督教决裂[68]
14.《君主论》的主题是君主,但尤其是新君主[70]
15. "新君主"的含混[70]
16. 马基雅维利劝谏《君主论》的言说对象变成模仿者[71]

---

① [原注]本章写于1956年8月22日至10月6日。

17. 即变成摩西的模仿者 →《君主论》的言说对象不会征服意大利[71]

18.《君主论》第 26 章中诉诸宗教,这足以证明第 26 章中提出的特定劝谏是显白的[73]

19. 作为机运女神的敌人,马基雅维利试图变成机运女神的宠儿洛伦佐的劝谏者[74]

20. 马基雅维利不仅是洛伦佐的劝谏者,而且是不确定的多数人的老师[77]

21. 马基雅维利是新的喀戎,而不只是凡人(他取代了基督)[78]

22. 第 26 章隐藏了新异到令人震惊的教诲[79]

23. 马基雅维利的爱国主义[80]

24. 马基雅维利的教育政策:使人强硬[81]

25. 马基雅维利是新君主、新摩西[82]

26. 但马基雅维利是未武装的先知——难道他不是必定失败吗?[83]

第三章　马基雅维利的意图:《李维史论》[85]①

1.《李维史论》讨论诸共和国,即讨论诸民众,从而更坦率:《李维史论》是探究马基雅维利修辞术的主要材料[85]

2.《李维史论》中新的模式和秩序就是古代的模式和秩序[85]

3.《李维史论》证明了,现代人既能够且应该模仿古代的规则和秩序[86]

4.《李维史论》不是要回归古人的规则和惯例[86]

---

①　[原注]本章写于 1956 年 10 月 26 日至 12 月 23 日,及 1957 年 3 月 26 日至 5 月 27 日。

5.《李维史论》讨论了李维史书的前十卷——一个霸权式共和国控制统一的意大利[88]

6.《李维史论》的意图 → 典型的一章——但各章的特征差异极大[89]

7.《李维史论》中典型的一章(3.7) →《李维史论》讨论了内在于种种最终原因的那些可怕之事,而且:→ 有关属人行为的一般规则既源于古代例证,也源于现代例证,而这就并未证明古代人优于现代人[90]

8. 马基雅维利被迫辩证地进行论证:他诉诸一种支持古典古代的成见[91]

9. 马基雅维利被迫确立古代罗马的权威,或李维的权威:古代罗马是已知的 πάτριον [祖传事物] → 李维是马基雅维利的圣经[92]

10. 在从古代埃及走向古代罗马的路上,马基雅维利绕过了圣经[93]

11. 马基雅维利之于罗马和李维,就像神学申辩术之于圣经[94]

12. 马基雅维利的意图不等于李维的意图 → 马基雅维利的主题完全不是罗马——他的主题的亚洲属性与罗马属性至少齐平[96]

13. 马基雅维利笔下的李维不等于李维的谋篇:当马基雅维利谋篇的光芒变得暗淡时,李维叙事次序的权威才声张其自身[97]

14.《李维史论》卷二的谋篇——马基雅维利把他的形式压印在李维的质料上——《李维史论》卷二致力于批判基督教[100]

15.《李维史论》卷三的谋篇:关于私人利益的私人商议;以及:为何不"运用李维"而是"提及李维"[102]

16.《李维史论》卷三的谋篇:缔造者-统帅;多数人;马基雅维利自己[104]

17. 马基雅维利是另一位法比乌斯:他对基弥尼森林的探索之令人难以置信,确保了无人侦察到他[106]

18. 与权威完全决裂,或与 άγαϑον[好的]等于 πάτριον[古老的]这个等式完全决裂,为首次引用李维的拉丁文原文作了准备[107]

19. 首次密集引用李维的拉丁文原文涉及宗教:需要李维的权威来攻击基督教——马基雅维利改动李维的叙事,以方便现代人模仿古代宗教[108]

20. 第二次密集引用李维的拉丁文原文出现在 1.40:完全中立地看待如下三者,即僭政、自由,以及基督教和僭政的关联[111]

21. 首次密集提及李维(1.7-8)——古代罗马之于现代佛罗伦萨和古代托斯卡纳,正如政治之于宗教,亦如指控之于诽谤,亦如贤良制之于民主制[111]

22. 先对比节制地缔造罗马共和国与野蛮地缔造摩西王国,然后批评罗马 → 不是罗马,而是李维,即一本书,才是独一无二的权威 → 全新的模式和秩序[113]

23. 在《李维史论》1.6 朝向 1.59 的进步中,马基雅维利对罗马权威的"相信"经历了彻底改变[116]

24.《李维史论》卷二批评了罗马:批评罗马,不仅是基于种种政治理由,而且是因为罗马构成教会的先驱和榜样;罗马人本身不相信权威[117]

25.《李维史论》卷三批评了罗马 → 罗马人笃信宗教——马基雅维利是罗马人的敌人,因为他反宗教——并非宗教,而是必然性,造就了最高美德[119]

26. 在《李维史论》与李维各自的掩饰之间传达《李维史论》的教诲;李维是马基雅维利的神学权威:机运女神方面的权威[120]

27.《李维史论》1.1-57 批评了李维:史书成问题;李维对美德和平民判断有误[122]

28.《李维史论》1.1-57 批评了一般而言的权威:"相信"与"民众"之间有关联[125]

29. 马基雅维利在 1.58 攻击了所有著作家与权威本身:理性、青年、现代起而反对权威、老年、古代[126]

30. 马基雅维利基于种种民主理由攻击了整个传统；他借此暗示了，民众而非 ἐπιεικεῖς[贤人]才是道德和宗教的贮藏所[127]

31. 马基雅维利的民主学说源于"道德是最高事物"这个反讽的前提，源于他是革命者即暴发户，源于"总是要诉诸某些 ἔνδοξον[普遍意见]"这个必要性[131]

32.《君主论》之于《李维史论》，正如缔造者之于民众（圣经）——《李维史论》更接近 ἔνδοξα[一般意见]，因为《李维史论》包含更详尽的对 ἔνδοξα[一般意见]的毁灭性分析[132]

33. 马基雅维利使古代罗马人变得"更好"，即比他们实际上更少笃信宗教，也更少合乎道德[134]

34.《李维史论》卷二前言——一个基督徒变成土耳其人，没什么不对——艺术作品、著作比行动更高级[136]

35.《李维史论》2.1：马基雅维利在对机运的恐惧上并不赞同李维和罗马民众，却区分了李维与李维笔下的人物；李维可能不仅是异教神学的阐释者，而且是异教神学的批评者[137]

36.《李维史论》卷二和卷三处理李维时有些特别之处：李维不等于他笔下的人物；马基雅维利就李维文本进行布道；李维既 fa fede[作保]又 è testimone[是见证者][137]

37. 李维将罗马的敌人们用作他笔下的人物，从而成功地不仅做了异教神学的阐释者，而且做了异教神学的批评者：他的《自建城以来》既包含罗马的欺诈，又包含对这种欺诈的侦察[138]

38. 马基雅维利把李维的书用作工具（用作异教神学的阐释者），也用作榜样（用作异教神学的批评者），以便批评圣经——李维是马基雅维利笔下的人物[141]

39. 由于圣经的作者们没有把圣经的敌人们用作这些作者的代言人，故人们必须用异教文献来发现关于圣经的真相；迫害异教的圣经宗教保存了异教文献，因为圣经宗教"未武装"[142]

40. 圣经因包含神迹而尤其不可信——因此人们尤其需要圣

经之外的种种选择①[145]

41. 圣经的作者们自我欺骗 → 上帝之于圣经的作者们,正如李维之于李维笔下的人物们[146]

42. 圣经的作者们"使"上帝说并做他们所设想的一个完美存在者应该说并做的事[148]

43. 李维有意识地创造了完美统帅们(圣经的作者们无意识地创造了他们的那位伟大统帅),所以李维而非圣经修正了自己的创造[149]

44. 把应然当作实然,是为了创造希望;需要完美存在者们来主宰τύχη[机运]:完美存在者们是τυχneά[机运性事物]的原因。李维运用他笔下人物们口中的人物们,或运用对不同听众言说的罗马人,来呈现对罗马宗教的批评。贵族之于平民,正如教士之于平信徒[150]

45. "法比乌斯"无视了预兆,且揭露了一位专政官的圣洁热情名不副实,还逃过了惩罚[152]

46. 一旦马基雅维利自己的意图变成主题(即在3.35-49),马基雅维利就立即抛弃了"李维这位传授应然的教师"[153]

47. 马基雅维利在新领域中针对新敌人发动了一场新战争 → 他为了他的意图而必须知晓李维史书中的种种地形[153]

48. 前两次就李维文本布道:爱或慈悲所具有的首要性导致了虔敬的残忍[155]

49. 第三次布道:现代人信赖机运女神,古代人引诱机运女神[157]

50. "权威还是理性"这个问题位于居中一卷的居中位置(2.10-24) → 最大的过错在于还不够张狂[158]

51. 马基雅维利把塔西佗视为最卓越的权威,因为塔西佗是谈论犹太教和基督教各自起源的最伟大史学家[160]

---

① [译按]elects,用词有些怪异。

52. 马基雅维利对塔西佗的 credere[相信]把马基雅维利从爱转向恐惧,即转向摩西,并从保存者转变为缔造者[161]

53. 基督综合了温和与严厉——他的傲慢[164]

54. 马基雅维利否认爱具有首要性,并断言恐怖具有首要性,从而攻击了权威原则 → 一个适度而人道的目标——没有天堂,但也由此而没有地狱[165]

55. 马基雅维利把新的模式和秩序传播给所有人,但他把它们的基础即无神论仅仅传播给青年[167]

56. 马基雅维利与其说是密谋者,不如说是未来数代人的败坏者[168]

57. 基督教的终结——可能因马基雅维利的行动而更快来临[170]

58. 马基雅维利的希望取决于热忱的基督徒与温吞的基督徒之间发生分裂,即属天祖国的热爱者与属地祖国的热爱者之间发生分裂[171]

59. 马基雅维利通过宣传,而非通过牺牲生命,来模仿基督[172]

第四章 马基雅维利的教诲[174]①

1. 为我自己也为马基雅维利博得好感——隐微术与哲学[174]

2. 马基雅维利不是"异教徒",而是 savio del mondo[此世智者],即 faylasûf[哲人][175]

3. 马基雅维利对圣经保持沉默,不是因为他对圣经无知或冷

---

① [原注]本章前42大段完成于1957年8月31日,剩余部分完成于同年12月9日。

漠[175]

4. 关于基督教本质的第一次陈述:基督教已使此世变得虚弱,同时并未使此世更敬畏上帝[176]

5. 关于基督教本质的第二次陈述 → 基督教并未展示真相——谦卑,以及披戴羞辱的上帝①[177]

6. 关于基督教本质的第三次陈述:不抵抗恶很荒谬[180]

7. 我们的论证样本:马基雅维利看似错误,实则正确[180]

8. 现代人的虚弱:现代既没有帝国,也没有强大的共和国[181]

9. 基督教起源于奴性的东方和一个虚弱的东方民族[182]

10. 基督教 → 祭司们的统治,即最为僭主式的统治[184]

11. 对基督教的胜利作出理性描述[185]

12. 基督教的力量与好的基督教战士们:爱——吞噬一切的火——地狱——火刑柱 → 虔敬的残忍和疯狂的热情[186]

13. propria gloria[属己的荣耀](对卓越的意识)对抗 gloria Dei[上帝的荣耀](对罪孽的意识)——因为:人必然犯下罪孽[189]

14. 人性和善意对抗谦卑和残忍[192]

15. prudenza[明智]取代良知[193]

16. 神意:马基雅维利没有区分圣经的核心与外围;他把神意等同于作为正义国王的上帝[196]

17.《佛罗伦萨史》中的神意:上帝以非基督教信徒们威胁他的代牧,从而拯救了佛罗伦萨人[197]

18. 上帝是中立者[198]

19. 否认神意,且否认灵魂不朽[199]

20. 否认人是邪恶和罪孽的原因 → 否认创世[201]

21. 需要诉诸"阿威罗伊主义"才能理解马基雅维利[202]

---

① [译按]the God who assumed humiliation,指上帝自愿降为人,拥有了人的谦卑和虚弱。第 179 页也说及"披戴了(assumed)谦卑和虚弱"。

22. 没有丝毫证据支持启示[203]
23. 异教现象对抗圣经现象[204]
24. 从李维来看,即从理性来看,基督教是流产的平民主义运动[205]
25. 一神论是当前悲惨,且对未来抱有希望;多神论是当前壮观,且不抱希望[207]
26. 实际上,对启示的整个批评是亚里士多德式的——只不过谦卑的反面不是人性,而是灵魂伟大[207]
27. 《李维史论》对神或诸神的存在保持沉默[208]
28. 马基雅维利把神代之以天或诸天——代之以机运女神[209]
29. 马基雅维利的试探性神学:存在着大气中有同情心的诸智识,而不存在愤怒而残忍的诸神[209]
30. 马基雅维利以"意外事件"取代"征兆"[211]
31. 机运女神是圣经上帝经过改进后的形象[213]
32. 机运女神等于外在的意外事件——不抱希望,但规制机运女神[215]
33. 机运女神远远不是天,而是在天之内拥有从属性位置;人不能完全控制机运女神 → ἀταραξία[内心不乱],而非征服运气[217]
34. 诸神从τύχη[机运]与欺诈的合作中现身[218]
35. 全能与自由相矛盾[220]
36. 与亚里士多德决裂——转向"德谟克利特"[221]
37. 马基雅维利偏向"阿里斯提珀斯-第欧根尼"而非亚里士多德[223]
38. 宗教是本质上不真实的信念[225]
39. 宗教有益吗——?宗教源于头脑的虚弱,且培养这样的虚弱[226]
40. 对君主的恐惧能取代对上帝的敬畏——君主不可能笃信

宗教[227]

41. 甚至在共和国中,宗教的功能也能由其他一些方法来履行[228]

42. 确实需要①宗教,尤其对多数人来说[230]

43. 不理解马基雅维利及其后继者们,是因为法国革命之后的视野迷惑了我们[231]

44. 马基雅维利更明确地讨论了道德而非宗教,因为道德作为一个问题不及宗教那么重大[231]

45. 马基雅维利的道德-政治教诲,而非宗教教诲,是彻底新的——凭借一个人如何生活,而非凭借一个人应该如何生活,来找到一个人的定位——具有实践者的视角,从而具有范导性[232]

46. 马基雅维利再现了 ἔνδοξα [一般意见]:善等于道德美德,或等于无私地有益于他人——这就是幸福,或通往幸福的道路——onesto[正直的]不等于 onorevole[尊荣的][234]

47. ἔνδοξα [一般意见]($\lambda\acute{o}\gamma o\iota$[诸言辞])与 ἔργα [诸行动]之间存在冲突 → $\lambda\acute{o}\gamma o\iota$[诸言辞]之间也存在冲突;公开的[诸言辞]与私人的 $\lambda\acute{o}\gamma o\iota$[诸言辞]之间存在差异[236]

48. 美德作为中道:与灵魂平和相反的恶德只有一种,这种恶德仅仅看起来是两种相互反对的缺陷[237]

49. 美德作为中道:大方不是浪费与吝啬之间好的中道——正义需要吝啬[238]

50. 正确的道路,即 κατὰ φύσιν [遵从自然]的生活,确实是一种中道——但这不是两种相互反对的恶德之间的中道,而是美德与恶德之间的中道[239]

51. 马基雅维利拒绝 via del mezzo[中间路线],因为它关系到 summum bonum[最高的善]和 ens perfectissimum[最完美的存在者]的观念,即"一种完美地摆脱了恶的善"的观念[242]

---

① [译按]"需要"原文为斜体强调,此处补入"确实"以示强调。

52. 美德是自愿的:马基雅维利为 liberum arbitrium[自由裁断]辩护,以反对机运女神,即反对上帝——人能做自己命运的主人——但是:运气立足于自然和必然性 → 自由与必然性之间是什么关系?[244]

53. 美德不相容于必然性,但美德也等于服从必然性——因为:人必然犯下罪孽[245]

54. 人们的种种天性强迫人们以特定方式行动——不寻常的美德是自然的馈赠,这种美德不是人们自愿拥有的,反而对有这种美德的人施加强迫——愚蠢与此相似[246]

55. 造成人们好好发挥作用的必然性,是恐惧暴死,而若要避免暴死,则只有采取违背人们自然倾向的行动[247]

56. 造成人们好好(正义而勤勉地)发挥作用的必然性就是饥饿 → 财产具有关键的重要性[248]

57. 使人们变好的必然性是法律、政府施加的强迫[249]

58. 然而,选择之于必然性,正如缔造者之于民众,亦如强者之于弱者 → 并非必然性,而是智慧的选择,使人们好好发挥作用[249]

59. 选择(野心、荣耀)本身有其必要;选择使人们——使更优越的人们——好好发挥作用;必须如其所是地知晓那种使人好好发挥作用的必然性[251]

60. 好好发挥作用取决于运气;但是,质料具有可塑性;最重要的是:只有确实知晓①了必然性,人才能做自己命运的主人[252]

61. 马基雅维利着眼于人们是劣质的这个事实来攻击古典政治哲学[253]

62. 美德预设了社会 → 社会不可能立足于道德,而只可能立足于不道德[254]

63. 社会的目的不是美德,而是共同善;共和国式美德,而不是

---

① [译按]"知晓"原文为斜体强调,此处补入"确实"以示强调。

道德美德,才是共同善的手段[255]

64. 共和国式美德不等于道德美德[257]

65. 目的把手段正当化 → 道德的等于寻常的,不道德的等于不寻常的[258]

66. 共同善甚至需要牺牲共和国式美德[259]

67. 一支爱国主义间奏曲[262]

68. 道德美德是绝对化的共同生活之所需[262]

69. 支持君主国的论据是以私人善(发表意见的自由)的名义质疑共同善[265]

70. 支持君主国的论据:人性要求接受败坏;君主明智的自私足以使君主成为好君主;美德是明智而强大的自私[266]

71. 城邦中的统治阶级具有集体自私;完美的共和国式美德是出于一种特定脾性,而非出于 προαίρεσις[选择][269]

72. 支持僭政的论据[270]

73. 支持僭政的论据(续)[273]

74. 自私的考虑[274]

75. 压迫与社会始终同在 → 最好的共和国与最坏的僭政之间仅有程度差异[278]

76. 因为:人们是劣质的——即自私的[279]

77. 马基雅维利治国术的原则:人的自私,以及对自恃的需要(→ virtù[美德])[280]

78. 马基雅维利在"共和国还是僭政"这个问题上保持中立:唯一完全共同的善是真相①[282]

79. 在同样的层面,严格意义上的私人善(即爱)补充了政治意义上的共同善 → 探寻真相,即综合庄重与轻浮[284]

80. 渴望荣耀 → 探寻作为有益真相的那种真相,而非超然 → 持有支持共和国的偏向[285]

---

① [译按]在古人意义上,则当译作"真理"。这种含混并非不重要。

81. 对荣耀产生错觉 → 真正的动机是渴望真相——庄重之于轻浮,正如知道真相之于传播知识[288]

82. 马基雅维利与整个苏格拉底传统决裂——他遗忘了苏格拉底

83. 马基雅维利遗忘了肃剧①[291]

84. 马基雅维利只看到了道德的社会起源:他遗忘了灵魂[292]

85. 马基雅维利模糊了哲学及其地位 → 彻底的新异确实是表面状况②[294]

86. 哲学 → 哲人们与δῆμος[民众]之间的鸿沟 → 惩罚性修辞术;马基雅维利接受了τέλη τοῦ δήμου[民众的诸目的],因为他受多数人欢迎——征服自然——降低种种标准[295]

87. 马基雅维利的批判的切入点:鼓励有关战争的发明——没有周期性大灾难——需要重新定义"自然的仁慈"[298]

Fins—Laus Deo
[完工——荣耀归于上帝]

---

① [译按]tragedy,旧译"悲剧"。
② [译按]"表面状况"原文为斜体强调,此处补入"确实"以示强调。

序[*]

[5]1953年秋季学期,在沃尔格林基金会(Charles R. Walgreen Foundation)①赞助下,我在芝加哥大学做过四次讲座,这[项研究]是这四次讲座的扩充版。

感谢沃尔格林基金会,尤其感谢基金会主席克尔温(Jerome G. Kerwin)教授,让我有机会呈现我对马基雅维利问题(the problem of Machiavelli)的一些观察和反思。也感谢沃尔格林基金会在文稿整理方面提供了慷慨帮助。

---

[*] [译按]此序与施特劳斯《自然正当与历史》(*Natural Right and History*, Chicago: The University of Chicago Press, 1953)一书1952年序之间颇多相似点。参中译本:《自然权利与历史》,彭刚译,北京:生活·读书·新知三联书店,2006,页84—85。《自然正当与历史》广为流传的1971年英文重印本删去了1952年序,但1992年重印本恢复了此序。在施特劳斯的写作生涯中,《自然正当与历史》(1953)与《思索马基雅维利》(1958)是前后相继的两本书。本书第102页注35征引了《自然正当与历史》。

① [译按]金主沃尔格林(1873—1939)是美国商人,其同名公司主打药品和食品,至今仍是世界500强企业之一。沃尔格林基金会成立于1937年,全名为沃尔格林美国研究机构助研基金会(The Charles R. Walgreen Foundation for the Study of American Institutions),因金主的产业主要在伊利诺伊州,故尤其资助芝加哥大学,但其宗旨是在更广的层面宣传美国价值——正因如此,本书第13页提及沃尔格林基金会。至今芝加哥大学官网上还有Guide to the Charles R. Walgreen Foundation Records 1938-1956。同样受该基金会赞助,《自然正当与历史》甚至在书前冠以该基金会主席克尔温的"前言"(Foreword)。

这项研究的第二章此前已发表于《美国政治科学评论》(American Political Science Review) 1957 年 3 月号。

施特劳斯
于伊利诺伊州芝加哥市
1957 年 12 月

引 言

1. 马基雅维利是传授缺德的缺德教师

[9]根据一个老派而质朴的意见(the old-fashioned and simple opinion),马基雅维利是传授邪恶的教师;如果我们自称倾向于此意见,则我们不会令任何人感到震惊,而只会令自己遭到善意的或至少无害的嘲笑。确实,[除了"传授邪恶的教师",]还有什么别的描述会适合用在这样一个人身上吗?

此人传授这样一些教训:君主们(princes)①若希望安稳地占有他国领土,就应该把他国统治者的家族斩草除根;君主们应该杀掉自己的反对者们,而非把这些反对者的财产充公,因为那些被剥夺财产的人会谋划复仇,但死人不会;人们忘记父亲被杀,比忘记失去祖产(patrimony)更快;真正的大方(liberality)在于对自己的财产吝啬(stingy),并对他人的所有物慷慨(generous);不是美德(virtue),而是明智地(prudent)运用美德与恶德(vice),②才通向幸福;伤害他人时应该一次性做完,这样,由于他人尝到伤害的次数较少,故伤害带来的痛苦会较轻,至于使他人获益时,则应该细水长流,这样他人才会更强烈地感觉到自己在获益;一位获胜的将军,若唯恐他的

---

① [译按]关于此词的多义性,参第47页。后文此词亦有时译作"贵族"或"统治者",在这些时候均会附上原文,此外一律译为"君主"。

② [译按]《尚书·商书·说命中》曰:"爵罔及恶德,惟其贤。"意为官爵不可授予恶德之人,而当授予贤人。

君主不会恰当地奖赏他,就可以[先下手为强,]举起反叛之旗惩罚这位君主,因为这位将军预想到这位君主会忘恩(ingratitude);一个人若不得不在施加严重伤害与施加轻微伤害之间做选择,就应该施加严重伤害;一个人不应该对他想杀的某人说"把你的枪给我,我想用它杀你",而只应该说"把你的枪给我",因为一旦枪在手,你就能为所欲为。

如果千真万确的是,只有一个邪恶的人才会自甘堕落(stoop)去传授公私强盗行径的诸准则(maxims),那么,我们被迫说,马基雅维利是邪恶的人。

2. 马基雅维利是绝无仅有的传授缺德的缺德教师

[10]马基雅维利确实并非表达上述种种意见的第一个人。这些意见属于政治思考和政治行动的一种方式,这种方式与政治社会本身一样古老。但是,马基雅维利是绝无仅有的如下哲人,这种哲人把自己名字的分量出租给(has lent the weight of his name to)①任何一种与政治社会本身一样古老的政治思考和政治行动方式,以至于这种哲人的名字通常用来指称这种方式。② 马基雅维利作为这种邪恶的政治思考和政治行动方式的经典化身而恶名昭彰。

卡利克勒斯(Callicles)和忒拉绪马科斯(Thrasymachus)关起门来阐发过这种邪恶学说,[但]他们是柏拉图笔下的人物;在米洛斯(Melos)岛上,雅典使节们在普通民众缺席时也陈述过这同一种学

---

① [译按]若按英语习语 lend one's name to sth 译出,则作"这种哲人允许自己参与",但这里似乎亦有意突出"出租"之义。

② [译按]关于马基雅维利作为哲人,亦参第 127 页,第 173 页,第 294 页。

说,[但]这些雅典使节是修昔底德笔下的人物。① 马基雅维利公开而得意地宣扬一种败坏人的学说,而古代著作家们传授这种学说时,要么遮遮掩掩(covertly),要么以所有迹象表达反感。马基雅维利以自己的名义说了一些令人震惊的事,而古代著作家们通过自己笔下的人物之口来说这些事。② 唯有马基雅维利敢在一本书中并以自己的名义言说这种邪恶学说。

3. 智术化的观点攻击这种头脑质朴的观点

不过,["马基雅维利是传授邪恶的教师"]这个老派而质朴的评判,无论多么真实,都还不全面(exhaustive)。这个评判所具有的缺陷某种程度上把某些更为智术化的(sophisticated)观点正当化了,这些观点由我们时代的博学之士们(the learned)提出。[这些观点]告诉我们,马基雅维利远非传授邪恶的邪恶教师,以至于他是充满激情的爱国者,或是科学的社会研究者(a scientific student of society),或同时是这两者。

但是,人们也许会好奇:难道最新潮的学者们不是比老派而质朴的学者们错得远远更离谱?或者说,难道最新潮的学者们所忽视的东西不是比质朴而老派的学者们所忽视的东西远远更重要?当然,也许千真万确的是,对于智术化的人们所忽视的唯一必需之事

---

① [译按]参柏拉图《高尔吉亚》和《王制》(旧译《理想国》,参第15页译按)卷一;修昔底德《战争志》(旧译《伯罗奔尼撒战争史》)。此三部作品较善的中译本:李致远,《修辞与正义:柏拉图〈高尔吉亚〉译述》,成都:四川人民出版社,2021;柏拉图,《理想国(政制)》,溥林译,北京:商务印书馆,2024;修昔底德,《伯罗奔尼撒战争史》,何元国翻译并编注,北京:中国社会科学出版社,2017。正文提及的"米洛斯"在上列何元国译本中译为"墨罗斯"。

② [原注1][301]《君主论》17(狄多[Dido]),18(喀戎[Chiron])。

(the one thing needful),①高贵而质朴的人们阐述得不充分,从而也理解得有错误。这不会是如下情况的孤例:在这种情况中,"一点点哲学"(a little philosophy)②就铸成大错,而不谙哲学的多数人(the unphilosophic multitude)可以幸免于此。

4. 称马基雅维利是爱国者或科学家,是在误导人

把思想家马基雅维利描述为爱国者,是在误导人。他是特殊的一类爱国者:他关切如何拯救他的祖国,胜过关切如何拯救他的灵魂。③ 因此,他的爱国主义预设了一种全面反思,这种反思一方面关涉祖国的处境,另一方面关涉灵魂的处境。这种全面反思,而非爱国主义,才是马基雅维利思想的核心。这种[11]全面反思,而非他的爱国主义,才确立了他的名气,并使他成为所有国家(countries)中许多人的老师。他的思想的实质不是佛罗伦萨的,甚至也不是意大利的,而是普遍的。这种实质关系到——且[他]意在使这种实质关系到——不拘时间和地点的所有能思考的人。

正如把马基雅维利说成爱国者至少是在误导人,把马基雅维利说成科学家也至少是在误导人。科学的社会研究者不愿意也没能力审核通过"价值判断",但马基雅维利的作品充满了"价值判断"。他对社会的研究具有范导性(normative)。

---

① [译按]"唯一必需之事"出自《圣经·新约·路加福音》10:42。此表述亦见《思索马基雅维利》第 82 页,第 178 页注 10,第 212 页。
② [原注 2]培根《论说文集》(Essays)[第 16 章]"论无神论"。[译按]参中译本:培根,《培根论说文集》,水天同译,北京:商务印书馆,2001。
③ [译按]1527 年 4 月 16 日致韦托里(Vettori)的信中说:"我爱我的祖国胜过爱我的灵魂。"写过此信后两个月,马基雅维利就离世了。对这句话或明或暗的引用还见于本书第 172 页和第 175 页。

5. 尽管——或不如说因为——马基雅维利是爱国者或科学家,他才可以是传授缺德的教师

哪怕我们被迫承认马基雅维利本质上是爱国者或科学家,我们也不会被迫否认他是传授邪恶的教师。马基雅维利所理解的爱国主义是集体自私。有两种对正确与错误之别的冷漠,一种源自献身于一个人的国家,另一种源自仅仅专注于一个人属己的安逸或荣耀(ease or glory);①相比之下,前一种冷漠不那么令人反感。但是,正因如此,这种冷漠更具诱惑性,从而也更危险。

爱国主义是一种对属己事物的爱。对属己事物的爱低于对既属己又好的事物的爱。因此,对属己事物的爱往往变得关切属己事物如何是好的,或关切属己事物如何遵从正当性(right)的诸要求。通过诉诸马基雅维利的爱国主义,来把他的种种恐怖(terrible)建议正当化——这种做法意味着,看到了这种爱国主义的种种美德,却看不到高于爱国主义的事物,或看不到既圣化(hallows)又限制爱国主义的事物。在提及马基雅维利的爱国主义时,人们[甚至]没有去除邪恶的[哪怕]区区表面(a mere semblance of evil),而是仅仅模糊了真正邪恶的某种东西。

至于"科学的"社会研究方法,其许多拥护者将其追溯到马基雅维利;这种研究方法通过抽离于(the abstraction from)一些道德区分而兴起,凭借这些道德区分,我们才找到我们作为公民的定位和作为人的定位。因此,"科学"分析不可或缺的条件是道德迟钝(moral obtuseness)。道德迟钝不等于堕落,却一定会强化堕落的种种力量。就小人物们(lesser men)而言,一个人能稳妥地将他们的

---

① [译按]glory 通译为"荣耀",第 286 页辨析了"荣耀"及其近义词。

道德迟钝追溯到他们缺乏某些理智美德(intellectual virtues)。①[但]就马基雅维利而言,一个人不能容忍对他作这种慈悲的(charitable)解释,因为一方面,他太有思想,以至于不会不知道自己正在做什么,另一方面,他太慷慨,以至于不会不对他有理性的朋友们承认自己正在做什么。②

6. 由于马基雅维利的影响,故有人否认他缺德

就像非常多人先于我们而断言的,我们也毫不犹豫就断言,[12]且随后也会试图证明,马基雅维利的教诲既不道德③又反宗教(immoral and irreligious)。我们熟悉学者们为支持与此相反的断言而援引的证据,但我们质疑学者们对这个证据的解释。且不说某些其他考虑,在我们看来,这些学者太容易满足。他们满足于马基雅维利是宗教之友,因为他强调过宗教有用且不可或缺。这些学者丝毫没有关注如下事实:马基雅维利对宗教的赞美,不过是——人们也许可以暂时这么说——他对宗教真理的完全冷漠[这同一枚硬币]的另一面。

这不足为奇,因为这些学者自己就算不把宗教理解成迷人的或至少无害的民间传说,也可能把宗教仅仅理解成社会的重要部分,更不用说有些真诚信仰宗教的人们满足于任何施予宗教的表面利

---

① [译按]亚里士多德《尼各马可伦理学》1103a14-15:

美德分两种:理智美德和道德美德(διττῆς δὴ τῆς ἀρετῆς οὔσης, τῆς μὲν διανοητικῆς τῆς δὲ ἠθικῆς)。

参中译本:廖申白译,北京:商务印书馆,2017。

② [译按]以"至于'科学的'社会研究方法"开头的这段在英文本中独立,但施特劳斯没有给它加标题。

③ [译按]区别于第162页等处的"非道德"(amoral)。

益(any apparent benefit conferred upon religion)。这些学者错误地解释了马基雅维利对宗教的判断,且同样错误地解释了马基雅维利对道德的判断,正是因为这些学者是马基雅维利的学生。这些学者看似头脑开通地(open-minded)研究马基雅维利的思想,而[实际上]这种研究立足于对马基雅维利种种原则的教条式接受。因为这些学者是马基雅维利传统的继承人,所以他们才看不到马基雅维利思想的邪恶品质;因为马基雅维利已经败坏了他们,或他们的老师们遭到遗忘的老师们[,所以他们才看不到马基雅维利思想的邪恶品质]。

7. 有必要从前面的时代,而非从后面的时代,来理解马基雅维利

一个人除非把自己从马基雅维利的影响中解放出来,否则不可能看到马基雅维利思想的真正品质。出于所有实践意图,这意味着,一个人除非靠自己并在自己身上(for himself and in himself)重新发现西方世界的前现代遗产,既重新发现圣经遗产,又重新发现古典遗产,否则不可能看到马基雅维利思想的真正品质。公正地对待(to do justice to)马基雅维利,要求一个人从前现代的观点向前看,而非从今天向后看;①前一种情况会看到一个完全出人意料且令人惊诧的马基雅维利,这个马基雅维利崭新而陌生;后一种情况则会看到一个已经变得陈旧并变成我们自己人的马基雅维利,这个马基雅维利由此而几乎变得善良了。即便为了仅仅历史地理解,一个人也需要采用[从前现代的观点向前看]这个处理方式。马基雅维利确实知晓前现代思想:前现代思想存在于他之前。他不可能知晓[我们]当前时代的思想,这种思想可以说出现在他之后。

---

① [译按]"向前看"指向更晚的时代看,"向后看"指向更早的时代看。

8. 马基雅维利是堕落天使——理论人①

由此，我们认为，["马基雅维利是邪恶的教师"]这个关于马基雅维利的质朴意见，尽管仍然不充分，但确实决定性地优于[当前]盛行的种种智术化观点。[13]即便——且恰恰如果——我们被迫承认，马基雅维利的教诲是魔鬼般的(diabolical)，且马基雅维利本人是魔鬼(a devil)，那么，我们被迫记起如下深刻的神学真理：魔鬼是堕落的天使。认识到马基雅维利思想的魔鬼般品质，会意味着在马基雅维利的思想中认识到一种品级相当高却堕落了的高贵(a perverted nobility of a very high order)。马洛(Marlowe)曾辨识出了这种高贵，因为他把下面这句话归于马基雅维利：

我认为，不存在罪孽(sin)，而只存在无知。②

马基雅维利本人所作的说明证实了马洛的判断，这番说明就是马基雅维利在他两部大书[《君主论》和《李维史论》]③各自的献辞中对他最珍贵的所有物作的说明。

我们赞同["马基雅维利是邪恶的教师"]这个关于马基雅维利的质朴意见，不仅是因为这个意见健全(wholesome)，而且最重要的是因为，若不能严肃对待这个意见，就会阻碍人们公正地对待马基

---

① [译按]a theoretical man，若取古义则译作"静观者"。我们知道，尼采把苏格拉底称为"理论人"，如在《肃剧的诞生》(习译《悲剧的诞生》)中。

② [译按]马洛，全名克里斯托弗·马洛(Christopher Marlowe, 1564—1593)，英国戏剧诗人，16岁进入剑桥大学学习，"大学才子"派代表人物，对莎士比亚有直接影响。代表剧作有《浮士德博士的肃剧》《帖木儿大帝》《马耳他岛的犹太人》。这里的独立引文出自《马耳他岛的犹太人》序诗(Prologue)第15行。中译本：《马洛戏剧全集》，华明译，北京：商务印书馆，2020。

③ [译按]关于此二书的译名，参第15页译按。

雅维利真正令人钦羡的(admirable)东西:他思想的无畏,他视野的宏大,还有他言辞的优雅精微(the graceful subtlety)。既不蔑视也不无视这个质朴意见,而是深思熟虑地从这个质朴意见上升,方能通向马基雅维利思想的核心。要阻止人们理解任何事物,最可靠的方式莫过于,对于其中明显而表面的东西,要么视为理所当然,要么予以轻视。内在于事物表面——且仅仅内在于事物表面——的问题才是事物的核心。

9. 马基雅维利与美国

在沃尔格林系列讲座中讨论马基雅维利,有几个不错的理由。可以说,美利坚合众国是世界上绝无仅有的这样的国家:它缔造(founded)于对马基雅维利种种原则的明确反对之中。据马基雅维利所说,世界上最负盛名的共富国(commonwealth)①的缔造者是杀死兄弟的人:政治的伟大必然奠基于罪行之中。如果我们能相信托马斯·潘恩(Thomas Paine),则旧世界的所有政府都具有这里描述的起源;它们起源于征服和僭政。可是,"美国的独立[曾]②伴随着一场针对诸政府的种种原则和实践的革命"——美国奠基于自由和正义之中。

> 有一种政府缔造于一种道德理论之上,缔造于一种普遍和平体系(a system of universal peace)之上,缔造于种种不可废止的世代相传的人权(the indefeasible hereditary Rights of Man)之上,这种政府如今正在借助一股势头自西向东运转(revolving),这股势头强过崇尚暴力的政府(the Government of the

---

① [译按]一般译为"共和国",但字义本身强调共富。在此指古罗马。
② [译按]方括号内容为施特劳斯所补。

sword)自东向西运转[所借助的势头]。①

这个判断远未过时。尽管自由不再是美国的专有物,但美国现在仍是自由的堡垒。而当代的僭政②根源[14]于马基雅维利的思想,即根源于"好目的把所有手段正当化"这条马基雅维利式原则。至少

---

① [原注3]托马斯·潘恩《人权》(Rights of Man)第二部分引言。
[译按]以上两处潘恩引文对应中译本:《潘恩选集》,马清槐等译,北京:商务印书馆,1982,第225页末行,第228页第2段倒数第5至3行。潘恩(1737—1809),出身于英国一个贫苦人家。1774年,潘恩作为契约奴来到美洲。当时北美反英斗争风起云涌,潘恩于1776年发表激进小册子《常识》(Common Sense,亦收于中译本《潘恩选集》),公开提出北美独立革命的问题,并竭力强调革命之后应建立共和政体。1791年,受法国革命鼓舞,发表另一个激进小册子《人权》,旨在反驳英国思想家柏克(Edmund Burke,1729—1797)的《反思法国革命》(1790,旧译《法国革命论》,有何兆武等人的中译本,商务印书馆,2022)。雅各宾派专政期间,潘恩因"图谋反抗共和国"的罪名被捕。1794年在时任美国驻法大使的门罗(James Monroe,1758—1831,于1817—1825年任第五届美国总统,于1823年提出门罗主义)的干预下获释。在狱中,潘恩写下《理性的时代》(1793—1794,亦收于中译本《潘恩选集》),宣扬强硬的反宗教立场。1802年,潘恩回到美国定居,七年后去世。

② [译按]其中必包括希特勒的僭政(1933—1945),而犹太人施特劳斯及其家族是其直接受害者,且他流亡美国就是为了躲避这种僭政。同时,经刘小枫老师提醒,施特劳斯写作本书也许直接关系到他1948年出版《论僭政》以来与法国政治家兼思想家科耶夫(1902—1968)在僭政问题上的交锋。1954年,施特劳斯针对科耶夫发表了重磅论文《关于色诺芬〈希耶罗〉的再次陈述》(Restatement on Xenophon's Hiero)。在给笔者的信中,刘小枫老师称此文也许是理解《思索马基雅维利》的钥匙,还精微地评论说"哲人之间极为个体性的争辩是哲学的真正推动力"。另请参考《思索马基雅维利》后文第271-272页关于僭政的讨论。

以上相关文献俱见施特劳斯、科耶夫,《论僭政:色诺芬〈希耶罗〉义疏》,重订版,彭磊译,北京:华夏出版社,2016。该译本收入 Restatement on Xenophon's Hiero 时,将标题译作《重述色诺芬的〈希耶罗〉》,但据笔者浅见,这种译法似乎更适合翻译 Restatement of Xenophon's Hiero。

因为美国现实与美国抱负不可分离,所以若不理解与美国主义相反的马基雅维利主义,人们就不可能理解美国主义。

但是,我们不能对自己隐瞒如下事实:这个问题比它在潘恩及其追随者们的呈现中所表面上展示的更复杂。马基雅维利会争辩道,美国将其伟大不仅归因于其习惯性地坚守自由和正义这些原则,而且归因于其偶尔偏离这些原则。马基雅维利会毫不犹豫就对路易斯安那购地案①和印第安人的命运作出恶意解释。他会总结道,这样一些事实再度证明了他的如下论点:如果没有与罗慕卢斯(Romulus)谋杀他的兄弟瑞穆斯(Remus)这个行为相当的行为,就不可能存在一个伟大而荣耀的社会。这种复杂性使我们远远更有必要试图充分理解马基雅维利提出的根本问题。②

10. 我们的任务是恢复恒久的问题

我们似乎已经假定,马基雅维利是政治思想的两种根本抉择③之一的经典阐发者。我们的确曾经假定,存在着一些根本抉择,这些抉择是恒久的(permanent),或与人类始终同在(coeval with man)。今天人们常常否认这个假定。我们同时代的许多人持有如

---

① [原注4]参 Henry Adams, *The First Administration of Thomas Jefferson*, vol. ii, New York, 1898, pp. 56, 71-73, 254。

[译按]此书是亨利·亚当斯的九卷本名著《杰斐逊和麦迪逊执政时期的美国史》(*History of the United States During the Administrations of Thomas Jefferson and James Madison*)的第一部分。亨利·亚当斯(1838—1918)是美国史学家,出身于名门望族亚当斯家族,其曾祖父是约翰·亚当斯(John Adams, 1735—1826,于1797—1801年任第二届美国总统),其祖父是约翰·昆西·亚当斯(John Quincy Adams, 1767—1848,于1825—1829年任第六届美国总统)。

② [译按]以"但是,我们不能"开头的这段在英文本中独立,但施特劳斯没有给它加标题。

③ [译按]理想主义与现实主义。第292页提及"现实主义"。施特劳斯在《论僭政》第26页(中译本第44页)提及理想主义与现实主义。

下意见:不存在恒久的诸问题,从而也不存在恒久的诸抉择。这些人会争辩道,正是马基雅维利的教诲充分证明了,这些人应该否认有恒久的诸问题存在:马基雅维利的问题是新异的(novel)问题,这个问题根本不同于更早的政治哲学所关切的问题。这种争辩若得到恰当的阐释,则[确实]有一定分量。

不过,直白地讲(stated baldly),这种争辩仅仅证明了,恒久的诸问题并不像某些人所相信的那么容易接近,或者说,并非所有政治哲人都直面恒久的诸问题。我们批判地研究马基雅维利的教诲,除了致力于重新发现恒久的诸问题,最终不可能有其他任何意图。

第一章　马基雅维利教诲的双重性

1. 关系隐晦的两本书

　　[15]马基雅维利在两本书中呈现了他的政治教诲,这两本书就是《君主论》(*Prince*)和《李维史书前十卷论》(*Discourses on the First Ten Books of Livy*)。① 柏拉图也在两本书中呈现了他的政治教诲,这两本书就是《王制》(*Republic*)和《法义》(*Laws*)。② 但是,柏拉图完全清楚地指出,《法义》的主题在等级上低于《王制》的主题,或者说,《法义》从属于《王制》。霍布斯走得如此之远,以至于在三本书中呈现了他的政治教诲。但是,容易看到,这三本书是连续三次努

---

　　① [译按]如此处所示,*Prince* 直译为《君主》,无"论"字当非偶然。《李维史书前十卷论》这个完整书名仅仅另见于第88页。后文中该书名常简称为 Discourses,有两处则简称 Discourses on Livy(第 16 页和第 107 页)。笔者将前一个简称意译作《李维史论》(若直译则作《论》),将后一个简称直译作《论李维》。另外第 16 页第 3 大段标题中的书名也宜译作《论李维》。

　　② [译按]《王制》的古希腊文书名 Πολιτεία 本义为"政制",旧译为《理想国》,《王制》为刘小枫先生的译法。既有的中英译法均为意译,但英译名 Republic(直译为《共和国》)对施特劳斯此书来说也许有特别意义,因为共和国为马基雅维利的重要主题。《法义》中译本可参:柏拉图,《法义》,林志猛译,北京:华夏出版社,2023。

力阐述同一种政治教诲的产物。① 马基雅维利这两本书的情况则不同。这两本书的关系很隐晦。

2.《君主论》之于《李维史论》正如君主国之于共和国

在《君主论》开头,马基雅维利将所有国家(states)划分为两类,即共和国与君主国。从《君主论》的书名、献辞和章题来看,此书似乎致力于讨论君主国。最重要的是,马基雅维利明确说道,在《君主论》中,他将只讨论君主国,而不讨论共和国,因为他已在其他地方详尽讨论过共和国。② 对一部关于共和国的作品的如此提及,匹配《李维史论》,而不匹配马基雅维利的其他任何作品,不管是现存作品[16]还是已知存在过的作品,也不管是完整作品还是残篇。因此,似乎合理的做法是把这两本书的关系描述如下:《君主论》致力于讨论君主国,而《李维史论》致力于讨论共和国。

3. 由于共和国不合时宜,故《论共和国》变成了《论李维》

然而,如果情况如此简单,那么,为何马基雅维利没有简单地将

---

① [译按]霍布斯(1588—1679),英国哲人,也是继马基雅维利之后的又一位主要现代政治哲人。如施特劳斯《霍布斯的政治哲学》(1936)第二章开头所示,这里说的三本书是:(1)《法律原理》(Elements of Law,1640);(2)《哲学原理》(Elementa philosophiae):第一部分为《论物体》(De corpore,1655),第二部分为《论人类》(De homine,1658),第三部分为《论公民》(De cive,1642);(3)《利维坦》(1651)。若论政治教诲,则可将《论物体》排除。
以上诸书均有中译本:《霍布斯的政治哲学》,申彤译,南京:译林出版社,2012;《法律要义》,张书友译,北京:中国法制出版社,2010;《论物体》,段德智译,北京:商务印书馆,2020;《论人类》,汪涛译,北京:中译出版社,2015;《论公民》,应星、冯克利译,贵阳:贵州人民出版社,2004;《利维坦》,黎思复、黎廷弼译,杨昌裕校,北京:商务印书馆,1985。

② [原注1]《君主论》1开头,2开头,8开头。

他关于共和国的论著(treatise)命名为《论共和国》(De Republica)?① 人们可能会认为,马基雅维利写作时,共和国在佛罗伦萨或在意大利或在大地上其他任何地方都不合时宜;那时,君主国占支配地位(were in the ascendancy);相当程度上,共和国当时已是过去的事物。马基雅维利在他的时代能找到君主式统治者的榜样,如切萨雷·博尔贾(Cesare Borgia)或阿拉贡的斐迪南(Ferdinand of Aragon),②但共和国式统治的榜样由古代罗马提供。③

依照上述[人们可能认为的]观点,我们发现,我们可以说《君

---

① [译按]关于 treatise 的字义,参第 62 页注 22。西塞罗著有《论共和国》,系对柏拉图《王制》的仿作。由此,De Republica 这个书名也成为《王制》英译书名 Republic 的古罗马渊源。

② [译按]切萨雷·博尔贾(1476—1507),教宗亚历山大六世(1431—1503)的私生子,18 岁就担任枢机主教,以邪恶、残忍和善战著称,图谋缔造一个大君主国,为此征服过众多意大利城市。

阿拉贡的斐迪南(1452—1516),史称阿拉贡的斐迪南二世,他是阿拉贡国王(1479—1516 年在位)、卡斯蒂利亚国王(1474—1504 年在位,称斐迪南五世)、西西里国王(1468—1516 年在位,称斐迪南二世)以及那不勒斯国王(1504—1516,称斐迪南三世)。斐迪南是 15 至 16 世纪之交的风云之主,以纵横捭阖的手段奠定西班牙的强国地位。1492 年,斐迪南征服格拉纳达,统一西班牙全境。在意大利,他出兵援助那不勒斯驱逐法王查理八世(1483—1498 年在位),后于 1500 年与法王路易十二(1498—1515 年在位)瓜分那不勒斯。1508 年,他又与法国结盟反对威尼斯,其后为了争夺意大利,又与法国作战。

③ [原注 2]《李维史论》1.17,1.49,1.55(211),2.2 开头。圆括号中的数字指如下版本的页码:Machiavelli, Opere, ed. F. Flora and C. Cordie, Milan: Arnoldo Mondadori, 1949-1950。[译按]但是,当此类圆括号出现在既有圆括号中时,此类圆括号转为方括号。另外,正文用到的"古代罗马"(ancient Rome)往往特指共和国时代的罗马(前 509—前 27),故不译为"古罗马"。后文不提罗马而用到"古代"时,亦多有此义,故第 86 页把古代与基督教对立起来。

主论》中现代例证占多数,而《李维史论》中古代例证占多数。① 由此,我们也许可以理解,为何《君主论》以充满激情地召唤[一位君主]行动起来为结尾,或者说,以充满激情地召唤[一位君主]行动起来为顶点:马基雅维利劝谏他的时代的一位意大利君主解放意大利,使意大利摆脱征服了它的诸蛮族(barbarians);但是,奇怪的是,《李维史论》的结尾不带激情。简言之,一开始,以主题的不同来描述这两本书的关系,有点道理。

4. 种种反驳

但是,我们几乎被迫立即限定这番描述。马基雅维利认为共和国已是过去的事物,这一点并不真实。他写作《李维史论》是为了鼓励人们模仿古代共和国。他希望,在不久的将来,或在遥远的将来,古代共和主义精神会重生。② 因此,他对共和国式未来感到绝望,不能解释为何他写下《论李维》(Discourses on Livy)③而非《论共和国》。

除此之外,《李维史论》当然既讨论了共和国也讨论了君主国。[马基雅维利]明言,此书的意图不仅在于为模仿古代共和国铺平道路,而且在于为模仿古代王国铺平道路。④ 至于《君主论》,也到处提及共和国。马基雅维利敦促君主们,在对外政策和军事问题上,要把罗马共和国当作他们的榜样。⑤ 如果人们说,《君主论》主

---

① [原注3]《李维史论》共142章,其中只有两章仅仅包含现代例证(1.27,1.54);而《君主论》共26章,其中就有八章仅仅包含现代例证。反之,《君主论》中没有一章仅仅包含古代例证,而《李维史论》中至少有60章仅仅包含古代例证。

② [原注4]《李维史论》卷一前言,1.55(213),2.4靠近结尾处,2.15结尾,2.33结尾。

③ [译按]参第15页译按。

④ [原注5]《李维史论》卷一前言。除了参考同时提到共和国与君主的众多章题以外,尤参1.16(138-139),2.24(300-301),3.1靠近结尾处,3.3-4。

⑤ [原注6]《君主论》3,5,9(31),10(35),12,13靠近结尾处,17(54),21(71-72)。

要讨论君主国，而《李维史论》主要讨论共和国，那么，这种说法模糊了上述难题。

更好的说法会是，马基雅维利在《君主论》中以君主视角讨论了所有主题，而在《李维史论》中[17]既以君主视角又以共和国视角讨论了众多主题。因此，人们倾向于认为，在《李维史论》中，马基雅维利呈现了他的政治教诲的整全，而在《君主论》中，他只呈现了他的政治教诲的一部分，或者说，可能只讨论了一种特定情况；人们倾向于认为，《君主论》从属于《李维史论》。

上述[人们倾向于认为的]观点在今天似乎得到广泛赞同。一方面，基于已明言的理由，上述观点优于[我们先前提到过的]一个观点，即这两本书的关系严格对应于君主国与共和国的关系；另一方面，上述观点又劣于[我们先前提到过的]这个观点，因为上述观点并非基于马基雅维利自己的陈述。这两本书的关系仍然很隐晦。

5. 这两本书各自都包含马基雅维利所知晓的一切——这两本书在主题上没有区别

为了获得某种清晰度，让我们再次返回表面，即返回开端的开端。这两本书都以献辞开头。① 在《君主论》的献辞中，马基雅维利说，此书包含了他靠自己发现并从别人那里学到的一切，即包含了他所知晓的一切。在《李维史论》的献辞中，他说，此书包含了他所知晓并学到的关于此世事物的一切。因此，不可能从主题的不同来理解这两本书的关系。《君主论》像《李维史论》一样全面：这两本书各自都包含了马基雅维利所知晓的一切。我们必须补充道，马基雅维利仅仅为了《君主论》和《李维史论》才作出如此宣称，这一点可以从他其他一些作品的献辞中看到。

---

① [译按]《李维史论》中译本将献辞挪至书末了。

6. 马基雅维利的知识范围

在《李维史论》献辞的含混评论中，马基雅维利似乎将他的知识呈现为仅限于"此世事物"①的知识。关于此世事物的知识一方面区别于书本知识(book-learning)，另一方面区别于关于自然事物和超自然事物的知识。在一个场合，马基雅维利似乎明确否认自己拥有关于自然事物和超自然事物的知识。此世事物尤其区别于"运气(chance)和上帝"，也区别于"天"(Heaven)。此世事物等于 res humanae，即属人事物，或属人事务。马基雅维利不仅使用"此世事物"，而且使用"此世行动"这个表述。但是，此世事物并非仅仅由行动构成，而且还包含国家和宗教，或者说，还包含区别于"简单体"(即自然体)的"混合体"。② [18]有人曾说，佛罗伦萨人根本不理解此世事物。萨沃纳罗拉(Savonarola)③的布道充满对此世智者

---

① ［译按］对应中译本第 589 页第 3 行。

② ［译按］此句中的"体"原文均为 body。body 兼有"身体""物体""团体"等义。

③ ［译按］萨沃纳罗拉(1452—1498)，全名吉罗拉莫·萨沃纳罗拉(Girolamo Savonarola)，意大利宗教改革家。他出生于意大利东北部城市费拉拉，幼年起接受正统的天主教教育。1475 年，萨沃纳罗拉来到博洛尼亚(Bologna)，加入多明我会，以极大热忱钻研圣经和阿奎那的《神学大全》等著作。1479 年，萨沃纳罗拉回到费拉拉，三年后被派往佛罗伦萨多明我会的圣马可修道院讲道。萨沃纳罗拉知识渊博，奉行严格的禁欲苦修生活，在佛罗伦萨赢得很大声誉。当时，罗马教廷内部腐朽不堪，佛罗伦萨被美第奇家族的僭政所把控，萨沃纳罗拉在讲道中猛烈抨击教会的腐败和美第奇家族的僭政，指出教会将受上帝的严厉惩罚。他在民众中的威信日益提高。

1492 年，佛罗伦萨和那不勒斯密谋瓜分米兰。米兰公爵向法王查理八世求援，后者于 1494 年 9 月率军进入意大利。法军兵临佛罗伦萨城下时，萨沃纳罗拉领导民众发动反抗美第奇家族的起义。同年，起义成功后，萨沃纳罗拉恢复佛罗伦萨共和国，出任全权执政。为此，1498 年萨沃纳罗拉还写下一部《论

(the worldly wise)的指控和辱骂。另一方面，马基雅维利渴望使他的读者们成为"更好地知晓此世的人"。① 因为，此世事物当然也区别于属天事物(the heavenly things)，或更确切地说，此世事物作为"此世"的事物区别于"彼世"的事物。②

在《君主论》献辞中，马基雅维利没有谈论此世事物，而是谈论了现代事物和古代事物。此世事物可变，故现代事物不同于古代事物。但是，"此世事物"是比"古代事物与现代事物"更全面的表述，因为古代与现代之间的区别并非影响到所有此世事物。如马基雅维利在《君主论》献辞中告诉我们的，存在"诸君主的本性"③和"诸民众(the peoples)的本性"，这两种本性不可变。存在所有人之中都相同的"本性"。存在诸民族的种种自然特征、种种自然倾向、种种自然必然性(natural necessities)，属人事务的研究者必须完全熟悉这些东西。鉴于神迹(miracles)在政治上很重要，至少可以说，如下这一点是可欲的：治国者(the statesman)甚至应该是"知晓自然事物的人"，从而治国者们的老师也更应该如此，这里说的自然事物并不必然特别关系到人性。④

佛罗伦萨城邦的统治和政府》(Trattato circa il reggimento e governo della città di Firenze)。萨沃纳罗拉的抱负是以佛罗伦萨为中心建立一个神权共和国，从而推动整个意大利和教会的改革，以清除世上的邪恶。但萨沃纳罗拉的政敌们密谋联合外国势力推翻了他。1497年，教宗亚历山大六世开除萨沃纳罗拉教籍。1498年5月，一群民众受到煽动，挑起暴乱，攻入圣马可修道院，逮捕萨沃纳罗拉。当月23日，萨沃纳罗拉以伪预言家、宗教分裂者和异端的罪名被绞死。1512年，美第奇家族在佛罗伦萨恢复僭政。

① [原注7]《曼陀罗》3.2;《君主论》25(章题和开头);《李维史论》1.38靠近结尾处,1.56,2.5,3.1开头,3.6(346),3.30(410),3.31(413)。
② [原注8]《佛罗伦萨史》7.6。
③ [译按]"本性"的原文nature在后文亦根据语境译为"自然"或"天性"，但若用在human nature或man's nature中，则有时径译为"人性"。
④ [原注9]《君主论》3(6),10(35-36);《李维史论》1.12,1.57,1.58,3.8,3.36靠近开头处。这两本书中仅有一章的标题提及"自然"，这一章就是

因此,马基雅维利不仅知晓可变的"此世事物",而且知晓不可变的"此世"本身。他知晓,天、太阳、诸元素、人永远拥有相同的运动、秩序、力量。他知晓,此世事物遵循天为它们规定的路线,以至于所有此世事物在每个时代都与古代根本一致。因此,某种意义上,马基雅维利拥有关于"所有自然事物"的知识。除非他拥有关于天的某种知识,否则他可能不会知晓,所有此世事物都会靠天而拥有其秩序(depend for their order on heaven)。除非他拥有关于简单体的某种知识,否则他可能不知晓混合体本身。

　　千真万确的是,马基雅维利关于简单体的知识学自医生们(physicians),①也学自其他一些人,而他关于混合体的知识是自学的。[19]但是,这并非否认如下事实:他既拥有关于简单体的知识,也拥有关于混合体的知识。此世事物以某种方式由运气和上帝所统治。因此,马基雅维利被迫思考这种统治的特性,且被迫得出对这种特性的判断,正如他被迫思考如下问题:此世,即可见的宇宙(the visible universe),是创造出来的还是永恒的?② 在诸如此类的情形中,与在简单体的情形中不同,他的判断并不依赖他人的种种

《李维史论》3.43,即《李维史论》全书第 136 章。

　　——在《君主论》第 1 章开头,马基雅维利将[302]"所有国家、所有统治权"划分为君主国与共和国。"所有国家、所有统治权"的范围大于"记忆所及的"的君主国和共和国,见 4(13);"所有国家、所有统治权"也包括马基雅维利在第 15 章谈论的想象的(imaginary)君主国和共和国:证明这些君主国和共和国本质上具有想象性,事实上是《君主论》的论证中一个最重要的部分。

　　① [译按]physician[医生]与 physicist[物理学家]一样源自古希腊文 φυσική[自然学],故原有"自然学家"之义。当然,马基雅维利确实用到"医生"这个义项。此词见于《君主论》3;《李维史论》卷一前言,1.39,3.49。同样指医生的 dottore(对应英文 doctor)一词见于《李维史论》3.1。指医学的 medicina(对应英文 medicine)一词见于《李维史论》卷一前言和 3.1。本书后文谈到医生或医学的地方有第 57 页,第 87-88 页,第 166 页。

　　② [原注 10]《君主论》3(8-9),7(20),25 开头;《李维史论》卷一前言,卷二前言(228),2.5,3.1 开头,3.43 开头。

教诲,或者说,并不依赖在诸科学的次序中优先于他自己的科学的一种科学;在诸如此类的情形中,他被迫靠自己来判断。

总之,人们难以精确限定马基雅维利关于"此世事物"的知识。假定他关于此世事物的知识仅限于狭义的政治事物和军事事物,当然并不明智。更明智的是,假定他的知识绝对全面(all-comprehensive),①从而他无论在《君主论》中还是在《李维史论》中传授的教诲也都绝对全面。

换言之,如下假定是明智的:在这两本书各自之中,他都仅仅把这样一些主题排除在考虑之外,这些主题尽管可能关系到如何理解政治事物的本性,却为他所明确排除。只有一个主题他明确排除在讨论之外:

> 使自己成为牵涉许多人的新事物的领头人(the head),有多么危险?经营这个新事物,把它引向完满,然后维持它,有多么困难?以上会是一个太大,也太超拔(exalted)的话题,以至于无法讨论的话题;因此,我把以上话题留到一个更方便的地方去讨论。②

因此,其他所有重要主题都不够大,也都不够超拔,从而没有阻止[马基雅维利]加以讨论。必须假设,其他所有重要主题在这两本书各自之中都得到了讨论,哪怕只是得到粗略或暗中讨论。这个结论完美相容于一个事实,即这两本书的主体部分明显致力于讨论狭义的种种政治主题:我们从苏格拉底那里学到,政治事物,或属人事物,是理解所有事物的关键。

为了发现马基雅维利在这两本书各自之中如何能讨论"一

---

① [译按]"绝对全面"亦见第83页,第217页(英文无连字符),第289页。
② [原注11]《李维史论》3.35开头。[译按]对应中译本第556页第1至3行。这段在第28页和第105页引用过,并在第34页间接引过。

切",我们只能提醒自己记起这两本书明显的主题。《君主论》主导性的主题是[20]新君主。但是,最重要的一类新君主由种种社会的缔造者构成。在讨论新君主时,马基雅维利讨论了对每一种社会的缔造,而不管是纯粹政治性的社会,还是政治-宗教性的社会。《李维史论》的主题是,复活古代美德是否可能,以及是否可欲。除非开启有关古代人与现代人的整个问题——这个问题包含着有关异教与圣经的问题——否则马基雅维利不可能表明,复活古代美德是否可能,以及是否必要。①

7. 以言说对象来区分这两本书:现实中的君主不同于潜在的君主

如果主题不能清楚地区分这两本书,那么,我们不得不思考,难道视角不能清楚地区分这两本书?献辞告诉了我们这两本书的言说对象,即告诉了我们"[这些书]首要言说"(to whom above all others [the books] are addressed)②对象的种种品质。[书前冠以]献辞是当时的普通惯例,但一个不普通的人——哪怕不是每个人——当然有自由去赋予普通惯例以不普通的意义。

《君主论》对一位君主言说,《李维史论》对两个身为普通公民(private citizens)③的青年人言说。人们可能会暂时认为,《君主论》从君主的视角讨论马基雅维利所知晓的一切,而《李维史论》从共和国式视角讨论马基雅维利所知晓的一切。换言之,人们可能会认为,马基雅维利是这样一位至高的政治技师(a supreme political

---

① [译按]以"为了发现马基雅维利"开头的这段在英文本中独立,但施特劳斯没有给它加标题。

② [译按]《李维史论》献辞,对应中译本第 590 页第 3 行。引文中的方括号内容为施特劳斯所补。

③ [译按]直译为"私人公民",该表述亦见第 21 页,第 257 页,第 275 页。

technician）：他不夹杂丝毫偏爱（predilection），不带任何确信（conviction），一方面劝告君主们如何保存并加固他们的君权，另一方面劝告共和派们如何确立、维持并促进共和国式生活方式。由此，通过把《君主论》献给一位君主，并把《李维史论》献给[两个]普通公民，马基雅维利预示了迫近的（imminent）将来会出现一种政治科学家，这种政治科学家既会将自己关于自由民主的论著献给艾森豪威尔（Eisenhower）总统的继任者，又会将自己关于共产主义的论著献给布尔加宁（Bulganin）总理的继任者。①

但是，马基雅维利不是这种政治科学家。[由于]对有些主题的理解与中立态度并不相容，[故]他并不尝试中立地对待这些主题。原则上，在充当社会的分析者时，马基雅维利更偏向共和国而非君主国（monarchies）。②

此外，在《李维史论》中，他仅仅从共和国式视角思考他的种种主题，这一点并不真实；在此书的众多文段中，[21]他既从共和国式视角，也从君主式视角，来思考相同的主题。③ 最重要的是，《李维史论》的言说对象，即[两位]普通公民，在献辞中被描述成这样的人：他们虽然不是君主，却配得上做君主，或者说，他们理解如何统治一个王国。他们之于现实中的君主们，正如还是普通公民时的叙拉古的希耶罗（Hiero of Syracuse）之于做国王时的马其顿的珀尔修

---

① [译按]艾森豪威尔（1890—1969），1952—1960年任第34届美国总统，其继任者是肯尼迪（1917—1963，于1960—1963年在任）。布尔加宁（1895—1975），1955—1958年任苏联部长会议主席（习称为"总理"，即苏联政府元首），其继任者是赫鲁晓夫（1894—1971，于1953—1964年在任）。

② [译按]本书一般prince[君主]的同源词principality表示"君主国"，如在第15页。而每当用monarchy或其复数monarchies或其同源形容词monarchic表示"君主国"或"君主制"时，则附列原文。另外，monarchy的同源名词monarch也指"君主"，但通译为"独一统治者"，见第47页，第52页，第130页，第161页，但第207页的monarch仍译为"君主"。

③ [原注12]如《李维史论》1.40, 3.6, 3.8。参本章上文注5。

斯(Perseus of Macedon):①希耶罗还是普通公民时,除了缺少君主或国王的权力,并不缺少做君主或国王所需的任何东西。在《君主论》的言说对象面前,[马基雅维利]把这同一位希耶罗呈现为能与摩西(Moses)和大卫(David)相比的君主榜样。② 正如[马基雅维利]劝诫《君主论》的言说对象不仅模仿古代君主们,而且模仿古代罗马共和国,[马基雅维利]也劝告《李维史论》的言说对象们不仅模仿古代罗马共和派,而且模仿古代国王们。

由此,《君主论》与《李维史论》不仅在主题上一致,而且在最终意图上一致。故而,在理解这两本书的关系时,我们应该试图立足于如下假定:《君主论》是马基雅维利的教诲对现实中的君主们言说时的呈现形式,而《李维史论》是同一种教诲对潜在的君主们言说时的呈现形式。

8.《君主论》简短、紧迫、召唤行动,《李维史论》反之

在一个给定的国家,现实中的君主只能是一个人:《君主论》对一个人言说。但是,在一个给定的国家,可以有不止一位潜在的君主:《李维史论》对两个人言说。③ 人们必须认为,一位现实中的君主非常忙碌:《君主论》是篇幅短小的书,即小册子,尽管包含了马基雅维利所知晓的一切,却能在非常短的时间内得到理解。马基雅维利实现这种浓缩的壮举,凭靠的是摒弃一切种类的修饰(adorn-

---

① [译按]叙拉古的希耶罗(约前308—前215),前270年用阴谋手段自立为叙拉古僭主,史称叙拉古的希耶罗二世,在位54年。后文数次征引的色诺芬《希耶罗》中的主角是叙拉古的希耶罗一世(前478—前467)。

马其顿的珀尔修斯(约前212—前166),马其顿的腓力五世(Philip V of Macedon,前238—前179,本书第61页提到了他)之子,马其顿末代国王,前179年即位,前168年在彼得那战役(Battle of Pydna)中兵败被俘。

② [原注13]《君主论》6,13。

③ [原注14]比较《李维史论》卷二前言(230)与1.9。

ment），①并剥夺此书的一切优雅，除了如下东西：这种东西一方面内在于此书内容的多样性，另一方面内在于此书主题的分量。潜在的君主们有闲暇：《李维史论》在篇幅上是《君主论》的四倍多。此外，连《李维史论》是否写完了，也不清楚：它的结尾看起来是中断，而非终点；另外，马基雅维利几乎应许会继续写下去，这是事实。相应地，在《君主论》中，广泛的讨论仅限于对一位现实中的君主而言最紧迫的种种主题，而且马基雅维利在其献辞中迅速限定了此书的主题。[22]另一方面，《李维史论》包含了对许多细节的广泛讨论，且其献辞没有限定任何主题，但确实有一次提及古典著作家们。②

由于《君主论》对一位现实中的君主言说，故它合理地导致[马基雅维利]召唤[这位君主]行动起来，即召唤[这位君主]在彼时彼地最适宜地行动起来：可以想象一位现实中的意大利君主有能力（to be in a position）解放意大利。但是，《李维史论》只对潜在的君主们言说，从而并未导向召唤行动：人们不可能知道，潜在的君主是否以及在哪些情况下会变成现实中的统治者。因此，在相当程度上，《李维史论》描绘了一个长期规划，③要实现这个计划，就会需要在闲暇中为古代精神作准备，也会需要花许多时间重新发现古代精神或使之重生。从这个角度来看，我们可以更好地理解，为何《君主论》中当然现代例证占多数，而《李维史论》中当然古代例证占多数。

9.《君主论》对主人言说，《李维史论》对朋友们言说

《君主论》献给一位现实中的君主，即马基雅维利的主人洛伦

---

① ［译按］此词亦见第 121 页，另参第 24 页"装饰品"。
② ［原注 15］参本章上文注 3。
③ ［译按］第 72 页再次提及这个"长期规划"。

佐·美第奇(Lorenzo de' Medici)。① 马基雅维利接近洛伦佐时,以各种方式示意,表现出恳求者的姿态。马基雅维利是处于最低谷的卑微臣民(a humble subject dwelling in the lowest depth),而这位君主站在人生巅峰上(stands on the summit of life);除了在一种情况下,这位君主不可能把目光转向马基雅维利,这种情况就是,马基雅维利作为恳求者做出某种让人听得到的(audible)或奇怪的行动,从而诱使这位君主把目光转向马基雅维利。马基雅维利谦卑地向他的主人献上了一份不寻常的礼物,即他的《君主论》,从而试图提醒他的主人注意马基雅维利自己。这份礼物不是出于[任何人的]请求:马基雅维利完全是主动地写作《君主论》。但是,马基雅维利在一种强迫之下行动,造成这种强迫的是压迫着他的运气[对他]所抱有的巨大而持续的恶意(that great and continual malice of chance which oppresses him)。

《李维史论》对马基雅维利的朋友们言说。这些朋友强迫马基雅维利写作此书:他并非主动地写作此书。他通过《君主论》来请求得到一种支持,而他通过《李维史论》来表达他感恩他受到的支

---

① [译按]洛伦佐·美第奇(1492—1519),全名洛伦佐·皮耶罗·美第奇(Lorenzo di Piero de' Medici),史称"洛伦佐二世·美第奇",以区别于其同名祖父(1449—1492)。祖父洛伦佐有著名的绰号"豪华者洛伦佐"(Lorenzo il Magnifico)。史学家说到"洛伦佐·美第奇"时也一般指豪华者洛伦佐。

1434年,科西莫·美第奇(Cosimo de' Medici, 1389—1464)成为佛罗伦萨僭主,开创美第奇家族在佛罗伦萨的僭政。豪华者洛伦佐是科西莫之孙,也是美第奇家族统治佛罗伦萨的第三代僭主。1494年,法军入侵,皮耶罗二世·美第奇(1472—1503,豪华者洛伦佐之子,洛伦佐二世之父)被逐,萨沃纳罗拉在佛罗伦萨建立共和国(参第18页译按),马基雅维利积极参与共和国事务。1512年,焦万尼·洛伦佐·美第奇(Giovanni di Lorenzo de' Medici, 1475—1523,豪华者洛伦佐之子,皮耶罗二世之弟,洛伦佐二世之叔,1513年成为教宗,史称教宗利奥十世[Leo X])担任枢机主教,并依靠西班牙军队恢复了美第奇家族在佛罗伦萨的僭政(当时统治西班牙的是阿拉贡的斐迪南二世,参第16页译按)。1513年,21岁的洛伦佐二世成为佛罗伦萨僭主。

持。他知道,他的朋友们已经给了他支持;而他不知道,他的主人会不会赐予他任何支持。以同样的方式,他预先知道,《李维史论》会令其言说对象们感兴趣,也会受到其言说对象们的严肃对待;而他不知道,《君主论》会不会令其言说对象感兴趣,又会不会受到其言说对象的严肃对待。马基雅维利留下了两个问题让我们无法确定其答案,且他自己可能也无法确定其答案:[第一,]《君主论》的言说对象是否可能对此书感兴趣,或[23]甚至是否可能对任何严肃思想感兴趣?[第二,]收到一匹骏马(a beautiful horse)难道不会令《君主论》的言说对象更快乐?

最终,《李维史论》的言说对象们配得上做君主,却还不是君主,而《君主论》所题献的那位现实中的君主是否配得上做君主尚是开放的问题。马基雅维利那些经过考验的(tested)朋友们,而非他那个未经考验的主人,才会更有希望理解马基雅维利。

10.《君主论》不如《李维史论》直截了当

为了理解这些差异的意义,我们只需留意,关于如何谈论现实中的君主们,马基雅维利明确说了什么。

> 谈论诸民众时,人人都可以无畏而自由地恶言相加,甚至在诸民众施行统治时亦然:而谈论诸君主时,人们总是心怀千般畏惧和千般尊敬。①

有些少数人有能力辨识出关于现实中君主的严酷真相(the harsh truth),却不敢反对无能力辨识出这种真相的多数人的意见;因此,

---

① [译按]《李维史论》1.58,对应中译本第 307 页第 2 至 4 行。这段引文亦见《思索马基雅维利》第 130 页,彼处对英译文作了微小改变,中译文亦有体现。

当提及一位同时代君主突出的失信(faithlessness)时,马基雅维利克制住而没提这位君主的名字:

> 点他的名不好。①

谈论现实中的君主们时所适用的[原则],更适用于对现实中的君主们说话时,尤其当一位现实中的君主是一个人所害怕的主人时。

另一方面,毋庸赘言,对朋友们说话意味着坦率地说话。因此,马基雅维利可能在《君主论》中有所保留,而在《李维史论》中直截了当。② 有所保留与行文简洁相得益彰。在《君主论》中,马基雅维利讨论他所知晓的一切时就言简意赅(laconic)。③ 由于有所保留意味着遵循习俗(convention)或传统,故《君主论》比《李维史论》更遵循习俗或传统。《君主论》延续了习俗或传统中的一种文体,即君主镜鉴(the mirrors of princes)。④ 此书像学园派论著或经院派论著(an academic or scholastic treatise)一样开头。如马基雅维利在献

---

① [译按]《君主论》18,对应中译本第 71 页第 1 行。这句引文亦见于《思索马基雅维利》第 186 页。[原注 16]《李维史论》1.58 结尾;《君主论》18 靠近结尾处。

② [原注 17]在《李维史论》献辞中,马基雅维利以"长期实践"代替了他在《君主论》献辞中使用过的"长期经验":马基雅维利的实践是"共和国式的";而经验则可由旁观者获得。在《君主论》献辞中,马基雅维利仅仅暗示了他的实践:他提到,他在获得经验时所经历的许多不适和危险。

③ [译按]这个英文词源自希腊文 Λακωνικός [拉孔的],意即"拉刻岱蒙的"或"斯巴达的"。

④ [译按]"镜鉴"还见于第 56 页,第 59 页,第 233 页,第 266 页。第 59 页称君主镜鉴文体的经典之作是色诺芬的《居鲁士的教育》。在此还可以补充另一部此类经典,即塞涅卡的《论仁慈》(De Clementia),此书献给古代西方最不仁的僭主、罗马皇帝尼禄(54—68 年在位)。本书第 126 页提及塞涅卡。《论仁慈》中译本:《塞涅卡全集:道德哲学文集 I:论美德》,袁瑜琤译,长春:吉林出版集团,2021,页 311-358。

辞中所说，他的意图在于规制君主统治，或在于为君主统治制定规则，这就是在延续政治哲学传统，尤其亚里士多德传统。①

《君主论》的书名可能是用拉丁文写就，②且《君主论》的章题，乃至献辞的标题，无疑是用拉丁文写就，而拉丁文是种种学派和教会用的语言。千真万确的是，不像经院派论著，《君主论》以引用一首意大利语爱国诗歌结尾。但是，意大利语爱国诗歌也具有一种确定地遵循传统的品质(a solidly traditional character)：《君主论》在经院派论著与爱国诗歌之间游移，即在两种传统文体之间游移。《君主论》的第一个语词是 Sogliono [这符合惯例]。[24]但是，《李维史论》的第一个语词是 Io [我]；作为个人的马基雅维利走上了前台。③

在《君主论》献辞中，马基雅维利指出，他在两个方面偏离了惯例(custom)：[第一，]不像大多数恳求者，他没有向这位君主献上与其伟大相配的装饰品(ornaments)，而是献上了《君主论》；[第二，]他也没有在此书自身之中运用外在的装饰品。④ 但是，在《李维史论》献辞中，他贬低了向君主献书这个惯例本身，而他在《君主论》中曾遵循这个惯例。

《李维史论》的正文以挑战传统开头，即以宣称马基雅维利的事业完全新异的陈述开头。这个陈述在《君主论》中的对等陈述，则隐藏在此书居中部分的某处。《君主论》的章题没有表达任何新

---

① ［原注 18］《李维史论》2.18(281)。
——至于"规则"与"一般规则"，比较《君主论》3(11,13),9(33),23 靠近结尾处，与《李维史论》1.9(119),1.18 靠近开头处，3.22(393)。参《战争的技艺》(*Art of War*)卷一(463)和卷七(612)。［译按］书名《战争的技艺》在《马基雅维利全集》中译本中译作《用兵之道》，亦有译本亦作《兵法》。

② ［译按］1513 年 12 月 10 致韦托里的信中提到马基雅维利所写的小册子 *De principatibus*，此书名即为拉丁文，直译为《论诸君主国》，有人推定此为《君主论》的别名。

③ ［译按］以上两句话中的方括号内容均为施特劳斯所补。

④ ［译按］"装饰品"的原文 ornaments 在此亦指语言上的修饰。

异的或有争议的思想,而《李维史论》的一些章题表达了新异的或有争议的思想;在《李维史论》的两个章题中,马基雅维利公开而明确地质疑了人们所接受的种种意见。①

我们发现,《李维史论》至少九次毫不含混地提及了现代著作,而《君主论》只有一次毫不含混地提及了现代著作。② 在《君主论》中,所有对古代著作家的引用都使用拉丁文;而在《李维史论》中,有几处对古代著作家的引用使用意大利语。③ 几乎毋庸赘言,不仅《李维史论》的书名,而且章题和献辞标题,均是用[意大利语]这门俗语写就。《李维史论》的形式是一种混合体,既有政治论著的成分,又有就李维文本的布道之类的成分;故《李维史论》的形式当然没有遵循习俗,反而创造了一种习俗。

11. 若论第一印象,则《君主论》比《李维史论》更传统

上面的评论尽管会否认《君主论》比《李维史论》更"革命",却不会否认《君主论》是"革命的"书。目前我们只主张两点:[首先,]正如马基雅维利所意图营造的,《君主论》最外在的或最表面的特征,比《李维史论》的表面更传统;其次,一本书的作者所意图营造的表面与这本书的实质在同等程度上属于这本书。就实质而言,对古代的钦羡在同等程度上为《君主论》与《李维史论》注入了生命(animated),且《君主论》与《李维史论》在同等程度上把自身的存在归因于研究古代。④

---

① [原注 19]参《李维史论》1.4,1.12,1.41,2.10,2.17,3.3,3.4。
② [原注 20]《李维史论》1.8(117),1.11(127),1.45(192),1.53(206),2.5(247),3.27(404),3.29 结尾,3.30(410),3.43(436)。
③ [原注 21]《李维史论》1.44(190),1.46(193),2.16(271-272),2.18(280)。
④ [原注 22]比较 1513 年 12 月 10 致韦托里的信,与《君主论》6,14(最伟大的诸例证或最超拔的诸例证是古代例证)。参《君主论》献辞中对"古代人与现代人"的提及。

12.《君主论》的种种沉默

我们已得出如下暂时的结论:《君主论》比《李维史论》更有所保留。在《君主论》中,马基雅维利经常不提及一些重要事实,[25]即一些与全书主题非常相关的事实,而在《李维史论》中,他确实提及了此类事实。

我们在《李维史论》中发现了不少陈述,其大意是共和国优于君主国;与《李维史论》的第一句话不同,《君主论》的第一句话就提醒我们注意共和国与君主国之间的根本差异,但我们在《君主论》中没有发现大意是"君主国优于共和国(或反之)"的哪怕一个陈述。

在《君主论》中,对于君主统治是否以及在什么意义上优于民众统治,马基雅维利保持沉默,而在《李维史论》中,他毫不犹豫就非常明确地也非常清楚地回答了上述问题:在缔造国家方面,诸君主优于诸民众,而在保存国家方面,诸民众优于诸君主;在《君主论》中,马基雅维利仅限于回答如下问题,即对于缔造国家,什么类型的君主有其必要,而对于保存国家,什么类型的君主更可取。①

在《君主论》中,他确实谈论了,世袭制君主国具有哪些优势,即哪些对世袭君主们而言的优势;②但是,他克制住而没有讨论世袭制君主国具有哪些本质缺陷,这方面的讨论由《李维史论》传达。在《君主论》中,马基雅维利仅仅暗中提及了如下事实,即若要保存世袭制君主国,则既不需要美德,也不需要显赫声名(distinction):他在讨论两位不同的费拉拉公爵(dukes of Ferrara)时,说得好像他们甚至在

---

① [原注 23]《君主论》19 结尾;《李维史论》1.9(120),1.58(220)。参《佛罗伦萨史》3.6。

② [译按]并非指胜过世袭君主,而指对世袭君主有好处。

[爵位]序号上(numerically)相同或完全无法相互区分似的。①

马基雅维利在这两本书中均内在一致地讨论了罗马皇帝们。在《李维史论》中,他强调了先皇的亲生子嗣(heirs proper)与先皇的养子两类皇帝之间的差异,以便表明世袭继位有哪些缺陷;但在《君主论》中,他仅仅暗中提及了这种差异。在《李维史论》中,他明确陈述了,在书中提到的 26 位皇帝中,有 16 位被刺身亡,另外十位正常驾崩;而在《君主论》中,他迫使读者自行努力计算出,在书中提到的十位皇帝中,只有两位善终,却有八位死于非命。在《李维史论》中,他扩展了[《君主论》中提到的]罗马皇帝名单,以至于这份名单包含从涅尔瓦(Nerva)到马尔库斯·奥勒留的黄金时代[诸帝];而在《君主论》中,他使这份名单推迟到从马尔库斯·奥勒留开始:他沉默地——且仅仅沉默地——转而强调坏皇帝们。②

在《李维史论》中,他坚持认为,国王们与僭主们之间存在根本

---

① [原注 24]比较《君主论》2,以及 19 中对马尔库斯·奥勒留(Marcus Aurelius)和康茂德(Commodus)世袭权的优点(virtue)的评论,与《李维史论》1.2(99),1.10(123),1.19-20。

[译按]关于两位费拉拉公爵,《君主论》第 2 章说:

> 例如,我们在意大利就有费拉拉公爵,他没有屈服于 84 年[1484 年]威尼斯人的进攻,也没有屈服于 10 年[1510 年]教宗尤利乌斯[二世](papa Iulio)的进攻,原因只在于他[费拉拉公爵]的家系自古就拥有这个统治权。(据英译本译出,对应中译本第 2 页末行至次页第 2 行)

1484 年抵御威尼斯进攻的费拉拉公爵是埃尔科莱一世(Ercole I,1471—1505 年在位),1510 年抵御教宗尤利乌斯二世进攻的费拉拉公爵是埃尔科莱一世之子阿方索一世(Alfonso I,1505—1534 年在位)。

② [原注 25]参《君主论》19;《李维史论》1.10:尤其注意《君主论》19 章刚开始讨论罗马皇帝们时,用到 Voglio mi basti[我希望……对于我足够了]这个独特表述([译按]对应中译本第 76 页第 2 至 3 行):马基雅维利提醒我们注意,他挑出这些特定的皇帝时带有任意性。

差异;而在《君主论》中,他沉默地抛弃了这种区分:《李维史论》中被称为僭主的个人们[26]在《君主论》中被称为君主;①《君主论》中从未出现"僭主"一词;在君主听来,"僭主"是太过刺耳的词,以至于不能用。在《李维史论》中,马基雅维利有时明确充当僭主们的劝谏者;②而在《君主论》中,他仅仅沉默地充当这个角色。

在《君主论》中,正如他从未提及国王与僭主之间的区分,他也从未提及共同善(the common good),③也同样从未提及良知(the conscience)。在讨论多种类型的君主国时,他仅仅在讨论通过罪行获

---

① [原注26]参纳比斯(Nabis)在《君主论》9,以及在《李维史论》1.10,1.40;彼得鲁奇(Petrucci)在《君主论》20,以及在《李维史论》3.6;凯撒在《君主论》16,以及在《李维史论》1.10,1.37;大卫王在《君主论》13,以及在《李维史论》1.25-26。至于阿伽托克勒斯(Agathocles),比较《君主论》8与尤斯蒂努斯(Justinus)《腓力史节录》(Epitoma Historiarum Philippicarum)22.1。马基雅维利在《君主论》中描述阿伽托克勒斯和利韦罗托(Liverotto)时(第8章),以亚里士多德明确描述僭主们的方式不动声色地描述了此二人:马基雅维利仅仅不动声色地把此二人描述为僭主。

[译按]注中提及的 Liverotto 是《君主论》意大利语版中的写法,中译本采用了其异体写法"奥利韦罗托"(Oliveratto)。另外,下面依次介绍注中提及的纳比斯、阿伽托克斯斯、尤斯蒂努斯。

纳比斯(?—前192),斯巴达还是独立城邦时的末代国王,前207年即位,前192年被埃托利亚同盟(Aetolian League)派人刺杀。

阿伽托克勒斯(前361—前289),史称叙拉古的阿伽托克勒斯,出生低微,曾做过陶器工,后因有军事才干而野心勃勃,谋求推翻叙拉古的寡头政制。经过两次尝试失败后,前317年第三次发动政变,取得成功,成为叙拉古僭主。前304年起,自封为西西里国王。阿伽托克勒斯致力于征伐迦太基,并在策划对迦太基的新一轮进攻时去世。有人说他被其孙阿尔卡伽托斯(Archagathus)刺杀,也有人说他是自然死亡。

尤斯蒂努斯是公元2世纪的罗马史学家。《腓力史》是公元前1世纪的罗马史学家特洛古斯(Trogus,与李维同时代)的作品,尤斯蒂努斯对此书作了节录。

② [原注27]《李维史论》1.40,3.6,3.8。

③ [原注28]尤其比较《君主论》26开头,与其在《李维史论》3.34(420)的对等物。

得的君主国的那一章(that chapter that deals with principalities acquired by crime)的标题中使用了过去时态:不应该质疑任何当下君主的头衔或好声誉。明确致力于讨论谄媚者们这个主题的那一章,事实上主要致力于讨论劝谏者们这个主题。在《君主论》中,马基雅维利谈论了阿伽托克勒斯的伟大和成功,却甚至没有暗中提及此人可怜的结局;马基雅维利谈论了纳比斯不寻常的成功——这源于此人受民众欢迎的政策——却[甚至]没有暗中提及他死于一场阴谋这个事实。① 在《君主论》中讨论种种阴谋时,马基雅维利特意仅限于提及一个单独例证,这个例证当然不是佛罗伦萨的例证;这个例证紧跟在一个断言后面,这个断言就是,没人会敢于密谋②反对一位受民众欢迎的君主;但是,这个例证沉默地证明了这个断言不成立。马基雅维利赞美法国的一些法律,这些法律造就了"国王的自由和安全"或"国王和王国的安全":他对于不同于国王自由的王国自由保持沉默。③

在《君主论》中,在可能的限度内,他略去了不宜当着君主的面提及的一切。他把《君主论》献给一位君主,是因为他渴望求得尊荣的(honorable)职位:因此,此书将其作者展示为完美廷臣,且[马基雅维利]意在使此书将其作者展示为完美廷臣,即对得体性拥有最精致感觉的人(a man of the most delicate sense of propriety)。上

---

① [原注29]《君主论》8,9,19;《李维史论》3.6(345);尤斯蒂努斯《腓力史节录》23.2。

——在《君主论》第1章,马基雅维利提及的例证只有米兰和那不勒斯;在第23章,米兰和那不勒斯被证明是马基雅维利时代覆灭的君主国的突出例证。

② [译按]本书中conspire作动词时通译为"密谋",作名词时通译为"阴谋"。同源词conspirator则通译为"密谋者"。

③ [原注30]比较《君主论》19(59-60)与《李维史论》3.6(343):马基雅维利在前一处谈论了发生"在我们的父辈记忆之中"的一次阴谋,在后一处谈论了[303]发生"在我们的时代"的帕齐家族(Pazzi)的阴谋。同时比较《君主论》上述地方[19(59-60)]对法兰西王国的赞美与《战争的技艺》卷一(458-459)对所有现代君主国(all modern monarchies)的谴责。

述这类特征为一个观点提供了最强有力的支持,斯宾诺莎和卢梭这类能人(men of the competence of Spinoza and Rousseau)①就持有这个观点,根据这个观点,《君主论》是针对君主们的讽刺作品。上述这类特征还支持一个更为我们时代独有的观点,根据这个观点,我们可以在《李维史论》中发现对马基雅维利教诲的完全呈现,以至于我们必须总是从《李维史论》来阅读《君主论》,而绝非凭借《君主论》本身来阅读《君主论》。

我相信,我们不能遵从以上两种解释路径:较老旧的那个观点不充分,而较晚近的那个观点完全是在误导人。

13.《李维史论》也并非完全坦率

[27]如果千真万确的是,在谈论君主们时,人们总是心怀千般畏惧和千般尊敬,那么,《李维史论》不可能完全无所保留。我们不应该忘记,相比于谈论君主们,对一位君主说话受到更严格的种种规则支配;同时,我们应该记得,《李维史论》也是由一位君主的臣民所写。初看起来,《李维史论》是关于共和国且具有共和国倾向的书(a republican book on republics),②但此书的这个特性似乎很快就为其他种种特性所掩盖。

此书似乎起初致力于讨论罗马共和国,即一个存在于遥远过去的共和国;此书的起初主题似乎仅仅具有古事考索的(antiquarian)③旨趣,或人文主义的旨趣。但是,佛罗伦萨本身直到不久前还一直是共和国,而且

在共和国里,存在更伟大的生活、更大的仇恨,以及更多的

---

① [译按]参第92页的"最有能力的古人"(the most competent ancient)。
② [译按]此说法亦见第266页和第282页。
③ [译按]该词的名词形式"古事考索者"见第86页。

复仇欲望,此外,对古代自由的记忆既没有也不可能允许共和国保持平静。①

与这种暗中受到驱动的共和国式激情完美一致,马基雅维利用《李维史论》中明显最长的一章[3.6]致力于讨论阴谋,并用此章的主体部分致力于讨论针对君主的阴谋。马基雅维利强调,密谋反对君主的人们会遭受非常大的危险;随后,马基雅维利继续表明,以什么方式才能把此类刺杀君主或刺杀僭主的尝试引向圆满结局。人们可以把关于阴谋的这一章描述为有关刺杀僭主的小册子。

阴谋失败的一个突出例证是1478年帕齐家族针对美第奇家族的洛伦佐和朱利亚诺(Giuliano)的阴谋。② 这次阴谋失败,是因为密谋者们只成功地刺杀了两位君主中的一位。这个有名的佛罗伦萨阴谋令马基雅维利记起两个类似的阴谋,一个发生在雅典,另一个发生在赫拉克勒亚(Heraclea),③这两个阴谋以同样的方式失败。在赫拉克勒亚的例证(这是居中的例证)中,密谋者们是柏拉图的学生,正如在针对米兰公爵伽勒亚佐(Galeazzo)的阴谋中,密谋者们是一个人文主义者的学生;这位人文主义者曾教诲道,所有名人都在共和国中而非在君主治下得到养育。④ 但是,马基雅维利讨论阴

---

① [译按]《君主论》5结尾,对应中译本第19页倒数第4至2行。

② [译按]二人均是科西莫·美第奇之孙,1469年共同继任佛罗伦萨僭主,这里的洛伦佐即豪华者洛伦佐(参第22页译按)。1478年4月26日,兄弟俩参加教堂礼拜,遭到帕齐家族谋刺,朱利亚诺被杀,洛伦佐逃脱。

③ [译按]意大利半岛南部靠近塔兰托(Taranto)湾的希腊殖民地。

④ [译按]伽勒亚佐(1444—1476,中译本作"卡莱亚佐"),全名伽勒亚佐·马里亚·斯福尔扎(Galeazzo Maria Sforza),1466—1476年任米兰公爵,其父弗朗切斯科一世·斯福尔扎(Francesco I Sforza)是科西莫·美第奇的盟友。受人文主义者科拉·蒙塔瓦诺(Cola Montavano)影响,焦万尼·安德烈亚·拉姆波尼阿诺(Giovanni Andrea Lampognano)、卡洛·维斯孔蒂(Carlo Visconti)、吉罗拉莫·奥尔贾托(Girolamo Olgiato)三位青年于1476年成功刺杀伽勒亚佐。此事见于《李维史论》3.6(中译本第469-470页),《佛罗伦萨史》7.33-34。

谋的失败,是为了表明这些阴谋也许本来会如何成功。相应地,他表明,针对两个乃至更多僭主的阴谋,绝非注定失败:忒拜针对十位僭主的阴谋就有最圆满的结局,因为十位僭主的劝谏者在内心深处是十位僭主的敌人。①

14.《君主论》在某些方面比《李维史论》更坦率

但是,让我们再次返回表面。《君主论》是为君主们[28]或一位君主而写。据《君主论》所说,一位君主必须有能力像野兽一样行动;一位君主不应该完全具有人性或人道(altogether human or humane);一位君主不能做完美贤人(cannot afford to be a perfect gentleman)。马基雅维利想要[君主]这类人严肃对待并聆听他。因此,他必须讲君主们而非臣民的语言:

  大人物们(great men)把失败称为耻辱,而不把通过欺骗而获益称为耻辱。

如果马基雅维利说圣徒或贤人或道德哲学教授的语言,那么,他会摧毁一件事的所有希望,这件事就是将他笔下的人物确立为君主们的称职劝谏者。因为,如果一位君主能以任何方式受益于马基雅维利的劝谏,那么,这位君主必定已经在某种程度上意识到,做马基雅维利意义上的君主意味着什么。君权的使用必定已经在某种程度上败坏了这位君主,然后这位君主才能忍受聆听马基雅维利。

但是,让我们假定,君主对事物的理解中有某种真相;或者,让我们假定,君主们想必(can be presumed)知晓贤人们想必并不知晓的某些严酷真相。若是如此,那么,比起对缺少君主生活经验的人

---

① [原注31]《君主论》5结尾;《李维史论》3.6(345,351-352);《佛罗伦萨史》7.33。

们言说,马基雅维利对一位君主即一位现实中的君主言说时可能更加坦率。贤人们首先不得不受到训练方能接近 arcana imperii[帝王的秘密],或首先不得不受到逐步引导方能认识到,共同善成问题,或良知成问题,或国王与僭主之间的区分成问题;而君主们也许理所当然地认为,那些一般接受的观念(notions),只是受民众欢迎,或只是暂时成立。因此,刚好(barely)有如下可能性:《君主论》在某些方面比《李维史论》更直言不讳。

人们可以在如下两个事实中找到这个可能性的迹象:[第一,]《君主论》的书名透露该书主题的程度,超过《李维史论》的书名透露该书主题的程度;[第二,]《君主论》的谋篇(plan)不及《李维史论》的谋篇那么隐晦。这里只需提到一个单独的明显例证。马基雅维利只将一个主题明确排除在讨论之外:

> 使自己成为牵涉许多人的新事物的领头人,有多么危险?经营这个新事物,把它引向完满,然后维持它,有多么困难?以上会是一个太大,也太超拔,以至于无法讨论的话题;因此,我把以上话题留到一个更方便的地方去讨论。①

这话出自《李维史论》。但是,在《君主论》中,他讨论了最"超拔的种种例证",[换言之,]他[29]毫不犹豫就讨论了他在《李维史论》中所谓的一个太大,也太超拔,以至于无法讨论的话题。他这样开始这番讨论:

> 人们必须思考,何以没有什么事情比使自己成为新秩序的领头人更难处理,更令人对成功产生怀疑,着手起来也更有风险……②

---

① [译按]《李维史论》3.35,对应中译本第556页第1至3行。
② [译按]《君主论》6,对应中译本第22页第2段第4至5行。

所以,在《君主论》中,而非在《李维史论》中,马基雅维利讨论了唯一一个他曾说太超拔以至于无法讨论的主题。但是,甚至在《君主论》中,他也没有完整讨论这个主题:在那里,他没有讨论,在新秩序的缔造者去世后,如何能维持新秩序。①

15. 马基雅维利的视角等于《君主论》的视角,还是《李维史论》的视角,还是不同于这两个视角?

总之,马基雅维利在他两本书各自之中都从两个不同的视角呈现了实质上相同的教诲,人们可以把这两个视角暂时描述为现实中君主的视角与潜在君主的视角。这两个视角的差异最清楚地体现在如下事实中:在《君主论》中,马基雅维利没有区分君主与僭主,也从未谈论共同善或良知;而在《李维史论》中,他确实区分了君主与僭主,也确实谈论了共同善和良知。

因此,我们被迫提出如下问题:他是否认为,君主与僭主之间的区分最终有效?他是否认为,共同善是最终标准?他是否认为,这些问题不允许给出简单回答,而是需要有所区分地回答?我们被迫提出如下问题:马基雅维利的视角等于《君主论》的视角,还是等于《李维史论》的视角,还是不同于这两个视角?在任何情况下,我们都不被允许像大多数同时代研究者一样教条地假定,马基雅维利的视角等于《李维史论》的视角,而不等于《君主论》的视角。

16. 如何像马基雅维利阅读李维一样阅读马基雅维利?

只能通过阅读马基雅维利的书来回答我们提出的问题。但是,

---

① [原注 32]《君主论》6(19),18;《李维史论》3.35 开头;《佛罗伦萨史》6.17。比较《君主论》3(马基雅维利对一位法国枢机主教说的话),7(切萨雷·博尔贾对马基雅维利说的话),与《李维史论》2.16(仅仅当着马基雅维利的面说的话)。

我们必须如何阅读这些书？我们必须根据他认为权威的那些阅读规则来阅读这些书。由于他从未专门陈述过这些规则,故我们必须观察,他在阅读他视为榜样的著作家们时,曾如何运用这些规则。由于他的首要著作家是李维,故我们必须特别注意他阅读李维的方式。他阅读李维的方式可能会教给我们一些有关他的写作方式的东西。他没有用我们习惯于阅读李维的方式来阅读李维。

对马基雅维利来说,[30]李维的作品有权威,可以说是他的圣经。他阅读李维的方式,更接近过去所有神学家阅读圣经的方式,而非更接近我们阅读李维或圣经的方式。有人可能会反驳说,恰恰如果李维是马基雅维利的权威,那么,马基雅维利就会有点儿像权威文本的疏解者(commentator),①以不同于他的权威的方式写作。这种反驳忽视了如下可能性:马基雅维利可能意图使他的《君主论》和他的《李维史论》[本身]变成一类权威文本。

17. 据马基雅维利所说,李维通过沉默而最清楚地透露了他的意见,这些意见即他对普通观点的反对

几乎正好在《李维史论》的居中位置[2.10],马基雅维利试图证明,如他一上来就在此章标题中指出的,金钱并非如普通意见(common opinion)所认为的那样是战争的力量之源(the sinews)。由此,马基雅维利恰恰在此章标题中公开挑战普通意见,并在此章正文中反驳这个意见;然后,在此章靠近结尾处,他转向了李维的权威:

然而,相比于其他任何人,提图斯·李维(Titus Livius)②是["金钱不是战争的力量之源"]这个意见更真实的见证者。在

---

① [译按]"疏解者"或"疏解"亦见第40页注48,第96页,第99页,第140页注138,第151页,第156页。

② [译按]李维的拉丁文全名。

一个场合,李维讨论了,亚历山大大帝若来到意大利,是否本会征服罗马人;由此,李维表明,战争中三件事有其必要:众多好士兵、明智的统帅(captains),以及好运。然后,李维在这个场合审视了罗马人与亚历山大[大帝]谁在这些事上更优越,从而得出了他的结论,却绝口未提金钱。①

在上文所述语境中,李维如果认为金钱重要,就本来会提到金钱,而李维偏偏没有提及金钱。这个事实本身确立了一个含混的假设,这个假设支持李维就金钱这个主题持有这个健全的(sound)意见;这个事实使李维成为这个意见最真实的见证者,即成为这个意见最重要的权威。相比于李维的明确陈述可能本会令人印象深刻,李维的沉默更令人印象深刻。② 李维用沉默最有效地透露了一个重要真相。③

可以把马基雅维利不动声色地运用的规则陈述如下:如果普通意见认为一个事实对一个智者(a wise man)所讨论的主题很重要,而这个智者对这个事实保持沉默,那么,这个智者是在让我们理解,这个事实不重要。智者的沉默总是意味深长。不可能用健忘来解释智者的沉默。李维所偏离的观点是普通观点。一个人可以通过完全不去注意普通观点,来表达自己不赞同普通观点;事实上,这是表达一个人的反对的最有效方式。

---

① [译按]《李维史论》2.10,对应中译本第354页第2段第7至11行。
② [原注33]《李维史论》2.10。马基雅维利本来可以引用李维的一番明确陈述(李维《自建城以来》9.40.6),以支持马基雅维利关于金钱的意见。如果有人反驳说,这番陈述不是李维所说,而是李维笔下一个人物所说,那么,我会提醒他参考《李维史论》3.12靠近结尾处,在那里马基雅维利把李维笔下一个人物使用的表述归于李维。
③ [译按]第138页也讨论过2.10的这种情形。

18. 马基雅维利的种种沉默：对此世、此生、地狱、魔鬼、灵魂保持沉默

让我们把这条教训用于[理解]马基雅维利的实践。在《君主论》中，[31]马基雅维利未提及良知，未提及共同善，未提及国王与僭主之别，也未提及天。我们不愿意说，他忘记了提及这些东西；我们也不愿意说，他没有提及这些东西，是因为不需要提及，而不需要提及又是因为这些东西理所当然重要，或者说连最平庸的人也知道这些东西重要。因为，假如[我们不愿意说的]这番推理(reasoning)健全，那为什么他在《李维史论》中[恰恰]提及了这些东西？我们认为，他在《君主论》中没有提及这些东西，是因为他认为这些东西在《君主论》的语境中不重要。不过，有某些主题他既没有在《君主论》中也没有在《李维史论》中提及，反倒确实在他的其他一些作品中提及。在[《君主论》和《李维史论》]这两本书各自之中，他都没有提及此世与来世之间的区分，或此生与来生之间的区分；他尽管频繁提及上帝①或诸神，却从未提及魔鬼；他尽管频繁提及天，有一次还提及天堂(paradise)，却从未提及地狱；最重要的是，他从未提及灵魂。

他以这种沉默暗示了，这些主题对政治并不重要。但是，既然这两本书各自都包含他所知晓的一切，那么，他以这种沉默暗示，这些主题完全不重要，②或者说，"这些主题最重要"这个普通意见是错的。然而，恰恰[他暗示的]这个论点显然最重要。这就是说，他对普通意见认为非常重要的那些主题保持沉默表明，他认为非常重要的是这些主题的地位问题，或这些主题的真实性或现实性问题。

---

① [译按]God，马基雅维利在非基督教语境下也用到此词，这时只能译为"神"，如在第71页，第177页，195页以下，第208页以下，第227页以下，第238页。

② [译按]结合上一句，此处指不只对政治不重要。

第一章　马基雅维利教诲的双重性

他以沉默最有效地表达了他不赞同普通意见。

19. 马基雅维利暗中提及了永恒还是创世,也暗中提及了基督教起源于人

《李维史论》全书第 65 章(2.5)开头提及了此世的永恒性这个严肃问题,即提及了如下问题:可见的宇宙从永恒到永恒而存在(exists from eternity to eternity),还是有一个开端？马基雅维利提及一番论证,这番论证支持"可见的宇宙有一个开端"这个观点,即支持[这个问题上的]普通观点;然后他指出,这番论证毫无力量。他仅限于此——只花了四五行篇幅。

人们不禁会好奇:[第一,]马基雅维利本来可能如何思考其他那些支持正统创世信仰的论证？[第二,]他已经如何思考这种正统信仰本身？这等于问:他认为这种信念①健全还是不健全？他没有回答这些问题。他甚至没有详细提出这些问题。但是,他[32]以他的沉默提出了这些问题。他以他的沉默,或以他的半沉默,②提醒我们注意这些问题。读者必须牢记这些问题,即牢记如下可能性:马基雅维利相信可见的宇宙是永恒的,或者说,马基雅维利站在亚里士多德一边反对圣经。

当读者开始关注这种可能性,并大胆面对这种可能性时,读者也许有能力理解自己本来不会理解的那些文段。[这样,]读者就不会粗心到忽略马基雅维利在此章剩余部分作出的如下宣称:所有宗教,包括基督教,皆起源于人,而非起源于天,且皆有 1666 到 3000 岁的寿命。a parte ante[以前的]世界③的存续时间问题,明显关系

---

① [译按]"信念"与上面说的"信仰"在英文中是同一个词 belief。这种双关亦见第 225 页,参彼处译按。
② [译按]"半沉默"亦见第 294 页。
③ [译按]相对于"以后的世界",即彼世。

到启示宗教的起源问题:[对后一个问题的]正统回答取决于相信圣经起源于超人(superhuman)①事物。

20. 马基雅维利在《君主论》开头暗中提及了教会问题

在《君主论》第1章,马基雅维利说,君主国要么是世袭的,要么是新建的。这种区分显然不完整:这种区分对选举的君主国保持沉默。马基雅维利在第19章所作的一个评论,似乎体现出这种沉默意味着什么。在那里,当提及苏丹王国(the kingdom of the Sultan)②时,他说这个王国既不是世袭的,也不是新建的,而是选举产生的,从而不像其他任何君主国,而只像基督教教宗制(Christian Pontificate)。可以说,基督教教宗制是《君主论》专章(第11章)讨论的主题。

在第1章,对于基督教教宗制属于[君主国的]哪个属(genus),马基雅维利保持沉默;这种沉默提醒我们注意关于基督教教宗制的那一章[第11章],对流于表面的(superficial)读者③来说,那一章可能看起来是后知后觉的产物。马基雅维利恰恰在此书开头就沉默地指向那一章[第11章]的主题,从而使我们理解了,那个主题对于《君主论》的整个论证有什么意义。④ 几乎毋庸赘言,马基雅维利在

---

① [译按]本书凡用到"超人"均为形容词,尽管20世纪的人习惯了尼采所用的作名词的"超人"。

② [译按]在此指统治埃及的马穆鲁克苏丹国(Mamluk Sultanate)。马穆鲁克是阿拉伯文音译,字义为"被拥有者",原来是埃及阿尤布王朝(Ayyubid dynasty,同样是一个苏丹国)的非阿拉伯奴隶兵,1250年推翻阿尤布王朝而成为马穆鲁克苏丹国的军事统治阶层,也以一位苏丹为领袖,统治埃及近三个世纪之久,1517年被奥斯曼帝国所灭。参第94页说到"苏丹王国和马穆鲁克秩序"。

③ [译按]用"流于表面"形容读者,亦见第40页,第85页,第176页。

④ [原注34]在《君主论》第7章,切萨雷·博尔贾曾作为新君主的榜样出现;而在第11章,马基雅维利透露道,切萨雷·博尔贾只是其父教宗亚历山大六世的工具(参《李维史论》3.29)。

第 11 章没有谈论如下事实:苏丹王国和基督教教宗制属于君主国的同一个属。

21. 审查 → 隐藏

马基雅维利以不寻常的大胆(boldness)来攻击一般接受的种种意见,人们基于他的这种大胆而公正地令他恶名昭彰或声名卓著。与此同时,他也运用了引人注目的克制,但人们较少基于他的这种克制而公正地对待他。这并非否认,[令他克制的]那种限制①在某种程度上是强加给他的。

《李维史论》全书第 10 章[33]刚好位于对宗教的明确讨论之前,在此章马基雅维利把好罗马皇帝们的时代——从涅尔瓦到马尔库斯·奥勒留的时期——称为黄金时代,在这个时代人人都可以持有并捍卫自己向往的任何意见。② 由此,马基雅维利指出了:一方面,他把多么大的价值归于思想自由或言论自由(freedom of thought or of discussion);另一方面,这种自由又多么罕见。

在马基雅维利的时代当然见不到这种自由,这充分体现在如下艰难之中:彼得罗·彭波纳齐(Pietro Pomponazzo)因其关于灵魂不朽的书而遭遇了种种艰难。③ 据马基雅维利所说,这种自由也不会见于一个秩序良好的共和国中;恰恰在他的《佛罗伦萨史》的居中位置,他赞美了卡托(Cato),因为卡托规定不应该在罗马接待任何哲人。④

---

① [译按]restraint,与上文"克制"的原文相同,指指令他克制的限制。
② [译按]第 187 页和第 266 页也提到这一点。
③ [译按]此句中的人名 Pomponazzo 一般作 Pomponazzi,中译名按后者译出。此处"关于灵魂不朽的书"见第 210 页注 88。
④ [原注 35]《佛罗伦萨史》5.1:文学(letters)和哲学属于"体面的闲暇"。这种"体面的闲暇"——其受益者尽管给迫害提供机会,却也憎恶迫害——似乎是马基雅维利认为的"许多基督教国家和邦国(countries and states)"特有的

人们也许会好奇,据马基雅维利所说,言论自由是否可能见于任何社会中:在这同一章[全书第10章],尽管他赞美好罗马皇帝的时代是拥有完美言论自由的时期,但可以说他也撤回了这番赞美,因为他说,罗马皇帝们只要施行统治,就不允许著作家们自由地谈论凯撒,毕竟罗马皇帝们的权威源于凯撒。在这同一章,马基雅维利还展示了,对言论自由的限制如何影响了头脑自由的著作家们(writers whose minds are free)。自由的著作家们由于在罗马皇帝们治下不能谴责凯撒,故谴责凯撒那厄运缠身的先兆喀提林(Catiline),①并称赞凯撒的敌人布鲁图斯(Brutus)。在指出这条原则后,马基雅维利立即转而运用这条原则,因为他赞美了作为异教的罗马宗教,即圣经宗教的敌人:他身为基督教会的臣民而赞美异教徒的宗教,几乎严格对应于一位罗马共和派身为罗马皇帝的臣民而赞美刺杀凯撒的人。②

　　因为,罗马皇帝们治下的情况是怎样,其他所有[统治]情况就同等程度地是怎样:所有时代都存在一股统治性力量,即一股获胜的力量,这股力量会使大多数著作家目眩,并会限制某些少数著作家的自由,而这些少数著作家并不渴望变成殉道者(martyrs)。某

"野心勃勃的闲暇"(ambitious leisure)(《李维史论》卷一前言)的异教对应物。

　　[译按]卡托(前234—前149,旧译"加图"),全名马尔库斯·波尔修斯·卡托(Marcus Porcius Cato),史称老卡托(区别于其五世孙小卡托[前95—前46]),前195年任罗马共和国执政官,古罗马第一位重要的散文(即非韵文)著作家,其《农业志》有中译本:马香雪、王阁森译,北京:商务印书馆,1986。关于正文此处谈到的罗马不接待哲人,亦见《思索马基雅维利》第266页。

　　①　[译按]罗马共和国晚期史学家撒路斯提乌斯(Sallustius,前86—约前35,亦译"萨卢斯特")作为凯撒派著有《喀提林阴谋》。中译本:《喀提林阴谋/朱古达战争》,王以铸、崔妙因译,北京:商务印书馆,1995。后文第124页等处提到过撒路斯提乌斯。

　　②　[原注36]在这方面,请思考《李维史论》在1.10(124)谴责凯撒时与在1.12(130)谴责教会时所使用的相似措辞:意大利有"义务"既反对凯撒又反对教会。

些著作家的头脑不屈服于权威的魅力或威严(the glamor or the frowning),对言论自由的限制迫使这些著作家拐弯抹角地呈现自己的思想。对这些著作家来说,公开或正面攻击那些受保护的意见太危险。某种程度上,这些著作家甚至被迫把那些受保护的意见表述为他们自己的意见。

但是,[34]采纳自己明知错误的那些意见,意味着使自己比实际上更蠢,或意味着装傻:

> 如果你违背自己的意见去赞美、言说、认识、做出一些事,以便取悦君主,那么,一个人就是在恰如其分地(sufficiently)装傻。①

因为只有当一个人对智者们说话时,说真话才明智(sensible)。②

22.[马基雅维利克制是因为大胆]③

马基雅维利被迫处于限制之中[而运用克制],是因为他大胆。他的大胆在于,质疑了既定的模式和秩序(modes and orders),并探索了新的模式和秩序。④ 他把探索新的模式和秩序比作探索未知

---

① [译按]《李维史论》3.2,对应中译本第446页倒数第4至3行。"你"和"一个人"不匹配,但原文如此。

② [原注37]《李维史论》卷二前言(227),2.23(298),3.2。

③ [译按]本大段原来只有序号而无标题,此标题为译者所加。

④ [译按]《李维史论》卷一前言开头用到"新的模式和秩序"这个著名表述,如本书附录的《瓦尔克的马基雅维利》一文第440页所说,"模式和秩序"本身来自中世纪对亚里士多德的τάξις[安排]一词的拉丁文翻译 modus et ordo,参彼处的原注。一些词典认为 order 只有作不可数名词时才能指"秩序",但实际上并非所有词典都这么认为。希腊文τάξις和拉丁文 ordo 均在作可数名词时可指"秩序"。

的海洋和陆地,但他指出了这两种探究之间存在如下差异:就新的模式和秩序来说,危险的与其说是探索(seeking)它们,不如说是发现(finding)它们[之后]。某些人的嫉妒造成了这种危险,这些人嫉妒一个发现了新模式和秩序的人的荣耀。因此,危险的与其说是这种发现(the discovery),不如说是传播这种发现。

马基雅维利在《李维史论》开头给出的这些提示,不充分地说明了新模式和秩序的倡议者(the proposer)会冒哪些风险。在《李维史论》靠近结尾处,马基雅维利宣称,他不会讨论一个人使自己成为牵涉公共事务的新异事物的领头人有多么危险:讨论这些危险会增加这些危险。① 他在《君主论》中提供了更多信息;② 在那里,他没有说他已经发现了新的模式和秩序;因此,在那里,这种发现的危险性问题并非明确关系到他自己的处境。在《君主论》中,他说,对于新模式和秩序的反对者们来说,法律站在他们一边,法律的威严(majesty)也站在他们一边,就连为法律赋予威严的那种东西的威严也站在他们一边。创新者会激起具有压倒性力量的多数人的义愤,这些多数人紧紧抓住既定秩序。

如果对于应该如何解释现行法律没有任何分歧,或如果古代事物的捍卫者们没有分裂成相互对立的派别(parties),那么,创新者的处境会毫无指望。既然如此,在表达那些能为一派所容忍的观点时,马基雅维利最为大胆,但在涉及那些缺少任何可敬支持的观点时,他非常谨慎。更准确地说,他隐藏了为什么他一定程度上赞同一派。

他说,尽管他的事业艰难,但他会以如下方式推进这番事业,这种方式就是,将趋近终点的一小段路留给另一个人来走:马基雅维

---

① [译按]《李维史论》3.35 开头。
② [译按]informative,亦指"情报"。此词的名词形式 information 见于第 39 页,第 48 页及当页注 66,第 67 页,第 74 页,第 85 页,第 102 页,第 285 页,第 292 页,亦多有此双关含义。

利没有走到这条路的终点;这条路的最后一段必须[35]由理解了作者所略去的东西的读者来走。马基雅维利没有走到终点,他没有透露终点,他没有充分透露自己的意图。①

23. 明显的错误是故意为之

但他暗示了他的意图。不可或缺的是,我们应该讨论一些例证,来说明马基雅维利如何暗示他不能陈述的东西。在《李维史论》的将近结尾处(3.48),他在引用一个单独的例证后注意到:

> 一支军队的将领不应该相信敌人明显犯下的错误,因为其中总是有诈,毕竟人们如此不谨慎并不合理。②

在陈述了这条所谓的普遍规则后,马基雅维利立即引用了一个例证,即此章的居中例证,在这个例证中,一个敌人犯下一个明显错误,却没有露出有诈的痕迹;这个例证实际上表明,敌人们有时会出于恐惧或怯懦而犯下严重错误。此章正文中陈述的规则与此章标题中陈述的规则形成对比,突显了马基雅维利的普遍规则之荒谬。此章标题清醒地说:

> 当看到一个敌人犯了一个严重错误时,人们应该相信其中藏着欺骗。

因为"相信"仅仅意指"暂时假定"。

此外,马基雅维利在前文使用过这个关键例证,以便表明"机运

---

① [原注38]《李维史论》卷一前言,2.2(238),3.35(421-422);《君主论》6(19)。

② [译按]对应中译本第585页第1段最后三行。

(fortune)①有时会使人们头脑盲目":造成这里说的明显错误的,不是属人的算计,而是属人的盲目。② 对我们来说并不重要的是,马基雅维利在其他地方重述了这个规则,使之变得合理:如果一个明智而强大的敌人犯下一个明显错误,则其中总会有诈。③ 重要的是如下事实:对明显错误的谈论本就是一个行动,在这个行动中,马基雅维利本人犯了一个明显错误。他做了如他所说的敌人有时做的事。

如果马基雅维利自己就是敌人,且是聪明的敌人,那么,他的行动不再荒谬。我们能怀疑他是敌人吗?作为新模式和秩序的朋友或父亲,他必然是旧模式和秩序的敌人,从而也必然是他的某些读者的敌人,这些读者如果不是旧模式和秩序的拥护者,则不必求学于马基雅维利。马基雅维利的行动是一种战争。他关于寻常战争中的战略和战术的一些说法,也适用于——我们可以这么表述——他的属灵战争(spiritual warfare)④中他自己的战略和战术。在谈论那些隐藏着欺诈的明显错误时,他犯了一个明显错误,从而让[36]我们理解了,他自己的明显错误中藏着欺骗,或者说,他的明显错误是故意为之:这些错误指出了他的意图。

---

① [译按]fortune 在本书中一般译作"机运",但当指机运给人造成的影响时译为"命运"(如在第 75 页)。该词的拉丁文词源 fortuna 首字母大写时译为"机运女神"。

② [原注 39]《李维史论》2.29[的标题]:"机运女神有时使人们的头脑盲目";3.48 用到了"征服的欲望使人们的头脑盲目"这个表述([译按]对应中译本第 585 页第 2 段第 1 行,以上两则引文中的强调均出自引者),这个表述本身也许让读者记起 2.29,在那里马基雅维利对 3.48 中的一件事作出了[与 3.48]相矛盾的解释(3.48 是从 2.29 开始的章群[the series of chapters]中的第 52 章)。[译按]对"章群"的界定,参"中译本凡例"。

③ [原注 40]1513 年 4 月 29 日致韦托里的信(开头)。参《战争的技艺》卷五(564-564),卷七(606-607)。

④ [译按]第 73 页提及"灵",第 180 页提及"属灵权力"。

24. 作为聪明的敌人，马基雅维利有理智能力，但不道德

我们得出以上解释，是通过最严肃地看待马基雅维利恰恰在《李维史论》开头所说的三点：[第一，]他已发现了新的模式和秩序；[第二，]这种发现一旦传播开来就很危险；然而，[第三，]他还是会传播他的发现。这种对他的意图的陈述，即便是初步的和暂时的，却也是最清楚的和最明确的，从而引导我们充分理解了他的意图，只要"我们综合各种事实来判断"（we put 2 and 2 together），或靠自己作某些思考。

由此，关于上面讨论的那个例证，我们得出了一个解释，这个解释免除了马基雅维利犯一些错误的耻辱，而对于犯这些错误，就连具有理智能力的高中男生①也会感到羞耻。有些读者会感觉到，应该拒绝这个解释，因为它并未令马基雅维利的道德值得赞扬。[但是，]如我们一开始已经指出的，我们[本就]怀疑他的道德。对于这些会提出上述疑难的读者，我们可以用马基雅维利自己的话来答复：

> 一段时间以来，我绝不说出我所相信的，我也绝不相信我所说的；而且如果有时我意识到我说了真话，我就把这真话隐藏在如此多的假话中，以至于人们难以发现这真话。②

---

① ［译按］第 131 页提及"中学男生"。
② ［原注 41］1521 年 5 月 17 日致圭恰迪尼（Guicciardini）的信。比较《李维史论》2.13 结尾与 3.40-42。

［译按］注中提及的信对应中译本第 637 页第 2 段第 3 至 5 行。圭恰迪尼（1483—1540），全名弗朗切斯科·圭恰迪尼（Francesco Guicciardini），意大利政治家和史学家，马基雅维利（1469—1527）的朋友和批评者，1527—1529 年著有《思索马基雅维利的〈李维史论〉》（Considerazioni sui Discorsi del Machiavelli），参第 155 页注 157 中的译按。

从他的著作中发现他所认为的真话,很难:[这就是说,]这并非不可能。

25. 自相矛盾在于,除非通过首先诉诸古老的古代,否则马基雅维利不可能引入新事物

马基雅维利的作品中充斥着多种明显错误:错误引用,错误陈述名称或事件,仓促地概括,不可原谅地遗漏,等等。一条具有普通明智的规则(a rule of common prudence)是,"相信"所有这些错误皆是故意为之,并针对每个错误追问[他]可能意在用这个错误表示什么。明显错误最简单的情形是作者的自相矛盾,尤其是同一页之内的自相矛盾。

在《李维史论》1.28,马基雅维利追问:为什么罗马人不像雅典人那么忘恩地对待自己的公民同胞们(fellow citizens)?他的答案立足于好些前提,其中一个前提在当前语境下尤其重要,这个前提就是:庇西斯特拉托斯(Pisistratus)在雅典最繁荣的时期剥夺了雅典的自由,而任何一位罗马公民在从[罗马]驱逐诸王到马略(Marius)和苏拉(Sylla)的时代都从未剥夺罗马的自由。七章之后[1.35],马基雅维利说,罗马民众通过自由投票,[37]选出了十位公民,使之制定法律,而这十位公民变成了罗马的僭主。我们目前并不关心如下事实:尽管马基雅维利解释了罗马人的感恩与雅典人的忘恩,但这里的自相矛盾使这种解释可疑。① 我们可以仅仅预备

---

① [原注42]马基雅维利指出了这个难题,因为他在1.28说:"因此,考虑到上述所有内容的人"(即无视十人团[the Decemvirate]等事物的人)将同意马基雅维利的解释。
[译按]注中的引文对应中译本第226页第2段第1行。另外,前452年,古罗马的平民与贵族同意,组成十人团进行立法,定义罗马政制,任期一年,且十人团的决定具有最高效力。第一个十人团于前451年成立,完全由贵族组成。前450年,第二个十人团成立,完成著名的十二表法。

性地追问:马基雅维利的明显错误有什么最明显的暗示(the most obvious implication)?

暂时无视十人团,相当于暂时夸大罗马共和国的善;因为,据马基雅维利所说,自由能长久且持续地存在是大善(a great good)。①于是,我们被迫思考,为何马基雅维利暂时夸大有利于罗马共和国的情形。我们观察到,在这短短的同一章(1.28),马基雅维利把庇西斯特拉托斯时期先称为雅典"最繁荣的时代",又在大约一页之后称为雅典"最初的时代,即雅典壮大之前的时代"。②由此,马基雅维利暗示,一个城邦最繁荣的时期是其壮大之前的时期,即最初的时代,或这个城邦的开端。这与他前文的一则评论相一致,也与他在全书第1章所作的一番着重赞美相一致:那则评论说,在一个共和国诞生时,"人们是好人",这不同于这个共和国后来各个时期;那番赞美则指向"在最古老的古代"统治着[埃及]这个国家(country)的埃及诸王。③

如我们在后文会看到的,这种对开端或起源的赞美与《李维史论》其他地方的说法相矛盾;故这种赞美是一种语境,在这种语境中人们必定可以理解马基雅维利对罗马共和国故意夸张的赞美。既定的模式和秩序拥有受到崇敬的首要资格,是因为它们古老;马基

---

① [原注43]《李维史论》1.2(100),1.5(105-106)。
——在《李维史论》1.20,马基雅维利说,由于罗马执政官们(consuls)把他们的职位归因于自由投票,故"他们总是最卓越的人"([译按]对应中译本第209页第4行)。这是对罗马共和国的善所作的又一次暂时夸大;后文会不动声色地与这又一次暂时夸大相矛盾(参1.24结尾、1.50、1.53、3.17,更不用说1.35开头)。
——参3.40第一句话。
② [译按]以上两处引文分别对应中译本第225页第8行和第226页倒数第4至3行。
③ [译按]以上两处引文分别见于《李维史论》1.18与1.58,分别对应中译本第203页第1段倒数第5行与第303页第2段第6行。

雅维利要挑战这些模式和秩序,首先就得并不诉诸善本身(the good as such),而诉诸一种更古老的古代,哪怕不是"最古老的古代"。因为,当一个人渴望引入新的模式和秩序时,如果此人没能力或不愿意运用强力(force)并仅仅运用强力,那么,此人被迫至少保留古代模式和秩序的影子。①

26. 有些章的标题与正文之间不一致:马基雅维利没有在章题中指出,罗马贵族用宗教或欺骗来控制平民

一个作者可能会以他的书名透露他的意图。马基雅维利这两本书的书名在这方面最深藏不露(most unrevealing)。[这两本书的]章题在这方面几乎同等程度地深藏不露,且这些章题占据了这两本书的书名与内容的居间位置。我们已经注意到,《李维史论》的章题,更不用说《君主论》的章题,几乎丝毫没有透露他的思想的大胆品质。②

在讨论《李维史论》的一个文段(3.48)时,我们曾观察到,[38]章题陈述的行为规则,引人注目地不同于章内正文重述的这条规则:章题陈述的规则没有激发思考,而对这条规则的重述激发了思考,哪怕不说激发了义愤。

1.48 的标题是:

一个人若不希望把官职授予某个卑贱的或劣质的(base or bad)人,就要么诱使某个过度卑贱且过度劣质的人来谋求这个官职,要么诱使某个过度高贵且过度优质的(exceedingly noble

---

① [原注 44]《李维史论》1.18(143),1.20,1.25—26,1.58(217),卷二前言(228)。

② [原注 45]参本章上文注 19。

and exceedingly good)人来谋求这个官职。①

此章的论证得出如下结论:民众尽管在一般事情上会欺骗自己,但在具体事情上不会欺骗自己。可是,在上一章结尾,马基雅维利说,[他]意在使 1.48 表明,在涉及头衔和要职(ranks and dignities)在候选人中分配时,即在涉及具体事情时,罗马元老院曾如何着手欺骗民众。

1.13 的标题是:

> 罗马人如何用宗教做三件事,即为城邦重新赋予秩序,追求他们的事业,并制止骚乱。

这个章题丝毫没有指出如下事实,即此章正文主要讨论罗马贵族如何运用宗教来控制平民这个问题。

在 1.26 的标题中,马基雅维利谈论了"一位新君主";但无论在章题还是章内正文中,他都没有说他在上一章结尾所说的话,即 1.26 致力于讨论一般以僭政之名为人所知的现象。

在 1.30 的标题中,他使用了"忘恩的恶德"这个表述;而在此章正文开头,他将这个表述替换成"忘恩的必要性":这里的想法是,人们的恶德(及美德)源自必然性而非源自选择,而这个章题绝未暗示这里的想法。②

在 1.9 的标题中,他说:

---

① [译按]"过度"在此指超过这个官职的必要限度,无论好的方面还是坏的方面。另外,good 和 bad 在古代意义上可译为"优异"和"低劣"。此二词在马基雅维利意义上则似可译为"优质"和"劣质",参这两个词在后文第 189 页,及第 234 页以后许多页。

② [译按]本句中"必要性"和"必然性"在原文中均为 necessity,必然性作用于人而产生必要性。后文中的此类情形不再注出。

一个人若希望为一个共和国重新赋予秩序,就有必要孤身为之。

此处丝毫没有指出,一个人能通过杀死自己仅有的兄弟来达成孤身的状态,而此章正文相当详细地阐明了这一点;事实上,从罗慕卢斯对其兄弟的屠杀中学到的教训,可以说是此章的主要论题。

27. 马基雅维利的意图在于近乎不可能地结合庄重与轻浮

3.18 的标题让人期盼,马基雅维利会在此章讨论,对敌人种种意图的理解如何重要又困难。基于我们此前的种种观察,我们并不惊诧于看到,马基雅维利提到这个主题之后立即放过了它,并把它替换成了对敌人种种行动的知晓如何困难,[39]这里说的行动不仅包括过去和遥远地方的行动,而且包括"当下和近处"的行动。

马基雅维利引用了四个例证来证明他的论点。四个例证中存在严格的平行关系:一个古代例证后面跟着一个现代例证,又一个古代例证后面跟着又一个现代例证。前两个例证讨论了,敌人当下和近处行动上的错误造成了哪些失败;后两个例证讨论了,有关敌人当下和近处行动的正确情报导致了哪些胜利:在后两个例证中,唯有拥有真知才能决胜。

[但是,]在后两个例证中,胜利并不壮观,获得知识也无价值。古代那次胜利有如下特征:罗马人与埃魁人(Aequi)①曾进行过一场鏖战;双方军队皆相信敌人已经获胜,遂各自回师;出于一个意外,一名罗马百夫长从一些埃魁伤兵处得知,埃魁人已放弃其营地;于是,这名百夫长劫掠了敌人抛弃的营地,然后作为胜利者回到罗马。现代那次胜利有如下特征:一支佛罗伦萨军队与一支威尼斯军队已经对峙多日,双方皆不敢攻击对方;由于双方皆开始遭遇粮草

---

① [译按]居住在亚平宁山脉至拉丁姆东部一带的意大利部族。

短缺,故双方皆决定撤军;有一个妇人"由于又老又穷才平安无事",她要到佛罗伦萨人的营地探望她的几个亲人,出于一个意外,佛罗伦萨军队统帅们从这个妇人处得知,威尼斯军队正在撤退;于是,佛罗伦萨军队士气大振,并追击敌人,还致信佛罗伦萨,说他们已经退敌并赢得了战争。

因此,在这个古代例证中,我们发现了一场血战、敌军伤兵,以及劫掠敌营。在这个现代例证中,我们发现了一场虚假战斗、一个又老又穷的妇人,以及一封自吹自擂的信。[马基雅维利]没有明确这个古代例证与这个现代例证之间的对比,故这种对比丝毫没有向我们传授男子气的(virile)古代人相比于女人气的(effeminate)现代人具有什么优越性,而马基雅维利在《李维史论》其他许多文段中同样没有最明确地对我们讲述这种优越性。因此,关于马基雅维利起初的意图,①即致力于古代精神的重生,上述沉默的对比并没有向我们传授任何新东西。

然而,上述沉默的对比起到了一种作用,或更确切地说,起到了两种不同却相互关联的作用。第一,这种对比提醒我们注意如下事实:此章[3.18]秘密地致力于讨论[40]古代人与现代人之间的差异这个核心问题的某个方面。第二,这种对比以一种方式呈现了这个一般教训,在《李维史论》和《君主论》通篇,这种方式都不如其相反方式那么明显。

这两本书各自的每个读者,不管多么流于表面,都必定逐渐意识到,作为君主们和治国者们的老师,马基雅维利是庄重的(gravity)。因此,某种程度上重要的是,认识到他的这两本最严肃的书(two most serious books)并非没有谐剧②精神(the spirit of comedy),就算不说轻浮(levity)。事实上,在这两本书中,就像在马基雅维利

---

① [译按]参第45页用"明确的或表面的或部分的意图"替换"起初的意图"。

② [译按]旧译"喜剧"。

这个人身上,他"以一种近乎不可能的结合方式"把庄重与轻浮结合在一起。① 如果千真万确的是,每个完整的社会都必然认可一些绝对禁止加以嘲笑的事物,②那么,我们可以说,sanza alcuno rispetto[全无敬重地]决定违反这个禁令,正是马基雅维利意图的本质所在。

28. 马基雅维利暗中提及了,要知晓他的敌人的意图,有多么困难

马基雅维利没有透露这个意图。他甚至拒绝透露哪些困难阻碍了对敌人意图的理解。但是,他略微显明(adumbrates)了这些困难,所用方式是提出那些阻碍人们知晓敌人当下和近处行动的困难之间的等级关系(a hierarchy)。

在那四个例证中的最后一个中,任何人都没有犯错,因为没有一项行动在夜里进行。前三个例证中的错误,以及前两个例证中甚至灾难性的错误,则是由于黑暗降临而犯下。在后两个例证中,敌人在当下和近处的白昼行动被发现,纯属意外。所有四个例证都涉及当下和近处的行动。若人们关切如何发现遥远国家和遥远过去的敌人夜间行动③的真相,则困难会无限增加。但是,甚至这些困难也比不过另一些困难,这另一些困难阻碍[人们]发现聪明敌人们的意图:[人们]绝不可能出于意外而发现这些意图。④ 这并非否

---

① [原注 46]比较 1514 年 1 月 13 日致韦托里的信与《佛罗伦萨史》8.36。

② [原注 47]尼采《快乐的科学》格言 1。[译按]注意指卷一的格言 1,而非前言的格言 1。中译本:黄明嘉译,上海:华东师范大学出版社,2007。

③ [译按]"夜间行动"亦见第 146 页。

④ [原注 48]若要充分解释《李维史论》3.18,这些评论当然非常不够。因为我们并非意图充分解释此章或其他任何章(因为考虑到所有章都互相依存,[304]只有多卷本疏解才能做到这一点),所以我们仅仅注意,这四个例证

认,聪明的敌人们写的可接近的著作(accessible writings),一定程度上分有敌人在当下和近处的白昼行动的特征。

29. 戏仿经院派论辩——(三个冒名顶替者)——马基雅维利利用基督教的敌人,以便说出关于基督教的真相

在一个故意的自相矛盾中,一位作者会说一些互不相容的话,或更一般地说,会对不同的人们就相同主题说不同的话,且在有些情况下,会对相同的人们在他们理解过程中的不同阶段就相同主题说不同的话。但是,对不同的人们说不同的话,可以说是原初意义上的反讽(irony)。① 无论反讽与一般而言的戏仿(parody)可能有什么关系,一些确实精微的戏仿可能满足严格意义上反讽的种种要求。

[41]《李维史论》2.12 就是这类戏仿,即对经院派论辩(scholastic disputations)作出的克制戏仿。马基雅维利在那里讨论了如下问题:如果一个人觉察到[本国]会受到攻击,那么,在敌人的国家先下手袭击敌人更好,还是在本国等敌人上门更好?这次讨论由四

的平行关系(一个古代例证后面跟着一个现代例证,又一个古代例证后面跟着又一个现代例证)隐藏了如下事实:第四个例证自成一类,因为在这个例证所涉及的事件中没有犯任何错误。在前三个例证中,两个是异教例证,一个是基督教例证,且基督教例证居中。在两个罗马例证中,罗马人错误地相信自己已被击败(在第一个例证中,罗马人对自己获救感到绝望,但在第三个例证中,罗马人虽然错误地相信自己已经失败,却正确地相信,通过撤往邻近的山上,自己将暂时安全);另一方面,现代人错误地相信胜利,或甚至错误地相信关于胜利的假消息。第二个例证和第四个例证中明确陈述了,要么口头地、要么书面地宣布了所谓的胜利。

① [原注 49]柏拉图《情敌》(*Rivals*)133d8-e1(参 134c1-5)。[译按]中译本:《柏拉图全集:中短篇作品(上)》,刘小枫、刘振等译,北京:华夏出版社,2023。

部分组成:[第一,]为了双方各自,从权威进行论证;[第二,]为了双方各自,从理性进行论证;[第三,]基于区分而给出解决方案;[第四,]为这个解决方案辩护,以反对与之相反的论证。这次讨论在戏仿经院派论辩,是因为两点:[第一,]这次讨论把经院派方法用在非经院派主题上;[第二,]支持更优选项的那个居中权威是"诗性传说"(poetic fable);诗性传说取代了圣经的位置。马基雅维利在[2.12 的]七章前就暗中提及过,圣经宗教起源于人而非起源于天;[而在 2.12,]他似乎本来可以从这一点推论道,圣经的教条式教诲具有诗性传说的认知地位。①

不过,我们眼下远远更关心一个貌似琐屑的情况,即他在《李维史论》2.12 犹豫要不要把从权威进行论证说成从权威进行论证:在那里,他某种程度上模糊了权威与理性之间的差异。② 他在六章后以一种相当引人注目的方式强调了这种差异。在 2.18 的标题中,他提到"罗马人的权威与古代民兵(militia)的例证",但他在此章第一行就把这个表述替换为"许多理由与许多例证"。没过多久,他引用了一句拉丁文,一句极其简单的拉丁文,然后为这则引文补上了意大利语译文,而他在这两本书中其他任何地方都没这么做过:他用"理由"取代"权威"后,继而用他自己的母语取代了权威所用的语言。③ 紧接着,他说:

---

① [原注 50]关于这种观点的前史,参 Leo Strauss, *Persecution and the Art of Writing*, Glencoe: The Free Press, 1952, p. 13。[译按]中译本:施特劳斯,《迫害与写作艺术》,刘锋译,北京:华夏出版社,2012。

② [原注 51]《李维史论》2.12(262):le ragioni[理由]不同于 le cos dette[所谓的事物];在此章靠近开头处,[马基雅维利]把从权威进行的论证称为 ragioni[理由]。从诗性传说中取来的论证后面紧跟着从"现代判断"中取来的论证。[译按]"理由"与"理性"在意大利语中是同一个词,在英语中也是同一个词 reason。

③ [原注 52]《李维史论》2.16(271)为这一步作了准备,马基雅维利在那里两次提到拉丁文表述的"托斯卡纳语"对应表述。

如果人们必须跟随权威……在权威之外,还存在种种明显理由。①

在仅仅凭靠理性确立他的意见后,他参引了"那些规制政治事物的人的权威",即传统政治理论家们的"权威"——这是另一个绝无仅有的情况。

人们必须牢记,权威问题出现在《李维史论》的这个章群(section),这个章群可以说以上文[第30页]讨论过的一则评论[2.10]开头,这则评论涉及李维沉默的意义。②否则人们也许不能理解,在插入性的一章[2.13],除了其他情形,还发生了如下这些反常情形。

[马基雅维利]意在使《李维史论》2.13证明,一个人从低位上升到[42]高位,凭靠的是欺诈而非强力。马基雅维利只提供了两个人的一些细节,这两个人从卑微或低等的处境(an abject or low condition)崛起到掌握巨大的政治权力。这两个人均是自己的前任绝对统治者(the absolute rulers who preceded them)的外甥或侄子③(nepoti);[故]不能说,他们从卑微或低等的地位崛起到制高点(commanding height)。这就是说,这两个例证不贴切:我们被迫思考,哪些才是马基雅维利心目中贴切的例证。

在同一章[2.13],马基雅维利断言,不仅君主们,而且罗马共和

---

① [译按]《李维史论》2.18,对应中译本第380页倒数第2行至第381页第1行。强调为引者所加。

② [译按]section在本书中一般用作"篇"。但在此处似乎并不指"篇",而指"章群"。因为若指"篇",则这一篇从2.16开始,到2.18结束。参"译者绪论"第2节。但这里提及的"这则评论"出现在2.10。

③ [译按]此处"外甥或侄子"对应同一个原文语词 nephews(后附意大利语 nepoti)。这里说的两个人是居鲁士和焦万·伽勒亚佐(Giovan Galeazzo),前者是外甥,后者是侄子。焦万·伽勒亚佐是第27页出现的伽勒亚佐的儿子。

国,最初也是靠欺诈崛起到显赫地位(pre-eminence)的,他还引用李维笔下罗马人的一个敌人的演说来证明这一点;在[马基雅维利的]呈现中,通过把某些话放进罗马的一个敌人口中,李维透露了有关罗马人欺诈的真相。难道一个可敬的罗马人,除非使罗马的一个敌人做他的代言人,否则就不能说出关于罗马的真相,就像罗马皇帝们的一个臣民,除非赞美凯撒的敌人,否则就不能说出关于凯撒的真相?难道respublica Christiana[基督教共和国]的一个公民,除非把基督教的一个敌人或一个异教徒如李维用作他的代言人,否则本不能说出他所认为的关于基督教的真相?马基雅维利当然试图确定关于希伯来人征服迦南的真相,所用的方法是诉诸一番关于约书亚(Joshua)的描述,这番描述可以追溯到希伯来人的敌人们,并与希伯来人的描述公然相矛盾。①

30. 种种重复

当一位作者以精微的方式故意自相矛盾时,可以说他会在重复他之前的陈述时,以某种方式作出改变,这种方式出于某种原因而不易受到注意。

在《李维史论》中,马基雅维利不止一次讨论了佛罗伦萨对皮斯托亚(Pistoia)②的政策。在第一次陈述(2.21)中,他说,皮斯托亚这座城邦自愿受佛罗伦萨左右,是因为佛罗伦萨人总是把皮斯托亚人当作兄弟。在第二次陈述(2.25)中,他说,皮斯托亚这座城邦受到佛罗伦萨左右,是因为有如下"和平计谋"(peaceful artifice)。皮斯托亚分裂成几派时,佛罗伦萨人时而支持一派,时而支持另一派,这导致皮斯托亚人变得如此厌倦党争(party strife),以至于自愿

---

① [原注53]《李维史论》2.8(253)。参 Opere, vol. ii, p.517。
② [译按]意大利托斯卡拉地区的一座城邦,距离佛罗伦萨西北部约30公里。

投身佛罗伦萨的怀抱。佛罗伦萨人使用的这种和平技艺(the peaceful art),在这个语境中被描述为分而治之的技艺(that of dividing and conquering)。

在第二次陈述中,马基雅维利[43]提醒我们注意,关于佛罗伦萨对皮斯托亚的政策,这两番描述之间存在差异;他提醒这一点时,所用的方法是参引他在另一章"出于另一个意图"关于这个主题的说法。这种交互参引很引人注目,因为这种情况在《李维史论》中只出现过一次。如果马基雅维利可以将同一个政策先描述为兄弟情谊和大方的一种表现,然后描述为"分而治之"规则的一种应用,那么,他必定确实不止有一个意图。初看起来的兄弟情谊和大方,经过人们反思后,会把自身透露为精明的"实力政治"(power politics)。① 第一次陈述赞同一个普通观点,根据这个普通观点,道德既能够且应该控制政治生活;若结合第一次陈述来阅读第二次陈述,则第二个陈述暗示了对这个普通观点的怀疑。

我相信,没人质疑如下意见:马基雅维利确实怀疑这个关于道德与政治之间关系的普通观点,因为人人都读过《君主论》第15章以降的内容。这里讨论的交互参引眼下对我们很重要,不是因为这种交互参引阐明了马基雅维利教诲的实质,而是因为这种交互参引某种程度上透露了他呈现其教诲的方式。

人们如果没有认识到一点,则一定会误解马基雅维利教诲的实质,这一点就是,他如果确实透露了其教诲,则仅仅分阶段地透露其教诲:他从"第一次陈述"上升到"第二次陈述",前者为了清晰化而进行了夸张,从而在所有情形下皆可敬,或皆值得公开辩护,后者则具有一种不同的特征。人们如果没有认识到"第一次陈述"和"第二次陈述"在"意图"上不同,则会有如下后果:[第一,]人们可能依照"第一次陈述"来阅读"第二次陈述",从而钝化马基雅维利教诲的锋芒;[第二,]人们无论如何会把两类陈述等量齐观;[第三,]由

---

① [译按]亦可译为"权力政治"或"强权政治",此表述亦见第293页。

于"第一次陈述"或多或少遵循传统或习俗,故人们不会理解马基雅维利事业的重大或严重(the magnitude or enormity)。① 至少每当马基雅维利使用"如前所说"这类表述就一个给定主题参引前文陈述时,人们都有必要悉心比较重复的陈述与原初的陈述,并有必要看到:难道重复的陈述没有暗示对第一次陈述的重大修改吗?

在此举一个例证,这个例证的复杂性与其重要性相称,这个例子就是,马基雅维利在《李维史论》卷一反复讨论了"缔造者们"这个主题,或"新秩序"确立者们这个主题。在第一次陈述(1.9-10)中,[44]他主张,与僭主不同,关心共同善的缔造者如果为了达成他的好目的而实施谋杀,则不能受到谴责;这番讨论立足于如下这些根本而传统的区分,即君主与僭主之间的区分,共同善与私人善之间的区分,以及美德与野心之间的区分;与罗慕卢斯形成对比,凯撒看起来充当了最值得谴责的僭主的突出例证。

在第二次陈述(1.16-18)中,马基雅维利运用了败坏的民众与未败坏的民众之间的区分,并相应地模糊了君主与僭主之间的区分:既然罗马在凯撒时代已然败坏,凯撒的僭政就不可避免,从而完全可辩解,难道不是这样吗?② 此外,且不说其他事情,尽管凯撒可能并非被迫才"粉饰他的谋划"(to color his design),但最初罗马的未败坏则允许罗慕卢斯"粉饰他的谋划";果真如此,则败坏及其反面意味着什么? 这样一来,罗慕卢斯的谋划难道不是为了促进共同善?

在第三次陈述(1.25-27)中,马基雅维利指出,"僭政"是传统术语,这就是说,他的意图不必然需要这个术语,也不必然与这个术语相

---

① [译按]enormity 源于拉丁文 enormis[超出常规],指大到严重的程度,另一个义项为穷凶极恶,于此处似亦通。此词的形容词形式 enormous[严重的/巨大的]见于第49页,第84页,第230页,第295页。

② [原注54]参《李维史论》1.52 与《君主论》14("一个卓越之人"凯撒)对凯撒非常有利的判断([译按]亦参第246页和第271页)。比较如下两次分析:一次是通过区分败坏的城邦与未败坏的城邦来分析曼利乌斯(Manlius)的政策(《李维史论》3.8),另一次是《李维史论》1.8 的不同分析。

容。有一章明确致力于讨论"著作家们称为僭政"的东西,在此章马基雅维利把神样的(godly)①大卫王当作僭主的例证;在下一章他表明,哪怕人们假定,任何对共同善的关切都不可能引导一位非常缺德的统治者,这位统治者也仍然可能做出有利于共同善的行动,从而赢得永恒荣耀。我们受引导而得出如下结论:起初在具有公共精神的美德(public-spirited virtue)与自私的野心之间作出的区分无关紧要,因为唯有非常多人从中获利的行动才能最大限度地满足自私的野心。

所有这些陈述中皆假定,在一个共富国或政制(regime)产生之初,[对它的]缔造是绝无仅有的行动。但是,马基雅维利最终质疑了如上假定:可以说,缔造是持续不断的缔造;不仅在开端,而且在"每天",一个共富国都需要"新秩序"。② 一旦认识到这一点,人们就会看到,一个共和国的缔造者们是这个共和国各个时代的领导人们(its leading men throughout the ages),③或这个共和国的统治阶级。因此,人们会看到,致力于讨论统治阶级的那一篇(section)④(1.33-45)可以说是关于缔造者们真实的且最后的陈述。⑤

---

① [译按]该词另见第 49 页。本书附录的《尼可洛·马基雅维利》一文第 224 页将此词变作 Godly[像上帝一样的]。
② [原注55]参《李维史论》1.49,3.49。
③ [译按]"各个时代"亦见第 84 页。
④ [译按]对"篇"的界定,参"译者绪论"第 2 节。
⑤ [原注56]亦比较《李维史论》2.29(机运女神)与 3.1 对 2.29 中的重复(外在的意外事件);亦比较 1.58(民众比君主更智慧)与 3.34 对 1.58 论点的明确重新考察("当能像劝谏诸君主一样劝说诸民众时"这个重要限定)。
——《李维史论》卷一对缔造者们的讨论的情形,也适用于这一卷的另一个主要论题,即宗教(参 1.9 开头)。1.11-15 中明确讨论了宗教;以或多或少伪装的方式继续讨论宗教的,首先是 1.19-24,然后是 1.28-32,最后是 1.46-59,且 1.46-59 此篇致力于讨论多数人或平民;因为,据马基雅维利所说,多数人而非"诸君主"才是宗教的故乡(参《君主论》18 靠近结尾处)。1.19-24 的起初主题是图卢斯·霍斯提利乌斯(Tullus Hostilius),此人是笃信宗教的努马·蓬皮利乌斯(the religious Numa Pompilius)的对应者,且此人被描述为拥有突出

关于佛罗伦萨对皮斯托亚的政策，马基雅维利进行了双重讨论（twofold discussion），我们可以从中得出进一步的教训。马基雅维利对同一个事实提出了相互排斥的[双重]解释：[45]重要的不是这个事实本身，而是这个事实为提出一个论点而提供的机会。由此，我们理解了，马基雅维利并非总是关切历史真相，反而经常随心所欲地改动历史记载所提供的素材：如果存在既美又真的例证，①就可能存在美而不真的例证。用我们时代的语言来说，马基雅维利在多大程度上是史学家，就在多大程度上是艺术家。他当然非常具有艺术手法（artful）。②

美德的人，也被描述为"最明智"的人，这与"虚弱的国王"努马形成对比。马基雅维利夸大了图卢斯的明智，以便强调图卢斯与努马形成对比；然后，在1.22—24马基雅维利把[对图卢斯的]这种赞美化减弱到了合理的程度。1.28—32的起初主题是感恩；至于感恩与宗教之间的关系，参马基雅维利的《劝忏悔》（*Esortazione alla penitenza*，见 *Opere*，vol. ii，pp. 801—804）。

[译按]注中提及的努马和图卢斯分别为罗马王政时代第二位和第三位国王，在位时间分别为前715年至前672年和前672年至前640年。

① [原注57]《李维史论》2.28(313)；参3.20(388)，3.21(390)。
② [原注58]在《君主论》第8章靠近结尾处，马基雅维利谈到"好好使用残忍"，且为自己使用这个表述辩解；在第17章开头，他谈到"糟糕地使用好施（mercy）"，却不再为自己辩解。在第6章靠近结尾处，他谈到希耶罗解散旧民兵；在第13章，他告诉我们，希耶罗将[305]这些军人碎尸万段（cut to pieces）。在第18章结尾，马基雅维利尚不敢提到阿拉贡的斐迪南的名字；而在第21章开头，他确实敢这么做。在第3章(7)，他先谈到有必要灭绝一位君主的"家系"，后又谈到有必要灭绝这位君主的"血统"。亦参第4章(15)，他在那里用"血统"代替"记忆"。"血"是非常微妙的话题，因此，它只在一个章题中出现过一次（《李维史论》3.7），且在那里只出现在"没有流血"这个表述中。

[译按]注中提及的"血"和"血统"在原文中为同一个词blood。另外，art在现代指艺术，在古代指技艺，故正文中的artist[艺术家]和artful[具有艺术手法]在古代意义上分指"艺匠"和"具有技艺"。马基雅维利的时代离古代并不远，故他也会在古代意义上使用art及其同源词。关于"艺术"，参后文第136—137页，第181页，第193页，第288页。

31. 种种离题

马基雅维利的例证并不总是贴切，也不总是真实。我相信，我们不能由此推论，这些例证并非总是精心挑选出来的。他经常使用"我希望仅限于举这个例证"这类表述。人们总是有必要思考，为何他更喜爱他所举出的这个例证或这些例证：这些是最贴切的或最发人深思的例证吗？① 因为，在这些情况下，我们仅仅知道，马基雅维利不希望提及其他例证；我们不知道，为何他不希望提及其他例证。

特别就《李维史论》而言，其起初意图会暗示，他均匀地分配了罗马例证和现代例证，但人们必须注意，实际上的分配高度不规律。我们必须注意这一点，甚至为此而不顾及马基雅维利是否明确提到他希望仅限于举这些例证。可以说，"我希望仅限于……"这类表述指出了"排除的情形"，因为这类表述把如下情形排除在外，不去提及或进一步讨论：提及或用更大篇幅去讨论这些情形，也许非常值得，却也许不方便或不得体。

排除的反面是离题。指出离题的典型表述是"但是，让我们回到我们的主题"这种评论。在离题中，作者会讨论一些他认为不属于得到严格理解的主题的东西。在《君主论》和《李维史论》这样的书中，离题包含如下讨论：[作者]不会要求这些讨论推进起初的或明确的或表面的或部分的意图，而是要求这些讨论推进完整的或真正的意图。

《君主论》起初的或部分的意图会要求[作者]仅仅讨论第 1 章提及的君主国——或君权的获得——的那些类型；这就是说，第 1 章引导我们期待第 2 至 7 章的那些主题；第 8 至 11 章令人惊诧，因为这几章除了包含其他内容，还包含如下两番讨论，一番讨论针对

---

① ［原注 59］参本章上文注 25。

如何通过罪行来获得君权,[46]另一番讨论针对教会君主国(ecclesiastical principalities);将第 8 至 11 章称为离题,尽管不够严谨,但也并非在误导人。在《君主论》第 9 章,关于苏丹国家与基督教教宗制之间相似性的陈述,①是严格意义上的典型离题。

如果马基雅维利没有指出一个文段是离题,则我们不会将这个文段理解为严格意义上的离题。然而,如果[马基雅维利]把一个文段呈现为在回答读者可能提出的疑问或反驳,则我们确实会将这个文段看作离题。② 这类文段中的一个是马基雅维利在《君主论》第 11 章的一番讨论,这番讨论针对教会的现世(temporal)权力如何崛起到当下的高度。这类文段中的另一个是《君主论》第 19 章关于罗马皇帝们的讨论。

简要分析一下后一个文段,可能有助于理解一般意义上的离题意味着什么。在第 9 章,马基雅维利已经表明,精明地运用君权有一个绝对限制:尽管在特定情况下,一位君主可以安稳地无视大人物的利益,甚至消灭大人物,但一位君主绝对有必要尊重普通民众[哪怕]极其节制的(moderate)要求。马基雅维利在第 19 章第一部分以温和的形式重述了这条规则,然后在关于罗马皇帝们的那个部分解释道,这条规则哪怕以其原初形式出现,也绝非普遍有效:在罗马帝国治下,民众与军人之间存在利益冲突;军人的力量大于民众的力量;于是,皇帝们不得不满足军人的要求,而非民众的要求;因此,一位能干的罗马皇帝若获得军人的支持,就完全不会被迫顾及民众。这可能导致对缺德统治者们最后的制约归于失效。

这样一位罗马皇帝的突出例证是塞普提米乌斯·塞维鲁斯

---

① [原注 60]参上文第 32 页。
② [原注 61]这方面我们可以注意,马基雅维利在《君主论》第 3 章(12)区分了"有人"提出某个反驳与"另一些人"提出另一个反驳;第一个反驳是政治反驳,第二个反驳是道德反驳。

(Septimius Severus)。① 在这一点上,如果马基雅维利能运用传统语言,那么,他本会说,塞维鲁斯是获得贴身侍卫支持的典型僭主。而且在其他地方,马基雅维利[确实]称塞维鲁斯为罪恶之人,但在此章[第19章]结尾,马基雅维利恰恰把塞维鲁斯这头"最凶猛的狮子兼最精明的狐狸"(most ferocious lion and most astute fox)树立为国家缔造者们的榜样,国家缔造者们不同于如下这些君主,这些君主的任务只是保存一个业已[47]缔造的国家;②就缔造者们而言,[马基雅维利]不再[在他们之中]区分富有美德的英雄与极其能干的罪恶之人。

32. 种种含混术语

在阅读马基雅维利的书时,人们会一直好奇:在使用术语和其他语词时,他悉心还是不悉心?我们观察过展现他过度悉心的如此多例证,以至于我们敢于认为:比起体谅[他有]属人的虚弱,更稳妥的是相信他悉心思考过他所用的每个词。考虑到马基雅维利与我们自己这样的人之间存在[能力]等级差异,从[我们以上]这个

① [译按]塞维鲁斯王朝的开创者,生于145年,193年即帝位,211年驾崩。

② [原注62]《君主论》19(61,62,65,66),20(67);参《李维史论》1.10(123),1.40(187);亦参《战争的技艺》卷一(476)。《君主论》中有一章明确讨论了罪行是获得君权的方式(第8章),此章与第19章之间的关系由如下事实指出:这两章而非其他任何章,均以Ma perché[但是,因为]这两个词开头。顺便说,《君主论》有四章以Ma[但是]([译按]方括号内容为施特劳斯所补)开头,而《李维史论》没有一章以这个词开头。《李维史论》中与这种开头对等的是以Ancora che[尽管]([译按]方括号内容为施特劳斯所补)开头,我们同样发现这种开头有四例(《李维史论》卷一前言,1.32,1.55,3.40):这两本书的节奏(tempo)大相径庭。为了看到关于塞维鲁斯的讨论何以特别重要,人们还应该比较马基雅维利对他表面上认为的英雄切萨雷·博尔贾的判断与他对塞维鲁斯的判断;比较《君主论》7(24)与19(62-63)。

信念引出的阅读规则也许不可实践,因为我们不可能在所有情况下都遵从这个规则。但是,这仍然是好规则,因为将它铭记在心会让我们保持清醒和适度(modest),或者会帮助我们养成恰当地混合大胆与小心的做人习性(to develop the habit of being in the proper mixture both bold and cautious)。

需要特别注意某些语词,即含混的术语。"美德"(virtue)的含混性最广为人知。马基雅维利在连续的两句话里说到罪恶的阿伽托克勒斯,在前一句中说他缺少美德,在后一句中说他拥有美德;"美德"在前一句中指最广义的道德美德(moral virtue),①包括笃信宗教,②而在后一句中指聪明与勇敢相结合。教宗利奥十世(Leo X)③据说拥有"善良(goodness)和无限多的其他美德",而汉尼拔(Hannibal)据说拥有"非人性的残忍和[无限多的]④其他美德"。"有美德地并以人们应该使用大方的方式"使用大方,区别于明智地使用大方,即区别于在一种不同的意义上有美德地使用大方。⑤

"美德"还有一种居间含义,依照这种含义,"美德"指政治美德(political virtue),或指服务于政治社会时或展现有效的爱国主义时所需品质的总和。根据"美德"的这种居间含义,甚至非人性的残忍可能是美德,且野心可能是恶德。在许多情形中,不可能说[马基雅维利]指的是哪种美德。当马基雅维利呈现他的教诲时,这种隐晦性对这种呈现具有本质意义。如下事实令这种隐晦性成为必需:

---

① [译按]参第 11 页及当页译按。据此,由于"道德"在西方语境中是现代概念,故严格来讲"道德美德"应译为"性情美德"。但本页稍后说到"'美德'指政治美德",故本页可能在对比道德美德和政治美德。所以笔者保留"道德美德"这个译法。

② [译按]"笃信宗教"的原文即通常指宗教的 religion。后文会谈到宗教作为一种美德。

③ [译按]参第 22 页译按。

④ [译按]方括号内容为施特劳斯所补。

⑤ [原注 63]《君主论》8(28),11 结尾,16 开头,17(54)。

[马基雅维利]意在使读者从对美德的普通理解上升到全然相反的理解。

同等含混的是"君主"(prince)。"君主"可能指并非僭主的独一统治者(monarch),或指任何独一统治者,或指居于统治地位的任何人或团体(这种团体包括共和国中的领导人们),更不用说"君主"的另一种含义。"民众"(people)可能除了指普通民众,也指共和国社会。[48]"属人存在者们"(human beings)可能指属人存在者们本身,或指男人们,或指一般人们,或指君主的臣民。① "天"(heaven)可能指可见的天,也可能指天下此世(in the sub-celestial world)所有规律或秩序的基础,也可能指一个能思考且有意志的(thinking and willing)存在者(这个存在者可能仁慈对待属人存在者们,或爱特定的属人个体),也可能指运气,也可能指属人的渴求(aspiration)的目标,也可能指瘟疫或饥荒或洪水之类的大灾难的原因。

"我们"可能指马基雅维利,也可能指马基雅维利和他的读者或读者们,也可能指马基雅维利的同时代人,也可能指佛罗伦萨人,也可能指基督徒,也可能指同时代的基督徒,也可能指意大利人,也可能指同时代的意大利人,也可能指所有属人存在者,也可能指说话的人所属的社会(这个社会与敌人的社会形成对照),也可能指一个社会及其敌人合在一起。在某些情形中,例如当马基雅维利称李维为"我们的史学家"时,或当马基雅维利说"我们无论如何也对自然事物和超自然事物无知"时,②人们难以判断第一人称复数代词严格来说指什么。在最后这个情形中,"我们"并非不可能指"我

---

① [原注64]参《李维史论》1.46—47,这两章的标题以"属人存在者们"开头。[译按]本书中还会出现 mankind 和 human race,故只将这两个表述译为"人类",human beings 则通译为"属人存在者",因为此表述与"属神存在者"形成对比。

② [原注65]《李维史论》1.56。

们非哲人"(we who are not philosophers)。

33. 种种数字

《李维史论》致力于讨论李维的《自建城以来》(History)①前十卷,或者说,致力于讨论截至约公元前292年的罗马史。李维的《自建城以来》由142卷构成。奇怪的是,《李维史论》由142章构成,因为卷一和卷二各自的前言当然不是章。由此,马基雅维利似乎在传达,他的意图不仅在于阐明早期罗马史,而且在于阐明罗马从其开端到皇帝奥古斯都时代的历史。瞥一眼《李维史论》中所讨论事件的清单,就能证实这个论点。②

《李维史论》的章数与李维史书的卷数相同,这个奇怪的事实使人们好奇:难道《君主论》的章数不也有重要意义吗?由于《君主论》由26章构成,且没有向我们传达任何信息说明这个数字意味着什么,故我们转向《李维史论》全书第26章。此章是《李维史论》中仅有的这样一章:据章题所说,此章致力于讨论"新君主",而"新君主"是《君主论》的主要论题。另外,此章讨论著作家们所谓的僭政,马基雅维利在上一章结尾已说过这一点;但是,[《李维史论》全书]第26章中避免使用"僭政"(或"僭主")这个术语。

如果我们从《李维史论》全书第26章转向由26章构成的《君主

---

① [译按]History 为此书的别称,此书原名为 Ab urbe condita,此处中译书名即按此直译。

② [原注66]参例如 1.10,2.1,2.8-9,2.30(317),3.6,3.24-25。提醒我们注意《李维史论》章数的是如下引人注目的不规律:卷一和卷二均有前言,而卷三没有前言;此种不规律的结果或原因就是,《李维史论》由142章构成。李维的《自建城以来》由142卷构成是常识;参彼特拉克(Petrarca)《家常书简》(Epistolae de rebus familiaribus)24.8;《值得铭记之事》(Rerum memorandarum)1.18。(感谢剑桥大学克莱尔学院[Clare College]的 A. H. McDonald 先生提供这条信息。)

论》,那么,我们观察到,[49]《君主论》中也避免使用"僭主"或"僭政"这些词:《李维史论》全书第 26 章以这种方式模仿《君主论》,从而为我们提供了理解《君主论》的线索。由于这番观察引出了对《君主论》进一步的相关观察——我们之前注意到了其中有些观察——故我们有点儿相信,在严肃对待数字 26 时,我们走在正确的道路上。

但是,在追踪这条思路之前,在《李维史论》全书第 26 章这儿耽搁一会儿也许是智慧的。马基雅维利在此章用了两个例证,第一个是大卫王,根据福音书,大卫王是耶稣的祖先。在自己当王之初,也就是说,为了缔造或建立自己的国家,大卫王这类人必须使用某些手段,在马基雅维利的描述中,这些手段"最残忍也最有害,不仅对每一种基督教生活方式如此,而且对每一种人道生活方式也如此"。① 大卫王的一个手段是,使富人变穷,并使穷人变富。在谈论这个手段时,马基雅维利从"尊主颂"(the Magnificat)中引用了如下诗句:

> 他叫饥饿的人得饱美食,并叫富足的人空手离去。②

这就是说,马基雅维利用在僭主大卫身上的表述,是新约或马利亚(Mary)用在上帝身上的表述。由于马基雅维利把新约归于上帝的一种行动方式刻画为僭主的行动方式,故马基雅维利引导我们总结道——不,实际上他[自己]说道——上帝是僭主。马基雅维利以自己的奇怪方式接受了一个传统观点,依据这个观点,大卫是神样的国王,或者说,大卫行上帝的道(walked in the ways of God)。正是为了作出这个不寻常的且令人震惊的暗示,马基雅维利在《君主

---

① [译按]对应中译本第 221 页最后两行。
② [译按]《圣经·新约·路加福音》1:53。本书中的圣经引文翻译参考圣经和合本。

论》和《李维史论》中仅此一次运用了新约引文。①

34. 马基雅维利的渎神

《李维史论》最表面的事实是,它的章数等于李维《自建城以来》的卷数;这个事实迫使我们开始一连串试探性推理,这些推理令我们一方面突然直面马基雅维利这两本书中对新约的唯一引用,另一方面突然直面严重的(enormous)渎神。如果我们要用["严重的渎神"以外的]任何别的语词,即用任何更弱的语词,来刻画马基雅维利正在做的事,那么,这都会极大地损害真相。因为,如果人们相信,我们遭遇的这次渎神是马基雅维利唯一的或者哪怕最严重的渎神,那就错了。可以说,这次渎神不过是一个大纵队的先锋(the spearhead of a large column)。②

对于一个表达非常强烈反对的语词,[50]我们的社会科学家同行们可能把使用这个语词视为"文化条件"反射,从而也视为对一条道路的偏离,这条道路就是科学正直性的笔直而狭窄的道路(the straight and narrow path of scientific correctitude);尽管如此,但我们毫不后悔用了一个这样的语词[,即"严重的渎神"],因为我们相信,不直言不讳(failing to call a spade a spade)并不科学。

有人可能会为马基雅维利辩护道,他并没有在[我们]所指控

---

① [原注67]《圣经·新约·列王纪上》3:14;《圣经·新约·路加福音》1:53。比较《圣经·新约·路加福音》1:51-52 与亚里士多德《政治学》1314a1-29("在僭主们或阿谀者们面前,人们因言谈谦卑而得到尊荣",等等)。

[译按]注中带括号的引文原为拉丁文,似乎是对《政治学》1314a1-3 的译述,与中世纪著名的亚里士多德译者莫尔贝克的威廉(Guillermus de Morbeka,约1215—约1286)的译笔(见其译本第 758 段)相似而不同。《政治学》较善的英译本:Aristotle, *Politics*, tr. Carnes Lord, 2nd edtion, Chicago: The University of Chicago Press, 2013。中译本:吴寿彭译,北京:商务印书馆,1997。

② [译按]类似的表述亦见第 142 页。

的文段中谈论上帝,或者说,他如此好地隐藏了这次渎神,以至于这次渎神对读者中的多数人并不存在。与此相反,[另一些]人们很可能极力主张,隐藏的渎神比公开的渎神更严重,理由如下。

若是寻常的渎神,则听者或读者会变得意识到这种渎神,且绝不会亲身效力于这种渎神。[但是,]马基雅维利隐藏了他的渎神,从而迫使读者靠自己思考这种渎神,并由此变成马基雅维利的共犯。人们不能将马基雅维利的读者的处境,比作如下这位法官或检察官的处境:这位法官或检察官按原样再次思考罪恶的或被禁止的种种想法,以便将被告绳之以法;同时,这位法官或检察官也由此确立了他与罪犯之间的一种亲密联系,但丝毫没有被怀疑由此变成共犯,也从未产生过负罪感。因为罪犯既不渴望也不要求这种亲密联系,而是非常不喜欢这种亲密联系。

另一方面,马基雅维利热切渴望确立这种亲密联系,哪怕只是与他称为"青年"的特定一类读者确立这种亲密联系。马基雅维利所实践的隐藏,是精微的败坏或引诱所用的工具。他使他的读者遭遇谜团,从而令他的读者着迷。此后,读者对问题的解决着迷,使读者忘记所有更高义务,哪怕没有忘记所有义务。马基雅维利隐藏了他的渎神,从而仅仅避免了遭到惩罚或复仇,却没有避免有罪(guilt)。

从《李维史论》卷一第26章转向卷二第26章,我们发现,马基雅维利强烈警告他笔下的一个精于算计的人物不要用轻蔑之辞伤害人们的感情;他在此章结尾引用了塔西佗谈论僭主尼禄的一个敌人时所说的一句话:

  尖刻的玩笑一旦过分贴近真相,就会在这些玩笑背后留下刺痛人们的回忆。①

---

① [译按]塔西佗《编年史》15.68。中译本:王以铸、崔妙因译,北京:商务印书馆,1981。

我有一次听一位自由主义神学家说,对渎神的传统判断立足于过于狭隘的一种上帝荣誉概念(a conception of God's honor)。他用一位非常有智慧也非常有权力的国王来类比,这位国王会容忍[51]乃至享受开他本人的玩笑,不管开得多么尖刻,只要开得优雅且没有造成公共丑闻就行。在我们看来,这种论证如此明显地不恰当,以至于我们可以不经任何讨论就驳回。

我们更愿意提出如下思考。我们今天最熟悉的种种无信仰,是可敬的冷漠,以及对失落的信仰的一种念旧(nostalgia),这种念旧伴随着无能力区分神学真理与神话。这几种无信仰难道不比马基雅维利那种无信仰远远更侮辱信仰吗?因为马基雅维利那种无信仰严肃对待启示宗教对真理的主张,而这又是因为马基雅维利那种无信仰认为,启示宗教的真理问题绝对重要(all-important);①所以,无论如何,马基雅维利那种无信仰不是温吞的(lukewarm)无信仰。

再者,如果圣经宗教像马基雅维利所假定的那样并不真实,如果圣经宗教起源于人而非天,如果圣经宗教由种种诗性传说构成,那么,变得不可避免的是,人们应该尝试只在属人方面理解圣经宗教。初看起来,人们能以两种不同方式作这种尝试:为了试图理解圣经宗教,人们可以要么从属人的爱的现象开始,要么从政治现象开始。薄伽丘在其《十日谈》②中采用了第一种方式,马基雅维利则采用了第二种方式。

《李维史论》2.12是对经院派论辩的戏仿,马基雅维利在此章指出了,如何能把政治真相或军事真相改造为诗性传说,或如何能得出潜在于诗性传说之下的政治真相或军事真相:安泰俄斯(An-

---

① [译按]"绝对重要"一词亦见第83页和第288页,结合这两处可知,马基雅维利把古代"真理"转变为现代"真相"。"真理"与"真相"在原文中为同一个词 truth。

② [译按]中译本:王永年译,北京:人民文学出版社,2015。

taeus)①并非地神(Earth)之子,所以人们不能说,只要他站在大地上,而不从大地上升,他就不可战胜;相反,由于他是一个人类母亲的儿子,所以只要他在自己的领地范围内等待他的敌人进攻,他就不可战胜。与之相似,依据一个传说,一个马人(centaur)为古代君主们传授君主技艺,这个传说无非意味着,君主们必须具备一半非人性。以同样的方式,在"明断地(judiciously)阅读圣经"时,马基雅维利辨识出,摩西的种种行动并非根本不同于居鲁士或罗慕卢斯或忒修斯(Theseus)或叙拉古的希耶罗的种种行动:"明断地阅读圣经"意味着,不从圣经本身来阅读圣经,而从种种根本的政治真相来阅读圣经。②

不过,即便我们承认,马基雅维利被迫才提出关于某些政治现象或政治希望的问题,而这些政治现象或政治希望在原则上完美解释了圣经及其上帝概念,但我们仍然没有理解,为什么他诉诸种种渎神。毕竟,[52]在如今和过去数代人中,许多学者都在讨论这个问题,且完全没有渎神。答案很简单:在过去数代人中,圣经的权威已经得不到法律的一般认可和支持;另一方面,马基雅维利被迫使

---

① [译按]希腊神话中的巨人,海神波塞冬($Ποσειδῶν$)与地神盖亚($Γαῖα$)之子,居住于利比亚。

② [原注68]《君主论》6,18;《李维史论》3.30(409)。关于这样"明断地阅读"圣经[的例证],马基雅维利将其注入他的书中的数量,无限多于其直接可见的数量。这个断言与一个事实并不矛盾,这个事实就是他仅有一次明确提及圣经。他也仅有一次明确提及亚里士多德,而若由此推断他没有悉心思考亚里士多德的学说,则并不理智。圣经与亚里士多德这两个最权威的"文本"各自都确实仅有一次 eo nomine[通过点名]被提及。《李维史论》3.26 提及亚里士多德(这唯一一次提及亚里士多德之后,紧跟着对同时代散文著作家的唯一一次引用,即 3.27 对比昂多[Biondo]的引用),3.30 提及圣经(在这唯一一次提及圣经之前,是对同时代诗人的唯一一次引用,即 3.29 对洛伦佐·美第奇的引用)。

关于萨沃纳罗拉,马基雅维利说,他的著作展现了他的学识、[306]他的明

用种种逃避问题的花招(subterfuges)。

他的著作的许多特征,在我们看起来也许只是因为他轻浮,却也是因为他发现自己有必要把纯粹政治或军事教训同如下一些说明相结合,这些说明针对他所认为的属人现象或自然现象,这种属人现象或自然现象使对超自然事物的信仰或欲望变得可理解。当人们读到他对一般意义上的必然性所作的赞美时,人们不应该忽视这里所说的必要性:①[他对一般意义上的必然性赞美道,]如果人们没有受到必然性驱使,那么,人们的双手和口舌本不会把人们的种种作品带到人们看到这些作品已被带到的高度。②

35. 种种数字(续)

重复一遍,我们相信,《李维史论》的章数与李维史书的卷数相同,并非偶然;因此,我们相信,人们应该思考:难道《君主论》的章数即 26 就没有某种重要意义吗?我们已经看到,《李维史论》全书第 26 章对于理解《君主论》非常重要。我们注意到,马基雅维利在《李维史论》中讨论罗马皇帝们时,明确谈论了 26 位皇帝,

---

智,还有他的头脑的美德;关于大卫王,马基雅维利说,他是在武装、学识、判断方面最卓越的人,同时还具有突出的美德:马基雅维利没有提及大卫的著作;参《李维史论》1. 19(147),1. 45(192)。(参《关于我们的语言的论说或对话》[Discorso o Dialogo intorno alla lingua nostra]评判但丁时所用的相似措辞,见 Opere,vol. ii,p. 808)。

[译按]注中提及的比昂多(Flavio Biondo,1392—1463)是意大利史学家和考古学家,据说他第一个提出"中世纪"概念。形容比昂多的"散文"指非韵文,而不限于指令之散文。"散文"在第 125 页同样指这个意思。另外,注中提及的《关于我们的语言的论说或对话》在《马基雅维利全集》中译本中作《关于语言的对话》。

① [译按]指上一句中提到的"有必要……"。
② [原注 69]《李维史论》3. 12 开头。

即从凯撒到马克西米努斯(Maximinus)。① 且不说凯撒不是皇帝，马基雅维利完全没有解释，为什么他从皇帝们中特别挑出这些皇帝；唯一明显的事实是他挑出的皇帝的数量。数字 26 与"君主"（即独一统治者）之间，似乎存在某种关系。这里不适合用进一步的例证说明，马基雅维利如何使用数字 26，或更准确地说，如何使用数字 13 及其倍数。

在此只需提及他的作品进一步的某些特征，这些特征似乎会指出，数字是他所使用的重要手段。《李维史论》有三章以引用李维开头；这三章彼此相隔 20 章。②《李维史论》只有两章仅仅包含现代例证，这两章就是全书第 27 章和全书第 54 章。如果某一章呈现了人们不能通过研究此章语境来解决的一些难题，那么，人们有时只要转向[53]《李维史论》另一卷相同序数的章，或转向《君主论》相同序数的章，就会获得帮助。

例如，关于沉默的关键文段，是《李维史论》卷一和卷二各自的第 10 章。关于"持续不断的缔造"的关键文段，是《李维史论》卷一和卷三各自的第 49 章。《李维史论》卷三第 48 章讨论一个外邦敌人所实施的欺骗，而卷一第 48 章讨论国内反对者们所实施的欺骗。对经院派论辩的戏仿出现在《李维史论》卷二第 12 章，而《李维史论》卷一第 12 章明确致力于讨论教会所施加的损害。《君主论》第 11 章致力于讨论教会君主国，而《李维史论》全书第 11 章致力于讨论罗马人的宗教。对马尔库斯·曼利乌斯·卡皮托利努斯(M. Manlius Capitolinus)③最重要的讨论出现在《李维史论》卷一第

---

① [原注 70]《李维史论》1.10。
[译按]马克西米努斯(173—238)，全名盖尤斯·尤利乌斯·瓦鲁斯·马克西米努斯(Gaius Iulius Verus Maximinus)，史称忒拉克人马克西米努斯(Maximinus Thrax，"忒拉克"旧译"色雷斯")，235—238 年任罗马皇帝。
② [原注 71]《李维史论》2.3,2.23,3.10。
③ [译按]前 392 年任罗马共和国执政官，逝于前 384 年。

8章和卷三第8章,还有其他一些章。①

［话说回来,］机械地运用如上想法会很愚蠢,因为如果马基雅维利机械地运用他的手段,则他的手段会击败他的意图。试图仅仅凭靠或甚至主要凭靠他的手段去确立他的教诲的意义,会几乎同等愚蠢。但是,按照通常阅读他的著作的方式去阅读他的著作,也会不明智。马基雅维利的手段,若明断地使用,就会把读者引向他的论证的神经(the nerve)。然而,发现的次序并不必然是证明的次序。

36. 结论

总之,在彼此关系隐秘难测的(enigmatic)这两本书中,马基雅维利呈现了他的教诲。这两本书各自都着眼于一群特定听众,或以一个特定视角,来呈现他所知晓的"一切"。如果人们要回答这两个视角之间的关系问题,那么,人们只能先充分理解每一本书的视角,从而也充分理解每一本书本身。如果在阅读这两本书各自时,一开始就采用另一本的角度,那么,人们会得出某种平庸的意义,这种意义甚至比任何一本的表面含义都更流于表面,而且在任何程度上都不可能自称真实(authentic)。② 最终,视角的双重性反映了"意图"的双重性,"意图"的双重性在两本书各自之中都有效,且对应于"青年"读者与"老年"读者之间的差异。

---

① ［原注72］参本章上文注54。

② ［译按］这个"真实"与author［作者］一词同源,在此强调符合作者本意。

第二章 马基雅维利的意图:《君主论》

1.《君主论》是论著

[54]许多著作家尝试用"科学的"一词来描述《君主论》的意图。只要恰当地意指这个描述,这个描述就站得住脚,甚至也有帮助。让我们再次返回开端。

在[《君主论》]献辞中,马基雅维利三次指出了此书的主题:[第一次,]他在此书中融入了他关于现代和古代大人物种种行动的知识;[第二次,]他敢于讨论君主统治,并为君主统治制定规则;[第三次,]他拥有关于君主们本性的知识。从献辞中,从此书自身中,也从作者在其他地方的说法中,①人们可以看到,关于大人物种种行动的知识,即历史知识,仅仅为如下知识提供了质料:这种知识关乎君主统治是什么,关乎多种类型君主国的特征,关乎一个人为了获得并保存君权而必须遵循的种种规则,也关乎君主们的本性。[马基雅维利]意在使《君主论》仅仅传达这后一种知识。这后一种知识关乎普遍事物或一般事物而非个别事物,从而可以称为哲学知识或科学知识。

《君主论》是科学之书,因为[55]它传达了一种一般教诲,这种一般教诲立足于从经验出发的推理,也提出这种推理。这种一般教诲在一定程度上是理论教诲(关于君主们本性的知识),也在一定程度上是实践教诲(关于君主必须遵循的种种规则的知识)。《君

---

① [原注1]1513年12月10日致韦托里的信。

主论》是科学之书,而非史学之书——与这个事实相应,全书26个章题中只有三个章题包含专名。① 在《李维史论》中提及《君主论》时,马基雅维利称之为"论著"。② 眼下我们应该把《君主论》描述为论著,并用"论著"指提出上述这种一般教诲的书。

就《君主论》是论著而言,它具有清晰的谋篇,且它的论证沿着直线行进,既无上升,也无下降。初看起来,《君主论》由两部分构成。第一部分提出了君主统治的科学或技艺,第二部分讨论了一个由来已久的问题,即技艺或明智的限度问题,或技艺或明智与运气之间的关系问题。更具体地说,《君主论》由四篇(four parts)构成:(1)多种类型的君主国(第1至11章);(2)君主及其敌人们(第12至14章);(3)君主及其臣民或朋友们(第15至23章);③(4)明智与运气(第24至26章)。我们可以进一步说,初看起来,《君主论》不仅是论著,而且甚至是经院派论著。④

2.《君主论》也是为时代而作的小册子

然而,与此同时,《君主论》又与科学的或超然的(detached)⑤作品相反。《君主论》开头说到"过去和现在左右人们的所有国家、所有统治权(dominions)",结尾却说到"古代勇气(valor)在意大利人的心中尚未死去"。《君主论》以充满激情地召唤[一位君主]行动起来为顶点(culminates)⑥——这种召唤是在对一位同时代意大利君主言说,即召唤这位君主在彼时彼地做出既可能又必要的最荣耀

---

① [原注2]《李维史论》142个章题中有39个包含专名。
② [原注3]《李维史论》2.1(234),3.19,3.42;参2.20开头。
③ [原注4]参《君主论》15开头。
④ [原注5]参上文第23页。
⑤ [译按]其同源名词 detachment[超然]见于第266页,第282页,第288页。对比 aloof[超然的]及其同源名词 aloofness[超然](第121页和第282页)。
⑥ [译按]该词也指"以……为结局",在此指书的最后一章。

的行动。

《君主论》像为时代而作的小册子(a tract for the times)一样结尾。因为最后一篇不仅讨论了关于明智与运气之间关系的一般问题,而且关切另一种意义上的意外事件。明确讨论明智与运气之间关系的是第25章,全书中只有此章上一章和下一章在标题中指出,这两章讨论同时代意大利的处境。

《君主论》不是唯一的如下这种政治哲学经典:它既是论著,又是为时代而作的小册子。在此提到霍布斯的《利维坦》和洛克的《公民政府》(Civil Government)①足矣。可是,《君主论》的情况并不典型:开头一章与结尾一章形成引人注目的对比,[56]开头一章即便不说很经院派,也很干巴巴,而结尾一章具有高度修辞性,并以引用一首意大利语爱国诗歌结尾。马基雅维利可能有野心结合经院主义的种种品性(the virtues)与爱国诗歌的种种品性吗?对于理解政治事物,需要这种结合吗?

不论如何,对比《君主论》开头——或者甚至前25章——与结尾,迫使我们修改我们的如下评论:此书的论证沿着直线行进,既无上升,也无下降。通过直接对比开头与结尾,我们变得意识到一种上升。就《君主论》是论著来说,马基雅维利是探究者或教师;就《君主论》是为时代而作的小册子而言,他哪怕并非扮演着布道者的角色,也扮演着劝谏者的角色。他热切渴望变成《君主论》言说对象的劝谏者,从而也热切渴望从他那低等的乃至卑微的处境崛起。② 在不止一个意义上,《君主论》的运动③是上升。与此同时,

---

① [译按]洛克《政府二论》(*Two Treatises of Government*,旧译《政府论》)第二论"论公民政府的真正起源、限度和目的"(An Essay Concerning the True Original, Extent and End of Civil Government)的简称。中译本:洛克,《政府论:上下篇》,瞿菊农、叶启芳译,北京:商务印书馆,2022。

② [原注6]参《君主论》献辞。

③ [译按]指论证的运动。对这种运动的提及亦见第60-62页,第93页,第127页,第151页,第213页,第223页,第241页,第242页,第278页,第295页。

这种运动并不只是上升。

3.《君主论》的运动是先上升后下降；居中的是顶点

与《李维史论》相反，《君主论》初看起来是遵循传统或习俗的论著。但是，这种起初的表面故意地具有欺骗性。到了此书的居中位置之后不久，《君主论》的反传统性就变得明确，并保持明确了一段时间后再次隐没。因此，可以把《君主论》的运动描述成先上升后下降。粗略来说，顶点居中。此书的第一篇（第1至11章）中预示过这条路线：第6章中讨论了此篇最高的主题（凭靠自己的武装和美德获得的新君主国）和最伟大的那些例证（摩西、忒修斯、罗慕卢斯、居鲁士），且此章是第一篇严格意义上的居中一章。

4. 第一篇的运动：从熟悉的、此地的、此时的、寻常的转向不熟悉的、古代的、罕见的（此三者即最高主题），此后就是下降

但是，让我们在某种程度上更加密切地追踪这种运动（follow this movement somewhat more closely）吧。① 初看起来，《君主论》属于传统的君主镜鉴文体，这种文体首先对正当的（legitimate）②君主言说，而正当的君主最为人所熟悉的情形是无可争议的嗣君（heir）。马基雅维利几乎在《君主论》开头就按照惯例把世袭君主称为"自然的君主"。他暗示，自然的等于既定的（或合乎惯例的）、寻常的、合理的；或者说，他暗示，自然的与暴力的相反。
在头两章，他只运用[57]同时代的或几乎同时代的意大利例证：我们没有离开熟悉事物的维度。我们不禁注意到，在《李维史论》——其

---

① [译按]参第177页的"如果我们追踪(follow)而非屈从这句话的大意"。
② [译按]与 legal[合法的／法定的]有关但不同，突出世袭正统性。

开头宣称他会在书中传播新的模式和秩序——中,头两章致力于讨论诸城邦和诸国家的遥远开端:我们立即超越了熟悉事物的维度。

在《君主论》第3章,他继续谈论"自然而寻常的事物"和"寻常而合理的事物",①但他现在表明,相比于支持既定事物,自然并不会更支持废止既定事物(the disestablishment of the established),或更一般地说,自然而寻常的事物与符合惯例的事物之间存在特定的紧张关系:由于获得[他物]的欲望(the desire for acquisition)"自然而寻常",②故不寻常的征服者消灭"自然的"君主们,即"灭绝古老血统",可能比[君权]在寻常的嗣君们之间和平顺利交接更自然。③

与向前迈出这一步相应,外邦例证和古代例证走向前台:土耳其人,且最重要的是罗马人,看起来优于意大利人,且甚至优于法国人。一位法国枢机主教(Cardinal)评论道,意大利人对战争一无所知;受这个评论激发,从而也变得正当的是,如马基雅维利在这儿记载的,马基雅维利回应道,法国人对政治一无所知:罗马人既理解战争又理解政治,此章的居中位置讨论了罗马人的行动模式。

此外,马基雅维利也通过两个做法而超越了此地此时(Here and Now):一个做法是诉诸医生们(the physicians)的一种学说,因为医学是古人的成就;④另一个做法是以罗马人有智慧的实践来反对"我们时代的贤哲们(the sages of our times)口中的日常事物"。但是,他还没有准备好质疑不止一个同时代人持有的一个意见,依据这个意见,必须坚守信仰。

在第4至6章,古代例证头一次占多数。第6章致力于讨论全

---

① [译按]此表述亦见第145页。
② [译按]此表述亦见第251页。
③ [原注7]由此,我们并非毫无准备地发现,下一章[第4章]标题中两次提及最不寻常的征服者亚历山大[大帝]。[译按]带方括号的"大帝"为施特劳斯所补。
④ [原注8]《李维史论》卷一前言。

新国家中全新君主最荣耀的类型,即最不寻常也最古老的类型。在此讨论的英雄式缔造者们,曾凭借美德而非运气来获得他们的地位,且曾通过成功地引入全新的模式和秩序来透露他们的伟大,这些模式和秩序根本不同于既定的、熟悉的、古代的模式和秩序。这些英雄式缔造者们站在符合惯例且古老的既定事物的对立面,是出于两个相互反对的原因:[第一,]这些缔造者是古代的创新者;[第二,]这些缔造者是古代事物的古代敌人。第 6 章是《君主论》中马基雅维利谈论先知的唯一一章,[58]先知就是上帝说话的对象。在同一章,首次出现拉丁文引文。与此章相比,第一篇余下的部分标志着下降。

第 7 章的英雄是切萨雷·博尔贾,他靠运气获得了他的君主国。在[此章]开头,[马基雅维利]把切萨雷完全呈现为新君主们的榜样。但是,且不说切萨雷由于自己的一个严重错误而失败,切萨雷并不是全新国家中的全新君主:他是那些试图凭借新模式在古代秩序中做出改变的新君主们的榜样,而非那些试图引入全新模式和秩序的新君主们——就像第 6 章的英雄们——的榜样。相应地,从此章开始,[马基雅维利]转而强调现代例证。①

至于第 8 至 11 章,只需注意到,甚至这几章的标题都不再提及新君主们,这几章中讨论的君主们至多是旧国家中的新君主们。第一篇最后两章,正如头两章一样,只包含现代例证;当然,最后两章也包含意大利例证以外的例证。

5. 第二篇的运动:急速上升到对最伟大实干者们的传统理解的种种根源

第二篇(第 12 至 14 章)标志着从第一篇的结尾上升。第一篇

---

① [原注 9]第 9 章不动声色地强调古代例证,有特定理由。这种强调提醒我们注意,在《君主论》中讨论公民君主国最重要的现代例证——美第奇家族的统治——并不得体。马基雅维利仅限于讨论[这个现代例证的]古代对应物:斯巴达的纳比斯。参《君主论》21(73)。

以讨论教会君主国结尾,教会君主国本身没有武装。我们现在了解到,好的武装是好的法律的必要且充分条件。① 正如马基雅维利通过第 12 至 13 章的标题指出的,他在这两章从最差的那种武装上升到最好的那种武装。

我们在此篇注意到,[他]几乎持续不断地从现代例证上升到古代例证。这种上升伴随着三次提及如下问题:应该选择现代例证还是古代例证? 在居中的那次提及中,[他]暗示,偏向古代例证会更自然。② 此刻,马基雅维利不仅抨击"我们时代的贤哲们"所犯的特定政治错误或军事错误,而且抨击与他同时代的萨沃纳罗拉的根本错误(但没有点萨沃纳罗拉的名字):萨沃纳罗拉错误地相信,宗教罪孽而非军事过错造成了意大利的毁灭。③ 在这相当短的一篇(约十页),马基雅维利六次提到古代文献,而在长得多的第一篇(约 37 页),他仅仅两次提到古代文献。

仅仅在第二篇,他近乎毕恭毕敬地提到政治思想或道德思想的那些最高权威。[59]他确实没有提到新约,而是提到旧约;他确实没有提到旧约关于摩西的说法,而是提到旧约关于大卫的说法;他没有一字不差地(literally)提到旧约关于大卫的说法,而是形象地(figuratively)提到旧约关于大卫或涉及大卫的说法。此外,他确实既没有提到亚里士多德,也没有提到柏拉图,而是提到色诺芬,但他将色诺芬视为君主镜鉴文体的经典之作的作者。此外,第 13 章对旧约的引用,至多只为正确选择武装提供了额外例证;然而,第 14

---

① [原注 10]亦比较第 10 章的主要例证(在最高程度上自由的日耳曼诸城邦)与第 12 章对瑞士人的评论(瑞士人武装到最高程度,并具有最高程度的自由)。《李维史论》2. 19(286-287)某种程度上更充分地展开了这种区分。

② [原注 11]《君主论》12(41),13(43,44)。参 1512 年 1 月致皮耶罗·索德里尼(Piero Soderini)的信。

③ [译按]此句中"罪孽"和"过错"在原文中均为 sins。后文亦多用此双关。

章结尾提到的色诺芬《居鲁士的教育》,①是马基雅维利为一位君主提出一部完整的道德法典时诉诸的唯一权威。

至少可以说,第二篇结尾达到的顶峰,让人记起第一篇居中位置达到的顶峰:第二篇以赞美居鲁士为结尾和顶点——居鲁士是第6章中谈论的四个"最伟大的例证"之一。在第一篇,马基雅维利在闲暇中②上升到最伟大的实干者们(doers),然后在闲暇中再次下降;在第二篇中,他急速上升到对最伟大实干者们的传统理解的种种源头。

6. 第15至23章中的运动:上升到有关最伟大实干者们的完全真相(这暗示着将伟大传统连根拔起),然后下降

正是在第三篇(第15至23章)开头,马基雅维利开始将伟大传统(the Great Tradition)连根拔起。[他]强调一般教诲中的一种改变:第三篇第1章[全书第15章]是《君主论》中唯一不包含任何历史例证的一章。此刻,马基雅维利明确且内在一致地质疑一个符合传统和惯例的观点,依据这个观点,君主应该有美德地生活,且应该有美德地统治。由此,我们开始理解,为何他在第二篇中克制住而没诉诸那些最高权威:高于旧约和色诺芬的那个被略去的顶点,并非新约和柏拉图或亚里士多德,而是马基雅维利自己的思想:一种新到令人震惊的教诲应该取代所有古代教诲或传统教诲。

但是,他很悉心,没有令任何人过度震惊。尽管[他]暗示了彻底创新的要求,但[他]以克制的方式这么做:他暗示,有些古代著作家早已经遮遮掩掩提出过一种教诲,或早已用他们笔下的人物作为他们的代言人提出过这种教诲,而他只是在以他自己的名义公开

---

① [译按]中译本:沈默译,北京:华夏出版社,2007。

② [译按]可更通顺地译为"悠闲地"。但"闲暇"在前文如第21页是关键词。

陈述了这种教诲。① 然而,[马基雅维利的]这[种克制]在表面上多么弱化他的要求,就在实际上多么强化他的要求:一个人若不彻底改变一种教诲的实质,就不可能彻底改变这种教诲的形式。

[第三篇的][60]论证从第15章上升到第19章或第20章,然后再次下降。在停顿了十章后,马基雅维利在第17章再次开始谈论"新君主们",并在随后三章继续谈论"新君主们";在第21章开头,他仍然提到"一位准新君主",但在第三篇剩下的部分,这个很高的主题完全消失了:马基雅维利再次下降到寻常君主们或二流君主们。② 这种运动对应于涉及现代例证或古代例证的变化。一般而言,直到第19章,[马基雅维利]越来越强调古代例证;在第19章之后,现代例证则明显占多数。③ 第19章的后三分之二讨论了罗马皇帝们,这三分之二可以说标志着第三篇的顶点。引入这个文段是为了反驳"多数人"可能对马基雅维利自己的意见作出的反驳。

---

① [原注12]《君主论》17(52),18(55)。唯一一次对文献的插入性提及是第17章(54),在此马基雅维利攻击了"著作家们",而不再像在第15章开头那样只攻击"许多"著作家。顺便说,在《李维史论》中早在全书第10章,[马基雅维利]就攻击过"许多著作家";考虑到《李维史论》远远长于《君主论》,与传统决裂在《李维史论》中比在《君主论》中远远更早变得明确。

[译按]注释末尾这个表述的原文作 the break with the tradition becomes explicit in the *Discourses* proportionately much earlier than in the *Prince*。其中 proportionately 指考虑到篇幅差异。此词还出现在第100页,第103页注37,第138页,也都有此含义,在此三处具体指考虑到一卷的章数差异。笔者在此三处按语境意译,不再罗列原文。

② [原注13]比较第22章中体现的君臣关系与第7章(24)中呈现的切萨雷·博尔贾和他的大臣的关系。

③ [原注14]第20章、第22章、第23章只包含现代例证。第18章(君主们应该如何守信)中明确强调现代例证,有特定理由,正如第9章中不动声色地强调古代例证,同样有特定理由:马基雅维利提醒我们注意失信或伪善的现代形式,这种形式引人注目地不同于[相应的]罗马形式(参《李维史论》2.13结尾)。这个想法关系到第21章中如何提及"虔敬的残忍"。马基雅维利指出,第18章的论证需要一种特定的大胆行动(56)。

第 19 章是第三篇严格意义上的居中位置,正如第一篇的顶点是第一篇严格意义上的居中位置(第 6 章)。这绝非偶然。第 19 章结束了第 6 章开启的对缔造者的明确讨论。因此,我们可以把第 19 章公正地描述为整部《君主论》的顶点,并把第三篇公正地描述为整部《君主论》最重要的一篇。① 第 19 章几乎完全透露了关于缔造者们或最伟大实干者们的真相。② 这种完全透露要求把研究罗马皇帝们之后得出的教训普遍化,且第 20 章第一部分呈现了这种普遍化。

从那[第 20 章第一部分]往后,立即开始了下降。在那里,马基雅维利提到"我们的古人们"——古老佛罗伦萨有智慧之名的人们(the reputedly wise men of old Florence)——的一个说法,并异常谨慎地拒斥了这个说法;③在与可敬的伟大传统最超拔的教诲决裂后,他谦卑地返回到对一种相当晚近的纯粹地方性传统的表面崇敬(a show of reverence)。不久之后,他表示同意"多数人的判断",并说他赞美建造要塞是"因为自古以来就使用要塞",然后他紧接着做了两件事:[第一,]质疑建造要塞的智慧;[第二,]表明大量同时

---

① [原注 15]第 19 章不仅是第三篇的居中一章,而且是《君主论》继讨论了多种类型的君主国[第一篇]之后的整个章群[第二至四篇]的居中一章,即[307]从《君主论》开头来看出现得令人惊诧的整个章群的居中一章(比较第 1 章与第 12 章、第 15 章、第 24 章这三章的开头,第 1 章宣告了"多种类型的君主国"这个主题)。《君主论》第一篇、第二篇、第四篇各自包含一则拉丁文引文,第三篇则包含两则拉丁文引文。
——依据对文本的这番观察,比较第 6 章开头与第 21 至 23 章这三章的开头。
② [原注 16]参上文第 46-47 页。
③ [原注 17]《君主论》20(67-68)。这里描述了"我们的古人们"持有一个意见,《李维史论》3.27(403)把这个意见描述为"一段时间以前我们城邦的贤哲们"持有的一个现代意见。

代意大利人已经智慧地放弃了建造要塞的惯例。① 他以一切迹象表明,他希望假装相信"好的等于古代的和符合惯例的"这个等式是真的。本着同样的精神,他在那里表达了,他相信属人的感恩、对正义的尊敬,以及诚实;②[61]这种信念与他此前所说的一切都相当不一致,尤其与他在第三篇所说的相当不一致。

7.《君主论》第四篇中的运动

正如第三篇的论证运动类似于第一篇的论证运动,第四篇(第24至26章)的论证运动也类似于第二篇的论证运动。与第三篇最后几章形成对比,第四篇以如下这些特征为标志:马基雅维利再次谈论了"新君主",甚至还谈论了"新君主国中的新君主",而且他再次强调了["新君主"的]古代榜样们。马其顿的腓力(Philip of Macedon)——"不是亚历山大[大帝]之父腓力[二世],而是提图斯·昆提乌斯(Titus Quintius)击败的腓力[五世]",③即一位不属于

---

① [原注18]不久前,马基雅维利提到对一位君主的"自然感情"(natural affection)。从第4章那么早以来,他就一直没有使用这个表述。但是,在那里[第4章],他谈论了臣民对法国领主们(barons)的自然感情,这些领主从记忆所不及的时代起就是这些臣民的主人(lords);而此刻[在第20章],他谈论了对一位新君主的自然感情。造成这种转变的部分原因是,他在第19章(60)谈论了,法国民众基于恐惧而憎恨法国权贵们(magnates)。[译按]注中提到的barons 和 lords 在第66—67页通译为领主。

② [原注19]《君主论》21(72)。参《君主论》3结尾。

③ [译按]《君主论》24,对应中译本第97页第2段第1至2行。另外,正文此处 Quintius 原误作 Quintus,今改。Quintius[昆提乌斯]是罗马有名的姓氏,此姓氏还有更常用的另一个拼法,即中译本所用的 Quinctius[昆克提乌斯]。由于马基雅维利习惯于用 Quintius[昆提乌斯]在意大利语中对应的拼法 Quinzio,故施特劳斯在本书中一般使用 Quintius[昆提乌斯]这个拼法(亦见第161页)。但他也有一次采用了 Quinctius[昆克提乌斯]这个拼法(见第205页注76)。为避免混乱,本译本统一采用"昆提乌斯"来翻译这两个拼法。

顶流君主(the highest class of princes)的古代君主——在[马基雅维利的]呈现中，远远优于同时代意大利那些同样遭到击败的君主们。

第四篇的居中一章[第 25 章]尽管只包含现代例证，但可以说也弥补了[只包含现代例证]这个[缺陷]，因为此章致力于攻击同时代意大利的一个信念，或更确切地说，致力于攻击在同时代意大利比在过去更普遍地为人们所持有的一个信念。

最后一章再次提到了摩西、居鲁士、忒修斯，即第 6 章中赞美过的四位英雄式缔造者中的三位；自第 6 章结束到最后一章之前，一直没有提到摩西和忒修斯。在最后一章，马基雅维利以最不克制的措辞谈论了，从一位同时代意大利君主那里，或从这位君主的家族那里，马基雅维利希望达成什么。但是，他毫不怀疑，从同时代的新国家中的新君主那里，他希望达成的至多只是完美地模仿古代缔造者们，而意大利人残留的古代勇气使这种模仿成为可能：他并不期

下面依次介绍马其顿的腓力、亚历山大大帝之父腓力、提图斯·昆提乌斯。

马其顿的腓力(前 238—前 179)，史称马其顿的腓力五世，前 221 年作为少年英主登基，平定希腊地区后，趁汉尼拔战争的时机与罗马开战，引发第一次马其顿战争并获胜。此后，选择向小亚细亚方向扩张，罗马介入，第二次马其顿战争爆发。前 197 年，在狗头山战役(Battle of Cynoscephalae)中，腓力五世被罗马军团击败。前 179 年，驾崩，其子珀尔修斯(见上文第 21 页)继位。

亚历山大大帝之父腓力(前 382—前 336)，史称马其顿的腓力二世。马其顿王国原是希腊半岛北方临近蛮族的虚弱小国。前 359 年，腓力废黜年幼的侄子，夺取王位。腓力打造常备军，创制"马其顿方阵"，加强王权，大力改革。前 338 年，腓力率领马其顿军队在喀罗尼亚战役(Battle of Chaeronea)中大败希腊联军。前 337 年，腓力在科林多(Corinth)召集希腊诸邦集会，建立马其顿主导的同盟，确立马其顿在希腊的霸权。

提图斯·昆提乌斯(前 229—前 174)，全名提图斯·昆提乌斯·弗拉米尼努斯(Titus Quintius Flamininus)，常简称为弗拉米尼努斯，罗马共和国征服希腊的关键人物。前 200 年，罗马挑起第二次马其顿战争。前 198 年，弗拉米尼努斯出任执政官。前 197 年，弗拉米尼努斯联合希腊盟友在狗头山战役中击败马其顿的腓力五世，迫使马其顿王国放弃希腊。前 196 年，弗拉米尼努斯在科林多召集希腊各邦集会，组建以罗马为首的新联盟。

待全新类型的荣耀行动,或者说,并不期待新的创造。

由此,尽管《君主论》最后一章是召唤[一位君主]在同时代的意大利之内最荣耀地模仿种种古代顶点,但《君主论》的一般教诲,尤其第三篇的一般教诲——马基雅维利如何理解古代缔造者们和一般意义上对社会的缔造——是一种模仿的反面,无论这种模仿多么完美:尽管同时代意大利之内可能的最伟大行动是对古代最伟大行动的模仿,但同时代意大利之内可能的最伟大的理论成就是"全新的"。①

因此,我们总结道,整部《君主论》的运动是先上升后下降。

8. 传统 → 非时代性的真相(而不是为时代而作的小册子)关系到时代,因为这种真相是新的或革命的,而不是传统的

《君主论》的独特在于具有两对反对项:[第一,]《君主论》既是论著又是为时代而作的小册子;[第二,]《君主论》[62]既有传统的外在又有革命的内在。这两对反对项之间存在关联。作为论著,此书提出了一种非时代性教诲(a timeless teaching),[马基雅维利]意在使这种教诲对所有时代都为真;作为为时代而作的小册子,此书提出了在特定时代应该做什么。但是,这种在非时代意义上真实的教诲(the timelessly true teaching)仍然与时代相关,因为这种教诲在提出它的特定时代是新的,而且它之新,或它之并非与人类始终同在,绝非偶然。有关社会的种种基础的新教诲,就其本身而言不可接受,或暴露在敌意之中,故一个人必须悉心地制作从被接受的或旧的教诲到新的教诲的运动(the movement from the accepted or old

---

① [原注20]《君主论》中对一般而言的古代著作家们("著作家们")最无条件的攻击(第17章[54]),出现在赞美古代治国者们或统帅们的语境中。

——《君主论》第四篇包含了一则拉丁文引文,以及此书中出现的唯一一则意大利语引文。

teaching to the new must be made carefully），或者说，必须悉心地用传统的外在保护革命的内在。

此书与写作此书的特定时代或写作此书所为的特定时代之间存在双重关系，这种双重关系可以解释为何现代例证之占多数具有双重意义：[第一，]与古代例证相比，现代例证更直接地关系到同时代意大利的行动；[第二，]与讨论最超拔的古代例证相比，或与讨论既定秩序的源头（这些源头既不在当下也不在近处）相比，讨论现代例证没那么"张狂"（presumptuous），①或没那么冒犯。如果人们想理解，马基雅维利通过称《君主论》为"论著"而意指什么，那么，人们必须牢记上述这一点。②

---

① [原注 21]《君主论》6(18)，11(36)。
② [原注 22]"处理"（treat,[译按]treatise[论著]的词头）某事物，意味着对其进行"推理"（《君主论》2 开头，8 开头）。一方面，马基雅维利把自己关于十人团的论说（discourse）称为"前面所写的论著"（《李维史论》1.43，[译按]对应中译本第 265 页第 1 行），这番论说中全面概述了李维如何描述十人团，从而也特定地概述了李维如何描述潜在的（would-be）僭主阿皮乌斯·克劳狄乌斯（Appius Claudius）的种种行动；另一方面，马基雅维利将自己关于元老院如何大方的论说称为"前面所写的论说"（《李维史论》1.52 开头，[译按]对应中译本第 284 页第 1 行）。在《李维史论》2.32(323)，trattato（[译按]"论著"的意大利语）指"阴谋"。马基雅维利称色诺芬的《希耶罗》为关于僭政的 treatise[论著/阴谋]（《李维史论》2.2），而称但丁的《帝制论》（Monarchia,[译按]直译为《君主制》）为"论说"（《李维史论》1.53）。在《佛罗伦萨史》2.2，马基雅维利称[《佛罗伦萨史》]这部作品的卷一为 nostro trattato universale[我们的普遍论著/阴谋]。

[译按]注释最后的这个意大利语表述对应《佛罗伦萨史》中译本第 55 页倒数第 9 行。注中提及的阿皮乌斯·克劳狄乌斯，全名阿皮乌斯·克劳狄乌斯·印雷吉伦西斯·萨比努斯（Appius Claudius Inregillensis Sabinus），活跃于前 471 年至前 451 年，两次领导十人团（参第 37 页译按），并在第二次时妄图建立僭政。另外，注中提及的指"阴谋"的 trattato 亦见第 168 页注 186。最后，注中提到的《希耶罗》和《帝制论》有中译本：色诺芬，《希耶罗》，收入施特劳斯、科耶夫，《论僭政》，前揭，页 18-38；但丁，《论世界帝国》，朱虹译，北京：商务印书馆，1985。

就目前的情况来说,有必要补充评论道,在把《君主论》描述为革命者的作品时,我们使用了严格意义上的"革命者"这个词:革命者是这样一个人,他违反法律,[乃至]违反整个法律,以便把整个法律代之以他相信好过旧法律的新法律。

9. 必须从"传统的-革命的"这种双重性来理解"论著-小册子"这种双重性

《君主论》明显是论著和为时代而作的小册子的结合体。但是,达成这种结合的方式并不明显:最后一章确实出现得令人惊诧。我们相信,如果人们没有忘记,《君主论》也结合了传统的表面与革命的内核,那么,人们能解决这个难题。作为论著,《君主论》传达了一般教诲;作为为时代而作的小册子,《君主论》传达了特定劝谏。一般教诲不可能等于特定劝谏,但二者必定至少相容。一般和特定之间也许甚至存在一种比单纯相容更紧密的关联:既然《君主论》的直接言说对象处于特定环境,故一般教诲也许使特定劝谏有其必要,且[63]特定劝谏也许需要《君主论》的一般教诲,而与其他任何一般教诲都不相容。

无论如何,研究《君主论》的一般教诲时,我们绝不应该忽视洛伦佐所处的特定境况。我们必须从特定来理解一般。我们必须将一般地说给君主们或一类君主听的每一条一般规则,都翻译成说给洛伦佐听的特定劝谏。反过来讲,我们必须从最后一章给出的特定劝谏上升到其种种一般前提。完整的一般前提也许不同于明确陈述过的一般前提,且完整的特定劝谏也许不同于明确陈述过的特定劝谏。未陈述的种种暗示,不论一般的还是特定的,也许都提供了明确陈述过的一般教诲与明确陈述过的特定劝谏之间的关联。

10. "小册子"(即第26章)造成的特定困难:对解放意大利需要哪些政治条件保持沉默

准确来讲,《君主论》最后一章给出的劝谏造成了什么难题?

仅就"最后一章出现得有些令人惊诧"这个事实来说，人们也许可以正当地说，在《君主论》中，任何令人惊诧之处都不应该令人惊诧。从第 1 章中给出的种种说明来看，第 8 至 11 章出现得令人惊诧，更不用说其他令人惊诧之处。此外，人们只需以寻常的悉心阅读《君主论》就会看到，当此书以召唤［一位君主］解放意大利为结尾时，这种召唤是此书自然的结论。

例如，在第 12 章，马基雅维利说，意大利的军事制度造成了"意大利遭受查理［八世］的占领、路易［十二］的掠夺、斐迪南［二世］的侵犯、瑞士人的凌辱"，或者说，造成了意大利变得"遭受奴役和凌辱"。① 从以上事态中，除了一个结论，人们还能得出什么别的结论吗？这个结论就是，一个人必须先造成全面改革意大利的军事制度，然后尽一切努力解放意大利；这就是说，一个人应该做最后一章说洛伦佐应该做的事。

最后一章呈现了一个问题（a problem），不是因为此章召唤［一位君主］解放意大利，而是因为此章对于哪些困难阻碍解放意大利保持沉默。此章中不止一次说，劝谏或敦促洛伦佐采取的行动不会"非常艰难"：上帝几乎已经做了一切事；只有剩下的事留给属人的解放者来做。此章营造了如下印象：为了解放意大利，仅仅需要［64］意大利人对外国统治的强烈憎恨，以及意大利人的古代勇气；意大利的解放者可以期待两点：［第一，］他的祖国同胞们会自发合作，［第二，］一旦他"举起大旗"，②他的祖国同胞全都会飞快地拿起武器反抗外国人。

千真万确的是，马基雅维利甚至在这里也强调了，有必要彻底改革意大利的军事制度。事实上，他用此章的整个居中部分，即此章几乎一半的篇幅，致力于讨论解放意大利需要哪些军事条件。但

---

① ［原注 23］亦比较《君主论》13 结尾与 25。
——在第 1 章，马基雅维利指出了 13 个主题，处理这 13 个主题也许需要 13 章；在第 15 章，他又指出了 11 个主题，处理这 11 个主题也许需要 11 章。

② ［译按］对应中译本第 103 页第 5 行。

是,远远更引人注目的是,他对解放意大利需要哪些政治条件完全保持沉默。在一个前提下,让所有意大利人都变成此世最好的军人,会带来什么益处?这个前提就是,所有意大利人都用他们的技能和英勇来互相反对,或换言之,[意大利]没有首先确立指挥权的严格统一性,更不用说训练的统一性。一个荒谬的说法是,马基雅维利的爱国热情(fervor)使他对这些艰难的实践问题暂时盲目:他的爱国热情并未妨碍他在最后一章非常平铺直叙地(prosaically)乃至技术性地谈论军事准备。

他把意大利的解放者描述成新君主,因为解放意大利预设了引入新法律和新秩序:意大利的解放者必须为意大利做摩西曾为以色列民众做的事。但是,如马基雅维利在前面数章煞费苦心地指出的,新君主必然冒犯他的国人同胞(fellow countrymen)中的多数人,尤其那些从事物合乎惯例的秩序中获益的人,且新君主的追随者们必然不可靠。在最后一章,马基雅维利也对意大利的解放者种种行动不可避免的冒犯性这个主题保持沉默,也对意大利的解放者必定预料到哪些有力抵抗保持沉默。

在那里,[马基雅维利]敦促意大利的解放者给自己配备属己的军队,这些军队看到自己的君主在指挥自己会好得多:威尼斯或米兰的军队会把佛罗伦萨的洛伦佐视为自己的君主吗?马基雅维利只字未提,意大利多种多样的共和国和君主可能为意大利的解放者造成哪些困难。马基雅维利仅仅暗中提及了这些困难,因为他反问(raising the rhetorical question)"什么样的嫉妒会反对他[意大利的解放者]吗?",且有一次谈论了意大利"首领们的虚弱"。马基雅维利是不是意在说,不管这些虚弱的首领多么嫉妒[意大利的解放者],意大利民众的爱国热情都将足以横扫这些首领?

马基雅维利当然在暗示,意大利的解放者若要解放意大利,就必须不仅[65]像此章正文中所说的举起大旗,而且像此章标题中所说的夺得意大利本身。在马基雅维利的书中,若论一章的标题比一章的正文包含更多信息,这即便不是唯一的例子,也是罕见的例子。

11. 第 3 至 5 章中偷偷呈现了解放意大利需要哪些政治条件

除了第 26 章和第 24 章各自的标题把我们引向同时代的意大利,《君主论》中只有一章的标题包含专名,从而提醒我们注意特定事物。第 4 章的标题是:

> 为何亚历山大[大帝]征服的大流士王国在他死后没有反叛亚历山大[大帝]的继业者们。①

结果,在第 1 章指出的一般教诲的谋篇之内,此章[第 4 章]处于什么位置并非直接就很清楚。第 4 章是如下三章的居中一章:这三章讨论"混合君主国",即讨论君主或共和国对新领土的获得,或换言之,讨论征服。

第 3 章中首先出现的例证是法王路易十二实践的征服政策,但路易十二试图在其中获得新领土的国家(country)是意大利。在第 3 章,马基雅维利讨论了,哪些困难妨碍了外国征服意大利,这是对意大利的解放者最重要的一个主题。马基雅维利讨论了,法王[路易十二]尝试持久征服意大利时,犯过哪些错误;由此,当一些外国人打算征服马基雅维利自己的祖国时,马基雅维利无疑是在为这些外国人提供建议。② 这似乎有损他的爱国主义的名声(to cast a reflection on his patriotism)。但是,人们也许可以公正地说,这样的建议只是如下建议[这同一枚硬币]的另一面,哪怕是可憎的一面:这个建议关乎如何保卫意大利免遭外国统治,或关乎如何解放意大利。

从马基雅维利的讨论可以看出,法王[路易十二]若非因为犯下某些严重错误,则本来能轻易保持在意大利进行征服。法王犯下

---

① [原注 24]《君主论》第 26 章和第 4 章实际上以同一个词开头。[译按]此词即 considerare[考虑]。当然,在这两处使用了不同的动词变位。

② [原注 25]参《李维史论》1.23(153)。

的严重错误在于放任意大利的那些小权力(the minor Italian powers)遭到摧毁,并加强意大利的一个大权力(a major Italian power),而不是保护意大利的那些小权力,并屈服那个大权力。我们被迫思考,从这些观察中,意大利的解放者会不得不得出什么结论。意大利的解放者应该摧毁意大利的那些小权力,并加强意大利的那些大权力吗?摧毁马基雅维利所思考的那些小权力,已由切萨雷·博尔贾实现,且马基雅维利将切萨雷·博尔贾的种种行动树立为洛伦佐的榜样。但是,加强意大利的其他那些大权力,难道不会使[意大利]一直难以拒外国人[66]于意大利之外,乃至使[意大利]更加难以拒外国人于意大利之外吗?

第4章中拐弯抹角地讨论的正是这个问题。在那里,马基雅维利区分了两类君主国:一类像亚历山大大帝征服的波斯,在这类君主国中,一个人是君主,其他所有人皆是奴隶;另一类像法国,由一位国王和一群领主统治,这就是说,在这类君主国中,存在一些权力,它们不仅依赖君主,而且能凭自己(in their own right)施行统治。马基雅维利把法国这类君主国(the French monarchy)比作遭到罗马征服之前的希腊,从而把上述[两类君主国之间的]区分更加一般化。因此,他关切的是,那些由单一政府统治的国家(countries),如何不同于那些存在众多区域权力或地方权力的国家(countries):在前一些国家中,所有政治权威皆完全源自那个单一政府;在后一些国家中,每个区域权力或地方权力皆能凭自己施行统治。从这种区分来看,意大利属于法国那一类国家。

讨论亚历山大征服波斯时,马基雅维利被迫讨论了如何征服相反类型的一个国家,即如何征服法国。然而,这意味着,他得以偷偷继续讨论上一章开启的主题,即如何征服意大利。① 第4章提供了如下教训:尽管难于征服波斯,但易于守住波斯;与此相反,尽管易

---

① [原注26]仅仅在第4章结尾,马基雅维利才通过提及皮洛士(Pyrrhus)的失败来暗中提及意大利,皮洛士的失败就是,他没能保持在意大利进行征服。

于征服法国,但难于守住法国。易于征服法国(在这个语境中我们可以将意大利替换成法国),是因为总会有不满的领主([或]邦国[state])热切渴望接受外国帮助来反对国王([或]反对这个国家内部的其他邦国)。难于守住法国,是因为古老的地方性或区域性忠诚纽带总会重新主张自身,以反对新君主。只要地方性或区域性领主或公爵或君主的古老血统还没有遭到灭绝,就不可能[有人]安稳地占有这个国家。

人们可能有时认为,对上述这类国家的外国征服者有利的因素,对这类国家的本土解放者并不必然有利。但是,如马基雅维利在第 3 章指出的,法国在强大和统一方面优于意大利,是因为勃艮第(Burgundy)、布列塔尼(Brittany)、加斯科涅(Gascony)和诺曼底(Normandy)的君主家系遭到了根除。鉴于外国统治意大利而造成了紧迫感,[意大利的]这位本土解放者不可能一直等到其他那些君主家族在数个世纪中变得灭绝[再动手]。

这位本土解放者将不得不最大规模地去做切萨雷·博尔贾小规模地做过的事;①[67]意大利的虚弱主要源于一些古老的地方性和区域性忠诚纽带,为了把这些纽带的力量连根拔起,一个人必须灭绝可憎的(obnoxious)②意大利君主们的家族。切萨雷·博尔贾在《君主论》中起到一种关键作用,是出于另外一个原因,即他是意大利的外国征服者与意大利的本土爱国解放者之间的纽带:因为他不完全是意大利人,所以不太可能(could not well)被视为他的祖国的潜在解放者。③

至于意大利的那些共和国,我们从第 5 章——致力于讨论征服

---

① [原注 27]《君主论》7(23-25);参 Opere, vol. i, p. 637。请思考马基雅维利在《李维史论》1.55 如何陈述封建贵族之有害。

② [译按]此词亦见第 104 页。

③ [原注 28]"祖国"一词出现在第 6 章、第 8 章、第 9 章,而避免出现在致力于讨论切萨雷·博尔贾的第 7 章。

这个主题的最后一章——了解到:[第一,]君主或共和国要想确保一个有古老自治传统的被征服共和制城邦忠诚于他或它,唯一的办法是毁灭这个城邦,并驱散其居民;[第二,]不管征服者与被征服是不是同一个国家的子孙,上述这一点都千真万确。①

12. 解放意大利需要全面革命,尤其需要道德的全面革命

在明确致力于讨论解放意大利的那一章,[马基雅维利]克制

---

① [原注29]第5章的主题稍微受到隐藏(参此章靠近开头处如何并不显眼地从一般意义的国家过渡到城邦即共和国:volerli … ruinarle[想要……毁灭])。几乎毋庸赘言,第5章几乎所有例证都是古代例证。远远更引人注目的是,马基雅维利对如下情况保持沉默,即罗马用何种办法通过与那些共和制城邦结盟而统治那些城邦;参《李维史论》2.24(303),2.19(285);马基雅维利在《君主论》中不动声色地拒斥了这个办法,因为一位君主若要变成一个统一的意大利的君主,则不能实践这个办法。

——在讨论雇佣军的坏处时,马基雅维利几乎只用到可表明[308]雇佣军毁灭或危及共和国的那些例证。由此,他实际上表明,对于雇佣军将领,就像对于斯福尔扎(Sforza),雇佣军能够明显有益,斯福尔扎通过得到武装而变成了新君主;比较《君主论》12,与7(21),14(36)。如我们从李维(《自建城以来》37.27.15)那里了解到的,斯巴达的纳比斯——马基雅维利赞美过他——最信任他的雇佣军。(李维的这番记载几乎刚好位于李维对斐洛波门[Philopoemen]的描述之前,马基雅维利在《君主论》第14章使用过李维对斐洛波门的描述。)

这些评论若结合第19章和第20章(67)各自的一些评论,则透露出一种值得关注的可能性;这里说的第19章的评论关乎罗马皇帝们的士兵,这里说的第20章(67)的评论关乎如何不可能把所有身体壮大的意大利臣民武装起来。关于这一点,人们也应该思考,在第9章靠近结尾处,即在刚刚赞美过斯巴达的(僭主)纳比斯后,马基雅维利关于绝对君主国(absolute principalities)的优越性说了什么,即关于传统上称为僭政的那一类君主国(《李维史论》1.25结尾)的优越性说了什么;同时,人们也应该比较马基雅维利在此所说的与《君主论》第4章(14)中的一个对照(confrontation),这个对照存在于土耳其这类君主国与法国这类君主国(the Turkish and the French monarchies)之间。

住而没有提供有关解放意大利所需种种政治条件的信息,因为马基雅维利渴望保持这个高贵而光辉的目的不被一些低贱而黑暗的手段所玷污,哪怕这些手段对于达成这个目的不可或缺。他渴望做到这一点,是因为"目的把手段正当化"这个教诲令人反感,而且他想让《君主论》以比开头更吸引人的方式结尾。最后一章中克制住而没有提供的信息,在关于征服的章群[第3至5章]中提供了。如果我们渴望知道,意大利的解放者将不得不克服他的国人们的哪些抵抗,以及他将不得不对他的国人同胞们做出哪些冒犯行为,那么,我们必须首先转向关于征服的章群,而非其他所有章群。

将意大利从诸蛮族手中解放出来意味着统一意大利,统一意大利意味着征服意大利。这意味着在意大利做一件事,这件事比阿拉贡的斐迪南在西班牙做过的那件事难得多,但在某些方面可以与那件事相比。① 意大利的解放者不可能指望所有意大利居民自发追随。意大利的解放者必须奉行铁与毒的政策(a policy of iron and poison),②即谋杀与背叛的政策。只要根除意大利那些君主家族并摧毁意大利那些共和制城邦有助于达到意大利的解放者的目的,意大利的解放者就不应该在做出这类行动时手软。

解放意大利意味着全面革命。解放意大利首先且最高程度地需要在关于正确与错误的思想方面进行革命。意大利人不得不了解到,无论最超拔的哲学传统与最超拔的宗教传统都多么强烈地谴责一些手段,爱国的目的都圣化了所有这些手段。[68]《李维史论》全书第26章已为我们提供了理解《君主论》的不止一个关键点,此章现在也证实了我们当前的结论。此章的标题是:

> 一位新君主在他所夺得的城邦或国家中必须更新一切。

---

① [原注30]比较《君主论》25(79),与18结尾,21开头,《李维史论》1.12(130)。

② [译按]"铁与毒的政策"亦见第132页。

我们从此章正文中了解到,正如切萨雷·博尔贾唯有通过"好好使用残忍"才得以变成罗马涅(Romagna)的主人,马其顿的腓力唯有通过使用某些有害的手段才得以在短时间内变成"希腊的君主",这些手段不仅有害于每一种人道的生活方式,而且有害于每一种基督教生活方式。①

13. 教会世俗化——与基督教决裂

潜在的外国征服者路易十二错误地加强了意大利的一个大权力,而非屈服这个大权力,这个大权力就是教会。另一方面,[马基雅维利]建议,意大利的本土解放者可以动用自己与时任教宗利奥十世之间的家族关系,以使得到大大加强的教会支持这位解放者的爱国事业。换言之,[马基雅维利]建议,意大利的本土解放者可以利用利奥十世统治的教会,就像切萨雷·博尔贾这位榜样曾利用亚历山大六世统治的教会。

但是,这个建议可能只是暂时的。为了看到这一点,人们必须思考,马基雅维利如何反思切萨雷的成败。切萨雷的成功最终只有益于教会,从而也增加了征服或解放意大利的障碍。切萨雷只是亚历山大六世的工具,因此,不管亚历山大六世可能希望什么,切萨雷都只是教宗制(the papacy)的工具。最终,亚历山大六世而非切萨雷才代表着同时代意大利新君主的榜样。因为切萨雷的权力立足于教宗制的权力。亚历山大六世死后,切萨雷就失去了权力。

切萨雷的失败并非偶然,因为要考虑到三点:[第一,]教宗统治的平均时长是十年;[第二,]在选举新教宗时,意大利任何君主所

---

① [原注31]比较《李维史论》1.26,与《君主论》7(24),8(30),13 结尾,17,21 开头。正如腓力通过使用最残忍的手段而"从微末的国王(a little king)"变成了"希腊的君主",阿拉贡的斐迪南也通过使用"虔敬的残忍"而"从虚弱的国王"变成了"基督徒的第一位国王"。[译按]除了第 61 页以外,本书提到马其顿的腓力时,均指亚历山大大帝之父腓力二世。

施加的影响,都不可能胜过外国列强(the great foreign powers)所施加的影响;[第三,]最重要的是,教会有自己的意图或利益,这种意图或利益会导致,如果有人利用教会的权力来达到别的一些意图,而非达到加强教会这个意图,那么,这种利用会名誉扫地,从而也陷入危险。①

因此,解放意大利需要统一意大利,并最终需要那些教宗国(the Papal states)②走向世俗化。解放意大利甚至需要更多。据马

---

① [原注32]《君主论》3(11-13),7(23,26),11(37-38);参《李维史论》3.29。我们顺带注意到,在《君主论》第16章(50-51),马基雅维利把"法国现任国王""西班牙现任国王"和教宗尤利乌斯二世(Julius II),而非把现任教宗利奥十世——他拥有"善良和无限多其他美德"(第11章结尾)——树立为明智的杏嵩[者]的榜样,而明智的杏嵩是"干大事"不可或缺的条件。参 Leopold von Ranke, *Die römischen Päpste in den letzten vier Jahrhunderten*, ed. F. Bäthgen, vol. i, p. 273 如何讨论利奥十世的奢侈。

——在《君主论》中,马基雅维利讲了有关他与人私下交谈的两个故事(第3章,第7章)。依据第一个故事,马基雅维利告诉一位法国枢机主教,法国人对政治一无所知,否则法国人不会允许教会(通过切萨雷·博尔贾的种种壮举)变得如此壮大。第二个故事讲了,在教宗尤利乌斯二世当选[教宗]的那天,即在切萨雷因没有充分控制教会而失望的那天,切萨雷告诉了马基雅维利什么:切萨雷事实上犯了同法国人一样的错误,但他辩解说他别无选择。在《佛罗伦萨史》1.23,马基雅维利暗中提及了如下可能性:教宗制可能变成世袭制。马基雅维利是否可能原本玩索过(have played with)如下想法:一位新的切萨雷在使自己变成教宗,并变成一个教宗王朝的缔造者后,可能救赎意大利?

[译按]注中的利奥波德·兰克(Leopold von Ranke,1795—1886)是德意志史学家,现代史学宗师级人物。这里提及的他的著作有英译本:Leopold von Ranke, *History of the Popes: Their Church and State*, 3 vols., revised edition, tr. E. Fowler, New York: P. F. Collier, 1901。另外,注中的 play with[玩索]在此指试探性地琢磨,此短语还见于第69页和第82页。

② [译按]728年,伦巴第王国将拉丁姆的一些乡村和城镇献给罗马主教,这些土地成为教宗国立国的基石。751年,东罗马帝国在意大利的领土最终全部沦丧于伦巴第王国之手。教宗斯蒂芬二世(Stephen II,752—757年在位)向法兰克国王矮子丕平求援。丕平于754年率军进入意大利,在此后的两年中平定意大利北部和中部许多地区,然后将其献给教宗,史称丕平献土。781年,

基雅维利所说,教会不仅通过其现世权力而充当统一意大利的主要障碍,而且导致意大利宗教和道德的败坏,以及政治美德的随之丧失。

[69]此外,马基雅维利非常恐惧瑞士人,他在一定程度上将瑞士人的军事卓越追溯到瑞士人坚定的(sturdy)①虔敬。他总结道,如果把教廷迁到瑞士,则人们会马上观察到,瑞士人的虔敬和道德会衰退,瑞士人的权力也会随之衰退。② 马基雅维利似乎玩索过如下想法,即意大利的解放者必须不限于使那些教宗国世俗化;意大利的解放者可能必须把教廷迁到瑞士,并从而达到一石二鸟的效果。

意大利的解放者当然必须有勇气去做焦万帕格罗·巴利奥尼(Giovampagolo Baglioni)因[他自己]太可鄙(vile)而没有做的事,即:

> 一方面,向高级教士们(the prelates)表明,人们多么不应该尊敬像高级教士们那样生活并统治的人,另一方面,由此而做出一个行动,此行动的伟大清除了此行动可能引发的每一种恶名和每一种危险。③

意大利的解放者必须把意大利像"在罗马人的时代"那样统一起

丕平之子查理大帝(Karl der Große,742—814,于768—814在位)宣布教宗为这些地区的最高统治者。丕平所献土地包括拉文纳、托斯卡纳、科西嘉、伦巴第等,面积不小。在教宗国巅峰时期,其领土包括今日的拉齐奥、翁布里亚、拉文纳、费拉拉、博洛尼亚;在意大利南部,教宗在那不勒斯王国还拥有两块飞地;在法国,教宗拥有阿维尼翁城和罗纳河以东的领地。

① [译按]该词亦见第93页。
② [原注33]《李维史论》1.12。参1513年4月26日致韦托里的信。
③ [译按]《李维史论》1.27,对应中译本第224页最后四行。

来。① [马基雅维利]建议《君主论》的言说对象尤其模仿罗慕卢斯(to imitate Romulus among others)。模仿罗慕卢斯意味着重新缔造罗马。但是,罗马已经存在。或者,模仿罗慕卢斯是否可能意味着重新缔造一个异教罗马,而这个罗马注定重新变成最荣耀的共和国,也注定重新变成最荣耀的帝国的温床(the seminary)和心脏?马基雅维利没有花费非常多笔墨回答这个问题。当他在《君主论》最后一章中第二次提到《君主论》的言说对象应该模仿的可敬榜样们时,他对罗慕卢斯保持沉默。② 他迫使我们提出上述问题,而以沉默回答这个问题。

关于这一点,我们可能会注意到,尽管"我们"在《李维史论》中有时指"我们基督徒",但"我们"在《君主论》中从未具有这个含义。无论如何,《君主论》传达的明确的(explicit)一般教诲和明确的特定劝谏,比起完整的(complete)一般教诲和完整的特定劝谏,更多传统性或更少革命性。

两对反对项是《君主论》所独有的:[第一,]它既是论著,又是为时代而作的小册子;[第二,]它既有传统的外在,又有革命的内在——这两对反对项微妙地(nicely)交织在一起。正如马基雅维利在第2章开头指出的,《君主论》整体上是一张精巧的(fine)网。这张网的精微与一种令人震惊的言辞坦率形成对比,而马基雅维利有时会使用或装出这种坦率。可以更恰当地说,这张精微的网与这种令人震惊的言辞坦率精微地交织在一起,而马基雅维利选择在恰当的时间和恰当的地方利用这种坦率。

---

① [原注34]《李维史论》1.27;*Opere*, vol. i, p. 683。
② [原注35]马基雅维利以如下方式为他在第26章对罗慕卢斯保持沉默作了准备:在第6章,他三次列举了四位英雄式缔造者,在最后一次列举时,他将罗慕卢斯降至最后位置。参《佛罗伦萨史》6.29。

14.《君主论》的主题是君主,但尤其是新君主

[70]关于《君主论》的特征,目前就说这么多。此书的主题是君主,但尤其是新君主。在献辞中,马基雅维利指出,他的教诲立足于他关于大人物们种种行动的知识;但是,大人物们最伟大的那些例证是新君主,比如摩西、居鲁士、罗慕卢斯、忒修斯,即"获得了或缔造了王国"的人。在第1章,马基雅维利把君主国划分为几类时,着眼于[对君主国的]获得[这个行动]的质料和种种模式上的差异,而非[君主国的]结构和意图上的差异。由此,他从一开始就指出,他主要关切那些渴望获得君主国(要么是混合君主国,要么是全新的君主国)的人,即新君主。

强调这一点有双重原因。明显的原因是如下事实:此书的直接言说对象是一位新君主,而且是如下这样的新君主,[马基雅维利]劝谏这位新君主变成意大利的君主,从而变成更超拔意义上的新君主。初看起来,有些东西似乎只是马基雅维利在思考其直接言说对象的种种需要和种种希望时所命令(dictated)①的,但在经过反思后可以证明,这些东西对于纯粹理论性的种种理由同样必要。所有君主国,即便现在要么是选举的,要么是世袭的,最初也是新的君主国。甚至所有共和国,至少那些最伟大的共和国,由那些掌握着不寻常权力的杰出之人所缔造,即由新君主所缔造。因此,讨论新君主们,意味着讨论所有国家或所有社会秩序的种种起源或种种基础,由此也意味着讨论社会的本性。《君主论》的言说对象是一位现实中的或潜在的新君主——这个事实某种程度上隐藏了"新君主"这个主题显著的理论意义。

15. "新君主"的含混

《君主论》有时一般地讨论君主,有时特定地讨论新君主——

---

① [译按]dictator[专政官]的同源形式。后文凡出现此动词均附原文。

这个事实导致一种含混，这种含混为"新君主"一词的含混所增进。"新君主"一词可以指已经建立的国家中的王朝缔造者，即旧国家中的新君主，或指"占领"一个国家的人，如["占领"]米兰的斯福尔扎，或["占领"]叙拉古的阿伽托克勒斯，或["占领"]费尔莫(Fermo)的利韦罗托。但是，"新君主"一词也可以指新国家中的新君主，或指"全新国家中的全新君主"，即不仅获得了已经存在的国家而且缔造了国家的人。话说回来，新国家中的新君主也可以是模仿者，即也可以采用另一位新君主发明的模式和秩序，或者说，也可以用其他一些方式遵守成规(follow the beaten track)。

但是，新国家中的新君主也可以是[71]新模式和秩序的创始者(the originator)，或者说，是彻底的创新者，是新型社会的缔造者，还可能是新宗教的缔造者——简言之，可以是摩西或居鲁士或忒修斯或罗慕卢斯这样的人。马基雅维利把"先知"一词用在最高等级的人们身上。① 这个词似乎更适合摩西，而非[上述]另外三人。摩西确实是最重要的缔造者：基督教取决于摩西的奠基。

16. 马基雅维利劝谏《君主论》的言说对象变成模仿者

在致力于讨论那些最伟大例证的那一章开头，马基雅维利毫不含混地表明了如下事实，即他并不期待《君主论》的言说对象做创始者，或变成创始者：他建议他的读者变成模仿者，或遵守成规，或做拥有二流美德的人。不足为奇的是，创始者不会需要马基雅维利的教导。如马基雅维利在献辞中陈述的，马基雅维利希望洛伦佐会"理解"马基雅维利本人"已经知晓并已经理解"的事物：马基雅维利并不期待洛伦佐已经靠自己知晓了最重要的那些事物。洛伦佐也许有"卓越的"头脑，[马基雅维利]并不期待洛伦佐有"最卓越

---

① [原注36]《君主论》1, 6(17-19), 8(29-30), 14(48), 19(66), 20(67), 24(77); 参《战争的技艺》卷七(616-617)。

的"头脑。① 无论如何,[马基雅维利]劝谏道,作为"明智的人",洛伦佐可以"遵守大人物们定下的成规,并模仿那些已然最卓越的人",即罗慕卢斯和摩西这样的人。

另一方面,马基雅维利向洛伦佐提供的种种规范(the precepts),并非从罗慕卢斯或摩西的种种行动中抽象出来的,而是从切萨雷·博尔贾的种种行动中抽象出来的。② 因为,且不说其他一些思考,正如切萨雷在现实中的崛起取决于他与当年教会首脑之间的家族关系,同样,洛伦佐所希望的崛起取决于他与时任教会首脑之间的家族关系,从而也取决于运气,但罗慕卢斯和摩西崛起到掌权,是通过美德而非运气。通过模仿切萨雷·博尔贾,洛伦佐会承认自己不及切萨雷:如果马基雅维利意在为一个具有切萨雷的威望(stature)并无所顾忌的人写这本书,则这本书会有点儿出格(somewhat out of place)。不过,[马基雅维利]仍然劝谏洛伦佐模仿具有罗慕卢斯和摩西的威望的人们。然而,如最后一章所示,[马基雅维利]与其说期待洛伦佐靠自己进行这种模仿,不如说期待洛伦佐所属的显赫家族进行这种模仿。

17. 即变成摩西的模仿者 →《君主论》的言说对象不会征服意大利

在最后一章,[马基雅维利]完全在强调摩西。在那里,马基雅维利说,神(God)是摩西、居鲁士、忒修斯的朋友。这番描述用在摩西身上比[72]用在居鲁士和忒修斯身上更得体。故[马基雅维利]劝谏洛伦佐模仿摩西。马基雅维利的同时代人们熟悉"模仿古老先知"这个观念:萨沃纳罗拉曾以新的阿摩司(Amos)或新的摩西的形象出现,即以在新环境中做了圣经先知们曾做的同一些事的人的形

---

① [原注37]参《君主论》22。
② [原注38]《君主论》7(21-22)。参上文第22-23页。

象出现。这不是说,萨沃纳罗拉所意指的模仿摩西,无异于马基雅维利所理解的模仿摩西。

为了鼓励洛伦佐解放意大利,马基雅维利提醒洛伦佐记起上帝曾在他们眼前行过的那些神迹:

> 大海已经分开。云彩为你指路。岩石涌出泉水。吗哪(Manna)如雨降下。①

洛伦佐时代的神迹模仿②了摩西时代的神迹,而实际上只有马基雅维利一人为洛伦佐时代的神迹作证。更准确地说,洛伦佐时代的神迹所模仿的,不是[上帝]在埃及这个奴役之所(the house of bondage)行的神迹,而是[上帝]在[以色列人]从埃及前往应许之地——一块将被征服之地——的路上行的神迹。

与萨沃纳罗拉不同,马基雅维利并未预言,佛罗伦萨或其统治者将变成意大利的统治者,③因为这场冒险的成功此刻唯独取决于如何运用属人美德,而由于人有自由意志,故不可能预见属人美德。马基雅维利暗示,也许迫近的是征服另一块应许之地,马基雅维利在一定程度上向洛伦佐应许了这另一块应许之地。但是,很可惜,模仿摩西对洛伦佐不利,因为摩西没有征服应许之地:摩西死在应许之地的边界。以这种隐晦的(dark)方式,马基雅维利作为新的西

---

① [译按]《君主论》26,对应中译本第 103 页倒数第 4 至 3 行。吗哪是以色列人在旷野时上帝所赐的食物。这里提及的神迹依次见《圣经·旧约·出埃及记》14:21,13:21,17:6,16:4。

② [译按]imitate,在此等于说"再现"。

③ [原注39]1497 年 3 月 8 日致[里恰尔多·贝基(Ricciardo Bechi)]的信。[译按]注中方括号内容为施特劳斯所补。此处征引的信可能指中译本《书信集》中的第 3 封信(1498 年 3 月 9 日),此信年份的考证存在争议。本书提及此信的地方还有第 112 页注 65,第 171 页注 189,第 172 页注 192。这几次提及此信时的方括号内容也都为施特劳斯所补。

比尔(sibyl)预言了洛伦佐不会征服并解放意大利。①

马基雅维利没有认为,能够实践他在《君主论》结尾给出的实践性倡议。他已经太充分地权衡过同时代意大利的多股力量,以至于不会产生任何错觉(delusions)。在这方面,[《君主论》的]姊妹篇(the companion book)[《李维史论》]在《君主论》抛下思路的地方捡起了思路;如马基雅维利在这部姊妹篇的两则前言中所陈述的,在意大利"没有留下古代[政治]②美德的任何踪迹"。不是《君主论》结尾提出的短期规划,而是《李维史论》通篇指出的长期规划,提供了成功的希望。许多著作家对《君主论》最后一章不屑一顾,认为它不过是一番修辞。倘若[有人]作出这番断言后,接着就富有理智能力地描述了《君主论》隐秘难测的结尾,那么,[人们]可以认为,这番断言粗陋地(crude)表达了如下事实:不应该字面地或太严肃地对待此章。

18.《君主论》第26章中诉诸宗教,这足以证明第26章中提出的特定劝谏是显白的③

[73]马基雅维利不满足于以如下方式指出他的意见,这个方式

---

① [原注40]《君主论》第26章中从[309]洛伦佐转向其家族,某种程度上可以从文本中指出的观点来理解。关于源自激情的应许如何不可靠,参《李维史论》2.31;关于伟大的希望与勇敢的应许(grand hopes and valiant promises)如何受民众欢迎,参《李维史论》1.53。

[译按]正文中的"西比尔"源于古希腊文 Σίβυλλα,本来是一位女预言师的名字,后来首字母也小写,泛指女预言师。人们相信,某位神——通常是阿波罗——通过她们传达神谕。在西方古代有许多西比尔,较为知名的有波斯的西比尔,德尔斐的西比尔,最为知名的当属库迈(Κύμαι)的西比尔。在罗马神话中,古罗马最后一位国王小塔克文向她收购过预言书。维吉尔在《埃涅阿斯纪》中描绘过埃涅阿斯拜访这位西比尔的情景。

② [译按]方括号内容为施特劳斯所补。

③ [译按]exoteric,字面含义为"对外"。与之相反的 esoteric[隐微]字面含义为"对内"。二词均源于古希腊文。

就是,他引导我们思考,就征服一块应许之地来说,模仿摩西如何不祥(inauspicious)。尽管马基雅维利强调,他劝谏洛伦佐从事的工作具有模仿性,但马基雅维利也强调如下事实:意大利的解放者必须是创始者,即新模式和秩序的发明者,从而不是模仿者。马基雅维利本人暗示了某些影响深远的策略(tactical)创新。不过,显然,这些事务上的创新者或发明者会是马基雅维利,而不是洛伦佐。

因此,如果洛伦佐将尝试解放意大利,那么,人们能把对于他的失败的隐秘(cryptic)预言重述如下:唯有一个有天才的人,即一个有至高美德(supreme virtue)的人,才可能成功地解放意大利;但是,洛伦佐缺少最高形式的美德。既然如此,洛伦佐就被迫过于依赖运气。通过最后一章中所使用的宗教语言,马基雅维利既指出又隐藏了洛伦佐将多么依赖运气,且不得不如此。马基雅维利在最后一章提及上帝的次数,相当于他在《君主论》其他所有章提及上帝次数的总和。他把意大利的解放者当作意大利的"灵"(spirit)来提及;他把解放意大利描述成属神救赎,并暗示解放意大利很像《以西结书》(Ezekiel)①所描绘的死而复生;他暗中提及了上帝在意大利创造的种种神迹。

不管我们可能多么希望为这些宗教情感表达所感动,我们在这种努力上都会失败。马基雅维利确信有属神的干预,这一点让我们记起,他期待所有意大利人自发地起来反抗可恨的外国人。这种期待与更早的数章所指出的一点不一致——这一点就是他确信意大利人会强有力地抵抗意大利的解放者和统一者;同样,这种宗教情感表达也与更早的一些明确评论不一致。根据那些评论,在军人中,也可能在一般而言的臣民中,对上帝的畏惧是可欲的或不可或缺的,而君主只需表面上笃信宗教,且君主能轻易制造出这种表面,因为大多数人(the large majority of men)都粗陋。

在最后一章本身之中,上帝制造的同时代事件很像圣经中的某

---

① [译按]《圣经·旧约》中的一卷。

些神迹,马基雅维利没有把这些事件称为"神迹",而是称为"没有先例"的"不寻常"事件:①由此,他否认了圣经中的那些神迹是真的(the reality),与此同时,出于一个明显的理由,他也否认了圣经中的所有神迹是真的。若没有这种否认,则他自己对同时代"不寻常"[74]事件的自由发明原本没有可能:那些发明出来的神迹与圣经中的神迹具有同等地位。

根据《君主论》,神迹是既不普通也不合理的事件。人们不能将这些事件追溯到次级原因,而只能将其直接追溯到上帝。在第25章靠近开头处,马基雅维利暗示,一般意指的上帝实际上无非是运气。因此,当第26章中暗示许多神迹已在同时代的意大利发生过时,这种暗示是第25章明确作出的如下断言的形象对等物:运气在同时代的意大利尤其强有力。

更具体来说,同时代的意大利已经遭受许多"神迹般的损失"。②在最后一章,马基雅维利列举了意大利军队刚刚遭受的七次惊人的失败。③由于任何失败都不会没有胜利者,所以人们可以同等正当地谈论"神迹般的损失与神迹般的获得",此二者是机运女神的力量在同时代意大利占上风的必然后果。④

这意味着,既然意大利的军事制度差劲,且运气随之而占上风,故接受良好劝谏且自身勤勉的君主可能取得种种惊人的暂时成功,

---

① [原注41]这并非否认如下事实:马基雅维利作证的那些神迹,就其出现的顺序不同于摩西的那些神迹出现的顺序而言,尚无例证。

② [原注42]《君主论》3(13),12(39,41),18(56-57),25(80-81);参《李维史论》1.27。人们能将《君主论》最后一篇的论证进程表述如下:(1)一切皆取决于美德(第24章);(2)非常多事情取决于运气,但正确类型的人(the right kind of man)能压制运气(第25章);(3)运气完成了解放意大利所需的工作最艰难的部分,只有剩下的部分需要凭借美德完成(第26章)。

③ [原注43]人们若想理解马基雅维利的暗示,就必须把这七次现实中的失败与那四个发明出来的神迹放在一起思考。

④ [原注44]《李维史论》2.30结尾。

从而胜过意大利的其他君主,正如教宗尤利乌斯二世曾取得种种这样的成功,从而胜过他那些怯懦的敌人。具体而言,洛伦佐有可能成功地在托斯卡纳(Tuscany)①构筑起强大权力。但是,想要击败那些统治着意大利各地的强有力的军事化君主国(military monarchies),在当时还只是一个梦。②

19. 作为机运女神的敌人,马基雅维利试图变成机运女神的宠儿洛伦佐的劝谏者

且不说[洛伦佐和马基雅维利的]对话,[二人的]关系也对[《君主论》]此书来说具有建构意义(constitutive);如果不考虑[二人的]关系中另一方[即马基雅维利]的处境、性格和抱负,则人们不可能理解《君主论》最后一章的意义,随之也不可能理解作为整体的《君主论》。当洛伦佐的地位(the status)逐渐下降时,马基雅维利的威望(the stature)相应地逐渐上升。

在开头,即在献辞中,洛伦佐看起来居于稳当而威严的种种高位(dwelling on the wholesome heights of majesty),而马基雅维利必须吸入自己脚边的尘土(inhale the dust at his feet):③机运女神的宠儿[洛伦佐]与她的敌人[马基雅维利]形成对比。马基雅维利把自己

---

① [译按]佛罗伦萨所在的地区。至今佛罗伦萨也是托斯卡纳大区的首府。

② [原注45]在《君主论》"最高的"一篇[第15至23章],马基雅维利谈到"我们佛罗伦萨人"(第15章,第20章),而在此书其他几篇,他谈到"我们意大利人"(第2章,第12章,第13章,第24章)。
——僭主纳比斯毁灭过许多希腊城邦的自由(尤斯蒂努斯《腓力史节录》31.1);由于纳比斯被刺,那种自由后来得到恢复。参本章上文注9。

③ [译按]参《圣经·新约·马太福音》10:14:shake off the dust of your feet[把脚上的尘土跺下去]。亦参《圣经·新约·马可福音》6:11:shake off the dust under your feet[把脚上的尘土跺下去]。该短语比喻离开厌恶之地。此处"吸入自己脚边的尘埃"似乎反其道而用之,比喻忍辱负重。待考。

呈现为这样一个人:他拥有君主们必然缺少却需要的信息。他描述这种信息的方式并不仅仅令如下这些人惊诧,这些人为性情或训练所迫而思考统计数据。他自称拥有关于诸君主的本性的知识:[75]正如一个人从山谷才能最好地看到山峰,且从山峰才能最好地看到山谷,同样,一个人必须是君主才能很好地知晓诸民众的本性,且必须是民众中的一员①才能很好地知晓诸君主的本性。换言之,尽管洛伦佐与马基雅维利身处机运女神天平的相反两端,但二人在智慧上平等:二人中的每个人都拥有整全政治智慧的一半;②二人生而互补。马基雅维利没有说,二人应该整合(pool)各自的资源,以便解放意大利。马基雅维利也不希望将他手中的政治智慧份额仅仅作为礼物上交给洛伦佐。马基雅维利渴望接受某些东西作为回报。他渴望改善他的命运(fortune)。

当期盼此书的结尾时,我们可以说,马基雅维利渴望改善他的命运,是通过向洛伦佐表明,[洛伦佐]如何凭借变成意大利的君主来改善自己的命运。因为,如马基雅维利在献辞中已经说过的,运气和洛伦佐的其他品质向马基雅维利应许了一种伟大,这种伟大甚至超过洛伦佐当时的伟大。马基雅维利把《君主论》献给洛伦佐,是因为马基雅维利寻求尊荣的职位。马基雅维利渴望变成洛伦佐的仆人。也许马基雅维利渴望变成洛伦佐偶尔或临时的劝谏者。也许马基雅维利甚至在想拥有长聘(permanent)劝谏者的地位。

但是,马基雅维利野心的绝对限度是变成洛伦佐的大臣,以致他之于洛伦佐就像韦纳弗罗的安东尼奥(Antonio da Venafro)之于锡耶纳(Siena)的君主潘多尔福·彼得鲁奇(Pandolfo Petrucci)。③

---

① [译按]此表述亦见第 131 页。
② [译按]第 77 页也讨论了政治智慧的一半和另一半。
③ [译按]韦纳弗罗的安东尼奥(1459—1530)是一位法学家,也是潘多尔福·彼得鲁奇的大臣。潘多尔福·彼得鲁奇(1452—1512)于 1487 年在锡耶纳缔造僭政,任僭主直至去世。关于此二人,参《君主论》20,22。

如果马基雅维利没有发现如何让他的主人相信他有能力,则他的欲望会完全不合理。证明他有能力的是《君主论》。但是,有能力还不够。洛伦佐还必须确信,马基雅维利忠诚,或至少可靠。马基雅维利不能提到如下事实,甚至在献辞中也不能提到如下事实:他一度拥有过尊荣的职位,在这个职位上,他曾忠诚地服务。因为他曾是佛罗伦萨共和政制的忠诚仆人,而这一点本身也许会使他在他的君主眼中变得可疑(compromise him)。

马基雅维利首次直面这个难题,是在关于公民君主国(civil principalities)的那一章[即第9章],而洛伦佐的统治就是公民君主国的例证。在[第9章]那里,马基雅维利讨论了如下问题:君主应该如何对待其臣民中的显贵(the notables)?他区分了三类显贵,居中的那一类由这样一些人构成,这些人并非完全献身于君主的事业,因为他们胆小(pusillanimous),①并在勇气上有自然缺陷。马基雅维利劝谏道,[76]只要这类人能提出好的劝谏,君主就要任用这类人,

> 因为当你处于顺境(prosperity)时,[他们]会因此而尊敬你,而当你处于逆境(adversity)时,你也没什么好怕他们。②

如果君权有强大的民众支持,则那些能提出良好劝谏的人会具备必要的胆小:那些能用自己的眼睛观察的少数人"不敢反对有国家威严作为后盾的多数人的意见"。③

由于马基雅维利被怀疑参与过一项反对美第奇家族的阴谋,故他特别有必要通过《君主论》表明,他这类人绝不会鲁莽到从事如此危险的活动,因为他这类人会只在意一个行动很有可能的(probable)后果,而不会在意一个行动可能的(possible)内在高贵性。马基

---

① [译按]构词上指"灵魂渺小"。
② [译按]《君主论》9,对应中译本第39页第2至3行。
③ [译按]《君主论》18,对应中译本第70页第2段第7至8行。

雅维利几乎呈现了,他本人与一位反对君主的潜在密谋者之间的一次交谈是何种景象,在这次交谈中,他试图让这位密谋者确信自己的想象很愚蠢;倘若洛伦佐读了《君主论》,则恰恰以上景象的暗示必定本会启发他,并重建他的信心。最后,马基雅维利不再克制,而是明确谈论新君主应该如何对待如下这些人:在新君主登基之初,这些人因曾忠诚于前一个政制而受到怀疑。马基雅维利敦促新君主任用这类人。

> 锡耶纳的君主潘多尔福·彼得鲁奇统治他的国家时,更多凭靠他怀疑过的人们,而非其他人们。①

这样的人们被迫以行动让人淡忘他们的过去(to live down a past)——仅仅这个事实就使这样的人们愿意做这位君主的可靠仆人。

但是,除了证明自己有能力,马基雅维利还如此全面地证明自己可靠,这似乎过头了(to have overshot the mark)。他潜在的任用者很可能会好奇:像马基雅维利这样聪明的人,如果被任用为劝谏者或大臣,难道不会因种种智慧的治理行动而受到所有赞誉,从而反衬出不那么智慧的君主相当值得轻视?马基雅维利尽他所能地重建了这位任用者的信心,他所用方式就是,确立如下不可能出错的一般规则:自身不智慧的君主不可能接受良好劝谏。②

马基雅维利试图服务于新君主,从而使自己暴露在一些巨大的危险之中;考虑到这些危险,人们也许会好奇:根据他的那些原则,他难道不应该宁愿贫穷和无闻?他在《李维史论》中回答了这个问

---

① [译按]《君主论》20,对应中译本第85页第3段第2至4行。
② [原注46]《君主论》9(32),18(57),19(58-59),20(68-69),23(76-77)。无论在第20章还是在第21章,马基雅维利都为君主们定了五条规则;第20章中的第四条规则涉及新君主统治之初对可疑之人的任用;第21章中的第四条规则敦促君主尊敬任何技艺领域的卓越之人。

题,因为他在《君主论》中不可能得体地回答这个问题。他指出,处于他这个地位的人们如果不寻求君主的任用,就会生活在持续不断的危险之中;[77]而在试图劝谏君主时,处于他这个地位的人们确实必须"节制地处事",即必须避免站出来充当一个大胆计划的主要或唯一促进者。只有当强大派别支持该大胆计划时,[处于他这个地位的人们]才能够稳妥地冒一些风险。①

马基雅维利明确地向洛伦佐提出的特定劝谏,即他在《君主论》最后一章提出的劝谏,其之所以节制是因为两点:[第一,]这个劝谏对解放意大利所需的种种极端手段保持沉默;[第二,]非常多意大利人势必(cannot but)非常欢迎这个劝谏。

20. 马基雅维利不仅是洛伦佐的劝谏者,而且是不确定的多数人的老师

我们尚未考虑马基雅维利的如下奇怪暗示:他拥有政治智慧的一半,即关于诸君主的本性的知识,而洛伦佐可能拥有政治智慧的另一半,即关于诸民众的本性的知识。在作出以上暗示的同一个语境中,马基雅维利还宣称,他的意图在于为君主统治制定规则。但是,关于君主们应该如何统治,为君主们提供种种规则意味着教育君主们如下内容,即君主们应该如何统治其民众。因此,除非同时拥有关于诸民众的本性的良好知识,否则马基雅维利不可能教育君主们。事实上,马基雅维利提供了很多证据表明他拥有这样的知识,因为他在《君主论》中把这样的知识传达给了他的君主学生。

于是,他知晓君主所知晓的一切相关事物,同时还知晓君主所不知晓的许多相关事物。他不仅是一位君主的潜在劝谏者,而且是君主们本身(princes as such)的老师。事实上,他的规范中有不止一条根本不为君主们所需要,毕竟君主们无需他的教导就会知晓这些东西;

---

① [原注 47]《李维史论》3.2 结尾,3.35(422-423)。

所以,通过《君主论》,他也为臣民传授了他们应该从他们的君主那里期待[学到]的东西,或传授了关于诸君主的本性的真相。①

作为一位君主的劝谏者,他对一个人言说;作为传授政治智慧的教师,他对不确定的多数人言说。通过使用人称代词第二人称[的单数与复数],他指出了他的双重身份(dual capacity),也相应地指出了他的言说对象的双重性:他使用"您"(Thou)时,言说对象是君主,甚至也是密谋反对君主的人,这就是说,言说对象是崇尚行动的人们(men of action);而他使用"你们"时,言说对象是首要兴趣——要么完全,要么目前——在理论方面的人们。《君主论》的后一类言说对象等于《李维史论》的言说对象,即"青年"。②

21. 马基雅维利是新的喀戎,而不只是凡人(他取代了基督)

[78]马基雅维利只提到过君主们的一位老师,即马人喀戎,喀戎教养了阿喀琉斯(Achilles)和其他许多古代君主。马基雅维利自己的榜样是一个神话形象:不仅通过如下第一个做法,而且通过如下第二个做法,马基雅维利回归了诸开端,第一个做法是使英雄式

---

① [原注48]比较《李维史论》1.30(163)与1.29(160-161)。

② [原注49]在[《君主论》]献辞和第26章中,马基雅维利对洛伦佐谈到洛伦佐时用了敬语复数(the plural of reverence);[在《君主论》中,]除了在献辞和第26章,马基雅维利仅仅在与"看到""发现""考虑""理解"这类动词关联时才使用第二人称复数。我相信,后一类用法在《君主论》中共有11处,而在《李维史论》中,如果我没记错,只有两处(1.58[221],2.30[317]):在对潜在君主们言说的《李维史论》中,不像在《君主论》中那么需要区分实干者与思考者。参《李维史论》卷二前言(230)。在《君主论》关于谄媚者的一章,即第23章(75),马基雅维利对这位君主谈到这位君主时用了"您"(Thou),而谈到明智的君主时用了第三人称:马基雅维利并非谄媚者。第3章(10-11)漂亮地展示了两点:[第一,]马基雅维利这位教师如何与他的读者们一道致力于审视某些事物;[第二,]他的贡献如何有别于他的读者们的贡献。

缔造者们成为他最超拔的主题,并使对社会的缔造成为他最根本的主题,第二个做法是理解他自己的行动。他的榜样是半兽半人。马基雅维利首先敦促君主们——尤其新君主们——并用两种本性,即兽性与人性;在重复这一点时,马基雅维利敦促君主们——尤其新君主们——仅仅模仿野兽,即仅仅使用狐狸与狮子的人格(the person of the fox and the lion),或仅仅模仿这两种[野兽]本性。① 模仿野兽取代了模仿上帝。

在此,我们可以注意到,对我们来说,马基雅维利是"人文主义并不够"这个真相最重要的见证者。由于人必须依照整全(the whole),或依照整全的起源(整全并不起源于人),来理解人自身,或由于人是那种必须试图超越人性的存在者(the being that must try to transcend humanity),故人若不朝着超人事物的方向超越人性,就必须朝着次人事物(the subhuman)的方向超越人性。② Tertium[第三种情况]即人文主义 non datur[未被提出]。

从马基雅维利这里,我们可以预见斯威夫特、卢梭、尼采:斯威夫特最伟大的作品[《格列佛游记》]以"人们应该模仿马"这个建议为顶点;③卢梭要求回归到自然状态,即次人状态;尼采提出,真理不是上帝,而是女人。至于马基雅维利,人们至少可以同等正当地

---

① [原注50]《君主论》18(55),19(62)。
② [译按]参第297页论及"次人事物"和"超人事物"。
③ [原注51]如果马人是结合了马的完美性与人的完美性的存在者,那么,斯威夫特笔下的慧骃们(Houyhnhnms),作为讲道理的(reasonable)马,就是马人。斯威夫特建议人们模仿这些兽人(beast-men),为了理解这个建议在《格列佛游记》中意味着什么,人们不得不从如下两个事实出发:[第一,]利立浦特(Lilliput,[译按]即小人国)与布罗卜丁奈格(Brobdingnag,[译按]即大人国)的关系是在模仿现代人和古代人的关系;[第二,]这部作品最后两个部分中在另一个层面再次模仿了这同一个关系。[译按]《格列佛游记》中译本:张健译,北京:人民文学出版社,2003。

说,他以模仿兽人喀戎取代了模仿神人(the God-Man)基督。①

如马基雅维利指出的,这个兽人是古代著作家们的创造,是想象出来的造物。斯基皮奥(Scipio)在模仿居鲁士时,事实上曾模仿色诺芬的创造;②同样,君主们在模仿喀戎时,事实上不会去模仿喀戎,而会去模仿古代著作家们——当然,前提是人们能把实行一种教诲公正地称为模仿这种教诲。然而,无论君主们或其他实干者们(actors)的情况可能是怎样,通过向君主们传授喀戎据说传授过的东西,马基雅维利都当然在模仿喀戎,或追随喀戎的创造者们。

不过,如我们之前注意到的,仅仅通过一种方式,马基雅维利就提出了全新的教诲,这种方式就是,他公开以他自己的名义传授某些古代著作家曾遮遮掩掩地以笔下人物为代言人来传授的教诲。马基雅维利是全新类型的喀戎。

22. 第26章隐藏了新异到令人震惊的教诲

[79]作为一般意义上君主们的老师,或作为一般意义上新君主们的老师,马基雅维利并非尤其关切同时代意大利君主面临的种种特定问题。这些特定问题只有充当典型问题的表现形式时,才会引起他的兴趣。因此,《君主论》的首要意图不在于为同时代意大利的一位君主提供特定劝谏,而在于提出有关全新国家中全新君主的全新教诲,或提出有关最令人震惊的现象的令人震惊的教诲。

从这个事实出发,我们可以理解最后一章的意义。最后一章中提出特定劝谏,是为了在得到接受的意见构成的法庭面前,让这个

---

① [译按]"兽人"和"神人"亦见第296页,只是英文表述去除了连字符。
② [原注52]比较《君主论》14结尾与《李维史论》2.13。
[译按]斯基皮奥(约前236—约前183,又译"西庇阿"),全名普布里乌斯·科尔涅利乌斯·斯基皮奥(Publius Cornelius Scipio),又叫斯基皮奥·阿非利加努斯(Scipio Africanus),因为他在第二次布匿战争中击败迦太基大将汉尼拔,从而征服了阿非利加。

新异的一般教诲得以称义(justifying):①一个一般教诲,不管多么新异且令人反感,如果引出一个特定劝谏,像解放意大利这个特定劝谏一样可敬、尊荣且值得赞美,就似乎可以得到救赎(redeemed)。

但是,这种转换如何达成?马基雅维利并非仅仅克制住而没有提及为达到成圣的(sacred)目的所需的种种不圣洁(unholy)手段。他还偷偷引入了一个新目的,即前25章的论证并不支持的一个目的。他敦促洛伦佐基于爱国的种种理由——或用他在第26章靠近开头处暗中提及的一个术语来说,基于共同善的种种理由——解放意大利。由此,他营造了如下印象:他完全是为了共同善才在这部作品通篇提出所有那些恐怖的规则和建议。因此,对于这部作品主体部分令人震惊的教诲,最后一章提出了一番可容忍的解释。

但是,前25章对共同善完全保持沉默。第26章靠近开头处对共同善的暗中提及,与此章其他那些令人惊诧的特征具有相同的地位:[那些特征包括]期待所有意大利人自发地起来反抗外国人,也[包括]表达宗教情感。只有当人们沿着前面诸章所要求的思路去政治地分析最后一章提出的特定劝谏时,人们才会认识到,哪怕为了思考这个劝谏,人们也必须与传统道德和传统信仰完全决裂。

但是,明断的读者不可能满足于提出如下两个问题:[第一,]如何可能实践这个特定劝谏?然后,[第二,]在给定的条件下,可能实践这个特定劝谏吗?明断的读者必须提出这个进一步的且更尖锐的问题:[80]如果此书主体部分中推崇的种种不道德的政策没有服务于爱国的意图,则马基雅维利会谴责这些政策吗?或者说,这些不道德的政策是否仅仅(barely)与[对它们的]爱国用法相容?难道不可能将《君主论》的爱国结尾理解成一种可敬的粉饰,而这种粉饰掩盖了一位追逐私利的(self-seeking)意大利君主的种种谋划?答案毋庸置疑;《君主论》通篇推崇的种种不道德的政策,并未基于共同善而得到正当化,而是完全基于君主的自利(the self-inter-

---

① [译按]此词以及下文的 redeemed 和 sacred 似乎均为有意使用的神学术语。

est)而得到正当化,君主的自利就是君主对属己的福祉、安全、荣耀的自私关切。①

① [原注53]马基雅维利甚至没有[310]暗示爱国主义为切萨雷·博尔贾这位榜样注入了生命,或者说,没有暗示切萨雷·博尔贾关切共同善。千真万确的是,通过不把切萨雷称为罪恶之人,马基雅维利使切萨雷与罪恶的阿伽托克勒斯形成反差。但是,如果人们看一下此二人的行动,这种反差就会消失:在把阿伽托克勒斯描述为罪恶之人时,马基雅维利临时采纳了对阿伽托克勒斯的传统判断,但对切萨雷的传统判断尚不存在。对阿伽托克勒斯的传统谴责,一定程度上立足于如下事实:阿伽托克勒斯从"低贱且卑微的处境"崛起到掌握君权。马基雅维利解释马克西米努斯的失败时(《君主论》19[64-65]),提到过一种相似的考虑,但这种考虑无关于马基雅维利本人的一种判断,这种判断可以见于《李维史论》2.13,更不用说可以见于《君主论》的献辞,在这则献辞中,马基雅维利把自己描述为"低等且低贱的处境中的人"。

马基雅维利不得不谈论一个罪恶的统治者,主要是因为马基雅维利被迫指出,他正在质疑缔造者中的罪恶者与非罪恶者之间的传统区分。由此,他把阿伽托克勒斯呈现为罪恶统治者的经典例证,即呈现为所有神法和人法的违反者,这种违反者是杀人犯和叛徒,也是不守信、不好施、不笃信宗教的人;阿伽托克勒斯确实曾拥有头脑的伟大(greatness of mind);他尽管是最卓越的统帅,却不可能算作最卓越的人;他的种种行动能为他获得帝国,却不能为他获得荣耀;他确实曾有益于他的臣民,或更确切地说,有益于普通民众,但他这么做当然完全是出于种种自私的原因。

在涉及阿伽托克勒斯时,就能干的罪恶统治者与能干的非罪恶统治者之间的差异,马基雅维利说过一些话;但后来,他将这些话全部收回。

第一步是赞美纳比斯(马基雅维利在《君主论》中称纳比斯为君主,而在《李维史论》中称纳比斯为僭主):纳比斯的政策根本无异于阿伽托克勒斯的政策(比较《君主论》9[33],19[58],与《李维史论》1.10[122],1.40[187])。

第二步是质疑"最卓越的统帅"与"最卓越的人"之间的差异:好的武装是好的法律的必要且充分条件,而阿伽托克勒斯就有好的武装;作为受到最着重赞美的卓越之人,居鲁士据说不守信、不好施、不笃信宗教,但居鲁士以头脑的伟大著称,即以阿伽托克勒斯也拥有的品质著称。阿伽托克勒斯不能算作最卓越的人,其原因之一是他具有野蛮的残忍和非人性;但是,汉尼拔同样被刻画为具有非人性的残忍,而他就属于最卓越的人(比较《君主论》12[38-39],14[47-48],17[54],26[81],与《李维史论》2.18[280],3.21结尾)。

[《君主论》]最后诉诸爱国主义,这为马基雅维利的一个行为提供了一种辩解,这个行为就是,曾经推崇种种不道德的行动路线。从这个事实来看,他的品性(character)看起来很可能甚至比他最大的(worst)敌人们已经认为的还要更黑暗(blacker)。但与此同时,我们不必在这个问题上仅限于作出如下评论:《君主论》最后一章不过是一番修辞,这等于说,马基雅维利既没有能力清晰地思考,也没有能力以完美技巧(comsummate skill)写作。

23. 马基雅维利的爱国主义

上面这些观察并非否认,马基雅维利是意大利的爱国者。倘若他不憎恨那些正在蹂躏并玷辱他的美丽国家(devastating and degrading his fair country)的蛮族,他就没人性(would not have been human)。我们只是否认,他对自己祖国的爱,或他的祖国本身,是他最宝贵的所有物。他的存在的核心是他关于人的思想,即他关于人的境况和属人事务的思想。通过提出种种根本问题,他必然超越意大利的局限和限度(the limitations and the limits);由此,他也得以利用他自己的爱国情感,也利用他的读者们的爱国情感,去服务于一个更高的意图,即服务于一个隐秘的(ulterior)意图。

人们还必须思考马基雅维利的爱国主义特有的含混。《君主论》中八次提及"祖国"。其中一处把意大利描述成祖国。其中六处提到的祖国不是国家(countries),而是城邦。其中一处提到了四

最后一步是表明,[一个人]能以罪恶获得荣耀,或[一个人]就算罪恶也能获得荣耀。塞维鲁斯的情况最清楚地表明了这一点(参上文第 46-47 页),但几乎同等清楚地表明这一点的还有《君主论》第 18 章靠近结尾处,更不用说还有马基雅维利在《李维史论》1.27 对焦万帕格罗·巴利奥尼的种种观察。

[译按]关于注中的 greatness of mind,由于第 227 页出现 strong mind and will[强大的头脑和意志],故可知 mind 指与意志相区别的"头脑",且 great 似稍侧重"强大"之义。参第 246 页 grandeur of mind and will[头脑和意志的伟大]。

个祖国;在这四个祖国中,两个是城邦(罗马和雅典),两个是国家;这两个国家中的一个是波斯,另一个是被摩西高贵化的祖国,人们不清楚这后者是埃及还是迦南,即不清楚这是摩西出生的地方还是摩西渴望的地方。①

当我们将这种观察用到马基雅维利身上时,我们变得意识到,他的意大利爱国主义与他的佛罗伦萨爱国主义之间存在紧张。或者说,难道人们不应该更确切地说,他的罗马爱国主义与他的托斯卡纳爱国主义之间存在紧张?[81]他的思想所具有的超越爱国主义的内核与他对意大利的爱之间存在密切关联。

意大利是生长出某种荣耀的土壤,这种荣耀就是古代罗马。马基雅维利相信,出生在一个国家(acountry)的人们在所有时代都或多或少保存着相同的天性。如果此世有史以来所知晓的最伟大的政治成就是意大利土壤结出的果实,那么,[马基雅维利]有理由希望,此世的政治回春(the political rejuvenation)将首先出现在意大利:意大利的子孙是最有天赋的个人;不论《君主论》中还是《李维史论》中提到的所有现代著作家都是意大利人。由于那种政治回春与思想中的彻底变化密切相关,故那种源于意大利并为了意大利的希望主要不是狭义上的政治希望。马基雅维利主要思考的解放意大利,不是在政治上将意大利从诸蛮族那里解放出来,而是在智识上(intellectual)将一群意大利精英从一个坏传统中解放出来。

但是,恰恰因为马基雅维利相信,出生在一个国家的人们在所有时代都或多或少保存着相同的天性,同时也因为罗马人的天性不同于托斯卡纳人的天性,故马基雅维利的希望[除了立足于他对罗马荣耀的回忆]也立足于他对托斯卡纳荣耀的回忆:②古老的埃特

---

① [原注54]《君主论》6(18),8(27,29,30),9(31,33),26(84)。

② [原注55]《君主论》26(83);《李维史论》2.4 靠近结尾处,3.43;《战争的技艺》结尾;比较《李维史论》1.1 结尾,与李维《自建城以来》1.34.12-1.35.12,5.15。参本章上文注45。

鲁里亚人(Etrurians)①对罗马人的宗教做出过决定性的贡献。马基雅维利似乎将自己视为托斯卡纳荣耀的恢复者,因为他也为如下事情做了贡献,这个事情就是为罗马提供新宗教,或提供看待宗教的新视野。或者也许他想到了塔克文·普里斯库斯(Tarquinius Priscus),此人来自埃特鲁里亚,且此人强化了罗马政体(polity)的民主要素。②

24. 马基雅维利的教育政策:使人强硬

再者,一旦人们掌握了马基雅维利的理论关切所具有的不妥协性(the intransigent character),人们就不再被迫认为,当马基雅维利频繁地推崇在实践上不管不顾(recklessness)时,他应该为此承担全部责任。《君主论》通篇提出的种种无情建议,与其说是对君主们言说,不如说是对"青年"言说,因为君主们几乎不需要这些建议,而"青年"关切如何理解社会的本性。《君主论》真正的言说对象们在如下这些教诲得到养育,从马基雅维利的全新教诲来看,这些教诲显得太过相信属人的善——哪怕不是太过相信受造物(creation)的善——从而也太过温和或太过女人气。

对于一个凭借训练或天性而胆怯的人,除非此人使劲朝着愚顽的方向行进(drags himself in the direction of foolhardiness),否则此人不可能获得勇气,即不可能获得怯懦与愚顽之间的中道;[82]同样,马基雅维利的学生们必须经历野蛮化(brutalization)的过程,以便摆脱女人气。或者说,人们在学习使用刺刀时,需要使用比实战武器

---

① [译按]在古代语境中,埃特鲁里亚与托斯卡纳是同义词。
② [译按]塔克文·普里斯库斯,全名卢基乌斯·塔克文·普里斯库斯(Lucius Tarquinius Priscus),史称老塔克文,罗马王政时代第五位国王,前616年至前579年在位。他兴建了罗马第一个大剧院和第一个广场,并在元老院增加了100个新席位。

重得多的武器;①同样,人们在学习治国术(statecraft)时,需要严肃地玩索(seriously playing with)一些极端的行动路线,这些行动路线在现实政治中哪怕曾经合适,也极少合适。

《君主论》中不仅有一些最鼓舞人的(the most comforting)陈述,还恰恰有一些最骇人听闻的(the most outrageous)陈述,以上两类陈述都不是[马基雅维利]严肃地意指的陈述,而是仅仅发挥教育(padagogic)功能:人们一旦理解了以上两类陈述就会看到,一方面,以上两类陈述都在逗乐,另一方面,[马基雅维利]意在使以上两类陈述逗乐。马基雅维试图把青年的执着从旧教诲转向新教诲,为此他诉诸青年那并非最好的品味,或者可以说,诉诸普通民众的品味。②他表现出一种偏向(bias),这种偏向支持冲动、迅速、党争(the partisan)、壮观、血腥,而盖过并反对深思、缓慢、中立、沉默、温和。

他在《君主论》中说,君主征服一个习惯于自由生活的城邦后,若不能居住在这个城邦,就必须摧毁这个城邦。他在《李维史论》中则说,与共和国不同,君主只要不是蛮族,就恰恰会饶恕并保护被征服的城邦,且尽可能让这些城邦的自治性保持完好。③《君主论》中推崇的另一个坚决的行动路线是,当两个强邻爆发冲突时,应该避免中立:站队(to take sides)总是好过保持中立。马基雅维利逐渐揭露了这个建议的种种局限。他首先承认,中立并非总是致命。然后他陈述了,由于正义有力量,故站队比保持中立更安全。随后他表明,在某些条件下,倘若两个强邻爆发冲突,则最不智慧的是放弃中立。最后他承认,任何行动路线都并非完全稳妥,或换言之,正义

---

① [原注56]参《战争的技艺》卷二(489)。
② [原注57]参《李维史论》1.53。
③ [原注58]《君主论》5;《李维史论》2.2(239-240)。《李维史论》前一章[2.1](234)提及了《君主论》,而《李维史论》全书很少提及《君主论》;这次提及指向《君主论》第3章,即指向讨论征服的章群[第3至5章]。

并不像他早先指出的有那么大力量。① 他在《君主论》中非常强烈地主张,唯一必需之事是好的武装;他没有这么大张旗鼓地(less loudly)谈论明智是必需的。②

25. 马基雅维利是新君主、新摩西

我们必须再次回到马基雅维利的如下主张:他拥有关于诸君主的本性的充分知识,而洛伦佐可能拥有关于诸民众的本性的充分知识。如我们说过的,以上主张很荒谬:因为做君主就意味着统治民众,故如果并未深知诸民众,就不可能深知诸君主;更不用说如下两点,[83][第一,]马基雅维利在《君主论》通篇展示了关于诸民众的本性的知识,[第二,]如他在《李维史论》中明确说到的,诸君主与诸民众在本性上并无差异。③

由于马基雅维利深知诸民众的本性,故他用他的以上奇怪主张暗示了他是君主。仅仅对于不熟悉色诺芬或柏拉图的人们,这种暗示才会看起来奇怪:如果一个人知晓统治技艺,而另一个人仅仅通过继承或强力或欺诈或选举——选民对统治技艺一无所知——来施行统治,那么,前一个人比后一个人在更真正的意义上是统治者。④

但是,如果马基雅维利是君主,则他是新君主,而非模仿其他君主们发现的模式和秩序的君主,更确切地说,他是创始者,是真正的

---

① [原注59]《君主论》21(71-73)。

② [原注60][311]《君主论》12(38-39),19(58);《李维史论》1.4(103);*Opere*, vol. ii, p. 473。

③ [原注61]《君主论》3(6),6(19),9(31,32),10(35-36),17(53),18(57),23(75),24(78);《李维史论》1.57,1.58(217-219)。在《君主论》7(22)和8(28),马基雅维利将他在献辞中用在自己身上的表述用在了切萨雷·博尔贾和阿伽托克勒斯身上。

④ [原注62]参《李维史论》献辞和1513年12月10日致韦托里的信。

缔造者,是新模式和秩序的发现者,是拥有至高美德的人。事实上,当一个新社会秩序是绝对全面的秩序,而不只是政治秩序或军事秩序时,如果称这个新社会秩序的缔造者为先知很恰当,那么,马基雅维利就是先知。并非洛伦佐,而是马基雅维利,才是新的罗慕卢斯-努马,或新的摩西,即如下这种人:这种人不只在新环境下重复罗慕卢斯-努马或摩西在旧时代的行动,而且像罗慕卢斯-努马或摩西一样是创始者。

在《君主论》最后一章,马基雅维利为发生在同时代意大利某处的某些神迹作证,这些神迹类似于摩西时代的神迹。这些古代神迹发生在从奴役之所通往应许之地的路上:这些古代神迹正好发生在西奈山(Mount Sinai)上的启示之前。所以,马基雅维利暗示,迫近的不是征服新的应许之地,而是新的启示,即对新法典的启示,亦即对新十诫的启示。那个将带来新法典的人不可能是洛伦佐,也不可能是通俗意义上的其他任何君主。那个带来新法典的人不是其他任何人,而是马基雅维利自己:他带来真正的法典,这部法典依循真理,即依循事物的本性(the nature of thins)。①

与这项成就相比,征服应许之地,即解放意大利,是一项 cura posterior[后续的关切]:这件事可以等等,必须等等,直到新法典使意大利人重生。如果[马基雅维利]这位新摩西死在他曾经应许的土地的边界,且如果他将只会远远地望见这块土地,那么,他不会悲伤。因为,尽管对于潜在的征服者,活着时没有去征服是致命的,但绝对重要的真理的发现者能在死后去征服。②

---

① [译按]"事物的本性"亦见第 140 页,第 156 页,第 211 页。
② [原注 63]经过审视后可以证明,第 15 章中提到的 11 对道德品质是 10 对道德品质,而第 20 至 21 章中讨论的 11 种规则是 10 种规则。
——比较霍布斯在《利维坦》第 30 章如何重写十诫。

26. 但马基雅维利是未武装的先知——难道他不是必定失败吗？①

关于一般而言的先知，马基雅维利评论道，所有[84]武装的先知都进行过征服，而未武装的先知则失败了。武装的先知中最伟大的是摩西。[马基雅维利]唯一提到的未武装的先知是萨沃纳罗拉。但是，如"所有武装的先知……而未武装的先知"这个表述所示，马基雅维利不只想到了萨沃纳罗拉。马基雅维利如此钦羡同时代的穆斯林征服者们，故他在谈到武装的先知时，会禁不住想到穆罕默德；同样，他在谈到未武装的先知时，必定想到了耶稣。

这可能是我们在试图理解(to enter into)《君主论》的思想时遇到的最大困难：马基雅维利基于他的种种原则，能够如何解释基督教的胜利？他的某些后继者曾明确尝试在纯粹政治层面解释基督教的胜利。引用当今一位史学家的话：

> 通过这个世纪[17 世纪]最直白的以拉都式(Erastian)言论，[亨利·]帕克([Henry] Parker)几乎坚持认为，正是君士坦丁，而非早期教会的布道或神迹，赢得了欧洲，使之归入了基督的羊圈(won Europe to the Christian fold)。②

---

① [译按]毋庸赘言，为了呼应《君主论》有 26 章，讨论《君主论》的这一章由 26 段构成。

② [原注 64] W. K. Jordan, *Men of Substance*, Chicago: The University of Chicago Press, 1942, p. 82.

[译按]正文独立引文中的两个方括号内容均为施特劳斯所补。以拉都，全名托马斯·以拉都(Thomas Erastus, 1524—1583)，瑞士加尔文宗神学家和物理学家，主张国家全能。君士坦丁(约 272—337)，即罗马皇帝君士坦丁一世(306—337 年在位)，确立了基督教为罗马帝国国教。注中提及的书的副标题是 *A Study of the Thought of Two English Revolutionaries, Henry Parker and Henry*

但是,我们不可能使自己相信,一个拥有马基雅维利的理智能力的人本会满足于这种回答;这种回答只会引出如下这个进一步的问题:什么促发了君士坦丁的行动?难道基督教不是必须先是一股力量,才能变成对一个政治人(politician)有吸引力的东西,或变成一个政治人的工具?

要想看到马基雅维利可能本会如何解释基督教的胜利,我们不得不思考一个同样明显的进一步的困难。他说,所有未武装的先知都失败了。但是,他本人如果不是未武装的先知,又是什么?如果所有未武装的先知都必然失败,那么,他如何能合理地希望他严重的(enormous)冒险——这种冒险本身严重且会产生无限多严重后果——会成功?在一个方面,这是[《君主论》中]绝无仅有的根本问题,这个方面就是,《君主论》在读者的头脑中提出了这个问题,而没有向读者提供马基雅维利的答案的哪怕蛛丝马迹。这个问题让人们记起另一个同样在《君主论》中没有得到回答的问题,即如何能在各个时代均维持新的模式和秩序。① 为了回答这个问题,我们必须转向《李维史论》。

Robinson[对两位英国革命者亨利·帕克和亨利·罗宾逊思想的一项研究]。亨利·帕克和亨利·罗宾逊均为17世纪英国革命时期人物。

① [原注65]比较《李维史论》3.35开头与《君主论》6(19)。

第三章　马基雅维利的意图:《李维史论》

1.《李维史论》讨论诸共和国,即讨论诸民众,从而更坦率;《李维史论》是探究马基雅维利修辞术的主要材料

[85]《君主论》流于表面的读者,只要并不完全粗心,就会在走近《李维史论》时期待,此书致力于讨论诸共和国,或讨论诸民众,而非讨论诸君主。这种期待不会完全落空。由于谈论诸民众不如谈论诸君主那么危险,故可以期待《李维史论》比《君主论》更直言不讳。我们已经看到,在一个重要方面的确如此:我们掌握的关于马基雅维利写作方式的信息,首先且主要源自《李维史论》。

2.《李维史论》中新的模式和秩序就是古代的模式和秩序

不能把《李维史论》仅仅描述成关于共和国的书。在开头,马基雅维利指出了该书的意图,他所用方式是将自己呈现为另一个哥伦布,即呈现为一块此前意想不到的道德大陆(a hitherto unexpected moral continent)的发现者,亦即呈现为发现了新模式和秩序的人。但是,正如人们在此世之初或社会之初一般是好人,马基雅维利——他在其[两本]书中模仿了"此世事物"——在其[两本]书开头也是好人。因此,在《李维史论》开头,马基雅维利看起来毫无保留地宣称,他的事业很大胆(daring):他似乎没有隐藏任何东西。[86]通过关心共同善,他似乎解释了他的大胆行动:他并非为了改善他的命运而写作《李维史论》。最重要的是,新的模式和秩序被证明是古代的模式和秩序,从而是非常旧的模式和秩序。

3.《李维史论》证明了,现代人既能够且应该模仿古代的规则和秩序

古代的模式和秩序是新的,是因为它们已被遗忘,或像古代的雕塑一样已被埋藏。因此,马基雅维利必须挖出它们:作为古代模式和秩序的起源和产物,古代美德已消失无踪。但是,马基雅维利没有主张,他是第一个或唯一变得意识到古代模式和秩序的现代人。人人都知晓有关古代模式和秩序的东西,且许多人钦慕古代的模式和秩序。但是,人人都认为,现代人不可能模仿古代的模式和秩序。《李维史论》的意图不仅是让古代的模式和秩序得见天日,而且最重要的是证明现代人能模仿古代的模式和秩序。

因此,马基雅维利的事业要求,除了知晓古代事物,也知晓现代事物;他的事业不可能只是古事考索者的工作。[现代人]普遍不相信有可能模仿古代美德,某种程度上是因为基督教的影响。现代人不相信能模仿古代美德,是因为现代人相信,人现在属于一种不同于从前的事物秩序,或人的地位(status)已经改变,或人已经神迹般地得到改造(transformed)。

马基雅维利没有否认,现代人不同于古代人。但是,他认为,这种不同完全源于教育上的不同,以及对"此世"的认知上的不同。现代人如果恰当地得到教育(educated),并恰切地得到教诲(taught),就能模仿古代人。现代人认为不可能模仿古代,与其说是自然上(physically)不可能,不如说是道德上不可能。现代人相信,不应该模仿古代的模式和秩序:现代人一直被教诲,要把古代人的美德视为穿上华服的(resplendent)恶德,①或要以圣经对谦卑和慈悲(humility and charity)的要求为名义,来拒斥古代人对此世荣耀的关切。② 因此,对

---

① [译按]这句话的变体出现在第 190 页。
② [原注1]《李维史论》卷一前言,2.2(237-238),2.19(285),3.27(403-404);参 3.30(410),3.31(413)。

马基雅维利来说,展示古代美德的样本还不够;他还有义务证明,古代人的美德是真正的(genuine)美德。证明既能够又应该模仿古代美德,等于反驳圣经宗教的种种主张。

4.《李维史论》不是要回归古人的规则和惯例

根据一种因其时代①而受人尊敬的意见,《李维史论》中马基雅维利的意图在于[87]将一些教训化约为一些一般规则,这些教训由一位古代史学家的叙事来含蓄地或甚至无意识地传达,而这些一般规则能被甚至非常平庸的头脑轻易理解。这种意见在误导人,原因很多。

第一,产生这种意见,是因为忽视了一个主要障碍,[人们]不得不先克服这个主要障碍,才能把源于古代实践的一般规则当作好规则来接受。

第二,产生这种意见,是因为忽视了马基雅维利关于[《李维史论》]此书意图的明确说法。在卷一前言中,他指出了自己的意图,还谈论了古人的例证,却没有谈论源于这些例证的规则。在后文的一个场合,他说:

> 而且,真的,好的史学家们并非无缘无故……就详细且清楚地记载某些事件,这是为了后世能学习如何在类似处境下自卫。②

这也许指出,将好的史学家们所教诲的东西化约为种种规则,是一件琐屑的或学究气的(pedantic)事,并与一位新的哥伦布完全不相宜。

---

① [译按]because of its age,似乎亦可译为"因其年代久远"。
② [译按]《李维史论》3.30,对应中译本第541页第2段第2至4行。

马基雅维利在卷一前言中确实说:

> 公民法(the civil laws)不是别的,而只是古代法学家们(jurists)作出的裁定(decisions),它们被化约而变得有序(reduced to order),从而教诲我们当今的法学家们作出判决(to judge)。①

但是,马基雅维利对法学家们作出这个评论,并非为了言明,他会对古代政治实践做当今法学家们(或者也许[应该说]他们的古代和中世纪老师们)对古代司法实践所做的事。马基雅维利作出上述评论,是为了表明,在有限的或从属性的种种事务上,现代人确实模仿了古代人;因此,马基雅维利作出上述评论,也是为了引出如下要求:现代人应该在最大的种种事务上模仿古代人。

马基雅维利[在卷一前言]继续说:

> 医学不是别的,而只是古代医生们(physicians)形成的一些经验,当今的医生们基于这些经验确立(found)了自己的判断(judgements)。②

现代医生比现代法律人士(lawyers)更引起马基雅维利的兴趣:现代医生不同于古代医生,不是因为现代医生将古代医生的做法化约为种种规则,而是因为现代医生除了借助古代医生的记载外,无从了解特定的经验或观察,而这很可能是因为[现代医生]不再实践解剖,③却还反对解剖。因此,现代医生没有真正模仿古代医生。

---

① [译按]对应中译本第142页第1段第10至11行。

② [译按]此处"确立"与本书常用到的"缔造"在原文中为同一个词,"判断"即上一段引文结尾处judge[判决]的名词化。本段对应中译本第142页第1段第11至12段。

③ [译按]本页及次页讨论了解剖。参第116页和第131页用到"解剖"。

真正模仿古代医生的是马基雅维利:古代医生解剖简单体是马基雅维利解剖混合体的榜样。对混合体的解剖本身是全新的。处理混合体时有一些可靠的规则,在详细解释任何这种规则时,不可或缺的条件就是解剖混合体;[88]然而,为了把古代法律人士的裁定化约为种种规则,并不需要与解剖相当的活动:法律人士能够且必须视法律为理所当然,即视某种实定法(positive law)为理所当然——这种实定法不是混合体,而是混合体的产物——且法律人士不可能回溯到这个产物背后。

[马基雅维利]在讨论法律人士时提到了规则之类的东西,而在讨论医生时中对规则完全保持沉默,这一点在这个语境中暗示了如下事实:法学占据比医学更低的等级。马基雅维利是解剖者这个事实使他不同于现代医生,而就他也被迫依赖古人的记载来说,他则与现代医生处于相同境况:他不可能基于直接可用的现象来解剖卓越的共和国,因为当今就近(at present near at hand)不存在卓越的共和国。

某些现代行当(pursuit)①以某种方式模仿古代行当,而毋庸赘言,马基雅维利在谈论这些现代行当时没有说及神学:

> 基督教这个宗派(the Christian sect)……已经毁灭了对古代神学的一切回忆。②

但是,值得注意,马基雅维利在这个语境中没有提到四个学科(the

---

① [译按]该词作"行当"讲时亦见第299页。
② [译按]《李维史论》2.5,对应中译本第338页倒数第5至4行。按此条引文的语境,此处不是指基督教内部的宗派,而是指基督教作为社会中的一个宗派——sect 在此与"宗教"同义(此观点见本书第225页)。第142-143页也提及"基督教这个宗派"。相应地,the pagan sect[异教这个宗派]指异教作为社会中的一个宗派,见第143页。

four faculties)中的第四个:他没有建议当今的哲人们去模仿古代哲人们。①

5.《李维史论》讨论了李维史书的前十卷——一个霸权式共和国控制统一的意大利

马基雅维利渴望表明,现代人能够且应该模仿一些古代的模式和秩序;这些古代的模式和秩序属于古代罗马。书写罗马荣耀的罗马史学家是李维。为了获得解剖这个混合体时所需的经验即一手知识,马基雅维利将依靠李维。

《李维史论》明确致力于讨论李维史书的前十卷。马基雅维利似乎应许,他会继续致力于讨论李维史书现存的其他卷。② 但是,通过使《李维史论》章数与李维《自建城以来》卷数相等,马基雅维利指出,他意在使《李维史书前十卷论》覆盖李维整部作品所覆盖的整个范围。马基雅维利对罗马共和国的分析,若不包含如下分析,就会不完整:这种分析针对罗马共和国的毁灭,同时就目前的情况来说,也针对此世富有活力的(vigorous)共和国式生活的毁灭,后一种毁灭状态持续了至少1500年;但是,《李维史论》包含了这样的分析。③ 换言之,《李维史论》模仿了李维的《自建城以来》,其考察的罗马[历史]从罗马的开端一直推进到基督教的开端。

然而,[89]马基雅维利营造了如下印象,即他仅仅处理李维史书前十卷中记载的事件;之所以如此,马基雅维利可能另有理由。说他尤其关注处于未败坏状态的罗马共和国,是不够的,因为据他

---

① [原注2]《李维史论》卷一前言,2.5,3.30(410)。参《曼陀罗》。
[译按]正文此处所说的"四个学科"当指中古四大学科:神学、医学、法学、哲学。
② [原注3]《李维史论》献辞,卷一前言。参2.22(293),3.1靠近结尾处。
③ [原注4]尤参《李维史论》2.2。

所说,在第二次布匿战争(Punic War)①时代,甚至直到公元前 2 世纪中叶,罗马仍未败坏。② 他指出他的真正理由,是通过声称,在约公元前 266 年,即在第一次布匿战争爆发前夕,罗马达到了其最终的伟大。③ 李维在其史书的第二个十卷中讨论了正好位于第一次布匿战争之前的时期,而这十卷亡佚了。所以,马基雅维利尤其关注李维史书的前十卷,是因为这十卷是李维史书仅有的如下诸卷中仅存的部分,这里说的"诸卷"讨论了罗马如何从其卑微的源头崛起到其最终的伟大:罗马成长至其完满,自然而然先于(takes precedence over)④其衰败。罗马在统治意大利(大部分地区)且尚未开始对外征服时,达至其最终的伟大。

因此,《李维史论》的完整书名提醒我们注意一个统一且自由的意大利,而使这个意大利自由且统一的不是一位君主,而是一个霸权式共和国(a hegemonial republic),不论是罗马还是佛罗伦萨。通过一种在得体的意义上克制的(becomingly subdued)方式,马基雅维利建议了一个实践性替代方案,以替代《君主论》最后一章中宣告的实践性倡议。

6.《李维史论》的意图 → 典型的一章——但各章的特征差异极大

为了表明现代人们能够且应该模仿罗马的模式和秩序,马基雅

---

① [译按]罗马人把迦太基人也称为布匿人(Punici),故把对迦太基的战争称为布匿战争。共有三次布匿战争,分别发生在前 264—前 241 年、前 218—前 201 年、前 149—前 146 年。结局是罗马共和国灭亡迦太基共和国,赢得地中海西部霸权。

② [原注 5]《李维史论》3. 17,3. 25。

③ [原注 6]《李维史论》1. 20。参 2. 19(285,288),2. 21 开头,2. 32(324)。最后提到的文段(2. 32[324])暗示的时间点,与李维史书前十卷结束的时间点几乎吻合。参 *Opere*, vol. i, p. 683。

④ [译按]"先于"的原文亦可指"在重要性上优先"。

维利会不得不表明,在每种情况下,罗马的实践都稳健,且与之对应的现代实践都不稳健。除非可以预设或确定人们可能总是做自己曾经做过的事,否则马基雅维利还会不得不表明,某个现代国家成功地效法过罗马的实践。无论如何,通过理解《李维史论》的意图,人们受到引导而明确期待,此书 142 番论说中的每一番论说,或此书 142 章中的每一章,都会展现[此书的]一般特征。

鉴于各章彼此之间差异相当大,必须立即修正这种期待。有些章只包含古代例证,有些章只包含现代例证,有些章只包含古代例证,却没有一个例证属于罗马,还有些章只包含古代例证和土耳其例证。① 最长的一章(3.6)是[90]最短的一章(1.48)的约 72 倍长。令人好奇的是,最长的一章是此书中标题最短(只有两个词)的一章;②在另一个极端,我们发现有两章(1.55 和 3.30)的标题都长达 35 个词。有 39 个章题包含专名;其中 37 个章题提到的人或社会是古代的,1 个章题(1.12)提到的人或社会是现代的,1 个章题(3.36)提到的人或社会既有古代的也有现代的。与此相关的是如下事实:只有 33 个章题以其造句所用的时态(by the tense in which they are framed)提及过去。

7.《李维史论》中典型的一章(3.7) →《李维史论》讨论了内在于种种最终原因的那些可怕之事,而且:→ 有关属人行为的一般规则既源于古代例证,也源于现代例证,而这就并未证明古代人优于现代人

尽管——或不如说因为——有这些和其他不规律情形,故人们有理由谈论《李维史论》中典型的一章,并寻找此章。初看起来,最

---

① [原注 7]《李维史论》1.26,1.30,2.31,3.32,3.35,3.40,3.43,3.44。参本书上文第一章[第 13 页]注 3。

② [原注 8]最短的一章(1.48)有一个长得出奇(34 个词)的标题,还有两章(1.31,1.34)的标题长度相等。

不典型的一章是有关阴谋的那一章（3.6）。紧随那一章之后的[3.7]是全书第 100 章，我倾向于认为，[马基雅维利]意在使此章成为典型的一章。此章在其所属的章群（the group of chapters）(3.1–10)中很突出，因为它是此章群中仅有的这样一章：[马基雅维利]既没有通过在它的结尾提及下一章而使它与下一章明确关联，也没有通过在上一章结尾提及它而使它与上一章明确关联。在这个意义上，《李维史论》中典型的一章"脱节了"（unconnected）。

这典型的一章的标题既不包含任何专名，又使用现在时态；这个标题表达了关于人之为人的一个恒久事实（a permanent fact regarding man as man）。这个标题不如此章正文那么令人震惊：尽管在《李维史论》3.7 的标题中，马基雅维利使用了"没有流血"这个表述，但他在此章正文中谈论了"无数人"的"流血和死亡"；关于政制的一种改变，他说，这些改变总是竟至于令读到与之相关的记载的人不寒而栗，更不用说令别的什么人不寒而栗。马基雅维利渴望对这些改变保持沉默，无论如何不是因为这些改变太过骇人，而是因为种种史书中充斥着这些改变；《李维史论》确实谈论了如下一些事情，倘若这些可怕的（horrible）事情并非广为人知，则这些事情会令读到与之相关的记载的人不寒而栗，更不用说令直面这些事情的人不寒而栗；《李维史论》讨论了这些可怕事情的种种隐藏着的原因，或讨论了内在于种种最终原因的那些恐怖，或讨论了种种原初恐怖。

在此章[3.7]，[马基雅维利]提到了一个罗马例证和一个现代（佛罗伦萨）例证。这个罗马例证出现在李维史书中。但是，[此章]既没有以任何方式或形式提及李维（或其他任何著作家），[91]，也没有以原文或意大利文引用李维（或其他任何著作家）的任何文段。此章两次提到"那些史书"，这强调了一个事实，即此章没有特别提及李维：每次提及李维（或其他任何著作家）和每次引用李维（或其他任何著作家）都需要解释。

[此章]使用的两个例证相互平行，而不是对立的样本；同一类事件既发生在古代罗马，也发生在现代佛罗伦萨。尽管令人知晓这

些事件的是"那些史书",或是作者的经验,但马基雅维利挑选出了[两个]平行事件,并让我们看到古代例证与现代例证在决定性方面相同,还指出了相同的原因。[马基雅维利]头脑中的这些活动以制定一条规则为顶点,这条规则透露了,作为原因的一个典型现象与作为其结果的另一个典型现象之间有何关联。这里所说的这条规则不能通过研究古代政治实践来发现,因为这条规则源自比较一个古代事件与一个现代事件。由此,我们受到诱导而好奇,《李维史论》的最终意图到底是不是证明古代人优于现代人。

8. 马基雅维利被迫辩证地进行论证:他诉诸一种支持古典古代的成见

但是,让我们返回开端。根据起初的印象,《李维史论》的作者是大胆的创新者,而另一个印象稍后立即覆盖了这个印象,这另一个印象就是,这位作者只是一些古老事物的恢复者。此书的起初意图当然在于证明既能够且应该模仿古代的模式和秩序,或证明古代的模式和秩序最好。此书作为整体构成了这种证明。但是,人们如果不能从普遍或一般承认的种种原则出发,就不可能开始证明任何东西。马基雅维利的读者们,作为既定模式和秩序的拥护者,反对马基雅维利推崇的模式和秩序。马基雅维利必须诉诸这些读者会同意他持有的那些原则。

我们从卷一前言中了解到,这些读者除了拥护既定的模式和秩序以外,还钦羡古典的古代(classical antiquity)。① 存在一种支持古典古代的成见(prejudice),而马基雅维利能够诉诸这种成见。他完全理解这种成见作为一种成见所具有的精神。重要的是,《君主论》的献辞提到了古代人与现代人之间的差异,[92]而《李维史论》

---

① [译按]即古希腊罗马的公元前8世纪至公元5世纪,亦即有古典作品的古代,毕竟并非所有"古代"都有古典作品。

的献辞对这种差异保持沉默。[马基雅维利]期待我们无视(to lose sight of)现代,并沉迷于(to lose ourselves in)古代,沉迷于钦羡古代,也沉迷于模仿古代。马基雅维利要求古代的钦羡者们自我一致(consistent),并要求他们不仅在从属性的种种事务上模仿古代,而且在最重要的种种事务上模仿古代。马基雅维利渴望使对古代的钦羡达至完满:在对古代的回归中,或在朝向古代的上升中,最后且最重要的部分将在最有能力的古人(the most competent ancient)李维的引导下发生。马基雅维利辩证地或反讽地进行论证。

9. 马基雅维利被迫确立古代罗马的权威,或李维的权威:古代罗马是已知的πάτϱιον[祖传事物] → 李维是马基雅维利的圣经

诉诸对古代半心半意的钦羡者,即诉诸 via del mezzo[中间路线]①的追随者,还不够。不能假定所有读者都是"人文主义者"。我们不要忘了那些有阅读能力且追随萨沃纳罗拉的多数人。萨沃纳罗拉曾赞美教宗大格里高利(Gregory the Great)焚烧李维作品。②由此,我们理解了,为何在《李维史论》的靠前部分中,即在 142 章中致力于讨论李维的前 36 章中,马基雅维利非常犹豫要不要提到李

---

① [译按]此表述见于《李维史论》1.6 结尾,2.23(出现了四次,包括章题中的一次),3.2,3.21,3.40 结尾。本书第 237 页说到"全书七次对'中间路线'(the middle course)的提及",当是没有把 2.23 章题中的提算在内。亦参第 237 页注 141。另外,第 156 页和第 162 页也提及"中间路线"(the middle way),英文用词稍异。有趣的是,第 190 页的"中道"(the way of the mean)与"中间路线"针锋相对。

② [原注 9]萨沃纳罗拉《〈以西结书〉布道辞》(Prediche sopra Ezechiele)10。参《李维史论》2.5。

[译按]正文此处的教宗大格里高利,史称教宗格里高利一世,生于约 540 年,590 年任教宗,604 年去世。

维,更不用说引用李维。

马基雅维利的第一个任务是确立李维的权威,以及先于这个权威的那个权威,即古典罗马的权威。马基雅维利做到这一点,是通过诉诸敌对的两派的共同点。两派都诉诸古代,不论古典的古代,还是圣经的古代。某种程度上,两派似乎都假定,好的就是古老的,不论是古老的既定事物,还是古老的未定事物。马基雅维利开始其论证,是通过诉诸好的与古老的之间的等同关系,这种等同关系对人来说如此自然。如果好的就是古老的,则最好的必定是最古老的。由此,我们理解了,为何马基雅维利在全书第1章如此高度赞美埃及王国。甚至比起亚历山大大帝,埃及诸王或其臣民配得上更高的赞美,因为埃及王国存在"于最古老的古代"。

毋庸赘言,这种赞美完全是暂时的。在卷二开头,当马基雅维利考察美德在不同的古代王国中驻足的时间顺序时,他把第一名归于亚述,而对埃及保持沉默。即便埃及作为最古老的王国曾是最好的王国,我们也不能以任何精确且有用的方式知晓这一点;如果我们对古代埃及人知晓更多,则他们会比亚历山大大帝配得上更高的赞美。① 当承认最好的就是最古老的时,人们被迫满足于[93]充分知晓的最古老的。所以,既然必须妥协,人们就倒不如(might as well)偏向属己的最古老的,而非真正最古老的。

对托斯卡纳人马基雅维利来说,这似乎意味着,他应该选择古老的托斯卡纳。事实上,他建议当今的托斯卡纳人模仿古代托斯卡纳人。古代托斯卡纳人类似于当今的瑞士人,因为他们也是坚定的(sturdy)共和派,且形成了由一些独立而平等的共和国组成的一个同盟(league)。② 此外,由于古代托斯卡纳人在海上和陆上最有权力,故他们控制了意大利的很大一部分,且他们的政治体制(political

---

① [原注10]《李维史论》1.1(95),1.58(217),卷二前言(228),2.5(247)。*Opere*, vol. ii, p. 711。

② [译按]该词亦见第262页。

organization)阻止了他们从意大利之外获得领土。古代埃特鲁里亚存续过很长一段时间,因其帝国、武装、宗教和美德而闻名,同时拥有其属己的惯例和其属己的祖传语言。但是,过度虔敬的古代埃及人的情况是怎样,几乎同等程度地虔敬的古代托斯卡纳人就几乎同等程度地是怎样:几乎没有任何关于古代托斯卡纳人的可靠记载存留下来。①

因此,马基雅维利别无选择,只能回归古代罗马:古代罗马同时满足两个条件:[第一,]古代罗马是意大利人马基雅维利[可以继承]的遗产;[第二,人们]充分知晓古代罗马。[人们]充分知晓古代罗马,是通过李维。因此,我们应该跟随李维。在沉思罗马的事物时,我们应该尽可能遵循李维所记载的事件顺序。我们应该遵从李维的文本。我们应该珍视李维的文本。我们应该在孝顺的感情中(in filial affection),在耐心的温顺中,在虔敬的尊崇中,倾听李维的文本,直到这个文本向我们透露了其全部教训(message)。

在虔敬的尊崇中,我们不应该关注如下这一点,即李维自己数次提及,他所重述的传说中有许多都是衍生的,或都不可信:我们甚至不应该暗中提及这数次刺耳的(jarring)提及。我们应该以神学家们运用圣经的方式运用李维。正如李维是马基雅维利的圣经,罗马人也是马基雅维利的选民(chosen people):一个敢于应许一块土地的人,不会犹豫要不要拣选一个民族。正如圣经一样,李维也没有教诲道,最好的模式和秩序就是最古老的模式和秩序;没有什么阻止我们相信,罗马共和国标志着超越罗马王政(the Roman kingship)的一个巨大进步。

10. 在从古代埃及走向古代罗马的路上,马基雅维利绕过了圣经

圣经据说是对最古老的古代所作的最古老的记载,也是对摩西

---

① [原注11]《李维史论》2.2(235),2.4-5。比较李维《自建城以来》6.1.6与《李维史论》2.4结尾:罗马摧毁了古代托斯卡纳人的力量和荣耀,但人们不能说,罗马也摧毁了古代托斯卡纳人的宗教。

的律法和秩序所作的真实(authentic)记载,但马基雅维利[在论证中]从古代埃及运动到古代罗马时,绕过了圣经。

在《李维史论》全书第1章,当马基雅维利谈论有些民族被迫离开故土而为自己寻找新家园时,他提到过摩西。[94]在这同一章,马基雅维利提醒我们注意摩西的律法好不好这个问题,但不管在这里还是在《李维史论》的其他地方,马基雅维利都没有回答这个问题。马基雅维利随后说,摩西制定律法时着眼于共同善,但马基雅维利关于梭伦(Solon)也说过同样的话,而他严厉批评了梭伦的礼法:礼法之好不只要求礼法的目的是好的。① 另一方面,马基雅维利对摩西的故土[埃及]及其古代诸王给予了最高赞美。比起"人们记忆犹新的其他人",②这些古代国王配得上更高的赞美。在这样赞美过古代埃及人之后,[马基雅维利]紧接着就赞美了苏丹王国和马穆鲁克秩序(the order of the Mamelukes),③即赞美了非[基督教]信徒们(infidels)。④ 显然,马基雅维利没有模仿圣经的古代,或至少没有建议人们模仿圣经的古代。

但是,上述种种说明并未表明,他出于哪些理由而拒绝这种模仿。圣经的古代所提出的问题,仍然留在他身后,有如一座未被征服的要塞。

11. 马基雅维利之于罗马和李维,就像神学申辩术之于圣经

李维称赞的行动和制度并非总是具有可以立即获得认可和钦

---

① [译按]本书中凡译为"律法"或"礼法"的原文均为laws。
② [译按]《李维史论》1.1,对应中译本第146页第2段倒数第4行。
③ [译按]参第32页译按。
④ [原注12]《李维史论》1.1(94-95),1.2(100-101),1.9(120)。参《君主论》6(18),13(43)。《李维史论》1.1讨论了城邦的建造,马基雅维利在这一章反复提及亚历山大大帝,亚历山大大帝在1.19和1.26以所罗门王(King Solomon)的对等者的形象出现,但马基雅维利在1.1没有提到所罗门王,就算所罗门王也是城邦建造者(《圣经·旧约·列王纪上》9:17-19)。

羡的本性。初看起来,罗马的模式和秩序似乎劣于斯巴达的模式和秩序。[第一,]斯巴达政体由一个单独的智者在开端一次性确立;因此,斯巴达从未需要改进,从而也从未需要危险的变化;斯巴达总是完美地稳定;斯巴达保存其政体和其自由,而没有发生任何败坏,超过了八百年。但是,罗马政体以一种偶然(fortuitous)方式确立,且在回应一些意外出现的事件时确立;因此,罗马不稳定,而是一直岌岌可危;罗马的自由持续了不足四百年。[第二,]在斯巴达,贵族与普通人之间关系和谐,因为斯巴达使它的所有公民保持贫穷,从而也保持有美德;而罗马傲慢无礼的(insolent)贵族与罗马野心勃勃的平民①之间存在冲突,此冲突一直动摇着罗马。[第三,]把斯巴达组织起来是为了正义的防御,而把罗马组织起来是为了不义的扩张。

　　因此,马基雅维利必须为罗马政体辩护,而反对罗马政体的批评者们。他奇怪地对这些批评者的身份保持沉默(reticent),在这个关键语境中,他没有提到哪怕一个专名。在讨论罗马共和国的品质之前,他提到了"那些就共和国写过东西的人",即传统政治哲人们。② 正是基于[95]最著名的传统政治哲人们的教诲,罗马才必然看起来劣于斯巴达,或者说,"许多人才谴责"罗马人。因此,马基雅维利被迫为罗马政体辩护,而反对古代哲人们,正如神学家们被迫为圣经及其教诲辩护,而反对古代哲人们。马基雅维利被迫以他的权威[罗马]的名义攻击古代哲人们。

　　他在《李维史论》1.2-6的论证,让人记起神学申辩术(theological apologetics)。③ 然而,由于他遵从那个支持古代的成见,故他在质疑古代哲学时必须谨慎行事。他拒绝确定"那些就共和国写过东西的人"的身份,就是出于这种谨慎。但是,一个人如何能谨慎,与其说取决于此人自己,不如说常常取决于他人的行为。正如马基雅

---

① [译按]参第235页提及"大人物的野心勃勃和平民的傲慢无礼"。
② [原注13]《李维史论》1.2,1.4,1.6。参3.12(372-373)。
③ [译按]"申辩术"旧译"护教学"。第96页用到"申辩者"(apologist)。

维利告诉我们的,传统政治哲人们内部存在分歧:马基雅维利必须站队并非他的错。只能说,他没有张狂到要靠自己解决这个争议。

由于要采用最稳妥的路线,故他采纳了有些政治哲人的意见,这些政治哲人"依许多人的意见"比其反对者们更智慧。这些更智慧的思想家偏向种种混合政体,而非种种简单政体。马基雅维利再现(reproduces)并采纳这些思想家的学说。他仅仅暗中提及他与这些思想家之间的分歧,他所用方式是指出,对于为何简单的贤良制不合宜(for the inadequacy of simple aristocracy),①他自己给出的理由不同于这些古典著作家们给出的理由。在作出以上几乎不(barely)能引起注意的暗中提及后,马基雅维利立即明确且着重接受了所有政治哲人都已经证明的一个前提。因此,从这个前提进行论证时,他明确质疑那个反罗马的"许多人的意见",而且他甚至敢说,"许多人考虑不周才谴责"罗马贵族与罗马平民之间的暴力斗争;他争辩说,正是这种暴力斗争造成了罗马的自由和罗马的伟大。然而,在结束这种对不和(discord)的全新赞美时,他转向西塞罗的《论友谊》来寻求支持和援助。②

只有在进行这么多准备后,马基雅维利才直面"斯巴达看似优

---

① [译按]aristocracy旧译"贵族制",但实际上其与贵族制不完全吻合,因为其本义为最优者之治。

② [原注14]《李维史论》1.2(101-102),1.3开头,1.4。通过[在此]谈论古典政治哲学,我比那些[在此]谈论珀律比俄斯(Polybius)的解释者们更贴近马基雅维利;马基雅维利没有提到珀律比俄斯。亦参1.2(98),马基雅维利在那里把一种更低的修辞术归因于古典学说,从而表达了他关于古典学说的意见(facilmente[容易地]、con facilita[容易地],sanza difficulta[毫无困难])。

——至于马基雅维利对不和的赞美,参普鲁塔克《对比列传》,"阿格西劳斯传"(Agesilaus),5.3-4。

[译按]正文中出现的《论友谊》有中译本:《西塞罗文集》,王焕生译,北京:中央编译出版社,2009。注中提及的"古典政治哲学"在全书中是首次出现。施特劳斯在《自然正当与历史》第四章以不长不短的篇幅介绍了古典政治哲学。参中译本《自然权利与历史》,前揭,页121-167。

于罗马"这一点提出的问题:比起更多民主且更少稳定的罗马政体,难道不是更少民主且更多稳定的斯巴达政体更可取?他在这里面临如下难题:在罗马自身内部,在民众与元老院之间,民主制有争议。他被迫并不在古代哲人们的两个宗派(sects)之间进行选择,而是在[96]他自己的权威[罗马]分裂而成的两个派别(parties)之间进行选择;这种分裂似乎使这个权威变得毫无价值。

他被迫退而求助于他自己的理性。他得出了一个支持罗马而反对斯巴达的决断(decision)。这个决断似乎有待证明,但是在提出这个决断时,马基雅维利四次说"我相信"。① 那么,他到底证明了罗马优于斯巴达,还是仅仅表明了,在无助的理性法庭面前,支持罗马的论据像支持斯巴达的论据一样强有力,以至于人们有自由去相信罗马更优越?他在模仿神学申辩术的一种表面含混吗?

不管怎样,马基雅维利论证的第一步都在于,通过证明,或通过相信,或通过这二者,来确立古代罗马的权威,同时也确立李维的权威,因为李维称赞过古代罗马。只有迈出这一步后,马基雅维利才可以说能够将自己与李维等同,并能够着手那些恰当地乃至明确地

注中提及的珀律比俄斯(Πολύβιος,约前200—约前118,旧译"波利比乌斯"或"波里比阿")是罗马共和国时期的希腊史学家,著有讲述罗马共和国崛起的《罗马兴志》(Ἱστορίαι)。此书旧译《通史》或《历史》,此处依从刘小枫先生的建议译作《罗马兴志》。较善的英译本:Polybius, *The Histories*, tr. W. R. Paton, revised by F. W. Walbank & Christian Habicht, Cambridge, MA: Harvard University Press, 2010-2014。节选中译本:波里比阿,《罗马帝国的崛起》,翁嘉声译,北京:社会科学文献出版社,2013。

注中提及的普鲁塔克(46—119)是罗马帝国初期希腊哲人和史学家,著有《伦语》(Ἠθικά,旧译《道德论集》)和《对比列传》(Βίοι Παράλληλοι,旧译《希腊罗马名人传》)。《伦语》书名译法依从了刘小枫先生的建议。二书中译本合集:《普鲁塔克全集》,席代岳译,长春:吉林出版集团,2017。本书后文第137页会专门谈论普鲁塔克。

① [原注15]《李维史论》1.5-6。

构成关于李维的论说(discourses on Livy)①的论说。

12. 马基雅维利的意图不等于李维的意图 → 马基雅维利的主题完全不是罗马——他的主题的亚洲属性与罗马属性至少齐平

马基雅维利不可能将自己与李维完全等同。《李维史论》的意图不可能等于李维《自建城以来》的意图。这一点至少在两个层面为真。一位申辩者的意图不等于他的权威文本的意图;这位申辩者面临一些反对他的权威文本的论证,而他的权威文本没有遭遇过这些论证。不仅如此,李维的意图在于展现古代罗马的伟大,而非证明古代罗马优于现代。因此,马基雅维利不可能是李维的疏解者,他不得不完成李维不曾从事的任务。

马基雅维利没有强调这一点;在《李维史论》全书第 91 章[2.31]以前,马基雅维利一直没有明确指出,李维的主题不同于马基雅维利自己的意图。在[2.31]那里,马基雅维利提及了一件事,李维在提及这件事时,曾为自己的提及作出申辩。这件事就是在意大利土地上发动的一场战争,却不是罗马人进行的一场战争:李维的主题严格限于罗马事务。另一方面,马基雅维利的意图并未使他仅限于讨论罗马事务。在[2.31]此章,马基雅维利讨论了,

> 被流放出自己祖国的人们的信用和种种应许多么无价值。②

马基雅维利明确地使自己仅限于讨论两个例证,同时指出还有一些其他例证。这两个例证各自都既不是罗马例证也不是现代例证。这两个例证都提及了亚洲。马基雅维利的主题不仅不[97]限于罗

---

① [译按]注意《李维史论》书名简称的原文即 Discourses on Livy,参第 15 页译按。

② [译按]对应中译本第 428 页倒数第 4 行。

马,还包含发生在亚洲的事务;最终,他的主题完全不关乎罗马。

在目前的情况下,我们也许会好奇,他心中的祖国到底是不是大地上的任何祖国。无论如何,马基雅维利对国事进行推理(reasons about matters of state),而李维是史学家。马基雅维利知道李维可能不会知道(could not have known)的一些重要历史事实。因此,马基雅维利必须对李维进行一些重要补充。另一方面,毋庸赘言,马基雅维利不会重复李维已经充分阐明的东西。①

13. 马基雅维利笔下的李维不等于李维的谋篇:当马基雅维利谋篇的光芒变得暗淡时,李维叙事次序的权威才声张其自身

既然马基雅维利的意图不等于李维的意图,故不可能期待《李维史论》的谋篇会等于李维《自建城以来》的叙事次序。马基雅维利把《李维史论》划分为三卷,每一卷都致力于讨论其自身的主题:基于公共商议来处理的罗马国内事务(卷一),基于公共商议来处理的罗马对外事务(卷二),基于私人商议来处理的属于罗马人的私人和公共事务(卷三)。②

在全书第9章开头,马基雅维利指出了如下主题划分:缔造者们、宗教、民兵。在全书第66章[2.6]开头,他指出,卷二中先于此章的诸章讨论了罗马的扩张政策,但接下来他将继续讨论罗马发动战争的程序。这些评论表明,李维按照时间顺序来叙述一些事件,

---

① [原注16]《李维史论》2.31(参李维《自建城以来》8.24.18)。无论2.26还是1.26都不包含现代例证,而这两章各自都包含一个亚洲例证。3.26也不包含现代例证。
——参1.3开头,39开头,2.16(270)。
② [原注17][312]《李维史论》1.1结尾,卷二前言结尾,3.1结尾。参1.15结尾。

从而叙述得有些混乱,而马基雅维利渴望为这些事件[重新]赋予次序;马基雅维利渴望并不遵从李维的顺序,而是遵从主题的本质次序。马基雅维利遵从他自己的谋篇。因此,他在挑选李维的叙事(stories)时,不仅着眼于这些叙事如何阐明政治事物的本性,还同样着眼于这些叙事如何切合他的谋篇。

因此,这里出现了大量如下情形,在这些情形中,采自李维的那些例证在《李维史论》中的排列顺序,完全不同于那些例证在李维史书中的排列顺序;同时,这里还出现了大量如下情形,在这些情形中,《李维史论》的一个章群(a series of chapters)明显仅仅由超历史主题(感恩、多数人的特征等等)的一致性(the identity of trans-historical subject matter)所提供的纽带联结起来。当马基雅维利说某事将"在属于它的地方"得到讨论时,他的意思是,此事将在他的谋篇中属于它的地方得到讨论,而非在时间顺序中属于它的地方得到讨论。①

---

① [原注18]《李维史论》1.13(提及1.39),1.29(提及卷二),1.47结尾(提及3.28),2.22(提及3.16),2.23结尾(提及3.41-42),2.26(提及3.6,即关于阴谋的那一章,参2.20对这同一章稍微不同的提及)。如下事实确立了2.24的主题与2.25的主题之间的关联:一则单独的佛罗伦萨格言(maxim)中提到过这两个主题,如在3.27(403)和《君主论》20(67)中所示;从这则格言出发,马基雅维利找出了李维的一些文段,并能将其用作他讨论那两个主题的契机(pegs);他找出的这些文段在李维史书中彼此相隔很远。(2.25是全书唯一提及另一章中"出于另一个意图"就同一主题所述内容的一章。)

在3.13靠近开头处,马基雅维利谈到李维关于某个"地方"(place)的说法,这里说的"地方"是话题(locus),而非李维史书中的"地方";另一方面,参几行之后对"[李维]史书中许多地方"的提及,并参3.14靠近开头处对李维史书中"许多地方"的提及。注意3.26中对"这段[李维]文本"的提及与对"我们讨论阴谋的那一章"的提及之间形成对比。亦参关于阴谋的那一章(3.6[339])为了提及该章之内其他地方而运用"在属于它的地方";该章本身是常规的论著,且其谋篇当然完全源于马基雅维利。

[译按]注中提到的locus是附在topic[话题]后的拉丁文原文,其本义是位置。注中两个带方括号的"李维"是施特劳斯所加。

[98]同时,马基雅维利流露出(betrays)一种明白无误的倾向,即遵循李维《自建城以来》的叙事次序。在全书第8章开头,马基雅维利重述了李维的一个叙事,而完全没有提及他的文献来源;不过,马基雅维利把他对这个叙事的论说介绍为一番基于"这段文本"的评论;由此,他引导我们期待,每一番论说都关系到李维某段文本,而不管是否明确说及这[种关系]。全书第113章[3.20]讨论了马基雅维利在另一部作品中充分讨论过的一个主题;他在《李维史论》中讨论这个主题,只是因为李维的某个文段激发了这样一番讨论;在李维的《自建城以来》中,李维的这个文段紧跟在《李维史论》上一章[3.19]中讨论过的李维文段之后。全书第130章[3.37]以一次反思开头,这次反思据说由李维的一则评论引起。[马基雅维利]引入全书第60章的主题时,着眼于"[李维]史书的叙事次序";"[李维]史书的叙事次序"不同于"我们的叙事次序",马基雅维利确立了这后一种次序,且在其他地方谈论了这种次序。①

那么,一般而言,李维的叙事次序与马基雅维利的叙事次序有何关系?让我们从开端处开始。全书前15章明显依照马基雅维利自己的谋篇排列,[这15章]某种程度上明确了这个谋篇,马基雅维利提醒我们注意这个谋篇,是通过指出他偏离了李维的叙事次序,并可能偏离了他自己的谋篇。② 在卷一剩下的部分中,看起来不再有一个明显的谋篇。但是,人们不能说,马基雅维利在那里仅仅遵从李维的叙事次序:与罗马诸王被驱逐有关的那些论说(1.16-18)先于与最初三位罗马国王有关的那些论说(1.19-24)。然而,如果我们思考1.16-60对李维的数次提及,那么,我们会看到,这数次提及严格遵从李维的叙事次序;这数次提及以直接的方式将我们从李

---

① [原注19]《李维史论》3.6(342)。着眼于一个事实,可以把一些前后紧紧相连的论说明确关联起来,这个事实就是,这些论说由李维的同一段文本引起;参1.40-43,1.53-54,3.26-27。

② [原注20]《李维史论》1.9开头,1.15结尾(参1.1结尾)。

维史书的卷二开头引向李维史书的卷七结尾。① 另一方面，马基雅维利在 1.1-15 没有遵从李维的叙事次序，一个清晰的且甚至有些明确的谋篇明显支配着 1.1-15 这个章群。

随着马基雅维利自己的谋篇的光芒变得暗淡，李维叙事次序的权威才相应地声张其自身。然而，我们不应该忽视如下事实：1.16-60 这 45 章中只有 13 章提及李维，且更具体地说，1.16-39 这 24 章中只有 3 章提及李维；李维的叙事次序在支配这几篇②时，类似于一层薄薄的罩子，而非一根强有力的纽带，且这层罩子有很多地方破碎不堪；马基雅维利仅仅假装遵从李维的叙事次序。

因此，马基雅维利如何[99]遵从李维的叙事次序，构成了一个问题：当遵从李维的叙事次序时，这么做必定出于一个马基雅维利式理由。有一些章仅仅由李维的叙事次序联结起来，这就是说，凭借寻常的悉心去研究这些章的主题时会透露出，这些章仅仅由李维的叙事次序联结起来；当此之时，人们不应该假定，马基雅维利自己的谋篇并未支配这些章；相反，人们应该假定，马基雅维利自己的谋篇已经完全转入地下。或者，让我们毫无保留地陈述我们所相信的：李维的叙事次序隐藏了马基雅维利的谋篇。

① [原注 21]一方面，我把"提及李维"理解为引用李维的拉丁文原文，而不管[马基雅维利]是否把引文介绍为李维的陈述；另一方面，我把"提及李维"理解为概述或指出李维的这样一些文段，[马基雅维利]介绍这些文段时，用到诸如"李维说""我们的史学家说""这部史书表明""这段文本说""贺拉提乌斯·科克勒斯（Horatius Cocles）的史书""人们读到"等等表述：对李维文段的运用尚不构成对李维的提及。因为，在确立对李维的数次提及的顺序时，如果某一章中不止一次提及李维，那么，我只考虑对李维的首次提及（我不把 1.34 引用的 Senatus consultum ultimum[元老院最终决议]这个惯用语[formula]视为在提及李维）。

——1.1-15 对李维的提及以非常不规律的方式将我们从李维史书的卷二引向李维史书的卷十；人们如果思考上文第一章[第 44 页]注 56 中的说明，就会理解为何 1.16-60 对李维的提及确实不再导向李维史书的卷十结尾。

② [译按]稍后第 100 页注 24 会把卷一划分为不同的篇。

马基雅维利以三种方式指出他的谋篇。第一,他有时联结一篇,是通过如下方式:在抵达一篇真正的或表面的结尾之前,一直在一章中明确提到下一章。他以这种方式暗示,1.2-8、1.25-27、3.1-6、3.8-10、3.19-23 各自都形成一个章群(section)。①

人们能够用来发现马基雅维利谋篇的第二种且最重要的方式,就是以恰当的悉心去研究所讨论的主题。就某一章的大意本身来理解这一章的大意(to understand the purport of a given chapter taken by itself)还不够。par operi sedes[这个场景适合这项工作]。②[人们]还有必要做两件事,[第一,]追问为何[马基雅维利]在特定语境中传达有关教诲,[第一,]如果在时间上,或在李维的叙事次序中,[马基雅维利]疏解的某件事跟在上一章中疏解的一件事之后,那么,绝不放过上述追问:在李维的叙事中,第一件事之后很少直接跟着第二件事;因此,人们必须追问,什么原则引导着马基雅维利挑选事件。

在《李维史论》1.39,马基雅维利表明,人们在不同的民族中能频繁地观察到相同的意外事件。他用作例证的意外事件说明了,民众——即普通民众——具有愚蠢脾性(the foolish humors);普通民众的愚蠢脾性所造成的同一类意外事件,既发生在现代佛罗伦萨,也发生在古代罗马。上一章已经讨论过,佛罗伦萨作为虚弱的共和

---

① [原注22]"在下一章"或"在下几章"这种表述在一章的结尾或靠近结尾处出现了26次。(在仅仅17次中,这种表述才可能用来指出一个章群[section]的开头或结尾)。关于这一点,我们可能注意到,《李维史论》有13章以人称代词第一人称开头。[译按]section一词在本书中一般指"篇",但在此处正文和注中指更宽泛的"章群",因为这里提及的章群中有些不是"篇"。参"中译本凡例"。

② [原注23]斯塔提乌斯(Statius)《诗草集》(*Silvae*)1.1.22。[译按]斯塔提乌斯(约45—约96)是罗马帝国早期诗人。其《诗草集》的原书名*Silvae*是拉丁文 silva[森林/素材]的复数,指本书的内容原为一批即兴创作的诗,后经修订而成为现在的样子。

国,何以不同于罗马作为强大的共和国。在读 1.39 时,人们若记得上一章就会认识到,强大的罗马之不同于虚弱的佛罗伦萨,不可能源于两个城邦中民众脾性的不同,而是必须追溯到两个城邦统治阶级的不同。

据此,1.39 的功能是有助于阐明一个有美德的统治阶级有何本质特征:此章[100]被证明是一篇[1.33-45]的居中一章,此篇致力于讨论一个有美德的统治阶级——其典型例证是罗马统治阶级,或持续不断产生的罗马缔造者们——有何本质特征。这个结论并不与如下事实相矛盾,即 1.39 通过一次[对 1.13 的]着重提及而与 1.13 关联起来,而 1.13 是明显致力于讨论宗教的那一篇的居中一章;严格来讲,正是在宗教方面,佛罗伦萨统治阶级不同于罗马统治阶级:罗马统治阶级"好好使用"宗教。

马基雅维利用来指出其谋篇的第三种方式是使用暗示。但是,更好的做法是把这个主题降级到注释中处理。①

---

① [原注24]《李维史论》的每个读者都会看到,1.11-15、1.16-18、1.19-24、1.25-27、1.28-32 各自独立成篇。(这与我们的一个评论并不矛盾,这个评论就是 1.16-60 中没有明显的谋篇:清楚地划分诸篇,本身没有透露一种谋篇,因为这样的划分并不必然透露为何诸篇具有这种顺序。)

我们观察到,"在下一章"或"在下几章"这种表述出现在 1.14、1.16、1.22、1.25、1.26、1.28 各章的结尾或靠近结尾处,1.22 结尾使用的这种表述将此章与下两章联结起来,[313]故这种表述把一篇的最后几章或最初几章联结起来。由于这种表述再次出现在 1.47 和 1.58 各自的结尾,故我们暂时假定:[第一,]要么 1.47 是一篇的开头,要么 1.48 是一篇的结尾;[第二,]1.59 是另一篇的结尾。

另有些表述表示,紧接着会讨论的主题"并非无关于(foreign to)[我的]意图"([译按]此处方括号内容为施特劳斯所补),这另一些表述出现在 1.13 开头和 1.18 开头,1.13 是一篇的居中一章,1.18 是一篇的最后一章。由于此类表述再次出现在 1.46 和 1.55 各自的靠近开头处以及 1.58 的结尾,也由于 1.58 结尾用到的那个表述提及了 1.59 的主题,故我们暂时假定 1.46 和 1.59

14.《李维史论》卷二的谋篇——马基雅维利把他的形式压印在李维的质料上——《李维史论》卷二致力于批判基督教

卷二使我们面临略微不同的处境:当我们抵达卷二时,[马基雅维利]假定,我们除了学到与马基雅维利教诲的形式有关的东西,还学到与马基雅维利教诲的实质有关的东西;因此,作者所用的手段既能够也必须在某种程度上发生改变。不同于卷一开头(1.2-8),我们

是两篇各自的结尾,同时我们此刻不去试图猜测1.55中使用那个表述意味着什么。不过,我们顺带注意到,此类表述在一章的结尾只出现过三次:1.58(卷一倒数第3章)结尾,2.31(卷二倒数第3章)结尾,3.5结尾(那个表述在此有助于引出关于阴谋的那一章[3.6],即《李维史论》全书第99章)。

引自但丁及其引导者维吉尔的几则引文,提供了对卷一谋篇的另一个暗示。卷一引用了这两位诗人各两次;这两位诗人各自首次被引用时所在的章相隔很远,但丁在1.11,维吉尔在1.21;这两位诗人各自第二次被引用时所在的章是前后相继的两章,刚好位于1.55之前:但丁被引在1.53,维吉尔被引在1.54;这些引用所在的诸篇(1.11-15,1.19-24,1.46-59)根本上在讨论相同的主题。

再者,我们在此提到"人人皆知"这个表述,这个表述首次密集出现在1.56,且这个表述在其他文段(1.21,1.23,1.24,1.29)中的出现有助于我们辨识相应语境的意义。

最后,考虑到数字13在马基雅维利作品中的特殊意义,我们并不羞于注意到,全书第13章和第26章各自毫无疑问是其各自所在的篇的居中一章;因此,我们暂时假定,1.39和1.52各自是其各自所在的篇的居中一章。但是,我重复一遍,在判断种种暗示提出的假定时,最终仅仅取决于对主题的思考。

基于以上这些思考,我们认为卷一的谋篇如下:(1)诸城邦的起源(最古老的古代):1.1;(2)政体:1.2-8;(3)缔造者们:1.9-10;(4)宗教:1.11-15;以下六篇交替讨论缔造者们与宗教(1.16-18,1.19-24,1.25-27,1.28-32,1.33-45,1.46-59);(11)最年轻的时期(earliest youth):1.60。因此,1.9开头指出的划分(缔造者们、宗教、民兵)会指向卷一中51章[1.9-59]的主题(缔造者们和宗教)和卷二的主题(民兵)。参上文第43-44页。

在卷二开头并未面对一个明确联结在一起的章群。另一方面,卷二开头确实呈现出与卷一开头相同的对李维叙事次序的无视,以及与卷一开头同等明确的对马基雅维利自身谋篇的表述。① 卷二提及李维的章数与卷二的章数之比,远远高于卷一提及李维的章数与卷一的章数之比:卷一 60 章中只有 18 章提及李维,卷二 33 章中有 22 章提及李维。② 我们在上文中解释过一个事实,即马基雅维利不太能(could not well)在《李维史论》开头数章中提及李维;如果我们考虑到以上事实,并从而比较卷二 33 章与卷一后 33 章,那么,我们会更清楚地注意到,在对李维的着重运用上,发生了惊人的进步:卷一后 33 章中只有 11 章提及李维。

远远更值得注意的是如下事实:与卷一主体部分不同,卷二在提及李维时并未通过一个大的章群来严格遵从李维的叙事次序;1.16-60 对李维的数次提及遵从的次序,对应 2.28-32 对李维的数次提及遵从的次序,前一个次序以直接的方式将我们从李维史书的卷二开头引向李维史书的卷七结尾,后一个次序以直接的方式将我们从李维史书的卷五大约后三分一处引向李维史书的卷十结尾。

尽管如此,或正因如此,马基雅维利[101]使自己的谋篇在卷二中比在卷一中更无间地(more closely)适应李维的叙事次序;在卷二

---

① [原注 25]这里说的卷一开头以 1.15 为结尾,而这里说的卷二开头最迟以 2.10 为结尾。比较 1.9 开头关于马基雅维利谋篇的明确评论,与 2.6 开头相对应的评论。2.1-10 非同寻常但并非仅有地频繁提及李维之外的著作家们,这突显了对李维的提及在[2.1-10]这个章群中的地位。

② [原注 26]对李维拉丁文原文的引用在卷一中有 17 次,在卷二中有 21 次,在卷三中有 31 次。引用李维的拉丁文原文的章在卷一中有 9 章,在卷二中有 14 章,在卷三中有 20 章。卷一前 39 章中只有三章引用了李维的拉丁文原文,这就是说平均下来每 13 章组成的章群中就有一章引用一次李维的拉丁文原文,卷一剩下的部分(1.40-60)13 次引用了李维的拉丁文原文。

中,马基雅维利有时把李维的叙事次序用作手段,以便指出他自己那不受年代顺序支配的谋篇;马基雅维利指出新的几篇的开头,是通过偏离李维的叙事次序,或更准确地说,是通过在对李维的数次提及遵从的次序中从李维的一个靠后文段(如李维史书的9.20)回到李维的一个靠前文段(如李维史书的8.13)。① 同时,为了指出自己的谋篇,马基雅维利继续使用卷一中已经使用过的手段,即如下表述:出现在章尾的"在下一章"、②出现在章首或章尾的"并非无关于[我的]意图",③以及"人人皆知"。④

马基雅维利在2.4评论道,他"在这个话题(matter)的结尾"会提出某个要点;这个评论造成了一个特殊难题,因为这个评论不可能指向2.4所属的那一篇[2.1-5]的结尾,即2.5结尾。由此,他指出,将卷二划分成数篇,某种程度上会妨碍某个"话题"的统一性;或者说,他指出,他在卷二中讨论了一个宽泛主题,处理这个主题可以说至少需要不止一篇。

在2.15开头,他将此章与上一章关联起来,是通过谈论"这同一个话题以及……拉丁人同罗马人之间战争的这同一些开端";由此,他可能指出,这里说的"话题"不等于一个历史主题,如一场既

---

① [原注27][314]由此,马基雅维利指出:[第一,]2.7-10属于不同于2.1-5的一篇;[第二,]新的几篇以2.11、2.19、2.23、2.28、2.33为开头,其中以2.28为开头的那一篇也可能在2.28以前就已开头。卷一中唯一与此进程对等的是1.15和1.16对李维的数次提及的顺序。

② [原注28]《李维史论》2.1,2.4,2.11,2.16,2.19,2.31。

③ [译按]方括号内容为施特劳斯所补。

[原注29]《李维史论》2.17开头,2.31开头和结尾。上文第96-97页解释过了2.31开头运用的这个表述有何大意。

④ [原注30]比较《李维史论》2.21(292)对这个表述的密集使用,与仅有的另外一次对这个表述的密集使用(1.56);亦参2.12(261)。

——由33章构成的卷二中没有明确提及但丁。

有战争,或一场既有战争的那些开端。① 因为"一个话题"本身当然可能既指一个历史主题,如罗马十人团,又指一个超历史主题,如忘恩。② 换言之,"一个话题"可能指李维的一个叙事,或马基雅维利的一个论题(topic)。

当马基雅维利在1.34靠近结尾处说"转向我们的话题,我总结一下",并由此区分"我们的"话题与"我的"总结时,他的意思是"从我的论说转向李维记载的话题";由此,他顺便为我们提供了他运用李维与李维叙事次序时使用的简单惯用语(the simple formula):马基雅维利把他的形式(form)压印在李维提供的质料(matter)③上。

但是,[此刻]回到2.4中出现的"在这个话题的结尾"这个隐秘表述,这里的语境表明,这里说的"话题"是一个对比和一个要求:这个对比是未武装的现代国家与武装起来的古代国家之间的对比,这个要求是理解这个对比之后引出的要求,即现代国家应该模仿[102]古代的模式和秩序。如果人们假定"这个话题的结尾"将与某一章的结尾相吻合,那么,人们会注意到,不可能不加猜测就判定马基雅维利以"这个话题的结尾"意指什么;而且如果人们不进行这种假定,那么,人们将面临一个甚至更大的难题。如下诸章的结尾满足了2.4中所陈述的要求:2.18、2.20、2.24、2.30、2.33、3.15、3.27、3.31、3.36。我们相信:[第一,]"这个话题的结尾"就是卷二的结尾(2.33);[第二,]就整个卷二的主题而言,比起那些主题陈述,2.4中的这个隐秘陈述为我们提供了更准确的信息。

卷二的主题不只是公共商议指导下的罗马对外政策,也不只是

---

① [原注31]在2.8开头,而非此书其他任何地方,马基雅维利用到"并非外于这个话题"这个表述。"话题"一词在任何一章都没有出现过三次以上。该词出现三次的章有2.8、1.58、1.17(1.18用到一次"话题",且两次以"主题"[subject]两次取代了"话题",以上事实突显了"话题"密集出现于1.17)。"话题"在《君主论》中密集出现于第19至20章。

② [原注32]参《李维史论》1.28结尾,1.29开头,1.42开头。

③ [译按]matter在上文第101页等处译为"话题"。

马基雅维利在其他地方提过的民兵;①卷二比另外两卷在远远更大程度上致力于对比武装起来的古代国家与未武装的现代国家,即对比现代的"虚弱此世"与古代的强大此世,亦即对比"未武装的天"②与武装起来的天——这就是说,讨论现代人与古代人之间形成对比的诸原因、起源和本质特征。尽管古代"话题"在卷二中占据一定的上风,但我们有理由说,卷二的主题是批判地分析现代,或批判地分析基督教,马基雅维利通过偶尔把"现代人"与"基督徒"用作同义词而暗示了这后一点[即卷二的主题是批判地分析基督教];因为对现代进行判断需要古代例证提供临时标准。③

---

① [原注 33]《李维史论》1.1 结尾,1.9 开头,卷二前言结尾。

② [原注 34]《李维史论》2.2(238)。"未武装的天"这个表述让人记起《君主论》第 6 章暗中提及的"未武装的先知"。《李维史论》2.18 讨论了"意大利君主们的过错(the sins)"(这个主题关系到"未武装的先知"萨沃纳罗拉),马基雅维利在此章称这些君主"未武装"。亦参 2.30 提及了"未武装"的现代诸民族和"未武装的内心",后者区别于"很好地武装起来的内心"。在 2.15 结尾,马基雅维利回过头来提及 1.38,在那一章他曾称佛罗伦萨人"未武装"。亦参"我们的宗教"表明的"真正的道"(the true way)如何不同于"使共和国变得伟大的真正的道":2.2(237),2.19(286)。马基雅维利在 2.15 区分了某个"话题"与某个历史事件,依据此章的标题,此章致力于讨论"虚弱的国家"。

③ [原注 35]卷二的居中一章及其前一章(2.16,2.17)是《李维史论》中仅有的在章题中提及"我们的时代"或"当前时代"的两章。(比较 2.17 的标题与开头。)2.16 的标题把军人们称为"我们时代的军人",而此章的正文把军人们称为"所有基督徒军队"和"我们的军队"(272)。参 2.15 的标题提及了"虚弱的国家"。"虚弱的"也出现在 1.19、1.38、1.57 各自的标题;2.16 与 1.57 之间的距离,等于 1.57 与 1.38 之间的距离,也等于 1.38 与 1.19 之间的距离:"我们的时代"="虚弱的时代"。参 2.15 结尾("我们的共和国",即佛罗伦萨),2.18 结尾("现代君主们"),2.19 开头("我们的败坏时代"),以及"教宗"和"教会"在 2.22 的密集出现。

——参皮埃尔·培尔(Pierre Bayle)《杂思》(*Pensées Diverses*)第 51 节:"古代人与现代人,异教徒与基督徒"(les Anciens et les Modernes, les Paiens et les Chretiens)。亦参 Leo Strauss, *Natural Right and History*, Chicago: The University

因此,卷二会具有双重功能:[第一,]卷二致力于讨论罗马人的对外政策和战争,或者说讨论民兵;[第二,]卷二致力于批判地分析现代。为了看到这两个主题之间的关联,人们只需记住如下三点。[第一,]真正的战争(warfare proper)有点像属灵战争,或者说,真正的民兵(a militia proper)有点像属灵民兵。[第二,]与真正的民兵有关的问题可以化约为在公民军队与[外国]援军(an auxiliary army)之间做选择;做这种选择有点像在公民祭司阶层(a citizen priesthood)与臣服于一位外国首领的祭司阶层之间做选择。[第三,]据马基雅维利所说,针对其他那些城邦和国家,古代罗马所施行的统治有点像教宗的罗马(papal Rome)所施行的统治:这两个罗马的统治在某种程度上都是间接统治。②

---

of Chicago Press, 1953, p. 266。

[译按]注中的皮埃尔·培尔(1647—1706)是法国胡格诺派(加尔文宗的法国分支)学者,代表作为《历史与批判词典》(Dictionnaire Historique et Critique,1695-1697/1702)。这里提及的《杂思》全名作《借1680年12月彗星出现之际致一位索邦博士的杂思》(Pensées diverses écrites à un docteur de Sorbonne à l'occasion de la Comète qui parut au mois de décembre 1680),出版于1682年。此书名中的"思"在法语中即培尔的上一辈思想家帕斯卡尔(1623—1662)去世前留下的《思想录》书名。Natural Right and History 中译本出版信息见本书"序"中的译按。

② [原注36]通过思考马基雅维利的说明和主题,我们辨识出了卷二的如下谋篇:(1)2.1-5(罗马人的征服,以及其种种后果,即西方陷入东方的奴役);(2)2.6-10(罗马人的战争,这区别于如下几类战争,即罗马帝国的征服者们发动的战争、犹太人发动的战争、现代人发动的战争);(3)2.11-15(诸起源);(4)2.16-18(根本的三者组合[the fundamental triad]:步兵、炮兵、骑兵);(5)2.19-22(虚假的种种意见——参2.19开头,2.22结尾);(6)2.23-25(种种理由——参2.23[297],2.25,2.27[309]);(7)2.26-32(种种激情);[315](8)2.33(基弥尼森林[the Ciminian Forest])。一旦完成必要的准备工作,[我们]将把以上诸篇的临时标题换成最终表述。

当前,我们仅仅补充三则评论。

[第一,]卷二前十章表面上只是在讨论罗马扩张和战争的进程,[实际上]

15.《李维史论》卷三的谋篇:关于私人利益的私人商议;以及:为何不"运用李维"而是"提及李维"

卷三结合了前两卷的[103]外部特征。② 卷三还结合了前两卷

是在讨论现代产生的"种种原因";参 2.1、2.8、2.9 各自的章题对"原因"的提及,以及"原因"在 2.9 开头的密集出现。

[第二],卷二谋篇的关键是 2.19-22,正如卷一谋篇的关键是 1.19-24;为了理解 2.19-22,人们不得不对比 2.19 与 1.55 各自如何讨论日耳曼诸城邦,并思考 2.21 与 1.56 之间的平行关系。

[第三],卷二最后一篇对应卷一最后一篇,这种对应由如下事实指出:这两篇是《李维史论》仅有的各自只包含一章的篇;就透露出的东西而言(to the extent to which it is revealed),卷三最后一篇透露了这两篇的大意;卷二结尾与卷一结尾之间的对应由如下这些特征指出:在《李维史论》中,人称代词第二人称复数除了出现在献辞中,只出现在 1.58(221) 和 2.30(317);在《李维史论》中,马基雅维利只在 1.58(219) 和 2.32(323) 谈到"隐秘的(occult)美德";亦参 1.59 开头、2.31 开头、3.49 开头(参 1.49 结尾)如何提及 ciascuno dì [每一天],以及 1.58 结尾和 2.31 结尾如何运用"并非无关于[我的]意图"这个表述。[译按]此处带方括号的"我的"为施特劳斯所补。

② [原注 37]《李维史论》卷三像卷一那样以明确关联在一起的一个章群开头,这个章群——至少卷三前八章——的意义在马基雅维利本人的谋篇中很清楚(比较"在下一章"在 3.3-10 各章结尾的密集出现,与仅有的另一次此类情形,后者出现在 1.2-8);因此,[卷三开头]这个章群对李维的数次提及,没有遵循李维的叙事次序;尤参[马基雅维利]在 3.1 结尾宣布卷三的第一个主题时如何公然无视对李维叙事次序。(卷三中关联在一起的另一个章群是 3.19-23,这另一个章群中同样无视了李维的叙事次序。)卷三还有一点与卷一相似,即卷三也包含一个很大的如下章群,马基雅维利的谋篇在这个章群中很隐晦,与此同时,[马基雅维利]在这个章群中但凡提及李维,就严格遵从李维的叙事次序:3.25-44 以直接的方式将我们从李维史书的卷三引向了李维史书的卷十。再者,在卷三中就像在卷一中那样,马基雅维利很少用他对李维的数次提及的顺序指出他本人的谋篇。

另一方面,卷三引用李维拉丁文原文的次数与卷三的章数之比等于卷二引用李维拉丁文原文的次数与卷二的章数之比,且卷三引用李维拉丁文原文

的主题;在卷三中,致力于讨论国内事务的那些章与致力于讨论对外事务或战争的那些章以一种不规律的方式交替出现。这并不完全令人惊诧,因为罗马人国内事务的特征是,贵族与平民彼此敌对或冲突。① 不论如何,卷三从一种新视角"重复"了前两卷。

在第一次陈述《李维史论》的整体结构时,马基雅维利运用了两种划分,即划分为国内事务与对外事务,以及划分为公共商议与私人商议;同时,他把"国内事务"与"公共商议"的结合归于卷一;在第二次陈述《李维史论》的整体结构时,他事实上把"对外事务"与"公共商议"的结合归于卷二;因此,人们可能期待,会有卷三与卷四各自致力于讨论剩余的两种结合中的一种;他对《李维史论》整体结构的最后一次陈述位于卷三靠近开头处,在进行这次陈述时,他通过谈论"卷三,即[本书]最后一部分"来表明,卷三将讨论罗马人那基于私人商议的国内事务与对外事务。② 这种描述尽管是暂时的,却并非因此而不重要:个体人名(proper names of individ-

---

的章数与卷三的章数之比同样等于卷二引用李维拉丁文原文的章数与卷二的章数之比。(但是,卷三提及李维的章数与卷三的章数之比小于卷二提及李维的章数与卷二的章数之比:卷三49章中有26章提及李维。)

① [原注38]根据章题的提示,在3.12—49之内,致力于讨论国内事务的章数大致等于致力于讨论对外事务的章数。至于刚才正文提到的交替,参见例如3.42(对外),3.43(国内),3.44(模棱两可),3.45(对外),3.46—47(国内),3.48(对外),3.49(国内)。参3.11如何把单一的元老院与多位保民官(tribunes)之间的关系,用作一个国家与一个敌对同盟(a hostile alliance)之间关系的严格对等物。

② [原注39]《李维史论》1.1结尾,卷二前言结尾,3.1结尾。2.20对3.16的提及(一个特定的主题将在"这个部分中属于它的地方"得到讨论)暗示了,卷二和卷三构成一个单独的"部分";至于"这个部分"是不是最后一部分,则并不明确;同时,2.20对3.16的提及也突显了[316]卷二与卷三之间尤其密切的关联。

ual human beings)只出现在卷三的章题中。①

然而,在最后一次陈述《李维史论》的整体结构时,马基雅维利没有谈论"私人商议",却提及了"私人利益"。卷三是否可能主要讨论罗马人的某些私人协商,而这些私人协商被导向所涉及的这些人的私人利益? 在第二次陈述《李维史论》的整体结构时,马基雅维利区分了"罗马人"关于国内事务的协商(卷一中讨论过)与"罗马民众"关于对外事务的协商。马基雅维利是否可能已经在卷一中讨论过罗马人的私人协商?

卷一靠近中间点的一章(a central chapter)[1.37]明确致力于讨论罗马内部关于土地法的暴力斗争;在此章,马基雅维利赞美了罗马元老院或贵族在阻止土地法出台时展现出的耐心和勤勉;罗马贵族们反对土地法,是因为他们热爱财产,即因为每个罗马贵族都热爱自己的财产。罗马贵族们[反对土地法时]采用的手段之一,就是使一位平民保民官(a tribune of the plebs)反对那位倡议推行土地法的保民官。②

在马基雅维利没有提及的一个文段中,李维说,[104]某些元老能以私人名义对某些保民官提要求,也[实际上]用这种影响力获得了这些保民官的支持;这似乎会构成一类私人协商,这类私人协

---

① [原注40]《李维史论》3.3,3.21,3.22,3.23,3.25,3.49。《李维史论》全书的章题总共提到八个人的名字,这八个人中有七个是罗马人,另一个是罗马人尚未败坏时所知道的他们最有名的敌人。亦比较如下两种情况:一种情况是,卷三的章题(3.10,3.12,3.13,3.15,3.17,3.18,3.30,3.34,3.38,3.39,3.47)用 uno capitano[一个统帅]、uno Cittadino[一个公民]、uno e non molti[一个而非多个]、uno[某个]([译按]最后一个方括号内容为施特劳斯所补)这样的表述提及个人;另一种情况是,卷二的章题中没有出现这样的表述,且卷一的章题中也非常少出现这样的表述(只出现在1.48,1.50,1.52,1.54)。(出于一个明显理由,我没有考虑章题对 uno principe[一位君主]的运用。)

② [译按]罗马有多种保民官,平民保民官只是其中最重要的两种之一,另一种是军事保民官(military tribune,这个名称出现在第115页)。此外,一种保民官有时不止一位,如平民保民官通常有十位。

商并非完全没有考虑所涉及的这些人的私人利益。正如我们从李维史书的后文了解到的，不久之后，元老院此前采用的寻常手段就看起来不够了；因此，元老们放弃了"公共商议"，并诉诸"私人商议"，这种"私人商议"受如下考虑引导，即贵族们必须"以正当手段或歪门邪道"（by fare means or foul）达到他们的直接目标；结果，一位可憎的（obnoxious）平民保民官被谋杀了。① 马基雅维利只字未提这种"马基雅维利式"行动，即只字未提私人商议的这个经典例证。相反，他在下一章致力于赞美"元老院的慷慨和明智"。

　　这种引人注意的沉默传授给我们不止一条教训。第一，我们看到，如果卷一讨论了这些被导向私人利益的私人协商，那么，卷一只是以一种非常克制的方式讨论了这些私人协商，故这类私人协商很可能会（may very well）是卷三的特定主题。[第二，]最重要的是，我们看到，对《李维史论》与李维之间关系的常见研究方式有缺陷，因为这种研究方式无视对李维的马基雅维利式运用，而这种运用仅仅通过隐瞒李维的叙事才透露了其自身。这就是为什么在考虑马基雅维利的谋篇与李维的叙事次序之间的关系时，我们要如此严格地限于讨论对李维的提及，而非讨论对李维文段的单纯运用：人们能轻易看到，马基雅维利在某个地方提及了李维，或没有提及李维，而且汇总马基雅维利对李维的提及是一项有限的工作；但是，把马基雅维利对李维的运用情况弄清楚是一项无限的任务，毕竟完成这项任务要求完全理解《李维史论》的每一句话与李维的每一句话；因为人们能假定，当马基雅维利阅读李维时，其穿透力（penetration）

---

① [原注41]《李维史论》1.37；李维《自建城以来》2.44.5, 2.54.2-10。参《李维史论》1.52（204）如何讨论具有平民主义（populist，[译按]旧译"民粹主义"）意图的"公共协商"与具有反民主性的"秘密"行动之间的差异，亦参1.59如何讨论忒米斯托克勒斯（Themistocles）私下且不诚实的建议，以及阿里斯提得斯（Aristides）和雅典民众对这个建议的拒绝。

无限胜过我们自己这样的人所能具备的穿透力。

16.《李维史论》卷三的谋篇：缔造者-统帅；多数人；马基雅维利自己

卷三前八章讨论了，如何维持一种政制和一种宗教，以及如何确立一种政制；这八章捡起了缔造者这个主题。① 3.9"取决"②于3.8，3.10"取决"于3.9；3.9 和 3.10 准备几乎不可察觉地从"缔造者"主题过渡到[105]"统帅"主题(3.12-15 明确讨论了这后一个主题)，而且这两章本身甚至构成了这种过渡。我们认为，3.1-15 构成了卷三第一篇，且此篇致力于讨论"缔造者-统帅"主题。③

---

① [原注 42]比较《李维史论》3.1(328)对罗慕卢斯的提及，与 2.1(231)对罗马"首位立法者"的提及。亦比较 3.5 对提摩勒翁(Timoleon)的提及，与仅有的另两次(1.10,1.17)对提摩勒翁的提及；同时思考 3.11 的论证与从 1.37 开始的论证之间的亲缘关系。3.8 与 1.8 皆致力于讨论曼利乌斯·卡皮托利努斯(参这两章对 Padri[贵族们]的提及，Padri[贵族们]这个表述也出现在 3.5 和 1.49，[马基雅维利]意在用这个表述使我们记起，异教罗马的贤良制与基督教罗马的等级制之间存在某种亲缘关系)。

[译按]正文中说到"捡起"，是因为卷一有多章讨论过缔造者。注中的 Padri 本义为父亲们，词源上对应英文 patricians，这个英文词多次出现，如在第 113 页。

注中提及的提摩勒翁(约前 411—前 337)是科林多将军。叙拉古僭主小狄奥尼修斯(Διονύσιος ὁ Νεώτερος,约前 397—前 343)末年，迦太基兵临叙拉古城下，西西里的希腊人向科林多求助。科林多派出提摩勒翁前往西西里。提摩勒昂平息民西西里希腊人的内讧，前 341 年击败迦太基人，在叙拉古建立寡头政府，前 336 年退出政治舞台。他是西西里人共同尊敬的政治家。普鲁塔克《对比列传》中他的传记。

② [原注 43]参《李维史论》1.1 结尾，1.15 结尾。

③ [原注 44]完全意义上的缔造者-统帅是这样一个人或神，他缔造了一个社会并去世后，仍在守护这个社会，从而也在某种意义上统治这个社会；例证就是罗慕卢斯(参李维《自建城以来》3.17.6,1.16.3-8)。

下一篇始于着重提及"真正的美德"和"共和国"这两个主题。我们也可以不说"共和国",而说"民众"或"多数人"。① 因为据马基雅维利所说,多数人是道德和虔敬的所在(the locus),所以这里的论证不可察觉地转而讨论种种道德品质(the moral qualities)。或者也许可以更准确地说,由于缔造者-统帅是君主,且君主与民众相互关联,故只有在讨论[缔造者-统帅]需要哪些道德品质才能统治多数人时,[马基雅维利]才能突显缔造者-统帅的某些特征。就在[马基雅维利]作以上讨论时,让人有机会了解两类缔造者-统帅,一类由汉尼拔和曼利乌斯·托夸图斯(Manlius Torquatus)所形象地代表,另一类由斯基皮奥和瓦勒里乌斯·科维努斯(Valerius Corvinus)所形象地代表。② 始于3.16的这一篇终于3.34,3.34重复了1.58的主题,1.58是卷一关于多数人的那一篇中最重要的一章。

卷三最后一篇始于一则评论,[我们]必须再次引用这则评论:

---

① [原注45]参《李维史论》1.58-59中的习惯用法(the usage)。比较3.16对尼基阿斯(Nicias)的提及与仅有的另一次对他的提及,后者出现在1.53。

② [原注46]薄伽丘的语境中与此对等的是《十日谈》第66个故事中兰贝图乔(Lambertuccio)与莱奥内托(Leonetto)之间的对比。

[译按]曼利乌斯·托夸图斯,全名提图斯·曼利乌斯·托夸图斯(Titus Manlius Torquatus),前347年、前344年、前340年任罗马共和国执政官。前340年,罗马与拉丁诸城的第二次拉丁战争爆发,曼利乌斯率一支军团在拉丁姆南部作战,其子也在军中。曼利乌斯为维持军纪,下令所有士兵不得私自离阵作战,以免破坏阵型,宣布违者将被处死。两军交战时,其子违反命令,脱离阵型,被曼利乌斯处死。

瓦勒里乌斯·科维努斯,全名马尔库斯·瓦勒里乌斯·科维努斯(Marcus Valerius Corvinus),前348年至前299年间六次任罗马共和国执政官。前343年,第一次萨姆尼乌姆战争(the First Samnite War)爆发,瓦勒里乌斯领军作战。

　　　　使自己成为牵涉许多人的新事物的领头人,有多么危险?
经营这个新事物,把它引向完满,然后维持它,有多么困难?以
上会是一个太大,也太超拔,以至于无法讨论的话题;因此,我
把以上话题留到一个更方便的地方去讨论。①

谁会如此非人性,以至于相信,马基雅维利非人性到在激起严肃
(earnest)读者的兴致后完全不予以满足?马基雅维利说他不会"讨
论这个大且超拔的话题",我们就凭他这话就相信他。但是,难道在
讨论与完全沉默之间没有中间状态吗?难道一本书中除了行文
(the lines)以外,就没有其他"地方"(place)?难道一系列暗示不是
用以传达"一个太大,也太超拔,以至于无法讨论的话题"的"一个
方便的地方"?我们看到,马基雅维利是新模式和秩序的发现者,即
某种牵涉许多人的新事物的发现者,这许多人渴望采纳并维持这些
新的模式和秩序,故这许多人必须思考可以凭借什么方式采纳并维
持这些新的模式和秩序;正因我们看到以上这些,故这个太大,也太
超拔,以至于无法讨论的话题,就是马基雅维利自己的事业,因为这
个话题取决于同"青年"的合作。

　　一言以蔽之,[106]我们相信,《李维史论》最后一篇拐弯抹角
地讨论了马基雅维利的事业:他从李维史书的卷七至卷十中挑选一
些叙事,若人们恰当地理解这些叙事,这些叙事就可以阐明马基雅
维利的战略和战术。他隐藏了最超拔的主题,因为他把这个主题的
各部分分散开来,这就是说,因为他在呈现这些部分时,并不遵从这
些部分的内在次序,而是遵从这些部分在李维史书中那些对应者
的纯粹偶然次序(the purely accidental order of their Livian equiva-

---

① [译按]《李维史论》3.35,对应中译本第556页第1至3行。

lents)。① 在早先的一个场合，我们讨论过他的那些暗示的一个例证，即他对一个敌人所犯明显错误的讨论(3.48)。目前，[我们]有必要注意到，卷一和卷二各自的最后一篇，与卷三最后一篇具有相同的主题。②[我们]会在恰当的地方讨论卷一最后一篇。在此，我们将简要讨论卷二最后一篇。

---

① [原注47]全书最后一篇(3.35-49)陈述的一些教训，在此书的前面各部分中已经足够清晰地陈述过；而全书最后一篇所陈述的所有教训，连同其用作契机的李维文段(their Livian pegs)，原本可以轻易地分散到前面多篇中。全书最后一篇各章之间的唯一联系，可能是李维的叙事次序。更认真的审视会表明，甚至在全书最后一篇，马基雅维利也将他的形式压印在李维的质料上。

在指出3.35的主题后，马基雅维利转而讨论"法国人"，他们以惊人的方式结合了勇气与怯懦(3.36)，或因被"无足轻重的小事"扰乱而输掉战争(3.37)；从3.43往后，马基雅维利回到"法国人"这个主题。中间插入的这几章[3.38-42]讨论不同于"真正战斗"的"虚假战斗"(3.38)，也讨论不同于战争本身的"战争的比喻"(an image of war)(3.39)，也讨论"欺诈"(3.40-42)；这就是说，中间插入的这几章[3.38-42]讨论了不同于真相的多种有用的非真相；3.39即《李维史论》全书第132章是《君主论》和《李维史论》中唯一相当着重地谈到"知识"和"科学"的一章。

剩下的七章[3.43-49]讨论了两个相互关联的主题：一个主题是"法国人"，他们现在暴露出，他们是"几乎不守信"民族(3.43)，或是在同等程度上既能被教宗吓倒又能不被教宗吓倒的民族(3.44)，或是有着错误的恐惧感的民族(3.48)；另一个主题是"法比乌斯"(Fabius)，他是明智的化身(3.45-47,3.49)。法国人代表马基雅维利笔下的不可靠的盟友们。然而，"法比乌斯[317]判断出缓慢进攻更有用，并将他的冲劲保留到最后"，同时也"受他对祖国的爱驱动"，他不是通过言辞而是通过"沉默和其他许多方式"表达"他对祖国的爱"。

② [原注48]关于卷一结尾与卷二结尾之间的关联，参本章上文注36。如下事实指出了卷二最后一篇与卷三最后一篇之间的关联，这个事实就是，卷二最后一次提及李维与卷三最后一次提及李维，将我们引向李维史书中紧紧相邻的几个文段(2.33把我们引向李维史书的9.35-36，3.46把我们引向李维史书的9.33-34)。

17. 马基雅维利是另一位法比乌斯：①他对基弥尼森林的探索之令人难以置信,确保了无人侦察到他

在卷二最后一篇即 2.33,②马基雅维利一开始就评论了,在阅读"李维这部史书"时,即在阅读一般而言的李维作品时,人们若要有所收获就应该做什么；这是此章对李维的唯一提及。尽管马基雅维利引导我们期待,他将在此章中讨论罗马民众和元老院的不止一个行事程序,但他事实上只讨论了一个这样的行事程序,即罗马民众和元老院授予他们的军队统帅们非常大的自行决断权(discretionary power)。然后,他谈论了罗马人决定进行一场战争——"例如对拉丁人开战"——时做了什么,但他在此章只讨论了一场反对托斯卡纳人的战争中的一个事件。

这个事件是执政官法比乌斯的行为,法比乌斯没有得到元老院的许可就率军穿过基弥尼森林。③ 法比乌斯远征后回师时,发现两位[罗马]特使(legates)以元老院的名义命令他不得穿过基弥尼森林。元老院的这个命令严格来说并未支撑"罗马人授予他们的军

---

① [译按]按第 107 页,这里的法比乌斯并非指执政官法比乌斯,而是指其兄弟马尔库斯·法比乌斯。

② [译按]此篇仅包含一章,参第 102 页注 36。

③ [译按]基弥尼森林将罗马城与埃特鲁里亚地区分隔开来,按李维的描述,那里当时是比"日耳曼隘口更难通行、更令人恐惧的地方",没有可通行的道路,"几乎谁都不敢通过"(《自建城以来》9.36)。正文此处提及的事件发生于前 310 年,正值第二次萨姆尼乌姆战争期间(前 327—前 304)。

执政官法比乌斯,即昆图斯·法比乌斯·马克西穆斯·鲁利阿努斯(Quintus Fabius Maximus Rullianus),五次任执政官,最早的一次是在前 322 年,其兄弟是稍后提到的马尔库斯·法比乌斯(Marcus Fabius)。罗马共和国历史上有两位著名的昆图斯·法比乌斯,一位是执政官法比乌斯,另一位是第二次布匿战争(参第 89 页译按)期间的"拖延者"(Cunctator)昆图斯·法比乌斯·马克西穆斯·瓦鲁科苏斯(Quintus Fabius Maximus Verrucosus,约前 280—前 203)。第 132 页提到了这位"拖延者法比乌斯·马克西穆斯"。

统帅们很大的自行决断权"这个论点——此章的标题陈述了这个论题,且此章的正文更强有力地重述了这个论题。我们在转向李维的文本时看到,马基雅维利作了一个微小改动:李维说的不是两位特使,而是"五位特使外加两位平民保民官"。但是,这个微小改动指向一个巨大改变或一种巨大沉默。

马基雅维利没有告诉我们,[法比乌斯]曾经如何克服那个妨碍穿过基弥尼森林的困难。人们曾认为基弥尼森林不可穿越,且从来没有任何罗马人进入过基弥尼森林。执政官[法比乌斯]的兄弟马尔库斯·法比乌斯(M. Fabius)曾提出要探索基弥尼森林。马尔库斯·法比乌斯[107]曾在托斯卡纳接受教育,熟识托斯卡纳文字(letters),也精通晓托斯卡纳语言。所以,他曾"以一种大胆的伪装"在托斯卡纳人中历险。然而,确保无人侦察到他的,与其说是他的托斯卡纳学识,乃至他的伪装,不如说是如下事实:

> 曾令人反感的是,相信一个外人会进入基弥尼森林。①

马基雅维利是另一位[马尔库斯·]法比乌斯:他的事业的难以置信确保了无人侦察到他,即确保了无人侦察到一种不妥协性和一种清醒,凭借此二者,他着手探索迄今未知的领域,从而也准备让他的兄弟们征服这片领域。

18. 与权威完全决裂,或与 άγαϑον[好的] 等于 πάτριον [古老的]这个等式完全决裂,为首次引用李维的拉丁文原文作了准备

我们赞同一个普通持有的意见,依据这种意见,马基雅维利既

---

① [原注49]李维《自建城以来》9.36.14,9.36.1-6。参本章上文注47。至于两位不同的法比乌斯之间的关系,参《李维史论》3.46。

然决定写《论李维》(*Discourses on Livy*),①就必须在某个节点开始提及李维,或者甚至引用李维。但是,我们不可能不关心,马基雅维利在什么确切的节点首次引入李维。首次提及李维,或首次引用李维的拉丁文原文,对我们来说将不再是琐屑的事实,而是惊人的事件;这个事件既不会引发空洞的好奇(empty curiosity),也不会引发无聊的哈欠(yawning),而会引发令人不安的惊异(disturbing wonder)。在其他条件相同的情况下,在一本用意大利语写就的书中,比起用意大利语概述李维的一个文段,引用李维的拉丁文原文会透露出李维更强有力地在场;正因如此,我们要把我们的注意力首先转向对李维拉丁文原文的首次密集引用(the first Latin quotations from Livy)。②

这些引用出现在明确致力于讨论罗马宗教的一篇(1.11-15)中。[马基雅维利]为导入这些引用作了恰当的准备。马基雅维利曾质疑古典政治哲学和贤良制式罗马传统,从而确立了罗马共和国的权威。在那个语境中,他曾批评了古代罗马的某些批评者,却未曾以他自己的名义公开批评过任何古代著作家。

正好位于关于宗教的那一篇之前的一篇,就是明确致力于讨论缔造者们的那一篇(1.9-10);在此篇中,马基雅维利质疑了"许多人""也许"持有的一个意见,依据这个意见,罗慕卢斯因谋杀他的兄弟而应该受到谴责;马基雅维利没有诉诸任何权威,而是诉诸"一条一般规则",以驳斥这种意见,但他只字未提这条一般规则是否得到一般接受[1.10]。在1.4,他曾攻击"许多人"的一个意见,这个意见因平民与元老院不和而谴责罗马;当他作出如上攻击时,他最终提及了西塞罗的权威。但现在与1.4不同,值得辩解的行动[108]不再是在街上喧嚣或关闭店铺,而是谋杀,即谋杀自己仅有的兄弟;就在这时,马基雅维利丝毫没有流露出他需要权威的支持。

---

① [译按]参第15页译按。

② [译按]序数词后接复数"引用"或"提及"时,一律在序数词后增补"密集"以示复数。第111页施特劳斯自己也用到"密集"(density)一词。

或者人们倘若愿意的话,也许可以说,罗马的属神缔造者的权威使马基雅维利得以用一条真正的一般规则反对一条虚假的一般规则,前一条规则允许在某些条件下实施谋杀,后一条规则无条件地禁止谋杀。此后,马基雅维利以他自己的名义公开谴责了那些奴颜婢膝地赞美凯撒的古代著作家,同时他赞美了那些拐弯抹角地谴责凯撒的古代著作家;①他更喜爱后者而非前者,他这种倾向不再受到"许多人的意见"支持。至多,人们可以说,他不动声色地从后期罗马的一种意见诉诸那种体现在古代罗马共和国实践中的意见。不管怎样,②刚好在关于宗教的那一篇[1.11-15]开始之前,马基雅维利采取了一个极端步骤,即提出罗慕卢斯所发现的罗马是败坏的城邦,亦即提出处于开端的人们不是好人而是败坏之人。

19. 首次密集引用李维的拉丁文原文涉及宗教:需要李维的权威来攻击基督教——马基雅维利改动李维的叙事,以方便现代人模仿古代宗教

这就是李维[在《李维史论》中]讲着他的母语首次露面时的背景。在首次引用李维拉丁文原文的那一章(1.12),马基雅维利攻击

---

① [原注50]正因为存在奴颜婢膝与拐弯抹角这两种现象,才必须"好好思考"有关罗马皇帝们的史书:1.10(123)。

② [原注51]马基雅维利在1.10的标题中提到君主国,而在此前那些章的标题中只提到共和国。这一步也致力于为引入对李维拉丁文原文的首次引用作准备:如果人们认为共和国或共和主义是《李维史论》的单一主题乃至主要论题,人们就会误解马基雅维利对李维的运用。在1.12,马基雅维利提到"基督教共和国"。由此,他指出"共和国"并不必然指一类仅仅具有政治性的社会。就他批评"基督教共和国"而言,他并不必然忠于古代罗马共和国:他对某些穆斯林君主国的高度赞美,堪比他对古代罗马共和国的赞美(卷二前言)。"基督教共和国"对他提出的问题,超越了在纯粹政治性的共和国与纯粹政治性的君主国之间的取舍对他所提出的问题(参《君主论》第一句话)。

了"许多人"的一种意见,依据这种意见,意大利那些城邦的福祉源于罗马教会。为了反驳这种意见,他征引了"在我看来未遭否定的两个最强有力的理由"。然而,不管这些理由在他看来可能多么强有力,在一种情况下他不可能质疑他的时代和他的国家中存在的最高权威,这种情况就是,那个比任何理由都更强有力的东西,即另一个高级权威,没有支持他。

在《李维史论》致力于讨论古代罗马宗教的那一篇[1.11-15]中质疑罗马教会,意味着着眼于马基雅维利重新发现的古代宗教的模式和秩序来质疑既定宗教的模式和秩序,或意味着树立古代宗教的模式和秩序好让现代人来模仿。无论在引入或恢复内政的或军事的模式和秩序时可能是什么情况,①在引入或恢复宗教的模式和秩序时——如马基雅维利所断言的——都需要或真或假的属神权威的支持,或者我们可以补充说,都至少需要一些权威史学家的支持,这些史学家会把原初的权威传给更晚的各个时代;因为宗教的模式和秩序缺乏纯粹政治模式和秩序所能具有的那些"明显理由":宗教的[109]模式和秩序取决于信仰。②

李维必须取代圣经,马基雅维利的圣经允许他坚持一种反对圣经教诲的教诲。马基雅维利努力理解古代虔敬精神:尽管他引用了李维的话"您会去到罗马吗?"的拉丁文原文——这句话是罗马士兵们在征服了一座托斯卡纳城市(town)后对当地的尤诺(Juno)③塑像说的——但马基雅维利省略了李维的如下评论:这个问题可能

---

① [原注52]恢复某个已长期废止的东西,并不比引入全新的东西更少革命性或震惊性;参《李维史论》1.9(119,120-121),1.37,3.8(362)。

② [原注53]《李维史论》1.11(126);《君主论》6。参帕多瓦的马西利乌斯(Marsilius of Padua)《和平的保卫者》(Defensor Pacis) 1.5.10-11。《李维史论》1.11-15是全书仅有的在所有章题中都包含专名的一篇。

[译按]注中提及的《和平的保卫者》有中译本:陈广辉译,北京:商务印书馆,2023。

③ [译按]旧译"朱诺"。

由"青年的玩笑"引起。①

也许看起来难以置信的是,马基雅维利应该本就渴望复活对天后尤诺的崇拜。他明确教诲道,那些渴望避免败坏的国家应该维持既定的宗教。然而,这并不妨碍他认为两番交谈严格平行,一番交谈是基督徒萨沃纳罗拉同上帝的交谈,另一番交谈是异教徒努马·蓬皮利乌斯假装同一位宁芙女神(nymph)有过的交谈:萨沃纳罗拉在佛罗伦萨的成功证明了,如今[人们]能重复努马——古代罗马人的宗教的缔造者——的成就。② 至少人们会不得不说,马基雅维利在异教与基督教之间不偏不倚(impartial)。由于他渴望保持一种微妙的平衡,故他在关于宗教的那一篇[1.11-15]中七次提到"上帝",并七次提到"神"(god)或"诸神"。③

再者,不管他本会多么强烈地建议同时代的基督教国家应该维持基督宗教,他都相信,基督宗教事实上不曾维持其纯洁,而是已经衰落,且其毁灭可能即将来临。可以说,他把他所引用的一些拉丁文原文用在他自己的时代身上,而李维曾用这些拉丁文原文讨论古代宗教在李维时代的衰落,李维时代就是基督宗教兴起的时代。④ 无论这个评论可能暗示什么长远希望,[对我们来说]更稳妥的都

---

① [原注54]李维《自建城以来》5.22.5。
② [原注55]《李维史论》1.11-12。比较1.11对"吕库尔戈斯(Lycurgus)、梭伦和其他许多人"的评论,与1.9对"摩西、吕库尔戈斯、梭伦和其他缔造者们"的提及;1.11这则评论指出,"吕库尔戈斯、梭伦和其他许多人"曾经诉诸神,以便赋予他们的法律以权威。请观察马基雅维利如何训练——我们可以说"训练"——他的读者像异教徒那样思考:"那些为你预言你的未来福祸(predicted thee thy future good or thy future evil)的神……"(1.12)。[译按]注释最后这条引文对应中译本第185页第7至8行。另外,在后文与此条引文相似的语境下也会把good和evil分别译为"福"和"祸"。
③ [原注56]他在那一篇还有一次提到尤皮特(Jupiter,[译按]旧译"朱庇特")、尤诺和阿波罗。正如人们所料,一神论的表述出现在那一篇的第一章,而多神论的表述出现在下几章。
④ [原注57]《李维史论》1.12(129-130),1.13(133)。

是，在此仅限于说，从马基雅维利的视角来看，在宗教方面模仿古代罗马人意味着，人们应该像——马基雅维利所认为的——古代罗马人运用他们的宗教那样运用基督宗教。

马基雅维利传达这个教训，是通过重述某些罗马叙事，也是通过对这些叙事作出一些微小改动。他重述了如下叙事：一个古代罗马人，即"一个庄重而有权威的公民"，曾运用宗教安抚普通民众。当马基雅维利在后文的一章不动声色地捡起这同一个话题时，他只引用了佛罗伦萨的一个例证，并谈到了安抚普通民众的"一个庄重而有权威的人"：与那个"公民"不同，这个"人"[110]是主教，且"现在是枢机主教"。据李维所说，那个安抚平民的罗马人是执政官；马基雅维利将他变形为[普通]公民，即当时不掌握政治-军事指挥权的人；由此，马基雅维利准备转向佛罗伦萨的那位主教。①这个教训一目了然：那些在古代罗马用宗教安抚平民的人们是公民，而非必然是祭司，因为在古代罗马，宗教是公民宗教；模仿古代罗马就会在于把基督教用作公民宗教。

马基雅维利还重述了如下叙事：一位罗马执政官克服了某些鸡占师(hen-men)——一类独特的占卜师——的不慎(the indiscretion)造成的困难，这位执政官所用的办法是，处死这些鸡占师的"君主"，并在这位"君主"的大军面前把这位已死的"君主"描述成说谎者。李维的版本里没有提到这些鸡占师的"君主"，且李维笔下的执政官没有称这位鸡占师为说谎者。马基雅维利强调了占卜师阶层在罗马所具有的等级结构(the hierarchic structure of the Ro-

---

① [原注58]《李维史论》1.13(参李维《自建城以来》3.17.1-8)，1.54。马基雅维利还将普布利乌斯·瓦勒里乌斯(Publius Valerius，即那位执政官)的名字改成普布利乌斯·鲁贝里乌斯(Publius Ruberius)，人们受到诱导而把后一个名字变形为意大利语。1.11和1.12皆包含古代例证和现代例证，而1.13和1.14只包含古代例证：这四章中每章都用一个古代例证代替论证趋势所需的现代例证。

man order of soothsayers），并在这位执政官的话中注入了某些并不属于李维的毒液。如李维告诉我们的，这些占卜师(haruspices)是来自托斯卡纳的外邦人。① ［马基雅维利］意在使他对李维叙事的改动便于现代人模仿古代罗马人，这种模仿与在形式上对基督宗教的维持相容。如马基雅维利在别处说的，

> 直到伦巴第人到来时，教宗们(the Pontiffs)除了由于自己的举止和教义而拥有权威外，一直未获得其他任何权威。在其他事情上，教宗们服从皇帝们或国王们，有时还遭到皇帝们或国王们处死，[活着时则]像奴仆一样行动，从而为皇帝们或国王们所用。②

但是，我们不应该无视对李维拉丁文原文的引用。马基雅维利在1.12和1.13各引用了李维的一句拉丁文原文，而他在1.15——［关于宗教的］那一篇［1.11-15］最后一章——引用了李维的这两句拉丁文原文。[在1.14,]那位执政官消灭了"鸡占师们的君主"，并使之不受信任；1.15则表明，在这同一位执政官的领导下，罗马人如何凭借他们的美德克服了他们的外敌曾凭借笃信宗教这种美

---

① ［原注59］《李维史论》1.14；李维《自建城以来》10.40,5.15.1,1.34.9（参西塞罗《论预言》[De divinatione] 1.3）。依据《李维史论》1.11开头，天没有启示(inspired)罗马宗教的缔造者努马，而是启示了选举努马作为罗慕卢斯[318]继任者的元老院。

［译按］注中提及的《论预言》的中英译本：Cicero, *De Senectute*; *De Amicitia*; *De Divinatione*, tr. William A. Falconer, Cambridge, MA: Harvard University Press, 1923；西塞罗，《论占卜：第一卷》，戴连焜译，上海：华东师范大学出版社，2019。

② ［原注60］《佛罗伦萨史》1.9（[译按]对应中译本第14页第2段第6至9行）。参李维《自建城以来》9.46.6-7，这段话恰好位于《李维史论》全书结尾所立足的那段话之前。

德(by virtue of religion)①而获得的顽强(the obstinacy):罗马的武装被证明胜过萨姆尼乌姆的(Samnite)宗教。由此,马基雅维利为首次重复关于宗教的那一篇[中的内容]作了准备,在这次重复中,他对比了努马·蓬皮利乌斯与其继任者[图卢斯],前者是"平和且笃信宗教的"罗马国王,也是古代宗教的缔造者,后者则"用明智和武力来武装"自己,并"恢复了罗慕卢斯的名声"。②

20. 第二次密集引用李维的拉丁文原文出现在 1.40:完全中立地看待如下三者,即僭政、自由,以及基督教和僭政的关联

[111]有三章包含了对李维拉丁文原文的前四次引用,③此三章之前的 11 章和此三章之后的 24 章都没有引用李维的拉丁文原文。全书中并无与[此三章]这种孤立状况(isolation)④类似的状

---

① [译按]该表述的意大利语作 per virtù della religione(1.15 结尾,对应中译本第 195 页第 2 段第 7 行)。在同一语境下,后文第 120 页提及 by "virtue of religion"[凭借"笃信宗教这种美德"],第 229 页也提及 through "the virtue of religion"[通过"笃信宗教这种美德"]。从这两种情况可见,施特劳斯在此把 virtue 理解成实词,而非把 by virtue of 理解成一个介词短语即"凭借"。另外,第 150 页也提及 by virtue of religion[凭借笃信宗教这种美德]。

② [原注 61]《李维史论》1.19([译按]正文中的三条引文对应中译本第 207 页第 3 行,第 208 页倒数第 6 行,同一页第 2 段第 3 行,中译本将第二条引文译成了"具有能力")。在 1.15 重述有关罗马武装和萨姆尼乌姆宗教的叙事时,马基雅维利仅仅作了如下改动:[第一,]在概述那位执政官的演说时,他改变了"诸神、公民们、敌人们"(李维《自建城以来》10.39.17)的次序,把诸神放在中间;[第二,]在列举萨姆尼乌姆人过去的盟友时,他改变了"托斯卡纳人、翁布里亚人(Umbrians)、法国人"(李维《自建城以来》10.31.3)的次序,把法国人放在中间。至于"法国人"这个主题,参本章上文注 47。

③ [译按]1.12 和 1.13 各一次,1.15 两次。

④ [译按]这个意义上的"孤立状况"亦见第 113 页。

况,故这种孤立状况增强了这前四次引用发人深思的力度。这前四次引用与下一次密集引用之间存在绝无仅有的漫长距离。激起我们的兴致后,马基雅维就通过罕见的挥霍(prodigality)之举,对我们补偿了他所实践的不寻常的节俭(thrift):①在他开始第二次密集引用李维拉丁文原文——这是为了从此往后有一定规律地引用李维的拉丁文原文——[的章群]的第一章[1.40],他六次引用了李维的拉丁文原文。

此次密集引用发生在《李维史论》如下[章群的]第一章,在此[章群]中,马基雅维利完全中立地讨论了拯救自由时所需的政策与确立僭政时所需的政策。为了表明潜在的僭主如何能取得成功,马基雅维利研究了阿皮乌斯·克劳狄乌斯的种种行动,此人是罗马所有公法和私法的缔造者,企图确立僭政,却以失败告终,而且尽管此人归于覆灭和暴死,但此人的法律保持具有效力。② 无论如何,对我们来说,此种看起来中立的态度与《李维史论》中有时看起来中立的态度如出一辙,后者就是作为政治不道德的顶峰出现,从而可能也作为不道德本身的顶峰出现;因此,此种中立态度实乃异端,在严重性上堪比异教与圣经宗教之间的中立态度。

这样看来,作为马基雅维利所编网络的线索,对李维拉丁义原文的引用是不祥的(ominous),而非人文主义的。至于马基雅维利的头脑中圣经宗教与僭政有何关联,我们可以参照他在《李维史

---

① [译按]挥霍和节俭在此暗喻引用次数的多寡。
② [原注62]例如,比较 1.40 对僭主纳比斯的讨论与此前对他仅有的一次提及(1.10)。1.40 对李维的六次引用没有一次完全守住[李维原文的]字面。例如,第一则引文在李维史书中以 profecto[的确]开头,而马基雅维利替换成了 credebant enim[因为他们相信]([译按]对应中译本第 258 页倒数第 4 行)。至于作为立法者的阿皮乌斯·克劳狄乌斯,参李维《自建城以来》3.56.9,3.58.2,3.34.6—7。

论》1.26 给出的暗示。①

21. 首次密集提及李维(1.7-8)——古代罗马之于现代佛罗伦萨和古代托斯卡纳,正如政治之于宗教,亦如指控之于诽谤,亦如贤良制之于民主制

在开始引用李维之前的某时,马基雅维利开始提及李维。在证明罗马优于斯巴达从而确立罗马的权威之后,马基雅维利立即开始提及李维。为了确立罗马的权威,从而也确立李维的权威,马基雅维利不能运用李维,且不需要李维;希腊人珀律比俄斯[《罗马兴

---

① [原注63]参上文第49页和本章上文注51。关于这种观点的前史,参法拉比(Alfarabius)《柏拉图〈法义〉概要》(*Compendium Legum Platonis*)第四论,第五论(F. Gabrieli 编并译为拉丁文,London: Warburg Institute, 1952, p. 17, p. 21):

> 通过僭政……[僭政]是必要之物,如同神圣律法的序曲。

[译按]法拉比(Fārābī,约870—约950),阿拉伯帝国时期最伟大的哲人,深通柏拉图和亚里士多德的哲学,其出身众说纷纭。Alfarabius[阿尔法拉比乌斯]为拉丁中世纪对他的称呼,现代亦称其为 al-Farabi[阿尔-法拉比]或 Alfarabi[阿尔法拉比]。其《柏拉图〈法义〉概要》有较善的英译文,收入 Alfarabi, *The Political Writtings*, Volume II: "Political Regime" and "Summary of Plato's Laws", tr. Charles E. Butterworth, Ithaca: Cornell University Press, 2015, pp. 97–174。中译文收入阿尔法拉比,《柏拉图的哲学》,修订本,程志敏译,上海:华东师范大学出版社,2010,页 53–92。
注中独立引文原为拉丁文译文。这句引文可能是两句话的片断:前一句属于第四论中对《法义》710e–711d 的概述,对应中译本第 73 页第 2 段第 2 至 3 行;后一句属于第五论中对《法义》735c–e 的概述,对应中译本第 77 页第 6 段第 2 行。所谓一论就是对《法义》中一卷的疏解。另参施特劳斯,《法拉比如何解读柏拉图的〈法义〉》,收入《什么是政治哲学》,李世祥等译,北京:华夏出版社,2019。

志》] 卷六所提供的资料(the data)既必要且充分,珀律比俄斯是《李维史论》1.2-6那个主要"话题"(matter)①未具名的提供者。如马基雅维利在1.9开头所指出的,首次密集提及李维的那两章(1.7-8)并不完全符合也许看起来恰当的次序:如果马基雅维利严格遵从这种次序,[112]李维就原本绝不会出现在有关宗教的那一篇[1.11-15]之前。

什么诱使或迫使马基雅维利偏离看起来恰当的次序?他开始提及李维时,正在讨论一种民主的罗马制度的伴随物(a concomitant of a democratic Roman institution),即平民保民官职位。平民保民官们属于这样一些人,他们有权威在公共法庭②面前指控一些人。对李维的首次密集提及出现在如下两章:这两章[1.7-8]致力于讨论,需要证据的公共指控如何有益,以及诽谤(或在民众中播散关于公民同胞们的险恶意见)如何有害。古代罗马在指控与诽谤这两方面皆采取了正确的政策。但是,现代佛罗伦萨的情况正好相反。对李维的首次密集提及出现在如下两章:在这两章,古代罗马相对于现代佛罗伦萨的优越性首次变成主题;或者可以说,从这两章出发,"古代共和国还是现代共和国"的取舍问题,一劳永逸地取代了古典时代内部(intra-classical)"罗马还是斯巴达"的取舍问题。

抛开其他考虑,随着古代人与现代人之间的争论(the quarrel between the ancients and the moderns)③变成主题,或至少变得重要,

---

① [译按]如第101页译按所说,此词也可指"质料",故也许呼应此句中的"资料"。

② [译按]施特劳斯显得在把tribune[保民官]追溯到它的同源词tribunal[法庭]。

③ [译按]此处相当于暗引法语表述Querelle des Anciens et des Modernes[古代人与现代人的争论]。该表述在国内习译为"古今之争",指17世纪从法国蔓延开来的一场欧洲思想冲突。施特劳斯暗引该表述,等于指出古今之争的问题域已由马基雅维利抛出。古今之争中崇古派文献的中译:斯威夫特,《图书馆里的古今之战》,李春长译,北京:华夏出版社,2020;威廉·坦普尔,

诉诸李维也相应地变得必要。人们有理由说,在[首次密集提及李维的]那两章,[马基雅维利]某种程度上更强调佛罗伦萨而非罗马。① 糟糕的佛罗伦萨制度的受害者之一是"这个城邦的一类君主"。人们也许会好奇:既然指控与诽谤之间的取舍关系到古代罗马与现代佛罗伦萨之间的差异,而萨沃纳罗拉在现代佛罗伦萨如此成功,那么,在讨论指控与诽谤之间的取舍时,难道马基雅维利没有想到萨沃纳罗拉这位未武装的先知那些"充满对此世智者的指控和辱骂"的布道?萨沃纳罗拉区分了"两种武装力量,一种在上帝麾下作战,即他[萨沃纳罗拉]和他的追随者们,另一种在魔鬼麾下作战,即[他的]反对者们"。② 以这样的措辞来描述一个人的反对者们,当然不是马基雅维利意义上的指控。换言之,人们也许会好奇:这里讨论的古代罗马与现代佛罗伦萨之间的差异,难道不应该依照公民宗教与超政治的宗教之间的差异来理解吗?

千真万确的是,马基雅维利不只提到现代佛罗伦萨;尽管如他所说,前面这些例证足够了,但他补充了一个来自古代托斯卡纳的例证。这个例证表明,[113]古代托斯卡纳与现代佛罗伦萨承受着同样糟糕的制度。我们可能顺便注意到,马基雅维利在此可以说偶

《论古今学问:坦普尔文集》,李春长译,北京:华夏出版社,2021。古今之争中崇今派文献的中译:丰特奈尔,《亡灵的对话》,李小均译,北京:中国社会科学出版社,2024。有关古今之争的介绍和剖析,参刘小枫,《古典学与古今之争》,增订本,北京:华夏出版社,2017,页89-177。

① [原注64]在1.7,如马基雅维利强调的,他只用了一个罗马例证;随后,他用了两个佛罗伦萨例证,接下来,尽管前面这些例证据说够了,但他还是又用了一个古代托斯卡纳例证;在讨论诽谤的1.8,他用了一个罗马例证,同时,如他所强调的,他另外只用了许多佛罗伦萨例证中的一个;在此章,他更清楚地提到"佛罗伦萨那些史书"而非李维,他只通过谈到"这段文本"来提及李维。指"我们佛罗伦萨人"的"我们"在《李维史论》中首次出现在1.8。

② [原注65]《李维史论》1.7,3.30(410);1498年3月9日致[里恰尔多·贝基]的信。

然地为我们提供了对古代托斯卡纳的批评,这番批评是从最古老的古代走向古代罗马的重要一步。

但是,无论如何,与古代罗马正相反对,古代托斯卡纳也是宗教的故乡和中心(the home and center)。至于古代罗马,马基雅维利举出的例证表明,曼利乌斯·卡皮托利努斯出于野心而变成了平民的领袖,并在这个位置上诽谤贵族,故他因这种行动而遭受了极刑,施加极刑的当然不是平民保民官们,而是一位贵族专政官(a patrician dictator),即贵族阶层(the patriciate)的领袖。① 在现代佛罗伦萨,诽谤者们也是"民众之友"。然而,在现代佛罗伦萨,诽谤者们成功地迫使"大人物们陷入绝望"。②

---

① [译按]曼利乌斯·卡皮托利努斯即第53页的马尔库斯·曼利乌斯·卡皮托利努斯,参彼处译按。前390年,高卢人突袭罗马,曼利乌斯是该年执政官。前388年,高卢人攻入罗马城,部分军队随马尔库斯·孚里乌斯·卡弥卢斯(Marcus Furius Camillus,第134页等处提及过他)败退城外,曼利乌斯和众元老被高卢人围困在卡皮托山。卡弥卢斯被军队推选为独裁官,派一名士兵潜入卡皮托山汇报选举结果,这名士兵的潜入路线被高卢人发现。于是,高卢人准备夜袭卡皮托利乌姆山(Capitolium)。高卢人爬上卡皮托利乌姆山时,惊醒尤皮特神殿的圣鹅,曼利乌斯率先听到鹅叫,率人击退高卢人,他因此获得卡皮托利努斯("卡皮托利乌姆"的同源词)的称号。罗马城获救后,曼利乌斯与卡弥卢斯之间爆发权力斗争,被后者指控叛国,公审判决后,被扔下卡皮托利乌姆山而死。

② [原注66]《李维史论》1.7-8。请注意1.7靠近结尾处提及伦巴第的现用名:在一些重要方面,自古代以来只有名称有所改变(参《佛罗伦萨史》1.5);因为出生在一个国家的人们在所有时代都或多或少保存着相同的天性(《李维史论》3.43;参2.4章靠近结尾处)。同时请注意如下事实:对李维拉丁文原文的首次密集引用,出现在一个托斯卡纳叙事的语境中(1.12)。参上文第93页。马基雅维利在1.7明确提及李维关于古代托斯卡纳的叙事,在[的李维笔下的]这个叙事中,李维谈到托斯卡纳人阿伦斯(Arruns)的妻子被另一个托斯卡纳人侵犯(李维《自建城以来》5.33.3),而马基雅维利谈到阿伦斯的妹妹被侵犯。马基雅维利笔下的阿伦斯结婚了吗?还是过着不婚生活(live in celibacy)? 还是像现代托斯卡纳人巴利奥尼——20章后[马基雅维利]把巴利

[在此]有必要比较首次密集引用李维的语境与首次密集提及李维的语境。首次密集引用李维发生在如下时候：马基雅维利在讨论古代宗教，以及古代人与现代人之间最大的差异。首次密集提及李维则发生在如下时候：马基雅维利在明确讨论古代人与现代人之间一个远远不那么具有根本性、也不那么具有一般性的差异。但是，正如可能已然变得清楚的那样，这并不必然意味着，仅仅提及李维不会把读者引向根本问题。事实上，仅仅提及李维甚至可能把读者引向根本问题的一个更深的层面；就普通民众与一般而言的宗教之间的关系而言，以及就普通民众与特殊而言的圣经宗教之间的关系而言，首次密集提及李维非常发人深思。

以上观察涉及首次密集引用李维与首次密集提及李维之间的差异，从这种观察中得出一般结论会有风险。然而，很大程度上能稳妥地说：尽管毋庸赘言，李维在《李维史论》中无处不在，但除非马基雅维利使他对李维的首次密集提及与他对李维的首次密集引用处于孤立状况，从而给我们某些指引（directives），否则读者也许可以忽略李维在场——无论可见地在场，还是不可见地在场——的意义。

22. 先对比节制地缔造罗马共和国与野蛮地缔造摩西王国，然后批评罗马 → 不是罗马，而是李维，即一本书，才是独一无二的权威 → 全新的模式和秩序

马基雅维利被迫确立了罗马的权威，因为罗马的模式和秩序何以优于其他所有——如斯巴达的——模式和秩序，并非一目了然，或并未得到普遍承认。在这个语境中，马基雅维利不得不谈论罗马

奥尼描述为一位教宗的怯懦敌人——那样与妹妹过着乱伦生活？无论如何，阿伦斯为了替自己报仇，招来法国人反对他的祖国，正如教宗招来法国人反对伦巴第和其他一些意大利权力（参《佛罗伦萨史》1.19，1.23）。

的某些所谓的缺陷,[114]他并没有否认这些所谓的缺陷,但他实际上断言,这些所谓的缺陷是最好的模式和秩序不可避免的伴随物。

在后文,马基雅维利在为罗马缔造者杀死兄弟的行为辩护时,再次提到了斯巴达;在那里,他不动声色地撤回了他起初的一个陈述,根据这个陈述,吕库尔戈斯确立的国家和礼法存续了八百年以上,这期间没有发生礼法的败坏,也没有发生任何危险的骚乱:时至国王阿吉斯(Agis)①的时代,即吕库尔戈斯身后大约六百年,斯巴达人曾偏离吕库尔戈斯的礼法;阿吉斯试图恢复这些古代礼法,却为监察官们(the ephors)所谋杀;阿吉斯的继任者分有阿吉斯的欲望,并屠杀了"所有这些监察官和其他任何可能反对他的人",却未能完全恢复吕库尔戈斯的礼法。② 由此,相比于起初证明了罗马优于斯巴达之后,也相比于首次证明了罗马优于佛罗伦萨之后,[马基雅维利]令罗马的威望变得更高了。

当然,这并不意味着,每个罗马人都是最卓越的人:马基雅维利谈论了罗马王族的败坏,也谈论了罗马民众的败坏,后一种败坏由马略一派造成。尽管如此,但"罗马的例证还是比其他任何例证更可取",因为罗马的例证比其他任何例证都更有教益。最重要的当然是,共和国治下的罗马领导人们(the leading Romans),或至少执政官们,"总是最卓越的人"。马基雅维利对比了两种性格,一种是缔造罗马共和国时的节制(the moderate character of the foundation of the Roman republic),另一种是大卫和马其顿的腓力各自缔造其君主国时的非人性(the inhuman character of the foundation of the principalities of David and of Philip of Macedon),正是在以上对比中,对罗马的赞美可能达到了顶峰;因为关于大卫的评论已经暗示,后来

---

① [译按]阿吉斯,史称阿吉斯四世(Agis IV),斯巴达国王,前244—前241年在位,发起土地改革,被刺而亡。克列奥美涅斯三世(Cleomenes III,前235—前222,见第170页注187,第271页)继位后,继续推进阿吉斯四世的改革。

② [原注67]《李维史论》1.2,1.9。

在《李维史论》唯一一次明确提及圣经时,马基雅维利会就摩西的奠基明确说什么:

> 谁明断地阅读圣经,谁就会看到,摩西为了自己的律法和秩序能兴盛(prosper),被迫屠杀了无数人,这些人仅仅受到嫉妒驱使,就反对摩西的种种谋划。①

在[对罗马的赞美]达到顶峰后不久,即在卷一后半部分的开头,亦即大致在马基雅维利即便运用李维也开始遵循李维叙事次序的地方,一个根本变化令人们感觉到了它自身的存在。马基雅维利尽管谨慎地(circumspectly)却相当突兀地开始批评最远离败坏时期的罗马共和国,②然后尽管[115]他一次又一次回归对罗马的赞美,但他继续从事这里所说的批评。

有两位罗马将军,实际上不是执政官,而是具有执政官权力的军事保民官(military tribunes),他们宁愿让其祖国蒙受耻辱,也不愿稍微牺牲其傲气(pride)。元老院有一次违背如下规则:在[元老院与民众之外]有第三股力量强迫一个人使民众获益之前,一个人不应该推迟使民众获益。③ 凭借"种种最明显的理由",马基雅维利为罗马专政官制度(the Roman institution of dictatorship)辩护,而反对"某个著作家"的意见,这个著作家未曾"好好思考这个话题",且人们"已然非常不理性地相信"这个著作家的评判;马基雅维利作出如上辩护,就是将一个强有力的错误追溯到此错误虚弱的开端;尽

---

① [译按]《李维史论》3.30,对应中译本第541页第1至2行。
[原注68]《李维史论》1.17,1.20,1.25—26(参3.7),3.30(409);关于对诸王治下罗马的进一步批评,参1.22,1.24。关于1.28对罗马的赞美,参上文第36—37页。

② [原注69]从这一点出发,人们也许可以理解,为何马基雅维利在比如卷一后半部分把李维文段用作契机时并未越过李维史书的卷七。

③ [原注70]《李维史论》1.31(参李维《自建城以来》5.8),1.32。

管如此,马基雅维利表明,罗马专政官制度并不优于一项与此不同的威尼斯制度,后者能同样好地实现同样的意图:①古代罗马的模式和秩序并非完全是现代人的榜样。

此后,他尽管用了应有的婉辞(with due euphemism),却明确谈论了罗马土地法的"缺陷"。直接造成这个缺陷的可能是元老院的懒政(the dilatory policy),但若不使用婉辞,[他]就不得不说,归根结底造成这个缺陷的当然是罗马贵族的贪婪。正是由于这种贪婪,罗马才没有像斯巴达那样遵守如下基本规则:公家(the public)②应该保持富裕,所有公民则应该保持贫穷[1.37]。在这样批评罗马的语境中,马基雅维利接受了"古代著作家们"关于某些激情的作用的意见,而且最重要的是,关于宗教的那一篇[1.11-15]结束以来,他首次以提及名字的方式提及李维:③李维被证明不仅是罗马的称赞者,而且是罗马的批评者。

[马基雅维利]需要李维,不再只是为了向现代人输送一个对立的权威(counterauthority),④这个对立的权威使马基雅维利能攻

---

① [原注71]《李维史论》1.34(参1.33);请观察1.34(171-172)四次提及[319](专政官职位或)"一种类似的模式(权威)":专政官职位并非不可或缺。马基雅维利提醒我们注意任命专政官的最长期限问题,但他没有回答这个问题;他谈到"明确的期限"或"短暂的期限"或"恰当的期限"。他是否可能想指出,为紧急状态下的权力赋予时限并不智慧,因为不可能预见紧急状态的时长?无论如何,如斯巴达与威尼斯的例证所表明的,人们若以斯巴达或威尼斯的方式供养护卫者们,则可以不冒风险而把权威"长期"赋予人们(1.34-35)。亦注意1.34结尾提及了罗马为专政官职位准备的替代方案。参斯宾诺莎《政治论》(*Tractatus Politicus*)第10章。

② [译按]在第234页的相似表述中用"共同财富"替换了此词,而在第257页的相似表述中仍然用了此词。

③ [原注72]《李维史论》1.37;参1.6(109)。李维描述了罗马贵族在土地法相关事务上犯下的恶行,马基雅维利则隐瞒了李维的描述的一部分,参上文第103-104页;亦参上文第37页。

④ [译按]该词中间加入一个连字符后出现于第141页。

击既定的权威;从此往后,[马基雅维利]需要李维,也是为了使这个对立的权威不受信任。换言之,权威从此不再是古代罗马的实践和政体,而是李维,即一本书:只有从这里往后,李维才是马基雅维利的圣经,或者说,才是马基雅维利的圣经对应物(his counterpart of the Bible)。有两个事实:[第一,]圣经包含如下记载,即以色列的后裔们如何硬着颈项(were stiff-necked),又如何去与其他神们行邪淫(went a-whoring after other gods);[第二,]李维启蒙了我们,让我们知道了罗马人的种种恶行,以及罗马模式和秩序所具有的种种缺陷——正如人们公认前一个事实没有削弱反而加强了圣经的权威,后一个事实也没有削弱反而加强了李维的权威。

正是在1.39,通过批评罗马人,马基雅维利决定性地总结道,[116]勤勉地考察过去的事情,使人们能做以下两件事情:[第一,]人们能预见到,如果不及时采取必要的补救措施,则每个共和国在未来会发生什么,同时人们能采取古人使用过的补救措施;[第二,]人们能发现一些恰当的补救措施,兴许连古人也不曾使用或知晓这些补救措施。由于[马基雅维利]已经表明,罗马的模式和秩序在不只一个方面有缺陷,故我们被迫得出结论道,据马基雅维利所说,一种超越古代模式和秩序的进步有其必要,或者说,必须探索新的模式和秩序——这种新不仅是相对的新,而且是完全的新。①

我们远非否认,马基雅维利真的钦羡古代罗马(the genuine character of Machiavelli's admiration for ancient Rome)。但是,真的钦羡古代罗马,非常不同于相信古代罗马是所有可能的成就的顶峰。古代罗马政体是运气的作品,哪怕是经常得到明智运用的运气(chance often prudently used)的作品;②古代罗马人不经意地或意外地发现了他们的模式和秩序,且出于崇敬祖传事物而坚持他们的模

---

① [原注73]我们由此可以理解,为何在1.39中现代例证先于古代例证。
② [原注74]《李维史论》2.13(265),3.1(327—328,331),1.2(97)。参《战争的技艺》卷二(484—485)、卷三(512,535)、卷六(571)对罗马榜样的种种

式和秩序。

无论如何,马基雅维利首次实现了对罗马共和国的解剖,从而彻底理解了罗马共和国的种种美德和种种恶德。因此,他能教诲自己的读者们,如何能有意把一个政体建构得既类似于又优越于罗马政体。至此为止,[罗马政体]是一个幸运的意外,从而本质上有缺陷;而从此之后,在马基雅维利发现的新大陆上,这个幸运的意外能变成有理性的欲望和行动所指向的目标(the goal of rational desire and action)。

正是出于这个理由,马基雅维利才可以将他推崇的模式和秩序,甚至将他从古代罗马照搬来(took over bodily)①的模式和秩序,正确地描述为新的模式和秩序。即便这些模式和秩序的内容(content)一仍其旧,这些模式和秩序的特性(character)也是全新的。因此,正如马基雅维利在《李维史论》开头所应许的,此书真的传达了新的模式和秩序。正如《君主论》一样,《李维史论》也呈现了某种全新教诲,这种全新教诲受到一种符合习俗或传统的外表保护。但是,《君主论》传达了有关社会种种基础的全新教诲,而《李维史论》除了传达这种全新教诲,还传达了关于社会——即最佳社会——结构的全新教诲。

23. 在《李维史论》1.6 朝向 1.59 的进步中,马基雅维利对罗马权威的"相信"经历了彻底改变

在下一章[1.40],马基雅维利着重谴责了早期罗马共和国所犯下的似乎最大的错误,即[117]创立十人团;如果人们相信以上谴责

偏离,以及《战争的技艺》卷三(523,530)和卷七(606)对古代例证与现代例证的种种评论。

① [译按]用到 bodily 一词,似乎也只得其身体而未得其灵魂之意,故下文说,内容上与过去一样,特征却全新。

不再令人惊诧,那就错了。此章准确地表明,从元老院或贵族的视角来看,创立十人团并非错误:十人团成员仅仅从贵族中选出;这些成员不曾伤害贵族;这些成员得到了青年贵族们的积极支持;元老院的权威在十人团治下仍然存续;创立十人团看来是一个并非不明智的行动,凭借这个行动,元老院吓倒了平民,使平民渴望贵族执政官的统治(the patrician consulate),而平民此前憎恶过这种统治。①

因此,马基雅维利在他下一次密集评论这个主题时,有必要陈述或重述:[第一,]罗马的秩序可能在某个重要方面并不好;[第二,]罗马贵族在对待平民时常常并不智慧地行动。② 在卷一倒数第二章[1.59],即在致力于讨论多数人作为道德和宗教的故乡的那一篇[1.46—59]最后一章,马基雅维利证明了共和国是比君主更守信的盟友,从而为卷二(此卷致力于讨论罗马人的对外政策)的种种论说作了准备。

他提到了七个例证,其中没有一个可以证明罗马共和国守信。③ 由于罗马共和国是《李维史论》的首要主题,故读者会禁不住尤其关切罗马共和国是否守信;但是,基于马基雅维利举出的证据,读者能做的不过是相信罗马共和国比君主更守信。马基雅维利通过在此章五次说 credo[我相信]来训练读者相信。在马基雅维利对

---

① [原注75]《李维史论》1.40(184—185);参1.44开头。马基雅维利在1.40尽管把"民众"与"平民"当作同义词使用,却以"罗马民众的错误"(1.40结尾)取代了"元老院与平民所犯的许多错误"(1.40靠近开头处);参1.35(173)如何暗中提及元老院的权力,这种权力处于专政官职位与十人团二者之下。李维《自建城以来》3.32.7,3.36.7,4.3.17。

② [原注76]《李维史论》1.49(199),1.52开头。

③ [原注77]居中的例证是萨贡托(Saguntum)的例证。萨贡托与罗马结盟,且因依附罗马而遭到[迦太基]毁灭。马基雅维利没有谈到那个罗马人(the Roman)对待萨贡托人做出的行为,至少可以说,这种行为没有证明罗马人(the Romans)是守信的盟友(参李维《自建城以来》21.16.2,21.19.9—11,亦参31.7)。

罗马权威的毁灭(人们也许可以这么表述)进入尾声时,他五次说credo[我相信];而在他用来确立罗马权威的论证进入尾声时,他四次说 credo[我相信]——那五次呼应这四次。①[1.59 的]14 章后[2.13],他的主题不再是作为信仰(或守信)的故乡的多数人;就在这时,他为那些追求伟大的共和国树立了一种欺诈作为榜样,早期罗马共和国(即元老院)惯于实践这种欺诈,以便恰恰反对盟友们。② 但是,如我们看到的,到了卷一结尾,就连马基雅维利对罗马的相信(faith in Rome)也不再是卷一开头时他对罗马的相信:他对罗马的相信曾经必定受制于他相信自己已然具备的关于罗马人信仰的洞悉(what he believed to have discerned about the Romans' faith)。

24.《李维史论》卷二批评了罗马:批评罗马,不仅是基于种种政治理由,而且是因为罗马构成教会的先驱和榜样;罗马人本身不相信权威

在卷二开头,这个问题的一个新维度出现了。"许多人"持有某种意见,且[118][马基雅维利]以提及名字的方式提及的古代"一位最庄重的著作家"尤其持有这种意见;在反对这种意见而为罗马辩护之后,马基雅维利表明,归根结底正是罗马共和国在西方毁灭了自由,这种毁灭状态维持了许多世纪。紧接着,马基雅维利认为要修正先前关于罗马与斯巴达乃至雅典孰优孰劣的评判。罗马得以在西方毁灭自由,或者说,罗马得以使自身成为此世的女主人,是因为罗马大方地为外国人授予了公民身份;斯巴达和雅典尽管作为共和国得到很好的武装,也有非常好的法律,还明显比罗马更少发生骚乱,却没有达到罗马的伟大,因为斯巴达和雅典——尤

---

① [原注 78]参上文第 96 页。
② [原注 79]参本章上文注 19。

其斯巴达——担心,新居民们在它们内部杂居,会败坏它们的古代惯例[2.3]。因此,罗马得以在西方世界毁灭自由,是因为它过度奉行世界公民主义(cosmopolitan),或者说,在政制上(constitutionally)为败坏敞开大门。①

无怪乎马基雅维利在告别《李维史论》的读者时,赞美了那位[执政官]法比乌斯,法比乌斯实际上剥夺了"新民众"的公民身份,从而配得上叫马克西穆斯(Maximus)。② 但是,法比乌斯的措施没有一劳永逸地遏制这个趋势。因此,仍然千真万确的是,作为有史以来最伟大的共和国或最具政治性的(the most political)共同体,③罗马共和国使西方世界既为屈服亚洲(Asiatic obedience)作了准备,也为压制政治生活或公共生活的至高无上性(the suppression of the supremacy of political or public life)作了准备。罗马共和国一方面与基督教共和国直接对立,另一方面构成基督教共和国出现的一个原因,或者甚至构成基督教共和国的榜样。这最终解释了,为什么马基雅维利评判罗马共和国时很含混。

在卷二靠近居中位置的地方[2.14],马基雅维利注意到,古代罗马人一度相信,他们能用谦卑克服傲慢。马基雅维利在六章后[2.20]继续这种思考,那时他早已应许要谈论雇佣军与援军,而事实上只谈论了援军。援军是"一位君主或一个共和国"派去帮助一个国家的军人们,这位君主或这个共和国指挥这些军人,并为之支付军费;在重复[如上内容]时,马基雅维利省略了"或一个共和国";援军是最有害也最危险的军种,因为希望使用援军的国家没有

---

① [原注80]《李维史论》2.1开头,2.2(开头,238-240)。为了看到论证的推进,请比较2.2的内容与1.10中的一次指控,这次指控不是针对罗马共和国,而是针对凯撒,即针对罗马共和国的毁灭者。

② [译按]"马克西穆斯"字义为"最伟大的"。这位法比乌斯的全名为昆图斯·法比乌斯·马克西穆斯·鲁利阿努斯,参第106页译按。

③ [原注81]参《李维史论》1.55(212)。

任何权威加诸援军:只有派出援军的"那位君主"有权威加诸援军；援军如此危险,是因为他们形成一个服从外国权威且训练有素的(disciplined)团体,而正如马基雅维利在别处告诉我们的,雇佣军并不团结,且缺乏对上帝的敬畏。①

紧接着,马基雅维利讨论了,[119]古代罗马曾发明什么方式控制其统治对象。古代罗马不曾宣称要统治那些已变成其统治对象的城市,而是只用某些条件约束那些城市；罗马的统治并不可见,故这种统治就算强加某些严酷举措,也相当容易忍受；由于罗马在那些城市不行使民事和刑事司法权力,故"那位君主"面临的诽谤和仇恨比市政当局少得多。换言之,罗马并不对其统治对象施行直接统治。

马基雅维利把罗马对它所统治的城市施行统治的方式,比作佛罗伦萨对皮斯托亚施行统治的方式：佛罗伦萨人以兄弟情谊对待皮斯托亚人,或如马基雅维利"在另一番论说中为了另一个意图"所说的,佛罗伦萨人用"和平的技艺"(the arts of peace)统治皮斯托亚人,这些和平的技艺就是,当统治对象中形成各种相互不和的群体时,[统治者]把自身呈现为和平制造者,以使统治对象保持分裂。②

在全书第78章[2.18],即在居中那一卷的几乎正中间,而不在

---

① [原注82]《李维史论》2.14,2.19结尾,2.20；《君主论》12(39),13(43-44)。参上文第96-97页。

② [原注83]《李维史论》2.20-21,2.25。李维说罗马人派了几位长官(prefects)前往卡普亚(Capua),而马基雅维利说的[不是几位长官而]是一位裁判官(praetor)；几行之后,马基雅维利说罗马派一位长官前往安提乌姆(antium),而李维说的[不是一位长官而]是几位保护人(patrons)(李维《自建城以来》9.20.5,9.20.10)；参《李维史论》3.12(371)。罗马人通过保护人统治他们的统治对象,马基雅维利则对保护人保持沉默,如下事实强化了这种沉默：在2.21,在这种沉默之后,对李维拉丁文原文的明确引用并没有非常恪守字面。在1.11,马基雅维利说,努马·蓬皮利乌斯渴望用"和平的技艺"统治罗马人,并从而转向宗教；参1.12(130)。参上文第42-43页,第99-102页,第108-110页。

[《李维史论》的]其他任何地方,马基雅维利在章题中提到"罗马人的权威"。在此章的正文中,他说:

> 人们若不得不跟随权威,就应该相信一个罗马共和国,以及存在于其中的许多最卓越的统帅,而非只相信一个汉尼拔。①

但是,正如马基雅维利在下一章[2.19]表明的,人们在跟随罗马人的权威时,[恰恰]并非在跟随罗马人的权威:"并非靠[他人的]② 任何例证,而是靠自己的明智,并通过自己",罗马人才发现了他们的模式和秩序。③

25.《李维史论》卷三批评了罗马 → 罗马人笃信宗教——马基雅维利是罗马人的敌人,因为他反宗教——并非宗教,而是必然性,造就了最高美德

在卷三,只有一章可以说致力于批评早期罗马共和国。在全书第 105 章[3.12]开头,而非在《君主论》和《李维史论》中的其他任何地方,马基雅维利提到"某些道德哲人写过"的东西,并对这些东西表示赞同。这些哲人理解了"必然性的美德",④或认识到了必然性是最高美德之母。这些哲人的洞见符合此章的论点,即必然性使人们成为顽强的从而也卓越的战士。

因此,智慧的统帅或统治者将用尽一切计谋,把自己的敌人们

---

① [译按]《李维史论》2.18,对应中译本第 380 页最后两行及次页第 1 行。

② [译按]方括号内容为施特劳斯所补。

③ [原注 84]《李维史论》2.18;参 2.19(288)。在章题中提及"权威"的还有如下四章:1.34,1.44,1.54,3.30。参上文第 41 页。

④ [译按]说必然性有美德乃是比喻,virtue[美德]在此亦指品性。

从这种有益的必然性中解放出来;智慧的统帅或统治者将欺骗敌方民众,他所用方式是向敌方民众应许一些大事(making large promises),并宣称他与敌方民众之间并无不和,而只与敌方民众中间野心勃勃的少数人不和。我们必须留待读者们来判定:[120]既然马基雅维利以他那让许多人听得到的指控(his widely audible accusations)来反对野心勃勃的高级教士们,而且他知道民众禁不住会反感(averse to)他的种种彻底创新,那么,马基雅维利本人是不是智慧的统帅?

也许可以把上述这一章[3.12]描述成马基雅维利对罗马的批评中最极端的样本,因为此章认为,现代佛罗伦萨在某种程度上优于古代罗马。① 在转向罗马例证之前,马基雅维利先谈论了两个佛罗伦萨例证。在讨论第一个佛罗伦萨例证时,他可以说在"许多人"的一种批评面前为佛罗伦萨开脱;在讨论第二个佛罗伦萨例证时,他展示了美第奇家族的聪明。然后,他引用了三个例证表明,罗马人如何使他们的敌人们变得顽强。

罗马人对萨姆尼乌姆人采取的行动,提供了三个例证中的第一个,此行动导致了考狄乌姆峡谷(the Caudine Forks)的灾难;罗马人原本可以轻易地说——且在这种特定情况下原本可以完全正当地(with perfect justice)说——他们只是与萨姆尼乌姆人中间野心勃勃的少数人不和;但是,罗马人没有抓住这次机会。我们想起,在全书第15章,马基雅维利重述了如下叙事:罗马人凭靠他们的美德克服了一种顽强,萨姆尼乌姆人曾凭借"笃信宗教这种美德"而获得了这种顽强。在当前[3.12]的情况下,"必然性的美德"使萨姆尼乌姆人变得顽强。

---

① [原注85]参本书第二章[第72页]注40和本章上文[第114页]注69。《李维史论》1.2(97),1.11(126),1.53(207);《君主论》6(19)。比较 Opere, vol. i, p.680 如何评论 l'avara natura de'prelati e religiosi[高级教士和普通教徒的贪婪本性],与《李维史论》1.37 如何暗中提及古代罗马贵族的贪婪。

三个罗马例证中的第二个表明了,一位罗马指挥官(commander)①如何毫无必要地使威伊人(the Veientes)变得顽强。马基雅维利没有告诉我们,在他重述的事件发生之前,罗马执政官们已经凭借宗教②而使他们自己的士兵们变得顽强,或者说,罗马人已经像萨姆尼乌姆人那样行动过了。

三个例证中的最后一个表明了,罗马人如何将麦西乌斯(Messius)领导的沃尔斯基人(the Volsci)逼到极其顽强。马基雅维利用拉丁文引用了麦西乌斯规劝其士兵们的演说的一部分;在马基雅维利略过的部分中,麦西乌斯说:

你们相信,某位神会护佑你们,并带你们离开这里吗?③

在这里,[马基雅维利]意在使我们看到,必然性如何把罗马的一个敌人逼到"完美地发挥作用(operating)",而这正是因为这个敌人主观上确定,不会有任何神拯救他和他的军队。

26. 在《李维史论》与李维各自的掩饰之间传达《李维史论》的教诲;李维是马基雅维利的神学权威:机运女神方面的权威

我们一次又一次对如下事实感到困惑:既然对于与伟大传统决裂,[马基雅维利]这个人比其他任何人都负有更大的责任,那么在

---

① [原注86]本着[320]在《李维史论》1.20对罗马执政官无限称赞的精神,马基雅维利隐瞒了如下事实,即这位不明智的指挥官是执政官;但是,马基雅维利指出,一位保民官的明智挽救了局势。参第三个例证中如何没有明确提到罗马人的不明智,却毫无必要地提及了执政官们。

② [原注87]李维《自建城以来》2.45-46。

③ [原注88]李维《自建城以来》4.28.4。参上文第52-53页。

[译按]正文中这条引文(或其节录版本)亦见第140-141页和第252页。

这个决裂行动中,这个人应该被证明是如下技艺的继承人,且是如下技艺完全当之无愧的继承人,这种技艺就是伟大传统在自身那些顶峰上所显明的最高写作技艺。[121]如这个人所深知的,这种最高技艺根源于最高必然性。完美的书或言辞在每个方面都遵从所谓言辞写作必然性的那些纯粹而无情的法则(the pure and merciless laws of what has been called logographic necessity)。①

完美的言辞不包含任何漫不经心;其中没有任何松散的线索;其中不包含任何随意的措辞;完美的言辞不会因记忆残缺或其他任何一种粗心所造成的错误而受损;一种道理(a reason)轻松地引导着种种强烈的激情,以及一种强大而丰饶的想象力,这种道理知道如何运用这种出人意料的天赋(the unexpected gift),知道如何劝说,也知道如何禁止;完美的言辞不容许任何修饰不由主题的庄重和超然(aloofness)所强加;完美的作者以轻蔑和某种不耐烦拒斥俗众修辞术(vulgar rhetoric)的如下要求:表达必须多样,因为变化令人快乐。

在翻译马基雅维利和其他伟大著作家们时,哪怕在以正常能力翻译他们时,之所以译得非常糟糕,是因为译者们在阅读根据高贵修辞术(noble rhetoric)的那些规则写就的书时,以为这些书是遵从俗众修辞术的那些规则而完成的。在一封有名的信②中,马基雅维利声明了(has testified to),他有什么要感谢古代著作家们和他们那些创造。夜晚来临,他在进入自己的书房时,先身着王者的朝服(put on regal and courtly clothes),穿戴整齐,然后进入古代人的古代朝堂(entered into the ancient courts of the men of antiquity),并受到

---

① [译按]这个表述源自柏拉图《斐德若》264b。本书仅有第296页注219提到了《斐德若》。参中译本:柏拉图,《柏拉图四书》,第二版,刘小枫编译,北京:生活·读书·新知三联书店,2019。

② [译按]1513年12月10日致韦托里的信。

古代人的热情接待。① 在那里,他汲取只属于他的养分,他为这种养分而生;在那里,他与古代人完全统一了起来,从而不害怕贫穷,忘记一切剧痛,并不为死亡所吓倒。

由于他的天性与他的献身,他进而超越了李维。《李维史论》具有独特的吸引力,并给人以独特的距离感,因为此书教诲的一部分不仅在字里行间传达,而且可以说在《李维史论》与李维《自建城以来》各自的掩饰(covers)之间传达。马基雅维利提醒我们注意李维或李维笔下人物的一些言论,马基雅维利没有引用这些言论,甚至没有提及这些言论,无论严格提及还是宽泛提及。如果从马基雅维利发人深思的语境来阅读这些言论,那么,这些言论会具有一种并不属于李维的含义,从而也会照亮(illumine)②马基雅维利的语境;以这种方式传达的思考,既无法通过单独阅读《李维史论》来获悉,也无法通过单独阅读李维《自建城以来》来获悉。

马基雅维利对其读者的期待,与其说是[在读《李维史论》之前]读过李维和其他著作家们,不如说是[122]在读过《李维史论》一遍或不止一遍之后结合《李维史论》来阅读李维和其他著作家们。③

---

① [译按]对这封信的复述严格依据意大利语原文。奇怪的是马基雅维利为什么要使用 reali[regal],这与马基雅维利身份不符。另一个问题是,施特劳斯为什么要使用 entered into,这个表述作为英语短语不能指"进入"。也许施特劳斯应该删除 into,因为这句话开头的"进入"与此处的"进入"在意大利语原文中是同一个表述 entro nel,施特劳斯翻译前者时没有使用 into。

② [译按]该词亦指"启蒙",亦见第 122 页和第 290 页。

③ [原注 89]马基雅维利有时说"将要阅读这部史书的人",意即接受过马基雅维利教导后将要阅读这部史书的人;参《李维史论》1.1 开头(参卷一前言[90]),1.23(152),2.13(264),2.18(283),2.20(290),3.3(333),3.46 靠近结尾处。他还通过说例如"明断地阅读圣经的人将看到"来传达这同一种想法;比较 3.30(409)与 1.28 开头。如果他提及"这个文本"(the text)或"这段文本"(this text)或"李维的文本",尤其当他作出这种提及之前没有先引用李维时,则他作出这种提及是在表明,有必要阅读李维史书中的整个语境;如果我没有弄错,则《李维史论》有 18 次提及"这个文本"或"这段文本"或"李维的文本"。

马基雅维利当然期待其读者带着比寻常更多的悉心来阅读李维,或返回表面来说,带着深深的崇敬来阅读李维。① 马基雅维利对于李维的叙事或李维的文本作出过一些改动,这些改动不必(need not)削弱上述崇敬。并非所有神学家都总是克制住而既没有修改圣经的叙事,又没有不准确地引用经文。对神圣经卷的此类看似放肆的处理(Such seeming liberties taken with the sacred books)很可能有助于一番虔敬的关切,即关切如何将圣经的教训应用到一个人自己身上,以及一个人所属的一代人身上。

如果李维不是马基雅维利在神学上的权威,或这种权威的对等者,那么,圣经与李维之间的类比会不完美。就机运女神及其种种作用方式来说,李维是马基雅维利的权威。据马基雅维利所说,正是李维通过一个罗马例证,并用最有效的话语,详尽证明了天或机运女神加诸属人事务的力量。李维的上述证明如此完备,以至于如马基雅维利所注意到的,无需现代例证来证实李维的论点。[《李维史论》]有两章[1.57 和 2.29]的标题几乎在逐字翻译李维的陈述,在这两章中的一章[2.29],马基雅维利再现了李维的上述证明。包含李维上述证明的此章以李维的一番陈述为章题,这番陈述是《李维史论》和《君主论》中在如下意义上仅有的章题:此章题就机运女神的力量和种种作用方式教条地发言。②

---

① [原注 90]参《李维史论》3.6(351)。

② [原注 91]《李维史论》2.29。章题几乎逐字翻译李维一番陈述的另一章是 1.57;恰好位于 1.57 前面的那一章,对马基雅维利的神学(人们也许可以用这个表述)至关重要。(3.36 的章题再现了李维的一句话,却在根本上与特征上[characteristically]均不同于李维原话,因为此标题以非李维式的"之所以……的诸原因"[The causes why]这几个词开头。)

27.《李维史论》1.1-57 批评了李维:史书成问题;李维对美德和平民判断有误

一旦以我们必须采用的严肃方式,来看待马基雅维利如何接受李维的权威,我们就会变得惊诧于他相对稀少地引用李维,甚至也相对稀少地提及李维。我们慢慢开始敢于问自己:李维到底是不是马基雅维利的最高权威?或者,难道马基雅维利没有把某些其他古典著作家看得比李维更重要?相应地,我们注意到,《君主论》中从未提到李维。李维是史学家,而马基雅维利对国事进行推理。这就是说,李维为马基雅维利提供话题,即提供例证;而从种种例证(其中只有一部分由李维提供)中得出的种种结论,或照亮(illumines)话题的那束光,或通往李维和其他史学家们所记载事件的种种原因的那种推理,来自马基雅维利。①

如我们接下来观察到的,马基雅维利不动声色地改动了李维的叙事,从而可能也不动声色地批评了李维。马基雅维利非常迟缓地、非常谨慎地(circumspectly)开始明确攻击李维,且在这样做之后,他非常少[123]回到这种攻击,但只要回到这种攻击,就[比起初攻击时]远远更令人印象深刻。首次明确攻击李维发生在全书第58章,即马基雅维利开始明确批评古代罗马[1.39]之后大约20章。但是,在全书第49章,他已经公开承认,李维的《自建城以来》可能在一个有些重要的方面有缺陷,这个方面关系到"指控与诽谤"的问题。在同一章,马基雅维利谈及佛罗伦萨时指出,超过某个时间点后就不再能获得对佛罗伦萨事务的"真实记忆"。李维《自建城以来》具有那个可能的缺陷,有没有可能是因为在马基雅维利所提及的文段中,李维记载了一个事件,却对此事件没有"真实记忆"?确定的是,李维本人在此文段中谈论了对年代久远的那些事

---

① [原注92]参例如《李维史论》1.7,1.28。

件的不确定。①

因此,关于李维叙事如何可疑,以及关于李维本人如何多次提及这种可疑,马基雅维利均未绝对保持沉默。在全书第 16 章,马基雅维利已经谈论过"在古代史书的记忆里读到的"事情:李维的《自建城以来》,确切来说即此书前十卷,就由古代史书的这些记忆构成。② 但是,哪怕通过真正历史性的记载(truly historical records)——这种对过往事件的记载由这些事件同时代的人们写定——而知道的东西,也不如现在人人能都看到的东西那么真实地为人所知道;通过真正历史性的记载而知道的东西是相信的对象,而不是感知(perception)的对象。③

正因如此,马基雅维利才能做如下两件事:[第一,]他能以他对李维叙事的概述取代李维的叙事本身,他所用方式是有时把一些对李维的概述描述成"那些文本",而这些对李维的概述并未征引李维;然后,[第二,]他还能暗示,"那些文本"是李维与马基雅维利共同的作品:马基雅维利能像李维本人一样好地——或几乎像李维本人一样好地——为"那些文本"作保。④

---

① [原注 93]李维《自建城以来》4.23.1-3。

② [原注 94]《李维史论》1.16 靠近开头处;参"史书"与"对古代事物的记忆"在 1.10(122)并置;至于"史书"与"记忆"之间的关系,亦参 2.4(242),2.5(247)。

③ [原注 95]参《李维史论》1.29(160)如何区分"那些史书"与"每个活在当下的人都知道"的东西。请思考马基雅维利对"人人皆知"这个表述的运用,这个表述准确来说指向如下事实:只有"最新例证"可以真实地为人所知道;参 1.21(149),1.23(152)(参 1.24[154]),1.56,2.12(261),2.21(292),3.6(355),3.43(436)。亦参 3.42(435)如何区分读到的与看到的;参 1.58(217-218)。参《战争的技艺》卷二(480)。

④ [原注 96]《李维史论》1.8(117),1.40(186),1.54,3.26;参 1.52 开头,3.38 开头。在 1.40(184),马基雅维利在概述李维关于十人团的叙事时(他称这番概述为"这段文本"),偏离了李维的说法(李维《自建城以来》3.33.7),说阿皮乌斯·克劳狄乌斯具有"一种新的本性";在 1.41,马基雅维利

可能正因如此,马基雅维利才有时琐屑地改动李维的记载:早期罗马人是否在某一年发动过战争,以反对邻近部落如埃魁人,而非反对另一个部落如沃尔斯基人——这个问题并不因李维说早期罗马人曾这么做而变得十足地确定。史学家就算在他的史实方面值得信赖,也不必然在他对史实的挑选方面值得信赖;史学家们倾向于把神迹般的或壮观的事情视为最值得记住的事情。马基雅维利在重述有关十人团的叙事时,几乎没有(barely)提到李维相当详尽地讲述过的维尔吉尼娅(Virginia)事件,更不用说马基雅维利[124]在谈论阿皮乌斯·克劳狄乌斯的错误时,事实上并未提及那个十恶不赦的(heinous)罪行。①

同样重要的是,[马基雅维利]在陈述一般原因时,即在陈述一类属人行为的原因时,明确引用过一些史学家,其中第一位不是李维,而是塔西佗。② 八章之后,马基雅维利概述了"古代著作家们"关于一般属人行为的一项观察,然后提供了他本人的一番"论说",在这番论说中他陈述了古代著作家们所观察的那个现象的原因。然后,他指出,与古代人相比,现代人能更容易地知晓关于人最根本的真相,因为把"当前事物与古代事物"放在一起思考,可以最容易

在提到这个评论时,说阿皮乌斯·克劳狄乌斯已经"改变了本性,如我在上文所说"(强调非原文所有)。参献辞如何提及马基雅维利在《李维史论》中的叙事(narratives),而非他此书中的论说(discourses)。

① [原注 97]《李维史论》1.29(161),1.40(186);参李维《自建城以来》3.44-48。马基雅维利在 3.5 谈论卢克瑞提娅(Lucretia)被强奸,从而把他对维尔吉尼娅事件的讨论正当化。

[译按]前 449 年,罗马十人团首领阿皮乌斯·克劳狄乌斯强暴平民维尔吉尼娅,维尔吉尼娅之父卢基乌斯·维尔吉尼乌斯(Lucius Verginius)时任百人团团长,领导平民推翻了十人团的僭政。

② [原注 98]《李维史论》1.29(159);对塔西佗的提及与 1.28 开头形成对比,在 1.28 开头马基雅维利通过"阅读有关共和国所做事情的记载"而得出了某个结论,然后"探索"了所讨论现象的"那个原因"。参本章上文注 91 论 3.36 的标题。

地辨识出上述真相。①

在所有这些准备工作完成之后很久,马基雅维利才首次赞美李维。在一章[1.47],马基雅维利在关于宗教的那一篇[1.11-15]居中一章[1.13]之后首次明确引用了李维的拉丁文原文;②在另一章[1.49],马基雅维利首次明确陈述了李维的《自建城以来》可能有缺陷——上述前一章[1.47]的前一章[1.46]是上述后一章[1.49]之前的第三章,他在此章说:

> 由于提图斯·李维最明智地解释了为何发生这种情况,故要准确陈述他所说的话,在我看来不会徒劳无功(it does not seem to me not to be to the purpose)……③

李维这番最明智的推理包含如下两则评论:[第一,]尽管罗马贵族不赞同自己的子孙对平民施暴,但若不得不越轨(if the line had to be overstepped),则他们宁愿越轨的是他们的自己人,而非他们在国内的敌人们;[第二,]看起来,要么必然做出错事(to do wrong),要么必然遭受错待(to suffer wrong)。人们容易看到,为何李维的这番推理应该在马基雅维利看来(appear to Machiavelli)"最明智"。但是,对李维这番特定推理的赞美暗示了,李维并不总是"最明智地"对他叙述的事件进行推理:正是这种对李维的赞美透露了对李维的全面批评。

此外,对于贵族与平民,李维看来同等地指控了二者具有危险的野心;但是,马基雅维利在重述了李维的推理之后,紧接着作出自

---

① [原注99]《李维史论》1.37(175),1.39开头。参本章上文注85。

② [译按]本书第111页说,第二次密集引用李维拉丁文原文始于1.40。这里为什么说是始于1.47? 因为这里强调的是"明确"引用,即引用时以"提图斯·李维说"起头,而1.40没有这么明确地引用。

③ [译按]《李维史论》1.46,对应中译本第271页第4至5行。

己的论说时,对平民的野心完全保持沉默:马基雅维利谈论了有些个人的野心,这些个人利用了普通民众对人身保护与金钱保障(protection and monetary support)的欲望。凯撒可能是这样的个人中最伟大的例证。在此,马基雅维利引用了撒路斯提乌斯(Sallustius)①放入凯撒之口的一句话,并称这句话"最真实"。② 下一章指出了,为何李维的推理并非"最真实"。

在重述[125]李维关于罗马平民一项行动的叙述时,马基雅维利引用了其中一句话,在这句话中,李维把这项行动追溯到当时平民作出的不带激情且并不败坏的判断。然后,马基雅维利不动声色地使李维的解释更加精确,从而也纠正了李维的解释:平民——任何时代的任何平民——对于具体事务在可容忍的意义上具备良好的判断力,却在一般事务方面容易受欺骗。马基雅维利在提出他的观点之后,进一步引入了一条李维引文,同时评论道,据李维所说,平民的那项行动透露了,罗马平民的头脑在那个特定时期多么高超(lofty),而李维惊异于平民的那项行动,倒也正常;马基雅维利暗示,李维的惊异之所以正常,是因为李维没有清楚地把握住民众头脑的特征。

紧接着,马基雅维利重述了李维关于卡普亚一个事件的叙述,卡普亚这个城邦中的一切,尤其平民,都很败坏:在一个严格对等的情况下,败坏的卡普亚平民与未败坏的罗马平民在行动上并无不同。这个叙事中的主人公是一位卡普亚高级官员(a high Capuan magistrate);在阅读马基雅维利的[叙事]版本时,人们得到的印象是,这个卡普亚人是既有公共精神又智慧的公民;马基雅维利隐瞒

---

① [译按]参第 33 页译按。

② [原注100]《李维史论》1.46。参此章靠近结尾处如何提及"我在上文陈述的那些理由",即并非李维陈述的那些理由。此章开启了关于平民或多数人的一篇[1.46-59],[321]马基雅维利在此章两次提及他早先的说法;由此,他提及 1.33,那一章开启了关于统治阶级或"君主们"的一篇。

了李维的如下评论,即这里说的这个人是"一个缺德却并非完全迷失的(lost)①人",此人宁愿主宰(to lord it over)一个完好无缺的共富国,而非一个遭到摧毁的共富国:聪明的缺德与道德的价值(clever wickedness and moral worth)②之间的区分,在马基雅维利眼中不如在李维眼中那么"真实"。③

马基雅维利正好在他首次明确攻击李维[1.58]之前的那一章进行这种思考。在明确引用了李维的一些拉丁文原文后,马基雅维利明确重复了李维的话,且在重复时作出一些改动:李维本人说到平民已经变得"顺从",而马基雅维利使李维说到平民已经变得"可鄙而虚弱"。④

28.《李维史论》1.1-57 批评了一般而言的权威:"相信"与"民众"之间有关联

马基雅维利克制地批评李维,为他批评权威本身作了准备。在《李维史论》全书前 57 章,我们发现了一些进一步的暗示,这些暗示直接影响到这个更广泛的问题。《李维史论》三次提到西塞罗这位最著名的拉丁文散文著作家;[第一,]全书第 4 章带着赞许把西塞罗当作政治思想家来引用;[第二,]全书第 33 章把西塞罗当作已经认识到庞培犯下一个严重错误的人来引用;[第三,]全书第 52 章表明,西塞罗已经毁掉了他自己及其派别,因为他的判断有一个本来

---

① [译按]如稍后注 101 所示,该词见李维《自建城以来》23.2.4,拉丁文作 perditus,不少英译本均译作 abandoned[堕落/放纵],但按施特劳斯下文的理解,此词似乎并非就道德而言,而是就认知而言。

② [译按]"道德的价值"亦见第 131 页和第 294 页,尽管中译省了"的"字。

③ [原注 101]《李维史论》1.47。李维《自建城以来》23.2.1-2,23.2.4。

④ [原注 102]《李维史论》1.57。参本章上文注 91。

可以轻易避免的严重错误。①

在全书第18章靠近开头处,马基雅维利[126]说——哪怕他似乎说得相当随意——"对一切进行推理是好事",而他在《君主论》中说:[第一,]"人们不应该对摩西进行推理,因为摩西不过是上帝命令他做的事情的执行者";[第二,]人们不应该对教会君主国进行推理,"因为上帝抬举并维持着它们,所以讨论它们是一个张狂且鲁莽的(temerarious)人才会做的工作"。②《李维史论》全书第18章以"我相信"开头,而上一章以"我判断"开头。区分"相信"与"判断",让我们记起塞涅卡(Seneca)《论幸福生活》(De vita beata)第1章中的一段话:

> 人人都宁愿去相信,而非去判断。对于生命攸关的(vital)事情,人们从不去判断,而总是去相信。手手相传的错误(Error transmitted from hand to hand)总是把我们推来攘去,令我们一头栽倒,而且我们因跟随取自他人的例证而毁灭。我们只要从人群中退出,就将被治愈。然而,就现状来说,民众作为其自身之恶的捍卫者,顽固地站在理性的对立面。③

我们若渴望理解马基雅维利的思考,就必须非常关注塞涅卡所说的"相信"与"民众"之间的亲缘关系。④

---

① [原注103]《李维史论》1.4(105),1.33(169),1.52(205)。

② [原注104]《君主论》6(18),11(36)([译按]对应中译本第21页第4至5行,第43页第2段最后两行)。参《李维史论》1.18结尾("我们在此章对……进行推理")。

③ [译按]具体在1.4-5,参中译本:塞涅卡,《论幸福生活》,穆启乐等译,上海:上海人民出版社,2017,页31。

④ [原注105]《李维史论》全书只有1.17以"我判断"开头,却有两章以"我相信"开头(1.18,2.26)。参3.48标题中的"人们应该相信"(参上文第36页)。《曼陀罗》全剧居中一场[第3幕第10场]以"我相信你相信"开头,全剧

29. 马基雅维利在 1.58 攻击了所有著作家与权威本身:理性、青年、现代起而反对权威、老年、古代

在全书第 58 章,马基雅维利明确质疑了李维和"其他所有史学家",或如他稍后所说,明确质疑了"所有著作家"。马基雅维利是在向前推进时或歇口气时扩大了其攻击范围,还是暗示了所有著作家——他之前的所有著作家——在某种意义上都是史学家呢?他确定地继续说道:

> 假如人们甚至不会希望要么使用权威,要么使用强力来为任何意见辩护,那么,我现在和将来都不会判断道,用道理(reasons)为任何意见辩护会是一个缺陷。①

马基雅维利再清楚不过也再温和不过地陈述了如下原则:只有理性②而非权威才能赢得他的同意。原则上拒斥权威,意味着拒斥"好的等于古老的"这个等式,从而也拒斥"最好的等于最古老的"这个等式;原则上拒斥权威,意味着减损对古人们(old men)的崇敬,这里说的古人们即最接近古老时代(the olden times)的人们。

《李维史论》卷一几乎以赞美最古老的古代开头,并严格来讲以赞美"最年轻时(in their earliest youth)就已取得胜利"的许多罗

第二场以"我相信"(尼洽[Nicia]的台词)开头,全剧第三场以"我不相信"(李古潦[Ligurio]的台词)开头。《战争的技艺》有两卷(卷二和卷六)以"我相信"开头。参孟德斯鸠《罗马盛衰原因论》(Considérations sur les causes de la grandeur des Romains et de leur décadence)10。[译按]中译本:《孟德斯鸠文集第 3 卷:波斯人信札/罗马盛衰原因论》,许明龙译,北京:商务印书馆,2022。

① [原注 106]《李维史论》1.58 开头([译按]对应中译本第 303 页第 1 至 2 行)。参 1.10(124);《战争的技艺》卷四(550)。参上文第 41 页,第 107 页,第 115-116 页,以及本书第二章[第 61 页]注 20。

② [译按]引文中的"道理"原文作不可数名词时即"理性"。

马人结尾。卷二则以谴责对古老时代的赞美开头,对古老时代的赞美是对人们来说自然而然的一种非理性倾向。马基雅维利把他那充满激情[127]又缄默无言的召唤说给一些青年听,他们的明智没有弱化他们的头脑的青春活力、他们的敏捷、他们的尚武、他们的冲动,还有他们的无畏(their youthful vigor of mind, quickness, militancy, impetuosity and audacity)。① 理性、青年、现代起而反对权威、老年、古代。研究《李维史论》时,我们变得见证了所有青年运动中最伟大的那场运动如何诞生,并且不禁变得受到这种见证的驱动:那场运动就是现代哲学,而我们仅仅在[现代哲学]这个现象的衰败、堕落状态、年老昏聩之中(in its decay, its state of depravation and its dotage)通过看到而非阅读来知晓这个现象。

30. 马基雅维利基于种种民主理由攻击了整个传统;他借此暗示,民众而非ἐπιεικεῖς②[贤人]才是道德和宗教的贮藏所

马基雅维利就一个主题挑战了"所有著作家",这个主题就是多数人[在何种程度上]有智慧并有恒心(constancy)。③ 他反对整个传统和"普通意见",④从而主张多数人比君主更有智慧也更有恒心:人们并非没有理由将民众的声音,即"一种普遍意见"(a universal opinion),比作上帝的声音。人们也许容易看出,马基雅维利是第一个这样的哲人:他以多数人或民主制的名义,质疑了那种贯穿

---

① [原注 107]《李维史论》1. 60,卷二前言(230);《君主论》25 结尾;《战争的技艺》卷一(454,473),卷三(512)。

② [译按]ἐπιεικεῖς的缩合形式。

③ [译按]参第 206 页"多数人无恒心"。亦参《论语》7. 26 曰:"善人,吾不得而见之矣;得见有恒者,斯可矣。亡而为有,虚而为盈,约而为泰,难乎有恒矣。"

④ [译按]第 30-31 页讨论过"普通意见"。

古典哲学的贤良制式成见或前提。他宁愿要更多民主的罗马政体，而不要更少民主的斯巴达政体。他表达了如下意见：民众的意图比大人物的意图更诚实或更正义。

千真万确的是，他不支持多数人的统治：所有简单政制都糟糕；每一种所谓的民主制，除非濒临无政府状态，否则都是事实上的寡头制。① 但是，他那个支持多数人的偏向，使他能够——或迫使他——不去完全认同古典传统的贤良制式或寡头制式共和主义：君主乃至僭主也可能满足普通民众的正义要求。这从一个方面解释了，为什么《李维史论》的论证某种程度上在于，从共和国离开，向着君主国，乃至向着僭主国(tyrannies)运动；或者说，这从一个方面解释了，为什么马基雅维利在有些论说中看起来完全中立地对待自由国家(free states)与僭主国之间的冲突；又或者说，这从一个方面解释了，为什么他有时似乎模糊了僭主国、君主国、共和国之间的区分。

我相信，并非偶然的是，《佛罗伦萨史》中最令人震惊的或最"马基雅维利式"的文段，是一个出身佛罗伦萨平民的人在1378年对佛罗伦萨平民发表的演说。佛罗伦萨平民曾实施纵火和抢劫，且害怕遭到惩罚；平民的这位出身平民的领袖就规劝自己的听众去加倍做他们所犯下的恶行，[128]去加倍地纵火和抢劫，因为小错会遭到惩罚，而巨大且严重的错误会受到奖赏；平民不应该为自己的对手所具有的古老血统所吓倒，因为所有人皆有同样的开端，故所有人皆同等地具有古老血统，或者说，所有人皆依据自然而平等，只不过是贫富使所有人变得不平等；只有凭借欺诈或强力才能获得巨富和大权；守信的人们总是受役使，好人们总是贫穷；平民不应该为自己的良知所吓倒，因为哪里有人恐惧饥饿和监禁，哪里就有人不可

---

① [原注108]《李维史论》1.2(100-102)，1.5-6，1.16(139)，1.37(178)，1.44；《君主论》9(32)，8。注意《李维史论》以赞美一项反民主措施结尾。

能也不应该恐惧地狱;上帝和自然这样规定,以至于人们能通过作恶而非行善,来获得自己所渴望的东西。

无论如何,人们可以说,马基雅维利在《李维史论》中指出统治阶级的特征时,是从平民的视角来看待统治阶级。① 然而,人们可以同等正当地说,马基雅维利在某种程度上从贵族的(patrician)视角来看待平民。②

目前,我们必须仅限于更准确地思考《李维史论》全书第58章,此章是马基雅维利在章题中断言多数人优于君主的唯一一章。他攻击了一种"普通意见",依据这种意见,多数人在智慧上劣于君主们;此外,他主张,多数人的声音即"一种普遍意见"可能正确。但是,与多数人的智慧有关的"普通意见"难道不是"一种普遍意见"?"普遍意见"难道没有断言"普遍意见"可能出错?因此,多数人神谕般的声音难道没有否认多数人有智慧?马基雅维利为了确立普遍意见的权威,难道不应该质疑普遍意见的权威?他难道不应该说:[第一,]普遍意见必定(must)出错,普遍意见才可能(can)正确;[第二,]普遍意见必定正确,普遍意见才可能出错?

针对这些[反问],人们也许试图论证如下:"所有著作家"的"普通意见"不是"一种普遍意见",即不是多数人或民众的一种意见;③在[全书第58章的]11章以前[1.47],马基雅维利就曾主张,民众的意见可能在具体事务上正确,却可能在一般事务上出错;因

---

① [原注109]《君主论》9;《李维史论》1.40(183,186-187),1.52结尾。请观察1.10与1.16在术语方面的差异,以及1.25结尾对术语的评论;在2.9开头,马基雅维利称罗马共和国为君主国,并在2.12(263)称罗马共和国和瑞士联盟(the Swiss confederacy)为王国。《佛罗伦萨史》3.13。李维《自建城以来》6.27.5-6。参上文第70页,本章[第108页]注51。

② [原注110]参上文第112-113页,第124-126页。参《佛罗伦萨史》2.34(104),2.36(109),2.37(112),2.41结尾,3.17结尾,3.18开头,3.20(157),6.24(306)。比较《李维史论》1.28-29,与 Opere, vol. ii, pp. 704-707。

③ [原注111]请思考"普遍意见"在2.17开头的含义。

此,即使不仅著作家们而且诸民众自身都否认诸民众有智慧,但这个评判作为对一般事物的判断很可能出错,可民众在具体事务上可能有智慧;[129]正是在全书第58章,马基雅维利没有超越如下主张:多数人或民众很神奇(marvelous),能预见自身的祸与自身的福,即自身此时此地具体的福祸。

然而,马基雅维利在前文的讨论中已经表明,在具体事务上,罗马元老院要欺骗民众或平民,有多么容易。即便多数人在具体事务上有健全的判断力,但倘若具体事务出现的场合超越了多数人的认知范围,则这样的判断力也几乎没有价值:通过改变场合,一个人将改变具体事务的含义。此外,人们公认民众无能力处理的一般事务,是这个场合的一个重要部分。若得不到关于一般事务的真实意见的保护,对具体事务的健全判断力就没有可能。因此,往往更驱动多数人的是看似存在的事物,而非[真实]存在的事物。

因此,马基雅维利能用一个想法安慰君主,这个想法就是,君主能在他的性格方面,即在一个具体事务上,轻易欺骗多数人;此外,马基雅维利必须警告共和国,民众尽管据说神奇到能预见其自身的祸与福,但[实际上]往往出于如下原因而渴望其自身走向毁灭,这个原因就是,民众受到善的虚假表面欺骗,并容易受伟大的希望与勇敢的应许①驱动。在全书第58章本身,马基雅维利说,民众能掌握他们听到的真相。从前文的一些评论来看,这个评论意味着,民众不能凭自己发现真相。若凭自己,则民众无知;民众需要引导;明智的(prudent)公民们必须迫使或劝说民众明智地(sensibly)行动。罗马元老院就是这类明智公民们组成的团体。②

全书第58章中尤其引人注目的是,马基雅维利在那里比较了

---

① [译按]"伟大的希望与勇敢的应许"这个表述见于《李维史论》1.53。
② [原注112]《君主论》18 结尾;《李维史论》1.4(105),1.11(126),1.25 开头,1.47-48,1.50(202),1.51 开头,1.53,2.22 开头,3.14,3.34;1525年3月15日致圭恰迪尼的信。

多数人（或民众）的智慧与君主们（即国王们、皇帝们、僭主们）的智慧，却只字未提共和国中"君主们"（即统治阶级）的智慧。相反，在此章的论证的相当大一部分中，马基雅维利不动声色地用"诸共和国"取代了"多数人"；由此，他并非不动声色地对比君主们的智慧与多数人（或普通民众或平民）的智慧，而是不动声色地对比君主们的智慧与罗马元老院的智慧，从而也使真正的问题完全不可见。①

一旦人们反思"多数人或平民需要引导"这个事实，真正的问题就会变得可见。某些法律和秩序通常提供这种引导，这些法律和秩序如果会有[130]任何价值，则必然源于更优越的那些头脑，即源于缔造者们或君主们的头脑。这样理解的君主们包括负责持续不断缔造罗马的一系列一流人物，关于这些君主，马基雅维利在全书第58章说，他们比诸民众更优越，因为只有这些君主适合确立新的法律和秩序，而诸民众在维持已确立的模式和秩序时比君主们更优越。换言之，"君主们"是社会中从事缔造或从事创新或具有理性的要素，而民众是从事保存或从事保守的要素：一旦民众开始憎恶或热爱某事物，即具有某种地位或特征的事物，则民众能坚持这种[憎恶或热爱的]意见达数个世纪。民众是既定事物的贮藏所（the repository），是古老模式和秩序的贮藏所，是权威的贮藏所。因此，人们可以暂时说，在荣耀方面，诸民众远胜君主们。

但是，无论如何，人们必须得出结论说，在善（goodness）的方面，诸民众远胜君主们；因为善或道德本质上具有保存性或保守性，而不具有创新性或革命性，而君主们的原型是罗慕卢斯这个杀死兄弟的人。② 诸民众是道德的贮藏所。说了所有这些之后，这并不意味着，诸民众总是——或哪怕大部分时候——有道德地行动；或者

---

① [原注113]参1.58结尾，1.59开头；亦参马基雅维利在1.58提到的1.29。

② [原注114]《李维史论》1.58(220)；参1.9(120)。

说,这甚至并不意味着,诸民众根本上有道德;相信道德,尚不是道德。

马基雅维利阐明民众的保守性,是通过如下事实:罗马民众憎恨国王们这个称谓达许多世纪。然而,在同一个语境中,马基雅维利宣称:

> 出现对诸民众不利的意见,是因为人人都可以无畏而自由地谈论诸民众,甚至在诸民众施行统治时亦然,但人们总是心怀千般畏惧和千般尊敬来谈论君主们。①

罗马民众几乎不可能驱逐罗马国王们之后憎恨国王们这个称谓达许多世纪,而总是心怀千般畏惧和千般尊敬来谈论国王们。考虑到罗马平民与罗马元老院(或罗马"君主们")之间的暴力斗争,除非人们假定"君主们"并非总是指独一统治者,或甚至并非总是指一般而言的属人政府,否则不可能解决[马基雅维利笔下的]这个矛盾。我们猜测,马基雅维利有时用"君主们"指一些超人权力。反之,由于他有时用"属人存在者们"指民众或[131]普通人们或统治对象们,②故人们没有理由认为,他在恰当的场合不会用"民众"指区别于超人存在者们的属人存在者们。无论如何,诸民众为什么是道德的贮藏所,诸民众就为什么也是宗教的贮藏所。③

---

① [译按]《李维史论》1.58,对应中译本第307页第2-4行。
② [原注115]《李维史论》1.25,1.32标题和开头,1.45结尾,1.47(比较此章标题和开头与结尾),2.22标题和开头。
③ [原注116]伏尔泰(Voltaire)《哲学辞典》(*Dictionnaire Philosophique*),Julien Benda编,卷一,页165,页180:

> 确实,[罗马的]皇帝们、大人物们和哲人们不信仰这些神秘仪式(ces mystères);但是,民众在宗教方面对大人物们立法,强加给他们如下必要性(la nécessité),即表面上依循(se conformer en apparence)民众崇拜。为

31. 马基雅维利的民主学说源于"道德是最高事物"这个反讽的前提,源于他是革命者即暴发户,源于"总是要诉诸某些ἔνδοξον[普遍意见]"这个必要性

我们在此被迫作出一个观察,这个观察类似于我们在思考马基雅维利如何首次着重谴责古代罗马时所作出的观察。马基雅维利不赞同李维对多数人的判断,这种不赞同的明确性和着重性与——我们可以这么表述——这种不赞同的真实性并不相一致。① 在放弃诉诸权威时,更不用说在放弃诉诸强力时,马基雅维利并没有放弃诉诸诡计(guile)。他并非严肃地不赞同李维对多数人的判断。至于道德的地位,马基雅维利则确实不赞同李维,也不赞同"所有著作家"。

这并非否认,通过质疑关于道德地位的传统观点,马基雅维利得以自由地质疑关于贤良制的传统观点,或者说,自由地质疑关于有道德价值的人们施行统治的传统观点。但是,质疑关于贤良制的传统观点,非常不同于采纳极端平民主义的观点,而马基雅维利在全书第58章似乎采纳了极端平民主义的观点。传统学说断言,"更

了束缚民众,大人物们不得不表面上也戴着与民众同样的枷锁……小民总是狂热,也总是野蛮(le petit peuple, toujours fanatique et toujours barbare)。

参《李维史论》1.11靠近结尾处。

[译按]注中的独立引文原文为法语,方括号内容为引者所补。伏尔泰(1694—1778),原名弗朗索瓦-马利·阿鲁埃(François-Marie Arouet),近代法国启蒙作家,其《哲学辞典》作于1752年,是为当时的百科全书撰写的哲学辞条汇编。中译本:王燕生译,北京:商务印书馆,1991。注中的独立引文的省略号前的部分对应中译本第346页第2段第2至5行,省略号之后的部分在十多页之后,但笔者没有在中译本中找到对应位置。

① [译按]意即:哪怕明确且着重,但并不真实。

优异的(better)人们"在道德方面更崇高(superiority)。据马基雅维利所说,他对罗马共和国的解剖让他有资格判断道,名副其实的统治阶级必然在远见方面比多数人更优越(superior),但最确定无疑的是,他们并非在道德方面也更崇高;相反,他们在道德方面比其统治对象更卑劣(inferior)。鉴于马基雅维利反讽地接受了"属人卓越就是道德卓越"这个大前提,故他得出如下结论:多数人完全比"君主们"更优越(superior)。这并不意味着,他对这个大前提的接受很武断。

马基雅维利是带来新模式和秩序的人。他是革命者,这就是说,他的对手们有法律和一切受到尊敬并享受尊荣的东西作为后盾。与他所攻击的那些权力相比,他很可能如他对自己所描述的,看起来是低等且卑微的处境中的存在者;此外,如他所教诲的,一个人要从这种处境中崛起,就得通过欺诈,而非其他手段。马基雅维利是并非仅就字面含义而言的"民众中的一员",且每个中学男生理应知晓的东西无法充分说明马基雅维利从拉丁文转向俗语[意大利语]时所意味的东西。

他笔下那位出身平民的领袖鼓励平民不要为良知所吓倒,即不要为对地狱的恐惧所吓倒;这位领袖是[132]马基雅维利的一个漫画形象,但[哪怕]一个人的漫画形象[也]透露了这个人本身的一些东西。不过,甚至一位出身平民的领袖也不只是一介平民,平民的领袖本人不必然是一介平民。然而,作为受尊敬的一切的反叛者,马基雅维利若渴望[俗众]在他死后听从他的新模式和秩序,就当然必须使自己适应俗众的品味。这从一个方面解释了,为何马基雅维利展示出一种支持极端事物和壮观事物的偏向。

一个像拖延者法比乌斯·马克西穆斯(Fabius Maximus Cunctator)①的人必然不受民众欢迎,这种人绝不可能向民众证明自己的

---

① [译按]参第 106 页译按。

意见健全,这种人的意见一定看起来可鄙(abject)。① 假如一个人完全清楚地辨识出了,崇尚经验的(empirical)法比乌斯这样的人们在出于本能而行动时,遵从哪些真实而自然的原则,那么,此人甚至会更少受到民众欢迎:关于最一般的、最全面的事物的真实意见,绝不可能变成受民众欢迎的意见;这种真实意见必然在民众看起来缺乏魅力,甚至既可鄙又低级(degrading)。

除非通过一个办法,否则马基雅维利不可能训练他的读者们去为他们自己发现他只能暗示的那些卑劣(lowly)却真实的原则;这个办法就是在不同场合诉诸不同原则,所有这些原则都值得尊敬,或值得公开辩护,却相互矛盾:这些原则之间的矛盾会把某些读者引向那些赤裸裸的真实原则。由此,马基雅维利通过诉诸原初的基督教,来缓和他对罗马教会的攻击。他通过赞美一般而言的宗教,来缓和他对圣经宗教的攻击。他通过赞美人性和善,来缓和他对宗教的攻击。他通过诅咒僭政,并通过神化(blessing)自由及其奖赏——这种奖赏就是元老院恒久的明智和慷慨——来缓和他对善和人性所处的那些坏的且非人性的境况所作的分析。他通过敬仰普通民众的善和他们对宗教的笃信,并通过敬仰普通民众的要求所具有的正当性,来缓和他对最高的共和国式美德所作的严厉分析造成的影响(the impact of his unsparing analysis of republican virtue at its highest)。他通过诉诸一种爱国主义,来缓和他对普通民众的缺陷所作的严厉分析造成的影响,这种爱国主义把最凶猛的狮子与最精明的狐狸所奉行的铁与毒的政策正当化,或把传统上作为僭政而

---

① [译按]该词在例如第42页译作"卑微"。[原注117]《君主论》献辞,6(19);《李维史论》1.11(126),1.53(207),2.13;《佛罗伦萨史》3.13。参本章上文注49。

为人所知的那一类统治正当化。①

32.《君主论》之于《李维史论》,正如缔造者之于民众(圣经)——《李维史论》更接近ἔνδοξα[一般意见],因为《李维史论》包含更详尽的对ἔνδοξα[一般意见]的毁灭性分析

我们现在能够比以往可能的时候更充分地描述马基雅维利这两本书之间的关系。依据第一印象,《君主论》致力于讨论[133]君主国,而《李维史论》致力于讨论共和国,这种第一印象不是在误导人。《君主论》特有的主题是最超拔意义上的君主,或带来新模式和秩序的人,或缔造者。《李维史论》特有的主题是维持既定模式和秩序的民众,②或贮藏道德和宗教的民众。如果千真万确的是,如我所相信的,圣经提出了道德和宗教那些最纯粹且最不妥协的要求,那么,《李维史论》的核心主题必定是分析圣经。

这并不意味着,《李维史论》对缔造者们保持沉默。相反,《李维史论》比《君主论》远远更透彻地阐述了缔造者现象:《李维史论》不仅讨论了居鲁士和忒修斯这样的英雄式缔造者,同样讨论了像罗马元老院这样的一系列"持续不断的缔造者",还讨论了像罗慕卢斯这样的缔造者-统帅,而《君主论》只在单独一章[第6章]提到了罗慕卢斯这样的缔造者-统帅——更不用说提到缔造者-统帅马基雅维利本人。"《君主论》特有的主题是缔造者,而非道德和宗教的贮藏所[即诸民众]"这个主张意味着,诸民众的视角在《君主论》中不像在《李维史论》中那样占上风。在《李维史论》中,[马基雅维

---

① [原注118]请思考1.11-15对宗教的分析与1.9-10对僭主的谴责之间是什么关系,以及2.2对基督教的批评与那个批评所在的上下文对(民主)共和国的赞美之间是什么关系。

② [原注119]参上文第28-29页。

利]甚至从已缔造社会的视角来审视缔造者们自身。因此,《李维史论》大量用到国王与僭主之别,并恰到好处地频繁而着重谈论了共同善与良知;因此,马基雅维利在《李维史论》中有时谈论"我们基督徒"。换言之,《李维史论》比《君主论》更接近一般接受的[意见],或民众接受的[意见]。

但是,同样出于这个原因,在详尽地分析或解决或摧毁一般接受的[意见]时,《李维史论》比《君主论》走得远得多:《李维史论》中对"所有著作家"的攻击,在《君主论》中没有对等物。而且,如果马基雅维利没有写过《李维史论》,那么,民众原本不会像现实中这样频繁而轻易地谈论马基雅维利的"异教"。但是,如果马基雅维利没有写过《君主论》,那么,他超越民众的立场而迈向缔造者的立场这一点,就本不会像实际上这么明显。

所有这些都仅仅证实了,他暗示道,尽管这两本书各自都包含他所知晓的一切,但在《君主论》中,他在可能的最高程度上浓缩了他所知晓的一切:仅仅在《李维史论》中,[134]他才有余地和闲暇从"对我们来说首要的"(first for us)事物开始,并通往"依据自然首要的"(first by nature)事物。

33. 马基雅维利使古代罗马人变得"更好",即比他们实际上更少笃信宗教,也更少合乎道德

再者,我们现在能够在某种程度上为马基雅维利辩护,以反对一位现代批评者的如下观察:马基雅维利完全扭曲了李维叙事的意义,并篡改了李维叙事的精神。如果[这位批评者]意在使这番批评暗示,马基雅维利知道自己在做什么,那么,这番批评完全正当。马基雅维利有意识地用李维来达到属于马基雅维利而不属于李维的种种意图(his non-Livian purposes)。马基雅维利有意将罗马统治阶级实际上之所是(as it was)改造成了他所认为的统治阶级原本应该之所是(as, according to him, it should have been);他使罗马统治

阶级变得比其实际上之所是"更好";他将一个群体改造成了另一个群体,前一个群体中最好的成员们是具备杰出美德和虔敬的人,后一个群体中最好的成员们则从所有的俗众成见中完全解放出来了,从而只受马基雅维利式明智引导,这种明智服务于每个人对此世永恒荣耀抱有的不可满足的欲望。

通过马基雅维利的呈现,人们得到了这样的印象,即罗马在努马·蓬皮留斯之前没有宗教:[尽管]李维以种种证据(testimonies)表明,罗慕卢斯对罗马的缔造具有宗教性,[但]马基雅维利对这些证据保持沉默。马基雅维利很可能采纳了珀律比俄斯对种种公民社会那些开端的描述,因为这种描述对诸神和宗教保持沉默。① 李维的一番叙事让马基雅维利有机会赞美道,在一次答复罗马的盟友们时,罗马元老院展现了"慷慨和明智";李维笔下的元老院在其答复中提到"诸神的突然震怒";马基雅维利笔下的元老院则太过"慷慨和明智",或太好地知晓"此世事物",以至于没有提到"诸神的突然震怒"。②

李维笔下有些人亲眼见证了缺德立法者阿皮乌斯·克劳狄乌斯的覆灭,这些人各自都低声自言自语道,诸神终究存在,诸神没有忽视属人事物,傲慢和残忍遭受了它们[应受]的属神惩罚,这种属神惩罚虽然迟来却不轻;这同一个事件让马基雅维利有机会反思道,既不明智又无用的做法就是,从谦卑跳跃到傲慢,从怜悯跳跃到

---

① [原注 120]李维《自建城以来》1.1,1.7,1.10,1.12;《李维史论》1.11(126),1.2(98—100)。
——比较亚里士多德如何描述城邦的"自然"起源和特征,与菲斯泰尔·库朗热(Fustel de Coulanges)在《古代城邦》(*La Cité Antique*)中如何记载[322]"神圣的"城邦。[译按]库朗热(1830—1889)是法国史学家,于1864年出版其代表作《古代城邦》。该书中译本:谭立铸译,上海:华东师范大学出版社,2006。

② [原注 121]李维《自建城以来》3.6.5;《李维史论》1.38(179,181)。

残忍,而不去适当地采取那些居间步骤。①

据李维所说,卡弥卢斯(Camillus)②曾向阿波罗发誓,要献上在威伊所获战利品的十分之一,而在商议卡弥卢斯的这次发誓时,罗马主教们发表过意见(had a voice);在马基雅维利的重述中,罗马主教们消失不见了;在这里,正如在其他地方,马基雅维利动用一切手段抹杀[135]罗马主教们,或抹杀罗马主教们在古代罗马共和国中发挥过的作用。③

据李维所说,贺拉提乌斯·科克勒斯杀死了他的姊妹,而罗马民众免除了对他的惩罚,这主要是因为罗马民众钦羡他的坚毅(steadfastness)和美德;据马基雅维利所说,罗马民众赦免贺拉提乌斯,是因为"其父的祈祷"感动了罗马民众。④

据李维所说,当高卢人在阿利亚河(Allia)胜利后进入罗马时,罗马元老院决定,处于兵役年龄的男人们和身强力壮的元老们应该携妻子儿女撤往堡垒(the citadel)和卡皮托利乌姆神殿(the Capitol),⑤因为阻止妻子和母亲自救不符合人性,哪怕她们完全无助于保卫罗马其余地区;据马基雅维利所说,女人们待在这座城市里就像高卢人的猎物,因为纯粹军事考量占了上风。

据李维所说,在这场灾难中,罗马人非常关心如何保卫堡垒和卡皮托利乌姆——因为这两个地方是诸神的居所——也非常关心如何保卫诸神本身、维斯塔贞女们(Vestal virgins),以及属于罗马民

---

① [原注122]李维《自建城以来》3.56.7;《李维史论》1.41,1.45开头。

② [译按]卡弥卢斯(约前448—约前365),全名马尔库斯·孚里乌斯·卡弥卢斯(第164页提到此全名),罗马共和国早期政治家。关于他的事迹,参第113页译按。

③ [原注123]李维《自建城以来》5.23.8,5.25.7;《李维史论》1.55开头。

④ [原注124]李维《自建城以来》1.26.12;《李维史论》1.22。

⑤ [译按]拉丁文作Capitolium,本指卡皮托利乌姆山,兼指山上的尤皮特神殿。

第三章 马基雅维利的意图:《李维史论》 271

众的神圣事物;马基雅维利则甚至没有暗中提及这番叙事的这个部分。① 据李维所说,诸神和人们都阻止罗马人活着得到救赎(living redeemed);马基雅维利则使李维说,机运女神不希望罗马人活着得到黄金的救赎(live redeemed by gold)。②

当提到李维对老普布利乌斯·得基乌斯·穆斯(the elder Publius Decius Mus)自我牺牲的描述时,马基雅维利完全没有提及这种献身行动的宗教性,[得基乌斯]意在使这种献身行动抵偿诸神的整个震怒,或使这种献身行动把上界和下界诸神(the supernal and infernal gods)施加的所有威胁和危险都引向得基乌斯,或使这种献身行动为罗马人的头脑减轻宗教恐惧;马基雅维利仅仅暗中提及了,他在别处(关于宗教的那一篇[1.11-15])关于"一个人如何可能使士兵们变得顽强"这一点指出过什么;相反,马基雅维利详述了一种秩序,罗马人在治军和战斗中遵从这种秩序,且人们公认李维在同一个语境中详尽解释过这种秩序。③

在卷二,[马基雅维利]引用了李维笔下一篇演说的一些拉丁文原文,这篇演说开头就评论道,不朽的诸神使罗马元老院成为拉丁姆(Latium)④命运的主人;在如上引用中,马基雅维利没有说清楚,这些引文是李维说的话,还是李维笔下一个人物说的话;[可]毫无疑问,这些引文不是马基雅维利说的话。在整个卷二,[136]马基雅维利只有一次谈论了诸神或上帝;在概述一位古代著作家的一番论证时,马基雅维利说,罗马人"为机运女神比为其他任何神"都

---

① [原注125]李维《自建城以来》5.39.9-12,5.40.3-4,5.40.7-10;《李维史论》2.29(315)。
② [原注126]李维《自建城以来》5.49.1(参10.16.6);《李维史论》2.30开头。
③ [原注127]李维《自建城以来》8.9.10,8.9.13,8.10.7;《李维史论》2.16(270)。
④ [译按]这个地方的人本应称为"拉丁姆人",但国内习称为"拉丁人",本译本沿用之。

建造了更多神殿。①

34.《李维史论》卷二前言——一个基督徒变成土耳其人,没什么不对——艺术作品、著作比行动更高级

[马基雅维利]料想,到了《李维史论》卷一结尾,读者已经把自己从对任何权威的相信中完全解放出来了。卷二前言作为对卷一前言的"重复",概述了卷一的一些结论,这些结论影响了一般而言的权威问题。第一则前言把马基雅维利发现的新模式和秩序等同于古代模式和秩序,而且诉诸支持古代的成见。第二则即最后一则前言展示了这种成见的非理性,以及这种成见的那些原因。

马基雅维利没有否认,在此世的某个地方,当今的人们可能有正当理由认为自己在美德方面劣于自己的先人们。但是,这并不意味着,美德是古代的专有物,且尤其是古典古代的专有物。当今此世存在的美德与过去任何时候都一样多,只是美德如今所在的地方不是美德在古典的古代所在的地方。美德如今在北欧和土耳其,而不在希腊和意大利。这在某种程度上是因为教育上的变化,从而也在某种程度上是因为宗教上的变化。

但是,假如一个同时代的基督徒,出生在比如希腊,并变成了土耳其人,即变成了非[基督教]信徒,亦即变成了异教徒或比异教徒还糟糕的人,那么,此人没有理由谴责当前的时代,也没有理由渴望古代。存在支持古代的成见,某种程度上是因为我们拥有对古代的扭曲描述。大多数著作家如此奴颜婢膝,以至于夸大自己时代权力

---

① [原注128]李维《自建城以来》8.13.14;《李维史论》2.23(296),2.1开头。

[译按]正文提及的古代著作家是《李维史论》2.1开头提到的普鲁塔克。关于正文提及的神殿,参普鲁塔克《伦语》(书名译法参第95页译按),"论罗马人的机运",5(318d)。下文第137页也提到普鲁塔克的这个说法。

人物的美德,并隐藏这些权力人物的恶德,但人们有可能完美地知晓"当前的行动"。一言以蔽之,大多数史书完全不可靠。

因此,源于行动的荣耀不如源于艺术作品生产(the production of works of art)的荣耀牢靠:艺术作品能像存在于自身诞生的时代那样,存在于任何更晚的时代。[马基雅维利]原本告诉过我们,受到最高赞美的人们——无论赞美得正确还是错误——是宗教的缔造者:这些人甚至比共和国或王国的缔造者受到更高的赞美,而共和国或王国的缔造者又比文人(men of letters)受到更高的赞美。[可是]几乎紧接着,[马基雅维利]就告诉我们,任何荣耀或身后名声都不会超过罗慕卢斯这类城邦缔造者或城邦恢复者的荣耀或身后名声。[137]而现在,[马基雅维利]使我们理解了,任何实干者的荣耀都不如卓越的艺术家或著作家的荣耀。①

35.《李维史论》2.1:马基雅维利在对机运的恐惧上并不赞同李维和罗马民众,却区分了李维与李维笔下的人物;李维可能不仅是异教神学的阐释者,而且是异教神学的批评者

在卷一,马基雅维利在第58章以前尚不敢公开质疑李维的判断。在卷二,马基雅维利在第1章开头就已经质疑了李维的判断。他在一个不比机运女神的力量更次要的主题上不赞成李维。李维和其他许多人持有如下意见:罗马把自己的帝国归因于运气而非美德。马基雅维利拒绝以任何方式"承认"这个意见:可以说,他为罗马人的美德辩护,以反对李维。

然而,他的批评与其说针对李维,不如说针对普鲁塔克,即"一位最有分量的著作家"[2.1开头]。我们可能顺带注意到,马基雅维利

---

① [原注129]参《李维史论》1.10开头和结尾,2.2(337),3.18;《君主论》13(43)。

在《李维史论》任何地方都没有赋予李维一个[与"一位最有分量的著作家"]同等分量的称谓;马基雅维利仅仅称李维为"好的史学家"。①普鲁塔克宣称,罗马民众本身的"承认"(confession)支撑着他的意见,罗马民众为机运女神比为其他任何神都建造了更多神殿。

马基雅维利没有质疑普鲁塔克的如下主张:罗马民众将自己的福祉归因于机运女神,而非他们自己的美德。马基雅维利沉默地推翻了他在1.58关于民众声音的价值所说的话,但他沉默地证实了他在那里关于这个主题所指出的东西,故他并不重视罗马民众关于自己福祉来源的意见。当他为罗马民众的美德辩护,以反对罗马民众自身的意见时,他质疑了罗马民众的智慧。

他将自己的攻击对准普鲁塔克而非李维,因为他不太确定李维是否分有罗马民众关于机运女神力量的意见;谈论机运女神力量的,与其说是李维,不如说是李维笔下的罗马人,李维"使"这些罗马人"谈论"这个主题。李维可能比他笔下的罗马人更智慧。李维可能不"承认"他笔下罗马人所相信的一切。尽管李维是异教神学的代言人,但他可能也是异教神学的批评者。②

36.《李维史论》卷二和卷三处理李维时有些特别之处:李维不等于李维笔下的人物;马基雅维利就李维文本进行布道;李维既 fa fede[作保]又 è testimone[是见证者]

马基雅维利在《李维史论》卷一任何地方都甚至没有暗中提及李维与李维笔下人物之间差异引出的问题。在卷一,他只有一次明确区分一位作者与这位作者笔下的人物:他说,撒路斯提乌斯把某

---

① [原注130]《李维史论》3.30(410)。
② [原注131]参上文第122页。

第三章 马基雅维利的意图:《李维史论》 275

句话"放进凯撒口中"。① 然而,在卷二和卷三,通过使用"李维使某人说或做某些事"或"李维把这些话放进某人口中"这样的表述,马基雅维利 11 次提及李维与李维笔下人物之间的差异。

[138]但是,这并非卷一对李维的处理与卷二和卷三对李维的处理之间的唯一差异。只有在后两卷,我们才发现就文本进行的布道(sermons on texts)(严格来讲我们可以这么表述),②即如下这种论说:这种论说以一段拉丁文引文开头,这段引文充当这种论说所针对的"文本"。这样的论说共有三篇,且[马基雅维利]以上述方式运用的只有李维的文本。关于这一点,我们可能注意到,卷二全部和卷三相应部分对一个"文本"的提及次数与卷二全部和卷三相应部分的章数之比,大于卷一对一个"文本"的提及次数与卷一的章数之比。③

最终,只有在后两卷,马基雅维利才谈论了作为"见证者"(testimone)的李维,或谈论了李维的"见证"(testimonio),或谈论了李维为某事"作保"(fare fede)。④

我们禁不住猜测,后两卷处理李维时的这些特别之处(peculiarities),关系到这两卷的那些特定主题。卷二讨论对外政策和战争,

---

① [原注 132]《李维史论》1.46. 仅有的另一个这类例证出现在 2.13,那里说色诺芬"使"居鲁士做过某些事。在最初两次引用但丁和维吉尔时(1.11,1.21),马基雅维利把索尔代洛(Sordello)对但丁说的话归于但丁,并把安奇塞斯(Anchises)对维吉尔说的话归于维吉尔。[译按]参《李维史论》中译本第 183 页和第 211 页。
② [原注 133]参《劝忏悔》(Opere, vol. ii, pp. 801-804)。
③ [原注 134]这类表述在卷一出现了六次,在卷二出现了七次,在卷三出现了五次;以上均是就李维"文本"而言。
④ [原注 135]此类情形出现了七次。亦参《李维史论》2.2(239):

提图斯·李维承认这一点。

[译按]对应中译本第 330 页第 2 至 3 行。

或讨论民兵,卷三重复了卷一和卷二的那些主题。除了一个例外,只有在卷三致力于讨论对外政策或军事事务的那些章,才出现了上面提及的特别之处;这里说的例外是讨论"所有罗马统帅中最明智的那一位"卡弥卢斯的一个文段。① 读者将记起前文以一定的篇幅对"民兵、战争、对外政策"这些主题的含混性所作的陈述。

37. 李维将罗马的敌人们用作他笔下的人物,从而成功地不仅做了异教神学的阐释者,而且做了异教神学的批评者:他的《自建城以来》既包含罗马的欺诈,又包含对这种欺诈的侦察

在2.1首次暗中提及李维与李维笔下人物之间的差异后,马基雅维利直到2.13才回到这个主题。2.13形成了一篇[2.11-15]的居中一章,而这一篇的意义并非一目了然。正好位于这一篇之前的,或恰当地充当这一篇的前言的,是《李维史论》中仅有的如下一章:马基雅维利在此章[2.10]的标题中明确攻击了一种"普通意见",且在此章的正文中表明了,李维通过沉默比通过言辞——他原本可以通过言辞——更有效地表达了自己不赞同一种"普通意见"。1.13形成了致力于讨论罗马人宗教的那一篇[1.11-15]的居中一章。

但是,不论2.13还是此章所属的那一篇[2.11-15],都不能说讨论了罗马特有的主题。非罗马的例证在此篇中占多数。[139]《李维史论》2.4至2.18构成的整个章群引用了七条言论,其中六条并非罗马人所说,另一条是李维所说,而这条言论涉及的人们并非罗马人。正好位于这里说的这一章[2.13]之前的那一章是quaestio disputata[论辩中的问题],以来自权威们的七个论证开头,

---

① [译按]3.12靠近结尾处。
[原注136]《李维史论》3.31开头;参3.12靠近结尾处。

第三章　马基雅维利的意图:《李维史论》

其中六个论证并非源于罗马,这六个论证中的一个取自诗性传说。这里说的这一章[2.13]本身致力于讨论"欺诈是从低位崛起到占据大位(a great position)的主要手段"这个主题。在据说通过欺诈崛起的个人中,居鲁士,即一位最高等级的新君主,亦即一位缔造者,得到了最广泛的讨论;因为,甚至缔造者们也被迫"粉饰他们的规划",而且恰恰缔造者们才被迫这么做。

绝非偶然的是,在这样一个语境中,马基雅维利强调了作者与作者笔下人物之间的差异:并非大规模使用欺诈的人们,而是以这些人为主题写作的人们,可能在某些条件下透露了这种欺诈。可以说,透露这些条件是我们这一章[2.13]的主要意图。关于居鲁士实施的欺诈,马基雅维利提到了色诺芬。

> 色诺芬在其居鲁士传记(life)中表明了欺骗如此必需。色诺芬使居鲁士为反对亚美尼亚(Armenia)国王而发动第一次远征时就充满欺诈,而且色诺芬使居鲁士以欺骗而非强力攫取自己的王国……色诺芬使居鲁士欺骗……①

因此,色诺芬《居鲁士的教育》提供的证据并不符合历史(not historical)。色诺芬在也许更靠近故乡[雅典]的地方进行观察,从而认识到"欺骗如此必需";然后,他才在一部虚构作品中呈现了这个教训,这部作品中的英雄②是外邦人,是来自亚洲的统治者,据马基雅维利所说,这位统治者与摩西在同等程度上是神的朋友。至于李维,则将罗马的欺诈的一个受害者,即罗马的一个敌人,用作自己的

---

① [译按]《李维史论》2.13,对应中译本第362页第6至11行。施特劳斯给出的英译文漏译了"为反对亚美尼亚国王而",今补足。

② [译按]hero,在此本指主角。

代言人,从而暴露了罗马崛起到伟大的地步所凭靠的欺诈。①

色诺芬以自己的名义谈论了一位外邦统治者所实施的欺诈,而李维通过一位外邦人之口谈论了李维自己的统治者们所实施的欺诈。看来,没人以自己的名义谈论如下这种欺骗:一个人自己的共富国的存在或福祉就源于这种欺骗。

作为"好的史学家",李维没有奴颜婢膝到隐瞒那些令他自己的民众不快的真相;此外,作为比[普通]罗马人更智慧的人,李维以智计压制(outwitted)[普通]罗马人。李维用一种高贵的欺骗暴露了一种不高贵的欺骗。李维并非只在这个事例中才通过罗马的一个敌人之口透露了一个关于罗马人的严酷真相。

在《李维史论》全书第 135 章[3.42],[140]马基雅维利用了一个单独的例证确立了一个规则,即不应该遵守国家受到胁迫时作出的应许;如果人们以寻常的悉心来阅读马基雅维利[对这个例证]的概述,那么,这个例证乍一看似乎并不充分。如果人们由此转向李维,那么,人们会看到,这里说的事件本身完全无关于[是否]支持马基雅维利的规则。[我们]且不说,在李维的叙事中,人人都理所当然认为,受到胁迫时作出的应许具有强制性;[我们只需说,]有一位罗马执政官在受到胁迫时对萨姆尼乌姆人应许了和平,并诉诸神圣法律所批准的一项惊人的法律拟制(an amazing piece of legal fiction sanctioned by sacred law),从而为罗马人恢复了在有利条件下重新开战的正当性。[我们]可以理解,虔敬的萨姆尼乌姆人的那位领袖——罗马的虔敬的那位受害者——感到,罗马人总是用正义的表面覆盖欺诈的行动,且不羞于在光天化日之下把对宗教的嘲弄——对诸神的神秘力量的嘲弄——用作失信之举的幼稚外衣;因为这个萨姆尼乌姆人认为,战争凭借其自身的必要性,而非凭借宗教花招(religious techniques),才是正义的和虔敬的。尽管李维把这

---

① [原注 137]参《李维史论》1.10(122-123),1.18 结尾;《君主论》6,26(82);参上文第 42 页。

个关于罗马的虔敬的判断放进了罗马的一个敌人口中,但李维在这个场合以他自己的名义说,在这个事例中罗马人可能做出了失信之举。①

远远更引人注目的是马基雅维利的沉默,他甚至没有提及李维,从而也没有提及这个质朴的萨姆尼乌姆人如何评论罗马人的伪善。我们不能否认,反宗教的马基雅维利所制定的质朴规则,与虔敬的罗马人对相反规则的复杂逃避之间,存在令人震惊的差异。这种震惊可能使我们意识到,马基雅维利作了一番隐藏的论证,以反对他的对手们:他的对手们的那些原则导致了油滑的(unctuous)伪善,因为那些原则与事物的本性相违。

在《李维史论》全书第 105 章[3.12],马基雅维利以赞同态度明确引用了罗马另一个敌人——沃尔斯基的麦西乌斯——的一篇演说中的一些话,随后马基雅维利立即将这篇演说中表达的一个想法(马基雅维利保留了这个想法的表达方式)②明确归于李维:马基雅维利将李维笔下一位人物的态度(the sentiment)归于李维。③ 但是,人们没有理由认为,应该只把这个想法,而非也把麦西乌斯演说的其他部分,视为李维的想法。马基雅维利对麦西乌斯演说的一部分保持沉默,在这个部分中,麦西乌斯对他的士兵们说:

[141]你们相信,某位神会护佑你们吗?④

---

① [原注 138]李维《自建城以来》4.4,4.8-11。李维的这个叙事构成对 2.13 结尾的疏解。参《李维史论》1.15,3.12(372-373)。参上文第 117 页。

② [译按]a thought which is expressed, and as it is expressed, in that speech,无法直译出 as it is expressed,故置入括号中意译。

③ [译按]参中译本第 493 页。

④ [译按]上文提及的马基雅维利引用的那些话,以及此处施特劳斯引用的这句话,均出自李维《自建城以来》4.28.4。后一句已在第 120 页引用。

他说这话的意思是,没有神会护佑他们。①

正是在这个文段中,马基雅维利运用了他阅读李维的规则,根据这条规则,应该把这种对属神护佑的否认归于李维本人。然而,并非李维,而是李维笔下的一个人物,表达了这种态度。我们刚才引用了麦西乌斯-李维的如上陈述,而马基雅维利在这一章[3.12]引用了麦西乌斯-李维的另一番陈述;如果人们从整个这一章来解读我们引用的陈述,那么,人们会看到,很可能应该把我们的引文中表达的态度归于马基雅维利本人。

因此,马基雅维利之于李维,似乎就像李维之于李维笔下的某些人物:马基雅维利通过李维的一些话来陈述马基雅维利认为的真相,对于李维的这些话,马基雅维利经常不予引用,②而总是暗中提及;马基雅维利笔下的李维是马基雅维利笔下的人物。

38. 马基雅维利把李维的书用作工具(用作异教神学的阐释者),也用作榜样(用作异教神学的批评者),以便批评圣经——李维是马基雅维利笔下的人物

李维把多种多样的人物用作自己的代言人,这使李维得以一方面阐明人们公认罗马人奉行或相信的种种原则,另一方面批评这些原则。李维的《自建城以来》包含有关异教罗马的真相,因为它不仅包含——人们可以这么表述——对罗马的官方描述(the official Roman version),还同样包含已知或假设由罗马的敌人们对罗马作出的判断,从而也包含对如下欺诈的侦察,这种欺诈内在于对罗马的官方描述。

---

① [原注139]《李维史论》3.12。马基雅维利引用的麦西乌斯-李维的表述是"必然性是最后且最大的武器。"
——参上文第120页。

② [译按]unquoted,似乎不确切,当作 not quoted,今按后者译出。

第三章　马基雅维利的意图:《李维史论》

至于马基雅维利,他起初把李维的作品用作一个对立的权威,或一部对立的圣经(a counter-Bible);马基雅维利不动声色地把圣经教义替换为李维传达的罗马人的学说,或替换为李维的学说。①此后,马基雅维利明确质疑了李维的权威,从而也提醒我们注意马基雅维利不动声色地对圣经做过什么。

[我们]只提及一个例证:马基雅维利陈述了李维《自建城以来》在一个重要方面可能有缺陷,故马基雅维利使我们意识到,圣经的记载在一些决定性方面可能有缺陷。李维既阐明了罗马的虔敬与异教神学此二者,又批评了罗马的虔敬与异教神学此二者。当李维阐明异教神学时,马基雅维利能用李维来暗示圣经神学的替代方案,或能用李维来播撒对圣经神学的怀疑种子。当李维批评罗马神学时,马基雅维利能把李维用作榜样,以便马基雅维利本人批评圣经神学。马基雅维利使李维的批评不如李维的因袭(conformism)那么可见,故马基雅维利把李维呈现为他的榜样,或把李维改造为他的榜样,从而也指出了马基雅维利本人的处理方式。

因为,一方面,在《李维史论》和《君主论》这两本书各自之中,许多文段若不视为在暗中提及他与圣经传统完全决裂了,则毫无意义;但另一方面,无论在《李维史论》中,[142]还是在《君主论》中,马基雅维利都几乎没有在任何单独的文段中毫不含混地透露他与圣经传统完全决裂了。[上述前一方面所说的]这些文段可能容易遭到忽视,而且就算没有遭到忽视,其定位也可能容易遭到极度轻视;因为这些文段可以说受到无数其他文段包藏,这些其他文段要么中立地对待圣经传统提出的问题,要么从信徒们的视角看来可以容忍,而信徒们的慈悲超过了信徒们的洞察力(perspicacity)。

人们可以稍微夸张地说,马基雅维利把李维用作这样一个corpus vile[可鄙之物],凭借此物,马基雅维利能证明他已然如何不动

---

① [译按]此句原文中"教义"和"学说"是同一个词 doctrine。

声色地处理了 corpus nobilissimum[最高贵之物]。① 这种对李维的双重运用关系到异教罗马的双重性:异教罗马既是基督教会的敌人,又是基督教会的榜样。

39. 由于圣经的作者们没有把圣经的敌人们用作这些作者的代言人,故人们必须用异教文献来发现关于圣经的真相;迫害异教的圣经宗教保存了异教文献,因为圣经宗教"未武装"

在《李维史论》2.2,马基雅维利注意到,对于托斯卡纳国王波尔塞纳(Porsenna)一族如何变得灭绝,李维《自建城以来》保持沉默。马基雅维利在此不再关心如何指出李维《自建城以来》之有缺陷。对波尔塞纳一族灭绝的评论,[只]是有些分散的观察构成的一个大纵队的先锋,这些观察关系到一般而言的托斯卡纳事物如何遭到遗忘,以及这种遗忘为什么发生。接下来,我们听说,大多数关于托斯卡纳事物的记忆已经失落;然后,我们听说,这种失落是因为罗马摧毁了托斯卡纳的权力。

如马基雅维利所说,这个事实使他思考,对古代伟大性的记忆出于哪些原因而遭到灭绝;而且若我们可以基于他的做法进行补充,则这个事实也尤其使他思考,对古代伟大性的记忆出于哪些属人原因而遭到灭绝。这些属人原因就是宗教的变化与语言的变化。马基雅维利在《李维史论》2.5 形成了以上这个想法;在这一章,他反驳了一个论证,这个论证据说证明了此世有一个开端;在这一章,

---

① [译按]corpus vile 因可鄙而可转指"实验品"。对 corpus nobilissimum 的否定性评论见托马斯·阿奎那《神学大全》第一集,问题 3,第 1 条。参中译本:托马斯·阿奎那,《神学大全》,第一集,第 1 卷,段德智译,北京:商务印书馆,2013,第 42 页第 2 段第 2 至 3 行。另外,指"物"的拉丁文 corpus 本义为"身体",可转指"尸体"(英译为 body)或"人"(英译为 person)。

他指出所有宗教都起源于人而非天,并基于此而指出所有宗教都有1666到3000岁的寿命。反思"基督教这个宗派"奉行的政策,促使他断言每个新宗教都尝试灭绝"旧宗教"的一切残余,也促使他尤其"相信"异教摧毁了其自身之前宗教的一切残余。

这里的语境暗示,异教之前的宗教是托斯卡纳的宗教。无论如何,罗马人当然摧毁了[143]托斯卡纳的权力,并灭绝了托斯卡纳人的惯例和语言。如果我们稍微更悉心地阅读马基雅维利如何评论罗马人对托斯卡纳人的所作所为,那么,我们会看到,罗马人没有摧毁——甚至也没有尝试摧毁——托斯卡纳人的宗教;例如,罗马人没有摧毁托斯卡纳的尤诺塑像,而是将其据为己有。

因此,当马基雅维利"相信"异教对其自身之前的宗教做了"基督教这个宗派渴望对异教这个宗派所做的事"时,这种"相信"不过是他的论证的一个阶段,即他几乎刚刚表达出来之后就放弃的一个临时想法。从基督教和犹太教针对偶像崇拜的政策中推论出的所谓普遍规则,[不过]是一种暂时便于实现马基雅维利意图的虚构。[但是,]仍然不可否认的真相是如下事实:犹太教和基督教皆尝试过摧毁异教的一切残余。在此,马基雅维利再次暂时夸大了这种情形,因为他说"基督教这个宗派"摧毁了"对古代神学的一切记忆"——他用古代神学主要指异教神学。① 几行之后,他说,基督教尽管尝试过完全摧毁异教的一切残余,却在这种尝试上失败了。

这两次夸大陈述发挥了一个作用。通过以一种荒谬的方式同化异教与基督教,这两次夸大陈述提醒我们注意异教与基督教之间的差异。罗马人只要渴望摧毁托斯卡纳宗教的一切残余,就本来能

---

① [原注140]这并不是在否认,基督教与犹太教之间的关系问题,某种程度上存在于这一章[2.5]。马基雅维利在这一章提及基督教的"新律法"时,使我们思考了"旧律法"。此外,马基雅维利可能不禁意识到如下事实:一方面,罗马教会除了迫害过异教,也迫害过犹太教;另一方面,正如罗马教会保存了异教拉丁文文献的一部分,罗马教会也保存了旧约的拉丁文版。

够这么做,但罗马人并未渴望这么做;迫害"旧宗教",且尤其"摧毁塑像",是圣经宗教独有的做法,而不是异教独有的做法。如果暗中提及圣经宗教这种独有的做法让我们记起马基雅维利的战役(campaign)①之危险,那么,这不会造成任何危害。

另一方面,基督教根除异教一切残余的尝试失败了,是因为基督教被迫保留了拉丁文和希腊文,从而也被迫保存了相当大的一部分异教文献,例如保存了"李维史书的这么多卷,时代的恶意没有拦住这么多卷[传世]"。② 基督教被迫允许——甚至还被迫鼓励——研究异教文献。由此,这种研究及其在少数头脑中唤起的对异教生活方式的钦羡,变成了马基雅维利批评圣经宗教的切入点。

马基雅维利对古代罗马的赞美是[144]他的全新教诲的一种本质要素,却也只是一个工具,且甚至主要只是一个工具,用于颠覆圣经传统,或用于——人们也许可以这么表述——内在地批评圣经传统。对古代罗马的钦羡,是唯一能公开辩护的基础,从这个基础出发,马基雅维利就能攻击圣经宗教。得到恰当理解的异教残余是"承载着我们的希望和得救的要塞"(the fortress of our hope and salvation),③是一块孤独的高地,④控制着敌人的阵地,会令一支受辎重所累的军队难以靠近,却不会令轻装士兵们难以靠近。若把马基雅维利自己的表述用在马基雅维利身上,[则我们应该说,]既然他不能谴责凯撒,他就赞美布鲁图斯。

为了令马基雅维利的陈述变得完整,我们必须补充说,基督教被迫保留拉丁语,是因为基督教不像伊斯兰教那样是靠强力进行征服的宗教。基督教某种程度上被迫保存了它的敌人。因此,正是由

---

① [译按]第154页明确说马基雅维利投身一场"战役"。第152页和第276页也用到这个英文词的"战役"义项。
② [译按]《李维史论》卷一前言,对应中译本第142页最后两行。
③ [译按]《李维史论》3.39。第154页也提到了这个表述。
④ [译按]"高地"亦见第160页和第207页。

于原初的基督教"未武装",马基雅维利才得以用李维来反对圣经宗教。每当异教残余与圣经教诲相矛盾时,基督教就将异教残余视为不值得信仰的东西,从而避开异教残余散发的危险。

例如,由于人们认为,圣经教诲道,在大约五千年前[上帝]创造了此世,故人们认为,西西里的狄奥多罗斯(Diodorus Siculus)的《史藏》(History)①"尽管描述了四万或五万年[的历史]",却仍然撒了谎(mendacious)。通过拒绝相信异教史学家们,人们可以得出如下结论:异教史学家们对异教罗马模式和秩序的记载不真实,甚至也不可能,从而也不能得到模仿。②

为了拒斥这个结论及其所有成问题的前提,马基雅维利必须先恢复异教史学家们的可信度,尤其恢复李维的可信度。马基雅维利首先以一种夸张的方式做这项工作,因为他确立了李维的《自建城以来》作为一种圣经所具有的权威。但是,马基雅维利还必须使用一些异教残余,这些异教残余源自圣经宗教明确的敌人们,从而尤其可以服务于纠正圣经对[此世]诸起源的描述。

马基雅维利提供了此种探究的一个样本,因为他在《李维史论》2.8征引了犹太人的异教敌人们的一句话。李维的《自建城以来》既包含对罗马的官方描述,也包含罗马的敌人们对这种描述的纠正,因为李维不仅把罗马人用作他的代言人,而且把罗马的敌人们用作他的代言人。圣经的作者们则没有把圣经宗教的敌人们用作他们的代言人。③ 圣经宗教甚至尝试隐瞒其敌人们思想的一切残余。[145]因此,李维的《自建城以来》在如下意义上自足:它使

---

① [译按]西西里的狄奥多罗斯是公元前1世纪的希腊史学家,其所著《史藏》原名Ἱστορικὴ βιβλιοθήκη。有中译本:狄奥多罗斯,《希腊史纲》,席代岳译,北京:文化发展出版社,2019。

② [原注141]《李维史论》2.2(235),2.4(242,246),2.5;参卷一前言(90),1.10(122),1.12(129),3.14结尾,3.39。参本章上文注9,注59。

③ [原注142]比较上文第141页与例如《圣经·旧约·诗篇》14:1。

其读者能够得出对罗马不偏不倚的判断,而批判地研究圣经的人必须潜在地或实际上依赖反对圣经的文献,才能辨识出关于圣经宗教的真相。尽管圣经在上述意义上不自足,但人们可以说,作为异教思想的传达者,圣经传统在其自身内部包含了其敌人们的判断。

40. 圣经因包含神迹而尤其不可信——因此人们尤其需要圣经之外的种种选择①

[下面]我们通过简要考察马基雅维利指出的史学考据(historical criticism)②诸原则,来总结我们关于《李维史论》2.13的讨论。为了确定人们看不见或没看见的事情,人们需要一些自己能够相信的见证者。一个难题从如下事实中产生:一个见证者的可信度某种程度上取决于这个见证者自称见证的事件的可信度。与"寻常而合理的事物"相距"甚远"的事物,或神迹般的事物,并不可信。但是,崇敬一位特定的罗马史学家,崇敬一位"权威",促使马基雅维利"相信"这位史学家对一个与合理事物相距甚远的事件所作的记载。

然而,且不说马基雅维利所用的"相信"这个词很含混,他随后很快说道:[第一,]发生在古代希腊的这同一个现实事件"不可能",即作为一个自然事件不可能;[第二,]"著作家们"过去和现在都认为这个事件"罕见,且可以说没有先例"。马基雅维利同时代的著作家们,本来将在不受任何强迫的情况下,就把异教徒们的"神迹"不只视为罕见的自然事件。这个文段表明了,如果马基雅维利能够的话,那么,他本来会如何实现从思考圣经神迹转变为相当坦

---

① [译按]elects,用词有些怪异。
② [译按]直译为"史学批评"。与现代的"文学考据/批评"(literary criticism)一样,现代的"史学考据/批评"具有批判古代的品质。参第197页注52中的"高等考据"(this higher criticism),以及第204页的"考据准则"(canon of criticism)。

率地谈论圣经神迹。① 马基雅维利明确处理了异教史学家们所记载的种种不可信事件,从而展示了他如何不动声色地处理圣经神迹:记载神迹至多是夸大地记载罕见事件。

只有对可能事件的记载才可信。通过从所见的具体事物进行恰当的一般化概括(generalization),人们获得了关于可能事物的知识。人们可以假设,一部史书所断言事物的可能性得不到如下两者中任何一个的证实,这两者中的一个是当前发生的事情,另一个是从当前发生的事情进行的恰当的一般化概括;那么,在这种假设下,这部史书没有"创造出可信度"。圣经记载中的神迹所具有的至关重要性,迫使马基雅维利采纳一条规则作为临时准则(a provisional canon),这条规则就是,不应该相信圣经记载的那些非常不寻常的事件[146],因为不信仰圣经的人们没有为这些事件提供证据。

马基雅维利相信,人们不可能怀疑,曾经发生过一场令几乎所有人丧命的洪水,因为"所有史书都充满"对这类洪水的记载。然而,由于圣经之外的那些史书只说到,一些洪水灭亡了几乎所有"来自此世一个地区的居民",故马基雅维利不相信这种有限的记载以外的记载:他不动声色地拒斥了圣经对那场洪水(the Flood)的记载,因为他认为,这是对亚洲某处一场大洪水(a big flood)的夸张记载。他明确说,数场大洪水的幸存者们——我们可以补充说,这就是挪亚(Noah)及其一家——是

> 如下所有这些粗野山民,他们对任何古代都不具备知识,从而也不可能把此类知识传给自己的后代。而且,如果某个确实具备此类知识的人要自救,那么,此人会为了替自己造就声誉和名头而隐藏此类知识,同时也会按照自己的方式滥用

---

① [原注143]在《君主论》第26章,马基雅维利同时代的某些事件让我们记起圣经神迹,他称这些事件为"没有先例的不寻常事件"。

(pervert)此类知识。①

因此,尽管圣经把挪亚描述为正义之人,但任何通过挪亚延续下来的传统,都不会比欺诈更好。毋庸赘言,一个可能的事件不必然等同于一个实际发生的事件。马基雅维利从某些方面指出了,哪些困难妨碍了人们得到关于遥远地方夜间行动的确定信息。

41. 圣经的作者们自我欺骗 → 上帝之于圣经的作者们,正如李维之于李维笔下的人物们

马基雅维利在《李维史论》的某些章中提醒我们注意李维与李维笔下人物之间差异造成的难题,2.14严格来讲不属于这些章。此章并未讨论欺骗他人,而是讨论自我欺骗。此章的意图在于表明谦卑有时会有害,或更准确地说,在于表明"人们往往自我欺骗,因为人们相信自己能用谦卑克服傲慢"。

为了替这一点"作保"而援引的"文本",取自罗马的一位敌人的一篇演说,马基雅维利在上一章[2.13]引用过这同一篇演说。与此章[2.14]的标题和开头引导我们期待的不同,这个"文本"没有谈论罗马人的谦卑,而是谈论了罗马人的耐心和适度。马基雅维利本人也没有谈论罗马人的谦卑,而只谈论了罗马人的耐心,并且他在从这个罗马事例进行一般化概括时,用恐惧和怯懦取代了耐心:[他]仿佛应许了会提供一个例证,以说明有害的谦卑,或说明在谦卑的力量上的自我欺骗,但[他]没有提供这个例证。此章的教训据说首先由李维"作保",然后由拉丁裁判官安尼乌斯(the Latin

---

① [译按]《李维史论》2.5,对应中译本第339页第2段第4至7行。
[原注144]《李维史论》2.2(239,240),2.4(245),2.5,2.19(285),3.6(351–352),3.39(431),3.43(436),3.48(参此章的标题与正文)。参上文第40页,第73–74页,本章[第123页]注95至96。

praetor Annius)"作保",[147]安尼乌斯运用了如下这样一些话:马基雅维利引用了这些话,且这些话当然取自李维。

因此,马基雅维利的权威首先是李维,然后是李维的权威,即拉丁人安尼乌斯。李维为某个真相作保,取决于安尼乌斯为这个真相作保。与上一章[2.13]所引的安尼乌斯的那些话一样,安尼乌斯[在2.14]运用的这些话也由李维放进安尼乌斯口中——尽管马基雅维利克制住而没有说这一点,但这一点是事实。安尼乌斯作为演说者,是李维的创造。因此,通过先提及李维,后提及安尼乌斯,马基雅维利事实上提及了同一个文献来源。

如果我们记得一点,那么,这个做法的意义就显现出来了;这一点就是,据马基雅维利所说,圣经起源于人,并在相当大的程度上由诗性传说构成,且必须"明断地"得到阅读,即必须依照非圣经乃至反圣经的思想得到阅读。在这些前提下,如果一位先知说上帝对他说过话,那么,马基雅维利必须追问"谁对一位先知说过话?",且必须在仅仅属人的方面回答这个问题:上帝的话是先知们归于上帝的话,或是先知们放进上帝口中的话。不是上帝通过受到启示的言说者或写作者之口来说话,而是圣经的作者们通过上帝之口来说话。我们相信我们正在阅读上帝的话,但我们实际上在阅读圣经作者们的话。上帝之于圣经的作者们,如同李维笔下的人物们之于李维。

在下一章[2.15],马基雅维利首先引用了一篇演说的一些拉丁文原文,前两章中所用的引文取自这同一篇演说;他[在2.15]将这些拉丁文原文归于安尼乌斯,而没有提及李维;之后,他以译文和直接引语形式,从李维那里明确引用了罗马另一个敌人的一番话;李维曾以间接引语形式引用这番话,且曾指出这番话可能出于伪托。① 马基雅维利省略了这种限定。在[2.15]继续上一章[2.14]的论证时,马基雅维利指出:[第一,]言论的真实来源可能多么轻易地遭到遗

---

① [原注145]李维《自建城以来》8.11.4(Milionium dixisse ferunt[他们说,米利奥尼乌斯说过])。

忘;[第二,]遥远过去的一番流言可能多么轻易地遭到改造,从而变成无论多么无学识的当代读者们都能直接获知的事实。

在下一章[2.16],马基雅维利首先说李维"使"罗马军队与拉丁军队在某些方面势均力敌,然后说李维"说"这两支军队在这些方面势均力敌。借此,马基雅维利似乎指出,李维的创造性不只限于[148]创造李维《自建城以来》中出现的那些演说,而且可能扩展到创造李维记载的那些行动。① 总结起来,我们注意到,所有那些说出《李维史论》2.13–18 所征引言论的个人都是罗马的敌人。

42. 圣经的作者们"使"上帝说并做他们所设想的一个完美存在者应该说并做的事

我们已经在疑惑,据马基雅维利所说,李维是否不仅"使"他笔下的人物们"说"他们在李维《自建城以来》中说过的话,而且"使"他们"做"他们在李维《自建城以来》中做过的事。可以消除这种疑惑的只有一个单独文段,即《李维史论》3.31 开头。

为了表明一个卓越之人应该具有什么性情(the make),我们的史学家[李维]使卡弥卢斯说并做了一些大事(magnificent

---

① [原注 146]在《李维史论》2.18,马基雅维利说,某位罗马骑兵主帅(master of the horse)在索拉(Sora)战役中阵亡,这场战役以罗马胜利告终;据李维所说,这位骑兵主帅是在萨提库拉(Saticula)战役中阵亡,这场战役以罗马胜利告终;但是,正如李维随后立即提到的,李维从一些史料获悉,这位骑兵主帅在索拉战役中阵亡,这场战役以罗马失败告终(李维《自建城以来》9.22, 9.23.5)。马基雅维利正如李维一样,偏爱更有利于罗马人的版本,但与李维不同的是,马基雅维利对另一个版本保持沉默;然而,马基雅维利把一场战役替换为另一场战役,从而暗中提及了另一个版本;由此,他表明了,能够多么容易地隐瞒不可欲的传统,以及能够多么[323]稳妥地抵消此种隐瞒。尤参李维《自建城以来》9.22.9–10。

things），其中包括我们的史学家放进卡弥卢斯口中的这些话……①

在此，马基雅维利质疑了他在前文对如下两群人作出的区分：一群人对政治生活进行推理，或为政治生活制定规则，或决定君主们应该如何生活；另一群人描述君主们的生活，或者说，这群人就是史学家。借此，马基雅维利并非否认，正是"好的史学家们"呈现了行动的榜样，还有其他事物，以便教育后世。因为，去描述那些可充当榜样的伟大行动或伟大生活，根本不同于去呈现那些创造出来或想象出来的榜样，例如色诺芬笔下的居鲁士。②

现在，马基雅维利在暗示，"我们的史学家"不仅是史学家，即不仅是描述人们所作所为的人，而且是传授"应然"（Oughts）的人，他所用方式是，使他笔下的卓越人物说并做卓越之人应该说并做的事，这等于说，[制作]虚构的行动。这个评论使我们能够更好地理解，关于最好的那一类写作者如何优于最高等级的行动者和言说者，马基雅维利在前文指出过什么：写作者是创造者。我们某种程度上也能更好地理解，马基雅维利如何设想圣经的作者们。

我们可以试图将马基雅维利的想法表述如下：圣经的作者们将自身呈现为史学家，即呈现为记载上帝所说和所做之事的属人存在者，但事实上，圣经的作者们使上帝说并做依他们的意见一个最完美存在者会说并做的事；那种把自身呈现为圣经作者们的经验的东西，立足于圣经作者们关于一个最完美存在者的观念；这个观念如此具有强制力，以至于这种"应然"看起来像"实然"（Is）；存在论的（ontological）证明阐述了这种关联；不存在从"此世事物"通往圣经上帝的道路；存在论的证明尽管不是真正的（genuine）证明，却是唯

---

① [译按]《李维史论》3.31，对应中译本第543页前三行。
② [原注147]《李维史论》1.3开头，2.13（264），2.18（281，283），3.20（389），3.22（394），3.30（410）。关于后续（the sequel），参2.24（305）。

一赢得尊敬的证明。

几乎毋庸赘言，[149]当马基雅维利仅仅从属人方面解释圣经信仰的根源时，这种解释预设了，他否定了我们所知道的良知现象（the phenomenon known to us as the conscience），即毁灭性地分析了我们所知道的良知现象。同样不足为奇的是，他把《李维史论》3.31中的其他那些李维引文归于李维笔下的人物们，而丝毫没有提及李维本人。

43. 李维有意识地创造了完美统帅们（圣经的作者们无意识地创造了他们的那位伟大统帅），所以李维而非圣经修正了自己的创造

李维有意识地使某些罗马统帅说并做卓越统帅们应该说并做的事，故李维夸大了罗马共和国，或把一种也许不可能的完美性归于罗马共和国。如马基雅维利在《李维史论》全书第1章结尾说的那样，李维"称赞"了罗马。除此之外，只在一个场合，马基雅维利再次谈论了李维如何"称赞"罗马或罗马人。《李维史论》3.25讨论了"钦钦纳图斯（Cincinnatus）和许多罗马公民的贫穷"。①"李维用一些金言（golden words）②称赞了"这种高贵的贫穷，马基雅维利引用了这些金言的[拉丁文]原文。马基雅维利随后立即引用了钦钦纳图斯本人某些话的[意大利语]译文。

专政官钦钦纳图斯解救过一支罗马军队，这支军队曾陷入其敌人们的包围，因为指挥它的执政官犯下了错误；[后来，]这位执政官及其军队致力于解除包围，并致力于完胜敌人。通过马基雅维利

---

① ［原注148］此章最后一个词是"称赞过"，马基雅维利在最后一句话中谈到如下事实：[第一，]贫穷不仅给城邦和国家带来荣耀，而且给宗教带来荣耀；[第二，]"其他人们多次称赞过这个话题"。

② ［译按］对比稍后注149等处提及的"金句"（golden sentence）。

引用的那些话[可以看出]，钦钦纳图斯剥夺了这位执政官的军队分享这位专政官的军队所夺取的丰厚战利品的每一项资格（deprived the consular army of every share in the rich booty which the dictator's army had taken），也剥夺了这位执政官本人的指挥权，因为这位执政官被证明不知道如何做执政官。

我们不再关心如下事实：尽管马基雅维利在前文告诉过我们，罗马人在好的古老时代（the good old times）选举的执政官们"总是最卓越的人"，但我们在马基雅维利本人的文本这里发现了一位执政官的例证，而这位执政官不知道如何做执政官。或者说，一个人可能既是"最卓越的人"，同时又是低劣的（poor）执政官吗？看来，没有以拉丁文引用的李维笔下人物的话不是"金言"，而这恰恰是因为这些话即便没有展现金子的价值，至少也展现了能用金子获得的东西的价值。

如果我们转向李维，那么，我们会看到，钦钦纳图斯高贵的贫穷不全是自由选择的结果。不管方式正确还是错误，他那热衷暴力的儿子凯索（Caeso）被控杀人罪，并被处以高额罚金；[法庭]残忍地向钦钦纳图斯索取这笔罚金，他不得不"变卖他拥有的一切"。正因如此，钦钦纳图斯住在一个著名的小农场，[150]一些人在此处的那把著名的犁后面发现了他，并为他带来了消息，称他已被提名为专政官。李维在以一些金言称赞一个伟大的罗马人高贵的贫穷时，也透露了钦钦纳图斯陷入贫穷的那些并不金光闪闪的（not golden）原因。因为李维有意识地创造了完美的统帅们，所以李维有能力指出"应然"①与"实然"之间的差异，即想象的完美性与"事实真相"

---

① [原注149]李维《自建城以来》3.12.8，3.13.10（B. O. Foster 译本），3.19.2，3.29.1。参《李维史论》1.20；《君主论》15。
——在《李维史论》3.25，马基雅维利征引了李维用来赞美贫穷的"金言"；在 3.6(338)，马基雅维利引用了塔西佗的一个"金句"（golden sentence），这个金句命令人们顺从君主们；3.26 是马基雅维利同时谈到卢克瑞提娅与维尔吉

之间的差异。马基雅维利仅仅暗中提及了涉及罗马的贫穷和一些相关主题的"事实真相"(the "factual truth" in regard to Roman poverty and related subjects),从而也在某种程度上隐藏了这种"事实真相",故马基雅维利有意损害了李维《自建城以来》的自足性。由此,马基雅维利把李维的《自建城以来》同化为马基雅维利所设想的圣经。

44. 把应然当作实然,是为了创造希望;需要完美存在者们来主宰 τύχη[机运];完美存在者们是 τυχηρά[机运性事物]的原因。李维运用他笔下人物们口中的人物们,或运用对不同听众言说的罗马人,来呈现对罗马宗教的批评。贵族之于平民,正如教士之于平信徒

马基雅维利指出,为了表明一个卓越之人应该如何行动,李维使他笔下的一位统帅说并做某些事;然后,马基雅维利没有为我们回答如下问题:这种模糊史学与政治哲学之间差异的做法发挥何种功能?马基雅维利在《李维史论》3.32 表明了,人们要使一支军队顽强应敌,不仅能"凭借笃信宗教这种美德",而且能凭借某种"大恶行"(great villainy);①然后,马基雅维利在下一章[3.33]转向了如下问题:一位统帅如何能使自己的军队对胜利有信心?

除了其他事情,统帅还必须隐藏或极度轻视那些从远处来看可能有危险的事情。显然,对于那些人人都能轻易审视的事物,不可能实施这种有益的欺骗。

尼娅(贞正[chastity]的两个最大的例证)的唯一一章。《李维史论》中其他地方并未提及金言或金句。[译按]注中 chastity 未译作"贞洁",是因为后文第 257 页也把 chastity 用到男人身上。

① [译按]"凭借笃信宗教这种美德"引自《李维史论》1.15,参第 110 页译按。"大恶行"引自《李维史论》3.32,对应中译本第 549 页第 7 至 8 行。

罗马人过去习惯于用宗教使他们的军队获得那种信心。①

罗马人用宗教控制那种本质上难以捉摸的(elusive)从而也能吓倒人们的东西。② 人们可以凭借某种大恶行的美德(by virtue of some great villainy)③创造顽强,但人们需要宗教来创造希望。任何好且智慧的罗马统帅在开始一项[军事]行动之前,都不会没有使用过占卜(auguries)和预兆(auspices)来使士兵们确信诸神站在他们这一边。

"李维通过阿皮乌斯·克劳狄乌斯之口而用到的那些话"④最好地表明了,罗马人多么重视宗教,或罗马人多么强烈地反对忽视宗教。在一次民众议事会上,阿皮乌斯·克劳狄乌斯不得不为一个神圣惯例辩护,这个神圣惯例就是,把占卜和预兆——此二者是异教的基础——当作贵族们(the patricians)的专有物,或使平民与这些神圣事物保持一定的距离。这种辩护变得必要,是因为贵族阶层的国内敌人们耍诡计(the machination)——如人们可能会说的,这些国内敌人们就是真正平信徒们(the laity as laity)[151]的领袖们。⑤ 在阿皮乌斯·克劳狄乌斯用到的那些话中,阿皮乌斯·克劳狄乌斯把有些话放进了嘲弄宗教的平民口中。这些嘲弄者认为,宗教的种种基础,即那些向人们保证存在属神救助的事物,恰恰是"小

---

① [译按]《李维史论》3.33,对应中译本第549页倒数第6至5行。
② [译按]即运气。在第292页也用"难以捉摸的"修饰"运气"。
③ [译按]如第110页译按中所说,施特劳斯在此同样可能在玩 by virtue of 中的 virtue 一词。参《李维史论》3.12用到"必然性的美德"(本书第119页提到了这个表述)。
④ [译按]《李维史论》3.33,对应中译本第550页第2段第2行。这条引文中的阿皮乌斯·克劳狄乌斯的全名为阿皮乌斯·克劳狄乌斯·克拉苏斯(Appius Claudius Crassus),据李维史书6.40.2介绍,是十人团领袖阿皮乌斯·克劳狄乌斯(参第111页及当页译按)之孙。
⑤ [原注150]参上文第127-130页。

事"(little things)。

我们不是从这些嘲弄者自己口中知道这一点。罗马宗教的罗马批评者们没有在我们能听到的范围内表达他们的意见。可能他们不敢公开谈论这个主题,故他们注定(are condemned to)失败并遭到遗忘。李维使用他笔下一个人物口中的人物们来告诉我们罗马人如何批评罗马宗教。阿皮乌斯·克劳狄乌斯用"小事"这两个字形容宗教及其基础;当李维将这两个字放进阿皮乌斯·克劳狄乌斯口中时,李维同样在用这两个字形容宗教及其基础;当马基雅维利以自己的名义用这两个字疏解李维笔下这篇演说时,马基雅维利同样在用这两个字形容宗教及其基础。这个表述或这个想法来自这些嘲弄者的头脑,然后[依次]经过李维笔下一个人物之口,以及李维本人之口,[最后]传达到马基雅维利这里。这个运动由李维笔下一位人物口中的无名人物们开启,并在马基雅维利这里抵达终点。阿皮乌斯·克劳狄乌斯、李维、马基雅维利一致说道,这些嘲弄者错了,因为这些人看不到宗教有什么用:共富国的福祉就源于民众对"那些小事"的信仰。

问题在于这些嘲弄者是否完全错了。罗马人的某些敌人的领袖们为了击败罗马人,曾试图利用这些领袖自己的士兵们对"小事"的关心,同时也利用罗马人对"小事"的关心。这些领袖的算计并非完全不合理;他们并不信赖"小事",而是信赖他人对"小事"的信赖,即信赖一件大事。但是,这些领袖失算了,因为他们忘记了,罗马领袖们并不信赖"小事"。

马基雅维利引用了李维说的一些话,这位史学家把这些话放进罗马专政官钦钦纳图斯口中,钦钦纳图斯当时在对自己的骑兵主帅说话。这位专政官说,罗马的敌人们不像一般人可能的那样(not, as one should)信赖武装和勇气,而是信赖运气,或如马基雅维利在此解释的那样信赖非常次要的或"无力的"(weak)意外之事,或信赖无足轻重之事,或信赖虚空无用之事。

此章[3.33]中当作李维代言人来引人的李维笔下两个人物皆

是贵族,其中一个对民众说话时为小事作了辩护,另一位对另一个贵族说话时贬低了小事。第一个说话者提到的小事,不同于[152]第二个说话者头脑中的小事:前一种小事是占卜和预兆本身,后一种小事是任何不相干的如下意外之事,出于非常无力的原因,这些意外之事看起来能鼓舞人或吓倒人。但是,这两类小事之间有一种关联:罗马宗教通过信仰并崇拜诸神来致力于主宰运气,而[罗马人]认为,诸神作为完美存在者支持正义之事或虔敬之事。在此,马基雅维利呈现了,李维把对两类不同听众说话的[两个]罗马权威用作他的[两个]代言人,从而透露了有关罗马宗教的真相。①

45. "法比乌斯"无视了预兆,且揭露了一位专政官的圣洁热情名不副实,还逃过了惩罚

在《李维史论》3.33 谈论李维的代言人们时,马基雅维利没有像他通常那样说这些人物"说过"(said)他们说过的话,而是说这些人物"说"(say)他们说过的话:此章严格限于罗马"话题",而没有讨论"古代历史"。此章结尾时简要讨论了,在一场"发生在一块新土地上反对新敌人"的战役中,法比乌斯使用了什么处理方式;这个方式"值得模仿"。不是阿皮乌斯·克劳狄乌斯,也不是钦钦纳图斯,而是法比乌斯充当了榜样。

但是,在此章的任何地方,马基雅维利都没有批评现代人未能

---

① [原注 151] 比较《李维史论》3.33 与 1.14,亦比较 3.32 与 1.15;参 1.12(128)。亦参 1.47(197),3.14;李维《自建城以来》6.29.1—2。

——在给出了文本中提到的两条李维引文后,马基雅维利还给出了另一条李维引文;但是,这次他引用了李维以自己的名义说的话;第三条引文与"小事"无关。这条引文是对李维一段叙事(李维《自建城以来》6.30)的概述的一部分,在这一部分中,马基雅维用"执政官们"取代了李维笔下的"拥有执政官权力的军事保民官们";结果,关于早期罗马人如何低劣地选举执政官,我们在此得到了又一个马基雅维利式例证(参上文第 149 页)。

模仿罗马人。可能有一些现代人模仿了阿皮乌斯·克劳狄乌斯和钦钦纳图斯。另一方面,马基雅维利在《李维史论》3.36返回这个主要论题时,强调了"我们时代的民兵"劣于罗马民兵。3.36仅有的一条引文取自李维笔下的一篇演说,且涉及宗教这个主题。这是卷三中仅有的提及诸神的引文,但"诸神"和"占卜"之前分别有"人们"和"指挥官们的命令"。马基雅维利没有告诉我们这篇演说对谁说话。

如果我们由此而转向李维,那么,我们会看到,目前这个事例在特别不同于《李维史论》3.33中讨论的两个事例。在目前这个事例中,一位贵族,即一位专政官,首先在其军队议事会上,然后在民众议事会上,为宗教的神圣性辩护,这不是在反驳那些嘲弄宗教的无名平民,而是在反驳另一位贵族,即这位专政官的骑兵主帅,亦即法比乌斯本人。法比乌斯曾违背这位专政官的严厉命令,在未得到吉利预兆时发动了一次战斗;后来,法比乌斯赢得了一次辉煌的胜利。

于是,这位专政官因愤懑而变得盲目,怒火中烧,渴望鞭笞并斩首[153]违令者[法比乌斯]。然而,这位专政官眼中的圣洁热情(holy zeal),在法比乌斯眼中是不可控制的残忍、神志不清的(insane)嫉妒,以及不可容忍的傲慢,法比乌斯在一次公共议事会上毫不犹豫就说到了这一点。得胜的军队、民众、元老院强烈支持法比乌斯,故法比乌斯既没有遭到处死,也没有遭到鞭笞,反而作为自由的成功捍卫者,在马基雅维利笔下荣耀地永远活着。① Quod licet Fabio, non licet homunculis[准许法比乌斯做的,不准许小人物做]。②

---

① [原注152]李维《自建城以来》8.30.1-2,8.31.1-2,8.31.8,8.32.4-5,8.32.7,8.32.17,8.33.3,8.33.11,8.33.13。
——参上文第106-107页。
② [译按]可能化用自德意志作家艾兴多夫(Joseph Freiherr von Eichendorff,1788—1857)的小说《从一个无用之人的一生而来》(*Aus dem Leben eines Taugenichts*,1826)第9章中的拉丁文习语 Quod licet Iovi, non licet bovi[准许尤

46. 一旦马基雅维利自己的意图变成主题(即在3.35-49),马基雅维利就立即抛弃了"李维这位传授应然的教师"

据马基雅维利所说,李维通过他放进自己笔下人物们口中的判断,某种程度上透露了他自己对罗马的判断。在这个方面,罗马的敌人们与罗马人之间的差异,李维笔下的人物们与这些人物口中的人物们之间的差异,还有李维笔下人物们的多个言说对象之间的差异,均很重要。我们发现没有理由质疑,马基雅维利意指了他在这个方面指出的东西。[但是,]我们对他的一个论断有不同判断,这个论断就是,李维使他笔下的人物们说或做一些事,是为了传授如下教诲,即卓越的人们应该如何表现自己(to conduct themselves)。

在《李维史论》3.31,马基雅维利说,李维使他笔下的一个人物说并做某些事,是"为了表明一个卓越之人应该具有什么性情"。他提及的李维笔下的演说,没有证实这个有关李维意图的论断。仅有另外两个文段类似于这里引用的马基雅维利的评论。[第一,]在《李维史论》3.36,马基雅维利说,通过李维的证据,人们能从一位

皮特做的,不准许牛做]。更古的语源见泰伦提乌斯(Terentius,约前195—前159)的谐剧《自我折磨的人》(*Heauton timorumenos*)第797行 Aliis si licet, tibi non licet[准许他人做的,不准许你做];塞涅卡(约公元前4—公元65)的肃剧《狂怒的赫耳库勒斯》(*Hercules furens*)第489行 Quod Iovi hoc regi licet[准许尤皮特做的,也准许国王做];西塞罗(前106—前43)的论著《论善恶之极》(*De finibus bonorum et malorum*)5.9.26 的 aliud homini, aliud bovi[一个对人,一个对牛]。以上作品均有中译:艾兴多夫,《一个无用人的生涯》,韩瑞祥译,北京:外语教学与研究出版社,1997;泰伦提乌斯,《自我折磨的人》,收入《古罗马戏剧全集:泰伦提乌斯》,王焕生译,长春:吉林出版集团,2015,页109-202;塞内加,《疯狂的海格立斯》,收入《古罗马戏剧全集:塞内加》,王焕生译,长春:吉林出版集团,2015,页1-68;西塞罗,《论至善和至恶》,石敏敏译,北京:中国社会科学出版社,2017,页153。

罗马领袖的某些话中了解到"一群好的民兵应该具有什么性情"。[第二,]在《李维史论》3.38,马基雅维利说,通过李维使他笔下一个人物说的某些话,人们能观察到"一位能给予其军队以信心的统帅(a captain in whom his army can have confidence)应该具有什么性情"。

在这两个例子中,马基雅维利甚至没有声称,李维的意图正在于通过他的记载或他的虚构来传授一种"应然"。我们提出如下解释。出于上述理由,马基雅维利暂时将李维呈现为有意识的创造者:李维创造了虚构出的或想象出的完美性。此外,马基雅维利模糊了李维《自建城以来》的特征,从而也间接模糊了李维这位史学家的意图与马基雅维利自己的意图之间的差异。一旦马基雅维利自己的意图变成了他的主要论题(就像《李维史论》3.35以来),他就必须重新显明[李维这位史学家的意图与马基雅维利自己的意图之间的]这种差异。

47. 马基雅维利在新领域中针对新敌人发动了一场新战争 → 他为了他的意图而必须知晓李维史书中的种种地形①

马基雅维利发现了新的模式和秩序,他用这些模式和秩序反对旧的和既定的模式和秩序。他发现并探索了他这类人之前无法进入的领域。[154]他开始了一场反对既定秩序的战争,这场新的战争发生在一块新土地上,且反对一个拥有最高可能名声(the highest possible reputation)的新敌人。但是,马基雅维利是没有军队的统帅。他必须招募他的军队。他只能通过他的一些书来招募他的军队。

就他的战役及其备战来说,《李维史论》最后一篇给出了一些

---

① [译按]"地形"原文为 sites。此处是化用 3.39 的标题"一位统帅应该知晓种种地形",把李维史书暗喻为有待勘探地形的未知土地。

必要说明。他在前文曾告诉我们,为了对胜利有信心,一支军队必须对其统帅的明智有信心。《李维史论》证明了马基雅维利的明智。李维"使"他笔下的一个人物对自己的士兵们"说"了一些话,马基雅维利以这些话表明了,一位能给予其军队以信心的统帅具有什么性情。在李维史书中,部分引文以间接引语形式出现,部分引文则以直接引语形式出现。

直接引语以"我希望你们跟随我的行动,而非我的言辞"这句话开头。① 若严格地理解,与其说这句话清楚地适用于寻常统帅们,不如说这句话清楚地适用于马基雅维利这样的统帅。这条引文所在的这一章[3.38]本身致力于讨论完美统帅本身。② 然而,马基雅维利指出,这一章以及前一章的一部分,形成了一番单独的"论说",其主题与其说是完美统帅本身,不如说是率领一支新军队在一场新战争中面对一个新敌人的完美统帅。

---

① [原注153]通过省略李维所用的 inquit[他说](李维《自建城以来》7.32.12),马基雅维利稍微模糊了从间接引语向直接引语的转变,从而也削弱了对文本中所引句子的强调。

② [原注154]《李维史论》3,38。如3.37结尾指出的,此章的主题是"一个统帅应该具有什么性情",这就像3.36讨论了"一群好的民兵应该具有什么性情"。从3.38和3.36的论证所立足的引文来看,好的民兵必须敬重诸神,而这种要求没有对统帅们提出(参上文第73页)。两条引文皆取自公共演说。
——对3.38主题的描述,既出现在此章的标题中,也出现在此章的正文中("一位能给予其军队以信心的统帅应该具有什么性情");这番描述表明3.38关联到3.33,3.33是3.38以前涉及李维与李维笔下人物们之间差异的最后一章。3.37结尾对3.38主题的描述隐藏了上述关联。与此相应,马基雅维利在3.38说李维"使"他笔下的人物"说"了一些话,而马基雅维利在3.37结尾把这些话称为李维笔下这个人物自己说的话。马基雅维利在此非常悉心地提醒我们注意,有关李维与李维笔下人物们之间差异的两章之间有何关联,以及何为李维与李维笔下人物们之间的差异本身(参与3.39有关的那段[李维]文本的当前段落[the present paragraph of the text on III 39]的结尾)。由此,出于那段[李维]文本的前一段(the preceding paragraph of the text)中陈述的理由,马基雅维利也提醒我们注意《李维史论》的谋篇。

马基雅维利在这番论说中尤其推崇马略——一位最明智的统帅——的处理方式。马基雅维利选择马略,是因为尽管法比乌斯而非马略在一个新国家(country)为反对一个新敌人而发动了战争,但在法比乌斯的生涯中没有出现一个[与马略]同等好的例证。在投身战斗之前,马略试图使其士兵们的眼睛适应观看一个最恐怖的敌人:马略使其士兵们看到,拥有最高可能名声的新敌人,事实上是一群无序的多数人,为辎重所累,配备着无用的武装,其中有些人甚至没有武装。因为,既定的秩序,即与马基雅维利存在于同一个时代的(contemporaneous)①可敬传统,以如下方式呈现在马基雅维利面前:[第一,]这种传统遗忘了根本问题,并由此而被撕裂为许多相互战斗的学派或派系;[第二,]这种传统为不可胜数的文本、论著、论说所累;[第三,]这种传统吹嘘拥有许多证明,而[事实上]这些证明不成其为证明。

可以确信,这样的敌人们如同盲目的萨姆尼乌姆人,会忘记去占据马基雅维利在下一番论说(3.39)中提及的"承载着我们的希望和得救的要塞"。②此章[3.39]是马基雅维利提及李维与李维笔下人物们之间差异的最后一章。[155]在[《李维史论》]全书对这个主题的所有提及中,这最后一次提及最为清楚,这次提及包含了对李维或对其他任何著作家的最后一次明确引用。马基雅维利首先引用了李维笔下一个人物的话,然后引用了李维的话,同时把李维笔下这个人物的话明确区别于李维本人说的话,最后引用了李维"使"他笔下这个人物"说"的一些话。据马基雅维利所说,李维使他笔下这个人物说了两句话,但这两句话中的一句明显是李维以自己的名义所说:马基雅维利使李维使他笔下的人物(Machiavelli

---

① [译按]不同于常用的 contemporary[同时代的],contemporaneous 在此指这个可敬传统从古就有,现在仍与马基雅维利同时存在。

② [原注 155]《李维史论》3.37 靠近结尾处,3.33 结尾。参上文第 143-144 页。

makes Livy make his characters)说了李维本人所说或所想的东西。

这次最清楚的提及出现在此书中仅有的这样一章：马基雅维利在此章[3.39]略微显明了"科学"是什么。① 此章是仅有的这样一章：他在此章尽可能清楚地一方面阐明了他的科学具有什么特征，另一方面阐明了他对他的科学所作的略微显明或形象呈现（figurative presentation）具有什么特征；因为这种形象呈现等同于他对李维的运用。此章绝非不自然地讨论了，战争本身与用来比喻战争的狩猎（hunting as an image of war）之间有何关系；或更确切地说，此章绝非不自然地讨论了，一位统帅如何能获得在"一些新的国家"寻找自身定位的习惯。此章的标题是"一位统帅应该知晓种种地形（sites）"或种种地方（places）。② 如我们所看到的，马基雅维利的统帅能力（captaincy）要求他［这位统帅］最卓越地知晓李维史书中的那些特定地方，更不用说圣经中的那些特定地方。

---

① ［原注156］参本章上文注47。

② ［原注157］从《李维史论》1.23中也可以看出，统帅必须尤其在一个层面上知晓种种地形，这个层面就是，统帅尤其必须知晓在面对多种类型的地形时如何自处。例如，[324]统帅必须知晓，"占据险恶的（difficult）地方"，或占据狭窄且只有少数人能停留并生活的地方，并不明智。此类"地形险恶"（malignancy of site）有利于进攻者而非防守者。此外，进攻者总会找到防守者没有把守的"一条未知的道路"。（这番概述应该足以推翻圭恰迪尼对此章论点的反驳。）马基雅维利在1.23比在卷一其他任何一章都更频繁地使用第二人称单数；他首先对防守者言说，建议防守者放弃那些狭窄且只有少数人能停留的地方，随后他又对进攻者言说，应许进攻者一定会找到一条未知的道路。由于受到防守或受到进攻的国家的例证是意大利，故马基雅维利既向意大利的防守者提建议，也向意大利潜在的外国征服者提建议。

［译按］注中提及的圭恰迪尼的反驳见其《思索马基雅维利的〈李维史论〉》(Considerazioni sui Discorsi del Machiavelli, 1527-1529)，收入 Francesco Guicciardini, *Scritti politici e Ricordi*, ed. Roberto Palmarocchi, Bari, Gius：Laterza, 1933, pp. 1-65。英译本：Francesco Guicciardini, *Selected Writings*, ed. Cecil Grayson, tr. Margaret Grayson, New York：Oxford University Press, 1965。

48. 前两次就李维文本布道:爱或慈悲所具有的首要性导致了虔敬的残忍

马基雅维利在11个文段里提及了李维的话与李维笔下人物们的话之间的差异造成的问题,我们现在考察了几乎所有11个文段。不过,我们还不准备讨论余下的两个文段,这两个文段出现在《李维史论》2.23和3.15,后一个文段是刚才所说的11个文段的居中文段。

目前,我们必须仅限于评论《李维史论》2.23。此章在每个方面都是就李维文本的三次布道的中心。① 只有在此章,我们才发现了马基雅维利在卷二和卷三处理李维时所独有的全部特征。② 此章特别意味深长,是因为此章结合了对两个主题的处理,其中每个主题都在另外两次布道中的一次中得到单独处理。

第一次布道(2.3)是《李维史论》中仅有的这样一章:其开头和结尾都是一字不差的同一条李维引文,即布道所针对的文本。这条引文吸引我们的注意是因为两点。第一,[156]这条引文是此章所属的整个章群(the whole division)(2.1—10)中仅有的李维引文。[第二,]最重要的是,这条引文是马基雅维利在公开攻击李维之后或在摧毁李维的权威(1.58)之后对李维本身(Livy as Livy)的首次引用。

在马基雅维利的第一次布道中,他疏解了李维的如下严酷说法:

> 罗马伴随着阿尔巴(Alba)的毁灭而壮大。③

---

① [译按]意即不只居中,而且构成核心。
② [原注158]参上文第137—138页。
③ [译按]李维《自建城以来》1.30。《李维史论》2.3引用了这句,对应中译本第331页第1行。

马基雅维利在此章[2.3]结尾表明,[这个说法]强调"两个词",即"[伴随着]①毁灭而壮大"。他的疏解的大意是,人们要使一个城邦壮大,既能凭借爱或慈悲,也能凭借强力或恐惧。② 李维的说法专门讨论强力。然而,至少可以说,马基雅维利对这个说法的疏解,以同等的强调程度谈论了爱。他营造了如下印象:他作为疏解者会不动声色地或怀有崇敬地缓和一个神圣文本的严酷教诲。凭靠这个事实,他提醒我们注意这里文本的严酷性。③

在居中的那次布道[2.23]中,马基雅维利谴责了恐怖与仁慈(kindness)之间的"中间路线"(the middle way),或谴责了消灭残敌与同残敌和解之间的"中间路线"。由此,他捡起了第一次布道的主题:爱与恐惧。爱的路线与恐惧的路线皆有其用处,且如第一次布道表明的,就连明断地结合这两种路线也很明智(sensible)。不能容忍的是"中间路线",是半吊子措施(half measures),是软弱的妥协。恰恰在居中的这次布道的居中位置,马基雅维利谴责了佛罗伦萨有一次采用的一个半吊子措施;在这里,他为一项严酷的政策辩护,以反对看似智慧的人们提出的一个理由;他说,这个理由会使每一种严酷和每一种惩罚都成为不可能。

我们看到,马基雅维利沉默地从谴责一条"中间路线"切换到谴责一条极端路线,这后一条思想路线只能容许爱或慈悲,从而与事物的本性不相容。与这个极端相反的另一个极端,不是普遍而恒久的恐怖路线——没有一个哪怕看似智慧的人曾建议这条路线——而是明断地结合爱与恐怖;凭借这种结合,人们有如下两个

---

① [译按]方括号内容为施特劳斯所补。
② [原注159]李维《自建城以来》39.25:

> 罗马民众,他们以亲近而不是以恐惧为自己争得同盟者……

[译按]注中独立引文原文为拉丁文,具体在39.25.15。
③ [原注160]参上文第103-104页(关于《李维史论》1.37)。

选项:要么使敌人们感到恐怖,从而迫使敌人们投降,然后与敌人们和解,要么在不可能使敌人们和解时,摧毁敌人们。

我们现在看到,第一个极端是基督教的教诲,这种教诲禁止抵抗恶;第二个极端是"自然的"教诲;那么,人们能假定,这两个极端之间的中间路线是结合不抵抗恶与抵抗恶,这种结合[157]让马基雅维利记起了,那个质朴的萨姆尼乌姆人曾经那么严厉地谴责过罗马人的什么政策。①

毋庸赘言,马基雅维利知道,圣经不仅传授爱,而且传授恐惧。但是,从马基雅维利的观点来看,爱与恐惧之间的圣经式结合,而非自然结合,根本上具有恶德:"爱具有首要性"这条错误原则必然导致虔敬的残忍或毫无怜悯的迫害所具有的一切极端状况(all extremes of pious cruelty or pitiless persecution)。卷二,即最突出地反圣经的一卷(the anti-Biblical Book par excellence),并非没有理由对上帝完全保持沉默:此卷仅仅谈论诸神。② 在此重复一番曾经不得不说的话既不可欲也无必要,这番话关系到马基雅维利对新约的一次单独引用,也关系到这次引用对圣经上帝的暗示,这位上帝善妒,

---

① [原注161]参上文第140页。在3.27,马基雅维利对比了罗马人的一项严酷而有效的措施与佛罗伦萨的一项柔和或虚弱的措施,佛罗伦萨作为现代共和国是"虚弱的共和国";"当前时代的人们虚弱的教育,以及对事物的几乎无知,造成了他们的虚弱";"他们的某些现代意见完全远离真相",且"源于作为主人的那个人(him who is lord)的虚弱"。3.27与3.26讨论了同一段"文本",3.26是关于女人们的一章。据萨沃纳罗拉所说(《〈以西结书〉布道辞》2),savi del mondo[此世智者]将圣经中的预言视为 cose da donne[女人的事情]。亦参3.1(330),并比较1.27对中间路线的讨论与1.26。

② [原注162]卷二中只有第1章和第23章提及诸神,第一次提及出现在马基雅维利概述普鲁塔克的一个论证时,最后一次提及出现在马基雅维利引用李维时,马基雅维利本人在卷二中甚至没有谈及诸神。《李维史论》每一卷中皆有一条单独的李维引文提及诸神;参1.13,2.23,3.36。

——注意"教宗"和"教会"在2.22密集出现,2.22没有提及李维(或其他任何著作家)。

并要求得到热情的爱。

居中的那次布道[2.23]仅包含一条引文,这条引文据说是李维放进一位人物即卡弥卢斯口中的话。① 在这条引文开头,李维-卡弥卢斯说,诸神给了罗马人以完美的自由,让他们选择摧毁还是宽恕罗马的敌人们;诸神没有命令(command)②其崇拜者们宽恕这些崇拜者的敌人们,也没有命令其崇拜者们摧毁这些崇拜者的敌人们,或摧毁诸神的敌人们。异教给了属人的明智以自由,让它选择最智慧的行动路线。

49. 第三次布道:现代人信赖机运女神,古代人引诱机运女神

第三次布道(3.10)以一段李维文本开头,这段文本让马基雅维利有机会谴责所有或大多数现代人共有的一个错误,或者说这段文本把这种谴责正当化。这段文本谈论了一位罗马指挥官,他拒绝将自身托付给机运女神。③ 这让马基雅维利有机会谈论,现代人如何

---

① [原注163]2.23异常广泛地引用了李维,此章是2.22-27这个章群中仅有的提及李维的一章(关于"提及李维"的意义,参本章上文注21)。在2.23的呈现中,李维使卡弥卢斯谈论诸神做过的事。这为3.31中的评论作了准备,依据这个评论,李维使卡弥卢斯做并说了某些事,以便表明一个卓越之人具有什么性情。2.23中的这个评论在圣经中的对应物可能是,上帝使圣经的作者们谈论上帝做过的事,或圣经的作者们使上帝谈论上帝做过的事。参3.46。

② [译按]此词与下一大段提及的commander[指挥官]一词同源。下一大段用到的"命令"也是command。

③ [原注164]从李维(《自建城以来》7.32.13)来看,对于同一个错误,若士兵们谴责指挥官犯了这个错误,则是错的,而若麦西乌斯谴责其士兵们犯了这个错误,则是对的(参上文第140-141页)。

——此章[3.10]开头的李维引文,初看起来像在弥补"所有人"都会犯的一个错误;这条引文谈论了一位生活在李维时代之前很久的统帅,但马基雅维利谈论这位统帅时,仿佛这位统帅在马基雅维利时代仍然活着(367;参本章上文注44)。这条引文与其说谈论了这位统帅做过或说过什么,不如说谈论了他

把对其自由和生存的关切托付给他人,或现代人如何信赖某个他人(someone other)而非他们自己。

当现代人派他们的一位统帅去执行一项军事任务时,现代人禁止这位统帅投身战斗,而且现代人在这么做时,相信自己在模仿法比乌斯·马克西穆斯。但是,这毫无意义;法比乌斯没有回避战斗,而是拒绝在有利于其恐怖敌人的战场上战斗。下达给现代统帅们的命令实际上是"当战斗适合你们的敌人而非你们时,你们就投身战斗"。通过命令现代人的统帅们回避战斗,现代人相信他们在命令这些统帅不要将自己托付给机运女神;但事实上,现代人确实在命令这些统帅将自己托付给机运女神,且现代人在禁止这些统帅引诱或试验(to tempt or try)机运女神。① 古代人试验机运女神,现代人信赖机运女神。

50. "权威还是理性"这个问题位于居中一卷的居中部分(2.10-24) → 最大的过错在于还不够张狂

[158]马基雅维利如何运用李维,以及如何不运用李维,是马基雅维利质疑这个最高权威的关键。马基雅维利通过首先毫无保留地屈从于这个权威,而获得了质疑这个权威的正当性。

当他在《李维史论》靠近开头处面临两组著作家之间的意见差异时,他采纳了那一组从多数人的意见来看更智慧的著作家的意见,而非相对立的另一组著作家的意见。在卷一靠近结尾处,马基雅维利从诉诸权威本身转向诉诸理性,从而用由此积累起来的力量攻击所有著作家。由此,他为自己在后两卷的做法奠定了基础,为他毫不妥协地运用"理性对抗权威"这个准则奠定了基础,从而也

想过什么;此章[3.10]接下来[325]把这位统帅的想法归于李维;人们只知道,所谓的这位统帅的想法是李维的想法。

① [译按]第207页也说到这一点。

为他有所保留地应用这个准则奠定了基础。卷二开头就谴责了对古代本身的敬重,人们也许可以说,对权威的相信就根源于对古代本身的敬重。2.1开头就以提及名字的方式攻击了"一位最有分量的著作家"。只有在后两卷,马基雅维利才在章题中提及了一位真正的思想家(a thinker as thinker)可能服从的种种权威:罗马人的权威与摩西的权威。① 只有在后两卷,马基雅维利才在章题中质疑了种种"意见"。②

居中一卷的居中部分(2.10-24)包含了对"理性对抗权威"这个问题最引人注目也最内在一致的数次提及,就算这数次提及适当地分散[在各处]。在2.10,马基雅维利攻击了一个"普通意见",但他在没有任何权威的帮助下,确定了有关这个主题的真相,然后提及李维作为这个真相最真实的见证者。在下一章[2.11],马基雅维利指出,信赖如下这样一位君主并不明智,由于这位君主可能太远离[他的朋友们],故他与其说能用自己的权力帮自己的朋友们,不如说能用自己的名义帮自己的朋友们;然后在2.12,马基雅维利向我们呈现了他的经院派论辩,在这番论辩中,他提出了源于权威的七个正反理由,以及源于理性的八个正反理由;而他得出自己的决断时,既没有诉诸任何权威,也没有提及任何作者。

---

① [原注165]《李维史论》2.18,3.30。在3.30的标题中,马基雅维利谈到,一个公民若渴望在他的共和国靠他本人的权威做任何善行,则必须做什么;此章给出的居中例证是摩西的例证,摩西为了他的律法和他的秩序能够兴盛而杀过"无数人";据马基雅维利所说,摩西靠自己的权威做了这些事;据圣经所说,人们并不清楚,摩西是靠自己的权威还是靠上帝的权威做了这些事(比较《圣经·旧约·出埃及记》32:21-26与32:27-28;参《圣经·旧约·民数记》16)。亦参《李维史论》1.9(120)。
——"作者"(author)一词是"权威"(authority)一词的词根,我相信"作者"取"著作家"(writer)之义时只出现在1.25和1.58([译按]对应中译本第220页倒数第2行和第302页第5行,中译本把后一处译成了"李维")。

② [原注166]《李维史论》2.10,2.17,2.22,3.27。

他令接下来三章[2.13-15]致力于讨论李维,以及李维笔下的人物安尼乌斯,即罗马民众的一个敌人,并令随后一章[2.16]致力于讨论"所有基督徒军队"如何劣于罗马军队;然后,他攻击了"多数人的普遍意见",根据这个意见,[现在]不可能模仿古代罗马,是因为在[古代罗马之后的]这段时间里取得了一个所谓的进步(2.17)。此章也是论辩,哪怕不如 2.12 那么明显。① 在此,[159]马基雅维利又一次没有诉诸任何权威,也没有提及任何作者,就得出了一个决断。

在 2.18,他尽可能清楚地[表现出],他宁愿[诉诸]"明显的理由",而非[诉诸]权威。仅仅基于理性,他攻击了与罗马为敌的最大权威,如我们会意料到的,这个权威就是汉尼拔。然而,为了支持理性在反对这个最大权威时确立的那个意见,马基雅维利诉诸传统政治哲学的权威,或者说,诉诸那个培养理性的传统所具有的权威(the authority of the tradition of the cultivation of reason)。为了理解这一次明显地诉诸权威的情况,人们会不得不从如下事实出发:在同一章[2.18],马基雅维利随后立即谈论了意大利君主们最大的过错(sin),即信赖骑兵而非步兵。

为了确立步兵相对于骑兵的优越性,马基雅维利举出了一些例证,这些例证与其说"真实",不如说"漂亮"(beautiful)。其中一个例证是雷古鲁斯(Regulus)②的例证,雷古鲁斯张狂到相信,他能用步兵击败骑兵,乃至击败象兵(elephants);他被击败了,原因无他,正是他不够信赖他的步兵:他张狂得不够强势,或不够规模浩大

---

① [原注 167]《李维史论》2.17(274-275):disputare[论辩],rispondendo dico[我回答说],questo è una massima[这是一条公认的规则]。[译按]这三个表述在 2.17 开头的三个地方:中译本第 374 页第 1 段倒数第 4 行(译成了"讨论"),同页第 2 段第 1 行,第 375 页第 9 至 10 行。

② [译按]雷古鲁斯,全名马尔库斯·雷古鲁斯·阿提利乌斯(Marcus Atilius Regulus),前 267 年和前 256 年任罗马共和国执政官。在第一次迦太基战争中,前 256 年,率舰队登陆阿非利加(Africa),被迦太基人击败。

(not strong or great enough)。另一方面,卡尔米纽奥拉(Carmignuola)张狂到认为,他能用骑兵击败步兵;他失败了,但他令他的骑兵下马作战后,反败为胜:他用正确的张狂取代了错误的张狂,且与此相应的是,他人道地对待他所击败的残敌。①

在 2.19,马基雅维利断言,单单一个同时代的例证就足以证明,步兵优于骑兵,且在步兵和骑兵各自的价值方面,罗马意见优于现代意见。着眼于这种"可见的"优越性,马基雅维利要求人们"相信","其他所有古代秩序皆真实而有用";这种"相信"本会消除所有重要的现代过错(sins)。若缺乏这种有益的相信,则人们不可能比日耳曼诸城邦做得更好,但这些城邦的相对成功取决于所有日耳曼人对皇帝"权威"的承认;这位皇帝是"并不拥有强力"的君主,或者我们可以说,这位皇帝没有武装,就像天(Heaven)在现代变得没有武装。

2.24 紧跟在居中的那次布道之后,马基雅维利在此章指出,信赖要塞,而不信赖一个人自己的美德和明智,并不明智;在确定这个事实时,他再次诉诸"罗马人的权威",[160]罗马人"在他们的其他所有秩序上[也]②有智慧"。我们再次看到,马基雅维利毫不犹豫就在恰当的语境中用一个权威反对另一个权威,即用一个张狂观念反对另一个张狂观念,或者说,用一种相信反对另一种相信。③

---

① [原注168]参《李维史论》1.10 结尾;《君主论》12(39);《战争的技艺》卷二(485),卷四(539)。参上文第 41 页,第 119 页,第 157 页。

② [译按]方括号内容为施特劳斯所补。

③ [原注169]马基雅维利在 2.27 说,他希望用古代例证与现代例证来证明某个论点,因为不可能通过种种理由同等清晰地证明这个论点;此刻,他并非意指,他并不具备对自己论点的理性证明。他当然是在借此提醒我们注意他对例证的挑选。在前一章[2.26],他没有使用任何现代例证,而是使用了一个亚洲例证。在 2.27,他两次讨论了同样的三个例证;第一次讨论时一个亚洲例证占据居中位置,第二次讨论时一个现代(佛罗伦萨的)例证占据居中位置。现代与亚洲"可互换",因为现代与古典古代之间特有的差异源于亚洲思

51. 马基雅维利把塔西佗视为最卓越的权威,因为塔西佗是谈论犹太教和基督教各自起源的最伟大史学家

尽管马基雅维利常常遵从李维的权威,并有时质疑李维的权威,但马基雅维利从未在表明李维的一个意见并非显然正确后,试图"挽救"这个意见。仅仅对于一个著作家,[马基雅维利]才既以提及名字的方式提及,又那样崇敬地讨论,这个著作家就是塔西佗。① 我们必须对如下问题存疑:马基雅维利把这份尊荣授予塔西佗,是不是因为马基雅维利将塔西佗视为可憎僭主的行动与言辞的最伟大叙述者,或视为谈论犹太教与基督教各自起源的最伟大史学家,或同时视为这二者? 马基雅维利当然没有把塔西佗视为最严格意义上的权威。马基雅维利把一个陈述当作塔西佗的陈述来征引,以便"挽救"这个陈述所表达的意见,而就我们所知,这个陈述是马基雅维利发明的:马基雅维利远远没有屈服于一个权威,而是把他自己视为权威。②

此外,马基雅维利在一个章群中对权威的讨论,比在他在卷二

想对古典思想的胜利。(参上文第 89-90 页,以及本章[第 97 页]注 16,[第 102 页]注 35。)有待证明的那个论点涉及对胜利抱有的错误希望(参上文第 40 页)。

① [原注 170]《李维史论》3.19。《李维史论》四次提及塔西佗:1.29(参上文第 124 页),2.26(参上文第 50 页),3.6(参本章[第 150 页]注 149),3.19。后三次提及彼此相距 13 章。

② [原注 171]马基雅维利以拉丁文 ait[他说]引入这次征引:他提醒我们注意他能写拉丁文这个事实;由此,他让我们对他写出一些塔西佗式拉丁文有所准备。这次征引的措辞让我们记起塔西佗的一个陈述,这个陈述所表达的意见与马基雅维利放入塔西佗口中的伪托陈述相反。在塔西佗作品(《编年史》3.55)中,塔西佗的真实陈述之后紧跟着一个评论,这个评论表示质疑古老时代对当前时代的道德优越地位,从而也让人们记起《李维史论》卷二前言的论证:马基雅维利把塔西佗视作权威,关系到如下这一点,即马基雅维利让人们记起,他自己如何批评对权威的相信所具有的根源。

中间位置对权威的讨论更直言不讳,前一番讨论所在的章群可以说以那个伪托塔西佗的陈述开头,且这个章群位于卷三靠近中间位置的地方。① 让我们暂且称这个章群(3.19-23)为塔西佗章群(the Tacitean subsection)。

塔西佗章群把自身呈现为统一体,因为其中各章通过其中四章结尾的明确提及而互相关联在一起。塔西佗章群并未形成《李维史论》中独立的一篇。然而,由于塔西佗章群由五章构成,故这让人们记起《李维史论》中由五章构成的那几篇:关于罗马人的宗教的那一篇(1.11-15)、关于感恩的那一篇(1.28-32)、关于西方陷入东方的奴役的那一篇(2.1-5)、关于罗马人的征服与犹太人和其他人的征服之间差异的那一篇(2.6-10),以及关于诸起源的那一篇(2.11-15)。

正好在塔西佗章群的上一章[3.18],马基雅维利对比了一些古代人与一些现代人,这些古代人相信,他们能通过爬上一块附近较低的高地(a nearby and fairly low elevation)而在一段时间内得救,而这些现代人相信虚假的捷报。塔西佗章群之后的数章致力于讨论贫穷和女人们。关于女人们的那一章[3.26]包含了《李维史论》中对亚里士多德仅有的一次提及;[161]这次提及对应于《李维史论》

---

① [原注172]马基雅维利提到了他另一次制作(made)的一个陈述,而且他补充评论说这个陈述是真的;他起初把这个陈述中表达的意见归于"古代著作家们",因为按他的理解,作为古代著作家们的意见,这个意见当然是真的;他在重复[这个陈述]时指出,如果他提及权威,则他不必然同意权威的说法,就算他没有表达对权威的说法的任何批评;比较《李维史论》3.21(390)与1.37开头。马基雅维利注意到,"所有著作家"都钦羡汉尼拔军队中盛行的好秩序,并暗示这些著作家完全不知道这种秩序的原因;参《李维史论》3.21(391),《君主论》17(54)。马基雅维利引用了一个明智之人的话,此人[326]说,为了靠强力维持一个共和国,实施强力者与承受强力者之间必须存在一种均衡(proportion);这个明智之人可能就是马基雅维利本人;参《李维史论》3.22(393),1.40(187)。

中对圣经本身(the Bible as Bible)仅有的一次提及[3.30],从而也为这种提及作了准备;在马基雅维利提及圣经的那一章,他提醒我们注意,摩西凭他自己的权威做了什么;正好在那一章的下一章,马基雅维利谈论了,通过使卡弥卢斯说并做某些事,李维如何将一种"应然"改造为一种"实然"。① 关于塔西佗章群发人深思的语境,说以上这些应该够了。

52. 马基雅维利对塔西佗的 credere[相信]把马基雅维利从爱转向恐惧,即转向摩西,并从保存者转变为缔造者

塔西佗章群以一番叙事开头,根据这番叙事,残忍而粗鲁的指挥官阿皮乌斯·克劳狄乌斯失败了,且仁慈而人道的指挥官昆提乌斯(Quintius)胜利了[3.19]。② 从这番叙事中,马基雅维利得出了如下试探性的结论:为了统治多数人,人道而好施(merciful)好过骄傲而残忍。但是,塔西佗得出了相反的结论。因此,马基雅维利在思考,如何能一并挽救他的意见与塔西佗的意见。马基雅维利的意见立足于某种证据,而仅仅受到"塔西佗持相反意见"这个事实威胁:塔西佗的权威如此之大。为了一并挽救这两个意见,马基雅维利作了一个区分。塔西佗推崇的严厉(the severity)适用于统治如

---

① [原注173]参上文第148-149页,本章[第150页]注149,本章[第158页]注165,第一章[第40页]注48,第一章[第51页]注68。

② [译按]这里说的阿皮乌斯·克劳狄乌斯是前471年执政官,他与第62页注22提到的阿皮乌斯·克劳狄乌斯(参彼处译按)是不是同一个人,尚有争议。参第164-165页对此二人的讨论。另外,此处的昆提乌斯不是第61页提到的提图斯·昆提乌斯,而是提图斯·昆提乌斯·卡皮托利努斯·巴尔巴图斯(Titus Quintius Capitolinus Barbatus),此人自前471年起六次担任罗马共和国执政官。注意"昆提乌斯"又作"昆克提乌斯"(Quinctius),参第61页译按。

下这些人,这些人在每个方面都总是一个人的统治对象。马基雅维利推崇的仁慈和好施适用于统治如下另一些人,这另一些人是一个人在共和国中的公民同胞。但是,由于共和国本身比君主国(monarchies)更优越,故可以说塔西佗的意见对于更低劣的一类政制为真,而马基雅维利的意见对于更优越的一类政制为真:马基雅维利的意见比塔西佗的意见更真实。

与此相应,下一章(3.20)继续赞美温和,并扩大了这种赞美,使之几乎变成对一般而言的道德美德的赞美;马基雅维利运用了卡弥卢斯、法布里基乌斯(Fabricius)、斯基皮奥、居鲁士各自的例证,从而赞美了人性、坦率、慈悲、好施、贞正、大方、和蔼(affability)。有一个难题产生于如下两个事实:[第一,]居鲁士是独一统治者;[第二,]马基雅维利在上一章[3.19]向独一统治者们推崇严厉而非仁慈。但是,人们可能会说,目前的这一章[3.20]关心指挥官们应该如何对待外邦人,而非如何对待自己的士兵们;最重要的是,人们还可能会说,目前的这一章赞美的这个居鲁士,作为色诺芬的作品,是虚构出来的存在者。

无论如何,马基雅维利事实上重述了古典政治哲学的观点——[162]在马基雅维利的书中色诺芬比其他任何著作家都更能代表古典政治哲学——之后,在下一章(3.21)表明,相反的那些品质即某些道德恶德(moral vices)带来的名气和胜利,与刚才提及的道德美德带来的名气和胜利一样大。马基雅维利通过对比斯基皮奥与汉尼拔来表明了这一点。一位统帅的伟大并不取决于道德,也不为不道德所减损,而是完全取决于非道德的(amoral)美德,即头脑的力量,或意志的力量,或脾性的力量,哪怕不说灵魂的力量。道德与不道德皆有其用处,因为爱与恐惧皆左右着属人存在者们。那些使一位统帅被爱[戴]的品质,与那些使他被恐惧的品质,皆可能变得危害到他。因此,需要明断地结合这两组品质,即走一条"中间路线"。我们看到,塔西佗章群的居中一章捡起了居中那次布道的居中那个主题。

在下一章(3.22),马基雅维利从对比汉尼拔与斯基皮奥,转向了对比曼利乌斯·托夸图斯与瓦勒里乌斯·科维努斯:"汉尼拔与斯基皮奥达到了同样的成效,一个人靠的是值得赞美的事物,另一个人靠的是可憎的事物",①而曼利乌斯与瓦勒里乌斯皆只运用值得赞美的手段。这就是说,马基雅维利从对比道德与不道德,回到了不那么极端地对比严厉与人性。尽管曼利乌斯严酷,且瓦勒里乌斯温和,但曼利乌斯与瓦勒里乌斯是同等荣耀的统帅。曼利乌斯杀死了自己的儿子,而瓦勒里乌斯从未伤害任何人。曼利乌斯的命令如此严酷,以至于"曼利乌斯式命令"变成了习语。同时,如马基雅维利强调的,曼利乌斯充满崇敬。

为了理解为何曼利乌斯被迫这样严格且严厉地行事,人们必须"从李维一开始提到曼利乌斯的时候就好好思考曼利乌斯的天性"。② 关于曼利乌斯·托夸图斯,李维提到的第一点是,他说话有些迟钝,且不善言辞(somewhat slow of speech and unready with his tongue)。曼利乌斯的父亲专横(imperious)且非人性,因曼利乌斯在说话方面有缺陷而憎恶他,并剥夺了他接受一切体面教养的机会,以至于他的头脑一直粗鲁而乡野。马基雅维利还提到,曼利乌斯如何杀死了"那个高卢人"。如李维告诉我们的,那个高卢人体型格外高大,曾要求最勇敢的罗马人同他单独决斗,他一边等对手,"一边愚蠢地兴奋,而且——古人甚至认为值得提到下面这一点——吐舌头奚落对手",结果体型小得多的曼利乌斯杀死了那个高卢人:

> [163]曼利乌斯对死者的尸体没有实施其他任何侮辱,而只是掠夺了尸体上的一件东西,即一条溅满鲜血的项链,然后戴在了他自己的脖子上。

---

① [译按]《李维史论》3.21,对应中译本第516页倒数第4至3行。
② [译按]《李维史论》3.22,对应中译本第518页第2段第1至2行。

曼利乌斯必定已经使马基雅维利一方面记起摩西,另一方面记起大卫,因为马基雅维利"明断地"读过圣经,即凭借他在某种程度上从李维那里学到的东西读过圣经。在当前语境中,值得注意曼利乌斯与旧约中的大人物们之间的一个差异:大卫斩下了歌利亚(Goliath)的头颅,因为歌利亚冒犯了永生上帝(the living God)的军队。① 无论大卫与摩西各自的情况可能是怎样——因为摩西不过是执行上帝命令他做的事,故只有一个张狂之人才会对摩西进行推理②——曼利乌斯做他所做的一切时,至少"首先为他的天性所迫,然后为一种欲望所迫,这种欲望要求[他]遵从他的自然嗜欲(appetite)诱使他下达的那些命令"。③ 曼利乌斯既拥有又需要头脑的力量,或意志的力量,或脾性的力量。

然而,瓦勒里乌斯没有被迫"惩罚违逆者们",而是可以满足他的人道(indulge his humaneness);瓦勒里乌斯作为言说者也很人道。曼利乌斯与瓦勒里乌斯之间的关系,让人们记起缔造者与保存者之间的关系,如严厉的塞普提米乌斯与热爱智慧的(philosophic)马尔库斯·奥勒留之间的关系。④ 尽管如此,或正因如此,毫无疑问的是,马基雅维利就算在质疑塔西佗时说了那些话,却仍然相信,就个共和国中担任领导人的公民们而言,曼利乌斯的路线比瓦勒里乌斯的路线更值得称赞,也更少危险。因为曼利乌斯的路线

完全有利于公共事务,而在任何层面都不关注私人野心,因为通过[曼利乌斯]这样一种方式,一个人不可能获得党羽

---

① [原注174]李维《自建城以来》7.4.6–7,7.5.2,7.9.8–7.10.11;《圣经·旧约·出埃及记》4:10;《圣经·旧约·撒母耳记上》17。参马基雅维利在《君主论》第13章对大卫-歌利亚故事的提及。

② [原注175]《君主论》6,13。

③ [译按]《李维史论》3.22,对应中译本第519页第1段最后两行。

④ [原注176]《君主论》19 结尾。

(partisans),因为一个人对每个人都总是表现得严酷,而且除了共同善,不爱任何东西。①

至于君主们,情况正相反:君主们必须走瓦勒里乌斯的路线,或走色诺芬笔下居鲁士的路线。一个共和国的一个公民若模仿瓦勒里乌斯,则在寻常情况下不仅会伤害他的祖国,而且会伤害他自己:人们会变得怀疑他在谋求僭主权力或王权。

我们看到,马基雅维利终于成功地完全挽救了他所谓塔西佗的意见:塔西佗对严酷的偏爱适用于更可取的政制,而马基雅维利起初对温和的偏爱适用于更低劣的政制。塔西佗的意见比马基雅维利的意见更真实。马基雅维利向我们呈现了,他不动声色的转变是什么景象:[164]塔西佗使他转向了塔西佗的信条,即从他起初对好施和爱的相信转向了对严酷和恐怖的相信。塔西佗没有使用任何理由说服马基雅维利,但塔西佗强有力的在场诱使马基雅维利寻找越来越好的理由来支持如下这种相信,即塔西佗(马基雅维利更好的那部分)灌输到马基雅维利头脑中的相信。在塔西佗章群中,马基雅维利公开了他不动声色的转变。在那番经院派论辩中,诗性传说的教诲对更优越的情况为真;②而在塔西佗章群中,塔西佗的意见对更优越的情况为真。

总结起来,我们注意到,据马基雅维利所说,那些就一位领袖应该如何行动进行写作的人支持温和[路线],而像李维这样的史学家们未作决断:这些史学家比传授"应然"的教师们更接近真相。

53. 基督综合了温和与严厉——他的傲慢

刚才概述的讨论呈现了许多难题,其中有两个难题似乎尤其重

---

① [译按]《李维史论》3.22,对应中译本第520页最后一段第3至5行。
② [原注177]参上文第41页。

要:[第一,]严厉是否与野心不相容?[第二,]严酷的诸品质是否仅仅与温和的诸品质(人性、慈悲、好施等等)相对立?下一章即3.23回答了这两个问题,而如果我们记得2.23是居中的那次布道,则我们可以更容易理解3.23。在此前数章中的一章,马尔库斯·孚里乌斯·卡弥卢斯(M. Furius Camillus)曾经作为温和统帅的代表出现。

我们现在了解到,卡弥卢斯类似于严酷的曼利乌斯,而非温和的瓦勒里乌斯。卡弥卢斯像曼利乌斯一样,使自己的祖国获益,并使自己受到某种损害,因为他因其严厉而变得受到憎恨:这两位统帅各自都损害了自己的野心。这并非否认,隐藏野心的最佳办法是,为了共同善而毫不妥协地且狂热地党争(partisanship),或者说,热情地做出严厉行为(zealous severity)。因此,卡弥卢斯变得受到憎恨的居中那个原因,不是他严厉,而是他涉嫌出于傲慢而希望变得能与一位神相匹敌,即与太阳神(the Sun)相匹敌。① 然而,与其说傲慢或野心,不如说一项公开行动对傲慢或野心的展现,使卡弥卢斯受到憎恨。卡弥卢斯,即"所有统帅中最伟大的那一位"②(其行动和言辞某种程度上是虚构出来的),引发了从温和向严厉的转变,或引发了从爱向恐怖的转变,而且在两种状态下,他那具有强制力的激情都是他的傲慢或野心。

塔西佗章群以提及残忍而粗鲁的执政官阿皮乌斯·克劳狄乌斯开头,此人至少让读者记起[165]十人团成员阿皮乌斯·克劳狄乌斯,后者是罗马最卓越的立法者,由于尝试建立僭政而注定被杀,

---

① [原注178]李维《自建城以来》5.23.6说,"与尤皮特相匹敌,也与太阳神相匹敌"。对于卡弥卢斯如何渴望变得与最高的神相匹敌,马基雅维利保持沉默。注意3.23的标题中,马基雅维利只谈到卡弥卢斯遭到流放的一个原因,而在此章的正文中,马基雅维利谈到了三个原因。亦参《李维史论》3.34如何讨论曼利乌斯·托夸图斯关心被人谈论。

② [译按]李维《自建城以来》5.23.1。

而就算他暴死,他的法律也一直保持具有效力。① [残忍而粗鲁的执政官]阿皮乌斯·克劳狄乌斯也失败了,因为他没有运用必要的耐心,就尝试完成从好施向残忍的转变,以及从谦卑向傲慢的转变。②

人们能认为,阿皮乌斯·克劳狄乌斯和卡弥卢斯都[在自身之中]或多或少成功地结合了曼利乌斯这类人与瓦勒里乌斯这类人;以上事实暗示了,首要现象是这两类人之间的对立。曼利乌斯类似于帕皮里乌斯·库尔索尔(Papirius Cursor),后者出于极端的嫉妒,渴望痛饮法比乌斯的鲜血。③ 塔西佗章群对法比乌斯保持沉默:法比乌斯是与塔西佗章群中提到的统帅们完全不同的另一类统帅。塔西佗章群对马基雅维利的榜样保持沉默,因为塔西佗与其说是马基雅维利的榜样,不如说是他的创造。④

---

① [译按]关于这两位阿皮乌斯·克劳狄乌斯,参第 161 页译按。

② [原注 179]李维《自建城以来》5.23.1。《李维史论》1.41,3.31 开头,3.46。除了在 1.41 和 2.14 各自的标题,全书其他任何章题都没有提到"谦卑",且上述两章相距 33 章。参上文第 111 页。至于塔西佗章群与致力于讨论十人团的章群之间的关系,亦参 3.22(395)对"党羽"一词的使用,以及那里对 1.43 的提及;参 1.45 如何讨论萨沃纳罗拉的"野心勃勃和党派精神";在《君主论》第 6 章中,[具体来说就是]在此章中讨论武装的先知与未武装的先知的那一部分中,"党争"与"温吞"相对立;萨沃纳罗拉的布道充满对温吞者的谴责。参《君主论》20(67)。

③ [原注 180]参上文第 105 页,第 153-153 页([译按]此处当为笔误)。李维《自建城以来》8.30.13,8.34.2。

④ [原注 181]瓦勒里乌斯既不是又是马基雅维利的榜样(参 3.37,3.38;参上文第 154-155 页)。这没有造成任何困难;参萨沃纳罗拉《〈以西结书〉布道辞》37:

> 故他们竟把尼布甲尼撒(Nabuchodonosor)视为基督本人。——修士(frate)噢,你要把基督本人与恶人(scellerato)尼布甲尼撒相类比?——请注意,这并非不相宜(non è inconveniente),因为在圣经里,许多时候一个坏人意味着一个好人(una persona cattiva significa una buona)。

54. 马基雅维利否认爱具有首要性,并断言恐怖具有首要性,从而攻击了权威原则 → 存在一个适度而人道的目标——没有天堂,但也由此而没有地狱

《李维史论》以赞美法比乌斯结尾:在靠近结尾处,一个罗马人仍然是马基雅维利的榜样。如果不"好好思考"这个事实,则这个事实会误导人。《李维史论》开头将马基雅维利所发现的新模式和秩序等同于古代模式和秩序。他反叛传统首先体现为屈从"罗马人的权威"。然而,一个人在屈服于某个权威之前,必定已经屈服于权威原则(the principle of authority)。权威原则主要体现为将好的等同于祖传的。这个等式暗示了如下假定:存在着绝对优越的或完美的开端,即一个黄金时代或一个天堂。

完美开端的基础或起源是善(the Good)或爱(Love)的至高无上,或我们也可以说是神意(Providence)的统治。恶的起源是一种堕落。进步就是回归,改善就是恢复。使自己完美,意味着回归开端——那时人们是好人——即回归史前诸开端。尤其如果人们假定不能知晓史前诸开端,那么,人们必须满足于模仿一位缔造者-统帅,他即便并非一半属神,或即便并非属神,至少也比其他所有人更卓越。这寥寥几句话关系到权威原则中暗示的一种全面的神学-宇宙论方案(the comprehensive theo-cosmological scheme),若要理解马基雅维利的思想,这寥寥几句话足矣。

这个全面方案必须变得更精确或范围更小,才会变得有益。如果屈服于权威原则,不伴之以屈从权威本身,即屈从这个或那个权威,那么,屈服于权威原则就没有效果。[166]如果不迈出这一步,

---

[译按]注中独立引文原文为意大利语。尼布甲尼撒是新巴比伦王国(前626—前539)第二位国王(前605—前562年在位),史称尼布甲尼撒二世,也称尼布甲尼撒大王。他的名字出现在《圣经·旧约·列王纪下》24:1等。Nabuchodonosor是意大利语拼法,在英语中拼作 Nebuchadnezzar。

则人们将会一直陷在我们数个世纪所特有的宗教渴望或宗教笃信(the religious longing or the religiosity)之中,而不会为真正的宗教(religion proper)所解放。由于马基雅维利意识到,权威原则与权威本身之间存在这种关系,故他对罗马人的权威所作的批评,即他对留给他的最后一个权威所作的批评,与他对权威本身所作的批评相吻合。

我们在此只重复他的两个说明:[第一,]在开端,人们不是好人,而是"败坏的"人;[第二,]缔造不是在开端近乎超人的一次性行动,而是毫无疑问属人且前后相继的统治者们做出的一种持续不断的活动。① 对权威本身所作的最内在一致的讨论,出现在关于缔造者-统帅的那一篇(3.1-15)。混合体,即国家或宗教,唯有一次又一次被带回到其开端,或唯有得到"更新",才能得到保存。在其开端,混合体内部必定已有某种善;否则混合体本来不能壮大:马基雅维利不再说,混合体或人在开端是完全好的。

马基雅维利引用了医生们(the physicians)关于人体(the bodies of men)的一个陈述;人体与混合体之间的对应表明,混合体在其开端必然不完美。混合体的更新构成一次重生,并通过这次重生而构成新生活和新美德的重启(resumption)或恢复:得到更新的混合体既是又不是处于原初(pristine)状态下的混合体。如果更新在于重启对所有古老法律和秩序的遵守,则得到更新的混合体可以说就是处于原初状态下的混合体。马基雅维利所讨论的经典例证是,高卢人占领罗马后,罗马获得了重生;在这个例证中,罗马人尽管"重启对正义和宗教的遵守",却"更新了他们所有的古代宗教秩序":马基雅维利没有说,罗马人更新了他们所有的古代秩序。

尽管早期异教罗马共和国"更新了其所有的古代宗教秩序",但

---

① [原注182]参上文第 44 页,第 108 页。比较 1.49 结尾如何提及对"新秩序"的"日常"需要,与 3.49 如何提及对"新规定"(new provisions)的"日常"需要。亦参《佛罗伦萨史》2.28。

更新了基督宗教的圣方济各(St. Francis)和圣多明我(St. Dominic)取得成功,只是因为"他们的新秩序"(their new orders)有潜力。①在谈论另一类更新时,马基雅维利指出了,所有更新的有益效果在于什么。他用七个罗马例证展示了这另一类更新。其中五个例证是对杰出公民们的壮观处决,第六个例证是帕皮里乌斯·库尔索尔为反对法比乌斯而采取的行动,第七个例证[167]是对斯基皮奥家族的种种指控。

更新混合体,在于更新一种恐惧,这种恐惧存在于那些构成混合体的成员们的头脑中;或者说,更新混合体,在于把一种恐怖和一种恐惧置入人们内部,原初的缔造者们曾把这种恐怖和这种恐惧置入他们的党羽内部。这个做法,而非对旧模式和秩序的回归,才是对开端的回归的本质。回归开端在所有情形中都意味着引入新秩序。②

因此,马基雅维利回归古代模式和秩序,尤其必然意味着设计新模式和秩序。寻常地回归开端,意味着回归那种与缔造相伴的恐怖。马基雅维利回归开端,意味着回归如下这种原始的或原初的恐怖(the primeval or original terror):[第一,]这种恐怖先于每一种人为的恐怖;[第二,]这种恐怖解释了为何缔造者必须使用恐怖;[第

---

① [译按]圣方济各(1182—1226)创立了圣方济各会。圣多明我(1170—1221)创立了圣多明我会。正文此处的 order 在神学上特指修会,在此与"秩序"一词双关。

② [原注183]《李维史论》3.1(327-330)、3.8(362)、3.11(368);参1.18(143)。参上文第90页,第156-157页。3.1给出的七个罗马例证的居中例证是曼利乌斯·卡皮托利努斯被处死的例证。

——参1.26(对新约不动声色的引用)、2.26(对塔西佗不动声色的唯一引用)、3.26(女人们是许多覆灭事件的原因)之间的关系。参本章上文注16,注169。

——1.1、1.49、3.1、3.28、3.36各自的标题中提到了 principio[开端]或 principii[诸开端]。在1.49正文中,principio[开端]和 principii[诸开端]出现了七次;在3.1正文中,这两个词出现了十次。

三,]这种恐怖使缔造者能够使用恐怖。马基雅维利回归开端,意味着回归内在于人的处境的那种恐怖,即回归人本质上不受保护的状态。在开端,就存在恐怖。在开端,人们是好人,即人们愿意顺从,是因为人们感到害怕,并容易被吓倒。如果人们应该依据自然且基于有关自然的知识(knowledge of nature)来建立共和国,那么,恐怖所具有的首要性必须取代爱所具有的首要性。人们的开端并不完美,而且卑微(low)。本质上,从开端起,人就处于暴露中,且不受保护。因此,圣经与古典哲学所共同想象出来的(envisaged)完美性没有可能。

但是,完美性,尤其起初的天堂和最终的天堂为什么没有可能,地狱就为什么不可能存在。人不可能崛起到属地的和属土的人性之上(rise above earthly and earthy humanity),①所以人甚至不应该渴望超越人性。此种渴望仅仅导致人对人展现出最恐怖且完全不必要的非人性。马基雅维利所攻击的传统曾断言,

> 拥有坏的开端或原则的东西,绝不可能拥有好的结局。②

但是,马基雅维利信赖一段"最真实的"撒路斯提乌斯文本,并把这段文本改造得适合马基雅维利的意图,改造后的文本声称,

> 所有恶的例证皆源于善的开端。③

---

① [译按]earthly 与属天相对,指此世的。earthy 也可指此世的,但在此与 earthly 并列,则显得与高雅相对,指低下的或粗鄙的。earthy 本义是泥土的,同时也有质朴之义。

② [译按]《诗经·大雅·荡》曰:"靡不有初,鲜克有终。"《庄子·大宗师》曰:"善夭善老,善始善终。"元稹《莺莺传》曰:"始乱之,终弃之。"

③ [原注 184]《李维史论》1.46(194)。参萨沃纳罗拉《1497/1498 年 2 月 15 日圣马可修院布道辞》(*Sermone fatto in San Marco a' di 15 Febbraio* 1497/8):

55. 马基雅维利把新的模式和秩序传播给所有人,但他把它们的基础即无神论仅仅传播给青年

马基雅维利理解了他所认为的伟大传统的根本错误,从而被迫探索并得以发现根本上新的模式和秩序。尽管就连传播新的模式和秩序也有危险,但马基雅维利还是为了关心共同善而传播了新的模式和秩序。他希望人们采纳新的模式和秩序。[168]一些显而易见的理由支持新的模式和秩序。但是,这些理由不可能变得对民众来说显而易见,至少不可能在太晚之前变得如此。另一方面,由于没有武装,马基雅维利不可能强迫民众相信他。他不仅完全缺乏强力,而且甚至不希望运用强力。在古老时代[有人]克服过此类难题,在当前时代也[有人]能通过诉诸上帝而克服此类难题。

马基雅维利并未在道德或其他方面反对虔敬的欺诈(pious fraud)。他不仅受到他缺少强力[这个事实]诱使,而且受到他的人性诱使,同时他也信赖大多数人的轻信(trusting in the credulity of most men);因此,他保存了既定事物的影子,或至少保存了古代事物的影子,或"保留了名义"而取消了实质。他使自己适应民众的意见,从而模仿布鲁图斯(Brutus),①布鲁图斯为了解放他的祖国,就通过既说又看又做与自己意见相反的事来装傻,并借此取悦君主;因为,既然"此世除了俗众以外什么都没有",故最有权力的统

我们的经文(testo)说:difficile est quod malo inchoatur principio posse ad bonum finem usque perduci[若一个东西从坏开端起头,则它很难有可能最后通往好结局]。意即:一些事情,倘若有个坏开端,则不可能有个好结局。

[译按]注中独立引文原文为意大利语。

① [译按]不是第33页等处谋刺凯撒的布鲁图斯,而是前509年罗马共和国首任执政官卢基乌斯·尤尼乌斯·布鲁图斯(Lucius Junius Brutus)。提到他的地方还有第170页注187,第258页,第275页,第287页。

治者是民众。

然而,这种对民众意见的迁就(accommodation),危及马基雅维利[对新模式和秩序]的传播;尽管新的模式和秩序可能由此而变得可接受,但[民众]将以错误的精神接受新的模式和秩序。因此,马基雅维利需要这样的读者们,他们有辨识力,不仅足以理解新的模式和秩序,而且足以理解新的模式和秩序所立足的最终基础。马基雅维利需要这样的读者们,他们可以通过变成君主而充当马基雅维利与民众之间的中间人(mediators)。如果马基雅维利是未武装的先知,或是没有军队的统帅,且必须凭借他的书招募他的军队,那么,他必须首先招募直接对他负责并听命于他的一批最高级别的军官。

由于"人们本性善妒",故马基雅维利不可能指望在他那一代人中找到他的第一批追随者。可以说,只有在他那一代人自然死亡之后,即只有在旷野中的一代人(the generation of the desert)①自然死亡之后,他才能得到自己应得的东西(come into his own)。他必须诉诸未来数代人中的精英们。②

56. 马基雅维利与其说是密谋者,不如说是未来数代人的败坏者

人们受到诱导而将马基雅维利与青年之间的关系描述为一个潜在的阴谋。《李维史论》明显篇幅最大的一章[3.6]致力于讨论阴谋这个主题,这里说的阴谋就是或多或少凭借暴力来改变模式和

---

① [译按]圣经语汇,例如见于《圣经·旧约·民数记》32:13。
② [原注185]《君主论》3(10),6(19),18结尾;《李维史论》卷一前言开头,1.11(126,128),1.12(129),1.18(145),1.25,1.58(217),卷二前言(230),2.13,3.11靠近结尾处,3.30(409)。参上文第33页,第37页,第153-154页。

秩序。① 马基雅维利以针对阴谋的一项警告开启这一章，这里说的阴谋就是以即便不是最极端也是最精微的形式来主动违逆并反对君主们；此外，马基雅维利还通过引用一个"金句"来再度强化上述警告，这个金句实际上不是大卫或保罗说的，而是塔西佗本人说的。

随后，马基雅维利表明了，在哪些条件下，阴谋[169]一定不仅值得赞美，而且会成功。密谋者必定恐惧遭到同伙们背叛。防止这个危险的唯一办法在于，在采取行动的时刻到来之前，不向任何人传播一个人的意图。实际上，你确实可以对一个人单独说任何东

---

① ［原注186］马基雅维利指出了关于阴谋那一章(3.6)与2.32各自的主题，他所用方式是，在这两章各自的上一章结尾说，在"下一章"讨论该主题，"在［他］看来并非[327]无关于他的意图"（［译按］方括号内容为施特劳斯所补）。如他在3.6(332)靠近开头处用一个评论表明的，2.32也讨论了一类阴谋。2.32的标题提醒我们注意，罗马人以多少种方式攻占设防的城市(seized fortified towns)；居中的方式被证明是"强力与欺诈相混合"或"偷偷使用暴力"或trattato[阴谋]（［译按］方括号内容为施特劳斯所补，参第62页注22）。讨论这个居中的方式时，马基雅维利赞美了西库昂的阿拉托斯(Aratus of Sicyon)，此人很叫能(probably)由于"身上具有一种隐秘的美德"，从而是"欺诈和夜间"活动的无敌大师(an unrivalled master in "fraudulent and nocturnal" enterprises)。我们可以说，尽管令民众可以预见自身福祸的"隐秘的美德"(1.58[219])在光天化日之下发挥作用，以至于人人都能判断这种美德的价值，但阿拉托斯的"隐秘的美德"只在隐秘事物中发挥作用。（参《佛罗伦萨史》1.3，8.18）。

既然"偷偷使用暴力"或"阴谋"是失信的一种形式，故我们并不惊诧于观察到，马基雅维利在1.58结尾引入了1.59的主题，他所用的方式是他在2.31结尾引入2.32的主题时所用的那同一种方式，也是他在3.5结尾引入3.6的主题时所用的那同一种方式，因为1.59的主题可以说是罗马的守信问题（参上文第117页）。1.58结尾、2.31结尾、3.5各自结尾[对下一章]的提及，是《李维史论》中绝无仅有的一类提及。

［译按］注中提及的阿拉托斯（前271—前213）是前3世纪阿凯亚同盟(Κοινὸν τῶν Ἀχαιῶν)的政治家，领导阿凯亚同盟由弱小到壮大。普鲁塔克《对比列传》中有他的传记。

西，因为如果他在君主面前指控你，那么，他的"是"不会比你的"否"更有分量。但是，

> 人人都必须谨防见诸文字，就像谨防铁证如山（of writing everyone must beware as of a rock）。①

针对祖国或共和国的阴谋，不如针对君主的阴谋那么危险。通过仅仅运用欺骗和技艺，人们就能使针对祖国或共和国的阴谋拥有圆满结局。但是，甚至密谋反对共和国时，人们也必须谨防见诸文字，喀提林阴谋的例证表明了这一点。在未败坏的共和国中，尝试[密谋反对共和国]并无指望。人们受到诱导说——马基雅维利的诸种 grandi prudenze[伟大明智]中的一种就是不抵制此类诱惑——在未败坏的共和国中，一个公民不会产生密谋反对共和国的想法。

这样说完，过了区区几页，马基雅维利就通过斯普里乌斯·卡西乌斯（Spurius Cassius）和曼利乌斯·卡皮托利努斯各自的例证表明，未败坏的共和国中的公民们确实会产生密谋反对共和国的想法。斯普利乌斯·卡西乌斯与曼利乌斯·卡皮托利努斯双双失败了，因为罗马在他们的时代尚未败坏；这样一来，马基雅维利想知道，他们是否必然失败。

马基雅维利得出结论道，一个人可以开始败坏一个共和国的民众，但一个人的寿命不可能足以把一个共和国败坏到他本人将从这种败坏中获益的程度：此人开始的这项[败坏]工作，只能由他的继任者们即青年完成。即便一个开始败坏一个共和国的人可以活得足够长，长到可以完成他的[败坏]工作，此人也必然会缺乏所需的耐心，从而遭受毁灭。

马基雅维利的论证从一些反对祖国或共同善的阴谋，沉默地转

---

① [译按]《李维史论》3.6，对应中译本第462页第1段倒数第3至2行。

向了有耐心的长期败坏;这些阴谋或多或少有危险,可一旦成功,就会有益于密谋者们,而这种败坏对于败坏者来说既没有危险,也不会带来实在(crude)利益。我们宁愿说,作为密谋者们的老师,马基雅维利本人不是密谋者。毋庸赘言,一个从既定秩序出发必然看似败坏者的人,可能真的是第一个发现那些完全符合自然的模式和秩序的人。同样毋庸赘言,见诸文字是否危险,相当大程度上取决于[170]见诸文字是服务于阴谋的意图,还是仅仅服务于长期败坏。

马基雅维利继续说,如果一个人渴望在一个共和国中获得权威,并渴望将他的邪恶形式压印在一个共和国上,那么,此人必须有一种质料可供他自由使用(have at his disposal a matter),这种质料要么在一代一代人中一点一点地变得无序,要么已然被时间所无序化;因为,既然此世所有事物都寿命有限,且混合体由此而尤其寿命有限,那么,此世所有事物必然变得仅仅被时间的流逝所无序化。①

---

① [原注187]《李维史论》2.2(235),3.1开头,3.6(341,342,344-346,354,355),3.8。参《战争的技艺》卷七(607)。
——布鲁图斯装傻意在解放他的祖国,所以他不是密谋者;因此,在关于阴谋的那一章(3.6),也在上一章[3.5]结尾勾勒关于阴谋的那一章的主题时,马基雅维利对布鲁图斯的行动均保持沉默。正如他在3.6(340)解释的,人们不能说一个谋划去刺杀或去废黜一位君主的人是密谋者;布鲁图斯使他的谋划对人人都保密,并耐心等待他的机会来临。在3.5结尾,马基雅维利提到,激起对君主们的敌对情绪(the arousing of humors against princes)是3.6的多个主题之一,而在3.6开头重复[此章的多个主题]时,他没有提到这个主题;激起对一位君主的敌对情绪正是布鲁图斯的所为:布鲁图斯把一种渴望转变为另一种渴望,前一种渴望是报复那位侵犯了卢克瑞娅的塞克斯图斯·塔克文(Sextus Tarquinius),后一种渴望是报复塞克斯图斯的父王并完全废除王政(李维《自建城以来》1.58.8-10,1.59.1-2)。布鲁图斯的长期谋划是废除王政,塞克斯图斯·塔克文的罪行则仅仅为布鲁图斯提供了[废除王政的]机会。与[布鲁图斯]相似,马基雅维利把一种"既有的"不满转变为一种厌恶,前者针对"所有高级教士"(1.27),后者针对整个传统秩序及其最终基础。
——1.9讲述的有关阿吉斯和克列奥美涅斯(Cleomenes)的叙事,略微显明了搞阴谋时见诸文字与"败坏性"写作之间的差异。阿吉斯渴望恢复古老的因此，为了看到马基雅维利相信自己在时代上如何接近那些青年人或潜在君主，或者说，如何接近那些可能实践新模式和秩序的真正密谋者，我们必须思考，依他的意见，截至他的时代，他的质料已经败坏到了什么阶段。

57. 基督教的终结——可能因马基雅维利的行动而更快来临

马基雅维利尝试把他的形式压印在一种质料之上，这种质料就是"基督教共和国"。他确定，尽管圣多明我和圣方济各使[基督教共和国]得以重生，但基督教共和国已经抵达了败坏的晚期（an advanced stage of corruption）：基督教共和国可能就快终结了。正如李

斯巴达秩序，结果被监察官们所杀，因为监察官们认为阿吉斯渴望变成僭主；阿吉斯通过自己留下的文字而在他的继任者克列奥美涅斯心中激起了同样的高贵欲望，克列奥美涅斯杀死了所有监察官，从而也成功地完全恢复了古老的斯巴达秩序。3.6(355)将克列奥美涅斯的行动描述为针对祖国的阴谋。这个阴谋源于阿吉斯的文字。阿吉斯的文字没有伤害阿吉斯，还大大帮助了克列奥美涅斯。参卷二前言靠近结尾处。

《君主论》和《李维史论》两本书中只有一次提及柏拉图，见《李维史论》3.6(351)；通过这次提及，马基雅维利指出了密谋者们的老师与密谋者本人之间的差异；[根据这次提及，]柏拉图的两个门徒密谋反对两位僭主，并杀死了其中一位。

马基雅维利[328]在同一个语境中还提及佩洛皮达斯（Pelopidas）密谋反对忒拜僭主们，并在另外两个地方提及佩洛皮达斯及其朋友埃帕米农达斯（Epaminondas）（尤参3.18开头，3.38）；通过以上三次提及，马基雅维利也指出了密谋者们的老师与密谋者本人之间的差异；富有、已婚、精神饱满的（spirited）佩洛皮达斯喜欢体育和狩猎，而贫穷、未婚、温柔和善的埃帕米农达斯则喜欢聆听，也喜欢探索智慧；佩洛皮达斯在僭政确立时不得不逃离忒拜，而埃帕米农达斯可以留下来，因为他由于两点而受到蔑视：[第一，]他关心智慧，从而不崇尚行动（inactive），[第二，]他贫穷，从而没有权力（参普鲁塔克《对比列传》，"佩洛皮达斯传"）。

维在基督教兴起的时代痛惜"古代宗教"的衰败,马基雅维利也在一种新的神意安排(a new dispensation)可能迫近的时代注意到基督教的衰败。他确定,基督宗教不会永远存续。基督宗教是"当前的宗教"。没有共和国是永恒的。所有宗教,正如其他所有混合体,亦如所有简单体,皆有天定的寿命(a life-span, ordained by heaven),[故]所有宗教皆不可能活得超过其寿命:[相反,]所有宗教皆可能提前死去。

诸宗教或诸宗派在五千或六千年间发生了两次或三次变化。很难说,马基雅维利认为基督教的开端是耶稣诞生,还是耶稣在十字架上受难,抑或君士坦丁坐上帝位。由于此种含混,马基雅维利的陈述暗示,就天定的寿命而言,基督教很可能(could well)至少再存续一个半世纪,也可能(might)再存续大约两千年。然而,基督教的实际寿命将决定性地有赖于它的属人支持者们与它的属人敌人们各自会做什么。结果会取决于明智与运气。

  有美德的君主们连续两次前后相继(Two continuous successions of virtuous princes),就足以征服此世。①

如果两位有美德的穆斯林君主——两个可与腓力及其子亚历山大大帝相比的人——相继登基,则可能发生什么?
  此外,马基雅维利对宗教改革保持沉默,并非必然因为[他]不知道[宗教改革];1517年是[171]他在《李维史论》中提及的最晚事件的年份——如果这是事实,则这个事实没有证明,当我们如今见到的《李维史论》这本书完成时,马基雅维利尚未变得意识到路德那开创纪元的行动。无论如何,马基雅维利看到了,要摧毁古代的模式和秩序,可能有两种方式。一种方式是诸蛮族入侵,尤其是北方民族如斯基泰人(the Scythians)入侵,斯基泰人目前为日耳曼

---

① [译按]《李维史论》1.20,对应中译本第6至7页。

人、匈牙利人、波兰人所阻。另一种方式会是西方回春。《李维史论》的意图正在于,通过首先唤醒能阅读意大利语的青年,来为[西方的]这种重生作准备。①

---

① [原注188]《李维史论》卷一前言(90),1.12(129-130),1.13(133),1.17(141),1.19(147),1.20,1.55(211-212),2.5,2.8(252,254),3.1(327,330),3.17结尾。参《佛罗伦萨史》1.1。
——C. Alexandre编订了格弥斯托斯·卜列东(Gemistus Plethon)的《论礼法》(*Traité des Lois*, Paris: 1858),并在为这本书写的导言第xvi页引用了特拉布宗的乔治(George of Trebizond)《比较柏拉图与亚里士多德》(*Comparatio Platonis et Aristotelis*)的如下陈述:

> 在佛罗伦萨时,我曾听到他[卜列东]——其时适逢他前来与希腊人集会——断言,数年之后,全球(universum orbem)将会皈依同一种宗教(unam eandemque religionem),这种宗教将具有同一种灵性(uno animo),同一种心智(una mente),同一种教义(una praedicatione)。我问道,是基督的还是穆罕默德的?他回答说,两者都不是,这种宗教与异教(gentilitate)相差无几。我还从逃离伯罗奔半岛的几个希腊人那里获悉,他在约三年前将近离世时曾公开说过,他自己身后无需很多年,穆罕默德和基督[的宗教]就将覆亡……

——亦参法拉比《柏拉图〈法义〉概要》第三论开头;罗杰·培根(Roger Bacon)《道德哲学》(*Moralis Philosophia*, ed. Eugenio Massa, Zürich: Thesaurus Mundi, 1953, pp. 193, 215, 219);米兰多拉的皮科(Pico della Mirandola)《反对占卜式星象学的论辩》(*Disputationes adversus astrologiam divinatricem*)2.5。
[译按]注中提及的格弥斯托斯·卜列东(约1355—约1452)和特拉布宗的乔治(1396—1486)均为东罗马帝国的希腊哲人,参本书附录的《尼可洛·马基雅维利》一文第226页对卜列东的评价,以及彼处译按。乔治的这段独立引文原文为拉丁文,其中带方括号的"卜列东"为施特劳斯所补。这段独立引文的中译文据申彤所译《关于马基雅维里的思考》提供的中译文稍有修订。
罗杰·培根(约1219—约1292)是中古英国唯名论哲人和炼金术士。这里所引《道德哲学》之后的几个数字原本未带pp.,笔者猜测是页码,故标注pp.。米兰多拉的皮科(1463—1494)是意大利文艺复兴时期哲人,其《论人的尊严》有中译本:顾超一、樊虹谷译,北京:北京大学出版社,2010。对皮科的介

58. 马基雅维利的希望取决于热忱的基督徒与温吞的基督徒之间发生分裂,即属天祖国的热爱者与属地祖国的热爱者之间发生分裂

马基雅维利所倡议的模式和秩序,不只是稳健的模式和秩序,而且是新的模式和秩序。对这些模式和秩序具有本质意义的是,关于它们的知识不仅并非与人类始终同在,而且与基督教负相关(related negatively to Christianity),或后于基督教(post-Christian)。理性对一定程度上由基督教共和国所提供的材料加以分析后,才能阐明新的模式和秩序。新的模式和秩序兴起时,本质上反对特定的旧模式和秩序:前者仅仅受到理性支持,后者仅仅受到权威和强力支持。

因此,马基雅维利对旧模式和秩序所作的批判,呈现出一个没有武装的人所发动的一场战争的特性,即呈现出一场属灵战争的特性。人们若某种程度上自由地使用基督教术语,则能把这场战争描述成敌基督者(the Anti-Christ)①的一场战争,或魔鬼的一场战争,敌基督者或魔鬼在与上帝或基督率领的军队战斗时招募自己的军队,或者说,敌基督者或魔鬼通过与上帝或基督率领的军队战斗来招募自己的军队。②

绍,参吴功青,《魔化与除魔:皮柯的魔法思想与现代世界的诞生》,北京:生活·读书·新知三联书店,2023。

① [译按]参第 197 页注 52 提到尼采的《敌基督者》第 33 节。

② [原注 189]参 1497 年 3 月 8 日致[里恰尔多·贝基]的信中马基雅维利如何概述萨沃纳罗拉的一次布道。参萨沃纳罗拉《〈出埃及记〉布道辞》(*Prediche sopra l'Esodo*)第 13 篇如何讨论"基督的战争"与"时间中的此世战争"(the temporal wars of the world)之间的异同。马基雅维利会同意萨沃纳罗拉的如下评论(《〈以西结书〉布道辞》36):

我告诉你,发动战争对他来说是乐事。

马基雅维利获胜的希望立足于两件事。[第一，]他仅仅通过使用他的自然禀赋，就发现了新的模式和秩序，以及它们的最终基础，而他的这种发现确保了其他人——即便只是少数人——能够完全转向真相。[第二，]除此之外，既定秩序的败坏确保了至少他对新模式和秩序的倡议将得到大量听众的友好聆听。

一个混合体的败坏在于它的解体（disintegration）。马基雅维利面临的与其说是一个统一的神秘体（a united mystical body），①不如说是诸派别的一个结合体（a combination of parties），这些派别一开始就对他完全抱有敌意。然而，只要一个人的处境使一个人能承受住最初的攻击，则"略施小技"（with a little art）就能分裂每一个敌对的结合体。在国内事务上，通过吓倒自己的某些敌人，或通过败坏自己的某些敌人，或通过诉诸自己的某些敌人对共同善的爱，一个人能分裂自己的敌人们；[这三种方式中的]居中方式，即败坏[自己的某些敌人]，[172]在战争中同样适用，马基雅维利通过他那些例证的次序强调了这一点。一般而言，通过某种牺牲，一个人能分裂任何敌对的结合体。一个人当然必须使用一切能给这个联合体（the composite body）带来解体机会的计谋，一个人也必须避免做出一切会使敌人们有必要保持统一或恢复统一的行动。马基雅维利有必要分裂并由此击败他所面临的特定敌对结合体，正是这种必要性使马基雅维利超越李维并设计出属灵战争的一种全新战略。②

但是，马基雅维利令其教诲取得成功的希望，取决于确定发生

[译按]注中独立引文原文为意大利语。

① [译按]中古基督教神学中，"神秘体"的全称是"基督的神秘身体"，指教会，区别于基督的自然身体。显然，这是在运用 body（拉丁文作 corpus）这个词的双重含义——"身体"和"团体"。

② [原注 190]参《李维史论》3.11,3.12。参上文第 119-120 页。

如下事情:他的种种倡议将吸引构成基督教共和国的两个派别之一。① 人们可以将这个派别暂时描述为吉伯林派(Ghibellines),即本来会追随霍亨斯陶芬王朝弗里德里希二世(Frederick the Second of Hohenstaufen)的人们。② 更准确地说,这个派别由这样一些人构成:他们"敬重祖国胜过敬重灵魂";③或者说,他们对[争取]其祖国的自由充满激情,这种激情驱使着他们,并可能使他们盲目,故他们更依恋他们的属地祖国(earthly fatherland),而非属天祖国(heavenly fatherland);或者说,他们是温吞的基督徒。他们是"几乎没有信仰"的人,即几乎没有基督教信仰的人,他们不能容忍对教会权威进行所谓的或真正的滥用,从而毫不犹豫就以极其男性化的勇气(more than masculine courage)攻击教会权威,但他们一旦认识到他

---

① [原注 191]萨沃纳罗拉《〈以西结书〉布道辞》33:

> 教会是好人与坏人的混合体(le corpo misto di buoni e di cattivi)。

[译按]注中独立引文原文为意大利语。

② [译按]吉伯林派与归尔甫派(Guelphs)是 12 至 14 世纪意大利的一对政敌,前者支持长期把持神圣罗马帝国(德意志)皇位的霍亨斯陶芬家族(die Hohenstaufen),后者支持教宗。后文第 225 页提到归尔甫派。"归尔甫派"这个叫法源于德意志的 die Welfen[韦尔夫家族]。韦尔夫家族控制着德意志的两个大公国(萨克森和巴伐利亚),一度受到教宗支持,与霍亨斯陶芬家族争夺帝位。霍亨斯陶芬家族的追随者称为吉伯林派,是因为该家族以 Wibellingen(今天的 Waiblingen[魏布林根]城)为口号,Wibellingen 转换为意大利语即 Ghibellino,变成复数 Ghibellini 就是"吉伯林派"。严格来讲,教宗并非一直支持韦尔夫家族,霍亨斯陶芬家族也非一直反对教宗。在教宗看来,两大家族最终都不值得信任,因为它们都更看重德意志皇权。不过,两大家族在德意志境内激烈冲突,两败俱伤,教宗从中渔利,使得神圣罗马帝国最终错过了形成统一政治单位的历史机会。

③ [译按]关于这个表述,参第 10 页译按。

们行动的最终后果,就会变得害怕起来。①

59. 马基雅维利通过宣传,而非通过牺牲生命,来模仿基督

我们现已回答如下问题:马基雅维利能如何希望他的冒险取得成功?在说未武装的先知们失败了时,他在夸大其词,以便显明他所面对的难题。最卓越的罗马立法者阿皮乌斯·克劳狄乌斯的例证表明,一部法律在立法者暴死后仍能存在,哪怕不说一部法律通过立法者的暴死而能获得其完全的活力。然而,阿皮乌斯·克劳狄

---

① [原注 192]参本章上文注 47,注 66,以及李维《自建城以来》5.46.3。(参《佛罗伦萨史》3.7,5.34)。"法国人"的双重含义对应于神学传统中"埃及人"、"米甸人"(Midian)、"耶布斯人"(Jebusites)等词的双重含义(参 1497 年 3 月 8 日致[里恰尔多·贝基]的信中马基雅维利如何概述萨沃纳罗拉的一次布道)。

为了理解《李维史论》3.35-49 第三个主要论题"萨姆尼乌姆人"的道德含义或神秘含义,人们必须从如下事实出发:萨姆尼乌姆人是罗马人尤其顽强的敌人,且在不只一个方面类似于瑞士人(李维《自建城以来》7.33.16,9.13.7,参上文第 140 页,第 154 页)。"盲目的萨姆尼乌姆人"简直是马基雅维利的敌人。在统帅蓬提乌斯(Pontius)的指挥下,萨姆尼乌姆士兵们"伪装成牧羊人"出现,并"一致同意"撒同一个谎,这个谎欺骗了[两位]罗马执政官,从而也带来了一场罗马的灾难。但是,蓬提乌斯没有听从"那位父亲的建议"或"那位老人的建议",而是选择"一条中间路线",以至于遭受毁灭(3.40,2.23 结尾;马基雅维利没有提到那位父亲的名字,同时还将儿子的名字从盖尤斯[Gaius]改成克劳狄乌斯;参 3.12)。那位无名的萨姆尼乌姆父亲让人记起"年老而明智的公民"汉诺(Hanno),汉诺并不分有汉尼拔的种种奢望(2.27)。

尽管一个萨姆尼乌姆人欺骗了两位罗马执政官,[329]但一位罗马特使揭穿了托斯卡纳人——他们一度是萨姆尼乌姆人的盟友——尝试实施的一次类似欺骗:托斯卡纳人派出一些"伪装成牧羊人"的士兵,但这位罗马特使看出,这些所谓牧羊人的言谈和气色太过文雅,不像牧羊人或质朴的乡下人;这位罗马特使发现,罗马的敌人们犯下了一个明显错误,这个错误在于声称自己卑微,同时又表现得张狂(3.48;参李维《自建城以来》10.4.9-10)。

乌斯曾受罗马民众委托来制定罗马民众的法律。阿吉斯的例证表明,通过有耐心地克制而不过早行动,且通过仅仅把著作留给后世,一个人能在不伤害自己的情况下带来他所渴望的改变。然而,阿吉斯并未渴望引入新的模式和秩序,而只是渴望恢复古代的模式和秩序。

对马基雅维利来说,明显最重要的榜样是基督教的胜利。基督教没有使用强力,而仅仅和平地宣传其新的模式和秩序,就征服了罗马帝国。[173]马基雅维利希望他的冒险取得成功,这种希望缔造于基督教的成功的基础之上。正如基督教通过宣传而击败异教,马基雅维利也相信自己能通过宣传而击败基督教。

《君主论》献给一位现实中的君主,并造成如下暗示:马基雅维利在模仿摩西这位武装的先知。《李维史论》献给潜在的君主们,并造成如下暗示:马基雅维利在模仿耶稣这位未武装的先知。然而,马基雅维利结合了模仿耶稣与模仿法比乌斯。与得基乌斯相反,法比乌斯判断道,迟缓的进攻更可取,且法比乌斯将自己的冲劲保留到最后;由于选择了更稳妥的方式,故比起得基乌斯以自己死亡为代价赢得的那场胜利,法比乌斯活着赢得了一场更令人愉悦的胜利。因为得基乌斯模仿自己的父亲,牺牲了自己以补偿罗马人。①

此外,尽管[马基雅维利]把基督教的胜利归因于神意那不可征服的裁断(the unconquerable decree of Divine Providence),但马基雅维利的希望取决于他的如下假定:属人的明智能够征服机运女神。古典政治哲学曾教诲道,诸城邦的得救取决于哲学与政治权力碰巧吻合(the coincidence),这真的是一种碰巧吻合,即人们能期盼或希望却不可能造就(bring about)的一件事。马基雅维利是第一个这样的哲人:他相信,一种宣传能造就哲学和政治权力相吻合(the

---

① [原注 193]《李维史论》3.45,3.39 结尾。李维《自建城以来》10.28.13。

coincidence),①这种宣传把史无前例地更大规模的多数人(ever larger multitudes)争取到新的模式和秩序一边,从而也把一个人或少数人的思想改造成公众意见,并进而改造成公共权力。马基雅维利与伟大传统决裂,并开启了启蒙运动(the Enlightenment)。我们将不得不思考,启蒙运动是否名副其实,或者说,这种启蒙运动的真名是不是蒙蔽运动(Obfuscation)。②

---

① [译按]同样是这个词,上一句中译作"碰巧吻合",此处则只能译作"相吻合",因为机运据说受到征服。这句话在第 297 页会再次出现。
② [译按]此词的动词形式的分词 obfuscated[遭到了遮蔽]见第 294 页。

第四章 马基雅维利的教诲

1. 为我自己也为马基雅维利博得好感——隐微术与哲学

[174]可能不合理的是,一个人声称或确实相信,前面这些观察足以阐明《李维史论》的每个隐晦文段。我们能指望达到的极致是,我们指出了读者在研究马基雅维利的作品时必须采用的方式。对于《李维史论》和《君主论》这样的书,除非一个人"日以继夜"琢磨很长时间,否则这样的书不会透露出其作者所意图透露的全部意义。做过适当准备的读者一定会遇到一些暗示,这些暗示拒绝得到陈述。笔或打字机,更不用说手和舌头,都拒绝[为这些暗示]服务。由此,读者变得理解了如下真相:不能说不该说的(what ought not to be said cannot be said)。

对于思想史学家们(the historians of ideas),更不用说对于其他人,幸运的是这类书不多。不过,这类书的数量仍然比人们可能易于相信的更多,因为某些大人物的数量比人们可能易于相信的更多,这些大人物是他们时代的继子(stepsons),或与未来格格不入(out of step)。① 正如浮士德对瓦格纳所说,

> 有些少数人对此世有所理解,也对人们的内心和头脑有所

---

① [译按]关于时代的继子与未来格格不入,参尼采《不合时宜的观察》第三篇"作为教育者的叔本华"第3章,考订研究版尼采文集(KSA)第362页。中译本:《不合时宜的沉思》,李秋零译,上海:华东师范大学出版社,2007。此译本中的方括号编码即 KSA 页码。

理解,[但]这些少数人愚蠢到没有约束自己的整个内心,而是将他们的感觉和视野透露给俗众,[故]这些少数人总是(ever)被钉在十字架上焚烧。①

[但]在这些少数人中,并非人人都没有约束自己的整个内心。歌德是最后一位重新发现或记起这一点的大人物,[175]尤其是在他从情感的狂飙突进(the storm and stress ofsentiment)②回到视野整全带来的宁静(the tranquillity of fullness of vision)之后。③ 在歌德之后,社会理性、情感和决断,以及这些"动态力量"(dynamic forces)

---

① [译按]歌德《浮士德》第一部,第一场"夜",第590-593行。中译本参歌德,《浮士德:第一部》,谷裕译,北京:商务印书馆,2023。

② [译按]狂飙突进,18世纪70至80年代一批德国青年在卢梭(1712—1778)影响下掀起的一场文学革命,以1770年赫尔德(Herder,1744—1803)与歌德(1749—1832)在斯特拉斯堡的相会为开端。"狂飙突进"一词源自克林格(Klinger,1752—1831)剧作《狂飙突进》(Sturm und Drang,1776)的书名。狂飙突进时期,歌德创作了剧作《铁手骑士葛兹·贝利欣根》(1773)和小说《少年维特之烦恼》(1774/1787)。

③ [原注1]歌德在谈到沃尔特·司各特(Walter Scott)的《拿破仑》时说,司各特

> 说起话来像守法而诚实的普通人,他努力以虔敬而有良知的精神来判断种种行动,且严防(strictly guards)自己受到整个马基雅维利式观点干扰,但如果没有整个马基雅维利式观点,则人们几乎不会想要关心世界历史。(歌德1827年12月4日致策尔特尔[Zelter]的信)

歌德在《纪年》(Annalen,1794)中谈到了费希特的一些不设防的(unguarded)言论,这些言论"涉及上帝和属神事物,而对于这些主题,人们最好保持一种深深的沉默"。歌德把马基雅维利主义理解成什么,可以从下面这句话中看出:

> 诗性生产的环境中斯宾诺莎主义的一切,在反思的环境中都变成了马基雅维利主义的。(歌德《箴言与反思》[Maximen und Reflexionen])

伴随着的一切都联合起来了,以便摧毁对哲学原初含义的最后那些回忆残余。

2. 马基雅维利不是"异教徒",而是 savio del mondo [此世智者],即 faylasûf[哲人]

许多著作家称马基雅维利为异教徒。① 这些著作家中大多数

[译按]注中提及的沃尔特·司各特(1771—1832)是苏格兰作家、诗人、共济会员,也是欧洲历史小说的开山祖,一生写作历史小说30部。雨果(1802—1885)评价说,"司各特把历史的伟大灿烂、小说的趣味和编年史的严格精确结合了起来"。注中提及的《拿破仑》成书于司各特晚年,完整书名为《法国人的皇帝拿破仑·波拿巴的一生:顺便预备性地论及法国革命》(The Life of Napoleon Buonaparte, Emperor of the French; with a Preliminary View of the French Revolution),篇幅达九卷,1827年在爱丁堡出版。

注中提及的歌德《箴言与反思》有中译本:《歌德文集》,杨武能、刘硕良主编,石家庄:河北教育出版社,1999,第12卷。注中的独立引文在"认识与科学"一章,见中译本第351-352页。

① [原注2]这些著作家中就有费希特,费希特曾走得如此之远,以至于称马基雅维利为"公开承认的(professed)异教徒"。费希特说,人们不应该在马基雅维利被指控为基督教的敌人时为他辩护,而应该试图历史地理解[马基雅维利对基督教的]这种敌意。费希特总结这番论证时评论道:

尽管这一切[是实情],但马基雅维利在离弃那种恰当地配备了教会所有圣礼(sacraments)的生活时,仍然小心翼翼,而这无疑对他留下的后裔和他的著作都非常有益。(费希特《马基雅维利》,Scholz 编,12)

[译按]费希特(1762—1814),德意志古典哲人,前承康德(1724—1804)后启黑格尔(1770—1831)。其《马基雅维利》完整篇名是《论马基雅维利作为著作家:并摘录其著作》(Über Machiavelli, als Schriftsteller, und Stellen aus seinen Schriften)。此处12指什么,待考。中译文:《论马基雅维里》,收入《费希特文集·第5卷》,梁志学编译,北京:商务印书馆,2014,页185-242。上面的独立引文对应中译文第195页第3段第3至5行。

人借此传达的意思有两点:[第一,]由于马基雅维利"热爱他的祖国胜过热爱他的灵魂",①故他遗忘了或否认了彼世;[第二,]由于他迷恋(being enamored② of)异教罗马的此世荣耀,故他遗忘了或拒绝了去模仿基督。[这些著作家中大多数人]的意思是,马基雅维利遗忘了去思考并非狭义上的政治事物的一切事物,或者说,他如此自鸣得意,以至于满足于富有激情地且盲目地反叛基督教道德,而并未不带激情地思考基督教道德的那些神学前提。[这些著作家中大多数人]把马基雅维利想象成又一个科西莫·美第奇(Cosimo de'Medici),科西莫·美第奇说过"不能用主祷文(paternosters)维持国家"之类的话,故被人们诽谤为热爱此世胜过热爱彼世的人。③

无法把这种人恰当地称为异教徒。异教[也]是一种虔敬,而在马基雅维利作品中,人们找不到异教虔敬的踪迹。马基雅维利没有从崇拜基督回到崇拜阿波罗。另一方面,把马基雅维利归入"此世智者",并非在误导人。马基雅维利告诉我们,萨沃纳罗拉的布道充满了对"此世智者"的指控和辱骂。据萨沃纳罗拉所说,事实上,"此世智者"确实说过,不能用主祷文统治国家。但是,"此世智者"也说过,他们除了相信理性论说所证明的东西,不想相信其他任何东西;因此,"此世智者"把圣经中的预言视为"给女人们准备的东西";萨沃纳罗拉听闻,"此世智者"在他们的论辩中说,若从哲学上讲(speaking philosophically),且不考虑超自然事物,则有如下三点:[第一,]此世永恒;[第二,]上帝是此世的目的因,而非动力因(the final and not the efficient cause);[第三,]所有人内部都只存在[共

---

① [译按]关于这个表述,参第10页译按。
② [译按]源自拉丁文动词 amo[爱]。
③ [原注3]《佛罗伦萨史》7.6;1527年4月16日致韦托里的信。参《战争的技艺》卷一靠近开头处。

同的]一个灵魂;"此世智者"说,信仰不过是意见。①

这些"此世智者"超越了政治聪明(political cleverness)的限度,从而不仅拒绝异教徒的神话,而且最重要的是拒绝启示及其特有的那些教诲,理由已说明如上。这些"此世智者"是 falāsifa[哲人们],或是"阿威罗伊派"(Averroists)。②

3. 马基雅维利对圣经保持沉默,不是因为他对圣经无知或冷漠

在某种程度上,马基雅维利的多次沉默把俗众对马基雅维利的理解正当化。马基雅维利并未经常谈论神学主题或圣经或圣经人物或圣经事件或基督教。[176]这个事实并不必然证明了[他对这些事物]冷漠或无知。尽管他的首要主题具有政治性,但"圣经对政治行为缄口不言"这一点并非显而易见,且在从前各个时代确乎并非显而易见。然而,让我们承认,政治科学在其自身领域内具有自治性,且人们能在不考虑圣经的教诲时从事政治科学,因为圣经本身把并非先知的叶忒罗(Jethro)呈现为先知摩西在政治事物上的老师。如果马基雅维利的政治科学与圣经教诲之间没有明显(apparent)冲突,那么,这可以解释马基雅维利的沉默。

可是,[恰恰]有这样一个明显冲突。要看到这一点,人们只需同时记起如下两点:[第一,]罗马城邦的缔造者杀死了兄弟,关于

---

① [原注4]《李维史论》3.30(410);参 Opere, vol. ii, p. 802,以及上文第17-19页。参萨沃纳罗拉《〈以西结书〉布道辞》2,5,36,及《〈出埃及记〉布道辞》20。

② [译按]第203页也讲到这一点。施特劳斯在《自然正当与历史》英文本第158-159页介绍了"阿威罗伊派"的主张。参此书中译本《自然权利与历史》,前揭,页160-162。阿威罗伊(1126—1198),原名伊本·鲁士德(Ibn Rushd),继法拉比(参第111页译按)之后又一位伊斯兰大哲。第185页注24等多处引用到他的著作。

这个行为之可辩解，马基雅维利说了什么？［第二，］关于任何城邦的首位缔造者杀死兄弟的行为，圣经说了什么？与霍布斯相比，马基雅维利甚至远远更为迫切地需要作一番详细讨论，以透露出他的政治教诲与圣经教诲之间关系和谐。然而，不像霍布斯，马基雅维利没有作这样一番讨论。马基雅维利既没有这么做，同时又很少谈论启示——这个事实不能解释为［他对启示］盲目或无知，而只能解释为［他］独特地混合了大胆与谨慎：他沉默地使流于表面的读者们觉察不到圣经教诲。培根在其第 13 篇《论说文》(*Essay*)中刻画了上述混合，并可以说模仿了上述混合：

> 意大利的一位教师(doctor)①尼可洛·马基雅维利(Nicholas Machiavel)②有信心以书面形式且几乎直白地指出，"基督教信仰已经放弃了好人们，任由好人们遭到那些僭主式的且不义的人们掠食"。③

4. 关于基督教本质的第一次陈述：基督教已使此世变得虚弱，同时并未使此世更敬畏上帝

培根提到的这句话出现在［马基雅维利］明确讨论基督教本质的三个文段的第二个中。在此，我们将不考虑［马基雅维利］不可胜数的如下这些文段(更不用说其他文段)：这些文段实际上④讨论了基督教的本质，因为这些文段明确讨论了古代人与现代人之间的对比；因为古代人主要是指异教罗马人，而现代人主要是指基督徒。

---

① ［译按］取 doctor 在拉丁文中的含义。
② ［译按］Niccolò Machiavelli 的英语化拼法。
③ ［译按］"掠食"亦见第 190 页和第 259 页。培根原文把引语设置成斜体，未加引号，中译则加引号。既有中译本出版信息见第 10 页译按。
④ ［译按］意即并非"明确地"。

在[《李维史论》]卷一前言,马基雅维利表达了,[他]"相信",在那些最重要的话题上不能模仿古人,

> 与其说(not so much)是因为当前的宗教已使此世陷入虚弱,或因为野心勃勃的闲暇已给许多基督教国家和城邦带来邪恶,不如说(but)是因为缺乏关于那些历史(the histories)的真正知识。①

如果我屈从这句话的大意(surrender to the drift of the sentence),[177]那么,我们受到引导而"相信",未能恰当地模仿古人,在任何意义上都不是因为基督教。但是,如果我们追踪(follow)而非屈从这句话的大意,且我们假定当前的宗教是基督宗教,而不只是处于所谓当前衰退状态下的基督宗教,那么,我们会看到:[第一,]据马基雅维利所说,基督教已使此世陷入虚弱;[第二,]不能恰当地模仿古人,在某种程度上是因为基督教。这促使我们反思,普遍虚弱如何关系到普遍不愿意或无能力恰当地模仿古人;由此,这也促使我们认识到,据马基雅维利所说,不能恰当地模仿古人,其决定性原因正是基督教,即马基雅维利表面上(apparently)只视为次要原因的一个现象。②

除此以外,马基雅维利还经常在谈到异教罗马时,并未对比异教罗马与基督教或现代;甚至在这些情况下,[马基雅维利]也不允许我们忘记他的一般论点,即当前的宗教已使此世陷入虚弱。尽管"当前的宗教已使此世陷入虚弱",但在涅尔瓦到马尔库斯·奥勒留这几位异教皇帝治下"此世胜利了",这种情况不仅没有发生在更晚的那些皇帝治下,而且没有发生在更早的那些皇帝治下:奥古斯都为君时此世没有胜利,耶稣就生在那时候;奥古斯都为君时如

---

① [译按]《李维史论》卷一前言,对应中译本第142页第1段倒数第7至6行。

② [原注5]参上文第86页。

此远离"时候满足"(the fullness of time)①,也如此远离彻底的正义,从而是完全败坏的时期;对于罗马民族变得失去武装,奥古斯都负有首要责任。②

人们也不能说,通过使此世更敬畏上帝,基督教弥补了其使此世陷入的虚弱:

> 数个世纪以来,对神(God)的敬畏从来没有像在那个共和国中那样深切。③

那个共和国就是罗马共和国。千真万确的是,如果

> 在基督教共和国的统治者们(the princes)中,按照[基督]宗教赐予者的规定来维持[基督]宗教,那么,基督教的国家和共和国本会比现在更统一,也远远更幸福。④

但这并不意味着,在这种情况下,在统一、幸福、美德方面,基督教的国家和共和国本会匹敌罗马共和国。罗马教会是意大利福祉的最大敌人,而异教的占卜是"罗马共和国福祉"的原因。⑤

5. 关于基督教本质的第二次陈述 → 基督教并未展示真相——谦卑,以及披戴羞辱的上帝⑥

在关于基督教本质的居中陈述中,马基雅维利实际上没有谈到

---

① [译按]《圣经·新约·加拉太书》4:4。

② [原注6]比较《李维史论》1.10(124),1.17(141),与但丁《帝制论》1.16,2.11;《战争的技艺》卷一(459)。

③ [译按]《李维史论》1.11,对应中译本第181页第7至8行。

④ [译按]《李维史论》1.12,对应中译本第186页第2段第7至9行。

⑤ [原注7]《李维史论》1.1(96),1.11(125),1.12(129,130),1.14(133)。

⑥ [译按]the God who assumed humiliation,指上帝自愿降为人,拥有了人的谦卑和虚弱。第179页也说及"披戴了(assumed)谦卑和虚弱"。

基督教,也没有谈到"当前的宗教",[178]而是谈到"我们的宗教"。在《李维史论》全书中,意指"我们基督徒"的"我们"仅仅密集地出现在这次陈述中。① 马基雅维利再次表达了[他的]一种相信。然而,第一次陈述以一个 Credo[我相信]开头,第二次陈述以两个 Credo[我相信]开头,以一个 Credo[我相信]结尾。尽管马基雅维利现在绝无仅有地频繁谈到"我们基督徒",但他并没有表达"我们[基督徒]"②相信什么,而只表达了他自己相信什么。③ 他现在追问道:为什么诸民族在古代比在当前更爱自由(were greater lovers of freedom)? 他回答这个问题,是通过表达他相信这种状况的原因与另一种状况的原因相同,这另一种状况就是,人们现在不如在古代那么强大;他相信,这另一种状况的原因就是,"我们的"教育不同于古代教育,而这种不同立足于"我们的"宗教与古代宗教之间的不同。到此为止,他只是重述了他在第一次陈述中已经说过的内容,哪怕重述时说得更有力也更清晰。

他继续解释了,基督教为什么或凭借什么使此世陷入虚弱。通过展示真理和真正的道,基督教贬低了(has lowered)对"此世荣誉"的推崇,而异教徒曾把这种荣誉视为最高的善(the highest good),且因此而在他们的行动中更加凶猛④或更少虚弱。马基雅维利似乎在说,意识到真理和真正的道,会摧毁此世的力量。他是否意在说:对此世荣誉的推崇会带来力量,且立足于谬误(error)或错觉,与此同时,他自己的政治教诲偏向此世的力量,且立足于公开拒斥真理和真正的道?

---

① [原注 8]《李维史论》2.2(237-238)。参 1.12(130),2.16(272),3.1(330)。

② [译按]方括号内容为施特劳斯所补。

③ [原注 9]如果我们的记忆正确,"我们相信"这个表述从未出现在[《君主论》和《李维史论》]这两本书中的任何一本中。

④ [译按]参"凶猛"一词在第 46 页的用法。

然而,他无疑关注如何传授真理和真正的道。[在此]可以引用他有关真理的最强有力的陈述:

> 如果在一个地方,人们不是战士,那么,这是由于君主的一个错误——这一点比其他任何真理都更真实。①

故他承认,有一种真相比基督教真理更真实。据此,他把异教罗马的宗教之确立追溯到天启(heavenly inspiration)。因此,基督教真理[是否成立],取决于基督教是否认可并赞同上述最完美的真相。② 这个最完美的真相支持对此世力量的要求。因此,如果基督教使此世陷入虚弱,那么,基督教不可能真实。真相与此世力量之间存在着本质上的和谐:

---

① [原注10]《李维史论》1.21([译按]对应中译本第210页第1段倒数第4至2行,此条引文亦见本书第184页)。参《君主论》的居中两章(13[45],14[46])中对于"第一因"的相应运用,以及《君主论》12(39)中对"罪孽"的相应运用(马基雅维利叙述的那些过错与萨沃纳罗拉相信的那些罪孽形成对立,[译按]本句中"过错"与"罪孽"在原文中均为 sins)。亦参《李维史论》1.12(130)中关于"我们灭亡的第二因"的评论;参《李维史论》3.33(417)。可以说,《李维史论》1.21是卷一居中一篇[1.19-24]的居中一章;请从上文第三章[第100页]注24来思考1.22结尾。
——《君主论》只有一次提及圣经,见关于武装的那一篇[第12至14章]的居中一章的居中位置;在这次提及中,马基雅维利运用了圣经[330]中大卫叙事的权威,以证明只有自己的武装才是好的武装。这里强调的是,自己的武装与他人的武装形成对立。马基雅维利完全无视了,在这个语境中,圣经如何谈论对大卫的属神援助(Divine assistance)。在关于武装的这一篇[第12至14章]开头,马基雅维利曾教诲道,好的武装是唯一必需之事;因此,可以说,他误用了圣经的权威,以便确立最突出的反圣经真相(the anti-Biblical truth par excellence)。从他的观点来看,至少可以说,信赖属神援助就是信赖他人的武装。他在1514年6月10日致韦托里的信中谈到了上帝,当时的语境与他在《君主论》献辞中谈论机运女神时的语境相同;参《君主论》第7章的论点。

② [译按]"真理"与"真相"在原文中为同一个词 truth。

偏离真相的所有那些模式[179]和那些意见,都源于作为主人的那个人的虚弱。①

以上关于真相的说法也适用于真正的道。真正的道是由经验证明为真实的路线,从而是罗马共和国这类好战共和国的路线。②

当马基雅维利说基督教展示了真理和真正的道时,他让我们看到,他意识到了基督教的主张,并进而把握住了这种主张。据他所说,基督教的特性不是其所谓的真理,而是如下这一点,即基督教贬低了对此世荣耀的推崇,或如他在后文所说,基督教把谦卑、卑微、对属人事物的蔑视看作最高的善。他起初就说过,古代宗教把此世荣誉看作最高的善。他现在则说,古代宗教把头脑的伟大、身体的有力,以及其他所有易于使人们变得非常强大的事物,③都看作最高的善。由此,他暗示,他相应地改进了他对基督教理解的最高的善所作的陈述:最高的善是这样一位上帝,他披戴了(assumed)谦卑和虚弱,从而圣化(consecrated)了谦卑和虚弱。

> 因此,我们的宗教……要求你适合承受痛苦,而非适合做强大的事情。④

这个没有武装的天要求有一个没有武装的地、一位没有武装的皇

---

① [译按]《李维史论》3.27,对应中译本第 534 页倒数第 4 行。引文后半句亦见于本书第 157 页注 161。
[原注 11]《李维史论》3.27 靠近结尾处;1.1 开头。
② [原注 12]《李维史论》2.4(244-245),2.19(285-286);3.9(362),3.16(381),3.21(390),3.28 结尾。
③ [译按]此为间接引用《李维史论》2.2,第 243 页直接引用到这个表述,但与这里的间接引用在措辞上稍异。
④ [译按]《李维史论》2.2,对应中译本第 327 页倒数第 3 至 2 行。

帝,还有一颗没有武装的内心。① 对耶稣受难(the Passion)的信仰培养了被动性(passivity),或者说,培养了谦卑的或沉思的生活,而非培养了崇尚行动的(active)②生活。

   因此,这种生活模式看来已使此世变得虚弱,并放弃了此世,任由此世遭到一些罪恶之人掠食,这些罪恶之人能够安稳地管理此世,因为他们明白,大多数人为了进入天堂,更多考虑忍受这些罪恶之人的打击,而非考虑为这些打击复仇。③

  在追溯了此世在当前为什么虚弱之后,马基雅维利说,此世当前的女人气并非源于基督教,而是源于对基督教的一种虚假解释:[真实解释是,]既然基督教允许抬举④并保卫祖国,则基督教要求基督徒强大。他总结此次陈述时说,如他所相信的,对自由的爱走向衰退,与其说源于基督教,不如说源于罗马帝国对所有共和国的摧毁。

  然而,在作出这些大胆得惊人的改口时,他并没有对如下这三个说法改口:[第一,]此世荣耀高于谦卑;[第二,]人们一般更喜欢谦卑,自有其理由;[第三,]虚弱和奴性普遍存在于基督教的此世。⑤ 当他说基督教"允许"保卫[180]乃至抬举祖国时,他并没有忽视如下事实:基督教使属地的祖国服从属天的祖国,从而也使现

---

 ① [原注13]参上文第三章[第102页]注34。

 ② [译按]亦译为"主动的",与这句中的"被动性"相对。另参第77页等及的"崇尚行动的人们"(men of action),及第170页注187的"不崇尚行动"(inactive)。

 ③ [译按]《李维史论》2.2,对应中译本第327页最后一行至次页第2行。

 ④ [译按]第126页已出现过"抬举"(exalt)一词,用于指上帝抬举现世国家,即上对下的抬举。此处也有此意。

 ⑤ [原注14]参《李维史论》2.2(239)。

世的权力服从属灵的权力。①

6. 关于基督教本质的第三次陈述:不抵抗恶很荒谬

[关于基督教本质的]第三次陈述出现在[《李维史论》]3.1。在那里,马基雅维利讨论了,必需周期性地更新诸共和国、诸宗派②以及诸王国。他"以我们的宗教为例证"说明如何更新诸宗派:圣方济各和圣多明我各自的新秩序(the new orders)③已经更新并保存了我们的宗教。通过贫穷,也通过基督的一生构成的例证,圣方济各和圣多明我在人们的头脑里恢复了基督教,而在此之前,基督教曾从人们的头脑里消失。圣方济各和圣多明我的新模式和秩序,阻止了高级教士们和宗教首领们的不道德毁灭这个宗教。

> 他们[圣方济各会修士们和圣多明我会修士们]让诸民众理解了,以恶言对待恶是恶的(it is evil to speak evil of evil),而顺从他们[高级教士和宗教首领]而活着,且如果他们[高级教士和宗教首领]犯错,就让上帝惩罚他们,则是善的;由此,他们[高级教士和宗教首领]会在作恶上无所不用其极(do the worst they can),因为他们并不恐惧他们看不见且不信的那种惩罚。④

---

① [原注15]参上文第68-69页,第80页,第110页。
② [译按]关于"宗派"的含义,参第88页译按。
③ [译按]如第166页译按所说,order在神学上特指修会,亦与"秩序"双关,参下文。
④ [译按]《李维史论》3.1,对应中译本第443页第5至8行。此段中的几个"他们"所指颇为含混,因为在意大利语版中就是如此。按本书附录"尼可洛·马基雅维利"第223页对这段的英译,笔者在此补足了"他们"的实指。当然,笔者没有完全依从施特劳斯的译法:施特劳斯为行文简便,而把后几个"他们"仅理解为"高级教士",笔者则补足为"高级教士和宗教首领"。另外,在其他几个用词和标点上,两则英译文也有小异,中译文均有体现。

此后不久，马基雅维利不再谈及宗派，而是表明，忽视法律的实施，即忽视属人的惩罚，会导致如下后果：要么最终将用非法暴力纠正恶，要么这个社会将灭亡。在这最后一次陈述中，马基雅维利发现，普遍存在的虚弱根源于禁止以恶言对待恶，或更一般地也更清楚地说，根源于禁止或劝止人们抵抗恶。不抵抗恶，会确保恶人们的统治永远不受干扰。对人来说，也对其他任何活着的存在者（living being）来说，抵抗恶合乎自然。因此，劝止人们抵抗恶，只能导致人们逃避这种劝止。①

7. 我们的论证样本：马基雅维利看似错误，实则正确

马基雅维利本人已经指出他的论点面临什么困难。在唯一明确致力于讨论罪恶统治者们的那一章[《君主论》第 8 章]，他明确对比了一个单独的古代例证和一个单独的现代例证。古代的罪恶统治者阿伽托克勒斯"在他的祖国安稳地统治了很长时间"，而现代的罪恶统治者利韦罗托在掌权一年后就被消灭了。然而，消灭利韦罗托的是切萨雷·博尔贾，人们可以说，切萨雷本人就是罪恶的统治者。不过，切萨雷仍然没有罪恶的异教皇帝塞维鲁斯那么成功，塞维鲁斯成功地"受到人人崇敬"。

马基雅维利的意思很可能（probably）是，由于[181]切萨雷只是他父亲教宗亚历山大六世的工具，故消灭罪恶的利韦罗托是另一个现代罪恶统治者[教宗亚历山大六世]的工作；无论如何，凭借自己的神圣职务，[教宗亚历山大六世]受到人人崇敬，哪怕不说受到人人崇拜。如果人们反驳道，异教皇帝们甚至接受过属神的荣誉，那么，马基雅维利也许会回答道，崇拜异教皇帝们，没有妨碍这些皇帝中的许多人遭到刺杀。当然，马基雅维利在[《君主论》和《李维史论》]两本书中都用相当长的篇幅表明，那些缺乏美德的异教皇

---

① ［原注 16］参上文第 140 页。

帝们活得多么不安稳。①

8. 现代人的虚弱：现代既没有帝国,也没有强大的共和国

若要轻松克服马基雅维利论点面临的明显困难,人们只需假定,该论点以夸张的方式表达了他的严肃意思:不是基督教使此世变得虚弱,而是罗马教会使意大利变得虚弱。马基雅维利经常赞美基督教民族如法国人、日耳曼人、瑞士人展现出的力量。此外,他唯有对现代人征服海洋的事几乎保持沉默,才能维持他关于现代人之虚弱的论点。②

再者,他不能否认,在军队的三个分支中的两个上,③现代人优于古代人。如果我们不曾对马基雅维利的艺术有所了解,那么,我们也许会张狂到声称,看到他为了挽救古代罗马人的优越性,如何竭力把炮兵和骑兵的重要性降到最小,几乎令人怜悯。在关于炮兵的那一章[《李维史论》2.17],他试图表明,就算罗马人及其敌人们都知晓炮兵,罗马人仍然会成功地获得自己的帝国;他尚未掌握如下事实:罗马军团(legion)的发明者们并不知晓炮兵,而炮兵是相当大力量的来源,尤其当要减少要塞时。在关于骑兵的那一章[《李维史论》2.18],他试图表明,罗马人将步兵而非骑兵视为战斗女王,是正确的;在那里,他对如下两点保持沉默,一点是现代骑兵优于罗马骑兵,另一点是在某一类地带,例如在亚洲某些地区,骑兵优于步兵;他仅仅用他的一些例证暗中提及以上两个事实,而这些例证并

---

① [原注17]《君主论》8(士兵们崇敬切萨雷),19(人人都崇敬塞维鲁斯);《李维史论》1.10(123),卷二前言(229),3.6-7;《佛罗伦萨史》1.9开头。参上文第一章[第47页]注62,第三章[第120页]注86。

② [原注18]《李维史论》卷一前言开头,卷二前言(228-229)。

③ [译按]即在步兵、骑兵、炮兵中的骑兵和炮兵上。

非都恰当,也并非都出现在恰当的地方。①

如果人们不记得以下三点,那么,人们不可能公正地对待马基雅维利的论证:[第一,]他没有否认,有人可能比罗马人进步;[第二,]在《李维史论》居中一卷的居中三章,他在讨论步兵、炮兵、骑兵时,[182]并非仅仅在字面意义上讨论一支现代军队不可分割的三个部分;[第三,]他的论证在不止一个层面上进行。

无论他多么高看法国人、日耳曼人、瑞士人,他都毫不怀疑这些人劣于罗马人。法国人对政治一无所知;一位法国国王解除了他的诸民众的武装,从而以行动违背了最大的真相;尽管法国不及意大利败坏,但法国却比日耳曼更败坏。马基雅维利尤其赞美了日耳曼诸城邦。然而,这些城邦只控制了很小的一些领土,且受到日耳曼皇帝统治,哪怕日耳曼皇帝[仅仅]拥有[统治它们的]名誉而非强力。这些城邦不能与瑞士人相比,瑞士人不仅像日耳曼诸城邦一样拥有最高程度的自由,而且拥有最高程度的武装。瑞士人能与古代托斯卡纳人相比。但是,瑞士人不能与古代罗马人相比。

既不同于古代托斯卡纳,也不同于现代瑞士,古代罗马具有这样一些模式和秩序,它们使一个国家有能力获得一个大帝国。当马基雅维利谈到现代此世的虚弱时,他首先想到如下事实:在罗马帝国灭亡后,[再]没有出现持久的天下帝国(lasting and ecumenical empire)。在他看来,作为诸帝国的建造者们(builders),穆斯林比基督徒更接近罗马人。引起他注目的似乎是,十字军东征与罗马人和亚历山大大帝东征之间形成了对比。②

---

① [原注 19]《李维史论》2.17-18。雷古鲁斯的例证出现在马基雅维利的如下说明之后:他在后文将只使用现代例证(283)。参《战争的技艺》卷二(484-486),以及上文第 159 页。

② [原注 20]《君主论》3(13);《李维史论》1.55(211-212),卷二前言(228),3.41;《战争的技艺》卷一(466);《佛罗伦萨史》1.17。参上文第一章[第 26 页]注 30,第二章[第 58 页]注 10。

[罗马帝国和亚历山大帝国]这两个古典帝国,直接或间接地把其各自的存在归因于古典共和国,以及古典共和国对君主制东方(the monarchic East)的优越性。当马基雅维利谈到现代此世的虚弱时,他主要想到了现代共和国的虚弱。在古典的古代(只要它没有败坏),共和制在西方占上风,而君主制(monarchic)在现代西方(基督教共和国)占上风。马基雅维利想到了雅典和斯巴达,想到了罗马和那个孕育了汉尼拔的共和国[迦太基],甚至还想到了推罗(Tyre)——"在他[亚历山大大帝]已经征服了整个东方后",推罗曾抵挡过亚历山大大帝。① 马基雅维利没有想到耶路撒冷。②

9. 基督教起源于奴性的东方和一个虚弱的东方民族

要分析马基雅维利所指的此世虚弱的表层意思,③就不可能不同时指出,何为他所指的"使基督教对此世虚弱负责"。基督教起源于奴性的东方,奴性的东方习惯于受到君主们统治,这些君主是诸国家的摧毁者,也是一切文明遗迹的糟蹋者。更具体地说,基督教[183]起源于这样一个虚弱的东方民族,此民族具有一个相当有缺陷的政体。

马基雅维利期待受过他训练的读者们"明断地"阅读圣经,他只限于给出少量说明。关于出埃及,他暗示,犹太人不愿意继续在埃及作为奴隶生活下去,这才不得不逃离埃及,而埃及这个国家秩序良好、土地肥沃、最令人快乐,且具有强大的军事力量;犹太人没

---

① [译按]推罗是腓尼基名城,曾臣服于波斯帝国两百多年。前333年,波斯大势已去,但推罗并不欢迎亚历山大大帝,并于次年与他死战,后仍败于亚历山大大帝之手。

② [原注21]《君主论》12(40);《李维史论》2.2(238),2.3(241),2.27(310)。参《君主论》5;《李维史论》2.32(323)。《佛罗伦萨史》6.18。

③ [译按]对比第186页的"深层意思"。

有强大到足以征服巴勒斯坦，而是不得不在一定程度上适应他们没有能力赶走的本地人。通过带领犹太人出埃及，摩西"赎回了他的土地"，并"使他的祖国变得高贵"（ennobled his fatherland）。在这个语境中，"祖国"一词不恰当，或者说很含混，这提醒我们注意，犹太民族经历过长期压迫或流放，在这期间，对于属于他们祖先并［由上帝］应许给他们的这块土地，犹太民族仅仅渴望，而没有占有；这种渴望预示着基督徒对属天祖国的渴望，或预示着属天祖国与属地祖国构成的基督教式二元论；真正的基督徒是地上的流亡者，他生活在信仰和希望中，并在其他人心中激起［信仰和希望］这些激情。

马基雅维利明确对比了大卫与其继任者们，前者是最伟大的犹太国王，后者是"虚弱的君主"。马基雅维利不动声色地对比了两次君主继位，一次发生在腓力与亚历山大大帝之间，另一次发生在大卫与所罗门之间；腓力与亚历山大大帝是两位有美德的君主，且腓力"从微末的国王变成了希腊的君主"；大卫则"战胜并鞭笞了他所有的邻国"。马基雅维利注意到，前一次继位以征服世界为顶点；他克制住而没有说，后一次继位以在耶路撒冷建造圣殿为顶点。大卫的继任者们当然是"微末的国王"。马基雅维利没有给我们任何理由相信，他把以色列和犹大（Judah）①各自的诸王排除在他对"东方君主们"的评判之外，东方君主们在他眼中是蛮族。

他谈到大卫时说，大卫"无疑是在武装、学识、判断力上最卓越的人"，而他谈到萨沃纳罗拉时说，"他［萨沃纳罗拉］的著作展现了学识、明智，以及他精神或头脑的美德"，且"他的生活、他的学识，以及他所从事的主题，足以使人们相信他"：大卫有武装，乃至有他自己［亲身佩带］的武装，而萨沃纳罗拉没有武装；人们必须以某种方式生活才能找到信仰，而人们不需要明智和判断力就能达到这个目的；萨沃纳罗拉的著作没有展现［184］他的学识或他的判断力如

---

① ［译按］所罗门死后，犹太王国分裂为南北朝，北朝称以色列（前933—前722），南朝称犹大（前933—前586）。

何卓越,而大卫的一生并没有那么使他值得相信(not such as to make him worthy to be believed),因为"一个人可以通过欺诈,而非通过强力,从低位抵达高位"。

关于圣经政体之有缺陷,只需比较圣经模式和秩序与马基雅维利所赞美的罗马模式和秩序。若仅仅提及一个例证,则人们必须比较如下两个语境:一个语境是摩西那些严厉行为的法定和超法定语境(the legal and the trans-legal context),另一个语境是曼利乌斯和帕皮里乌斯那些严厉行为的法定和超法定语境,后二人是摩西在罗马的对等者。多亏此二人的制度和此二人的精神,罗马人才可以合法地防止——或至少合法地谴责——罗马人的专政官们干出罗马人认为过分的那些严厉行为,更不用说罗马人的专政官们任期极短。与[上述两个语境之间的]这种差异直接相关的是,是否出现了一些恰当的保护措施,以区分指控与辱骂。①

10. 基督教 → 祭司们的统治,即最为僭主式的统治

人们尤其有必要比较罗马政体中祭司们和占卜官们(augurs)的地位与圣经政体中祭司们和先知们的地位。在马基雅维利的呈现中,罗马政体作为一种模式,其特征是,与任何宗教权威都不同,政治权威本身无条件地至高无上。通过声称好武装是好法律的必要且充分条件,马基雅维利指出了,为什么他偏向[罗马政体]。祭司们和先知们本就不是战士。[祭司和先知与战士]是两类人,各自在天性、习惯、训练、职能、品味上都彻底不同。马基雅维最有力

---

① [原注 22]《君主论》26(81,83);《李维史论》1.1(95),1.11 结尾,1.19-20,1.26,1.45(192),2.2(239-240),2.8(252-253),2.13,2.31;《佛罗伦萨史》5.34,3.7;《战争的技艺》卷二(506-508),卷六(586-587)。参李维《自建城以来》8.12.1。参上文第 80 页,第 93-94 页,第 112-113 页,第 152-153 页,第 163 页,第一章[第 51 页]注 68。

地表明了,统治者-战士的生活方式与祭司的生活方式彼此不同,他所用方式是,呈现他笔下的卡斯特鲁乔(Castruccio)①面临在这两种生活方式之间做选择;这使读者记起,青年赫拉克勒斯在十字路口不得不在快乐(或恶德)与美德之间做选择。

如果根本的选择是在祭司们的统治与军人们(armed men)的统治之间做选择,那么,我们就理解了,为什么马基雅维利提出,如下真相才是最大的真相:

> 如果在一个地方,人们不是战士,那么,这是由于君主的一个错误。②

祭司们本身不可能保卫他们所统治的人们免受如下这些人攻击,这些人不会被诅咒或仪表(maledictions or appearances)所吓倒。教会君主国可能安稳而幸福;它们没有权力,且受到尊重,就是因为它们没有武装。它们像卡普亚,或往往变得像卡普亚,在卡普亚,甚至古代罗马人也会忘记祖国。③

在[185]评判祭司们的统治时,或在评判祭司们的至高无上性时,马基雅维利只是遵循了古典传统。柏拉图意在使自己笔下哲人们的统治取代埃及祭司们的统治。据亚里士多德所说,应该把祭司的职能分配给如下显赫的(distinguished)公民们,他们在身体或头脑上太过衰老,以至于无法履行真正的政治职能。某种意义上,对

---

① [译按]马基雅维利著有《卡斯特鲁乔·卡斯特拉卡尼传》,后文第223页等处提及此文。

② [译按]《李维史论》1.21,对应中译本第210页第1段倒数第3至2行)。

③ [原注23]《君主论》6(20),11开头,12(38-39,42);《李维史论》2.11,2.19(288),2.20(289),3.6(340);《佛罗伦萨史》1.11,1.19,1.39,8.5;Opere, vol. i, pp. 648-650; vol. ii, pp. 474, 475, 481。请思考《君主论》19(65-66)如何比较苏丹国(由于苏丹的士兵们支持苏丹国,故苏丹能完全无视民众的要求)与基督教教宗制。

属神事物的关切是城邦的首要关切,但在一个更重要的意义上,这种关切排在技艺、武装、财富之后,更不用说排在议事-司法职能(the deliberative-judicial function)之后。①

马基雅维利本会是承认可能存在好战且武装起来的先知们和祭司们的第一个人。关于武装起来的祭司们,他指出,正是通过教宗亚历山大六世的努力,教会才变得武装了起来:第一个武装起来的教宗(Pontiff)明显缺乏善意。马基雅维利反对祭司们直接的或间接的统治,主要是因为他认为,这种统治在本质上是僭主式的,甚至在原则上比其他任何政制更是僭主式的。如果有些命令据说源自属神权威,或通过属神权威而下达,那么,不管公民共同体(the citizen body)多么有智慧且有美德,这些命令都绝不受制于公民共同体的批准。不管公民共同体多么卓越,祭司政府都不可能对公民共同体负责。

因此,教会君主国比其他任何国家都更能不靠美德而被获得并维持。如果一个政府立足于属神权威,那么,反抗在原则上不可能;统治者们无所畏惧。另一方面,如果一个政府立足于武装,且如果公民共同体有武装且有美德,那么,人们能轻易防止恶政(misgovernment)。②

---

① [原注24]柏拉图《蒂迈欧》24a3-b3;亚里士多德《政治学》1328b6-24,1329a27-34。参阿威罗伊《柏拉图〈王制〉疏解》,E. L. J. Rosenthal 编,2. 17. 3-5,3. 5. 6。
[译按]注中第一则和第三则文献的中译本:《柏拉图全集:中短篇作品(下)》,李致远、叶然等译,北京:华夏出版社,2023,页 1215-1298;阿威罗伊,《阿威罗伊论〈王制〉》,刘舒译,北京:华夏出版社,2008。
② [原注25]《君主论》11;《佛罗伦萨史》1. 30,7. 22,8. 17;《战争的技艺》卷二(509)。参《李维史论》1. 7(114),1. 20 结尾。参休谟(Hume)《英国史》(History of England)第 12 章靠近开头处:

> ……教会的权力总是能用神圣(sanctity)的外衣掩护自己的所为,并在人们不敢运用自身理性的方面攻击人们,故教会的权力比公民政府更少处于控制之下。

11. 对基督教的胜利作出理性描述

　　由于马基雅维利说,基督教已使此世变得虚弱,故他并不否认基督教掌握了非常大的权力。我们必须试图表明,立足于他的那些原则,他本来可以如何解释基督教的胜利。据他所说,基督教获得其权力,是通过诸条件的一种特定组合,或通过"时代的品质"(the quality of the times)。在此世唯一存在过自由的地区,罗马摧毁了自由和自由精神。罗马本身变得败坏。罗马人失去了其政治美德。罗马男人们,以及尤其罗马女人们,变得着迷于外国[宗教]崇拜。

　　基督教在如下这些人中产生,这些人完全缺少政治权力,并因此而可能持有一种对道德的质朴信仰。早期基督徒宣扬并实践一种严厉道德,且尤其在罗马帝国所统治的那些平等地缺少政治权力的人中,[186]这种严厉道德创造了尊重和敬畏(respect and awe)。通过要求谦卑,基督教吸引了卑微的人们,并给予这些人以力量。由此,基督教得以继承罗马帝国,以及古典艺术和科学(the classical arts and sciences)①的无论什么遗产。基督教就是以这种状态撞上并慑服了(confronted and over-awed)②一些年轻而有活力却粗鲁的民族,而这些民族曾征服了罗马帝国。基督教成功地给这些民族打上了它如此深的烙印,以至于罗马的模式和秩序一直没有得到恢复,更不用说得到超越了。

参上文第109-110页,第180-181页。

　　[译按]注中提及的休谟(1711—1776)是英国哲人和史学家,其《英国史》前四卷有中译本:石小竹译,北京:商务印书馆,2023。截至2024年中译本尚未出齐最后一卷即第五卷。

　　① [译按]若译出古代含义,则译为"诸技艺和诸学问"。
　　② [译按]over-awed亦见第287页,只是去除了连字符。

12. 基督教的力量与好的基督教战士们：爱——吞噬一切的火——地狱——火刑柱 → 虔敬的残忍和疯狂的热情

马基雅维利在评判基督教时，似乎只考虑一个并非特别具有宗教性的目的，即政治幸福，亦即力量和自由相结合。马基雅维利对这个判断之恰当如此有信心，以至于他可以指出，比起使意大利保持分裂，罗马教会使意大利彻底反宗教，更少地损害了意大利。① 马基雅维利回避了决定性的问题，除非人们说，一个以属神方式确立的秩序必然是好的，且着眼于政治幸福，或者除非人们说，依据圣经本身，圣经的种种政治安排是完美的，且本质上不是惩罚性的。

为了进入马基雅维利的论证的深层意思，我们从如下观察开始：他把几乎同样的表述既用在马其顿的腓力身上，也用在阿拉贡的斐迪南身上。② 看起来，马基雅维利已经知道或预见到，正如腓力的继任者是亚历山大大帝，斐迪南的继任者已是或将是查理五世（Charles V），即一个日不落帝国的统治者。故我们必须思考，依据马基雅维利的意见，与圣经教诲相容的力量如何不同于古代罗马人的力量。一方面，腓力使用了最残忍的种种手段，这些手段不仅有损于基督教生活方式，而且有损于人道生活方式；另一方面，斐迪南总是把宗教用作幌子，并转向虔敬的残忍，从而将马拉诺人（Marranos）从他的王国里搜寻出来，并将其从他的王国剥离。③

---

① ［原注 26］《李维史论》1.12(130)。
② ［原注 27］参上文第二章［第 68 页］注 31。
③ ［译按］公元 8 世纪，阿拉伯人征服西班牙后，一些原来生活在西亚和北非的犹太人跟随阿拉伯人来到西班牙。1492 年阿拉贡的斐迪南（参第 16 页译按）重新征服西班牙后，强迫这些犹太人改信基督教。一些犹太人不得不接受洗礼，成为基督徒，但私下仍秘密信仰犹太教，这些人被称作"马拉诺人"。

> 当今某位君主——[我]点他的名不好——除了和平与信仰,从不宣扬任何东西,[但]他既是和平的最大敌人,也是信仰的最大敌人;而如果他遵守和平与信仰,那么,和平与信仰本会多次从他身上要么夺走其名声,要么夺走其国家。①

通过既运用虔敬的残忍,也运用失信,斐迪南从一个虚弱的国王变成了基督徒中名气和荣耀首屈一指的国王(became out of a weak king the first king of the Christians in fame and in glory)。也正因如此,他的名气和荣耀不能与那些好罗马皇帝相比:[第一,]在那些皇帝治下,此世充满了和平与正义,[187]哪怕不说和平与信仰;[第二,]那些皇帝的时代是黄金时代,那时人人都可以持有并捍卫自己所向往的每个意见。斐迪南是狐狸的好例证;不像罪恶的罗马皇帝塞维鲁斯,斐迪南并不是狐狸与狮子共同的好例证。[与马基雅维利]同时代的这位杰出的基督教君主,不及好罗马皇帝们那么好,也不及坏罗马皇帝们那么坏:他不"知道如何完全坏或完全好"。②

马基雅维利在《君主论》中安排了主题并挑选了例证,且在《李维史论》中进行"重复";由此,他暗示了三点:[第一,]现代人并非不及古代人那么失信;[第二,]现代人不及古代人那么残忍;③[第三,]现代人在虔敬的残忍上胜过古代人。斐迪南驱逐马拉诺人是"罕见的例证",但几乎不是"伟大的事业"。这个行动展现了虔敬

---

① [译按]《君主论》18,对应中译本第71页第1至4行。
② [原注28]《李维史论》1.27。此章是唯一以"教宗"一词开头的一章。上一章是唯一引用了新约的一章。
③ [原注29]参《李维史论》2.2(237-238)如何讨论古代人血腥地用野兽献祭,以及2.16(270)如何讨论曼利乌斯·托夸图斯——他的命令[331]杀死了他的儿子;参2.13结尾如何讨论罗马的失信与现代的失信之间的差异。

的残忍;马基雅维利没有说,这个行动展现了如何好好使用残忍。①

他说了很多支持残忍的话。一个新君主当然不可避免获得残忍的名声。② 有关残忍的最重要的评论,出现在《李维史论》的塔西佗章群。有一个事实把汉尼拔的残忍——且不说非人性的残

---

① [原注30]《君主论》18 结尾,21 开头。参《君主论》8(30),19(62-63);《李维史论》1. 10,1. 26;《战争的技艺》卷二(508-509);1513 年4月29日致韦托里的信。马基雅维利以《君主论》随后两章(第17 至18 章)致力于讨论残忍与失信这两个主题。关于残忍的那一章强调古代例证,那里提及的唯一现代例证是切萨雷·博尔贾。关于失信的那一章中只有现代例证,那里以提及名字的方式提及的唯一例证是教宗亚历山大六世的例证。在下一章,马基雅维利讨论了皇帝塞维鲁斯,塞维鲁斯既作为狐狸而著称,也作为狮子而著称。在《李维史论》3. 21,汉尼拔似乎是残忍与失信或不虔敬的完美化身,汉尼拔没有以虔敬结合残忍与失信。此章在《君主论》中对等的是第17 章,马基雅维利在第17 章只谈论了汉尼拔的残忍和其他无数美德,这些其他美德中的一个很可能是汉尼拔在宗教性伪善上的欠缺([译按]关于"美德"的含义发生悖反,参本书第47 页)。
——米兰多拉的皮科《反对占卜式星象学的论辩》5. 12:

> 犹太人在人数、财富、影响(auctoritate)上曾经在西班牙最强大,而晚近以来,他们则被最信基督教的(christianissimo)那位国王从西班牙驱逐殆尽,这位国王肯定从未获得他所应得的褒扬。那些犹太人自己愿意承认,他们此前从未经历过比那次放逐更为惨烈或更辛酸的遭遇;丧身船祸者大有人在,死于疾病者盈千累万,而最多的人们则泯于饥馑;如此浩劫是属神的正义(divinae iustitiae),神对此感到满意;但对我们而言,即便我们是基督教徒,人们(homines)人陷如此绝境,也使我们同情并心痛(commiserationem facerent et dolorem)。

[译按]注中独立引文原文为拉丁文,中译文据申彤所译《关于马基雅维里的思考》提供的译文有所修订。

② [原注31]《君主论》17(53)。马基雅维利在这里提到了狄多,且恰恰在此之前提到了切萨雷·博尔贾。恰恰在《李维史论》提及狄多(2. 8)之前,马基雅维利讨论了摩西和约书亚如何征服"叙利亚的一部分"。

忍——正当化,这个事实就是,汉尼拔是一支由许多种族的人组成的军队的统帅。如果一个同质社会(a homogeneous society)的好政府不会需要某种程度的严厉,那么,一个在种族上异质而混杂的共同体(an ethnically heterogeneous mixed body)的政府,即一个囊括了多民族成员的社会(a society embracing members of many nations)——且不说一个囊括了所有民族成员的社会——的政府,是否可能需要上述程度的严厉?人们当然能够期待,只有"人所生出的"(born of man)存在者才拥有那些导致反抗僭政的人性感觉。据马基雅维利所说,甚至在早期罗马共和国那样的同质社会中,担任领导人的公民们的残忍或极端严厉也最有用或最可欲。这种残忍或极端严厉使人们认为,一个人除了祖国或共同善以外什么都不爱,或者说,一个人彻底正义,且完全不关心自己的或他人的私人善。①

圣经把爱共同善表述为爱邻人,[圣经]命令一个人像爱自己一样爱邻人。依据圣经教诲,爱邻人与爱上帝不可分离,[圣经]命令一个人以自己的全部内心、全部灵魂、全部力量去爱上帝。从马基雅维利的观点出发,圣经关于人的定命(destiny)的教诲似乎导致,一种比曼利乌斯有过之无不及的严厉,即虔敬的残忍,成为义务。我们必须试图理解,当马基雅维利指出[188]圣经的上帝是僭主时,他在意指什么。② 圣经的命令是[上帝]启示[给人]的(revealed);接受这种命令,并非立足于理性,而是立足于权威;如果权威不能用强制手段"使那些已经有信仰的人保持坚定,并使无信仰的人有信仰",那么,不会有许多人长期接受权威;因为[圣经]不仅要求有行动,而且要求有信仰。要求有信仰,就是在人禁不住要陷入的某种思考之上打上罪恶的烙印,或罪孽的烙印,而这正是因为

---

① [原注32]《李维史论》3.21(参《君主论》17),3.22。参《李维史论》1.10(124),3.33开头;Opere, vol. ii, p. 803。参上文第118页,第162-164页。

② [原注33]参上文第49页。

[圣经]命令人相信的东西具有非自明性(the unevident character);要求有信仰意味着促使人们以口舌承认他们内心并不信仰的东西;这会摧毁慷慨。圣经的命令非常难以履行,且最真实的规则是,当对困难的事下命令时,要想让人服从,就需要[使用]严酷而非甜蜜。①

圣经的命令不可能履行:所有人都是犯下罪孽的人;这个命题的全称性(universality)②证明了,所有人都必然是犯下罪孽的人;这种必然性必定源于圣经的命令与人的本性(或人的原初构造[original constitution])之间的不相称。人被设置成这样,以至于人可能值得无限惩罚,却不可能值得无限奖赏;人受到惩罚是正当性问题(a matter of right),而人受到奖赏完全是恩典问题(a matter of grace)。圣经出于爱人而给人下达的命令,作为命令暗示着,人可能反叛或仇恨上帝,或者说,人可能是上帝的敌人。不服从上帝并疏远上帝,本就是绝对的悲惨(misery)。那些既不遵从上帝也不反叛上帝的人,也许值得无限蔑视;那些犯了反叛罪的人值得无限怜悯,因为他们不可能理解了自己做过什么。但是,除此之外,这种反叛仍是必须受到惩罚的罪行。惩罚必须与这种罪行相称。[这种罪行]需要受到永恒而无限的惩罚,这种惩罚排除了悔改(repentance)或宽恕的可能性。上帝所施加的惩罚,或上帝用来威慑的惩罚,变成了人的惩罚性正义(punitive justice)③的榜样。这位有爱的上帝(The God of Love)必然是这样一位愤怒的上帝:他"复仇并狂怒",且"把震怒留给自己的敌人",这震怒是一团吞噬一切的火;他先创造了地狱,后创造了人,且地狱之火反映在有信仰的人们把上帝的

---

① [原注34]《君主论》6(19-20);《李维史论》1.11(126),2.23(298),3.22(393)。

② [译按]逻辑学术语。"所有S都是P"就是全称命题。

③ [译按]如译成法学术语,则作"惩罚性司法"。

敌人们绑在火刑柱上焚烧的那团火之中。①

马基雅维利不动声色地恰恰拒斥了属神惩罚这个观念。尽管依据马基雅维利对基督教教诲的理解，人们应该服从邪恶的统治者们，并让上帝惩罚这些统治者，[189]但马基雅维利宁愿暂时遵从史学家塔西佗的金句，依据这个金句，人们应该服从邪恶的统治者们；不久之后，马基雅维利引用了两行诗，诗中说少有僭主"没有谋杀并伤害[他人]就下降到刻瑞斯(Ceres)的女婿[普鲁托]那里";②普鲁托(Pluto)不是魔鬼，哈得斯(Hades)不是地狱，更不用说如下事实：诗人们适合使用"诗性传说"。马基雅维利教诲道，人性并不是原初就劣质，或者说，并不是因罪孽而劣质；人们往往是被败坏的；然而，只有"一个此时还活着的人的美德"能抵消这种败坏；只有一种实际上的王权(regal power)能约束败坏的人们，这种王权当然指一位凡人国王的权力；其他任何试图使败坏的人们变得优质的方式，都会要么是一项最残忍的事业，要么完全不可能。③

立足于圣经教诲，对上帝的爱变成了对上帝荣耀的强烈热情；这种强烈热情变成了马基雅维利眼中与党争的激情无差别的一种激情，党争的激情就是狂热忠诚于一位领袖，而这位领袖的事业不等于特定国家的共同善。由此，马基雅维利能理解，为什么基督教诸民族作为基督徒能养育出好战士们。古代罗马人是既好又守信的战士，是因为他们为自己的荣耀而战；而基督徒可以是既好又守信的战士，则是因为他们为上帝的荣耀而战。④

---

① [原注35]《圣经·旧约·那鸿书》1:2。参上文第130页，第143页，第152-153页，第156-157页，第166-167页。马基雅维利在引用李维史书3.53.7时，用"诅咒"取代了"被仇恨"(《李维史论》1.44)。

② [原注36]《李维史论》3.1(330),3.6(338,340)。

③ [原注37]《李维史论》1.17(142),1.18(146),3.29。参《李维史论》1.24,亦参1.11对但丁的引用。

④ [原注38]参《李维史论》1.43,3.22(395)。参上文第三章[第165页]注179。

13. propria gloria[属己的荣耀]（对卓越的意识）对抗 gloria Dei[上帝的荣耀]（对罪孽的意识）——因为：人必然犯下罪孽

马基雅维利教诲道，通过命令人们不要以自己的美德和权力为荣耀，基督教已使此世变得虚弱；当马基雅维利这么教诲时，他的意思也是，通过拒绝人们追求自己的荣誉和自己的荣耀本身，基督教已降低了人的高度（the stature）。① 不信赖人们对自己荣誉和荣耀的关切，与不信赖人们自己的美德紧密相关：人们应该更少信赖血肉之躯（flesh and blood），更少信赖人们的意志，并最终更少信赖人们自己的武装、美德、明智，而更多信赖祈祷和上帝。如果人们要依从圣经，那么，人们也许不能把摩西算入那些新君主之列，那些新君主靠自己的武装和自己的美德来获得他们的权力。人们会不得不说，"仅仅着眼于那种使摩西值得与上帝对话的恩典"，摩西才值得钦羡。一方面，上帝渴望[我们]把荣耀给上帝，而上帝留给我们"这种荣耀中属于我们的那部分"；另一方面，罗马领导人们信赖自己的武装和勇气，从而渴望"荣耀会完全属于"胜利的执政官们。

据马基雅维利所说，[190]除非人做到如下两点，否则人不会达到人的至高点（his highest stature）：[第一，]人自己要求自己达到这个至高点，而不依赖外在于人的种种力量的支持；[第二，]在作为人自己的成就的那种成就中，人能找到自己的满足。不是信赖上帝并自我否定（self-denial），而是自恃（self-reliance）并自爱（self-love），才是属人力量和属人伟大的根源。信赖一个人自己的美德，会使一个人有能力信赖他人的美德。②

---

① [译按]stature 在第 72 页等处均译为"威望"，在此处亦有此义。下一页 highest stature[至高点]中的 stature 亦然。
② [原注 39]《君主论》6(18,19),26(82);《李维史论》1.11(127),1.30 开头,2.24(303),2.33(325),3.31,3.33(417)。参萨沃纳罗拉《〈以西结书〉布道辞》30：

卓越的人们对卓越的意识，必须取代对罪感（guilt）或罪孽的意识。人有朽并不意味着，人应该视自己为尘土和灰烬；对于最好的人们，人有朽意味着，最好的人们寻求不朽的荣耀。"所有人都是犯下罪孽的人"这个断言之中有真实性，就在于所有人无论多么卓越都不完美。没人能拥有所有完美性。一个人的卓越必然会伴随着特定的一些缺点，因为多种类型的卓越不可能在同一个人身上共存，至少不可能以多种类型卓越的最高水平共存。[人们的] 一种本性阻止了人们获得某些卓越，同时正是这种本性使人们能获得另一些卓越，或强迫人们获得另一些卓越。更不用说如下事实：人的本性、属人社会的本性，甚至美名和恶名本身的本性，暗示了大多数人既不会有美名也不会有恶名。

马基雅维利走得更远。人依据自然而被迫犯下罪孽。如果一位君主自己没有犯过任何过错，却没有能力保护自己统治的人们，那么，这些人被迫不忠于这位君主。"我们的本性不赞同"任何人留在"真正的道"即"中道"（the way of the mean）上。有些人为他们的种种天性所迫而残忍或高傲或易怒，以至于他们若努力变得温和或谦逊或柔顺，就相当于试图改变他们的那些天性，结果将无异于或多或少成功地伪装。例如，教宗尤利乌斯二世没有能力谦卑且柔

撒旦（Sathanas）……渴望凭借他自己的美德获得 [卓越]，也渴望从他自己那里获得属己荣誉的快乐。

以及47：

真正的督教徒……如他自己的美德一样虚弱。

[译按]注中两条独立引文原文为意大利语，方括号内容为引者所补。

顺地行事，且为他的天性所迫而凶猛且狂怒地行事。①

马基雅维利愿意把他所钦羡的罗马贵族比作一些掠食性小鸟，它们自然而然的贪婪使它们察觉不到那只俯冲向它们的大鸟；因此，马基雅维利愿意承认比如下说法的所指甚至更多的东西，这个说法就是，罗马人的种种美德是穿上华服的种种恶德；然而，这并不妨碍马基雅维利把罗马贵族的种种品质和种种成就树立为榜样，哪怕正是这些成就为大鸟凯撒（the big bird Caesar）毁灭罗马贵族和罗马共和国作了准备。

因为，[191]这就是属人生活的本性，以至于非基督教的乃至非人性的种种激情所促发的那些行动能增进社会的乃至基督教的那些持久的——哪怕绝非永恒的——利益，或不如说，那些行动也许为社会的或教会的种种需求所要求；期待种种永恒利益，并不合理，因为任何混杂的共同体都不可能永恒。那些毁灭国家的过错是军事过错，而不是道德罪孽。② 另一方面，如每个对此世事物有任何理解的人都会承认，信仰、③善意、谦卑、耐心也许是通往毁灭的道路。任何虔敬的工作也许都不会不是僭政的源头，从而也都在事实上不会不残忍。为了穷人和病人的利益而虔敬地遗赠，迟早会导致非常巨大的财富积累到虔敬的管理者们手中；这笔财富一定会使

---

① ［原注40］教宗尤利乌斯二世"把能做的都做了，就是为了增强教会［的力量］，而非增强任何私人［的力量］"；然而，人人都追求自己的荣耀和财富（《君主论》11［38］，25［79］）；教宗尤利乌斯二世壮大教会时，也是在寻求自己的荣耀。参萨沃纳罗拉《〈出埃及记〉布道辞》4：

> 这两个女人说了谎……且经文在此说[《出埃及记》1.19-21]，上帝叫她们成立家室。

［译按］注中独立引文原文为意大利语，方括号内容为引者所补。
② ［译按］这句话中的"过错"和"罪孽"原文都是 sins。
③ ［译按］faith，在此亦有"守信"之义。

其自身的一些自然效应及于这些管理者和仰望他们的人们身上,而不管[所有]这些人的意图具有何种品质。

尽管善与恶之间,或美德与恶德之间,存在着必然关联,但[有人]能把一种粗陋而质朴的①政治美德灌输到公民们的头脑中,并能使这种政治美德在一个城邦中占据支配地位。与政治有关的意义上的败坏,会摧毁这种美德。然而,这样理解的败坏,并非由罪孽造成,而是由一些诱惑造成,大多数人不可能抵挡得住这些诱惑;比如与外国人交往,②又如大规模不平等,造成了这些诱惑。

既然属人事物不稳定,故国家不能选择真正的道,或正确的中道,这种道或这种中道在于,保持一个人拥有的东西,且不从他人那里夺走属于他人的东西;一个人被迫选择如下两个极端中的一个:要么允许他人夺走自己拥有的东西,要么从他人那里夺走属于他人的东西;荣誉,即此世荣誉,命令(dictates)人们选择后一个极端。然而,命令人们做出这种选择的,并不总是荣誉,且根本上不是荣誉。如果天对人们如此仁慈,以至于人们绝不会被迫进行战争,那么,人们会变得有女人气,否则就会投身内讧。多亏天不够仁慈,诸民族有时进行战争,因为要不然就会灭亡于饥荒。这类战争比爱荣誉和荣耀而造成的战争远远更残忍,因为在生存战争(wars of survival)中,每个参与者的生存都处于危急关头。③

战士们进行战争,正是为了他们的邻人们、父亲们、孩子们、女眷们能活命。在这种情况下,若要履行[192]"生养众多"(to multiply)这条属神命令,就得使大多数人降低到"屠杀大多数人"这种必

---

① [译按]第264页提到"质朴而粗陋的"。第267页提到"粗鲁且粗陋的"。

② [译按]intercourse,亦指"交媾",在此似亦通。

③ [原注41]《君主论》12,15,25;《李维史论》1.6(110,111-112),1.29,1.37开头,1.38(180-181),1.40(184-185,188),1.55(212-213),2.8(251-252),2.10(256),2.14,2.25(306),3.1(330),3.9,3.11(368),3.21,3.22,3.25结尾,3.28。参上文148-149页,第三章[第120页]注85。

然性，否则就降低到"犯下自杀的罪孽"这种必然性。由于受到进攻的民族与进攻的民族处于相同的危险中，故这种战争对双方都正义。人们不能说，这种困境只限于国家之间；只要想想一条木筏上有两个遭遇海难的人就够了。很难说饥荒是对罪孽的惩罚。因为如果对罪孽的惩罚强迫人们犯下更大的罪孽，或至少强迫人们以最野蛮的方式行事，那么，这种惩罚似乎并不智慧。因此，最终正是人的本性和人的处境的本性，解释了犯下罪孽的必然性。

14. 人性和善意对抗谦卑和残忍

有一种必然性是犯下罪孽的自然必然性，且犯下罪孽与做出一切高贵而崇高的事（everything noble and high）之间存在密不可分的关联；人们一旦认识到这种必然性的力量，并随之认识到这种关联，就不再会谴责这种必然性，或不再会希望消除这种必然性。人们同样不会以如下方式对自己不朴实地（disingenuously）隐藏这种必然性，这种方式就是比如把某些野蛮或精明的行动呈现为爱或虔敬的行动，而[事实上]这些行动由必然性促发，乃至由对荣誉或荣耀的欲望促发。由于人们知道所有人都寻求财富或荣誉，故人们会确定如下这一点：对显赫声名的欲望，以及对显赫声名所伴随的所有高贵和低贱后果的欲望，甚至影响到了那些被誉为圣徒的人。在把自身呈现为慈悲的那种东西中，人们会认识到对统治权的欲望；且在宗教中，人们会认识到某一类"和平的技艺"（the arts of peace），其在道德上无异于战争的技艺（the art of war）。① 感恩是所有深层义务的根源或支柱。

---

① [译按]注意此表述构成《战争的技艺》的书名。后文凡出现这个表述（第226页，第298页，第299页）都请注意这个关联。第42页、第119页（及同页注83）、第226页亦用到"和平计谋"或"和平技艺"或"和平的技艺"。另请注意，此处"和平的技艺"是复数（第42页和第226页亦然），"战争的技艺"是单数。

斯基皮奥凭借其美德和功绩(merits)而值得所有罗马人感恩。然而,斯基皮奥正是凭借其美德和功绩而变成了对罗马自由的威胁。正是被誉为圣徒的卡托,为罗马的自由挺身而出,且不耻于忘恩地或看似忘恩地行动。在马基雅维利的教导下,我们必须假定,卡托在其实际行动中的良知安稳(good conscience),①与他对斯基皮奥名气的嫉妒密不可分。②意识到上述那种必然性,会保证那些足够幸运的(fortunate)"对此世有知的人们"生而具有正确类型的脾性,既能防止傲慢或高傲,也能防止谦卑或卑微。

　　最卓越的人们会恰当地评估他们的价值,以及适合他们的行为,而且机运的无常(the whims of fortune)不会在他们的意见和他们的行为中动摇他们。最卓越的人们会生活在一种平和的脾性中,而不会去希望,也不会去恐惧或战栗。他们也许会后悔,但他们不会感觉到需要悔改或救赎,除非救赎是[193]从外国的或僭主式的统治权那儿赎回③他们的祖国。在模仿自然时,最卓越的人们会既充满庄重,又充满轻浮,但他们会摆脱狂热。除了在艺术作品中,在其他任何地方他们都不会期待找到完美或不朽。最卓越的人们会认为,与傲慢或高傲相反的美德不是谦卑,而是人性或慷慨。④

---

　　① [译按]与"良知有亏"(bad conscience,第194页)相对。另外,第283页uneasy conscience[良知不安]与此处bad conscience相近。
　　② [原注42]《君主论》25(79);[332]《李维史论》1.11(125),1.29(161-162),1.38(180-181),1.45(192),2.25。参李维《自建城以来》34.15结尾,37.57.15。参上文第42-43页,第118-119页,第156-157页。
　　③ [译按]本句中"救赎"与"赎回"原文均为redemption。
　　④ [原注43]《君主论》15(49);《李维史论》卷二前言(227-228),3.25(40 401),3.31;Opere, vol. i, p.643;1514年1月31日致韦托里的信。关于"救赎",参《君主论》26(84),以及本书上文第135页;参《佛罗伦萨史》8.21使节们向教宗所作的一篇演说中如何提及"至高救赎者"。
　　——在《李维史论》1.41的标题中,马基雅维利谈论了"谦卑";而在此章的正文中,他用"人性"取代了"谦卑";李维曾经谈论过comitas[和善];参《李维史论》1.4(184)。在2.14的标题和正文第一行中,马基雅维利谈论了"谦卑";

15. prudenza[明智]取代良知

在此适合考察马基雅维利关于良知的教诲。他并不经常谈论良知。《佛罗伦萨史》的篇幅几乎是《君主论》和《李维史论》的篇幅之和,《佛罗伦萨史》有五次提到了良知;四次出现在马基雅维利笔下人物们的演说中;第五次即最后一次出现在马基雅维利对皮耶罗·美第奇(Piero de' Medici)的描述中,在头脑的品性(virtue)和身体的品性上,皮耶罗都劣于他的父亲科西莫和他的儿子洛伦佐。①

在《李维史论》中,马基雅维利在四个场合谈论良知。② 巴利奥尼克制住而没有杀死或以其他方式伤害教宗和所有枢机主教,并非"要么出于善意,要么出于良知,因为若一个罪恶之人曾霸占自己的妹妹,还曾为了得到君位而杀死自己的堂兄弟们或表兄弟们以及侄儿们或外甥们(cousins and nephews),则任何虔敬的或同情的尊重,都不可能降低身份进入这样的人胸中"。③ 在此,马基雅维利清楚地把"善意"与"良知"区分为克制(restraint)的两个不同来源。我们倾向于相信,巴利奥尼之缺乏善意或同情,体现在他那些谋杀行

随后,他通过李维之口用"耐心"和"适度"取代了"谦卑",并以他自己的名义用"怯懦"取代了"谦卑"。亦参3.3,3.9(363)。3.20给出的人性的尤其"真实的例证"是一个罗马例证,即卡弥卢斯的一个行动。比较3.30如何提及卡弥卢斯和皮耶罗·索德里尼各自的"善意",与此处和其他地方如何对3.30的另外两个主要人物——摩西和萨沃纳罗拉——的"善意"保持沉默。在《君主论》第11章结尾,马基雅维利谈论了教宗利奥十世的"善意",利奥十世曾经"发现"基督教教宗制最有权力;至于对一个已确立的国家的发现与对这个国家的缔造之间有何区别,参《君主论》第19章结尾。参上文第46-47页,本章下文注73。

[译按]正文及注中的humility[谦卑]与humanity[人性]谐音。

① [原注44]《佛罗伦萨史》3.13,6.20,7.23。
② [译按]但第三次并不取"良知"之义,参第194页。
③ [译按]《李维史论》1.27,对应中译本第224页第1至3行。

为之中,而他之缺乏良知或虔敬,则体现在他的乱伦之中。有一种与乱伦相似的罪孽,即鸡奸(sodomy);马基雅维利在后文谈论鸡奸,是在提及 ius getium[万民法]后不久,至少可以说,ius getium[万民法]使人们记起自然法;正当马基雅维利谈论鸡奸时,他说到一个青年拒绝顺从一个人的欲望,他只说这个青年"反感这种事";这个更年长的人的罪行,在于[对这个青年]使用强力来满足自己的欲望。①

第二次提到良知,同样是在一个基督教语境中。马基雅维利比较或对比了两个相似的例子,这两个例子展现了未败坏的诸城邦中普通民众的"善意和笃信宗教";一个例证是罗马的,另一个例证是基督教的;只有在基督教的例证中,马基雅维利才提到良知。当日耳曼诸城邦征收一种财产税时,每个公民都宣誓说,他会支付适当的金额,然后会往一个公共匣子里投入一笔钱,这笔钱是"根据良知他相信他应该支付的;除了他这个支付者以外,没人[194]是这次支付的见证者"。② 凭借良知,一个人靠自己且孤身(by himself and in solitude)判断自己应该做什么。但是,良知也宣布了一个人自己的且孤身的如下判断,这个判断关乎此人是否做了自己本来应该做的事。一个人的良知是此人内心深处的见证者;在许多情况下,这个见证者是此人所做事情的唯一见证者,而且可以说,在所有情况下,

---

① [原注 45]《李维史论》1.27(参本章上文注 28)。我们已经试图通过谈论"虔敬的或同情的尊重"来保留[该表述的意大利语原文]pietoso rispetto 的含混性。参 2.28。(在马基雅维利提及的[李维原文]语境中,李维在其史书的 5.36.6、5.36.8、5.37.4 将 ius gentium[万民法]与 ius humannum[人法]用作同义词。)

② [原注 46]《李维史论》1.55(210-211)([译按]对应中译本第 294 页第 2 段第 5 至 6 行)。在这个古代例证中,马基雅维利两次提到阿波罗(除了关于罗马宗教的那一篇即 1.11-15 以外,卷一从没有提及阿波罗,或其他任何神,或一般而言的诸神);远远更引人注目的是,这个现代例证对于上帝保持沉默。

这个见证者是此人所相信事情的唯一见证者。基督徒的善意和笃信宗教,关系到如下信念:一个人所做的或所相信的一切,都不仅为此人自己所见证,而且为上帝所见证。正如人们会期待的,马基雅维利对上帝的见证保持沉默,或对良知与上帝之间的关系保持沉默。

我们受到引导而好奇马基雅维利对良知的地位有何想法:良知是否属于人的自然构造(natural constitution),或某一类人的自然构造?或者说,良知是不是社会的作品,哪怕不是某一类社会的作品?良知着眼于什么而决定一个人应该做什么?一个人受到自己的良知谴责,有什么关系?要回答这些问题,人们会不得不概述马基雅维利对道德的分析。目前,我们注意到,马基雅维利没有谈论良知的剧痛,但他谈论了遭受忘恩或遭受不义而产生的剧痛。他这么做时表明,忘恩的恶德是一种自然必然性的后果。① 如果人被迫犯下罪孽,那么,人没理由为犯下罪孽而良知有亏(a bad conscience)。如果属人的善意与良知属于两个不同等级,那么,也许存在不受良知干扰的恶意(badness)。证实这个结论的是马基雅维利的许多生动叙事,这些叙事关乎一些很有名气并在其他方面很满足的罪恶之人。良知安稳带来的满足,并非在所有情况下都像胜利或复仇带来的甜蜜那样令人满意。

第三次提到 coscienza,②是在一个不再明显关涉基督教的语境

---

① [原注 47]《李维史论》1.30,该章是关于忘恩的那一篇[1.28-32]的居中一章。至于感恩这个主题的重要意义,参马基雅维利的《劝忏海》。

② [译按]即意指"良知"的意大利语词。该词源自拉丁文 conscientia,后者本义为"共同知识",并引申出"意识"和"良知"二义。与作"意识"解的 conscientia 相应,coscienza 在此也取"意识"之义。在第 195 页,施特劳斯说到"共同知道"(knew together)时,显得在暗中使用 conscientia 的动词形式 conscio[共同知道]。另外,施特劳斯在第 195 页也把 conscientia 附在 aware[意识]之后。同样在第 195 页,施特劳斯也用到 conscientia 的另一个同源词 conscii[共同知道的人们]。

中。拉丁人曾秘密准备一场针对罗马人的叛变。后来,罗马人变得意识到这一点,就要求拉丁人派一定数量的拉丁公民到罗马进行磋商。于是,拉丁人知道了罗马人知道这个阴谋。拉丁人知道——或更字面地说,对如下这一点有意识(coscienza)——自己做过违背罗马人意志的许多事。起初,只有拉丁人知道自己准备叛变;此后,罗马人与拉丁人分有了这种所知,但拉丁人不知道罗马人分有了拉丁人的所知;[195]最后,拉丁人与罗马人分有了如下所知,即罗马人知道了拉丁人的阴谋。可能仅仅因为拉丁人与罗马人"共同知道"了双方都知道拉丁人的秘密,拉丁人才会良知有亏。但是,事实上,拉丁人并没有害怕。拉丁人无所畏惧,不是因为罗马人曾最为不义地对待拉丁人,也不是因为拉丁人相信自己的事业之正义,而是因为拉丁人对自己的力量与罗马人的力量均有意识(conscientia)。

这个事件确实表明,拉丁人没有"好好衡量自己的种种力量",①而且拉丁人由此应该良知有亏,因为拉丁人知道,罗马人变得知道了拉丁人的种种意图。依马基雅维利的意见,良知可能立足于对人的力量与神(God)的力量之间的关系真正有知吗?如果有此可能,那么,良知会是为一种知识所修正的明智,这种知识关乎神的压倒性力量:神会惩罚违背他意志的每个行动。马基雅维利笔下的某个人物把良知确定地等同于对地狱的恐惧。②

最后一次提到良知,是在关于阴谋的那一章[3.6]。就算君主们邪恶,基督教仍然命令人们不要密谋反对君主们,塔西佗也仍然建议人们不要密谋反对君主们;尽管如此,仍有"许多人尝试"此类阴谋。马基雅维利渴望支援这种命令和这种建议,从而也渴望达到这种命令和这种建议均从未达到的目的;他有如上渴望,是通过表明寻常的明智强烈劝止人们密谋反对君主们。例如,与针对祖国的阴谋不同,针对君主们的阴谋是明显最危险的事业。这并不意味

---

① [原注48]《李维史论》2.14,2.15,2.23开头。
② [原注49]《佛罗伦萨史》3.13。

着,所有针对君主们的阴谋都注定失败,且一旦成功,则其回报与密谋者的艰辛和剧痛不相称。也许可以说,阴谋有别于其他所有罪行,因为如果阴谋完全成功,那么,正是阴谋的恶名昭彰有助于根除阴谋的罪恶性,且阴谋带来的回报也许远远超过从其他任何行动中有望得到的回报。因此,也许可以说,成功的阴谋动摇了有关惩罚性正义的那些普通观念。

此外,在阴谋这种事业中,属人存在者们分有或"共同知道"一个可惩罚的秘密,或必然存在着 conscii[共同知道的人们]。在这一章[3.6]的一部分中,马基雅维利明确谈到了良知,而这一部分[196]讨论了执行阴谋时遇到的种种危险。在第一个例证中,马基雅维利提到了一个密谋者,这个密谋者愿意杀死美第奇家族中的一员,但不愿意在教堂里动手;似乎此人受到自己的良知克制,哪怕马基雅维利没有这么说;此人的良知谴责渎神(sacrilege),但不谴责杀人。

接着,马基雅维利转而讨论执行阴谋时遇到的种种危险,缺少勇气和缺少明智造成了这些危险。也许崇敬或怯懦造成了缺少勇气;或正如马基雅维利用他的例证表明的,崇敬也许使一个人变得可鄙;在这类情况下,人们不知道什么阻挠了自己;因为阻挠人们的是力量和恩典的一种离奇混合(an uncanny mixture of power and graciousness)。人们不能说,这种失败要么源于缺少勇气,要么源于缺少明智;但人们能确定地说,这种失败源于"头脑的一种混乱"(a confusion of the brain)。在转向这个论证的另一部分后,马基雅维利谈到自己崇敬一个名为希罗狄阿诺斯(Herodian)①的史学家,希罗狄阿诺斯的权威促使马基雅维利相信,他本来绝不会相信的一些事情有可能发生。

---

① [译按]希罗狄阿诺斯(约 180—250),罗马帝国中期希腊史学家,著有八卷本《马尔库斯驾崩以来帝国史》(*Tῆς μετὰ Μάρχον βασιλείας ἱστορία*),叙述 180 年罗马皇帝马尔库斯·奥勒留驾崩至 238 年的帝国史。

回到这个论证更早的那个部分,马基雅维利谈论了执行阴谋时的种种危险,"虚假的种种想象"造成了这些危险。那些密谋反对凯撒的人受到诱惑而在错误的时间谋杀了凯撒,是因为他们有"一个虚假的想象":他们错误地相信,凯撒知道了他们的阴谋。这个虚假的想象在于错误地解释了一个意外事件。产生这个虚假的想象,是因为密谋者们"良知受到玷污"(stained conscience),也就是说,是因为密谋者们相信,也许有一个人不赞成他们的秘密,却成了这个秘密的见证者。①

这些古代罗马人良知有亏,是因为他们怀疑自己做错了,还是因为他们恐惧被属人存在者们侦察到?马基雅维利迫使我们提出这个问题,但他没有回答这个问题。目前,我们认为,马基雅维利试图用一种明智来取代良知,或取代笃信宗教,这种明智往往无异于仅仅算计此世获益(mere calculation of worldly gain):"真正的道"不在于遵从神那不变的律法,而在于依据时代而行动。②

16. 神意:马基雅维利没有区分圣经的核心与外围;他把神意等同于作为正义国王的上帝

为马基雅维利的论证不足辩解,不可能通过如下方式,即提及他在同时代的罗马和佛罗伦萨的所见。因为他知道,有些恶名昭彰的事实让他得以谈论意大利的败坏,同时,这些事实也证明了基督教在意大利的败坏。[197]为马基雅维利的论证不足辩解,某种程度上更值得采用如下方式,即[考虑到,]尽管他以不可描述的方式误用了圣经教诲,但就这种误用而言,所有时代的信徒们都有罪;话说回来,以上辩解方式还是不充分。

---

① [原注50]《李维史论》3.6(338,340,343,344,349-354);参3.25(41)。参上文第145-146页。

② [原注51]比较《李维史论》3.9(362)与2.2(237)。

不论如何,对圣经有一定理解的许多当今读者,在面对马基雅维利的种种暗示时,可能更少感到震惊,更多感到惊奇(amazed)。这些读者已经适应了不仅区分圣经教诲的核心与外围,而且把外围当作不必要的或神话性的东西抛弃。马基雅维利不知道这种区分有何正当性(legitimacy)。① 最近的神学已经倾向于否认,属神惩罚甚于一种悲惨,或甚于一种空虚(emptiness):这种悲惨是疏远或遗忘上帝而引发的自然后果或必然后果,而这种空虚也可以说是浮华(vanity),或令人反感的或穿上华服的(repulsive or resplendent)悲惨,或一种既不遵从上帝也不信赖上帝的生活所引发的绝望。这同一种神学往往要解决内在于一种关系的难题,这种关系的一边是[上帝的]全能和全知,另一边是属人的自由;解决这个难题的方式是把神意降低为上帝的如下行为,即让人有能力计算出(work out)自己的定命,而不进行任何更多属神干预,除了等待人应答上帝的召唤。

马基雅维利对神意的种种说明关注神意观念,根据这个观念,上帝在严格意义上(literally)统治此世,就像一位正义的国王统治自己的王国。马基雅维利毫不关注如下事实:能思考的信徒们总是认为,缺德者的兴盛与正义者的受苦是神意秩序神秘性(the mystery of the providential order)的一个本质部分。我们仿佛看到,马基雅维

---

① [原注52][圣经教诲的]核心与外围之间的区分取代了原初教诲与后续扭曲之间的区分;在这个更早的区分中,原初教诲要么指圣经的明确教诲,要么指圣经教诲的如下部分:把这部分的语文学与心理学结合起来,可以证明这部分是[圣经教诲的]原初部分。这种高等考据(this higher criticism)的精神驱动了尼采,故尼采断言"'福音书'的心理学"中不存在罪感(guilt)和惩罚这两种观念。(这个断言出现在尼采《敌基督者》的一节中,出于一种令人惊奇的偶然,这一节竟然是第33节。)尼采对基督教的批评与马基雅维利对基督教的批评之间的关键区别在于,马基雅维利认为,罪感和惩罚这两种观念对耶稣的教诲具有本质意义。

[译按]《敌基督者》中译本:吴增定、李猛译,吴增定导读,北京:生活·读书·新知三联书店,2017。

利听到"凡动刀的,必死在刀下"①这个说法后,就回答说"但那些不动刀的,也必死在刀下":马基雅维利没有停下来思考,只有第一种人通过诉诸刀,而完全服从刀的审判,并由此而自我归罪(self-condemned),因为这种人知道,没有一个混合体是永恒的。

17.《佛罗伦萨史》中的神意:上帝以非基督教信徒们
威胁他的代牧,从而拯救了佛罗伦萨人

马基雅维利《佛罗伦萨史》中的人物们,把如下两点当作理所当然的事加以明确谈论:[第一,]上帝的正义造成了这些人物在现实中或有希望成功地击败他们的敌人们,也造成了这些人物陷入自己的厄运(misfortunes);[第二,]这些人物的成功证明了他们的事业是正义的。② 在这部献给出身美第奇家族的教宗克莱门斯七世(Clement VII)③的作品中,马基雅维利两次谈到,就上帝的神意关乎正义而言,上帝看顾人(God's taking care of men)——马基雅维利在以上两次谈到这一点时,用的是他自己的名义,且说得很明确,而没有使用"似乎"这样的限定语。

---

① [译按]《圣经·新约·马太福音》26:52。
② [原注53]《佛罗伦萨史》4.7,6.20—21,7.4,7.17,7.28,8.10,8.11。
③ [译按]中译从其拉丁文名 Clemens VII。美第奇家族共出过四位教宗:利奥十世(1513—1521年在位,参第22页译按),克莱门斯七世(1523—1534年在位),庇护四世(Pius IV,1559—1565年在位),利奥十一世(1605年在位)。克莱门斯七世(1478—1534),原名朱利奥·朱利亚诺·美第奇(Giulio di Giuliano de'Medici),朱利亚诺·美第奇(Giuliano de'Medici)的遗腹子,皮耶罗一世·美第奇之孙,科西莫·美第奇之重孙(参第22页译按)。1469年,皮耶罗一世去世后,朱利亚诺·美第奇与其胞兄豪华者洛伦佐共治佛罗伦萨。1478年,朱利亚诺·美第奇被刺身亡(参第27页及当页译按),一个月后,朱利奥·朱利亚诺·美第奇出生,被其伯父豪华者洛伦佐抚养长大。1513年,其堂兄焦万尼·洛伦佐·美第奇当选教宗,称利奥十世,并任命朱利奥·朱利亚诺·美第奇为枢机主教。1523年,朱利奥·朱利亚诺·美第奇当选教宗,称克莱门斯七世。

[198]第一次评论出现在一番离题话中,[马基雅维利]在这番离题话之前描述了,土耳其人攻占君士坦丁堡有何后果,以及基督徒在贝尔格莱德(Belgrade)战胜土耳其人有何后果。① 也许可以说,这两个事件是对这部作品中提到的属人武装力量的最大展示。由于土耳其人引发的危险,人们在意大利卸下了武装;就在这时,上帝似乎希望提携这些人。一场可怕的暴雨和旋风来临了,在其中起作用的是"自然的或超自然的"种种更高的力量(superior forces),这场暴雨和旋风使托斯卡纳感到恐怖,以至于人人都判断此世的末日已经到来;[这场暴雨和旋风]大大损害了这个国家,毁掉了房屋和神殿,却并没有杀死许多人。

　　无疑,上帝希望威慑而非惩罚托斯卡纳。

上帝希望"这个微小的例证足以使人们重新记起上帝的力量"。②
　　第二次评论出现在马基雅维利描述1480年的那些事件时。不仅"所有事情的精微解释者"佛罗伦萨民众,就连领导人们也断言,佛罗伦萨从来没有这样严重地陷入失去其自由的危险中。美第奇家族陷入了特别的危险中。"但是,在相似的一些极端情况下,上帝总是特别看顾[佛罗伦萨],③故上帝这时使一件意想不到的事发生了",这件事使教宗和其他敌视佛罗伦萨的人们转向了别的事。通过这件意想不到的事,上帝从教宗及其盟友们手中拯救了佛罗伦萨;这件事就是土耳其人在奥特朗托(Otranto)登陆,洗劫城市,杀死

---

　　① [译按]1453年5月,奥斯曼苏丹穆罕默德二世(1432—1481)率领土耳其人攻陷君士坦丁堡;1456年7月,穆罕默德二世挥军三十万围攻贝尔格莱德,匈牙利军队在匈雅提·亚诺什(Hunyadi János,1387—1456)率领下大败奥斯曼军队。匈牙利姓名把姓放在前面,"匈雅提"是姓。
　　② [译按]以上两条引文均出自《佛罗伦萨史》6.34,分别对应中译本第298页第1段倒数第5至4行与倒数第1行。
　　③ [译按]方括号内容为施特劳斯所补。

所有城市居民,并以其"好骑兵"摧毁乡村。① 上帝特别看顾佛罗伦萨,表现为上帝用非[基督教]信徒们的力量威胁他的代牧(vicar)。② 教宗变得柔顺,并愿意仿效至高救赎者的例证,以最大的同情拥抱佛罗伦萨人。③

18. 上帝是中立者

但是,让我们回到《君主论》和《李维史论》,在这两本书中,马基雅维利展示了"他所知晓的一切"。他的神意学说④可以概述

---

① [译按]奥特朗托城位于奥特朗托海峡西侧,这个海峡位于意大利半岛西南部与阿尔巴尼亚之间,最窄处75公里。1480年初,穆罕默德二世挥师在奥特朗托城登陆,侵入意大利南部。

② [译按]指教宗。

③ [原注54]《佛罗伦萨史》6.34,8.19-21;参1.11。参下一个注释如何讨论8.36。

——在阅读马基雅维利关于君主或一位君主的陈述时,人们必须总是思考,这些陈述若用在上帝身上,则会意味着什么。

——至于"好的骑兵",参上文第181页。

④ [原注55]至于马基雅维利有关神迹的意见,参上文第73-74页,第145-146页。

——只有当"一个人"使用[333]"一种极端的强力"时,一种败坏的质料才可能变好:

> 我不知道,这种情况是否发生过,或是否可能发生;因为一个人看到……如果这种情况发生过……则这种情况是通过一个那时还活着的属人存在者的美德而发生。(《李维史论》1.17[142])

一个神迹作为一个事件,其原因是上帝,即这个 causa occulta simpliciter[完全隐秘的原因](参萨沃纳罗拉《〈以西结书〉布道辞》42);着眼于这个事实,我们注意到,马基雅维利极少谈论隐秘的原因,或隐秘的美德。他在《李维史论》1.3所谈论的隐秘的原因,是在一段时间里隐藏(occulta)恶意的原因;这种原

如下。

由于自然必然性迫使人对人忘恩,故人没理由感恩上帝。因为如果存在一种犯下罪孽的自然必然性,那么,人们被迫认为恶源于上帝;人们不能把上帝说成纯粹的善(pure goodness),或说成最高的善,这种善在其自身内部并不包含任何恶。不可能指望人为了不应得的幸福(blessings)而感恩上帝,因为人也遭受了[199]同样多的不应得的痛苦。如果有些幸福或痛苦不是源于人自己的明智或愚蠢,那么,造成这些幸福或痛苦的是必然性,而不是上帝,也不是统治必然性的上帝(necessity governing God),也不是上帝之中的必然性(necessity in God)(哪怕不说运气),同样也不是属人的优点或缺点(human merit or demerit)。只有在正义的人们统治的地方,我们才找得到正义的报偿(retribution)。其他任何正义政府都是想象出来的。正义的人们施行有效的统治,取决于好的武装、属人的明智,以及某种程度的好运。没有丝毫证据支撑如下断言:运气更照顾正义者,而非不义者。

上帝不是审判者,甚至不是仲裁者,而是中立者。如果千真万确的是,极端的不义会激起人们去仇恨,去抵抗,去渴望复仇,那么,同样千真万确的是,完美的正义会使政府的双手瘫痪;只能通过明断地混合正义与不义来统治国家。上帝与那些最强大的阵营(the strongest battalions)站在一起,这并不意味着,上帝与为数最多的阵营(the largest number of battalions)站在一起。美德,即人自身的美德,还有运气,取代了神意。

因也许是欺骗或恐惧。(亦参《佛罗伦萨史》L 3 结尾。)在《李维史论》1. 58 和 2. 32,马基雅维利带有某些限定而断言,存在着隐秘的美德("看起来"且"人们能判断,这正是通过一种隐秘的美德而非……");亦参《佛罗伦萨史》8. 18。在《佛罗伦萨史》最后一部分(8. 36),在对豪华者洛伦佐(Lorenzo Magnifico)的颂辞中——洛伦佐"在最高程度上为机运女神和上帝所爱"——马基雅维利异常频繁地用到"神奇"或"神奇的"。

——关于"神迹"的含义,亦参《李维史论》1. 29(161)。

19. 否认神意,且否认灵魂不朽

在《君主论》最后一章,马基雅维利谈到,为了帮助意大利人救赎自己的国家,上帝做了什么。在那里,马基雅维利提到某些不寻常事件而没有举出例证,这些事件类似于[上帝]在[以色列人]从埃及前往应许之地的路上行的神迹。然而,在圣经中的神迹与马基雅维利的不寻常事件之间,存在着[如下]这个决定性差异。圣经中的神迹显然保护了以色列的后裔们,使之免于受到敌人伤害,免于在旷野中迷路,免于口渴,免于饥饿,并由此而有助于他们安全到达应许之地。[然而,]马基雅维利的不寻常事件并非显然关系到意大利人的需要,这些事件看起来完全无用。

关于教会君主国,马基雅维利说,尽管它们无人保卫,但无人从它们的统治者们手中夺走它们,因为上帝抬举并维持着它们;稍后,马基雅维利说,若没有自己的武装,则任何君主国都不安稳,而是完全取决于运气,因为这样的君主国缺少那种在逆境中守信地保卫它的美德;紧接着,马基雅维利引用了塔西佗的一句话,这句话讨论了,这样一种不立足于强力的权力名声(such a reputation for power as is not based on force)如何虚弱;塔西佗只谈论了有朽者的名声;马基雅维利改动了[塔西佗]文本,使这个文本暗中也谈论了不朽者的名声。①

有一章[《君主论》第 8 章]讨论了这样一些君主国,[200]人们通过罪行,即通过违反人法和神法(human and divine law),而获得这些君主国;在这一章,马基雅维利描述了,什么是——人们受到诱导而这么表述——对杀死近亲者(the parricide)利韦罗托实施的迅速惩罚;然而,这种迅速惩罚被证明是可能的,只是因为利韦罗托在罪行上"很简单",或只是因为切萨雷·博尔贾在罪行上更高超。

---

① [原注56]《君主论》11(36),13(45)。参上文第 57-58 页,第 184-185 页。

在同一语境[《君主论》第 8 章]中,马基雅维利在用他的信条回答一个疑问时说,阿伽托克勒斯在做出无数背叛行径和残忍行径后,还可以在他的祖国安稳生活很长时间,是因为他明断地使用了自己的残忍;上帝几乎没有反对阿伽托克勒斯的种种谋划,正如上帝几乎没有反对切萨雷·博尔贾的种种谋划。①

所有针对罗马皇帝们的阴谋,都由这些皇帝恩宠(made great)的人们实施,并具有"密谋者的忘恩应得的结局",即坏结局。但是,时代更近的一个相似的阴谋具有好结局。现在忘恩的报应是否不及过去异教皇帝们治下忘恩的报应那么有效力?同一类的另一个现代阴谋"应该具有好结局",因为条件非常有利于它成功:通过比较古代人与现代人,马基雅维利了解到,成功与正义之间不存在对应关系,成功仅仅与粗陋意义上的明智之间存在对应关系。②

期望死后的惩罚,或更一般地说,相信灵魂不朽,会影响对粗陋的明智所作的思考。马基雅维利足够清楚地透露了他关于这个主题的意见,他所用方式是,在《君主论》和《李维史论》中,而非在他的其他著作中,拒绝使用"灵魂"③"来生""彼世"这些词。缔造者

---

① [原注 57]《君主论》7(23,26),26(82)。
② [原注 58]《李维史论》3.6(341-342,350)。
③ [原注 59]在《君主论》和《李维史论》中,他尽管避免使用 anima[灵魂],却相当频繁地使用 animo[精神]。(布克哈特《意大利文艺复兴时期的文化》第 16 版第 476 页提到,一位著作家谈论"他的 animo[精神]或 anima[灵魂]";布克哈特补充评论道,在那个时代,语文学喜欢用这种区分令神学陷入尴尬。)animo[精神]在《君主论》中最密集地出现在第 7 章;马基雅维利在《李维史论》全书第 7 章把 animo[精神]与"脾性"(humors)用作同义词,却在 1.45(192)区分了 animo[精神]与 umori[脾性]。参《战争的技艺》卷一(470)如何讨论凯撒的原则;亦比较薄伽丘《十日谈》1.7 靠近结尾处如何用 animo[精神]取代 anima[灵魂],与 1.6 如何提及伊壁鸠鲁对灵魂永恒性的否认。animo[精神]在《李维史论》卷三中比在卷一和卷二作为一个整体中出现得更频繁,此词最密集地出现在 3.6(25 次)和 3.31(8 次)。在 3.31,"他们的 animo[精神]的可鄙使他们丧失了……animo[精神]"这句话引起我们的注目;亦参该章标题

们有两条路线可选,即王政路线与僭政路线:

> 一条路线使他们[缔造者]安稳地度过一生,并使他们死后拥有荣耀;另一条路线使他们在持续的剧痛中度过一生,并使他们死后留下永存的恶名。①

此处"一生"仅指"此生";一生之后,既不再有安稳,也不再有剧痛——不论持续的剧痛,还是不持续的剧痛——而只有死者所不知道的美名或恶名。马基雅维利反对如下想象出来的共和国和君主国,这些国家立足于"人能以自己应该的方式行动"这个假定;当马基雅维利作出这种反对时,他陈述了,一个人以自己应该的方式行动,可能会自我毁灭。②他甚至都没有暗中提及那些不以自己应该的方式行动的人所可能陷入的永恒毁灭(eternal ruin)的风险。在一个阴谋中遇到的危险,即酷刑和死亡的危险,[201]"远远超过了

("同样的 animo[精神]和他们同样的尊严")和《君主论》7(26)。[《君主论》和《李维史论》]这两本书中都极少使用 spirito[灵];《李维史论》3.31 是出现了 spirito[灵]的非常少的几处之一;关于对该章的解释,参上文第 148 页。

[译按]注中提及的布克哈特(1818—1897),全名雅各布·布克哈特(Jakob Burckhardt),瑞士史学家,从学于现代史学宗师兰克(Ranke,1795—1886,参第 68 页注 32),后来成为尼采(1844—1900)在巴塞尔大学的同事和朋友。他的名著《意大利文艺复兴时期的文化》首版于 1860 年,德文本第 16 版出版在作者去世前。该书中译本:何新译,马香雪校,北京:商务印书馆,1979/2020,据德文本第 15 版译出。注中提及的第 16 版第 476 页的"他的 animo[精神]或 anima[灵魂]"对应该书中译本第 547 页倒数第 4 行。

① [原注 60]《李维史论》1.10 结尾([译按]对应中译本第 180 页最后三行)。比较对 sempiterna infamia[永存的恶名]的提及与此章靠近开头处对 perpetuo onore[恒久的荣誉]的提及。在 1.27 的基督教语境中,马基雅维利谈论了"永恒的记忆"(eternal memory);在 1.29 的相似语境中,他谈论了"永恒的恶名"(eternal infamy)。

② [原注 61]《君主论》15。

其他任何类型的危险",从而——我们必须补充道——也远远超过了受咒诅的危险。①

或者说,马基雅维利是否曾经相信,受咒诅的危险能以悔改来避免,且也许甚至能以临终卧榻上的悔改来避免?他在其《劝忏悔》中说:

忏悔是唯一的补救措施,能扫清所有邪恶,扫清人们的所有错误。②

而在《君主论》和《李维史论》中,他甚至没有暗中提及这种可能性。

20. 否认人是邪恶和罪孽的原因 → 否认创世

如果[人们]不得不把"所有人都是犯下罪孽的人"理解为罪孽的后果,那么,在人犯下人的原罪(original sin)之前,人必定本来彻底不同于人现在之所是;人的种种激情必定本来不同[于现在];就目前的情况来说,这就会设定,[上帝]曾按上帝的形象创造人,且人和整个此世具有时间上的开端:曾有一个初人(a first man)不是人所生。③

在此世的开端,由于居民稀少,故人们分散生活了一段时

---

① [原注62]《李维史论》3.6(343)。
② [译按]对应中译本第385页第2段第1行。
③ [译按]"初人"在此尤指亚当。后文第203页用到复数"初人们",故亚当不是唯一的初人。参朋霍费尔,《第一亚当与第二亚当》,朱雁冰、王彤译,北京:华夏出版社,2004。另外,本书其他语境里也用过 the first man[第一人]这个表述。

间,就像野兽一样。①

如果我们假定,马基雅维利在思考这句话时,记得存在群居野兽这个事实,那么,他会通过这句引文来暗示两点:[第一,]在此世的开端,人们既分散生活,又像野兽一样。[第二,]除此之外,圣经否认,在此世的开端,人们——亚当和夏娃——分散生活。马基雅维利关于此世开端的观念,当然不是圣经式观念,而是"伊壁鸠鲁式"观念,这个观念预设了"物质"(matter)是永恒的;通过假定物质不是被创造的,人们可以承认恶或罪孽是必然的,同时并不减损上帝的善。②

某些学者相信,一旦人们假定马基雅维利在这句引文中只是照抄了珀律比俄斯,那么,一切疑难都会冰释。[但是,]我们认为最重要的是,马基雅维利没有屈尊提到珀律比俄斯;就算不考虑这一点,珀律比俄斯也没有说,在此世的开端,人们分散生活,就像野兽一样。珀律比俄斯暗示,在开端,只有很少的人;而且他说,只是在后来,人们才像其他动物们一样形成群落(herds)。最重要的是,珀律比俄斯非常清楚地表明,他不是在说此世的开端,而是在说此世当前阶段的开端,这个阶段始于人类的一次几乎完全的灭亡之后;而且他明确教诲道,这样的灭亡发生过多次,且还会发生多次。如果马基雅维利让我们参考珀律比俄斯,那么,我们会倾向于相信,马基雅维利在此希望指出,[202]事实上,"此世的开端"只是大地上文明生活当前阶段的开端,而在这个阶段之前还有其他一些这样的阶段。

在三次平行陈述的第一次[《李维史论》卷一前言]中,马基雅维利宣称,天、太阳、诸元素、人,在运动、秩序、力量上,自古以来就

---

① [原注63]《李维史论》1.2(98)([译按]对应中译本第150页第2段第1至2行)。参珀律比俄斯《罗马兴志》6.5.4-7。

② [原注64]参阿威罗伊《柏拉图〈王制〉疏解》,前揭,1.11.3-6,2.7。

没有变化。在第二次陈述[1.11 结尾]中,他宣称,人们总是在相同的秩序下出生、活着、死去。在第三次陈述[1.39 开头]中,他宣称,在所有城邦中,也在所有民族中,都存在着并总会存在相同的种种欲望和相同的种种脾性。在 26 章之后[2.5 开头],他沉默地表达了他对创造此世的看法,他所用方式是反驳一种论证,这种论证反对那个与之形成竞争的最著名论点,那个论点断言,可见的宇宙是永恒的。在全书第 136 章[3.43]开头,他在提及明智者们的一个说法时指出:[第一,]人们过去和将来都总是具有相同的种种激情;[第二,]正因如此,过去和将来都总是存在这些激情的相同后果,即相同的属人行动,除非教育在某种程度上修正了这些行动。①

我判断,此世总是以相同方式存在,且[总是]存在那么多的善,正如存在同样多的恶。②

21. 需要诉诸"阿威罗伊主义"才能理解马基雅维利

刚才提到的几乎所有陈述,都仅仅表达了一些判断,即仅仅表达了一些结论,而没有给出支持这些结论的推理。唯一的例外是,马基雅维利概述式地反驳了一个支持创世的论证。

对于已经认为此世永恒的那些哲人,我相信人们可以回答道,如果这样伟大的一种古代是真实的,那么,存在五千多年的记忆可能是合理的——假如(if it were)多种原因如何毁灭了

---

① [原注 65]《李维史论》卷一前言(90),1.11 结尾,1.39 开头,2.5 开头,3.43 开头(参上文第一章[第 18 页]注 9)。比较 1.10(124)与但丁《神曲·天国篇》7.26。参托马斯·阿奎那《神学大全》第一集,问题 95,第 2 条;问题 98,第 2 条。

② [原注 66]《李维史论》卷二前言(228)。

这些时代的记忆并不可见。①

尽管支持"此世有开端"的一个单独论证很薄弱，但这无法成为拒绝圣经描述的充分理由。马基雅维利提醒我们注意"那些哲人"，他们教诲道，此世是永恒的，或换言之，不存在此世的动力因。萨沃纳罗拉提到了同时代的一些"有此世智慧的"人，这些人断言：[第一，]上帝不是此世的动力因，而是此世的目的因；[第二，]所有人内部都只存在一个[共同的]灵魂，即并不存在个人灵魂的不朽。

持这些观点的人们是阿威罗伊派。② 马基雅维利时代有理智能力的人们熟知阿威罗伊主义那些根本信条，这就像当代有理智能

---

① ［译按］虽然"不可见"这个译法似太硬，但作者也许强调"见"。
［原注 67］《李维史论》2.5(246,248)（［译按］独立引文对应中译本第 338 页第 1 至 3 行）。
——萨沃纳罗拉《〈以西结书〉布道辞》第 6 篇说，上帝创造此世，可以说就在寥寥若干年前；此世的年数 sono poco più di sei mila anni o quanti si sieno[只有大约六千多年]。

② ［原注 68］参上文第 175 页。[334]阿威罗伊断言，上帝是此世的形式因和目的因，而非此世的动力因；关于这个断言，参 Harry A. Wolfson, "Averroes' lost treatise on the prime mover," *The Hebrew Union College Annual*, 23.1 (1950-1951), pp. 685, 702, 704-705。
——萨沃纳罗拉《〈出埃及记〉布道辞》20：

现代有不同的学派，有托马斯派(tomisti)，有司各脱派(scotisti)，也有阿威罗伊派，恰如古代有过廊下派(stoici)、漫步派(peripatetici)等哲人构成的学派。

［译按］注中引文原文为意大利语。托马斯，即托马斯·阿奎那(1225—1274)。施特劳斯在《自然正当与历史》第 163—164 页（中译本《自然权利与历史》，前揭，页 166-167）介绍了托马斯派的主张。司各脱，即约翰·邓司·司各脱(John Duns Scotus，约 1265—1308)，中世纪苏格兰哲人和神学家。阿威罗伊(1126—1198)，参第 175 页译按。廊下派，旧译作"斯多亚派"或"斯多葛派"，古希腊罗马的哲学流派。漫步派，又译作"逍遥派"，亚里士多德后学组成的学派。

力的人们熟知例如[203]马克思主义那些根本信条。我们必须转向"阿威罗伊派"的那些书,才能补全马基雅维利的种种暗示[略去的内容],并填充看似毫无关联的种种否认之间的空缺——倘若没有这些否认,则他的整个政治教诲会没有根基。["阿威罗伊派"的]那些书中最重要的几本并不比马基雅维利的书更容易进入。

22. 没有丝毫证据支持启示

初看起来,马基雅维利似乎仅仅尝试表明,圣经教诲与经验相矛盾,或者说,圣经教诲自相矛盾。他没有提到如下可能性,即对上帝和属神事物所作的属人断言必然自相矛盾;他也没有思考,他所理解的经验有哪些局限。本质上,我们的经验不能抵达一个"初人",即一个"并非由人所生的人";然而,不仅过去时代的伊壁鸠鲁派,就连今天不信仰圣经真理的人们,也基于从经验出发的推理而承认,存在着"初人们",即并非由人们所生的人们。

通过暗示没有证据支持圣经教诲,马基雅维利超越了上述这些推理方式。也许可以说,他教条地排除了最终并非源自如下现象的所有证据,这些现象就是所有时代的每个人都可以在光大化日之下检验的现象。或者说,当马基雅维利阐明自己所作的一个暗示时,尽管以撒(Isaac)通过听觉作出正确判断,而通过触觉作出错误判断,但马基雅维利主张,人们不仅通过听觉作出错误判断,而且甚至通过视觉作出错误判断,与此同时,少数有能力作出判断的人通过触觉作出良好判断:为了不受欺骗,人们必须接近欺骗性事物,且不受错误想象影响。①

通过遵守马基雅维利的考据准则(canon of criticism),马基雅维利受到引导而认为,启示宗教[所说]的诸开端,就像其他所有开端一样,不仅必然不完美或不够好(of deficient goodness),而且为人们

---

① [原注69]《君主论》18(56-57);参《李维史论》2.13(265),2.22(294),3.14(378)。

所不完美地知晓。研究罗马共富国,引导马基雅维利洞察到,不存在一个单独的缔造者,而是存在持续不断的一系列缔造者;这种洞察必定也适用于其他那些混合体。①

如果我们断言,马基雅维利从未听到神的召唤(the Call),也从未感觉到神的临在(the Presence),那么,我们会走得太远了,因为我们会与他那些提及良知的评论相矛盾。但是,他当然拒绝留心[神的召唤和神的临在]这类经验。如果一个人的良知谴责渎神,却不谴责杀人,那么,当我们思考此人的情况时,我们会变得倾向于相信,据马基雅维利所说,[204]良知的命令的每一次发声(every articulation of the dictate of the conscience)都需要一种不同于良知本身的支持。相应地,传统神学曾经适当地顾及有关启示宗教诸起源的客观证据。

23. 异教现象对抗圣经现象

尽管马基雅维利没有明确讨论基督教的诸起源,但他明确讨论了——人们可以这么表述——犹太教的诸起源。他以两个说法开始这番讨论:[第一,]人们不应该对摩西进行推理,因为摩西只是执行了上帝命令他做的事情;[第二,]只有一个张狂且鲁莽的人,才会讨论教会君主国,因为属人头脑所不能达到的那些更高的原因统治着教会君主国。马基雅维利甚至只着眼于一个可能性才讨论了教会现世权力的增进,这个可能性就是,有人也许会就这个主题询问马基雅维利。②

尽管人们不能对摩西进行推理,"但他[摩西]应该受到钦羡,

---

① [原注70]《李维史论》1.49,3.49。参上文第40页,第123页,第142-146页,第165-167页,本章[第193页]注43。

② [原注71]《君主论》6,11;参《李维史论》1.11(128)中对萨沃纳罗拉的相似评论。这类评论出现在《君主论》中,而非出现在《李维史论》中。仅仅在《君主论》中,马基雅维利才如此清楚地提醒我们注意,他的事业张狂而鲁莽,而非仅仅危险。这一点证实了如下主张:在有些方面,《君主论》比《李维史论》更直言不讳。

只是因为那使他值得与上帝对话的恩典"。上帝把自己的恩典赋予一个人时,完全不考虑此人以前的价值吗?摩西以前是否缺少属己的美德?马基雅维利解决这些问题,是通过把摩西算入靠属己的美德和属己的武装而变成君主的人之列。马基雅维利接着说,如果人们思考,居鲁士这样的人有哪些行动和哪些"特殊制度",那么,人们会发现,这些行动和这些"特殊制度"无异于摩西的那些行动和那些"特殊制度",摩西"有如此伟大的一位老师",即上帝而非"喀戎"。尽管圣经断言,摩西根本不同于其他缔造者们,如居鲁士和罗慕卢斯,但理性没有发现[圣经断言的]这种不同:摩西的缔造工作是纯粹属人的,就像其他所有缔造一样。①

---

① [原注72]比较《君主论》6 与 18(55)。参上文第 93-94 页,第三章[第 158 页]注 165。Niccolò Machiavelli, *Il Principe*, ed. L. Arthur Burd, with an Introduction by Lord Acton, Oxford: Clarendon Press, 1891, p. 55(编者 Burd 自撰的导言)引用了伊诺桑·让蒂耶(Innocent Gentillet)的如下评论:

> 这个无神论者总想更着重地表明自己不信仰神圣经书(sainctes Escritures),竟敢口出这样的渎神之言,即声称摩西通过他自己的美德并凭靠武装而使自己成为希伯来人的君主……

参《李维史论》2.5 如何讨论所有宗教都源于人。
[译按]注中的独立引文原文为法语。伊诺桑·让蒂耶(1535—1588)是法国胡格诺派律师和政治家,在圣巴托洛缪大屠杀(Massacre de la Saint-Barthélemy,法国天主教徒对新教徒的屠杀)之后流亡日内瓦,著有《论良政的方式》(*Discours sur les moyens de bien gouverner*,1576,次年被译成拉丁文,1602 年被译成英文)。此书谴责马基雅维利把不虔敬和不道德引入政治,史称第一部"反马基雅维利"作品,也是"马基雅维利主义"一词的最早来源,引发了欧洲持久的相关讨论。直到 1740 年,普鲁士国王弗里德希二世(Friedrich II,1712—1786)还写了《驳马基雅维利》(有温玉伟译本,北京:华夏出版社,2022)。《论良政的方式》英译本:Innocent Gentillet, *Anti-Machiavel: A Discourse upon the Means of Well Governing*, ed. Ryan Murtha, tr. Simon Patericke, Eugene, OR: Wipf and Stock Publishers, 2018。此英译本所用底本仍是 1602 年英译本,只是由编者作了拼写修订。

正如马基雅维利不久后所暗示的,国家是自然事物:①任何国家,就连摩西缔造的国家,都不具有超自然的基础。在缔造者们的生平中,人们发现了许多可钦羡之处,却没有发现神迹。摩西和居鲁士的"行动和生平"表明,上帝对他们不比对美第奇家族更友好,美第奇家族受到过没有先例的不寻常事件鼓舞,却没有受到神迹鼓舞。或者说,如果人们坚持在摩西生平中寻找神迹,那么,人们必须也承认其他缔造者们生平中所谓的神迹。根据一个残忍国王的命令,应该把刚出生的摩西扔进河里,但摩西得救了;根据一个残忍国王的命令,应该把刚出生的罗慕卢斯扔进[205]河里,但罗慕卢斯神迹般地得救了。叙拉古的希耶罗能与罗慕卢斯和摩西这样的缔造者相比,因为希耶罗还是婴儿时就被暴露在外面,并神迹般地为蜜蜂们所救,蜜蜂们喂养了他;其他一些预兆(portents)使他在后来的

---

① [原注73]《君主论》7(21)。若联系《君主论》第6章和第7章的正文,这两章的标题暗示了,摩西凭借美德而获得了其君主国,而切萨雷·博尔贾凭借运气而获得了其君主国。从第7章来看,切萨雷的美德对于其成功具有决定性意义;因此,他的种种行动的例证是马基雅维利能为新君主提供的最佳规范。(《君主论》第13章结尾提及"我在上文提到的四个人",即凯撒、希耶罗、大卫、查理七世,马基雅维利此刻又加上了马其顿的腓力;第13章结尾的这次提及还使我们想起第6章中的"上文提到的四个人",即摩西、居鲁士、罗慕卢斯、忒修斯,马基雅维利在第6章结尾又加上了希耶罗;凯撒在第13章出现的位置正是摩西在第6章出现的位置。马基雅维利在第13章谈到希耶罗时,将他称为"我在上文提到的那些人中的一个"。)

凯撒变得伟大,似乎除了通过使用其他手段,还使用了伪装和欺诈。由此,任何新君主或任何缔造者都会需要伪装和欺诈。居鲁士使用过伪装和欺诈(《李维史论》2.13),《君主论》第6章和第26章均把居鲁士与摩西放在一起提及。马基雅维利让读者自己得出关于摩西的结论。马基雅维利在摩西与居鲁士各自的"行动"之间发现了相似点,而在摩西与居鲁士各自的"生平"之间没有发现相似点:色诺芬在其所写的居鲁士"生平"(life,[译按]在第139页独立引文中译作"传记")中把居鲁士呈现为"人性"的榜样。参《君主论》14结尾;《李维史论》3.20(389),3.22(394)。

人生中显赫起来。①

圣经的神迹和启示与异教徒的神迹和启示一样可信。如果摩西和萨沃纳罗拉与上帝对话，那么，努马与一位宁芙女神对话。马基雅维利不相信存在宁芙女神们，也不相信一个人能与上帝对话：一个人听不到上帝的言语，而只听得到人们的言语。因此，马基雅维利说，努马假装与一位宁芙女神对话过；而且马基雅维利暗示，当萨沃纳罗拉和摩西相信自己与上帝对话时，他们在自我欺骗。摩西和萨沃纳罗拉做了基于他们自己的权威而做的事。异教的衰退与基督教的衰退之间没有本质区别。宗教属于一些欲望和一些脾性，这些欲望和这些脾性在所有民族中都总是相同。②

除了在基督教中，在异教罗马我们也能找到 padri［教父们］。一方面，马基雅维利把德美特里俄斯（Demetrius）③与庞培相提并论，却对德美特里俄斯的某一点保持沉默，至于庞培的这同一点，马

---

① ［原注 74］比较《君主论》6, 26, 与李维《自建城以来》1. 4. 3-4, 尤斯蒂努斯《腓力史节录》23. 4。

② ［原注 75］《李维史论》1. 11, 1. 12（129）, 1. 13（133）。参 1. 39, 泰伦提卢斯（Terentillus）的例证把此章与 1. 13 关联了起来。参上文第 74 页, 第 146-147 页。

［译按］Terentillus 是李维和马基雅维利用的拼法，马基雅维利只是变词尾 us 为 o, 施特劳斯沿用了 Terentillus 这个拼法。但是，更常见的拼法是 Terentilius［泰伦提利乌斯］，《李维史论》中译本沿用了这个拼法。泰伦提利乌斯，全名盖尤斯·泰伦提利乌斯·哈尔沙，公元前 462 年任罗马共和国平民保民官。

③ ［译按］德美特里俄斯（前 337—前 283）, 希腊化时期的马其顿国王，史称德美特里俄斯一世（前 294—前 288 年在位），其父是独眼的安提戈诺斯（Ἀντίγονος Μονόφθαλμος, 前 382—前 301）。安提戈诺斯是亚历山大大帝去世后的继业者之一，前 306 年在马其顿称王。早在继业者战争中，德美特里俄斯就充当其父的主要帮手。前 307 年，德美特里俄斯率军攻入雅典，驱逐政敌卡山得罗斯（Κάσσανδρος, 约前 355—前 297）的支持者——法勒雍的德美特里俄斯（Δημήτριος ὁ Φαληρεύς, 与德美特里俄斯同名）。雅典人为了感谢德美特里俄斯解放雅典，授予他"救主"称号。参普鲁塔克《对比列传》，"德美特里俄斯传"。

基雅维利没有保持沉默;另一方面,马基雅维利由此促使我们去查阅他的文献来源;正如马基雅维利通过以上两个方面使我们认识到的,雅典民众决定(decreed)授予德美特里俄斯以"救主-神"(Saviour-god)这个尊号。据李维所说,伊庇鲁斯的亚历山大(Alexander of Epirus)① 去了意大利,因为他希望逃避尤皮特的一位神谕传达者(oracle)所预言的劫数;马基雅维利则使伊庇鲁斯的亚历山大因受流亡者们欺骗而去意大利:如下两种人之间不存在根本差异,一种人满怀信仰,也满怀回到其祖国的希望,从而向任何可能帮助他们的人应许这个祖国,另一种人是古代的神谕传达者。②

---

① [译按]伊庇鲁斯的亚历山大(约前370—前331),亚历山大大帝的舅舅。约前343年,亚历山大大帝之父腓力二世协助小舅子亚历山大登上伊庇鲁斯王位。前334年,亚历山大大帝东征波斯,伊庇鲁斯的亚历山大则西征意大利半岛的"大希腊"地区。

② [原注76]《李维史论》1.8(116),1.49(199),3.5(336),3.8(359)。比较1.59(222)与普鲁塔克《对比列传》,"德美特里俄斯传",10,13。比较2.31与李维《自建城以来》8.24.1,8.24.6,8.24.14—15。我们在李维史书33.33读到,当希腊人称颂提图斯·昆提乌斯([译按]第61页提到了他,参那里的译按)为他们的解放者时,昆提乌斯大约33岁;希腊人表达了如下意见:

> 大地上(in terris)曾有一个民族甘愿付出自己的代价,并直面艰辛和危难,而为其他人的自由而发动战争……[335]跨越大海,让整个地球(toto orbe terrarum)上没有不义的统治(iniustum imperium),让正义、神法、人法(ius fas lex)在任何地方都最有力量……要有大胆的智识(audacis animi),才能怀有此种希望,并能既用伟大的美德又用巨大的机运(et virtutis et fortunae ingentis)实现此种希望。

参上文第三章[第156页]注159。

[译按]注中独立引文的原文为拉丁文,"统治"一词另外的含义即"帝国"。人们会思考,罗马在对外政策上是不义的帝国吗?另外,从语法上,ingentis[巨量的]可能修辞"美德",也可能修饰"机运",也可能同时修饰二者。这里理解成同时修饰二者,并分别译成"伟大的"和"巨大的"。但另两种可能性亦有深意。

24. 从李维来看,即从理性来看,基督教是流产的平民主义运动

据马基雅维利所说,圣经宗教与异教之间有如下共同点:二者都仅仅源于人。至于二者之间的本质差异,马基雅维利主要关注这种差异的政治方面。独立的旧约祭司和先知,以及独立的基督教教士(clergy),在罗马共和国中没有对等者,但在某些方面,这些人对应罗马皇帝治下存在的"第三股"力量,区别于贵族(prince)与民众,这股力量就是军人。对比祭司与军人,可以指出[圣经宗教与异教之间的]本质差异。"武装和人"(arms and the man)在异教罗马占优势,这解释了为什么罗马人更少需要"他人"来[206]保卫自己,或为什么罗马人更少依赖要塞和安慰,或为什么罗马人比现代人更少暴露在机运女神面前。重复一下马基雅维利的起初主张:异教曾有利于此世的胜利,而基督教已使此世变得虚弱。①

由于一个社会的特性由其统治阶层的特性决定,或者说,由其"君主们"②的特性决定,故必须把异教——或至少罗马异教——与基督教之间的差异追溯到如下事实:在罗马,一群好战的贵族(nobility)占上风,而基督教原本是一场民众的、不好战的运动。对于马基雅维利来说并不意外的是,在意大利诸城邦中,教会支持民众阶层,而反对贵族们。在罗马,与萨沃纳罗拉对应的是平民领袖维尔吉尼乌斯(Virginius);③但只要罗马保持不败坏,维尔吉尼乌斯这样的人就绝不可能发挥萨沃纳罗拉在佛罗伦萨发挥的作用;在罗马,元老院应该使民众不受欺骗。故而,异教与基督教之间的差异,似乎根源于两种政治"脾性"之间的根本差异,即大人物的"脾性"与

---

① [原注77]参上文第176-177页,第184-185页。参《君主论》10(34),13(44),19(60,61);《李维史论》2.30结尾。

② [译按]在第205页意译为"贵族"。

③ [译按]维尔吉尼娅之父,参第124页译按。

民众的"脾性"之间的根本差异。马基雅维利愿意赞美平民主义者格拉古兄弟(Gracchi)的意图,却不能赞美他们的明智,因为就算不说他们犯下的特定错误,既伟大且超拔的人相对于既虚弱且卑微的人而占优势毕竟对社会的强大具有本质意义。①

如果千真万确的是,如马基雅维利所主张的,未武装的先知们必然失败,那么,人们会不得不说:[第一,]基督教原本是一场失败了的平民主义运动;[第二,]通过尝试把这种失败解释为一种胜利,基督教具有了纯粹宗教性。"所有史书"乃至"所有著作家"都指责多数人无恒心。李维举了曼利乌斯·卡皮托利努斯的例证,平民原本支持曼利乌斯,然后把他判处死刑,在处死他之后,终于又最富激情地怀念他。面对这种[对多数人的]指责,马基雅维利为罗马普通民众辩护,而没有为其他普通民众辩护:罗马民众因曼利乌斯的煽动性活动而把他判处死刑,并怀念他的种种美德。

倘若在如此盛大的怀念中曼利乌斯复活了,那么,罗马民众本会对他作出相同的判决。②

即与从前相同的判决。如果我们转向李维,那么,我们会发现,平民几乎使曼利乌斯变成一位神,即与尤皮特相匹敌的神,而且平民把处死曼利乌斯之后发生的一场瘟疫追溯到[207][平民]以"其救主的血"对卡皮托利乌姆的玷污。③

---

① [原注78]《君主论》12(42),22(74);《李维史论》1.4(104),1.37结尾,1.45,1.47(197-198);《佛罗伦萨史》3.1。参上文第113页,第127页,第150-153页。

② [译按]《李维史论》1.58,对应中译本第304页第2至3行。

③ [原注79]《李维史论》1.58(217-218),1.8(116);参2.2(237)。参李维《自建城以来》6.16.2,6.16.8,6.17.5,6.20.16。参上文第三章[第164页]注178。

——尽管李维(《自建城以来》7.32.14)使瓦勒里乌斯·科维努斯谈论了generis praemium[对出身的奖赏],但在《李维史论》1.58稍后,即在1.60,马基雅维利使瓦勒里乌斯·科维努斯谈论了praemium sanguinis[对血统的奖赏];

25. 一神论是当前悲惨,且对未来抱有希望;多神论是当前壮观,且不抱希望

尽管马基雅维利承认,不能从纯粹政治层面来理解圣经宗教,但他没有拒绝如下观点:能着眼于圣经宗教的政治暗示来辨识出圣经宗教的特性。圣经宗教与异教之间最明显的差异是,前者持一神论,后者持多神论;甚至这个差异也可以从政治上得到辨识。异教徒的万神殿(pantheon)很像共和国,或很像共和国的统治者们,而圣经的上帝很像绝对君主(an absolute monarch)。马基雅维利对共和国与绝对君主国之间差异的某些观察,可以理解为他对异教与圣经宗教之间差异的判断之关键。

异教的特性是,满足于当前,满足于此世及其荣耀,从而也对未来、对最终的未来绝望,这种未来关乎个体,也关乎个体所效力的混合体;异教徒所期望的极致,是在大地上的一块低且近的高地(a low and nearby elevation)找到暂时的安稳;因为对每一种属人作品的记忆都迟早会熄灭,故严格来讲不可能存在永恒的荣耀。圣经宗教的特性是,不满于当前,确信当前、此世是悲惨和罪孽的山谷(a valley of misery and sin),渴望完美的纯洁,从而高贵地蔑视此世及其种种路线(这在异教徒看来必定是仇恨人类),并因被应许了最终胜利或因确信最终胜利而抱有一种希望。

由此,马基雅维利提醒我们注意 sanguis servatoris[救主的血]。马基雅维利将瓦勒里乌斯·科维努斯暂时称为普布利科拉(Publicola),而在《李维史论》3.22,马基雅维利将瓦勒里乌斯·科维努斯呈现为温和的或慈悲的统帅类型的代表(参李维《自建城以来》7.40.3),这与曼利乌斯·托夸图斯正相反对,曼利乌斯·托夸图斯是严酷的统帅类型的代表。至于马基雅维利如何思考曼利乌斯·卡皮托利努斯与曼利乌斯·托夸图斯之间的关系,参《李维史论》3.46,上文第163-165页,第三章[第148页]注146。

[译按]注中第一个 praemium 原误作 proemium,今改。

异教徒关于地神之子安泰俄斯①的诗性传说,与马基雅维利的判断相一致:如果人武装自己的内心,那么,除非站定在大地之上,并反对埃及的赫拉克勒斯(the Egyptian Heracles)②及其同类使人升高的种种努力,否则人不可能做得更好;人应该引诱或试验机运女神——属人世界的女神(the goddess of man's world)——而不应该试图征服属天王国(the kingdom of heaven)。③

26. 实际上,对启示的整个批评是亚里士多德式的——只不过谦卑的反面不是人性,而是灵魂伟大

马基雅维利对圣经的批评面临一个特殊困难,这个困难集中体现在他尝试用人性取代谦卑。他拒斥谦卑,是因为他相信,谦卑降低了人的高度。但是,他所理解的人性暗示了一种欲望,这种欲望就是阻止人超越人性,或者说,就是降低[208]人的目标。至于他对圣经的批评的其他要素,人们会无法否认,这些要素隐含在亚里士多德的教诲中,并由那些知晓圣经却并不妥协的亚里士多德派(those intransigent Aristotelians who knew the Bible)提出。

不能称亚里士多德式的神(the Aristotelian God)为正义的;这位神不是通过下达命令来统治,而只是作为目的来统治;这位神的统治在于认识,在于他认识他自己。亚里士多德不动声色地否认了,如今所谓的宗教经验具有认知价值。在他的伦理学中,不存在虔敬的位置。据他所说,谦卑是恶德。另一方面,他把与谦卑相反的美

---

① [译按]原误作 Anteus,应作 Antaeus(见第 51 页)。
② [译按]赫拉克勒斯战胜安泰俄斯的神话(已见第 51 页)原本是埃及神话,故赫拉克勒斯这个角色原为埃及的一位神——可能是赫里沙夫(Heryshaf)——故称"埃及的赫拉克勒斯"。
③ [原注80]参《李维史论》1.29(160-161),1.53(208-209),1.58(221),2.5 开头,2.12(261),3.10。参上文第 130 页,第 157 页,第一章[第 40 页]注 48。

德并不确认为人性,而是确认为灵魂伟大(magnanimity)。①

27.《李维史论》对神或诸神的存在保持沉默

为了更清楚地说明马基雅维利与亚里士多德之间的差异,我们必须思考马基雅维利关于神及其种种属性(attributes)的学说。让我们首先思考《李维史论》对神的数次明确提及。首次密集提及神是在关于罗马宗教的那一篇(1.11-15)。罗马共和国中存在深切的"对神的敬畏";这种敬畏关系到"神的力量",且存在于一般公民之中,而非存在于领导人们之中。从语境来看,异教徒们并不敬畏"神",而是敬畏他们的"诸神"。据马基雅维利所说,吕库尔戈斯求助过神,但事实上,吕库尔戈斯求助过阿波罗。② 努马需要神的权威,从而假装熟悉一位宁芙女神。异教徒们敬畏诸神,是因为他们相信,诸神能赐予他们福和祸;而且他们相信这一点,是因为他们相信,诸神能预言人们未来的福或祸。

罗马平民能轻易受到诱导而相信,诸神会愤怒,且不得不得到安抚。在某个场合,"阿波罗和某些其他反馈(responses)"提供了一个明显在政治上有益的建议:罗马人听到的是一个据说来自阿波罗的反馈(a response said to be Apollo's),而不是阿波罗自己[的声音]。这些占卜是罗马共和国福祉的原因。正如语境所示,这些占卜也是一些巨大窘迫的原因:种种不利的预兆吓倒了士兵们。为了制止这种坏影响,古代统帅们要么展示吓倒士兵们的事件的原因,即自然原因,要么给这种事件一个有利的解释。

总的来说,在有关罗马宗教的那一篇[1.11-15]中,马基雅维

---

① [译按]"灵魂伟大"旧译为"大度",但"灵魂伟大"是该词本义。后文第236页也谈到"灵魂伟大"。关于灵魂伟大,参亚里士多德《尼各马可伦理学》1123a35-1125a35。

② [译按]这句中的神是God,故有转折关系。

利教海道,对神或诸神的力量和震怒抱有敬畏,可能非常有用;而对于神和诸神是否有力量,或是否存在,马基雅维利保持沉默。[209] 在卷一仅有的另一次对神的提及中,几乎不能说马基雅维利打破了这种沉默:

> 一个人把民众的声音比作神的声音,并非没有原因;因为一种普遍意见在进行预测(prognostications)时,可见地产生了神奇效果,以至于似乎通过一种隐秘的美德,民众预见到了自己的祸和自己的福。①

在卷二中,马基雅维利只有一次提到了神或诸神,当时他在陈述一位异教著作家关于罗马民众信仰的意见。在卷三中,马基雅维利有一次提到神,两次提到诸神,三次提到阿波罗,一次提到太阳-神(the Sun-God);所有提及都出现在马基雅维利陈述其他人的意见时。②

28. 马基雅维利把神代之以天或诸天——代之以机运女神

因此,《李维史论》尽管在决定性方面对神保持沉默,却对天作出了一些重要断言。马基雅维利跟随其时代的"占星术师"(astrologers)或"科学家",且也许甚至超越了他们,从而用"天"取代了神。③"天、太阳、诸元素、人"总是具有相同的"运动、秩序、力量"。

---

① [译按]《李维史论》1.58,对应中译本第 305 页第 2 段第 1 至 3 行。
② [原注 81]《李维史论》1.58(219),2.1 开头,3.1(330),3.2(332),3.23,3.29,3.33(416);《战争的技艺》卷六(591-592)。参上文第 127-131 页,本章[第 194 页]注 46,第三章[第 109 页]注 56 和[第 157 页]注 162。
③ [原注 82]萨沃纳罗拉《〈出埃及记〉布道辞》10:

> 对于所感知(sentono)的所有事物,这些哲人和占星术师愿意(vogliono)以自然原因予以解释,并较仓促地(più presto)将其归因于天,而非上帝。

这与一个事实并不矛盾,这个事实就是,"天"并不总是仁慈的;因为瘟疫、饥荒、大洪水由"天"以某种方式造成。据此,人们能说,"天更爱"有些人,而非其他人。"天"为"此世所有事物",即为大地上的(terrestrial)所有存在者,都确定了特定的寿命;这些存在者是否活够自己的时长,并不取决于"天",而是取决于这些存在者自己做了什么,同时也取决于运气。"天"是属人的名气所能达到的顶点。①

这些评论都不必然暗示着,"天"是能思考且有意志的存在者。《李维史论》中只有一个文段把"天"描述为能思考且有意志的存在者,而且这个文段把"天"(il cielo)与圣经中的"诸天"(i cieli)当作可互换的两个词使用。关于"诸天",马基雅维利说:[第一,]它们给人以获得荣耀的机会;[第二,]它们形成一些判断;[第三,]它们曾启示(inspired)罗马元老院;[第四,]它们具有一些意图,并根据这些意图行动。现在,在这个不动声色地把"天"与"诸天"等同起来的文段中,马基雅维利不动声色地把这两者与机运女神等同起来。②

机运女神不同于天,或者说,不同于包罗万象的苍穹(the all-

——萨沃纳罗拉《〈以西结书〉布道辞》46:

　　占星术师说道:看看天吧(Ecco il cielo),那就是我的上帝。

据萨沃纳罗拉所说,就连灵魂也具有比天更大的能力(virtù)。

　　[译按]注中两条独立引文的原文均为意大利语。关于"看看天吧",参《圣经·新约·约翰福音》19:5:"耶稣出来,戴着荆棘冠冕,穿着紫袍。彼拉多对他们说,你们看这个人(ecce homo)。" ecce homo 这个著名表述来自拉丁文通行本(Vulgate)圣经,后来尼采的自传也以这个表述为书名,中译常作《瞧这个人》。

　　① [原注 83]《李维史论》卷一前言(90),1.6(112),1.19(147),卷二前言(230),2.2(238),2.5,3.1 开头。

　　② [原注 84]《李维史论》2.29;参 1.10 结尾、1.11 开头。

comprising vault）。可以说，机运女神是这样一位女神，在外在的（extrinsic）意外事件上，她统治着人的微末此世（the little world of man）。① 因此，我们会说，马基雅维利不是用天，而是用机运女神，来取代神。②

29. 马基雅维利的试探性神学：存在着大气中有同情心的诸智识，而不存在愤怒而残忍的诸神

马基雅维利以《李维史论》的两章明确致力于讨论人们也许可以称之为神学而非[210]宗教的东西。③

在1.56，他教诲道，在公共层面重要的意外事件发生之前总是有"属天征兆"（heavenly signs），如预言（divinations）、启示、异象（prodigies）。这里说的意外事件，似乎是公共灾难，如外国入侵和君主驾崩。马基雅维利以最近佛罗伦萨的三场灾难为例证，然后以古代罗马的一场灾难为例证，所有这些例证发生之前都有属天征兆；属天征兆显然并非专属于启示宗教本身。在佛罗伦萨的三场灾难中，一场发生之前有两个属天征兆，另外两场各自发生之前都有一个属天征兆。在谈到最近的这些属天征兆时，马基雅维利三次说

---

① [原注85]比较《李维史论》3.1与但丁《神曲·地狱篇》7.67-96。参本章上文注10。

② [译按]即上文出现的单数且首字母大写的God。

③ [原注86]《李维史论》1.56, 2.29；这两章各自都是其所属的那一卷的倒数第5章（关于卷一结尾与卷二结尾之间其他的一些对应关系，参上文第三章[第102页]注36）。2.29是1.56之后第33章。1.56的论证与2.29的论证各自所立足的李维叙事属于同一类，这些叙事都涉及罗马人与高卢人之间的战争，高卢人由布伦努斯（Brennus）统率。《李维史论》中没有章题提及神或诸神或天；有六个章题（1.23, 2.1, 2.13, 2.29, 3.9, 3.31）提及fortuna[机运]，有七个章题（1.3, 1.16, 1.39, 1.40, 1.56, 2.5, 2.23）提及accidenti[意外事件]；只有一个章题（1.22）中出现了caso，该词在那里并不指"运气"，而是指"情况"（case）。

道,"人人都知晓"发生了这些属天征兆。因此,不可否认如下事实:重要的意外事件发生之前有属天征兆。

难题在于属天征兆的原因。为了发现这种原因,人们会不得不拥有关于自然事物和超自然事物的知识,即一种"我们并不拥有的"知识。① 马基雅维利没有排除如下可能性:也许其他人们拥有这样的知识,或许曾经拥有这样的知识。马基雅维利把"某个哲人"提供的解释视为可能的解释,同时既没有接受也没有拒绝这种解释。据这个哲人所说,大气(air)"充满了一些智识(intelligences),这些智识通过其种种自然能力(virtù)来预见未来的事物,并因同情人们而用这样一些征兆来警示人们,以便人们能准备防范"。② 这个哲人把属天征兆并不视为神迹,也不视为神的行动。马基雅维利也完全没有指出,他自己认为神造成了属天征兆。大气中的那些智识,也许是属天征兆的原因,从而既不是诸神也不是天。

---

① [原注87]参上文第18—19页,第48页。
② [原注88]参西塞罗《论预言》1.64:

[波塞多尼俄斯(Posidonius)]认为,人们受诸神激发(adpulsu)而做梦有三种方式:第一,智识(animus)本身,由于与诸神有亲族关系(deorum cognatione teneatur),从而凭自己就可以预见[未来];第二,大气(aer)中充满了不朽的智识,可以说真理的印记看起来(insignitae notae veritatis appareant)就在它们之中;第三,诸神亲自与入睡者交谈。

亦参彭波那齐《论灵魂不朽》(Tractatus de immortalitate animae)14。

[译按]正文中的引文见《李维史论》1.56,对应中译本第299页第6至8行。注中独立引文原文为拉丁文,方括号内容为引者所补。据此引文,正文中的intelligences[智识]是对animus的翻译,animus指anima[灵魂]的理性部分。另外,此引文提到的波塞多尼俄斯(前135—前51)出生于叙利亚,是中期廊下派的主要代表人物,在罗德岛开办过学园。至于彭波那齐的《论灵魂不朽》,其中译文收在彭波那齐、瓦拉、费奇诺《灵魂与自由意志》,陆浩然、周琦译,上海:华东师范大学出版社,2023,页38-193。

人们认为,包括机运女神在内的诸神可以预见祸事,也可以造成祸事;而天可以造成祸事,却不可以预见祸事。①

另一方面,大气中的那些智识既没有造成其警示人们的灾难,也不能阻止这些灾难;这些智识只是预见了这些灾难。马基雅维利甚至丝毫没有暗示,属天征兆是上帝的预知(prescience)产生的神奇效果。据我们这个无名哲人所说,属天征兆不是神或诸神震怒的征兆。提供这些征兆的智识,不为震怒所驱动,而是为同情所驱动。这些智识不惩罚人们,也不宣布惩罚。据此,属天征兆没有证明,存在着愤怒的诸神。

[211]马基雅维利记载了,对属天征兆有何种可能的解释,这种解释完全符合他整部作品的意图,充分透露了这种意图的是他的如下沉默:在[《君主论》和《李维史论》]这两本书中,他对魔鬼和地狱——而非对神和天——保持沉默,也对属神惩罚保持沉默。② 然而,我们必须一刻也不忘记,马基雅维利没有断言,存在着大气中的那些智识;他在《李维史论》中断言,存在着那个唯一的有理智能力且有意志的超人存在者(the only superhuman intelligent and willing being),即机运女神。

不过,这并非让我们无需追问:为什么他把这些智识当作属天征兆的一个可能的原因来提及?[如下]试探性解释的实际后果透露了[这个问题的]答案。由于大气中的那些智识有同情心而不残忍,故人不必敬畏它们,而只需恐惧③它们所宣布的意外事件;[马基雅维利]意在使那些智识所提供的征兆诱导人们有所警惕,而非

---

① [原注89]《李维史论》1.12(128-129),2.5。

② [原注90]参上文第188-189页。大气中的那些智识让我们记起《圣经·新约·以弗所书》2:2 所说的"空中掌权者的君主"(the prince of the power of the air)。

——《李维史论》1.58(219)。

③ [译按]此句中"敬畏"和"恐惧"原文是同一个词 fear。

诱导人们悔改。因此,这里暗示的解释有助于使人们变得强大,而非变得虚弱。这里暗示的解释也许不真实,[却]当然有益。

[那么,]问题来了:为什么比如李维或他笔下的罗马人频繁地解释道,属天征兆指出了诸神或神的震怒?马基雅维利通过语境作出了自己的回答。在关于属天征兆的这一章之前,是他提到基督教良知——个人内部的沉默见证者——的两章之一;在关于属天征兆的这一章之后,是讨论平民个人本身(the plebeian individual by himself)与作为一个行动着的整体的平民(the plebs as an acting whole)之间根本差异的那一章:李维说个人很顺从,而马基雅维利说个人可鄙且虚弱。① 说到对愤怒诸神的信仰,虚弱不仅是这种信仰的结果,而且正是这种信仰的原因。

30. 马基雅维利以"意外事件"取代"征兆"

马基雅维利记载道,对属天征兆的解释并不充分;这种解释并不适用于人们过去或现在所相信的所有类型的属天征兆。这种解释并不适用于有利的占卜或预言(prophecies)。既有利又真实的占卜似乎无法像不利的占卜那么好地得到证实。

对属天征兆所作的哲学解释甚至无法同样好地适用于马基雅维利提到的所有五个例证。据[这种解释]说,大气中的那些智识通过属天征兆来警示人们,这样人们就能准备防范。根据居中的例证,在老洛伦佐·美第奇死[212]之前,"一支属天的箭"击中了大教堂(the cathedral),并严重损毁了这座建筑。如果发生在大教堂的事情宣告了洛伦佐之死,那么,难以看出这个属天征兆本来可能如何警示洛伦佐,或警示佛罗伦萨人,以防止洛伦佐之死。下一个

---

① [原注 91]关于《李维史论》1.56 的语境,[336]亦参上文第 109–110 页,第 193–194 页,第一章[第 13 页]注 3,第三章[第 100 页]注 24,第四章[第 187 页]注 28。

例证似乎强化了这种不安。在索德里尼倒台之前,闪电击中了宫殿;索德里尼可能确实本来把这个属天征兆当作在警示他,让他有所防范;然而,根据马基雅维利的分析,索德里尼可能原本缺少自己得救所需的精明和无情;这个警示可能本就没用。不过,人们也许可以说,洛伦佐死之前的属天征兆是在警示佛罗伦萨人,让他们防范洛伦佐之死的种种恶果。

然而,我们仍然想知道:当马基雅维利把这五个属天征兆当作不可否认的事实来提及时,所有这五个属天征兆是否具有相同地位?马基雅维利谈到了这样三个属天征兆,它们宣布了现代法国人或古代高卢人入侵意大利。这些属天征兆之一是,在阿雷佐(Arezzo)上空,军人们(armed men)进行了一场战斗;有一种说法作保,说这场战斗不是特定地发生在阿雷佐,而是发生在托斯卡纳的所有地方。在[马基雅维利]提到的属天征兆中,只有一个由李维记载,并由一个平民作保,这个平民半夜独自一人时,听到了一个超人的声音。在马基雅维利提到的属天征兆中,只有一个例证既具有确定的真实性,又轻易符合对属天征兆的试探性解释;这个例证就是,萨沃纳罗拉预测了法国人会入侵意大利。①

然而,正是这个例证表明,难以辨识出属天征兆的意义,或难以区分属天征兆与单纯的意外事件。萨沃纳罗拉的预测与他的一个信念不无关系,这个信念就是,意大利的种种罪孽值得受到不寻常的惩罚;凭借这个信念,他不能从他所预见或预期或猜测的事情中得出恰当的结论,即军事结论或政治结论。② 无论如何,宣布外国入侵的属天征兆,似乎是让人们准备防范的警示的最清楚实例。这样理解的属天征兆宣布了一些恐怖的事,这些事并非源于无论怎么

---

① [原注92]萨沃纳罗拉在法国人入侵意大利这件事中发挥的作用,正是那个罗马平民在高卢人入侵意大利那件事中发挥的作用。参《李维史论》1.45中萨沃纳罗拉与那个平民维尔吉尼乌斯之间的对应关系。

② [原注93]参《君主论》12(39)。

理解的天,而是源于其他人们。因此,关注属天征兆的唯一恰当方式,会是做出政治准备和军事准备:好的武装是唯一必需之事。

马基雅维利提醒我们注意[213]上述这些难题,是通过在两个地方对这里讨论的主题作出不同表达,一个地方是此章的标题和正文开头,另一个地方是此章正文结尾。换言之,他提醒我们注意一种思考的运动,这种运动潜在于此章之下,或表现在此章之中。第一次陈述的大意是,一个城邦或一个国家中发生严重的意外事件之前,总是有属天征兆。重复这个陈述时的大意是,国家中发生不寻常且新的事情之前,总是有"这样的意外事件",即有一些属人的预言,或有闪电击中神殿或宫殿,或有幻影(apparitions)出现在夜晚或白天。重复时,他用"国家"取代了"城邦或国家":这里提到的外国入侵是入侵意大利,而这里提到的君主的驾崩或倒台使佛罗伦萨这个城邦首当其冲。重复时,马基雅维利用"不寻常且新的事情"取代了"严重的意外事件"。严重的意外事件之不同于不寻常的意外事件,在于前者只可能用不寻常的种种力量来处理,而不寻常的意外事件则不是这样。①

君主驾崩不必然是严重事件。最重要的是,马基雅维利在重复时用"意外事件"取代了"属天征兆"。我们将不得不思考,那些起初显现为"属天征兆"的"意外事件",与机运女神的种种作用方式有何关系。

31. 机运女神是圣经上帝经过改进后的形象

尽管1.56引出了属于准神学(quasi-theology)的一个仅仅假设性的暗示,但2.29恰恰以其标题应许了,此章包含马基雅维利的断言式(assertoric)准神学:

当机运女神希望人们不反对她的种种谋划时,她就使人们

---

① [原注94]《李维史论》1.34(171-172)。

的头脑盲目。①

这句话几乎逐字摘自李维;②这句话体现了李维从某些事件中得出的"结论",而他在得出其结论之前,陈述过这些事件;由此,李维充分而有效地"证明"了,机运女神有何种力量支配属人事物:尽管大气中那些智识的存在仍然只是一个可能性,但机运女神的存在已经得到证明。通过从现象上升到其原因,我们最终变得认识到机运女神的存在,而非上帝的存在。令马基雅维利完全满意的是,李维确信,机运女神是有意志且能思考的存在者。

为了不留下丝毫怀疑的余地,马基雅维利在此章正文中逐字引用了李维的结论,并在此章标题中的意大利语陈述中修改了这个结论:[214]李维谈论"机运女神的威力(might)",而马基雅维利谈论"机运女神的种种谋划"。机运女神不仅是许多神中的一位;马基雅维利在此章[2.29]把"机运女神"与"天"用作同义词,从而指出机运女神取代了所有神。机运女神的存在不仅比大气中那些智识的存在更为确定,而且比那些智识更有力量,倘若它们可能有力量的话。机运女神不希望罗马人准备防范高卢人;根据对属天征兆所作的哲学解释,大气中的那些智识当时警示过罗马人,让他们准备防范高卢人;机运女神压制(overruled)了那些智识,正如在马基雅维利的时代——如他在《君主论》中所说——上帝明明选中了某人,但机运女神拒绝了此人。③

看起来,机运女神之不同于假设性的存在于大气中的那些智识,也在于如下事实:那些智识怀有善意,而机运女神怀有恶意。马基雅维利与切萨雷·博尔贾均遭受过机运女神的恶意。

---

① [译按]《李维史论》2.29,对应中译本第422页第1段倒数第6至5行。[原注95]参上文第122页。

② [译按]李维《自建城以来》5.37。

③ [原注96]参《君主论》26(82)。

属人的种种嗜欲一方面能够渴望一切,且希望渴望一切,另一方面却只能够得到[其渴望的]那些事物中的少数;属人的种种嗜欲把前一方面归因于自然,把后一方面归因于机运女神。①

这就是说,自然希望给予,而机运女神拒绝。②

然而,我们这一章[2.29]在某种程度上修改了这个关于机运女神的观念。机运女神确实强加给罗马人许多祸事;但她这样做不是出于恶意,而是因为她希望罗马人承认她的力量,而且她希望达到这一点时,着眼于一个进一步的或最终的目的:她希望使罗马变得伟大,因为她已经选择了罗马。在上一章[2.28],马基雅维利说过,高卢战争的灾难降临到罗马人身上,"只是因为罗马人没有遵守正义"。那么,我们是否必须说,机运女神起初选择罗马民族是因为罗马民族的正义,且机运女神是正义的护卫者或来源?可以确定的是,机运女神越少地使诸城邦或诸国家变得盲目,这些城邦和这些国家就越多地具有美德、宗教、秩序。机运女神在某些方面使人们记起圣经上帝。她取代了圣经上帝。

她确实不是创世者,而且她完全专注于统治人们:在我们这一章[2.29],马基雅维利没有提到哪怕一个"属天征兆";这里描述的机运女神的种种作用方式,仅仅体现在属人的行动或遭遇中。但是,回到机运女神的正义问题,机运女神造成了法比乌斯兄弟(Fabii)——罗马人派到[215]高卢人那里的使者们——犯下一个违反万民法(the law of nations)的罪孽,从而也引发了与高卢人的战争。

---

① [译按]《李维史论》卷二前言,对应中译本第 318 页第 2 至 3 行。这段引文也见于第 217 页,英译稍有改动,中译亦然。

② [原注 97]《君主论》献辞,7(22);《李维史论》卷二前言(229,230)。参《李维史论》2.10 靠近开头处(对属神的善意保持沉默)。在 1513 年 6 月 26 日致韦尔纳齐(Vernacci)的信中,马基雅维利对比了"上帝的恩典"与"诸天"(e'cieli)并不足够的仁慈。

"法比乌斯"似乎不仅是高卢人的敌人,而且是机运女神自己的敌人。可以说,机运女神使法比乌斯兄弟的心变硬了。然而,机运女神似乎并未造成法比乌斯兄弟的罪孽,或者说,似乎并未把这种罪孽预先设定(predestined)为对此前种种罪孽的一种惩罚。此外,对法比乌斯兄弟所犯罪孽复仇的,不是机运女神,而是罗马人。①

最重要的是,如果马基雅维利认为机运女神正义,那么,在《君主论》的献辞中,他本来几乎不会把自己的厄运追溯到机运女神。故而,我们必须仅限于说,机运女神很神秘地选择了某些人或民族,让其获得荣耀,同时选择了其他一些人或民族,让其遭到毁灭或恶名昭彰。机运女神当然并非总是怀有恶意。就算她不是完全有力量,她当然也至少有力量让人们不能反对她的种种谋划。实际后果不是寂静主义(quietism)。如我们所看到的,机运女神所追求的目的不为人知,她追求这个目的时所用的方式也不为人知。

因此,马基雅维利总结道,人们应该总是抱有希望,人们应该绝不放弃,而不管机运女神可能把人们带入什么境地。我们不必讨论,马基雅维利从他的准神学中得出这个热血的②结论时,是否自我一致。他从自己对机运女神的断言中得出的结论,与他从自己对大气中那些智识的假定中得出的结论当然相一致:人没有理由敬畏超人存在者们。尽管在前面那一章[2.28],马基雅维利让读者自己得出这个结论,但现在他明确敦促所有读者抱有希望,这里所说的抱有希望就是放任自己受与敬畏相反的激情支配。

32. 机运女神等于外在的意外事件——不抱希望,但规制机运女神

只需记起前文关于恐怖所具有的首要性说过什么,人们就足以

---

① [原注98]比较《李维史论》2.29,与2.28,3.1(328)。参上文第197-198页,本章[第205页]注76。

② [译按]sanguine,本义为"血的",转指乐观的。

发现,《李维史论》2.29 的推理不可能是马基雅维利关于机运女神的最终说法。他在此章的居中位置犯了一个错误,从而指出了这个推理面临什么困难。他说,李维首先叙述了,罗马人在与高卢人的战争之前和之初犯过哪些错误,然后李维才陈述了关于机运女神力量的"结论"。这样一来,如果我们转向李维,那么,我们会看到,李维得出"结论"是在他叙述罗马人的错误之前而非之后,或者说是在确立那些前提之前:李维叙述的那些事件没有把他的结论正当化。①

据此,[216]紧接着的一章[2.30]触及了这个 quaestio disputata [论辩中的问题]的主题,并提到了"一个想象出来的危险"和"武装起来的内心";此章引出了一个实际的结论,完全不同于 2.29 的结论。机运女神善变(changeable),且她的力量体现在意想不到的政治变革——或者说胜利和失败——之中;马基雅维利继续对属天征兆保持沉默。机运女神越少展示自己的力量,人们就越多拥有美德。因此,一个拥有至高美德的人,一个拥有古代美德的人,应该且能够"规制"机运女神,让她在所有时间里都无从展示自己的力量。机运女神善变,从而也不可靠;信赖她,并把一个人的希望寄托在她身上,就是疯狂。她远非拥有超人的力量,故人不仅能引诱或试验她而不必敬畏她,而且甚至能"规制"她。或者引用《君主论》,

> 机运女神是女人,如果一个人希望一直把她压在下面,就有必要鞭打她,撞击她。②

---

① [原注99]李维《自建城以来》5.37 以下。参上文第 137 页。在《李维史论》2.30 靠近开头处,马基雅维利用 fortuna[机运]取代了李维笔下的"诸神与人们"(李维《自建城以来》5.49.1)。

② [译按]《君主论》25,对应中译本第 100 页最后一行至次页第 1 行。

正确类型的人能征服机运女神。①

  人的福祉取决于人对机运女神的征服——这个事实表明,起初的怀疑是正确的:机运女神是敌人。她缺少超人的力量,故她不可能是超人存在者,超人存在者一方面比人更有力量,另一方面有意志并能思考。在《李维史论》2.29,马基雅维利谈到,机运女神"判断"道,她必须打击罗马,以便使罗马变得伟大;就在这时,马基雅维利说,他会"在下一卷开头详细"讨论这一点。在 2.29,他用高卢战争的叙事来表明机运女神的力量。在 3.1,他用了同一个叙事来表明,必须经常把混合体恢复到其开端。

  就共和国来说,②通过"内在的明智",或通过"外在的意外事件",就能成就这样的恢复。在高卢战争的时代,"外在的意外事件"造成了罗马的恢复或重生。每个混合体都有一个自然趋势,即衰退或变得败坏。种种出乎意料的灾难能抑制这个趋势,从而迫使混合体或其统治者们恢复秩序和美德。故而,在那个时代,不是机运女神使罗马人盲目,而是罗马人已因自然过程而退化,或者说,罗马人已变得粗心而可鄙;因此,罗马人犯了种种灾难性错误;但是,罗马人的灾难使他们清醒了过来。马基雅维利在"详细"讨论他的主题时,把"机运女神判断道"这个形象表达代之以"外在的意外事件造成了"这个恰当表达。③

---

  ① [译按]此处"人"(man)亦强调"男人"。[原注 100]《李维史论》2.30 结尾;《君主论》25 结尾。参上文第 157 页。

  ② [原注 101]在《李维史论》3.1,马基雅维利以如下顺序讨论了混合体的恢复:共和国、宗教、王国。

  ③ [原注 102]关于 2.29 与 3.48(此章讨论了明显错误有何意义)之间的关联,参上文第 35 页。亦比较 1.2 的论点(罗马把自己的政体归因于运气或"意外事件")与 2.1 的论点(罗马把自己的帝国归因于美德而非 fortuna[机运])。

33. 机运女神远远不是天,而是在天之内拥有从属性位置;人不能完全控制机运女神 → ἀταραξία[内心不乱],而非征服运气

[217]通过有时把机运女神与天等同起来,马基雅维利得以把机运女神不仅呈现为唯一能思考且有意志的超人存在者(或呈现为唯一的神[the only god]),而且同样呈现为不能思考且没有意志的绝对全面秩序(或呈现为自然)。那么,机运女神与自然之间是什么关系? 根据一个文段,

> 属人的种种嗜欲一方面能够渴望一切,且能够希望渴望一切,另一方面却只能够得到[其渴望的]那些事物中的少数;属人的种种嗜欲把前一方面归因于自然,把后一方面归因于机运女神。①

这个评论服务于如下临时意图:把机运女神呈现为能思考且有意志的恶意存在者。马基雅维利在另一个文段中作出不同表达:

> 自然这样创造了人们,以至于人们能够渴望一切,而不能够得到一切。②

这导致了人们不满足且相互冲突,从而也导致了人们命运多变(the varying)。③

机运女神的力量立足于自然的初级行动(the primary action of

---

① [译按]《李维史论》卷二前言,对应中译本第 318 页第 2 至 3 行。
② [译按]《李维史论》1.37,对应中译本第 247 页第 5 至 6 行。
③ [原注 103]比较《李维史论》卷二前言(230)与 2.5(247-248);比较卷二前言(229)与 1.37 开头。参《战争的技艺》靠近结尾处。

nature）。自然以某种方式包含（comprises）机运女神。机运女神是整全的一部分，且不是其中施行统治的部分。天统治着整全。天为所有属地存在者（earthly beings）都确定了特定的寿命，所有属地存在者都不可能活得超过特定的寿命。然而，天并没有决定，每个属地存在者都应该活够自己的时长，因为天造成了瘟疫、饥荒，以及类似的灾难。天为属人因果关系，为行动，为明智，为技艺留下了余地。机运女神与技艺和明智属于同一个领域。①

人们认为，机运女神造成了人们的好运或厄运。但是，如果人们观察得更仔细，那么，人们会看到，在最重要的种种事情上，"造成[好]②运"的不是机运，而是属人美德和好制度，即明智的作品或技艺的作品。罗马把自己的伟大决定性地归因于自己的美德，而非机运女神。与斯巴达不同，罗马崛起到伟大的地步，不是通过其缔造者的明智，而是通过运气或意外事件；然而，这些意外事件产生于贵族与平民之间的不和；而这种不和产生于大人物的脾性与民众的脾性之间的对立，这种对立对每个共和国都具有本质意义；这种不和的替代方案是压迫民众；因此，必须把那些使罗马变得伟大的意外事件，并不追溯到运气，而是追溯到罗马贵族的明智或慷慨，以及罗马平民的男子气。③

反之，造成厄运的往往不是机运女神，而是缺少美德和技艺；人们能把这种缺少追溯到一些确定的[218]原因，从而也能在一定程度上弥补这种缺少。不过，完全控制运气仍然不可能。如果洛伦佐·美第奇没有在44岁时死于胃病，那么，意大利的毁灭本来可以

---

① ［原注104］参《李维史论》3.1开头，2.5；参1.6(108)。
② ［译按］方括号内容为施特劳斯所补。
③ ［原注105］《李维史论》2.1。（我们也许注意到，2.1到1.56的距离正是3.1到2.29的距离：2.1表明了罗马把自己的伟大归因于美德而非运气，1.56讨论了属天征兆，3.1用外在的意外事件取代了fortuna[机运]，2.29讨论了机运女神作为能思考且有意志的存在者，正因这个存在者选择了罗马，罗马才崛起到伟大的地步。）参1.2(97,101)，1.4，1.11(127)，3.9，3.29；《君主论》6,7。

避免。①

这并非否认,由于一个国家的道德和政治构造有一个根本缺陷,所以这个国家才有赖于一个单独的人的生命。像法比乌斯·马克西穆斯、教宗尤利乌斯二世、马基雅维利本人这样的统帅或君主有好运或厄运,是因为他们特定的那些自然品质与他们时代的那些特性相一致或不一致;因为不同类型的属人存在者与不同的时代相一致;个人的天性与个人的时代相一致,且个人由此而有好运——产生这两种状况是因为机运女神,是因为运气。②

一个像马基雅维利这样的人,生错了时代,也许会通过他的著作而获得身后的成功,但这取决于他的著作得到保存,即取决于本质上暴露在运气面前的某种东西。由此,既然个人在任何意义上的成功或失败,都最终取决于不可征服的运气,故"征服机运女神"这条规则并不充分。卓越的人们会崛起到高于运气的地位。运气会没有力量支配这些人,即没有力量支配这些人的头脑。尽管这些人的命运多变,但这些人会总是保持同一(remain the same)。人的尊严不在于征服运气,而在于独立。这种自由,这种尊严,这种真正的"好运",只可能源于一个人对"此世"有知,具体而言,即对意外事件的地位和意义有知。

马基雅维利在其关于属天征兆的那一章[《李维史论》1.56]指出过一些东西,与那些东西相反,这里说的知识可供他使用。摆脱运气而获得内在自由,就是最终超越每一种恐惧和每一种希望(an ultimate superiority to every fear and every hope);这种自由预设了对运气真正力量的承认,即对一些自然必然性的承认,凭借这些自然

---

① [原注106]《佛罗伦萨史》3.36。马基雅维利说,洛伦佐"在最高程度上为机运女神和上帝所爱";另外,关于洛伦佐之死引发的种种致命后果,马基雅维利在后文说过一些话,他用这些话表明,他关于洛伦佐所说的话不能适用于意大利或佛罗伦萨。参上文第197-198页。

② [原注107]《李维史论》3.9;《君主论》25。

必然性,运气在一定限度内施行最高统治(rules supreme)。与这种自由相竞争的替代方案,要么是信仰,要么是俗众对成功的崇拜。①

34. 诸神从τύχη[机运]与欺诈的合作中现身

最重要的种种错误来自关于运气的种种错误观念。这些错误观念在于,把一种比运气拥有的力量大得多的力量归于运气,并模糊运气的本性。为了准备讨论这个主题,马基雅维利把"运气"代之以"意外事件",无论"外在的意外事件",还是"琐屑的意外事件"。②

通过用"意外事件"取代"运气",他有意模糊了自然与运气之间的区分,[219]以便指出对诸神的信仰与关于自然的知识具有何种共同来源。为了这个意图,也许可以把意外事件定义为每个有普通理解力(common understanding)的属人存在者都无法预见的事件。③

因此,一个人有意造成的事件,对此人来说不是意外事件。意外事件要么可以预见,要么无法预见;无法预见意外事件,要么是因

---

① [原注108]比较《李维史论》3.31与《君主论》18结尾。参《李维史论》3.31(412)对2.30的提及,2.30这一章以召唤人们"规制机运女神"为顶点。参3.31(413)对"25000多人"的提及。参上文第148—149页,第189—191页。

② [原注109]参《李维史论》3.33(417),上文第215—216页。亦参《君主论》6(18),26开头:马基雅维利将"质料-机会"(matter-occasion)与"形式-美德"之间的区分取代"机运-机会-质料"与"形式-美德"之间的区分。

[译按]若按施特劳斯的指引,则当对中译本作如下改动:第21页第2段倒数第3行"幸运"改为"机运","物力"改为"质料",倒数第2行"能力"和倒数第1行各"能力"均改为"美德";第102页第2行"要素"改为"质料",第3行"有能力的"改为"有美德的","方式"改为"形式"。

③ [原注110]在《李维史论》3.1(327—328),马基雅维利首先区分了"外在的意外事件"与"内在的明智",然后区分了"外在的意外事件"与"内在的意外事件";"内在的意外事件"等于"内在的明智",或至少包含"内在的明智"。

为不可能预见,要么是因为面对意外事件的人们缺少预见能力。意外事件要么重要,要么不重要。人们能处理寻常而熟悉的事情,哪怕有时只是通过顺从(resignation)来处理。因此,人们试图从旧事来理解新事,或不动声色地把自然的事情与普通的或寻常的事情等同起来。如果人们有一次在某个地方打了一场败仗,那么,人们会害怕在同一个地方再打一场仗;由于缺少有关诸原因的知识,故人们会误把纯粹意外的却非常引人注目的事情当作原因;人们会误把一个不重要的意外事件当作重要的意外事件。人们从旧事来理解新事,是因为恐怖所具有的首要性使新的或无法预见的或不寻常的意外事件扰乱并吓倒人们。

因此,人们热切渴望预见要么本身不可预见的事情,要么对人们来说不可预见的事情。可以说,为了这个意图,人们假设有一些具有超人完美性的存在者,这些存在者能对人们预言未来;一旦人们相信,存在一些神,且这些神能对人们预言未来的福和祸,那么,人们容易相信,这些神造成了人们的福和祸。由此,人们得以把不可预见的事情变成可预见的事情,并把完全无意造成的事情改造为有意造成的事情。由于不寻常的或新的事情本身吓倒了人们,故人们把不寻常的事情与严重的事情等同起来。由于新的事情对不智慧的且未受训练的(undisciplined)人们施加了这种影响,故新的事情本身变得重要。

因此,意外事件尽管本身微末或"虚弱",却也许会意义重大。一个不重要的却引人注目的意外事件关系到一个内在意义上重大的意外事件,也许只是出于意外,例如只是因为前一个事件发生在与后一个事件相同的地方,或差不多相同的地方,或发生在相同的时间,或稍微靠前的时间。由此,人们会认为,在进行回溯时,引人注目的意外事件是重大意外事件的征兆。这会产生如下信念:引人注目的意外事件总是预示着重大的意外事件。如果人们有意造成一个事件,那么,对于无意造成或并未预见这个事件的人们,这个事件就是意外事件。

现在让我们把本身并不重大的意外事件称为"新的意外事件"。新的[220]意外事件会发生,不只是出于意外;新的意外事件也可能是捏造的,例如,意在扰乱敌人而捏造。在关于新的意外事件的那一章(3.14),马基雅维利举了五个例证,其中三个是捏造的意外事件。人们也许可以通过看到或听到来察觉新的意外事件。马基雅维利只谈论了捏造的新的意外事件中人们看到的那些;他让读者去发现,是否也可能捏造声音或言语。但是,他表明,人们如果捏造了新的意外事件,就必须防止那些会受到欺骗的人接近这些意外事件。马基雅维利似乎赞美了人类,他所用方式是,选择三个捏造的意外事件作为他的例证,其中两个欺骗失败;然而,这三个意外事件都是看到的,而不是听到的。

无论如何,比起捏造新的意外事件,明智地使用真正的新的意外事件,似乎会更稳妥。这种明智的使用在于,要么透露这种意外事件的真实原因,要么把这种意外事件解释为有利的征兆,即不去质疑这种意外事件之为征兆。在后一种情况下,人们必须防止那些会受到欺骗的人们接近这种意外事件,这里说的接近就是发现这种意外事件的真实原因。①

智慧的统帅会如何应对扰乱其军队的特定意外事件,马基雅维

---

① [原注111]《李维史论》1.11(126-128),1.12(128-129),1.39开头,1.47,2.22(293),3.6(353),3.33(416,417),3.34标题。参上文第56-57页,第208-209页,第213页。

——马基雅维利在3.33(417)引用了涉及一个意外事件的两句话,李维曾把这两句话放进[337]一位专政官之口,马基雅维利则对这两句话作了三个重要改动。[首先,]李维笔下的人物谈论了"这个地方的机运",而马基雅维利使这个人物谈论了"机运",从而也指出了这个问题的一般性;其次,马基雅维利删去了一句插话,在这句插话中,这位专政官将这个意外事件归因于诸神;最后,马基雅维利删去了这位专政官向诸神——条约的见证者——所作的祈祷,根据这番祈祷,诸神应该向敌人索要罚金,因为敌人违反了条约(李维《自建城以来》6.29.1-2)。

利就会如何应对所有意外事件:他要么不去质疑所有意外事件之为征兆或属天征兆,而是把所有意外事件都解释为友好的神灵们(spirits)发出的警示,要么指出所有意外事件的自然原因。

35. 全能与自由相矛盾

在《君主论》中,马基雅维利从未谈论"我们基督徒",也从未提及诸神或天。同样,在《君主论》中,尽管他断言,上帝与机运女神均作为有意志且能思考的存在者而存在,但他从未提到对机运女神的存在或力量所作的任何证明。

首次提到机运女神作为能思考且有意志的存在者,是在此书第三篇[第15至23章],即下降开始后的某时[第20章]。尤其当机运女神希望使一个新君主变得伟大时,她就使敌人们起来反对他,并使他采取行动反对敌人们,以便他有机会战胜敌人们,并由此而获得名声。因此,"许多人"判断道,智慧的君主应该扶植某种对自己的敌意,以便通过压制自己所创造的敌人来增进自己的名声。①

因此,"许多人判断"道,智慧的君主应该模仿机运女神,或者说,机运女神是智慧的君主们的榜样。马基雅维利在此[第20章]把这个现象[221]追溯到机运女神,却在第一篇[第1至11章]的居中一章[第6章]把这个现象追溯到事物的本性:许多敌人起来反对一个新君主是必要的。

第25章明确致力于讨论机运女神的力量问题,马基雅维利在此章捡起了许多人关于机运女神的意见[这个主题]。"许多人过去和现在都持有这种意见":机运女神和上帝以某种方式统治此世的事物,以至于属人的明智没有力量。因此,许多人相信,机运女神和上帝不仅应该得到模仿,而且如此有力量,以至于如果机运女神

---

① [原注112]比较《君主论》20(68)与6(190)。关于这两次陈述的语境,参上文第58-60页。亦参上文第74页,第187-188页。

和上帝没有命令(decree)或造成这种模仿,一个人就不可能模仿机运女神和上帝。

然而,机运女神和上帝的这种力量,或其力量的这种行使,不相容于属人的自由。因此,马基雅维利判断道,机运女神决定着我们种种行动的一半,而我们自己决定着另一半,或差不多另一半。民众的错误在于,把一种比机运女神拥有的力量大得多的力量归于机运女神。马基雅维利现在对上帝之为原因(the causality of God)保持沉默。相反,他解释道,机运女神就像一些具有毁灭性的河流中的一条,这些河流"一旦变得愤怒",就会摧毁人们造就的一切,且完全不可抵挡。机运女神是人之敌。仅仅当机运女神愤怒时,即当时代动荡或困难时,她才发挥自己的力量;[在所有时代中,]机运女神统治的那一半是困难时代,而人统治的另一半是和平时代。

然而,如果人们有美德且明智,那么,机运女神在所有时代都会放过人们;机运女神对美德和明智怀有健康的尊敬,在这个意义上,她支持美德和明智。马基雅维利表明,如果他希望的话,他本来可以更多地谈论对机运女神的抵挡,或更多谈论一般而言针对机运女神的战争。在此章[第25章]结尾,他说,机运女神像女人,能为正确类型的人所征服;通过这么说,他几乎没有进一步阐明机运女神或运气。因为如果能征服机运女神,那么,人似乎有能力变成宇宙的主人。马基雅维利当然不建议崇拜机运女神:应该鞭打她,撞击她。

36. 与亚里士多德决裂——转向"德谟克利特"

我们已经陈述了,哪些理由也许促使人们认为,马基雅维利的种种宇宙论前提是亚里士多德式的。① 然而,在马基雅维利的宇宙论中,并没有位置留给一个施行统治的理智(a ruling Mind)。这本

---

① [原注113]参上文第201-203页。

身没有证明,马基雅维利有意识地挣脱(broke away from)亚里士多德关于神的学说;因为[马基雅维利]已经以相当不同的一些方式①理解了[222]这种学说。

在马基雅维利谈论"此世的开端"的唯一场合,他以"运气"(caso)取代了"自然";由此,马基雅维利指出,他根本不同意亚里士多德的整全学说(doctrine of the whole)。珀律比俄斯曾把诸政制的循环变化(the cyclical change of regimes)称为"依据自然"而发生的变化;马基雅维利说,这种循环变化"凭借运气"而发生。他这样说的意思并不是,诸政制之发生变化,没有任何次序或规律,而是随便地或任意地发生;因为他表明,这些变化凭借必然性并按照不可改变的顺序发生。按他的理解,"运气"与"明智"相对立:②诸政制发生循环变化,不是因为任何存在者谋划了这种变化,也不是因为这种变化服务于一个目的。用"运气"取代"自然",或把自然理解为运气,可以特别地归于德谟克利特(Democritus)。在但丁笔下的林勃(Limbo),③从围在亚里士多德身边的"哲人族"(the philosophic family)中,我们找到了"把此世归因于运气的德谟克利特"。从亚里士多德或柏拉图的观点来看,如果一种学说把此世理解为一些无灵魂且不趋向于目的的物体造就的作品(the work of soulless bodies

---

① [原注114]参例如西塞罗《论诸神的本性》(De natura deorum)1.33-35;《学园派后篇》(Acad. Post.)1.29。

[译按]《李维史论》1.14和3.33引用了《论诸神的本性》。《论诸神的本性》中译本:崔延强、张鹏举译,北京:中国人民大学出版社,2023。《学园派后篇》原有四卷,现存卷一的大部分,题为"瓦罗"(Varro)。"瓦罗"的中译文:西塞罗,《论学园派》,崔延强、张鹏举译,北京:中国人民大学出版社,2022,页1-33。

② [原注115]《李维史论》1.2(98,101),1.6(108),3.1(327);珀律比俄斯《罗马兴志》6.5.1,6.5.4,6.5.8,6.6.2,6.7.1,6.9.10,6.9.13-14。

③ [译按]指地狱边境,此为田德望先生的译法。见但丁,《神曲·地狱篇》,田德望译,北京:人民文学出版社,1990,页23。

not tending towards ends），那么，每一种这样的学说事实上都把自然与运气等同起来。①

在提到"此世的开端"时，马基雅维利用运气取代了自然；由此，他指出，他放弃了从目的论来理解自然和自然必然性，以便抵达[目的论式理解的]替代性理解。他非常频繁地谈论"意外事件"，却从未谈论"实体"（substances）。在《君主论》和《李维史论》中，正如他从未提及灵魂，他也没有谈论"实体"，而是谈到"物体"。在第一次提及这个主题时，他区分了"简单"物体与"混合"物体，从而把简单体理解为活着的存在者。重复这一点时，他先对简单体保持沉默，然后区分了"混合体"与"人体"。由此，他迫使我们思考：[第一，]能否把活着的存在者的身体恰当地称为简单体；[第二，]由此，在设想简单体时，不得不采用亚里士多德的方式，还是德谟克利特-伊壁鸠鲁的方式，抑或某种其他方式。②

在[《君主论》和《李维史论》]这两本书中，他相当频繁地使用

---

① [原注116]但丁《神曲·地狱篇》4.136；参柏拉图《法义》889a4以下。
② [原注117]《李维史论》2.5(248)，3.1(327)。在《佛罗伦萨史》中，马基雅维利把混合体（即社会）与简单体（即活着的存在者）之间的区分，放进流亡者里纳尔多·阿尔比齐（Rinaldo degli Albizzi）口中，里纳尔多由于热切渴望返回自己的祖国，于是向一位外国君主作出了一些重大应许。里纳尔多说，简单体往往需要用"火与铁"治疗其自身，而混合体往往需要用"铁"治疗其自身。在作出这个区分时，里纳尔多仍然抱有返回其属地祖国的希望。后来，在他完全丧失了返回其属地祖国的希望后，他就试图获得属天祖国。比较《佛罗伦萨史》5.8,5.34，与《李维史论》2.32。参《李维史论》1.47(197)：le cose e gli accidenti di esse[种种事物以及与之相关的意外事件]。亦参《李维史论》1.7如何将animo[精神]和umori[脾性]用作同义词（参本章上文注59）。
——萨沃纳罗拉《〈以西结书〉布道辞》38：

　　每个混合体都由四种要素构成。

[译按]注中独立引文原文为意大利语。

"形式"和"质料"这两个术语,但他从未谈论自然存在者的形式,而且他只有一次在想到自然存在者时谈到质料。① 合理的假定是,马基雅维利支持的宇宙论遵从他对道德的分析。他对道德的分析会被证明不相容于一种目的论式宇宙论。

我们可以总结道:[223][《君主论》和《李维史论》]这两本书中表达的根本思考的运动在于,从上帝运动到机运女神,然后从机运女神途经意外事件,并途经物体面对的意外事件或物体的意外事件(via accidents, and accidents occurring to bodies or accidents of bodies),运动到一种运气;[马基雅维利]把这种运气理解为一种非目的论式必然性,这种必然性为选择和明智留下了余地,从而也为另一种运气留下了余地,[马基雅维利]把这另一种运气理解为完全不可预见的意外事件的原因。

37. 马基雅维利偏向"阿里斯提珀斯-第欧根尼"而非亚里士多德

马基雅维利也在其《卡斯特鲁乔·卡斯特拉卡尼传》(*Life of Castruccio Castracani*)中指出了他的根本思考。这部《卡斯特鲁乔》把自身呈现为传记。马基雅维利把它献给了两个朋友,其中一个是《李维史论》的言说对象之一。在思考《卡斯特鲁乔》时,人们必须注意,马基雅维利表达了"他所知晓的一切"的那两本书,与他的其他所有言论之间存在多大距离。

卡斯特鲁乔看起来是后古典时代最伟大的人:如果他生在古代,那么,他本会超过亚历山大之父腓力和斯基皮奥。卡斯特鲁乔

---

① [原注118]"过剩的质料"见于《李维史论》2.5(248)。若把《君主论》和《李维史论》合在一起,则"形式"总共出现过14次,且"质料"总共出现过51次。参《李维史论》3.8("他可能将其野心的形式压印在这个败坏的质料上"),3.36("自然的狂怒[furor]与意外的秩序")。

活了44岁,这很像腓力和斯基皮奥;①我们可以补充说,这也很像豪华者洛伦佐。卡斯特鲁乔超过了腓力和斯基皮奥,是因为他从"低微的开端和无闻的出身"(a low and obscure beginning and birth)崛起到伟大的地步。他很像某些一流人物,这些人物全都要么曾暴露在野兽面前,要么拥有太值得轻视的父亲,以至于使自己成为尤皮特之子,或其他某位神之子。

卡斯特鲁乔还是婴儿时,一位祭司的姐姐在她的花园里发现了他,她就和她弟弟养育了他,并指定他以后做祭司。可是,一旦他长到14岁,他就抛开了教会书籍,转向了武装。他得到了自己城邦最显赫的人的青睐,此人是一位吉伯林派雇佣军头领(condottiere),他把卡斯特鲁乔带到自己家,并把他教育成了军人。在最短的时间内,卡斯特鲁乔变成了完美的贤人,凭借他的明智、他的优雅、他的勇气而显赫起来。他的主人在将死之时,使他成为他主人幼子的傅保(the tutor)和他主人财产的护卫者(the guardian)。卡斯特鲁乔别无选择,只能使自己变成自己城邦的统治者。他赢得了一次次辉煌的胜利,崛起为托斯卡纳和伦巴第吉伯林派的领袖,并最终几乎变成托斯卡纳的君主。他从未结婚,以免对子女的爱妨碍他对其恩主②的血脉(the blood of his benefactor)表示应有的感恩。

马基雅维利在描述了卡斯特鲁乔的身世、生平、死亡之后,花了半页篇幅描述他的性格或作风,又花了三页多篇幅给出了一组[224]机智的(witty)评论,这些评论要么由卡斯特鲁乔作出,要么由卡斯特鲁乔听来。这些格言(sayings)向我们透露了卡斯特鲁乔的头脑。这样的格言共有34则。几乎所有格言,即其中31则,都

---

① [译按]如本书附录《马基雅维利与古典文学》第8页的译者彭磊按语所说,腓力是在46岁时遇刺,斯基皮奥享年52岁,马基雅维利显然是在刻意拉平卡斯特鲁乔与两人的年龄差距。

② [译按]"恩主"在后文译作"施益者",见第255页,第282页,第287页,第288页。

能追溯到第欧根尼·拉尔修(Diogenes Laertius)的《名哲言行录》(Lives of the Famous Philosophers)。① 这个事实远远更引人注目,毕竟马基雅维利如此少提到哲学和哲人们:《君主论》和《李维史论》加起来都只有一次提到亚里士多德,也只有一次提到柏拉图。② 在任何合适的时候,马基雅维利都会改变古代哲人们的格言,使之适合卡斯特鲁乔。例如,当古代哲人谈到"诸神的节日"时,[马基雅维利]就使卡斯特鲁乔谈到"我们的圣徒们的节日";古代哲人说自己希望像苏格拉底一样死去,而[马基雅维利]使卡斯特鲁乔说自己希望像凯撒一样死去;古代哲人注意到一个无赖阉人的门上有一条铭文,就作出了一则评论,而[马基雅维利]说,卡斯特鲁乔注意到一条用拉丁文字母写成的相似铭文,就作出了这同一则评论。

有单独的一则格言(第19则)源于亚里士多德。亚里士多德的这一则格言前后各有某位名叫彼翁(Bion)③的人的两则格言。彼翁是恶名昭彰的无神论者忒俄多洛斯(Theodorus)的学生,彼翁自己也是诡计多端的人(a man of many wiles),即巧言令色的智术师(a sophist of many colors),而且无耻到在他的同伴们之中像无神论者一样行动。然而,在彼翁病倒后,人们说,他受到劝说,戴上了护身符(amulet),并为自己对属神事物的冒犯而悔改。

居中的五则格言(第17至21则)前面是库瑞涅的阿里斯提珀斯(the Cyrenaic Aristippus)的15则格言,后面是犬儒派的第欧根尼(the Cynic Diogenes)的11则格言。④ 阿里斯提珀斯和第欧根尼均

---

① [译按]希汉对照中译本:徐开来、溥林译,桂林:广西师范大学出版社,2010。下文相关译名多从此中译本。

② [译按]分别见于《李维史论》3.26和3.6,分别对应中译本第532页第3行和第467页最后一行。

③ [译按]参第欧根尼·拉尔修《名哲言行录》卷四的彼翁传。

④ [译按]"库瑞涅"亦译"昔兰尼"或"居勒尼"。阿里斯提珀斯(前435—前356)是苏格拉底的学生,比柏拉图年长大约八岁。第欧根尼(前412—前323)出生于黑海边,比柏拉图小15岁。

极度蔑视与自然相对立的习俗。在卡斯特鲁乔听来的三则格言中,有一则或两则由第欧根尼·拉尔修流传下来,据说其本来是僭主狄奥尼修斯(Dionysius)听来的阿里斯提珀斯格言:卡斯特鲁乔不仅取代了亚里士多德、第欧根尼、彼翁、阿里斯提珀斯,而且取代了僭主狄奥尼修斯。

卡斯特鲁乔有一则格言(第33则)源于但丁《地狱篇》中的"一个黑色魔鬼"。① 从第欧根尼·拉尔修那里,我们了解到关于彼翁在病床上悔改的事,这件事提醒我们注意,卡斯特鲁乔在患上绝症(had fallen mortally ill)后说了什么。卡斯特鲁乔既在他机智的格言中也在其他地方谈到了上帝,而在他的临终言辞(dying speech)中,他五次提到机运女神,却绝口未提上帝。卡斯特鲁乔在他机智的格言中谈到了灵魂、地狱、天堂,而在他的临终言辞中,他有一次提到此世,且绝口未提来世。

[225] 与此相似,在《卡斯特鲁乔》中,马基雅维利在表达自己的思考时,有一次提到此世,而绝口未提来世;他八次提到机运,而绝口未提上帝。无论人们会如何理解这些事,如马基雅维利的模范君主的格言所透露的,这位君主的头脑使人们最强烈地记起那些未受称颂且未受尊崇的(unsung and undignified)哲人们,如阿里斯提珀斯和第欧根尼,而几乎完全没有使人们记起亚里士多德。如果人们忘记了,马基雅维利最为内在的思考采用了反讽的而非误导人的表达形式,那么,人们不会明智。这种表达形式并非在误导人,是因为它指出了这样一种思考,在这种思考的核心处,彼翁一直限制或压倒亚里士多德,而这种思考的外围由一种令人震惊的道德教诲构成。

---

① [原注119]但丁《神曲·地狱篇》21.41。从这个魔鬼口中借来的格言涉及卢卡(Lucca),即卡斯特鲁乔的城邦。卡斯特鲁乔有三则格言提到卢卡,或关涉卢卡:第13则,第23则,第33则。马基雅维利将属于第欧根尼部分(the Diogenes-section)的那些格言的第1则(全部格言的第22则),而非其他任何格言,归于青年卡斯特鲁乔;由此,马基雅维利指出了这组格言的谋篇。

38. 宗教是本质上不真实的信念

马基雅维利在两个意义上使用"宗教"一词。他将"宗教"与"宗派"(sect)用作同义词,并把"宗派"理解成一个混合体,或理解成某类社团(society)。他也在"党派"(party)的意义上使用"宗教","党派"是这样一种团体(association),其目的不等于一个特定国家的共同善。诸党派不必然是单个国家的诸部分,而是也许像归尔甫派(Guelphs)①和吉伯林派一样,渗透到许多国家,哪怕不说所有国家。据此,古代罗马人的宗教不仅是罗马人的宗教,而且是一般意义上异教徒(the Gentiles)②的宗教,正如现代罗马人的宗教是基督教。

马基雅维利还将"宗教"理解为美德的一部分,或诸美德之一。③ 他也许设想过,如下两个关系相互平行:一个关系是作为一种美德的宗教与作为一种社团的宗教之间的关系,另一个关系是正义和其他美德与公民社会之间的关系。宗教的行动似乎是崇拜诸神、敬畏诸神、信赖诸神。因此,人们能把"遵守宗教"与"遵守宗教仪式"用作同义词。宗教仪式并非宗教的基础。宗教的基础归根结底是一种信仰,即对诸神的力量和理智能力的信仰。因此,与[作为美德的]宗教相对立的恶德是不信(incredulity)。宗教源于人,而非属于神。例如,天曾启示罗马元老院把未来的罗马宗教缔造者选为国王;天未曾启示罗马宗教的缔造者本人;这位缔造者只是假装与一位宁芙女神交谈过。

一般来说,作为宗教的基础,信仰不是真实的信念,④即不是那

---

① [译按]参第172页译按。
② [译按]Gentile 源自拉丁文 gentilis。按《牛津拉丁文词典》(第二版,2012),gentilis 本义为"同族的"。本书第228页再次出现了 the Gentiles。
③ [译按]如第47页译按所示,作为美德的 religion 常译为"笃信宗教"。
④ [译按]此句中"信仰"和"信念"原文是同一个词 belief。

种立足于坚实的或可靠的经验之上的信念,而是[226]由自我欺骗造成的信念,乃至是某种程度上由欺骗造成的信念。宗教在某种程度上由人们有意创造,而且无论宗教可能源于什么,宗教都能由人们有意使用——着眼于这两个事实,人们能将宗教称为一门技艺。宗教属于和平的技艺(the arts of peace),而非战争的技艺(the art of war)。初看起来,宗教和武装当然是人的最高力量;这些力量尽管在某种意义上相互反对,却也相互补充。①

39. 宗教有益吗——？宗教源于头脑的虚弱,且培养这样的虚弱

马基雅维利不是第一个断言宗教不真实却有益的人。宗教是美德的一部分,或本就是一种美德。在所有受到赞美的人中,宗教的首脑们和缔造者们占据了最高地位。马基雅维利"相信",罗马更多感谢努马而非罗慕卢斯,努马是罗马宗教的缔造者,而罗慕卢斯只是罗马的缔造者,并为罗马提供了武装;因为,在有宗教的地方,能轻易引进武装,但在有武装而无宗教的地方,只能艰难地引进宗教。在罗慕卢斯治下,罗马败坏了;努马使罗马变得笃信宗教,从而使罗马变好了,或变得不败坏了。宗教是罗马共和国福祉的原因。②

马基雅维利先作出这些暗示,即先采纳了某些受到一般接受或类似一般接受的意见,接着才质疑他起初的那些陈述。让我们首先回顾努马在马基雅维利笔下后来的命运。初看起来,罗马似乎更多感谢努马而非罗慕卢斯,因为努马的工作比罗慕卢斯的工作更艰

---

① [原注120]《君主论》6(19),8(28),15(49),20(68);《李维史论》1.11,1.12(128-129),1.14开头,1.19(147),2.5,2.25(306),3.1。参上文第139-140页,第146-147页,第184-185页,第189页,第218-220页。

② [原注121]《君主论》8(28),15(49);《李维史论》1.10(121,124),1.11(126),1.12(129),1.14开头,1.17(141),1.55(210-211)。

难。而在几行之后,马基雅维利陈述道,努马能非常轻易地完成他的工作,因为早期罗马人很粗鲁:阻碍引进宗教的不是武装,而是文明或智术化(sophistication)。由于多数人的本质特性,故所有时代和所有地方都可以满足引进宗教所需的条件。努马不仅并不优于罗慕卢斯,而且甚至被证明劣于罗慕卢斯。

在马基雅维利的第二次陈述中,他对比了罗慕卢斯与"平和且笃信宗教的"努马,前者成了卓越的君主,后者成了虚弱的君主。努马特有的政策使罗马人变得具有女人气且懒散(slothful),或换言之,努马使罗马完全依赖运气。因此,在明智上,努马劣于罗慕卢斯。在美德和明智上,努马不仅劣于他的前任[罗慕卢斯],而且劣于他的继任者图卢斯·霍斯提利乌斯。为了指出努马政策的根本缺陷,马基雅维利走得如此之远,以至于有一次称图卢斯为"一个最明智的人",哪怕[227]马基雅维利所讨论的图卢斯唯一的行动事实上极端不明智:原则上,就连图卢斯最不明智的行动,也比努马的整个政策更明智。马基雅维利在开始讨论罗马宗教之前,就为披露上述这一点作了准备;因为他起初说,宗教的缔造者们是受到最高赞美的人,而他稍后又说,没有什么荣耀胜过罗慕卢斯这类城邦缔造者的荣耀。①

---

① [原注122]《李维史论》1.10(参此章在 Opere, vol. ii, p. 538 的对等者),1.11(126-128),1.19,1.21,1.22,1.23(151)。参上文第136页,第一章[第44页]注56。
——罗马共和国把其帝国([译按]指对外的帝国式统治)归功于其"首位立法者"发现的一个模式和一个秩序;这里的"首位立法者"要么是罗慕卢斯,要么是图卢斯,要么是阿皮乌斯·克劳狄乌斯,但无疑不是努马。《李维史论》2.3所讨论的事件在图卢斯当王时发生,关于这个事实,参2.1(231),2.3(241)。1.21已把图卢斯称为"一个最明智的人"。在1.21,马基雅维利谈到一个事件,这个事件发生在罗马人开始发动战争后400年,即努马开始当王后400年。[338]不动声色地刻画努马当王,与明白确切地刻画努马当王相矛盾;

40. 对君主的恐惧能取代对上帝的敬畏——君主不可能笃信宗教

如果宗教源于头脑和意志的虚弱,并培养这种虚弱,那么,对于社会的福祉来说,宗教不可能是完全必要的东西。马基雅维利先说,遵从属神崇拜造成了共和国的伟大;然后他说,对神缺少敬畏的王国,要么会遭到毁灭,要么会不得不以对君主的恐惧来得到维持,君主会弥补宗教的缺失。对于共和国的福祉,宗教确实不可或缺;但对于有突出美德的君主所统治的君主国的福祉,宗教确实并非不可或缺。与这个评论相应,马基雅维利赞美了没有智术化的罗马共和国之笃信宗教(the religiosity),但当他指出五贤帝(the five good emperors)——从涅尔瓦到哲人马尔库斯·奥勒留——在位时的那些美德时,他没有提到宗教,而是提到了发表意见的完美自由(perfect freedom of opinion)。

对有美德的君主的恐惧取代对神的敬畏,似乎并不令人满意,因为如但丁智慧地说过的,美德很少从父亲传给儿子,毕竟神的意志是,人们必须向神祈祷,希望自己具有作为神的馈赠(gift)的美德。然而,对马基雅维利来说,世袭继位的不可靠不是进行祈祷的理由,而是反对世袭继位的理由:有美德的君主会为他的国家赋予秩序,以至于在这位君主驾崩后,这个国家仍能维持自身,这就是说,这位君主会指定一个养子作为自己的继任者,从而效法好罗马皇帝们的例证。①

然而,尤其当人们记起一种平行关系时,把宗教与战争暗中等同就可能不再完全令人惊诧,这个平行关系的一边是李维与拉丁人安尼乌斯之间的关系,另一边是圣经作者们与上帝之间的关系(参上文第138-147页)。《李维史论》3.21是塔西佗章群的居中一章。亦参 2.24(303),此处赞美了另一个"最明智的"人,因为此人并不信赖要塞,而是信赖他自己的美德和明智。

① [原注123]《李维史论》1.10(123-124),1.11(127),1.13(133),1.55(211)。比较第 1.12 的标题与正文(130)。

也许可以说,马基雅维利预示了"启蒙的专制"(enlightened despotism)①的极端形式。在马基雅维利的习惯用法中,有美德的君主与其说是有道德美德的君主,不如说是有强大头脑和强大意志的君主,后者会根据处境需要来明智地使用自己的道德美德与道德恶德。在这个意义上,有美德的君主不可能笃信宗教。换言之,君主既不需要笃信宗教,也不应该笃信宗教,但对君主最重要的是看起来笃信宗教。在一个场合,马基雅维利没有抵挡住诱惑而说道,看起来笃信宗教[228]比其他任何东西都对君主更重要。另一方面,似乎相当可欲的是,君主的士兵们应该具有对神的敬畏。②

41. 甚至在共和国中,宗教的功能也能由其他一些方法来履行

另一方面,共和国的兴衰取决于宗教。我们倾向于把这个断言理解为具有两层意思:[第一,]政治自由要求——或在于——献身于共同善,或自由地受如下事务支配,这种事务就是为整全(the whole)服务,或为自己的邻人们服务;[第二,]这种献身或这种受支配凭借宗教且仅凭宗教来达成。统治者们通过维持其宗教的种种基础,而能够保持其共和国"笃信宗教并由此而好"。然而,宗教或为诸神服务并非始终不变地带来善或为人们服务。马基雅维利借李维之口让我们记起了像任何罗马人一样笃信宗教的一个海盗。③

但是,"善"不必然具有上述宽泛含义。"善"也许只意味着服从统治者或统治者们。④ 据此,宗教对共和国的影响会在于使公民

---

① [译按]第 296 页有类似的结构"启蒙的自利"(enlightened self-interest)。
② [原注 124]《君主论》12(39),14 开头,15,18(56—57)。
③ [原注 125]《李维史论》1.12(129),3.29(407)。
④ [原注 126]参"好的"在《君主论》中第一次出现:3(8)([译按]可能对应中译本第 6 页第 2 段倒数第 4 行的"良")。在这个意义上,"善"关系到统治的特性;参《李维史论》3.1(329)。

们服从自己的统治者们。罗马共和国充满对神的敬畏——这个事实使元老院和领导人们从事的每一项事业都便于开展。更简单地说，罗马共和国的统治者们用宗教来控制平民。因此，在分析罗马贵族性格的那一篇(1.33-45)，马基雅维利对宗教保持沉默，而在分析罗马多数人性格的那一篇(1.46-59)，他谈到了宗教。在关于罗马人宗教的那一篇[1.11-15]的居中一章(1.13)，他区分了罗马贵族对宗教的那些不同用法。宗教被证明非常有助于实现某些有限的意图，却被证明对于一件事不可或缺，这件事就是阻止平民保民官泰伦提卢斯鼓动人们支持一项法案，这项法案本会永远摧毁贵族的显赫地位。在 1.13，马基雅维利提到了，后文会讨论泰伦提卢斯法案。从后文的这番讨论(1.39)来看，若要克服泰伦提卢斯法案造成的严重危险，则贵族对宗教的使用似乎既不足够也不必要。罗马贵族的成功决定性地有赖于使用纯粹政治手段，而非使用宗教。

再者，罗马共和国把自己的福祉归因于"异教徒(the Gentiles)的宗教"，即一种并非罗马人所特有的宗教；这种宗教没有造成其他异教(pagan)共和国的福祉，显明这一点的是如下事实，即罗马人征服了其他异教共和国；[229]因此，不是宗教本身，而是罗马人对宗教的"好好使用"，即罗马贵族对宗教的明智使用——这包括对宗教的明智无视——解释了罗马共和国的福祉。

例如，萨姆尼乌姆人并非不及罗马人笃信宗教，但萨姆尼乌姆人没有好好使用宗教。在萨姆尼乌姆人的事业已经变得无望后，他们还渴望继续与罗马人打仗，故萨姆尼乌姆人求助于一种古老而令人敬畏的仪式，从而试图使他们的士兵们变得顽强。但是，正如与萨姆尼乌姆人对阵的罗马指挥官对自己的士兵们指出的，通过这样使用宗教，萨姆尼乌姆人加剧了自己的士兵们此前感觉到的恐惧；萨姆尼乌姆人在对敌人的恐惧之外又增加了对诸神的敬畏。事实上，罗马人的美德被证明优于萨姆尼乌姆人的无论什么顽强，萨姆尼乌姆人也许曾通过"笃信宗教这种美德"而获得了这种顽强。

在这番推理出来的叙述(this reasoned narrative)开头，马基雅维利表明,宗教不是使士兵们变得顽强的最佳手段。正如马基雅维利在后来的一个场合注意到的,曼利乌斯杀死亲生儿子和得基乌斯自杀这两件事曾使罗马军队变得比拉丁军队更顽强,从而也造成了罗马人的胜利,[就算]拉丁军队[与罗马军队]同样强,也同样好。或者如马基雅维利以两个非罗马例证所表明的,为了使士兵们变得顽强对敌,除了使士兵们对敌人犯下严重罪行,再"没有更真实或更可靠的"手段了:对属人存在者们的恐惧与对诸神的敬畏也许具有同样的效果。但是,为了使一个人的士兵们变得顽强,最真实的且最好的手段是在士兵们身上强加一种去战斗并征服的明显必要性,或是使士兵们充分意识到,只有他们的美德而非神才能拯救他们。在萨姆尼乌姆人对罗马人的最大胜利前夕,甚至一个萨姆尼乌姆人也曾诉诸这种必要性。①

此外,说宗教对于保护社会免受僭政侵害有其必要,会是错误的,因为宗教能用来确立并保存僭政。最后,很明显,就誓言不可或缺而言,宗教不可或缺。在关于罗马人宗教的那一篇[1.11-15]开头,马基雅维利举了两个例证来说明两点:[第一,]罗马贵族(patricians)如何在剑拔弩张之际(at sword's point)强迫公民同胞们发誓会以某种方式行动;[第二,]这些在胁迫下发誓的民众如何遵守他们的誓言;以上两点表明,罗马公民们由于更看重神的力量而非人们的力量,故更恐惧违反誓言而非[230]违反法律。

在后文,马基雅维利提醒我们注意两个事实,[第一,]由于誓言的大意并不总是清楚,故需要权威的解释,[第二,]如果誓言具有比法律更高的地位,那么,难以看出政府(the political government)

---

① [原注127]《李维史论》1.11(125),1.12(128-129),1.13(132),1.14,1.15,2.16(270),3.12,3.32;《战争的技艺》卷四结尾。参《李维史论》3.36和3.38中的一些李维引文,马基雅维利用这些引文一方面描述好民兵,另一方面描述好统帅。参上文第38页,第119-120页,第138-141页,第150页。

如何能发布这样的解释；这种困难揭示了，作为美德的宗教与作为宗派的宗教之间有何关联。另一方面，日耳曼诸城邦在征税时所遵循的程序，展现了誓言所能提供的巨大便利。但是，如罗马共和国历史上与缴纳什一税对等的例证所表明的，只要民众完全诚实，则哪怕不借助誓言也能达到同样可欲的结果。①

42. 确实需要②宗教，尤其对多数人来说

刚才提到的这类观察使人们想知道：马基雅维利是否确信宗教发挥了一种重要功能？这类观察使人们想知道：据马基雅维利所说，难道宗教不只是"俗众"头脑的必然结果或产物？难道宗教不只是一块不能搬走或劈开的、无用的、人们必须处理的巨大（enormous）岩石？无论如何，这种怀疑走得太远了。因为据马基雅维利所说，宗教的所在是多数人，故人们必须思考他关于多数人或民众的意见。与大人物相反，民众对他们的统治者们提出非常适度的要求；民众仅仅渴望[统治者们]尊重他们的生命、他们的薄产、他们的女眷的名誉。

然而，作为属人存在者，民众必然不满足于他们或多或少安稳地拥有的东西。自然迫使民众渴求一种不可能的满足，故他们根本上陷入了与萨姆尼乌姆人同样绝望的处境——在遭受许多次灾难性失败后仍渴望独立。大人物同样渴求一种不可能的满足，但财富、显赫地位、荣耀[为大人物]提供了许多舒适，而[大人

---

① [原注 128]《李维史论》1.55(210-211)。罗马例证与日耳曼例证之间还有如下区别：罗马平民毕竟没有缴纳什一税，而日耳曼公民们缴纳了什一税。《李维史论》1.11(125-126),1.13(132-133),1.40(186),2.25。亦比较2.28(312)与3.1(327-328)，前一章说罗马的一次灾难只是源于无视正义，而后一章似乎说这次灾难源于既无视宗教又无视正义。

② [译按]"需要"原文为斜体强调，此处补入"确实"以示强调。

物]必然剥夺多数人的这些舒适。如果宗教没有使人们变得不败坏,即如果宗教的希望没有安抚人们,且宗教的敬畏没有吓倒人们,那么,社会要么会处于一种恒久的不安状态(a state of perpetual unrest),要么会处于一种持续而普遍的压迫状态(a state of constant and ubiquitous repression)。当且仅当这样限制多数人的欲望时,多数人才可能变得满足于提出那些在原则上能以政治手段来满足的小要求。

宗教作为对诸神的崇敬,孕育了对某种统治阶级的服从,这种统治阶级是特别为诸神所宠爱[231]并令人记起诸神的一群人。反之,无条件的无信仰会使民众不愿意信仰可敬的人们告诉民众的东西。如果统治阶级不包含因虔敬而可敬的人们,尤其不包括这样的老人们,那么,长远来看,统治阶级不会有能力诱导出[民众]这种服从。可敬的老人们不必然等于明智的老人们,后者是政治智慧的贮藏所。①

43. 不理解马基雅维利及其后继者们,是因为法国革命之后的视野迷惑了我们

我们用了很大篇幅来讨论马基雅维利关于宗教的思考,初看起来,这篇幅似乎大到不合尺度。产生这种印象是因为对一种意图存在一种普遍误解,这种意图不仅属于马基雅维利,而且属于整个一系列作为其后继者的政治思想家。我们不再理解,尽管这些思想家之间存在着一些巨大分歧,但一个事实把他们统一了起来,这个事实就是,他们都与同一股力量战斗,即与霍布斯所谓的黑暗王国

---

① [译按]关于"贮藏所",对比其在第 130 页的用法。
[原注 129]《君主论》9(31),19(57);《李维史论》1.4(105),1.13(132),1.37 开头,1.53(206),1.54,1.60,2.23(299),2.27(309),3.40(433)。尤参《佛罗伦萨史》3.13。参上文第 130 页。

(the kingdom of darkness)战斗;对这些思想家来说,这场战斗比任何纯粹政治问题都更重要。

我们越努力做到如下两点,以上状况对于我们就会变得越清楚,这两点就是:[第一,]我们重新学着像这些思想家理解自己那样理解他们;[第二,]我们变得熟悉所有这些思想家——哪怕在不同程度上——使用的充满暗示且难以捉摸的写作技艺(the art of allusive and elusive writing)。然后,这一系列思想家会像站成一排的战士(a line of warriors)一样出现,他们偶尔会中断他们针对共同敌人的战斗,以便相互之间展开或多或少热烈却绝无敌意的论辩。

法国革命彻底改变了政治思想的种种条件。首先,我们不禁从一种角度来阅读更早的思想家们,提供这种角度的正是政治思想那遭到改变的条件,或政治思想的新异处境。在解释这些思想家时犯的所有严重错误,都能归因于未能把握19和20世纪视野的偏狭性(the parochial character),这种视野难免假装比更早的任何时代的视野都更广阔。

44. 马基雅维利更明确地讨论了道德而非宗教,因为道德作为一个问题不及宗教那么重大

我们有理由区分马基雅维利关于宗教的教诲与他关于道德的教诲,因为他本人区分了宗教与正义,或区分了宗教与善。① 他对道德的讨论与他对宗教的讨论具有根本上相同的特性。在这两种讨论中,都存在着"第一次陈述"营造的台前(a foreground)与"第二次陈述"营造的幕后(a background),"第一次陈述"再现了为人们所接受的意见,"第二次陈述"则或多或少不同于为人们所接受的意见。

[232]但是,相比于对道德的明确讨论,对宗教的明确讨论占据了远远更小的篇幅。就明显同意或不同意为人们所接受的意见的

---

① [原注130]《李维史论》1.55(210—211),3.1(327)。

陈述而言,关于道德的这种陈述远远多过关于宗教的这种陈述。马基雅维利对待道德比对待宗教更少沉默(reticent)。将道德融入宗教,或使道德从属于宗教,导致如下结果:道德看起来不及宗教全面,从而也不及宗教根本。

45. 马基雅维利的道德-政治教诲,而非宗教教诲,是彻底新的——凭借一个人如何生活,而非凭借一个人应该如何生活,来找到一个人的定位——具有实践者的视角,从而具有范导性

如果人们渴望不迷失方向,人们就必须从马基雅维利在《李维史论》开头和《君主论》中间提出的一个主张开始,这个主张就是,他的全面教诲,或他关于种种基础(the foundations)的教诲,是新的。他主张这种新异性,显然是为了关于政治和道德的教诲,而非为了关于宗教的教诲;事实上,人们能认为,只有他关于道德和政治的教诲才是全新的。在他关于道德和政治的教诲中,马基雅维利不仅挑战了宗教教诲,而且挑战了整个哲学传统。

这种新异性相容于如下事实:他关于道德和政治的教诲包含了他之前所有人或某些人所知晓的许多要素;因为马基雅维利将这些要素融入一个新整体,或从一个新原则来理解这些要素。就算千真万确的是,某些更早的思想家知晓这个整体或这个原则,却没有内在一致地或明确地提出这个整体或这个原则,马基雅维利的主张也仍会完全得到正当化;或换言之,倘若千真万确的是,马基雅维利不同于这些前人之处只在于他大胆,则他的主张会完全得到正当化:这种大胆作为人们认为的大胆(that boldness as considered boldness),会预设可能公开倡议的东西的一种全新评估,从而也预设了对公众的一种全新评估,从而也预设了对人的一种全新评估。

马基雅维利以其新原则反对潜在于古典政治哲学之下的原则,从而指出了他的新原则。通过一个人应该如何生活,或通过一个人

应该做什么,或通过"好人"(the good man),传统政治哲学找到了自己的定位;由此,传统政治哲学得出了对某些共和国或君主国的描述,这些国家是想象出来的,但人们"从未见过且从不知道其真实存在",①或者说,这些国家只存在于言辞中。因此,传统教诲无用。由于马基雅维利关注有用性,故他更关注"事实真相",即更关注人们见到人们在[233]如何生活,或更关注人们见到人们在做什么,而非更关注想象出来的东西,也非更关注只存在于言辞中而非行动中的东西。因此,他更多得益于史学家们,即更多得益于描述人们事实上曾如何行动的著作家们,而非更多得益于比如君主镜鉴的作者们。

初看起来,马基雅维利对古典政治哲学的反叛,似乎仅仅表达了他对古典政治哲学的一种蔑视,所有时代的许多政治实践者(practitioners of politics)必定已然感觉到这种蔑视,这种蔑视就是崇尚行动的人们(the men of deeds)对崇尚言语的人们(the men of words)——哪怕不说对崇尚书本知识的人们——的蔑视。这种蔑视以某种方式在马基雅维利的教诲中持续存在着。但是,他的视角不等于实践中的政治人(the practicing politician)的视角。马基雅维利关注如何对国事进行推理,而且他非常频繁地对崇尚行动的人们言说,无论崇尚行动的人们是君主,还是针对君主的密谋者;但是,马基雅维利也关注如何"对一切进行推理",即关注在不允许求助权威或强力的情况下如何对一切进行推理,同时他也对仅仅试图理解"此世事物"的读者们言说。②

《君主论》和《李维史论》的教诲,不仅立足于对同时代事物的广泛实践或经验,而且立足于对古代事物的持续阅读。这种教诲结合了

---

① [译按]《君主论》15,对应中译本第 59 页第 2 段第 4 行。该表述亦见《思索马基雅维利》第 255 页和第 256 页。

② [原注 131]《君主论》15(参《佛罗伦萨史》7.24);《李维史论》1.18(143),1.58(217);1513 年 4 月 9 日和 12 月 10 日致韦托里的信。参上文第 77 页、第 164 页。

"一般知识"与"特殊知识"或"实践",因为在没有实践的情况下,人们不可能完美地拥有任何科学。恰当的顺序是从特殊知识——内在于实践中的知识——上升到一般知识。实践提供了有关一时一地个别社会的具体知识,实践者正是在这个社会中发挥作用;通过在特殊中认识普遍,人们可以得出有关社会"本性"(或有关此世事物"本性")的一般知识(或"坚实科学"[firm science]);由此获得的一般知识,后续能应用于其他任何社会,甚至能"从远方"进行应用。①

不再有必要表明,必须着眼于一个事实来修改这个方案,这个事实就是,必须把败坏社会内部的实践与对未败坏社会的阅读②结合起来,以便为人们提供进行一般化概括的充足基础(a sufficient basis for generalization)。正因如此,[马基雅维利]意在使之有用的"坚实科学"或"一般知识"至少在一定程度上具有规范性或范导性。马基雅维利没有以仅仅具有描述性或分析性的政治科学来反对古典著作家们(the classics)具有范导性的政治哲学,而是以真正的范导性教诲来反对错误的范导性教诲。从他的[234]观点来看,有一种知识关涉一个秩序良好的共富国的构成(what constitutes a well-ordered commonwealth),倘若缺少这种知识所提供的角度,就不可能真正地分析政治"事实"。③

46. 马基雅维利再现了 ἔνδοξα[一般意见]:善等于道德美德,或等于无私地有益于他人——这就是幸福,或通往幸福的道路——onesto[正直的]不等于 onorevole[尊荣的]

在马基雅维利能表明古典政治哲学无用或有误之前,他必须表

---

① [原注132]《李维史论》3.39,1.47;参《李维史论》与《君主论》各自的"献辞"。
② [译按]指书面学习,参本页稍前的"对古代事物的持续阅读"。
③ [原注133]《李维史论》1.24(153)。"应该"(debbe 或 debet)出现在《李维史论》全书的 21 个章题中,且出现在《君主论》全书的一个章题中;这两本书中共有三章(《君主论》14;《李维史论》1.21,3.17)以"……应该"开头。

明他已经理解了古典政治哲学。古典政治哲学声称根本上同意关于善的一般说法(what is generally said about goodness)。因此,马基雅维利必须再现关于善的一般说法的大意。他知道,这些一般持有的意见并非全无根据。这些意见包含他能保存的诸要素。此外,通过再现这些意见,他为自己配备了不可或缺的"第一次陈述"。正如他恰恰在攻击古典政治哲学原则时所表明的,他不否认存在好人们,而且关于什么是好人,他同意他的对手们。他知道,一般持有的关于善的意见,有一个属己的证据(an evidence of their own),且并不武断。

> 我知道,人人都会承认,如果君主拥有上述所有被认为好的品质,那么,这将最值得赞美。①

这里说的品质就是大方、好施、守信、勇敢、贞正、真诚、笃信宗教等等。除了存在有关正义的知识,还存在"有关正直的(honest)且好的事物的知识"。② 所有人都同样地理解优质与劣质,且都知道优质值得赞美而劣质值得谴责。这并不妨碍所有人在许多情况下劣质地行动,以至于正如人们普遍承认的,立法者们必须假定所有的人都劣质。③

更广意义上的好等于美德,即道德美德。有美德地行动,意味着以一个人应该的方式行动。美德包括许多美德,或许多值得赞美的品质,这些品质与恶德相反,即与值得谴责的且可憎的品质相反。

人们不能称之为美德的有:谋杀自己的公民同胞,背叛自

---

① [译按]《君主论》15,对应中译本第60页第3段前两行。
② [译按]《李维史论》1.2,对应中译本第150页第2段第4至5行。
③ [原注134]《君主论》15(49),18开头;《李维史论》1.2(98),1.3开头,3.10(122)。

己的朋友,不守信、不好施、不笃信宗教地生存。①

马基雅维利能把"美德"与但丁笔下的"正直"(probity)用作同义词。"好"也能指道德美德中的一种。好人是无私的人,无私的人避免伤害他人,且更多考虑如何有益于他人,而非有益于自己;因此,好人尤其是守法的人;如果好人是君主,那么,好人绝不会杀死一个臣民,除非通过正当法律程序。②

好是为了好目的而选择好手段的习惯。好目的是[235]共同善或公共善。③ 好手段是欺诈和非法强力以外的手段。好或美德既因其本身而值得赞美,又就其后果而言有用。好或美德有荣誉和荣耀相伴随,且保存王国和共和国,并使王国和共和国变得伟大。例如,共和国将其邻国当作兄弟而非敌人,就会增进自己的福祉,且君主最重要的关切是如何有益于自己的臣民。基于此,人们能轻易区分君主与僭主:严格意义上的君主充满美德,并献身于共同善,而僭主为野心和贪婪所促发,并只关切他自己的善;君主为他的臣民所爱戴,从而比僭主生活得远远更安稳,因为僭主为他的臣民所仇恨。马基雅维利评论道,君主不得不对抗大人物的野心勃勃和平民的傲慢无礼,且在某些情况下也对抗军人的残忍和贪婪;从以上评论中可以看出,应该对君主提出什么道德要求。无论如何,只有在共和国中人们才关切共同善,以至于人们能将共同善等同于公共自由(public liberty)。换言之,人们应当偏向共和国而非君主,因为共和

---

① [译按]《君主论》8,对应中译本第 60 页第 2 段第 5 至 6 行。
② [原注 135]《君主论》8(28,30),11 结尾,15(49),16(50),19(62),22(74);《李维史论》1.2(98),1.9(119),1.11(127),1.18(144),1.27,1.29 开头,1.30,3.1(328,329),3.20,3.21 结尾,3.24。参《佛罗伦萨史》4.16。
③ [译按]第 259 页和第 281 页也用到"公共善"。

国在道德上优于君主:共和国不及君主那么习惯于忘恩和背信(bad faith)。①

作为一种习惯的好,包含作为一种习惯的正直(honesty),前一种习惯就是有益于他人,后一种习惯就是不伤害他人,或不从他人那里剥夺其所拥有的好事物。由此可见,普通民众的要求比大人物的要求更正直:普通民众仅仅渴望保持拥有其所拥有的少量好事物,或者说,仅仅渴望不受到压迫,而大人物渴望压迫[普通民众]。好首先是尊重拥有(respect for possession):一开始就一无所有的人,或没有被他人剥夺过任何事物的人,不可能在体面问题上抱怨什么(in decency complain);除了对恩惠的要求以外,这种人一无所有。接受恩惠或利益的人有义务感恩。另一方面,只需享用自己所拥有事物的人(he who is merely left in possession of what he has),或没有受到伤害的人,则感觉不到任何义务。如果好在于献身于共同善,那么,好人会满足于拥有极少的属己事物:好共和国会使其公民们保持贫穷,并使共同财富(the commonwealth)保持充足。②

不仅对正直事物的考虑,而且对尊荣事物的考虑,③引导着有美德的人。尊荣的事物就是给一个人以显赫声名的事物,或[236]使一个人变得伟大并穿上华服的事物。因此,不寻常的美德,而非寻常美德,是尊荣的。既拥有不寻常的美德,又意识到自己拥有这种美德,比仅仅拥有这种美德更尊荣。既意识到自己具有更高价值,又根据这种意识来行动,是尊荣的。因此,既依靠自己,又在坦

---

① [原注136]《君主论》8(28),19(60-61);《李维史论》卷一前言(89),1.4(104),1.9-10,1.18(145-146),1.27(158),1.29,1.58(218),1.59,2.2(235-236),2.21(292),2.24(301-302),3.16(380),3.20,3.40开头。参《佛罗伦萨史》4.11结尾。

② [原注137]《君主论》9(31);《李维史论》1.6(109),1.16(138),1.29(159),1.37(176),3.25。

③ [译按]"正直"的原文honest和"尊荣"的原文honorable均源于honor[荣誉]一词。

率会带来危险的时候仍然坦率,是尊荣的。表现出虚弱的迹象,或拒绝战斗,则无尊荣。公开发动战争反对君主,比密谋反对君主更尊荣。战败比其他任何形式的失败更尊荣。战死比饿死更尊荣。高贵的出身是尊荣的。一个具有不寻常美德的青年贵族,比一个具有同等程度美德的较年长贵族,更容易获得尊荣。①

  正直事物与尊荣事物之间的隐含区分,使我们记起正义与灵魂伟大之间的区分,正义与灵魂伟大是亚里士多德伦理学的两个顶点。值得注意的是,马基雅维利在最引人注目的那些文段中避免提及正义。例如,他在最全面地列举值得赞美的品质时,就没有提及正义。②

---

① [原注138]《君主论》19(64);《李维史论》1.6(112),1.33(168),1.58(218),2.10(258),2.23(298),2.30(318),3.2(332),3.10(367),3.31。
② [原注139]《君主论》15(49)。这个公认不完整的罗列包含11种美德,以及相应的11种恶德。头两种美德(大方与给予的美德[the virtue of giving])之间的区分在下一章遭到抛弃;[339]因此,我们事实上只有十种美德,其中没有一种是正义。这个数目让我们记起亚里士多德《尼各马可伦理学》(1106b33—1108b9)中的美德数目,那里列举了十种涉及激情的美德。另外,

> 如果人们加上涉及发挥作用(operations)的正义,那么,总共会有11种美德。

见托马斯·阿奎那《神学大全》第二集,第一部,问题60,第5条,正文部分([译按]"第二集,第一部"原文为用空格隔开的1和2,这是约定俗成的注录法)。马基雅维利让我们记起亚里士多德的伦理学,从而提醒我们注意马基雅维利对于这种学说的暗中批评。马基雅维利对十种美德的罗列,似乎完全不讲次序;例如,在列举多种美德与相应的恶德时,他在五种情况下以美德开头,并在五种情况下以恶德开头;而一旦人们记起,从他的观点来看,笃信宗教不可能是美德,这个困难就不复存在了。无论如何,这番罗列的前半部分以人性(马基雅维利以人性取代了谦卑)结尾,而后半部分以笃信宗教结尾。人们受到诱导而说,马基雅维利颠倒了这两番罗列(the two Tables)的次序。

47. ἔνδοξα[一般意见]（λόγοι[诸言辞]）与ἔργα[诸行动]之间存在冲突 → λόγοι[诸言辞]之间也存在冲突；公开的[诸言辞]与私人的λόγοι[诸言辞]之间存在差异

马基雅维利提到过如下事实，即所有人都同意，应该赞美优质或美德，并谴责劣质或恶德，从而也应该赞美有美德的统治者们，并谴责僭主们；在提到以上事实之后，马基雅维利注意到，著作家们最高度地赞美僭主凯撒，且不留心的读者们由此而作出同样的赞美。人们也许能提出一点来解决这个难题，这一点就是，尽管人们清楚地掌握了诸第一原则，即清楚地掌握了一般事物，但在这些原则的应用上，或在特殊事物上，人们容易受到欺骗。

但是，据马基雅维利所说，真实情况恰恰相反：人们在一般事物上比在特殊事物上更容易犯错。因此，"人们同意应该赞美优质或美德"这个事实没有解决优质或美德的地位问题。人们一般所说的，等于大多数人在大多数时间所说的，或等于人们公开所说的。因此，关于优质或美德的普通意见在如下这些国家中最有效力：在这些国家中，公共议事会，即议事会民众，基于公共协商作出最重要的种种决议。因此，只有傻人才会把这些意见当作口水话（mere words）而不屑一顾，同时竟然相信自己能理解政治事物。就算美德与恶德的实质是"声名"（names），以至于重要的[237]不是一个人有美德，而是一个人具备有美德的人的声名，但这样的声名带来了好名声或坏名声，从而也带来了权力或无权力。然而，私人协商以许多方式为公共协商作了准备，并影响了公共协商，[只不过]一般持有且可公开辩护的意见的权力，在私人协商中比在公共协商中更弱。①

由此，一般持有的意见似乎是一种表面现象。所以，问题来了：

---

① [原注140]《李维史论》1.10(122-123)，1.47，2.22；《君主论》16。参上文第103-104页。

人们如何能以有序且令人信服的方式从起初给定的事物,即从光天化日之下人人都能知晓的事物,行进到隐藏的核心？尽管所有人都赞美优质,但大多数人劣质地行动。看来,只需使明显的言辞与同等明显的行动对质,人们就能认识到,一般且公开的说法包含了什么谬误。但是,与赞美优质的言辞相矛盾的行动,没有证明这些言辞不真实,即没有证明人们不应该有美德地行动；这些行为本身仅仅证明了,大多数人事实上并未有美德地行动。然而,言辞——称赞性的言辞——也表达了人们在大多数情况下的行动方式。所以,种种称赞性的言辞之间相互矛盾。

因此,马基雅维利对道德的分析会始于对一些自相矛盾的观察,这些自相矛盾内在于人们一般地且公开地赞美的事物之中。这种分析的次序必须区别于其结论的呈现次序。在马基雅维利作品[《李维史论》]的靠近结尾处,他用如下这句话指出了他的处理方式:

> 尽管在任何行动中使用欺诈都可憎,但在战争行为中使用欺诈值得赞美,且带来荣耀。①

普通意见一方面无条件谴责欺诈,另一方面赞美某些情况下实施的欺诈。我们可以说,普通意见犹豫不决地且自我不一致地采取了一条中间路线,这条路线的一边是无条件谴责欺诈,另一边是无条件赞美欺诈。绝非偶然的是,以刚才引用的句子开头的那一章,即《李维史论》全书第133章[3.40],以全书七次对"中间路线"的提及中的最后一次结尾。②

---

① ［译按］《李维史论》3.40,对应中译本第571页前两行。
② ［译按］关于此处所说的"七次",参第92页译按。
［原注141］《李维史论》3.40。对中间路线的这一次提及之前的最后两次是在3.21（塔西佗章群的居中一章）和3.2。在3.40,马基雅维利提到了2.23（居中那次对李维文本的布道）对于中间路线的讨论。

48. 美德作为中道:与灵魂平和相反的恶德只有一种,这种恶德仅仅看起来是两种相互反对的缺陷

对美德的普通理解经典地体现在亚里士多德的如下断言中:①美德作为恶德的反面,是两个有缺陷的极端之间的中项或中道,这两个极端就是不及(a too little)与过(a too much),二者相互反对。马基雅维利偶尔见证了,这种分析是真实的。君主的[238]行事方式必须达到如下效果:过于自信不会使君主不谨慎,过于不自信(或在自信上不及)不会使君主不可忍受。罗马民族尊荣地保持其地位,是因为其既没有高傲地统治,也没有卑微地服从。自由是君主制或僭主制与放任之间的中道(Liberty is the mean between principality or tyranny and license)。

然而,另一方面,民众谴责"中间路线"(la via del mezzo)是有害的东西。好施和正义鄙视不果断的、温吞的人们,这些人既不支持也不反对神。再者,我们可以根据亚里士多德所说的补充道,正义不是两种恶德之间的中道,而是只与一种恶德相反;就其他某些美德来说,习惯用法并不支持亚里士多德的观点:无论所谓的中道,还是两种所谓相互反对的恶德之一,都没有名称,也许因为人们没有一般地视之为美德或恶德。

无论如何,马基雅维利不动声色地拒斥了如下观点:美德是两种恶德之间的中道。在他最全面地列举美德和恶德时[《君主论》第15章],每一种美德都看起来是一种单独的恶德的反面。在其他场合,他对比了卓越之人或大人物的灵魂平和(the equanimity)②与虚弱之人身上相反的一种单独恶德;这种恶德在于两个"缺陷",一个是自负或高傲,另一个是可鄙或谦卑。

他意在传达的东西可以陈述如下。这两个相互反对的缺陷只

---

① [译按]第 244 页和第 253-254 页也出现过这个句式。
② [译按]此词亦见第 295 页。

是同一种恶德的两个面相,这种恶德以相互反对的两个形式在相互反对的两种情况下出现;如果人们没有在这两个[面相]各自之中都看到另一个同时在场,那么,人们不会理解这两个[面相]中的任何一个。另一方面,[灵魂平和]这种美德在所有情况下都作为同一种美德出现;这种美德稳定且不变,因为它立足于"关于此世的知识"。①

49. 美德作为中道:大方不是浪费与吝啬之间好的中道——正义需要吝啬

马基雅维利在他最全面地列举美德和恶德时[《君主论》第 15 章],一开始就区分了大方的美德与给予的美德。这种区分与托斯卡纳话的习惯用法有关。托斯卡纳话以某种方式区分吝啬与豪夺(stinginess and rapacity)。如果吝啬与豪夺是两种不同的恶德,且如果每一种恶德都是一种美德的反面,反之亦然,那么,必定存在两种美德,分别对应吝啬与豪夺。吝啬的人"过"于避免使用自己的东西,而豪夺的人渴望通过掠夺(rapine)来获得属于他人的东西。由于吝啬是一种过度("过"),故吝啬似乎需要一个对应的缺陷("不及"),即浪费(prodigality);[239]马基雅维利不动声色地否认了这一点,他所用方式是,为大方分配了唯一相反的恶德,即吝啬。吝啬是关于财产使用的唯一恶德,而豪夺似乎是关于[财产]获得的唯一恶德。令我们惊诧的是,马基雅维利将与豪夺相反的美德确认为给予的美德:他不动声色地用给予的美德取代了正义。他暗中提及,与大方相反的恶德有两种;他还暗中提及了一种正义,并认为与这种正义相反的恶德只有一种。

在下一章[《君主论》第 16 章],他在某种程度上解释了,这两番暗中提及是什么意思。此章的标题是"论大方与小气(parsimo-

---

① [原注 142]《君主论》9(31),15(49),17(52);《李维史论》1.58 (218),3.31(411-413)。参李维《自建城以来》9.3.11,9.12.2。

ny)"。因此,此章似乎致力于讨论如下这些美德,这些美德处理如何使用并保存财产,而非如何获得财产。马基雅维利说,君主渴望人们认为他大方,故君主必须表现出奢华(sumptuousness)的一切迹象。通过这么做,君主最终被迫变得吝啬:大方的美德必然变成吝啬的恶德和恶名。对大方来说是如此,对浪费来说甚至更是如此;这就是为什么大方与浪费之间的差异无关紧要。君主应该实践小气;通过小气,君主将得以大方,因为君主将不会被迫掠夺自己的臣民,或将不会变得豪夺。在后文,马基雅维利撤回了他在大方与给予的美德之间作出的区分:不应该区分大方与给予的美德,而应该区分大方与正义。小气必然作为吝啬的恶德出现,但这种恶德比大方的美德更可取。①

马基雅维利的结论似乎不必然令人震惊,他本可以仅限于用小气的美德取代大方的美德。更准确地说,赞美小气是因为小气阻止人们变得豪夺,从而也阻止人们变得不义;以上这一点使马基雅维利原本可以满足于说,正义的美德需要牺牲大方的美德。只有通过思考他对正义的说明,我们才能理解,为什么他否认有美德的中道是可能的。

50. 正确的道路,即 κατὰ φύσιν[遵从自然]的生活,确实是一种中道——但这不是两种相互反对的恶德之间的中道,而是美德与恶德之间的中道

马基雅维利提出了如下问题:对共和国更好的是致力于获得,即获得属于他人的东西,还是致力于保存自己拥有的东西,即放弃野心? 初看起来,第二条路似乎更可取。这条路是一条中间路线,它的一边是从他人那里夺走[240]属于他人的东西,另一边是自己拥有的东西被他人夺走。然而,由于所有属人事物都在流变(in a

---

① [原注 143]《君主论》15-16。

flux),故人们不可能总是做理性所建议的事情,而是必须有时做必然性所要求的事情:一个仅限于进行保存的自我一致的政策(a consistent policy limited to preservation)没有可能。人们必须[在两条路线中]做选择,[一条路线]是自己拥有的东西被他人夺走,[另一条路线]是从他人那里夺走他人拥有的东西。但是,后一条路线比前一条路线更尊荣。因此,人们不能仅限于牺牲给予的美德;人们必须选择豪夺的恶德。或者说,如果人们愿意的话,那么,人们也许可以说,真正的大方,或给予的美德,在于送出从外人或敌人那里夺走的东西;大方的美德立足于豪夺的恶德:模范君主居鲁士仅仅在这个意义上大方。①

正义作为一种稳定的中道没有可能,这种中道的一边是自我否定,或送出自己拥有的东西,另一边是不义;一种支持后者的偏向是必然的和尊荣的。② 马基雅维利还以如下形式讨论了这同一个难题。人们在善道(the way of good)与恶道(the way of evil)之间做选择,但

> 人们采取了某些最有害的中间路线,因为人们不知道如何完全作恶(to be altogether evil),也不知道如何完全行善(to be altogether good),这一点会在下一章通过一个例证来表明。③

我们忽略了如下事实:马基雅维利在此声称,"某些中间路线"而非恶的路线才"最有害"。那个应许的例证表明,一位缺少善意和良

---

① [原注144]《李维史论》1.6(110-112);《君主论》16。

② [原注145]《李维史论》1.2(98)表明,尤其当与珀律比俄斯《罗马兴志》6.5.10-6.6.9进行对比时,关于正义的知识预设了实定法(不存在自然正当[natural right]),而关于正直(道德)的知识先于实定法而存在。参上文第236页。[译按]本书仅在此注中提及"自然正当",且这种提及呈现为对自然正当的否定。

③ [原注146]《李维史论》1.26。[译按]对应中译本第222页最后三行。

知的僭主,不敢犯下某种恶行:这位僭主采取了一条最有害的中间路线,因为他不知道如何完全作恶。但是,马基雅维利声称,这位僭主不敢犯下的恶行——这种恶行因其严重(greatness)而本会盖过所有恶名——是"尊荣地作恶";这位僭主以前的行动是无条件作恶,即完全作恶;因此,也许可以把这位僭主没能犯下的恶行,描述为善与恶之间的一种中道;正是通过尊荣地作恶,这位僭主本不会保持完全作恶。不是所有中间路线,而是只有"某些中间路线"才最有害。

让我们以一位有美德的君主取代这位僭主,这位君主以前的行动是完全行善;如果出于自己的善或美德,这位君主克制住而没有像上述那样尊荣地作恶,那么,这位君主本会像上述僭主一样值得谴责:他本会值得谴责,是因为他保持完全行善,而非在善与恶之间采取一条中间路线。因此,[241]无论如何,对于君主,正确的道路似乎确实是一种中道;但这不是两种相互反对的恶德之间的中道,而是美德与恶德之间的中道。

正如我们在前文所见,据马基雅维利所说,面对欺诈时正确的路线是一条中间路线,它的一边是无条件拒绝欺诈,另一边是无条件赞同欺诈。人性值得赞美,并使人被爱,而残忍可憎,并使人被恨;然而,"真正的道"在于并不渴望"过"于被爱,从而也在于并不过于人道;"真正的道"在于人性与残忍的某种结合:"真正的道"是"中间路线"。不可能严格保持"中间路线",因为我们的本性不允许走"中间路线";但是,应该尽可能保持"中间路线"。君主必须知道,如何使用人性与兽性:君主必须遵从人性与非人性之间的中间路线,因为人性与善适合一种情况,而相反的那些恶德适合相反的情况;由于"时代在变",故从美德变为恶德或反之,即美德与恶德之间的运动,是正确路线。①

---

① [原注147]《李维史论》3.3(334),3.9(363-364),3.21;《君主论》18(55):mezzo bestia e mezzo uomo[半兽半人]。

因此，人们可以谈论美德与恶德之间存在相似性：无条件的美德与无条件的恶德均是有缺陷的极端。真正的道是模仿自然的道（the way which imitates nature）。① 但是，自然可变，而不像美德那样稳定。因此，真正的道在于美德与恶德之间的交替：庄重（或完全献身于伟大事物）与轻浮之间的交替，有恒心与无恒心之间的交替，贞正与淫浪（lasciviousness）之间的交替，等等。由此，伟大的洛伦佐·美第奇②既度过了纵欲的（voluptuous）一生，又度过了庄重的一生；因此，似乎在他内部有"两个不同的人"通过一种看起来不可能的纽带统一在一起；然而，正是这种纽带符合自然。③

人们一般承认，美德与恶德之间的交替以某种方式发生在所有人身上；有争议的是如何解释这种现象：马基雅维利称这种交替是自然的，而他所攻击的传统把这种交替理解成罪孽与悔改之间的交替。然而，马基雅维利所赞美的这种符合自然的交替，并不在于一时被推或被拉向一个方向，另一时又被推向或被拉向反方向；这种交替在于选择美德或恶德时，着眼于什么东西"为谁、对谁、何时、何地"才适合（what is appropriate "for whom, toward whom, when and where"）。

例如，对于君主和像马基雅维利这样的人，上述交替会有所不同。[242]这种交替是一种运动，这种运动由明智来引导，且由头脑的力量，或意志的力量，或脾性的力量来维持。因此，总是需要明智和这种力量：尽管就道德美德而言，君主看起来拥有道德美德就够了，但就明智而言，同时就头脑的力量而言，或就意志的力量而言，

---

① ［译按］《道德经》第 25 章有看似相同而实际上不同的说法："道法自然。"

② ［译按］"豪华者洛伦佐"的另一个叫法。

③ ［原注 148］1514 年 8 月 3 日和 1514 年 1 月 31 日致韦托里的信（参《君主论》15）；《佛罗伦萨史》8.36。参《李维史论》1.6(111-112)。

君主需要明智和这种力量的实质。①

换言之,明智(判断力),以及头脑的力量,或意志的力量,或脾性的力量,是仅有的如下这些美德,这些美德既得到一般认可,又真正拥有一般而言的美德所具有的得到一般认可的特性(the generally recognized character of virtue in general):这些美德本身总是有益的。一方面,一个人可能把道德美德和道德恶德(如笃信宗教和残忍)用得好,也可能用得坏,因为明智必须规制对道德美德和道德恶德的使用;但另一方面,一个人不可能把明智用得坏,或用得不明智。②

马基雅维利故意用自己的习惯用法模糊了一个事实,而我们必须强调这个事实,这个事实就是,他的"美德"学说仍然承认,(道德)美德与(道德)恶德之间一般认可的对立是要紧的、真实的、现实的。这个事实也许能提供最有力的证据,用以证明他的思想既是魔鬼般的也是清醒的。这并非否认而是肯定,在他的"美德"学说中,道德美德与道德恶德之间的对立,变得从属于另一类卓越与[另一类]无价值之间的对立。

马基雅维利最简单地表达了道德美德不同于某些另类的卓越,他所用方式是,区分善(即道德美德)与美德,或拒绝给予道德美德以美德之名。事实上,在大多数情况下,他在不同于道德美德的意义上使用"美德"一词。他最有力地提醒我们注意,他的习惯用法是故意为之;他的提醒所用方式是,对于罪恶的阿伽托克勒斯,马基雅维利刚刚拒绝把美德归于他,就立马把美德归于他(in one breath

---

① [原注149]《君主论》17(52),18(56);《李维史论》3.21(390-391)。参《李维史论》2.24(209)。

② [原注150]《君主论》8(30);《李维史论》1.13(132),1.15(136),1.41。在《李维史论》1.51,马基雅维利谈到"这种用得好的明智",但他在那里用"明智"指明智的一个准则或规则(a maxim or rule of prudence);参2.26开头。

denying and ascribing virtue to the criminal Agathocles)。① 根据马基雅维利特有的习惯用法,人们会不得不说,善与缺德之间的交替,必须由明智来引导,并由美德来维持。

51. 马基雅维利拒绝 via del mezzo[中间路线],因为它关系到 summum bonum[最高的善]和 ens perfectissimum[最完美的存在者]的观念,即"一种完美地摆脱了恶的善"的观念。

在最着重提到"中间路线"时,马基雅维利质疑了"中间路线"的可欲性或可能性。如果人们更悉心地考察,他如何评论这个主题,那么,人们会看到,他支持"某种中间路线",而非相应的两个极端。② 我

---

① [原注151]《君主论》8(28)。在《李维史论》1.10(123),马基雅维利把"美德"归于"罪恶的"塞维鲁斯。在《李维史论》1.17(141),马基雅维利区分了"善"与"美德",以便表明重要的是美德。关于善与美德之间的区分,亦参 3.1(327-328)。亦参《佛罗伦萨史》4.1 和 7.13 在智者与好人之间所作的区分。根据"美德"含义的变化,[马基雅维利]也在非道德的意义上使用"真实的生活"和"应有的中道";参 1.41,1.48,3.9;参《君主论》7(21)和 12(40)如何讨论斯福尔札。参上文第 47 页。

② [原注152]当马基雅维利唯一一次在一个章题中提及中间路线时([译按]参第 92 页译按),他说,罗马人在表决通过对他们的统治对象所作的判断时(in passing judgements on their subjects),避免采取中间路线(《李维史论》2.23)。在《战争的技艺》卷一(466-467),马基雅维利建议,在征招士兵时,在纯粹强迫与纯粹自愿之间采取中间路线(nè tutta forza nè tutta volontà[既非完全强制,也非完全自愿];参《李维史论》1.23);亦参《战争的技艺》卷三(527)。在《佛罗伦萨史》4.1,马基雅维利事实上建议了一种自由,这种自由是奴役与放任之间的中道。

[340]在《李维史论》1.47,他谈到了罗马贵族采取的一条中间路线;这条中间路线在于,罗马贵族接受以拥有执政官权力的保民官们取代执政官们,这种取代既满足了贵族也满足了平民;事实上,平民把这条中间路线强加给了贵族;贵族接受这条中间路线,是因为贵族可以确定,[第一,]贵族暂时接受这条中间路线,不会招致任何严重损失,[第二,]这条中间路线不会长期有效(参

们仍然不得不思考:看起来无条件拒绝中间路线,难道没有传达一个重要信息? 马基雅维利挑战了整个宗教和哲学传统(the whole religious and philosophical tradition),在这个意义上,他是极端主义者。

[243]然而,出于前文提出的理由,他被迫隐藏其创新的全部程度,还被迫频繁地暗示,事实上在他的观点与种种传统观点之间存在着何种妥协。为了抵消马基雅维利自己的种种迁就(accommodations),就有必要谴责中间路线本身。① 愿意满足于妥协,根源于人想要兼得鱼与熊掌(to eat his cake and to have it)的强烈欲望。人们渴望完美地好好结合所有好事物,这种结合拥有其自身之中那些要素的所有优势,且摆脱了这些要素的缺陷。例如,人们看到,君主国(monarchies)与共和国各有其美德,也各有其缺陷;因此,人们希望,有一个混合国家结合君主国(the monarchy)与共和国各自的优势,并摆脱二者各自的缺陷;人们忽视了如下事实:这种混合或中道劣于其相应的两个极端,因为其不及这两个极端那么稳定。②

《李维史论》1.39 结尾)。在这种情况下,采取这条中间路线是明断之举。

根据《李维史论》2.23,罗马人避免采取如下中间路线,即宽恕残敌(或优待残敌)与毁灭残敌之间的中道;在决定战败的拉丁人的命运时,罗马人会考虑每个重要城市的[具体]情况,从而决定应该优待还是摧毁这个城市;罗马人避免采取"中立路线",这条"中立路线"本来在于同等对待每个城市;因此,罗马人所采取的非中立的或有所区分的路线,在某种意义上就是不加区分的优待与不加区分的摧毁之间的中间路线。亦参上文第 156-157 页。

在《李维史论》3.2,马基雅维利谈到一条中间路线,这条路线"若能够得到遵从",就会是"最真实的[路线]",但……我相信这不可能"([译按]此处方括号内容为施特劳斯所补);这条路线在于,既不太靠近君主们,以免卷入君主们的覆灭,也不太远离君主们,以免无法从君主们的覆灭中获益;对于没有能力对一位君主公开发动战争的人们,马基雅维利建议的路线是,靠近这位君主,并装作这位君主的朋友:隐藏之敌的路线是敌人的路线与朋友的路线之间的中间路线。

① [原注 153]亦参上文第 81 页,第三章[第 165 页]注 179。
② [原注 154]*Opere*, vol. ii, pp. 530-531。

一般说来,不论简单的善,还是结合的善,都不会不伴随着恶,以至于人们能说,所有选择都是在诸恶之间做选择。如果某种制度看似完全有益,那么,人们能确定,这种制度会被证明带有一种未知的(unsuspected)①恶,以至于人们迟早会被迫修改或废除这种制度;人们总是会需要新的模式和秩序。②

古典哲学所理解的最佳政制和幸福没有可能。不可能存在一种满足所有合理要求的政治秩序,也不可能存在一种满足所有合理欲望的个人状态。不过,马基雅维利似乎仍然承认一种 summum bonum[最高的善];他赞美异教徒在如下事物中看到了最高的善,这种事物就是此世的荣誉,或更准确地说,就是"头脑的伟大、身体的有力,以及其他所有易于使人们变得最强大的事物"。③

为了理解这个文段,我们必须回到马基雅维利关于阿伽托克勒斯的评论。阿伽托克勒斯的头脑格外伟大,他的身体也有力,但他明显缺少道德美德;由此,他也许能获得帝国,但也许不能获得荣耀;人们能判断道,他并不劣于任何最卓越的统帅,但他那些恶德和罪行不允许人们把他算入最卓越的人们之列。④

看来,[第一,]"其他易于使人们变得最强大的事物"是道德美德;[第二,]正因如此,据马基雅维利赞美的异教徒们所说,最高的善在于最全面意义上的美德,即在于如下品质,这种品质使一个人不仅成为最卓越的统帅,而且成为最卓越的人。因此,最卓越的人会[244]好到没有任何缺陷——这一点与马基雅维利的一个断言相反,这个断言就是,每一种善都伴随着它自己的恶。然而,每个人无

---

① [译按]unsuspected 仅仅另见于第 295 页。
② [原注 155]《君主论》21(73);《李维史论》1.6(110),1.49,3.11(368),3.17 结尾,3.37 开头。
③ [原注 156]《李维史论》2.2(237-238)。
④ [原注 157]《君主论》8(27-28)。参《李维史论》3.31。然而,请比较《李维史论》2.18(280)与 3.21。

论多么好,都有自己特定的一些局限,或者说,无人分有能使人变得高贵的所有卓越:无人完整(no man is complete);一个"普遍的人"(universal man)是想象出来的存在者。最完美的君主或统治者不可能拥有民众有能力拥有的特定卓越,而这种卓越并不劣于君主的卓越。①

如果一个人是诸君主与诸民众共同的老师,或者说一个人是发现了遵从自然的模式和秩序的思想家,那么,人们能说,这个思想家的卓越是人有能力拥有的最高卓越。然而,如果在所有奴役中有一种奴役必定最为降低这个思想家的身份(what to him must be the most degrading of all servitudes),而这个思想家没有遭受这种奴役,那么,上述那种最高自由[即那种最高卓越]不可能变得有效力。或者说,如果为轻浮所促发,这个思想家会从遭受这种奴役中获得享受,那么,他会失去其同伴们(his fellow men)的尊重。结论是,卓越,以及每个类型或程度的卓越,都必然带有其特定的缺陷或恶;如果卓越在于道德美德与道德恶德之间的交替,那么,上述结论得到了强化。

总之,马基雅维利在如下两个层面拒绝中道:[第一,]中道的观念关系到如下两种观念,一种观念是排除了所有恶的完美幸福,另一种观念是绝对完美的属人存在者或"普遍的人";[第二,]这样一来,中道的观念也关系到如下观念,即绝对最完美的存在者本身,这种存在者最突出地拥有所有完美性,并由此而不可能是恶的原因。②

---

① [原注 158]《李维史论》1.58(220),2.24(305),3.9,3.13。
② [原注 159]《李维史论》此处对中间路线的批评,对应于《君主论》21 (71-73)对中立的批评。马基雅维利在《李维史论》2.23(297)指出了"中间路线"与"中立路线"之间的关联,并在此章之前一章批评了一种特殊形式的中立(2.22)。为了理解《君主论》关于中立的这个文段,人们不得不思考两件事。[第一,]对中立的批评对应关于模仿机运女神(the imitation of Fortuna)的评论,

52. 美德是自愿的：马基雅维利为 liberum arbitrium［自由裁断］辩护，以反对机运女神，即反对上帝——人能做自己命运的主人——但是：运气立足于自然和必然性→ 自由与必然性之间是什么关系？

对善的普通理解经典地体现在亚里士多德的如下断言中：［第一，］美德是好好做选择的习惯；［第二，］好好做选择或不好好做选择（choosing well or ill）是自愿的，且好好做选择或不好好做选择的习惯（美德或恶德）同样是自愿的——人造成了自己已经变得有美德或有恶德，并造成了自己正在变得有美德或有恶德。人能选择好或坏，人拥有一种自由意志。这种自由相容于"自然而绝对的必然性"，通过这种必然性，人倾向于完美的善或真正的幸福；这种自由也相容于如下必然性，通过这种必然性，种种手段——或特定的善事或恶事——关系到种种目的或一个目的：当人没有某种手段就不可能达到自己的目的，或不可能好好达到自己的目的时，人通过选择这种手段而自由地做选择。

但是，意志的自由不相容于强迫的必然性，通过这种必然性，一个人在严格意义上受到其他实施行动的人们所强迫（literally compelled by other agents），[245] 从而违背这个人的自然倾向而行动。马基雅维利似乎采纳了这个观点。在他的［《君主论》和《李维史论》］这两本书中，他一直在教诲人应该做什么；与这个事实相应，他明确拒绝了"许多人"所持的一个意见，即运气和上帝统治着此

前者出现在第 21 章的居中位置，后者出现在第 20 章的居中位置；某种程度上，对中立的批评立足于对正义力量的信念。[第二，]随着对正义力量的信念或对模仿机运女神的信念得到弱化，支持中立（或中间路线）的论据相应地得到强化。参上文第 59-60 页，第 82 页，第 220-221 页，第三章［第 111 页］注63。[《君主论》和《李维史论》]这两本书以不同方式处理"中立路线"，这种不同揭示出这两本书之间的关系。

世所有事物:这种意见不相容于对自由意志的承认,同时也不相容于对明智和美德的承认。

马基雅维利宣称,运气统治着我们种种行动的一半,而"我们的自由意志"或"我们"统治着另一半。看来,只有运气限制着"我们的自由意志"或"我们";看来,没有余地留给自然或必然性。除了美德以外,或除了对我们的自由所进行的智慧使用以外,所有事物都不能抵挡运气;美德哪怕不能打破运气的力量,也能限制运气的力量;美德能征服运气,这就是说,美德能使运气服务于它。人能做自己命运的主人。然而,运气预设了自然和必然性。①

因此,问题与其说涉及自由与运气之间的关系,不如说涉及另一个关系,这个关系的一边是自由,另一边是自然和必然性:美德能像控制运气那样控制自然和必然性吗?

53. 美德不相容于必然性,但美德也等于服从必然性——因为:人必然犯下罪孽

如果美德的核心是意志的自由,那么,有美德的行动在于自由地选择正确手段来达到正确目的,或在于自由地选择去做理性或明智表明应该做的事情。美德促发的行动根本不同于必然性促发的行动,只有前者才值得赞美。例如,出于大方而减轻普通民众的负担,彻底不同于出于如下原因而做出同样的行动,这个原因就是,必然性强迫一个人这么做,或一个人除了这么做以外别无选择。有美德地行动意味着,遵从理性,并在这么做时不服从必然性。然而,并非总是有可能遵从理性(例如,做大方的或正义的人)。必然性强迫人们做理性所不赞同的许多事情。在这样的情况下,有美德地行

---

① [原注160]《君主论》25。参上文第215-221页。
——参托马斯·阿奎那《神学大全》第一集,问题82,第1条。

动在于服从必然性,①乃至服从犯下罪孽的必然性。必然性使人们不可能总是遵守我们可以称为道德法(the moral law)的东西。②

由于民众归于人的自由远远大于人拥有的自由,或由于民众忽视了必然性的力量,故民众频繁地谴责人们做出了被迫做出的行动。例如,民众相信,正是凯撒的缺德造成了罗马共和国衰亡:正如凯撒之前的斯基皮奥,凯撒也在自己的祖国自由地生活过;民众没有看到,罗马共和国衰亡,是因为它[246]先于凯撒而败坏,且这种败坏的原因包括与土地法相关的斗争,也包括军事指挥权时限的延长(the prolongation of military commands),更不用说包括罗马荣耀的征服所造成的不可避免的毁灭性后果,也更不用说包括如下事实,即罗马共和国对凯撒表现出的忘恩可以用于为凯撒的行动辩解。③

54. 人们的种种天性强迫人们以特定方式行动——不寻常的美德是自然的馈赠,这种美德不是人们自愿拥有的,反而对有这种美德的人施加强迫——愚蠢与此相似

如下两个问题相互等同:一个问题是人能否控制自然和必然性,另一个问题是人控制运气的能力有什么确切特性。人的运气或运势(luck)好还是坏,在相当大的程度上取决于人的行动模式是否符合人所生活"时代的品质"。由于人不可能改变时代,也不可能影响时代的改变,故人不可能控制运气,除非人有能力根据变化着的时代而改变人的行动模式,或使人的行动模式适应给定的"质

---

① [原注 161]《李维史论》1.2(100),1.6(111-112),1.14(133-134),1.18(145),1.38,1.51。

② [原注 162]《君主论》8(27,30),12(41),15(49);《李维史论》,1.9 结尾,1.17(138),1.29(159),2.10(256),3.30(409)。

③ [原注 163]《李维史论》1.10(122-124),1.17(141),1.29(161),1.37(176),2.6,3.24-25。参上文第 190-191 页。

料":一个完美地明智的人是这样的人,他会是明智的化身,或更确切地说,会是脱离了身体的明智(disembodied prudence),唯有这样的人才可能控制运气。

但是,一个人改变其行动模式的能力有限,且这最终是因为如下事实:人人都有一种以特定方式行动的自然倾向,即一种人人都不可能完全改变的倾向。一个人的特定天性远非由这个人决定,即远非由这个人的选择或自由意志决定,而是决定了这个人,即决定了这个人的选择或自由意志。例如,法比乌斯·马克西穆斯谨慎,并非凭借选择,而是凭借自然;"自然迫使"他谨慎行事,或他的"脾性"迫使他谨慎行事。法比乌斯的谨慎是如此,索德里尼的耐心和谦卑、教宗尤利乌斯二世的相反品质、曼利乌斯·卡皮托利努斯的"邪恶天性"、阿皮乌斯·克劳狄乌斯的"天生(innate)傲慢"、雷米罗(Remirro)的"刻薄(bitter)天性"、①斯基皮奥的仁慈、曼利乌斯·托夸图斯的严厉也是如此,所有人的相应品质当然都同样是如此:

> 我们不可能改变我们自己。②

马基雅维利知道,所谓一个人的天性往往是习惯修正后的那种天性;而且如果马基雅维利说,我们不可能改变我们自己,那么,他的意思是,我们不可能显著地(significantly)修正一些品质,这些品质中有些源于天性或遗传,另一些则源于教育和习惯。不过,天生品质仍然决定性地重要。最高意义上的美德是"不寻常的美德",是头脑和意志的伟大,是把大人物区别于人类剩余部分的前道德品质或超道德品质——这种美德是自然的馈赠。这种美德不是一个人选择拥有的,反而迫使[247]一个人给自己设定种种高级目标;而且由于这种美德与最高的明智密不可分,故这种美德迫使一个人给

---

① [译按]《君主论》7,对应中译本第 28 页第 1 段倒数第 3 行。
② [译按]《李维史论》3.9,对应中译本第 481 页倒数第 6 至 5 行。

自己设定在处境中可能的最智慧的目标。

这种美德尽管不是其拥有者选择拥有的,而是自由赋予的,却比其他任何类型的美德都受到更高的赞美。对于具有不寻常美德或明智的人们来说,"实然"与"应然"相吻合(coincide):这些人不可能做他们不应该做的事,且这些人必须做他们应该做的事;对这些人来说,明智所下达的命令(the dictates)具有强制力。相反,尽管人们期待人人都道德地行动,且根据传统观点,道德地行动意味着明智地行动,但大多数人生而缺少理解力,这迫使他们不智慧地行动。因此,如果有些人一般而言为人们制定规则,并特殊而言为君主们制定规则,那么,种种规范远远不及这些制定规则的人所相信的那么有用:[一个人]必须明智地应用所有规范,而[自然]把明智仅仅给予少数人。马基雅维利指出这个难题,是通过提出如下说法:

> 而且最重要的是,君主应该设法以自己的每一个行动使自己变得有名气,即作为大人物,作为有卓越头脑的人,而有名气。①

55. 造成人们好好发挥作用的必然性,是恐惧暴死,而若要避免暴死,则只有采取违背人们自然倾向的行动

正如一些道德哲人所写,人们的手和舌头,这使人变得高贵的两个最高贵的工具,除非为必然性所驱使,否则本不会完美地从事它们的工作,也本不会把人们的那些作品带到人们看

---

① [译按]《君主论》21,对应中译本第 89 页第 2 段最后两行。
[原注 164]亦参[341]《李维史论》1. 21 开头。《君主论》7(24, 26), 13(45), 18(55, 57), 21(71), 22(74), 23(76), 24 开头, 25;《李维史论》1. 14(133-134), 1. 19(147), 1. 24(154), 1. 33(168), 1. 40(185), 1. 41-42, 3. 8(361), 3. 9, 3. 21(390, 391), 3. 22(392-394), 3. 46(440)。参《战争的技艺》卷二(504),卷六(586-587),卷七(616-618)。

到那些作品被带到的高度(to the height to which they are seen to have been carried)。①

人以最好的方式从事自己的工作,即最充分地发挥自己的美德,是因为必然性,而非因为选择,更非因为运气。然而,人们的失败不也是因为必然性吗? 人的天性是这样,以至于必然性既迫使人成为有美德的或优质的,也迫使人成为有恶德的或劣质的。因此,马基雅维利赞美必然性时,必须提及特殊的一类必然性。我们刚才引用的话来自一章[《李维史论》3.12]开头,马基雅维利在此章从某些方面指出了,他如何理解使军人们完美地发挥作用的"这种必然性"。

仅就马基雅维利起初那些例证来说,当军人们与更强大的敌人战斗时,倘若要么死,要么战,此外别无选择,那么,军人们会完美地发挥作用;如果军人们能通过逃跑或投降来获得安全,那么,他们不再会完美地发挥作用。在此,受到必然性驱使意味着,要么死,要么战,此外别无选择;因为这种情况下有选择意味着根本没有选择,毕竟自然迫使人试图避免死亡;选择战斗,是因为战斗是唯一的方式,用来使人在这种情况下[248]有可能避免确定的且迫近的死亡;选择战斗,是必然性强加的。如果军人们能通过逃跑或投降来救自己的命,那么,他们会选择逃跑或投降;因为这使他们更有可能避免死亡,且这需要付出远远更少的努力,或者说,这更容易。

战斗与逃跑或投降指向相同的目的,即保存一个人的生命;正如我们可以试探性地说的,这个目的是一种绝对而自然的必然性强加的。如果敌人使逃跑或投降成为不可能,那么,战斗作为达到上述目的唯一可能的手段,就强加给了军人们。另一方面,如果敌人给了一个机会让军人们逃跑或投降,那么,逃跑或投降作为达到上

---

① [译按]《李维史论》3.12,对应中译本第 490 页第 2 至 4 行。引文的意大利语原文中,operato[从事它们的工作]和 opere[作品]这两个词同源,故此处英译文中"工作"和"作品"是同一个词 work,尽管"作品"是复数 works。

述目的更好的或更容易的手段,就强加给了军人们。然而,在后一种情况下,我们说必然性促发了军人们,不是因为逃跑或投降比战斗更容易,即不是因为逃跑或投降更少违背军人们的自然倾向。因此,我们会说,如果一种必然性使军人们在与更强大的敌人战斗时好好发挥作用,那么,这种必然性根源于恐惧死亡,且构成违背军人们的自然倾向却在他们能力范围内行动(to act against their natural inclination but within their ability)的必要性。从这一点进行一般化概括,我们可以说,正是恐惧,即根本的恐惧,使人们好好发挥作用。①

56. 造成人们好好(正义而勤勉地)发挥作用的必然性就是饥饿 → 财产具有关键的重要性

马基雅维利在阐明那种使人们好好发挥作用的必然性时,还采用了如下方式。他区分了两类战争,一类是必然性造成的战争,另一类是选择或野心造成的战争;罗马人进行的几乎所有战争都是选择造成的战争。选择或野心造成的战争意在获得[他国]或扩张[本国](acquisition or aggrandizement);而某些民族全体进行必然性造成的战争,[因为]饥饿或过去的战败迫使这些民族离开自己的故土,并征服另一块土地来生活。[故]有一种必然性,即征服其他民族的土地,并屠杀这些土地上的所有居民;在最重要的那些情况下,造成这种必然性的是[本民族]人口过剩所导致的饥饿。对有些人来说,战争是必然的;如果正义战争是这些人进行的战争,那么,饥饿造成的战争是所有战争中最正义的:人人都被迫仅仅为了活命而战斗,且毫无疑问,这种必然性并不源于以前的罪责(previ-

---

① [原注165]《李维史论》3.12。马基雅维利对于道德哲人们的唯一提及,涉及这些道德哲人对于必然性的赞美。参1.3(103),1.28,1.29(160-161),1.30(162-163),2.12(262),2.27(310-311);《君主论》12(42),17(53)。参《佛罗伦萨史》4.14,4.18。

ous guilt)。因此,至少可以说,自由选择造成的战争不及必然性造成的战争那么正义。

再者,人们说,饥饿和贫穷使人勤勉。而且我们看到,那种使人们好好发挥作用——在这种情况下就是促使人们正义而勤勉——的必然性,就是那种根源于仅仅对[249]活命的关切的必然性。这样理解的必然性之于选择,正如饥饿之于野心:没人会像为饥饿所迫那样为野心所迫。当需要食物时,或一般来说,当需要保存生命时,不能像推迟满足野心那样推迟满足这种需要。当必然性指最迫切的需要时,或指相应的恐惧时,正是必然性作为一种规则压制了野心。从必然性出发的战斗,先于从野心出发的战斗:人的原初境况就是匮乏的境况(man's primary condition is one of scarcity)。①

饥饿引发的强迫,先于人们造成的所有强迫。在原初需要与满足它的手段("有用的东西"[things useful])之间,以及在后者与财产之间,均存在着必然关联。我们可以说,财产是处理肉体的自我保存(self-preservation which has taken on flesh)。由此,生命和财产比荣誉和荣耀更"必要"。与此相应,当生命和财产处于危急关头时,而非当荣誉处于危急关头时,人们不会完全神志不清。人们更关切财产而非荣誉;尽管罗马贵族相当爱荣誉和荣耀,但就连他们也更爱财产而非荣誉和荣耀。就连罗马从野心出发的战争,也与对财产的关切不无关系;这些战争使罗马和罗马人变得富有。②

---

① [原注166]《李维史论》1.2(98),1.3(103),1.37(175),2.6(248),2.8,3.8(361),3.12(372),3.16(382),3.30(409);《战争的技艺》卷六(485),卷七(612)。参李维《自建城以来》5.48.6。

② [原注167]《李维史论》1.36(174),1.37(178),2.2(238),2.6,3.6(339,341),3.23(397);《君主论》17(53)。关于饥饿的主题,亦参《李维史论》1.1(94),1.7(113),1.32(166),2.5(247)。

李维在一番叙事中只谈到一场瘟疫(李维《自建城以来》5.13-14),而马基雅维利在重述这番叙事时在这场瘟疫之外又加上了饥饿(《李维史论》1.13[131]);亦比较马基雅维利在《李维史论》2.8(251-252)对高卢人侵意大利所考虑到财产与金钱之间的关联，我们并不惊诧于了解到，尽管对于打赢战争，美德比金钱确实重要得多，但金钱是第二必要的（necessary in the second place）。①

57. 使人们变好的必然性是法律、政府施加的强迫

必然性使人们变得不仅有美德而且好。一般而言，人们没有向善（toward goodness）的自然倾向。因此，只有必然性能使人们变好

作的描述，与李维的［相应］描述（李维《自建城以来》5.33-34）。参李维《自建城以来》3.68.4-6。参上文第191页。

马基雅维利在《李维史论》3.26改动了李维的记载（李维《自建城以来》4.9.4-5），也就是将在阿尔得亚（Ardea）引起内讧的那个女人说成一个富有的女性财产继承人（a rich heiress）；李维没有足够地关注财富的重要性。如果阿尔得亚有财富，那么，人们能假定，罗马在同一个时期也有财富，这与《李维史论》上一章［3.25］的暗示相反；关于那一章［3.25］论点的含混，参上文第149-150页。亦参《君主论》第17章如何为了有利于小气，乃至有利于吝啬，而轻视大方。

① ［原注168］《李维史论》2.10(258-259)。如马基雅维利所断言，一方面，李维不动声色地主张，对于打赢战争来说，金钱完全不重要；另一方面，李维明确主张，运气或好运很重要。在另一个地方（2.1），马基雅维利明确批评李维时说，好战士们总会有（cannot help having）好运；马基雅维利在当前的语境中则说，好战士们总会变得有钱；金钱的地位无异于运气的地位。如同马基雅维利在另一些场合（1.37，1.51，2.6，3.10）所指出的，罗马的战争模式决定性地依赖金钱，即决定性地依赖充足的国库（a full treasury）。相比于需要机运女神的恩宠，人们至少更明显地需要金钱。人们受到诱导而说，马基雅维利建议用金钱取代机运女神。（至于机运女神与金钱之间的关联，参《君主论》7开头。）

无论如何，从马基雅维利的观点来看，在思考种种原因时，李维并非完全稳健；参上一个注，第三章［第122页］注91，上文第122-125页，第215页。（《李维史论》2.10将李维这个思考机运女神的力量和意图时的权威当作如下权威引入，这种权威为金钱的无关性作保，从而也为机运女神的相关性作保；像如上这样引入李维，是着眼于2.11-15这一篇——2.10可以说是这一篇的前言——的特定功能。)

并一直好。起初,非人的自然(non-human nature),即原初的恐怖,把这样的必然性带给人们。但是,准原初的善与无防备和匮乏密不可分(the quasi-original goodness is inseparable from defenselessness and want)。因此,人们被迫形成社会,以便生活在和平和安全之中。在一种情况下,社会所能提供的安全会消除做好人的必要性(the necessity to be good),这种情况就是,做好人的[后续]必要性没有取代做好人的原初必要性,这种[后续]必要性源于法律,即源于惩罚,或源于惩罚的威慑,这等于说这种[后续]必要性源于人们(originating in men)。要使在社会中生活的人们变好并一直好,只能通过这种源于他人并造成恐惧的强迫。①

58. 然而,选择之于必然性,正如缔造者之于民众,亦如强者之于弱者 → 并非必然性,而是智慧的选择,使人们好好发挥作用

在创造(originate)强迫或强加必要性的人们中,[250]有些人好好发挥作用,这些人选择正确时间和其他正确条件来使用强迫;这些人自由地行动。有些模式和秩序训练领袖们,给予领袖们以能力,并强迫领袖们,以便领袖们恰当地应用强迫,即好好发挥作用;这些模式和秩序源于有美德的立法者们和缔造者们。有美德的缔造者们好好发挥作用,是因为他们对共同善的自然欲望促发了他们,这就是说,因为令人快乐的如下希望促发了他们,这种希望就是,他们将使自己的祖国变得幸福,且他们自己也将变得幸福,他们所用方式是,因他们的工作而赢得"此世的荣耀":有美德的缔造者们好好发挥作用,并不是因为其他人们强迫这些缔造者,或者说,并

---

① [原注169]《君主论》17(53),22(74),23 靠近结尾处;《李维史论》1.1(94-96),1.3(103),1.18(133,134),1.29(161),1.35(173),1.40(188),1.50(201),2.5(248),2.25(306),3.1(328-330)。

不是因为一种严酷的必然性强迫这些缔造者,这种必然性就是,如果他们不好好做自己的工作,则他们会死于饥饿,或死于敌人的剑。

由此,这种好好发挥作用的必要性源于人们,从而显然(appears)源于选择。因此,最终正是选择而非必然性使人们好好发挥作用。选择与野心(后者难以区别于对荣誉或荣耀的欲望)相互从属,而必然性与仅仅对活命的关切(或对死亡或惩罚的恐惧)相互从属。

根据罗马人的意见,不是这样理解的必然性,而是对荣耀的爱,使统帅们好好发挥作用。罗马贵族被迫给平民以很大份额的政治权力,因为罗马贵族希望在自己荣耀的事业中用到平民;促发罗马贵族[如此行事]的必然性,源于他们对荣耀的爱,即源于他们的选择。一个人(a man)不需要受他人强迫才去做好人并一直好;一个人自己就能作出一些安排,这些安排强迫此人做好人并一直好;使一个人变好并一直好的必然性,也许源于此人的选择。[一个人]能避免那种忘恩或不义的必要性(the necessity to be ungrateful or unjust);因此,那种忘恩或不义的必要性得以强迫一个人,是由于原初的错误选择。如果一个共和国只在必然性强迫它进行战争时才进行战争,而另一个共和国像罗马一样总是进行从选择出发的战争,那么,前一个共和国不及后一个共和国那么需要卓越的人们;因此,前一个共和国发挥作用,不及罗马发挥作用那么完美。

从选择或野心出发的战争,也许不及从必然性或生存出发的战争那么正义,但前一种战争远远不及后一种战争那么野蛮或非人性。必然性之于选择,正如低者之于高者。就选择来说,无论智慧的选择,还是尊荣的选择,都是明智者和强大者的特权,都是如下个人和如下社会的特权:野心或对荣耀的爱为这些个人和这些社会注入生命。[251]因为,既然没有完美的善,故选择充其量意味着选择一种与恶相混合的善。所以,在所有重要情况下,选择意味着冒险并自信有力量一直控制那种伴随着所选之善的恶(the evil which goes with the good chosen)。弱者缺少这种自信;除非他人强迫弱者好好选择,否则弱者从不会好好选择。① 不是强者,而是只有弱者,才会凭借源于强迫或恐惧或饥饿的必然性而好好发挥作用。

59. 选择(野心、荣耀)本身有其必要;选择使人们——使更优越的人们——好好发挥作用;必须如其所是地知晓那种使人好好发挥作用的必然性

比起马基雅维利在赞美选择时所说的一切,他更具强调性地赞美了必然性;但在一种情况下,他对必然性的赞美站不住脚,这种情况就是,他发现自己没有办法(had not seen his way toward)把野心或对荣誉的欲望或对荣耀的欲望——尤其缔造者对最高荣耀的欲望——设想为使人们好好发挥作用的那种必然性的一种形式。

首先,野心是获得[他物]的欲望(the desire to acquire),是拥有比所需更多的东西的欲望,是不甘比他人差劲的欲望,是要比他人优越的欲望,是做杰出之人的欲望;而且一旦那些原初需要得到满足,野心就同必然性一起产生,并发挥一种强制力。但是,野心并不必然使人们好好发挥作用。并非所有人都知道如何满足"那种自然而寻常的获得[他物]的欲望"。马基雅维利用来说明这一点的最

---

① [原注170]《李维史论》卷一前言(89),1.10(124),1.30 开头,1.31(164-165),1.38,1.60(224),2.8(251),2.17(277),2.24(301),2.33(325),3.8(361),3.12(370-371),3.16(381),3.36;《君主论》6(18),26(81)。参亚里士多德《政治学》1266b38 以下。关于选择所具有的优越性(the superiority of choice),亦参《李维史论》1.20,如果将该章与 1.11(127)和 1.10(123)联系起来阅读,则该章是在说,[342]尽管自然并不在任何程度上保证卓越统治者们前后相继,但只要不允许欺骗和暴力进行干扰,则选择或选举可以使这种前后相继成为确定之事。在对"选择"作出这种极度赞美后,合理地紧跟着对种种政府异常看重的谴责("它们应该为自己感到羞耻",[译按]《李维史论》1.21,对应中译本第 210 页前两行)。

突出例证是曼利乌斯·卡皮托利努斯,此人寻求最高荣耀,而没有考虑他不得不处理的"质料";此人那不智慧的贪欲(cupidity)指向君位,而且他的头脑盲目,这两点导致了他归于失败。

只有具有至高美德或明智的人们,才会为自己对荣耀的欲望所迫,进而以最完美的方式发挥作用。这些人承认某种事物有智慧且尊荣,这种事物以一种强制力作用于这些人;而唯有另一种事物以这同一种强制力作用于大多数人,这另一种事物就是对巨大的、明显的、迫近的那些恶产生的恐惧。强迫汉尼拔在扎马(Zama)战斗的必然性之一是如下事实:战死比不战而失去一切更有荣耀。

尽管最高形式的对荣耀的欲望以强制力起作用,但人们能把这种欲望等同于选择或自由,原因如下。从对荣耀的欲望而来的强迫,不可能像从恐惧而来的强迫一样强加给一个人;前一种强迫完全产生于内心(from within)。受到对荣耀的欲望驱使的人,为一种令人快乐的希望所引导,而非为一种严酷的当下所强迫;这种人没有为黑暗和悲惨所包围,而是能够看到一片宽广而阳光灿烂的原野。

有最高明智本身的人们,必然着眼于一些必然性而[252]行动,这些必然性与其说是当下的必然性,不如说是被预见的必然性。使[明智的人与大多数人]这两类人好好发挥作用的这两类必然性,均是赤裸裸的必然性,均是如其本身那样为人所知的必然性(necessities known as such)。除非麦西乌斯对自己率领的士兵们启蒙好好战斗的必要性,否则这些士兵原本不会好好战斗,而麦西乌斯启蒙的方式就是对这些士兵大呼:

你们相信,某位神会护佑你们,并带你们离开这里吗?①

---

① [译按]李维《自建城以来》4.28.4。
[原注171]《李维史论》1.1(95),1.14,1.17(145),1.29(160),1.32,1.37(175—176),3.3(334),3.8,3.10(367—368),3.11(370),3.12(371),3.30(409);《君主论》3(12)。参《佛罗伦萨史》2.2,7.7。参上文第119—120页。

只有这种被知晓的必然性强迫人们做出最大努力,这种努力不是去信赖机运女神,而是去试图征服她。如果人们不知道这种必然性,或人们为那些否认这种必然性的错误意见所迷惑,那么,无知或错误意见的强制力会抵消这种必然性;这种综合的(composite)必然性,即一类错误的"中间路线",阻止了人们好好发挥作用。

60. 好好发挥作用取决于运气;但是,质料具有可塑性;最重要的是:只有确实知晓①了必然性,人才能做自己命运的主人

如果一个人依据自然而有最高美德,且本身受制于特定的种种必然性,同时也缺少场合或机会以对人们来说可能的最完美方式发挥作用,那么,此人不可能按此人认为合适的方式塑造此人的质料;或者说,此人不可能做自己命运的主人,也不可能做他的民族命运的主人;又或者说,此人不可能以对人们来说可能的最完美方式发挥作用。在巅峰情况下(In the highest case),即对缔造者来说,上述机会在于那种内在于他的质料(即他的民族)的必要性,这种必要性有三项内容:[第一,]最大限度地使用他的质料本身;[第二,]对于完全改变模式和秩序持开放态度;[第三,]服从这样的改变生效所需的强迫。在其他情况下,若具有至高美德的人要完美地发挥作用,则机会在于两点:[第一,]可以使用好的或未败坏的质料,即可以使用一个在许多世代中通过[被]应用某类强迫而变得有美德的民族;[第二,]存在着巨大而紧迫的公共挑战,即存在着国内的或国外的一些危机,人人都感觉得到这些危机,故这些危机是"必然性"。

有至高美德的人在安逸(easy)时代缺少机会;在这些时代,人们能允许自己有非常多样的"自由选择",且自己并不面临严重(serious)危机;故在这些时代,人们不会好好发挥作用。要取得最高成

---

① [译按]"知晓"原文为斜体强调,此处补入"确实"以示强调。

就,就需要如下两种好好发挥作用的必要性相交汇:一种必要性在那个赋予"形式"的人内部有效力,另一种必要性在"质料"内部有效力。但是,这两个互补的(supplementary)必要性相交汇不是必然的,而是运气问题。

不过,有至高美德的人仍能在某种程度上为自己创造机会。根据亚里士多德的观点,[253]多数人自然而然适合要么为一个专制者所统治,要么过一种有政治自由的生活;与这个观点相反,如果一个具有罕见"头脑"(brain)的人把必要程度的强力(the required degree of force)应用到上述多数人身上,那么,[此人]能够人为地使[上述多数人]适合上述两种生活形式中的任何一种;强迫能带来一种"天性的改变"。不能用"天性的缺陷"来解释为什么一个民族具有不好战的性格;不论气候①如何娇惯(however pampered by climate)一个民族,一位有足够能力的君主都能把任何这样的民族改造成一个战士种族(a race of warriors)。②

为了表达马基雅维利的思想,我们可以说,亚里士多德没有看到,缔造者之于自己的属人质料,根本上无异于铁匠之于自己的铁,或之于自己的无灵魂(inanimate)质料:亚里士多德没有认识到,人在多大程度上可塑,并尤其可以人为塑造。

不过,这种可塑性仍然有限;因此,仍然千真万确的是,最高成就取决于运气。相反,运气也许会支持缺少明智的缔造者们或统帅们所从事的事业。这会导致,除了对于俗众的头脑以外,这些人的成就并不值得钦羡。马基雅维利远远不是崇拜成功的人:并非成功,而是一项事业的智慧,才值得赞美和钦羡。如果一个人发现了遵从自然的那些模式和秩序,那么,此人远远不及任何崇尚行动之

---

① [译按]不必说,亦可转指"风气"。
② [原注172]《君主论》6(18),26(81-82);《李维史论》1.1(95),1.17(142),1.18(145-146),1.21(149),1.35(174),1.41,1.55(213),3.8(361-362),3.16。参亚里士多德《政治学》1287b37以下。

人那么依赖运气,因为此人的发现不需要在他的一生中结出果实。

不过,此人也依赖运气,这表现为如下事实:为了实现他的模式和秩序,他需要与不可靠的盟友们合作,而在决定性时刻,[他]不可能预见这些盟友的行动。此外,[此人]完全无法保证,为了引进新的模式和秩序,不会糟蹋或错过未来的机会。尽管有这一切情况,但此人的发现总是会被证明是正当的(vindicated),因为与他发现的不同的所有模式和秩序都失败了:

> 如果你的建议没有受到采纳,而灾难通过他人的建议而到来,那么,你会由此收获非常大的荣耀。①

如果一个人发现了那些统治着属人生活的根本必然性,从而也发现了运气的必然性和运气的限度,那么,唯有此人征服了运气,或做了自己命运的主人。因此,人以如此方式为自然和必然性所统治,以至于凭借自然对"头脑"的馈赠,且通过有关自然和必然性的知识,人得以使用必然性并改造质料。

61. 马基雅维利着眼于人们是劣质的这个事实来攻击古典政治哲学

对善的普通理解,经典地[254]体现于亚里士多德的如下三个断言中:[第一,]有美德的活动是个人和社会幸福的核心;[第二,]美德,或人性的完美,保存了社会;[第三,]政治社会之存在,是为了好生活,即为了政治社会诸成员有美德的活动。为了以最佳方式履行城邦的自然功能,城邦必须有某种秩序,即某种政制:最佳政

---

① [译按]《李维史论》3.35,对应中译本第558页前三行。
[原注173]《李维史论》3.35(422,423);《君主论》18靠近结尾处;《佛罗伦萨史》8.22。参上文第83页,第168–172页,第217–218页。

制。最佳政制,即遵从自然的政制,是贤人们的统治,或也许是混合政制。在某些条件下,最佳政制也许是作为完全意义上最佳政制的王政(kingship which is the best regime simply)。其反面是僭政,即完全意义上的最糟政制(the simply worst regime):王者在贤人们那里找到对他的主要支持,而僭主从普通民众那里找到对他的主要支持。僭政除了具有自身堕落的特性和令人堕落的效力(its depraved character and depraving effect),还尤其短命;僭政之反自然,体现为如下事实,即僭政无法长期实行下去。

另一方面,至于严格理解的最佳政制,尽管它就其本质而言有其可能,但就算它存在,它也非常罕见地存在。从马基雅维利的观点出发,这意味着,如亚里士多德和柏拉图所设想的,最佳政制是想象出来的共和国,或想象出来的君主国。想象出来的国家立足于如下前提:甚至在统治行动中,统治者们也能够或必须运用道德美德,并避免道德恶德。据马基雅维利所说,这个前提立足于如下更根本的前提:大多数人是优质的;因为如果大多数人是劣质的,且统治者没有在相当程度上适应他所统治的人们的劣质,那么,统治者不可能统治他所统治的人们。正如后文会表明的,马基雅维利指出了属人的劣质是事实,从而准确地说明了他与古典著作家们之间的分歧有何根源。

但是,如果字面地考察,那么,[他的]每一次说明都不充分,而且也许甚至有误。因为亚里士多德像马基雅维利本人一样清楚地教诲道:[第一,]大多数人是低劣的;[第二,]所有人都渴望财富和荣誉。然而,正是这个事实使古典著作家们得出如下结论:最优异的人们,即应该得到杰出荣誉作为奖赏的人们,应该强制多数人,从而统治多数人;最优异的人们确实必须完全知晓低劣者及其做派;但是,这种知晓完美地相容于不受低劣者影响。①

---

① [原注174]《君主论》15;《李维史论》1.3开头;比较《君主论》25(79)与亚里士多德《政治学》1311a30-31;柏拉图《王制》408e以下;亚里士多德《尼各马可伦理学》1168b15-28。

62. 美德预设了社会 → 社会不可能立足于道德,而只可能立足于不道德

然而,据亚里士多德所说,如果人没有礼法和正当(law and right),那么,人是所有活着的存在者中最低劣的,而且礼法和正当取决于政治社会。换言之,人们通过养成习惯而变得有美德;这样养成习惯,需要礼法、习俗、榜样、规劝,[255]因此,只有在政治社会内部,并通过政治社会,才在恰当意义上有可能这样养成习惯。

用马基雅维利的话说,好榜样产生于好教育,好教育产生于好法律,好法律产生于最令人震惊的那些事。因为,如果美德预设了政治社会,那么,前道德的或次道德的(pre-moral or sub-moral)人们先于政治社会,且确实缔造了政治社会。不可能存在无条件有效的道德法;在人们变成公民社会成员之前,或在人们变得文明之前,道德法不可能找到听从者,从而也不可能找到言说对象。只有在[一个人]创造出道德所需条件之后,道德才有可能,而[一个人]不可能道德地创造出这种条件:道德取决于在有道德的人们看起来必定不道德的东西。

人们要避免这个结论,只能通过提出如下两个假定之一。要么人们必须假定:不仅在共和国的开端,而且在完全意义上的开端,人们是优异的;这样一来,人们要变得优异,就不会需要公民社会。要么人们必须假定:有英雄美德的人们缔造了公民社会,英雄美德作为一类道德美德并不源于养成习惯。

从马基雅维利的观点出发,提出这后一个假定意味着毫无根据地相信两点:[第一,]人性能够是优异的;[第二,]这种优异有权力。有些人是人类的施益者,且是半属神的,或为神所启示(semi-divine or divinely inspired benefactors of the human race),另一些人就像切萨雷·博尔贾,且尤其像罪恶的皇帝塞维鲁斯;并非前一些人,

而是后一些人,向我们透露了社会的原初缔造者们具有哪些真实特性。①

每当整个社会陷入内部或外部引发的严重危机时,缔造社会所需的处境就会再次出现。在所有这样的处境中,如果社会及其产物——道德——应该存在,那么,[当下的缔造者]就必须再次使用原初缔造者用过的那些模式。道德只能存在于一个岛上,这个岛由不道德所创造,或无论如何由不道德所保护。

63. 社会的目的不是美德,而是共同善;共和国式美德,而不是道德美德,才是共同善的手段

原初的劣质为公民社会所严格限制,且尤其为好公民社会所严格限制,[却]会影响无论多好的公民社会。理性也许可以命令(dictate)人们实践道德美德,而必然性使这样的实践在一些重要领域成为不可能。因此,古典著作家们的最佳政制只是想象出来的。古典著作家们要求公民社会以实践道德美德为自己的目的。

但是,就连清醒的亚里士多德也被迫承认,在人们"曾经见过并知道其真实存在"的那些国家中,没有一个国家以道德美德为自己的目的:如果现实中的国家有任何单一[256]且最高的目的,那么,这个目的就是完全不顾正确还是错误(without any regard to right or wrong)而主宰自己的邻国。现实中的国家承认美德必要,并赞美且尊重美德;但是,现实中的国家把美德设想为一种手段,用于获得一些外在的善,即财富和荣誉或荣耀。但是,如果没有国家以道德美德为自己的目的,那么,人们如何能说,国家的自然目的是促进美

---

① [原注175]《李维史论》1.2(98),1.4(104),1.10(124),1.18(143),1.58(217),2.5(248),3.36(424);《君主论》19 结尾。参亚里士多德《政治学》1253a31-37;柏拉图《法义》680d1-5,782b-c。参上文第46页,第70-71页,第133页。

德? 如果一个东西与人类的普遍实践相矛盾,那么,这个东西还能对人来说自然而然吗?

古典政治哲学以描述想象出来的国家为顶点,故古典政治哲学无用,因为它认为,所有或大多数可敬的国家所追求的目的,并不具有权威性。这种目的是一种共同善,人们设想,这种共同善在于如下五点:[第一,]摆脱外国统治和专制统治而获得自由;[第二,]法治(rule of law);①[第三,]每个公民的生命、财产、荣誉处于安稳之中;[第四,]财富和权力不断增长;[第五,]最后但同样重要的是,[获得]荣耀或帝国。人们"见过并知道其真实存在"的那些国家追求这种共同善,而这种共同善不包括美德,但为了这种共同善,人们需要某类美德。由此,根据人们[现实中]如何生活(how men live),人们必须从如下事实出发:美德远远不是公民社会的目的,而是一种手段,用来达到非道德意义上的共同善。真正意义上的美德是爱国主义,即对自己社会的福祉的完全献身,这种献身扑灭或消减了所有私人野心,以利于共和国的野心。这种共同善是仅仅属于共和国的目的。②

因此,人们能把这种真正是美德的美德(the virtue which is truly virtue)最好地描述为共和国式美德。共和国式美德与道德美德之

---

① [译按]"法治"亦见第 261 页。
② [原注 176]亚里士多德《尼各马可伦理学》1102a5-12,1180a24-28;《优台谟伦理学》(*Eudemian Ethics*)1248b38 以下;《政治学》1264a1-5,1293b1-14,b24-26,1296a32-b2,1324b1-28,1333b5-14。
——《李维史论》1.9(119-120),1.10(125),1.16(138),1.29(161),1.34(171-172),2.2(235-236,239),3.6(339),3.8(359-360)。请比较 2.8(251)与撒路斯提乌斯《朱古达战争》(*Bellum Jugurthinum*)结尾,马基雅维利[在 2.8 开头]明确提及了这个结尾;撒路斯提乌斯谈论了罗马民族为荣耀而战,而马基雅维利谈论了罗马民族出于野心而战。
[译按]《优台谟伦理学》中译本:《亚里士多德全集:第八卷》,苗力田主编,北京:中国人民大学出版社,2016。《朱古达战争》中译本出版信息见第 22 页译按。

间有某种关系,以至于共和国看起来在道德上优于君主国。共和国不及君主那么习惯于忘恩和失信,且比君主拥有更多善意和人性。政治自由不相容于民众的败坏。

然而,这并不意味着,归根结底,基于道德理由,共和国更可取。着眼于非道德意义上的共同善,共和国才更可取。共和国能比君主国(monarchies)更好地适应时代变化,因为共和国政府由具有不同天性的人们构成,而不同类型的时代需要不同的天性。共和国并不取决于世袭继位的风险。共和国不相容于任何个人的绝对权力。比起在君主国(monarchies)中,在共和国中更有生命力,从而也有更多人[257]献身于共同善。共和国在道德上更优越,某种程度上,这种更优越作为一个意外后果由共和国的结构造成。共和国能够(can afford to be)比君主更感恩,因为共和国如果得到恰当的建构,就拥有足够多的如下这些能干统帅,这些统帅相互监督,相互制衡,以至于共和国不会从其用来激励其得胜的统帅们的感恩中受到伤害。共和国比君主更守信,因为共和国的办事流程笨重(the cumbersome character of republican proceedings),不允许从一个政策突然而秘密地转向另一个政策。①

64. 共和国式美德不等于道德美德

马基雅维利之所以区分美德与善,原因之一是他渴望指出,共和国式美德何以不同于道德美德。善并不总是相容于共同善,而人们总是需要美德来达到共同善。仁慈的行动,无论多么善意(well-intentioned),都可能导致增进私人权力而损害公共权力。为了使共和国变得伟大,一个最重要的手段是,使公家保持富裕,并使公民们保持贫穷。允许公民们变得富裕意味着,允许一些公民变得富裕,从而也使公民们有可能依赖一些普通公民(private citizens),或使公

---

① [原注177]《李维史论》1.16-18,1.20,1.29 结尾,1.30(163-164),1.34(171),1.35(174),1.58(219-220),1.59,3.9(363);《君主论》5(17)。

民之间的平等有可能遭到摧毁。同时,允许公民变得富裕也意味着,把奢侈和随之而来的女人气引入城邦。为了使公民们保持贫穷,共和国必须尊重贫穷;共和国必须防止贸易盛行,也防止[公民们]与外国人杂处。苦行(austerity)和严厉是共和国式美德最清楚的迹象。共和国中的领导人们应该严酷而非温和,应该残忍而非人道,应该受到仇恨而非受到爱戴,以免民众依附这些领导人而非依附共和国。通过变得人道,共和国冒着变得可鄙(abject)的风险。

这并非否认,在面对敌人们时,人道行为也许有时比强力本身更有利于进行征服。在致力于证明这个命题的那一章[《李维史论》3.20],马基雅维利重述了如下叙事,即斯基皮奥通过自己的贞正而在西班牙获得了崇高名声:他把一位年轻又美丽的妻子送回她的丈夫身边,而没有碰过她;在这种情况下,斯基皮奥的贞正本会是无关政治的美德,故并非他的贞正,而是他的慷慨,增进了罗马的利益。①

以共和国式美德取代道德美德,暗示着对道德美德的批评,[我们]能把这种批评陈述如下。[258]无论如何,从社会的观点出发,有一种道德美德包含其他所有道德美德,这种道德美德就是正义。为了揭示正义的本性,柏拉图写了《王制》,在此书中他除了要求其他事物,还要求城邦护卫者们对外邦人野蛮。作为道德美德——本身并非知识的那种最高类型的美德(the highest kind of that virtue which is not knowledge)——的经典阐发者,亚里士多德责备柏拉图提出了上述要求:[亚里士多德认为,]除非有人不义地行动,否则一个人应该对人人都温和,而不应该对任何人野蛮。亚里士多德假定,区分外邦人与不义的敌人,总是可能而稳妥的。亚里士多德当

---

① [原注 178]《李维史论》1.6(108),1.17(141),1.18(145),1.34(170),1.37(176),1.55(212),2.2(239-240),2.3(241),2.14,2.19(285-286),3.3(334),3.16(381),3.20,3.21(389),3.22(394-396),3.23(397),3.25,3.28,3.30(408),3.34(420);《佛罗伦萨史》1.39,2.42,3.1; *Opere*, vol. ii, pp. 697–698。

然克制住而没有责备柏拉图的如下行为:净化奢侈的城邦,而并不强迫这个城邦归还其从邻邦那里夺得的土地——这个城邦当初为了过上奢侈生活而夺得了这块土地。真正的公民(citizens as citizens)中最优异的人们不可能避免对外邦人残忍。①

正义是这样一个习惯,即不夺走属于他人的东西,同时保卫属于自己的东西,故正义建立在社会的自私(the selfishness of society)这个坚实基础之上。道德美德的"事实真相"是共和国式美德。

65. 目的把手段正当化 → 道德的等于寻常的,不道德的等于不寻常的

如果上述意义上的共同善是最终目的,那么,每个手段不论在道德上好不好,只要有利于这个目的,就都是好的。如果这个最正义也最可称赞的目的需要一个人杀死无辜的人们,甚至杀死自己的兄弟,那么,这种杀人行为会是好的。可能只是因为缺少合适的例证,马基雅维利才没有将他关于杀死兄弟的教诲应用于杀死近亲。

尤尼乌斯·布鲁图斯(Junius Brutus)的例证使马基雅维利能说,那些希望维持一个新建共和国的人,必须杀死布鲁图斯的儿子们,即那些不忠于这个共和国的人们(those disaffected with the republic)。② 如果有些人说,为了好目的而杀死无辜的人们,确立了一个坏例证,那么,说这话的人忘记了,为了拯救祖国而公然做恐怖之事,不能用于为如下行动辩解,这个行动就是做完全无关于拯救祖国的恐怖之事。更不用说如下事实:只有为人所知的或为人所声称的(professed)恶行,他人才能用作例证。因为,如果为了反对外敌而实行欺骗既值得称赞又带来荣耀,那么,没有理由不允许为了

---

① [原注 179]亚里士多德《政治学》1327b38–1328a10;柏拉图《王制》486b10–13,537a4–7,619b7–d1;《君主论》17(52)。参上文第 191–192 页,第 239–240 页。

② [译按]关于此事,参《李维史论》1.16,3.1,3.3,3.5,3.6。

反对祖国内部现实的或潜在的敌人们而实行欺骗;这里说的祖国就是共和国,因为没有共和国就没有祖国;这里说的对国内敌人实行欺骗,不只发生在内战爆发以后,或者说,不只发生在也许太晚的时候。当祖国的存亡[259]处于危急关头时,人们不应该关切正义还是不义,同情还是残忍,值得称赞还是恶名昭彰。

没有平等就不可能有共和国;这样的平等为封建贵族或士绅(gentry)所憎恶,即为某类不必工作就生活在富足中的人所憎恶;如果共和国应该存在,就必须消灭这样的人。所有有利于公共自由的法律,都产生于公民之间的不和,即产生于爱自由的民众在骚乱或暴动中对公民同胞们发泄其野心、愤怒、坏脾气;如果首要原因真的在等级上高于其结果,那么,由于结果好,故人们必须宣称那些原因——不和、无序、激情——非常好。多数人并非在所有情况下都渴望公共自由;在多数人不渴望公共自由的情况下,为了公共自由而对多数人本身使用欺诈和强力无可非议。

如果只着眼于有利还是有害于共同善[来评判]每一种行动模式和每一种品质值得赞美还是谴责,那么,人们会无限地偏向某些能干的治理者(governors)或统帅,而非某些圣徒般的统治者:这些能干的治理者或统帅被一些恶德降低身份,这些恶德不论多么非自然(unnatural),却无害于共和国,也并不变得公开为人所知;而这些圣徒般的统治者缺少政治和军事能力。有一个史学家以严格遵守道德原则而广为人知,用他的话说,

> 人们也许可以认为,比起一个缺德的人,一个虚弱的人对其所领导(presides)的国家更有害。①

---

① [译按]如随后的注 180 所示,此条引文出自 William H. Prescott, *History of the Reign of Ferdinand and Isabella*, ed. J. F. Kirk, Philadelphia: 1872, vol. i, p. 233。作者普雷斯科特(1796—1859)是美国史学家,此书初版于 1837 年。作者的另一本书《秘鲁征服史》有中译本:周叶谦等译,北京:商务印书馆,1996。

合法使用公共权力,也许会危及共同善;在这样的情况下,如果无法呼吁掌权者崇尚爱国主义,那么,为了公共善而贿赂掌权者无可非议。

若要概述马基雅维利关于这一点的思考,则人们也许可以说,道德的行动模式是寻常的模式,即大多数情况下合适的模式,而不道德的[行动]模式是不寻常的模式,即仅仅在不寻常的情况下才需要的模式。若要反对马基雅维利关于道德美德与共同善之间关系的观点,则人们也许可以说,这种观点取消了公民社会与强盗团伙之间的本质差异,毕竟强盗们也在任何可能的时候在自己内部使用寻常的模式。这种思考并没有令马基雅维利畏缩不前。他把罗马贵族(patricians)——有史以来最可敬的统治阶级——比作掠食性小鸟,并引用了李维的如下观察:某个海盗头领在虔敬方面能匹敌罗马人。①

66. 共同善甚至需要牺牲共和国式美德

共同善号称是(claims to be)每个人的善。然而,[260]由于共同善需要为了它自己而牺牲无辜的个人,故共同善确切地讲是大多数人的善,也许甚至是普通民众的善,而非贵族或大人物的善。这并不意味着,为了关切多数人的善,多数人应该实施统治。多数人不可能实施统治。有史以来,在所有共和国中,无论其秩序多么良好,都只有极少数人得以履行统治职能。因为多数人无知,缺少判

---

① [原注 180]《李维史论》1.4,1.7,1.9,1.10(121),1.16(138),1.17(142),1.18(145-146),1.25,1.27,1.34(171),1.40(188),1.55(212-213),3.3,3.7,3.11,3.21(391),3.29(407),3.40,3.41(参《佛罗伦萨史》2.5 结尾),3.44;《君主论》18 结尾。参 William H. Prescott, *History of the Reign of Ferdinand and Isabella*, ed. J. F. Kirk, Philadelphia: 1872, vol. i, p. 233;亚里士多德《政治学》1309a39-b6。

断力,容易受到欺骗;如果没有领袖们劝说或强迫多数人明智地行动,则多数人会无助。每个共和国中都存在民众与大人物之间的对立:民众渴望不受大人物压迫,而大人物渴望主宰民众。

正是为了民众利益的最大化(in the best interest of the people),民众才应该既对抗又服从某群贵族,这群贵族有美德且好战,且民众与这群贵族按合适的比例分有政治权力。仅当大人物与民众按合适的比例分有政治权力时,或换言之,仅当大人物的力量与民众的力量之间存在一个恰当的比例时,才会存在公共自由,以及对共同善的恰当考虑。

这个恰当的比例是什么,决定性地有赖于,这里说的共和国是希望缔造帝国,①还是满足于自我保存。一个致力于扩张[本国]或获得[他国]的共和国,需要其武装起来的平民自愿合作;一群武装起来的、有男子气的平民,会自然而然要求相当多地分有政治权力和征服成果,并会毫不犹豫就不体面地、无序地、甚至非法地行动,以便支持这些要求;共和国的伟大不相容于完美的秩序;帝国式共和国(an imperial republic)必须比非帝国式共和国给予自己的平民以更大的政治权力份额。

事实上,在扩张政策与仅仅[自我]保存的政策之间,共和国无法自由选择。每个共和国都可能为形势所迫而实行扩张政策,从而也都必须为这样的不测(contingencies)作准备,其所用方式是,争取普通民众的热心合作。更准确的说法也许是,

> 获得[他物]的欲望非常自然而寻常,且当有能力获得[他物]的人们确实获得了[他物]时,这些人总是会受到赞美,而非受到谴责。②

---

① [译按]如第 227 页注 122 中的译按所示,这不是说要改成帝制,而是说要建立对外的帝国式统治。
② [译按]《君主论》3,对应中译本第 11 页第 2 段前两行。

据此,每个共和国的目的之一都是获得[他国]。①

罗马人实践了一种富有理智能力的帝国主义政策,这种政策需要[261]这个共和国允许加强其平民的力量,而这种加强是通过大方地为外国人们授予公民身份;由此,这个共和国不仅被迫允许存在相当程度的国内动荡,最重要的是,还被迫允许存在做派上的败坏。因此,共同善不仅需要牺牲道德美德,而且某种程度上甚至需要牺牲共和国式苦行和严厉。非帝国式共和国能承受(can afford)其所有公民"平等的贫穷"。帝国式共和国则必然发展出巨大的财富不平等,因为扩张也意味着变富,而国家变富会使其公民们变富。"公家应该富裕,公民们则应该贫穷"这个准则将不得不让位于"公家应该富裕,普通民众则不应该通过变得过于富有,而变得娇生惯养并有女人气"这个准则。

人们必须超越这[后一个准则]并说,在一个繁荣着的共和国中,人人都力争获得财富,即获得私人财富,因为财产和获得财产的过程均因法治而安全,且公共财富与私人财富均神奇地增加。如果千真万确的是,贫穷比富有结出更好的果实,那么,人们必须说,这些更好的果实必须作为牺牲献祭于共同善的祭坛上,而有些幸福的公民几乎不会注意到这种牺牲,[因为]这些公民通过使自己变富而使公家变富。

---

① [原注181]《李维史论》卷一前言(89),1.1(95),1.4(105),1.5-6,1.16(139),1.25,1.29(161),1.37(178),1.40(186-187),1.44,1.47-48,1.49(200-201),1.50(202),1.53,1.60,2.2(235-236,239),2.16(270),2.19(286),2.27(311),3.34(420-421);《君主论》3(12),9(31-32),12(41);《佛罗伦萨史》3.1。参上文第三章[第117页]注75。马基雅维利说,当大人物使"他们中的一个人"成为君主时,或当民众使"一个人"成为君主时,公民君主国就产生了(《君主论》9);由此,马基雅维利扼要地指出了,他如何看待大人物与民众之间的关系;马基雅维利无法设想大人物会使民众中的一个人(如墨索里尼或希特勒)成为君主,却能设想一个大人物(如伯里克勒斯[Pericles]或凯撒)会通过民众而变成君主。

长远来看,人们势必感觉到,巨大而过度的私人财富会带来灾难性后果。不仅如此,一旦帝国式共和国达到了不可挑战的至高无上状态,有益的必然性就不再发挥作用,衰落也就不可避免地随之而来。最后,帝国式共和国摧毁了其他所有共和国的自由,并压迫性地统治着这些共和国,这种压迫性远远超过任何非蛮族君主。这些事实迫使人们重新思考如下假定,即罗马风格的帝国主义是最智慧的政策,或是甚至完全必要的政策;这是一个试探性假定,且一度允许马基雅维利表明,就连共和国式苦行也不是几乎无条件的(quasi-unconditional)要求。

一些平等的共和国组成的一些联盟(confederacies)能够强大到足以互为防卫,与此同时,这些联盟的结构防止了它们实行大规模扩张政策。有这种特性的一些共和国似乎有能力保存其共和国式苦行。另一方面,这些共和国不会与罗马共和国受制于同一种必然性,这种必然性就是,给予其普通民众以政治权力份额。似乎共和国会不得不[262]要么选择压迫外国人们,要么选择压迫自己的平民。此外,正如现代瑞士人和古代埃托利亚人(Aetolians)这两个例证所示,一些好战的共和国组成的一些联盟往往变得恶名昭彰,因为它们贪婪,且失信于一些外国,这些外国在自己的战争中雇佣它们服役。总之,没有善不伴随着恶,且就连对于共和国式美德,这一点也千真万确。①

67. 一支爱国主义间奏曲

通过使用古代罗马和古代托斯卡纳这两个例证,马基雅维利阐明了,帝国式共和国何以不同于一些平等的共和国组成的联盟。他

---

① [原注182]《李维史论》1.5,1.6(109-110),1.37,1.51,1.60(224),2.2(239-240),2.3,2.4,2.6,2.7,2.19(288),3.25,3.49;[343]《战争的技艺》卷五(563)。参上文第249页。

意在使他对这个主题的评论既透露属人事物的本性,又指出同时代意大利的种种政治可能性。由于难以模仿罗马人,故尤其现代托斯卡纳人应该模仿古代托斯卡纳人;因为现代托斯卡纳也有异常多的国家(states)渴望保存或恢复其共和国式自由。

但是,一个新的托斯卡纳同盟只会是次佳(the second best)解决方案。有史以来,如果任何国家(country)没有像法国和西班牙那样由一个单独的共和国或一位单独的君主统治,那么,这个国家不会统一或幸福。意大利问题(the Italian problem)最令人满意的解决方案,会是整个意大利在一个霸权式共和国治下统一,就像古代罗马在意大利以外进行征服之前那样。在第一次布匿战争之前,古代罗马完全没有败坏;古代罗马还没有将其盟友共和国降到臣民的地位,至少没有完全且公开地这么干;此外,在频繁的战争中,古代罗马仍然被迫且有能力动用其全体公民。

如果现代意大利人成功地模仿早期罗马共和国,则这种模仿必然会伴随着一种特定的恶:由一个共和国或一位君主统一的意大利,会不再拥有大量独立的共和国,从而也不那么可能(less likely)拥有大量卓越的人。①

68. 道德美德是绝对化的共同生活之所需

人们还不足以说,马基雅维利实际上区分了共和国式美德与道德美德,并在共和国式美德中看到了道德美德的"事实真相"。共和国式美德,作为对共同善的献身,包含所有有利于共同善的习惯,且在如下层面尤其包含一些相互反对的习惯(如严厉与温和),这个层面就是,这些习惯各自都有利于共同善。共同善包含所有如下

---

① [原注183]《李维史论》1.12(130),2.4(243,246),2.13(265),2.21开头,3.12(371),3.24(399);《战争的技艺》卷二(506-509)。参上文第89页,第二章[第67页]注29,[第74页]注45。

事物:这些事物既能为共同行动所造就或保存,又对几乎所有社会成员都好,而不管一个社会成员是大人物还是普通人。①

由于统治阶级与普通民众[263]具有不同职能,故这两部分人各自都必须[在共和国式美德之外]还拥有特定的一类美德。马基雅维利指出美德之间的这种差异,主要是通过从罗马元老院与罗马平民那里找例证。元老院特有的美德包括三类:[首先]是明智和一种经过算计的大方,这种大方可以俭省地分配诸善,如从敌人那里夺得的战利品;其次是尊严和可敬;最后是耐心和手法高超(artfulness)。平民特有的美德包括:善意、蔑视貌似可鄙的或真正可鄙的事物、笃信宗教。因此,善意同民众在一起,就是回到了故乡(Goodness is then at home with the people)。② 这就是为什么公共协商——民众议事会上的协商——不太可能(unlikely)支持如下这些倡议,这些倡议似乎怯懦,或暗示了公然违背信仰。

马基雅维利以一种绝佳的方式(in a manner on which it is impossible to improve)提出了,他如何看待完美平民的天真(innocence)与完美贵族的缺乏天真。根据马基雅维利对李维笔下一个叙事的转述,在十人团成员们倒台后,愤怒的平民要求取得完全的刑事司法权力,并要求[政府]交出十人团成员们,因为愤怒的平民渴望活活烧死他们;两个最体面的贵族这样回答:你们的第一个要求值得称赞,但后一个要求不虔敬;此外,向一个人索要他的武器就够了,继续告诉他"我想用这些武器杀死你"则多余,因为一旦他的武器在你手上,你就能为所欲为。民众的善意与其说在于民众没能力做出不虔敬的或残暴的(atrocious)行动——马基雅维利的《佛罗伦萨史》充满了对佛罗伦萨平民残暴行动的描述——不如说在于民众没能力粉饰自己的缺德行动:民众不理解此世事物。尽管如此,或

---

① [原注184]《李维史论》1.40(187),2.2(235-236)。

② [译按]at home with 是英语习语,指无拘无束。但此处当硬译,参本页随后提及"善意的自然故乡是民众"。

正因如此,统治阶级中最可敬成员们的尊严和崇高风范才令完美的平民印象深刻;基于此,完美的平民相信统治阶级的善意和大方。①

人们受到诱导而说,平民的善意在于平民相信统治阶级的善意,或者说,平民的善意只存在于人们关于他人的思考中。但是,这会是不可容忍的夸张。马基雅维利意在说,善意的自然故乡是民众,因为民众缺少对共同善的责任,且由此而能做好人(can therefore afford to be good),或能遵守如下这些行为规则,如果社会应该存在,则公民们必须一般地遵守这些规则。马基雅维利并非意在说,民众依据自然而是好人:[统治者们]必须靠一些方式使人们变好[264]并一直好,这些方式就是法律,以及迅速、壮观、平等的执法,还有奖赏。因此,"善意"或"不败坏"也许只意味着因恐惧而服从政府,甚至只意味着可鄙。

另一方面,对于民众的统治者们所具有的某种程度上[与民众]不同的善意,民众抱有非常大的兴趣:民众渴望大人物们仁慈、大方、温和、有人性、有同情,而如果大人物们是民众的外国征服者,则民众丝毫不会(not the least)[有如此渴望]。民众希望确定,其统治者们完全献身于共同善,而毫不为野心所促发,更不用说为贪婪所促发。因此,在共和国领袖们中,曼利乌斯式严厉比人性更值得称道;这样的严厉似乎不相容于私人野心。

当修昔底德笔下的尼基阿斯尝试劝阻雅典人远征西西里时,为了得到民众的相信和信任,他所使用的最有力论据是,[雅典人应该]考虑到,这项事业会增进对他野心的满足,因为他会是[远征

---

① [原注185]《君主论》9(32);《李维史论》1.32(166),1.37(176),1.38(179,181),1.51,1.53(206-207),1.54,1.55(210-211),1.58(220),1.59,2.7,3.9(363)。比较《君主论》16 与李维《自建城以来》4.59.10(及 4.60.4)。比较《李维史论》1.44 与李维《自建城以来》3.53。《佛罗伦萨史》2.34 开头,2.41 结尾,3.17,3.18 开头,3.20,6.24。参上文第231页,第三章[第104页]注41。

的]主要指挥官。然而,明显的是,一项他确信充满灾难的事业无法满足他的野心。事实上,尼基阿斯的公共倡议与他的私人野心之间存在完全和谐。

因此,一种错误的美德观念引导着民众。"真正的美德",即"真正的道",不在于根除野心,而在于由明智引导野心。由于缺少明智,故民众把属人卓越等同于善意,或等同于为他人福祉无私献身。因此,人们能说"多数好人"——人们也许称之为奴隶——使自己的领袖或领袖们变好。①

多数人是好人,或能是好人且应该是好人,因为如下三点:[第一,]多数人或多或少受到践踏,从而满足于几乎一无所有;[第二,]多数人中的每个人都经常需要他人的帮助;[第三,]一般而言,多数人中每个人渴望的东西,能与多数人中其他每个人渴望的东西轻易调和起来。为了统治多数人,大人物必须以某种方式遵从民众关于善意的观念:大人物必须看起来摆脱了种种自私的欲望。

马基雅维利远非否认,受到人与人之间的依赖关系强迫,一个社会的大多数成员在人际交往中遵从某些质朴而粗陋的行为规则(禁止谋杀、禁止欺诈、禁止偷窃等),并珍惜感恩、仁慈、守信、温和这样的品质;但马基雅维利主张,[265]使人依赖他人的那同一些需要强迫人形成政治社会,而正是对政治社会的保存不仅需要遵守这些简单规则,还至少同等程度地需要违反这些简单规则,与此同时,不仅需要实践那些美德的反面,还至少同等程度地需要实践那些美德[本身]。马基雅维利远非否认,智慧的做法是,把这些质朴的行为规则与其自私的目的分离开来,因为秘密违反这些规则有时能服

---

① [原注186]《李维史论》3.13(375)。为了理解这段话,人们必须考虑到,这三个例证(卢库卢斯[Lucullus]、格拉古兄弟、佩洛皮达斯)中有两个用得不恰当;人们还必须比较1.11结尾与1.18结尾。比较3.16(380)与1.53(208)。参3.1(329),3.20,3.22(395);《君主论》19(61)。参上文第125页,第249页,本章[第228页]注126。

务于这种自私的目的;但是,马基雅维利主张,人们若接受了对这些规则的智慧解释,就不可能理解这些规则。马基雅维利远非否认,不仅看到他人的痛苦时,而且甚至只是读到他人的痛苦时,所有或大多数人都会依据自然而同情他人的痛苦;但是,马基雅维利主张,这些痛苦中有许多是人们强加的。马基雅维利远非否认,有些人真的仁慈且人道,并不是出于恐惧或算计,而是依据自然而如此;然而,马基雅维利主张,这样的人在被委以高位(high office)时可能变成公共威胁。①

看来,据马基雅维利所说,只有着眼于对社会和政治的功利(utility)时,美德和善意才值得赞美。善意是如下这些习惯的总和:多数人生活在一起时必须拥有这些习惯,以便在享有生命、自由、财产时既不相互干扰,也不为他们的政府所干扰。就迄今出现的美德来说,美德是如下这些习惯的总和:统治者们必须拥有这些习惯,以便保护他们自己和他们所统治的好人们,让此二者既不受他们所统治的坏人们侵害,也不受外敌侵害;军队,即全体公民,必须在某种程度上分有这种美德。

69. 支持君主国的论据是以私人善(发表意见的自由)的名义质疑共同善

如果没有善不伴随着特定的恶,我们就不得不提防(to keep watch for)甚至最好的共和国的特定缺陷。如果千真万确的是,共同善是仅仅属于共和国的目的,且是美德的基础,那么,共和国有缺陷,会证明共同善和美德各自均有缺陷。

在此,问题来了:共和国的缺陷难道不是具有这样一种特性,以至于暗示了君主国具有某种优越性?无论如何,每一种支持君主国的思考,都暗示了对共同善和美德各自的质疑。马基雅维利相信,

---

① [原注 187]《李维史论》3.20–22,3.7 结尾。

某种程度上能为君主统治辩护。否则他原本几乎不能在"共和国还是君主国"这个问题上持中立态度,也原本几乎不能模糊[266]共和国与君主国之间的差异,而[实际上]他在《李维史论》中频繁地模糊这种差异。

在这本有明确的共和国倾向的书中,他在引入"王国"或"君主国"这些主题时确实迟缓,人们只要看一眼前十章的标题就知道了。在 1.16,马基雅维利才首次在一个章题中使用了"君主"一词;他在此章讨论了如下问题,即如何不仅保障新建共和国的安全,而且保障新建君主国的安全;但是,在这个地方,对于为何讨论后一个主题,他仍然几乎作了一番申辩,而在后文,他理所当然地讨论了君主国。人们也许会说,为了恰当讨论相互反对的两者中的一个,马基雅维利必须一并讨论另一个;或者,人们也许会说,如果不呈现偷窃者的技艺,则人们不可能呈现守卫者的技艺。①

不过,我们仍然必须注意到,在马基雅维利既给共和国提建议,又给共和国的摧毁者提建议时,他展现了惊人的超然(the detachment)或慷慨。例如,马基雅维利完全不偏不倚地讨论了两类错误,一类是罗马民众在试图保存其自由时所犯的错误,另一类是阿皮乌斯·克劳狄乌斯在试图摧毁这种自由时所犯的错误;此外,无论针对君主的密谋者,还是针对祖国的密谋者,马基雅维利都给其最好的可能的建议。②

为了理解这种含混性,我们从如下这些思考出发。如果没有一个单一的政府实施统治,那么,一个像意大利或法国或西班牙这样的国家(country)不可能幸福;且一个帝国式共和国必然比非蛮族君

---

① [译按]分号后的观点见柏拉图《王制》334a-b。
② [原注 188]《李维史论》1.40,3.6(338,356,357)。参上文第三章[第 128 页]注 109。
——"共和国"出现在 33 个章题中,"君主"(或"君主国")出现在 20 个章题中,"僭政"出现在两个章题中(1.10,3.28;后者是《李维史论》全书第 121 章)。

主更深重地压迫这个国家中的其他所有城邦——如果以上两点成立,那么,一个民族君主国(a national monarchy)会更好地服务于整个国家的共同善,这种共同善区别于[整个国家中]统治性城邦的共同善。此外,如果人们相信君主国本身在武德(military virtue)上劣于共和国,那就错了。再者,共和国式美德的镜鉴(the mirror of republican virtue)[卡托]规定不应该在罗马接待任何哲人,而在罗马皇帝们治下的黄金时代,人人都可以持有并捍卫自己所向往的每个意见;因为,对君主的恐惧能取代共和国中不可或缺的对上帝的敬畏。这似乎表明,这种持有并捍卫自己向往的每个意见的自由,尽管对于某些人来说是巨大的善,但不相容于共同善。①

70. 支持君主国的论据:人性要求接受败坏;君主明智的自私足以使君主成为好君主;美德是明智而强大的自私

最重要的是,共和国并不总是有可能。在开端,共和国不可能;如果民众遭到败坏,共和国也不可能。这两个条件之间存在关联。[267]由于只有政府、法律以及其他制度才能使人们变得优质,故在缔造社会以前,人们是劣质的或败坏的;在那种状态下,人们还不可能通过社会的训练来获得种种社交习惯(have acquired habits of sociability through social discipline)。只有[君主]通过长时间使用王权,让人们在这样的习惯中经受训练,人们才能变得优质,或变得不败坏。这从一个方面解释了,为什么共和国的缔造者们必须是君主。尽管罗马人截至驱逐国王时已经变得不败坏,即有能力作为共

---

① [原注189]《李维史论》1. 10(124),1. 11(127),1. 12(130),1. 43(190),2. 2(239—240);《佛罗伦萨史》5. 1。关于宗教在君主国(monarchies)中的地位如何不同于宗教在共和国中的地位,参斯宾诺莎《政治论》6. 40,8. 46。参上文第227页。

和国公民而生活,但罗慕卢斯不得不面对的罗马人曾是败坏的(尽管或正因为他们曾是质朴的),即曾是粗鲁且粗陋的(rude and crude)。然而,还存在另一类败坏,即后期腐败(late rottenness),亦即罗马并非在罗慕卢斯时代而是在凯撒时代陷入的败坏。

我们可以说,原初败坏(initial corruption)是法律和政府缺席所必然导致的头脑状态;①后期败坏则是某种大规模不平等所必然导致的头脑状态,这种不平等是就权力和财富而言,且存在于社会的现世成员和属灵成员之中。前一类败坏允许有一个共和国式未来,后一类败坏则排除了一个共和国式未来。米兰和那不勒斯提供了后一类败坏的同时代例证,这两个国家不可能被改造成共和国,而是被迫永远生活在君主治下。

但是,生活在君主治下不适合追求自由的民众。因此,把任何败坏改造成不败坏,或把任何君主国改造成共和国,特定而言即罗马式自由出现,似乎是神迹。人们可能像马基雅维利一样认为,罗马正是从开端起就是共和国,因为其缔造者同元老院(或长老议事会[the assembly of elders])分有了他的权力,且元老院选举了罗慕卢斯的继任者们;但是,这样认为并没有解决如下两个事实所造成的难题:[第一,]若要使民众不败坏,或使民众适合自由生活,则恰恰需要王权;[第二,]正是生活在王权治下,使民众不适合自由生活。因此,马基雅维利修改了他的第一次陈述并断言,恰当地使用王权不仅能消除原初败坏,而且甚至能消除后期败坏,这里说的王权就是一个当时活着的属人存在者的权力:某种人甚至可以把米兰和那不勒斯也改造成共和国,这种人具有罕见的头脑和权威,并以[268]罕见的方式结合了优质与劣质。

不过,如下问题仍然可疑:倘若有一个恢复者是对抗后期腐败的缔造者,并成功地使败坏的民众变得适合自由生活,那么,是否存

---

① [译按]the state of mind,也许译为"精神状态"更通顺,但前文和后文出现 mind 时往往强调"头脑"。

在这个恢复者的哪怕一个例证？换言之，如下问题仍然可疑：有史以来，是否存在一个拥有罕见头脑的后期缔造者？① 然而，如果"质料"具有几乎无限的可塑性，且"头脑"具有几乎无限的力量，那么，不能否认，有可能存在一个后期缔造者或一个恢复者。因此，人们不足以说，共和国并不总是有可能。②

不如说，把君主国改造成共和国时的困难，在于君主不愿意实现这样的改造，而这种不愿意并非完全可谴责。为了使既有的败坏质料变得不败坏，从而也使自由和共同善变得可能，就有必要做出无数谋杀、背叛、抢劫的行为，或有必要表现出极端的残忍。人道的君主会在这样的做法面前退缩，尤其因为共同善在未来的实现必然不确定；相反，人道的君主会宁愿容忍盛行的败坏，从而也使这种败坏恒久存在。为了以某种程度的人性来统治败坏的多数人，这位君主被迫满足多数人的败坏欲望，且不能（cannot afford）做出善行。然而，为了做出这个如此符合人性的选择，一位君主不必人道。君主们宁愿把君权永远保留在自己的家族中。因此，君主的自利与君主的人性一样有益，而且由于大多数人是劣质的，故人们会不得不说，相比于人们仅能寄希望的一种人道，君主的自利能为他符合人性的行为提供更大的保障。

君主国就算不相容于完全意义上的共同善，也相容于某类共同善，这一点刚才已经显明。君主治下可能的共同善，在最好的情况下会是"安全"；这就是说，在臣民的生命、财产、女眷名誉方面，君主并非不可能保护他的[好]臣民，使之免受坏臣民与外敌侵害；但是，君主治下的共同善不可能包括臣民的自由。另一方面，如果除

---

① ［译按］上一句中的"恢复者"和这一句中的"后期缔造者"可对比我国古人所谓"中兴之主"。

② ［原注190］《李维史论》1.2（98—99），1.9，1.10（124），1.11（125，128），1.16（137，140），1.17（141，142），1.18（145—146），1.23（151），1.55，1.58（220），3.4（335），3.5（336），3.30。参上文第249页，第252—253页。

了安全,君主并不拥有自由、权力、突出的荣誉,那么,君主不可能履行其职能。①

这种自由不必然与君主所有臣民的安全相和谐。君主有必要[269]关注自己的安全和自由,正如共和国有必要关注自己的安全和自由;共同善与私人善之间的区分,对于君主不及对于共和国官员那么显著(pronounced);对于君主,"维系国家"意味着"维系他自己"。如果所有类型的恐怖行动都对于君主安全和君权安全有必要,且君主事后使用君权来有益于其臣民,那么,君主有正当理由做出所有类型的恐怖行动。

为了有益于其臣民,或为了使其祖国变得最为幸福,君主不必然要献身于共同善,或不必然要拥有善意和良知。君主做到以下三点足矣:[第一,]君主认识到,除非君主有益于其臣民,否则君权不可能安全,君主的野心也不可能得到满足;[第二,]君主清楚地理解,什么构成了其臣民的福祉;[第三,]君主根据这种认知而富有活力地行动。君主对自己福祉(他的安全和荣耀)的专一关切,只要为理智能力所引导,并为意志或脾性的力量所维系,就足以使君主变成好君主,并甚至为君主赢得永恒荣耀。尽管因拥有某些道德美德而享有的名声对君主不可或缺,但君主当然不需要拥有并运用道德美德本身。君主甚至不需要拥有如下美德,这种美德指献身于共同善,从而排除了野心。但是,君主必须拥有"头脑"(或"头脑的伟大")与男子气相结合而构成的美德,柏拉图《高尔吉亚》中的卡利克勒斯赞美了这类美德,且阿伽托克勒斯和塞维鲁斯这两个罪恶之人拥有了这类美德。

这是整部《君主论》最明显的教训。道德美德和共和国式美德是养成习惯的后果,从而也是社会的后果,但我们现在遇到的这类美德是自然的。这类美德的基础不是共同善,而是人人都有的想要获得财富和荣耀的那种自然欲望:人们受到赞美或谴责,也是着眼于人们善于或劣

---

① [原注191]《李维史论》1.16(138-140),3.30(409-410);《君主论》19(62)。参上文第26页。

于获得[他物]。① 赞美人们善于获得[他物]，是因为这种善很罕见，难以实践，并对拥有这种善的人有益；道德美德本身需要付出多少艰辛并牺牲多少安逸，这种善就至少需要付出多少艰辛并牺牲多少安逸。

71. 城邦中的统治阶级具有集体自私；完美的共和国式美德是出于一种特定脾性，而非出于 προαίρεσις[选择]

如果我们回顾马基雅维利对共和国的分析，那么，我们会立即

---

① ［原注192］《君主论》3(12),6(18-20),8(28),9(32-33),15,18(56),26开头；《李维史论》1.9(120),1.10(123),1.17(141),1.20,1.27,1.58(220),3.22(395-396)。参上文第241-242页。

——马基雅维利如何看待道德美德的地位，既从他关于贞正的言论中最清楚地显现出来，又从他对贞正所保持的沉默中最清楚地显现出来。在他对道德美德的列举(《君主论》15)中，他将贞正作为第7种美德来提及；他在随后四章中谈论了第15章列举的除贞正以外的其他所有美德，却对贞正保持沉默，甚至对表面上贞正的必要性(the necessity of appearing chaste)保持沉默；因为当他评论说君主必须远离女人们，并尤其远离自己臣民的财产时，人们几乎不能把这番评论当作关于贞正的讨论，比较《君主论》17(53),18(56),19(57),与前一篇[第12至14章]结尾(第14章结尾)对居鲁士贞正的提及。关于"君主应该远离属于其臣民的女眷"这条规范，比较《李维史论》3.6(341)和3.19(387)对于这个主题所保持的沉默以及1.37结尾。

当马基雅维利列举阿皮乌斯·克劳狄乌斯所犯的错误时(《李维史论》1.40)，他没有提及维尔吉尼娅被强奸。亦参3.5对维尔吉尼娅事件的讨论。在3.26，他用到卢克瑞提娅事件和维尔吉尼娅事件，以便表明女人们曾经给国家造成巨大损害(参李维《自建城以来》1.57.10)。正是在这个语境中，且仅仅在这个语境中，马基雅维利明确提及了亚里士多德：初看起来，马基雅维利唯一同意的亚里士多德教诲，似乎是"僭主们应该避免在女人问题上伤害自己的臣民"这番教诲；但是，甚至关于这个教诲，而且恰恰关于这个教诲，[马基雅维利与亚里士多德之间]存在一个精微分歧。参上文第257-258页。

——《君主论》(尤其第1章)强调了[344]对君主国的获得[这个行动]的质料和种种模式，而非强调了君主国的种种结构和意图，获得[这个行动]的根本特性把这种强调正当化了。

看到,君主的动机本质上无异于统治阶级的动机。[270]以罗马元老院为典型例证的卓越统治阶级,并非献身于起初所理解的共同善。这种统治阶级把共同利益与它自己的特殊利益等同起来,并精明到足以认识到,通过克制它自己发号施令的欲望(desire to command),也通过对平民作出明断的让步,它才能最好地服务于它自己的利益。元老院和元老院成员的美德,无异于卓越君主的美德。如果元老院的行动模式不同于卓越君主的行动模式,那么,全部原因就是共和国政府结构不同于君主国(monarchic)政府结构,而不是[元老院]在道德上不同[于卓越君主]。

共和国式美德需要公民们摆脱野心,并需要公民们贫穷,但巨大的野心和甚至更大的贪婪驱动着罗马贵族;[罗马贵族]早期的贫穷不是由于美德,甚至也不是由于法律,而是由于处境。罗马贵族曾经对平民尚且(tolerably)人道,一方面是因为他们恐惧平民和潜在僭主们,另一方面是因为他们计算出以外邦为代价而与平民合作有利可图。平民保民官们曾经有助于保存或恢复贵族内部的统一:平民保民官们发挥了敌人的功能。

共和国中领袖的榜样是曼利乌斯·托夸图斯,他的行事模式与私人野心毫无关系,且他每时每刻都显得是只爱共同善的人;关于曼利乌斯,[第一,]他的天性迫使他以一种严厉方式行事,这种方式对公共事务如此有用;[第二,]一种欲望促发他做出自己的行动,这种欲望就是想要人们遵守他的自然嗜欲使他下达的严厉命令。①

我们可以说,古典著作家们所谓的贤良制是一种想象出来的共和国;那些为人所知的存在着或存在过的贤良制的事实真相是寡头制。这并非否认,一般而言,共和国比任何君主国都更有利于大多数民众和多数大人物(the large majority of the people and the majority

---

① [原注193]《李维史论》1.3,1.37(176,178),1.40(187),1.46(193),3.22(393-395)。比较 1.50(201)与 3.11。

of the great），至少在城邦中如此。但是，这并非普遍为真。

72. 支持僭政的论据

如果共和国中的大人物在压迫民众时走得太远，那么，民众更好的做法也许是，为了保护自己，转向一个有足够理智能力和勇气的野心家，并帮助此人建立且保存一种僭政。据亚里士多德所说，"并非贤人们而是民众[271]才支持僭主"这个事实是一个反对僭政的论据；而据马基雅维利所说，这个事实是支持僭政的最有力论据，因为民众的目的比大人物的目的更正义，或者说更体面或更可敬——这后两种形容是马基雅维利悉心措辞时更喜欢说的。共同善很可能看起来（may well appear）等于多数人的善。此外，正如可以通过暴力而建立自由国家，也可以通过同意而建立僭政。

关于僭主统治的特定行为，人们有必要记起，尽管多数人的目的最可敬，但多数人本身并非最可敬。多数人没有能力统治自己或他人。有些人的事业最正义，但这些人最缺少能力捍卫这个事业；另一些人的目的至少可以说不那么正义，但必须由这些人捍卫前一些人的事业；正义取决于不义。

无论如何，共同善在于多数人的善与大人物的善之间的一种不稳定（precarious）和谐；每当这种和谐不复存在时，多数人的善就优先于少数人的善，这一点所遵从的原则与另一点所遵从的原则相同，这另一点就是，共同善优先于任何特殊的或宗派的利益。毋庸赘言，"目的把手段正当化"这个准则既适用于建立并保存由此而得到正当化的僭政，也适用于建立并保存共和国：僭主有正当理由通过把大人物及其身负不共戴天之仇的遗孤碎尸万段（cutting to pieces the great and their irreconcilable brood）而保障僭主自己的安全。

斯巴达的克列奥美涅斯"密谋反对他的祖国"，是因为他渴望帮助多数人，当时少数人反对多数人的善；他屠杀了他的所有反对者;如果不是因为一个意外事件,则他本会获得吕库尔戈斯本人的名气。如果一个人说,为了崛起到掌权,僭主必须使用欺诈,那么,马基雅维利会回应此人道,模范国王居鲁士和模范共和国罗马崛起到伟大的地步,都不是通过别的方式[,而只是通过欺诈]。

不过,仍然并非所有僭政都可辩护。如下两种情况之间存在差异:一种情况是,民众早先与大人物和谐地生活在一起,后来一个指挥着军人们(armed men)的野心家谋杀了大人物,并使自己成为民众的主人;另一种情况是,这个野心家在内战爆发或迫近之后才登场。在后一种情况下,这个野心家也被迫把大人物碎尸万段,并适当顾及普通民众对安全的要求,同时,这个野心家也为私人野心所驱动而做出他的所有行动;但是,场合或机会可以用于为这个野心家辩解,哪怕无法用于为罪恶的僭主辩解。① 就僭政[272]并不稳定这个主张来说,它与一个武断的僭政定义密切相关。

尽管塔克文·普里斯库斯和塞尔维乌斯·图利乌斯(Servius Tullius)是篡位者,或以不寻常手段占有了他们的王国,但人们仍然铭记他们是罗马国王。有些僭主成功地缔造了持续数个世纪的君主国,感恩的——哪怕伪善的——后世铭记这些僭主是君主。有什么名字或头衔比"凯撒"更荣耀呢? 凯撒就是罗马的第一位僭主。作为典型的僭主,凯撒使自己的权力立足于普通民众,普通民众后来为凯撒之被杀复仇。凯撒篡夺了自己[所渴望]的权力,是因为受到野心促发;但是,人们也许能同等正当地说,凭借强力且出于正义的愤怒(by force and out of just anger),凯撒夺得了忘恩者拒绝给他的东西。尽管如此,或正因如此,凯撒才是第一位皇帝;他为后来的罗马君主制(the late Roman monarchy)奠定了基础,即为奥古斯都的和平执政与好罗马皇帝们的黄金时代作了准备。在诸如此类的考虑促使下,无论在谈论罪恶的僭主时,还是在谈论并不罪恶的

---

① [译按]参第44页和第246页。

僭主时,马基雅维利都往往将"君主"与"僭主"用作同义词。①

因此,现在变得有必要重新思考,罪恶的僭主如何不同于并不罪恶的僭主。人们不足以说,罪恶的僭主缺少机会,因为如果没有机会,则罪恶的僭主本来绝不可能变成僭主。潜在的僭主缺少机会,从而失败了,这种僭主的经典例证是曼利乌斯·卡皮托利努斯。与卡皮托利努斯同时代的卡弥卢斯是罗马统帅中最明智的那一位,②卡皮托利努斯感到自己嫉妒卡弥卢斯赢得的荣誉和荣耀,这种嫉妒促发了卡皮托利努斯力争建立僭政;卡皮托利努斯相信自己可以匹敌卡弥卢斯。因此,卡皮托利努斯知道自己不是罗马第一人(the first man in Rome)。

在马基雅维利的第二次陈述中,他把卡皮托利努斯针对祖国的阴谋流产追溯到"嫉妒,抑或他[卡皮托利努斯]的邪恶天性";人们不再能确定嫉妒提供了充分解释,而且卡皮托利努斯的嫉妒不是一种邪恶天性的迹象:嫉妒本身是一种激情,在某些并非由所有人造成的条件下,这种激情与必然性一道产生于所有人身上。

在马基雅维利的最后一次陈述中,他发现,卡皮托利努斯的行动起源于他的嫉妒,这种嫉妒使他的头脑变得如此盲目,以至于他没有考察可用的质料是否允许建立僭政;看起来,卡皮托利努斯的

---

① [原注194]《君主论》7(23-24),8(27,29),9(31,33);《李维史论》1.1(94),1.2(98),1.9(121),1.10(122-124),1.16(137,139-140),1.25结尾,1.26,1.29(161),1.37(177,178),1.40(186,187),1.52(204,205),2.2(235,236-237),2.13,3.4,3.6(354,355,356),3.8(360);Opere, vol. ii, p.707。参亚里士多德《政治学》1297b1-10,1308b33-1309a9。参霍布斯的如下论断:僭政不过是"不受喜爱的"君主制(monarchy)(《利维坦》19)。参上文第260页。

[译按]关于正文中的这两段,亦参施特劳斯的《关于色诺芬〈希耶罗〉的再次陈述》一文,中译文出版信息见第13页译按。

② [译按]《李维史论》3.12靠近结尾处称卡弥卢斯为"所有罗马统帅中最明智的那一位"。

"邪恶天性"在于一种激情的过度有力,这种激情比其他任何激情都更能使人们好好发挥作用,因为嫉妒被证明根源于对荣耀的爱;但是,卡皮托利努斯对荣耀的爱强过他的理解力:他的邪恶天性在于[273]他缺少理解力;他"充满了每一种美德,且公开地和私下地做了非常多可称赞的工作",但他缺少一种明智,这种明智让一个人看到,不同于在一个仍然过着共和国式生活的城邦中,在一个败坏的城邦中人们必须以另一些方式寻求荣耀;与卡弥卢斯相反,卡皮托利努斯劣质地做了选择,或者说,他拥有一种不符合时代的自然倾向;在一个败坏的城邦,卡皮托利努斯本会是罕见的、值得纪念的人。他的错误根本无异于法比乌斯·马克西穆斯的错误,当一个大胆的战略变得可能,从而也变得必要时,法比乌斯试图继续一个谨慎的战略。

马基雅维利总结道,如果在共和国中,公民们从事一项要么支持自由、要么支持僭政的事业,那么,公民们必须考虑可用的质料:马基雅维利的建议所具有的中立性,对应于这个问题的道德中立性,而这个问题关系到如何寻求荣耀,或如何"获得"[他物]。①

人们同样不足以说,罪恶的僭主尽管不缺少机会,却缺少正当化;因为倘若有这么巨大的机会,正当化就不会无法展开(will not fail to be forthcoming)。一个具有不寻常天赋的潜在僭主,也许并非没有理由认为,在成功地密谋反对共和国之后,他既能保卫这个城邦或这个国家(the country)不受外敌侵害,又能顾及多数人的善,而他所用的方式远远优于他的竞争者们所用的任何方式;在这个僭主成功之后,人们不可能说,共和国领袖们是否本会有能力达到同样杰出的成就。因此,有公共精神的共和国缔造者,本质上无异于自私的僭政缔造者:两者都不得不犯罪,也都不得不适当顾及社会中从事最正义事业的那部分人(that part of society the cause of which is

---

① [原注 195]《李维史论》1.8(116),1.24(154),3.8(360-362)。参卷一前言开头,2.2(237-238),2.33(325),3.9。

most just)。至于两者意图的差异,人们可以像亚里士多德那样说,两者的意图均得到了隐藏。

归根结底,有远见的爱国主义与有远见的自私,会导致同样的结果。换言之,无论从正义的前提出发,还是从不义的前提出发,我们都会得出同样的结论:正义为了实现自己的目标就必须使用不义,而不义为了实现自己的目标就必须使用正义;正义与不义均需要明断地混合正义与不义,即需要在正义与不义之间采取某条中间路线。

73. 支持僭政的论据(续)

无论如何,僭主和其他任何新君主都必须武装自己的臣民。然而,僭主不可能武装自己的所有臣民。因此,如果僭主有益于自己所武装的人们,就足够了。[274]换言之,正如僭主通过利用大人物与民众之间的分裂而掌权,僭主也通过在民众内部制造分裂而保持掌权。在某些情况下,僭主不必制造这种分裂;僭主能武装农民阶层(the peasantry)——也许这是一个受到残忍压迫的农民阶层——并在农民阶层的帮助下压制市民阶层(keep down the urban populace)。由于僭主的首要任务是维持自己和自己的地位,故僭主也许还不得不在以前受压迫的邻国民众中寻求支持,或同时也在一些雇佣军中寻求支持;僭主能更信赖这些雇佣军的忠诚,而非更信赖以前确实帮助僭主掌权的民众的忠诚;这些民众现在困扰于对一种共和国式自由的追忆,他们以前并无保存这种自由的智谋(wits),故他们不值得拥有这种自由。

罗马皇帝们、土耳其人、苏丹[之存在]表明了两点,一点是一个立足于军人种姓(a soldier's caste)①的政制是可能的,另一点是在这样的政制治下可以说不需要考虑民众:塞维鲁斯皇帝为了满足军

---

① [译按]严格来讲,种姓并不存在于这里列举的民族,但施特劳斯仍用到"种姓",这也许并非偶然。

人们,不择手段地压迫民众,却"总是幸福地执政","受到人人崇敬",并享有"相当高的名声"。毕竟,军人们对民众的所作所为,无异于民众对其他民族的所作所为(倘若民众能做到的话)。

我们可以概述马基雅维利的论证如下。要么人们质疑共和国的行动原则:人们抵达想象出来的共和国;要么人们接受这些原则:人们不能彻底谴责僭政。除此之外,人们没有别的办法解释如下事实:马基雅维利同等爽快地(with equal alacrity)既对僭主提建议,又对共和国提建议。

在此仅仅多提及一个例证,即潜在的僭主阿皮乌斯·克劳狄乌斯本来看起来像民众的朋友,后来突然转变为民众的敌人,这就是一个不明智的行动,因为这样一来,他在获得新朋友之前,就失去了老朋友:他应该分阶段实现从谦卑和仁慈向傲慢和残忍的转变。①毋庸赘言,这个建议与其他同类建议都完全没有考虑共同善。

74. 自私的考虑

如果马基雅维利能仅仅着眼于僭主的安全或荣耀,而对现实中的或潜在的僭主提建议,那么,马基雅维利没有理由不对如下这些人提同样性质的建议:这些人不渴望超越臣民或普通公民(private citizens)的地位,或者说,所有这些人着眼于其私人利益而行动。马基雅维利在《李维史论》3.1结尾[275]评论道:[第一,]这一卷会讨论"特定的人们"的行动,这尤其不同于政治社会的行为;[第二,]至于罗马国王们,马基雅维利只会讨论,他们着眼于其私人利益做了什么事。

马基雅维利以罗马的自由之父布鲁图斯开始这番讨论。布鲁图斯也曾着眼于其私人利益而行动吗?据马基雅维利所说,李维解

---

① [原注196]《君主论》19(61-66),20(67);《李维史论》1.40(187),1.41。

释道，布鲁图斯装傻，是因为他渴望在一位国王的压迫性统治下活得安全并保存自己的祖产。然而，马基雅维利认为，布鲁图斯受到驱动而采取自己的行动路线，也是因为他渴望解放自己的祖国。因此，马基雅维利声称，他使自己笔下的布鲁图斯比李维笔下的布鲁图斯更有公共精神。李维笔下的布鲁图斯当然故意做出了一种行动，根据一位神谕传达者似乎合理的(plausible)解释，这种行动本会使布鲁图斯成为罗马国王。罗马共和国之父可能本来渴望当国王吗？

马基雅维利本人在几页之后注意到，这种当国王的欲望如此之大，甚至成为严格来讲永远不可能变成国王的人们内心的一部分(enters even into the hearts)。在李维的权威支持下，马基雅维利开始追问，最有名的爱国者有没有自私的动机；在这么追问之后，马基雅维利从布鲁图斯的行为中得出了如下教训：君主之敌应该与君主亲密地生活在一起(to live in familiarity)，因为这能保障君主之敌的安全，还能允许君主之敌享受宫廷生活的愉悦。既有耐心又善意的索德里尼，不知道如何变得像布鲁图斯，故他"同他的祖国一道失去了他的权力和他的名声"；至少可以说，正如马基雅维利相当强调索德里尼的祖国的公共损失，马基雅维利也相当强调索德里尼的私人损失。

此后，马基雅维利以两章(3.4-5)致力于讨论最后三位罗马国王；尽管他在那里没有明确讨论，这些国王如何为了私人利益而智慧地或愚蠢地行动，而且他在那里甚至提到有公共精神的君主们，如提摩勒翁和阿拉托斯，①但[马基雅维利]不允许我们忘记，这两章的主题是私人利益。

关于阴谋的那一章[3.6]紧随这两章之后，[马基雅维利]意在使此章既警示君主们又警示私人们：阴谋对君主们(意图针对的受害者)和私人们(君主们的潜在谋杀者)都危险。看起来，杀死君主并不难，但杀死君主并存活下来极难；马基雅维利主要关注如何建议密谋者们[276]自我保存。本着同样的精神，马基雅维利接下来

---

① [译按]关于此二人，参第104页译按和第168页译按。

向公民们传授了如何既在败坏的城邦又在未败坏的城邦中寻求荣耀和名声。

在后文,马基雅维利向统帅们传授战略和战术的重要规则;在那里,他提醒我们注意如下事实:他在这么做时,还向统帅们传授[他们中的]每个人如何能为自己赢得荣耀。马基雅维利尤其表明,就算输掉一次战役,统帅如何能为自己赢得荣耀:统帅可以表明,失败不是由于他的过错。在对比严厉统帅的模式与温和统帅的模式时,马基雅维利悉心区分了如下两者,一者是这些模式如何影响祖国,另一者是这些模式如何影响[统帅]个人;马基雅维利同等程度地关注公共利益与私人利益。在危险的处境中,卡弥卢斯的同僚们(the colleagues)为了拯救祖国,把最高指挥权让予卡弥卢斯;他的每个同僚都看到了自己的危险,为此而延迟了自己的野心,控制了自己的嫉妒,并欣然即刻服从如下这样一个人,每个同僚都相信此人能以其美德拯救每个同僚。

一个人建议采取有利于共同善的措施,也许会使此人自己面临巨大的危险;因此,马基雅维利思考了,如何能使公共义务的履行与私人安全相调和;如果一个建议者没有站出来充当一个大胆计划的单独而有激情的促进者,那么,这个建议者将赢得更少荣誉,却将赢得更多安全;另一方面,如果这个建议者谨慎的处理方式导致他的建议未获采纳,且招致了灾难,那么,这个建议者将赢得

非常大的荣耀;由于诸恶降临在你的城邦或你的君主身上,故[你]赢得了这荣耀,尽管[你]不能享用这荣耀,但这荣耀仍有分量(counts for something)。①

---

① [译按]《李维史论》3.35,对应中译本第558页第3至4行。
[原注197]《李维史论》3.2,3.3(334),3.6(338,340,346–347,352,354,356),3.8(361–362),3.9(363),3.11结尾,3.22(392),3.23开头,3.30(408–409),3.34(419–420),3.35,3.42。参李维《自建城以来》1.56.7–12。

尽管着眼于私人的私利(the private advantage of private men)的建议只在《李维史论》卷三中才变得突出,但这种建议并非不见于马基雅维利作品的其他那些部分。感恩是这样一种美德,算计对它的旁敲侧击并非不及义务对它的命令(is no less insinuated by calculation than it is commanded by duty);在关于感恩的那一篇[1.28-32]①的居中位置[1.30],马基雅维利提出了如下问题:如果一位君主不率领自己的军队,而是派出一位统帅代为率领自己的军队,那么,这位君主如何恰当地使用感恩及其反面?

马基雅维利没有为这种君主提供规范,因为每位君主都凭自己就知道在这种情况下应该做什么;相反,马基雅维利为[这种情况下的]这种统帅提供规范。在某些条件下,这种统帅应该"完全坏",这就是说,由于[这种统帅]预料这种君主会忘恩,故这种统帅应该反叛这种君主,从而惩罚这种君主;而反叛这种君主等于做出如下行动,这种行动由于大胆而伟大,故不可能无尊荣。在此,马基雅维利[277]没有仅限于对一个已经渴望变成僭主的人提建议,而是对一个先前天真的人建议了僭政的思想。在此章[1.30]的标题中,马基雅维利应许了,他还会讨论,共和国公民应该做什么,才能免遭自己的祖国忘恩;马基雅维利没有履行这个应许,因为他在上一章[1.29]说,凯撒用强力夺取了忘恩者拒绝给他的东西。

马基雅维利之于政府(要么君主制,要么共和制)治下的天真统帅,正如十人团成员们倒台后那两个体面的罗马贵族(patricians)之于罗马平民。马基雅维利超越了这个立场。皮耶罗·索德里尼是以善意、人性、谦卑、耐心而闻名的人,也是佛罗伦萨自由的官方护卫者,他的"风格"是偏爱普通民众;皮耶罗的敌人们——马基雅维利在这个语境中不厌其烦地谈论"皮耶罗"——犯了一个错误,即没有使用[与皮耶罗]相同的风格;初看起来,似乎皮耶罗犯了一个错误,即没有使用他的敌人们的如下风格,这个风格就是偏爱美

---

① [译按]据第160页补足方括号内容。

第奇家族,并由此背叛祖国的自由。可以说,马基雅维利近乎在[皮耶罗]死后对皮耶罗建议道,皮耶罗本应实施一个残暴的背叛行为。然而,马基雅维利为皮耶罗没有实施这个背叛行为作出了"辩解",辩解方式是考虑到:一方面,倘若偏爱美第奇家族,皮耶罗就会失去他的好名声;另一方面,通过保持忠诚[于祖国的自由],皮耶罗只失去了他的名声,以及他的权力和他的祖国。

但是,如上考虑并不充分,至于个中原因,在这个语境中就连马基雅维利在陈述时也不寒而栗。马基雅维利接着说,皮耶罗也许本不能"秘密地且一次性地"①实现从偏爱普通民众转向偏爱美第奇家族。由此,马基雅维利为索德里尼之没有背叛他的信用(not having betrayed his trust)作出辩解,所用方式是考虑到,在这种情况下背叛他的信用不可行(not feasible)。马基雅维利总结道,一个人不应该选择危险超过收益的行动路线。

我们在《君主论》中读到,君主的大臣绝不应该考虑自己,而应该只考虑君主;大臣必须拥有善意。但是,由于人们劣质,故君主必须使他的大臣变得优质并保持优质,所用方式是给大臣以荣誉和财富。如果大臣能确定自己的君主考虑了大臣的利益,那么,大臣不必考虑自己的利益。然而,荣誉之上还有荣誉,财富之外还有财富。因此,君主必须悉心提防自己的大臣。如果[278]君主具有这方面所需的理智能力和专心勤勉(the assiduity),那么,大臣总会优质。②

---

① [译按]《李维史论》1.52,对应中译本第 285 页第 1 段倒数第 4 至 3 行。

② [原注 198]《李维史论》1.29(161),1.30,1.52,2.28(313);《君主论》22,23(76)。1.52 讨论了索德里尼有可能从自由的事业转向美第奇家族的事业,而此章位于《李维史论》中以"我相信"开头的两章(1.18,2.26)之间的居中位置。全书中"皮耶罗"仅仅密集出现在 1.52,对这个事实进行反思会表明,人们有理由将此章描述为《李维史论》中最重要的一章。这种反思特别预设了对 1.9 的充分理解。参上文第 103-104 页,第 263 页。

75. 压迫与社会始终同在 → 最好的共和国与最坏的僭政之间仅有程度差异

让我们来考察一种思考的运动,即从无私的爱国主义抵达罪恶的僭政。如果一种共和国的特性以早期罗马共和国为典型例证,那么,这种共和国是最佳政制,因为它发挥了政治社会的自然功能。最初活得像野兽的人们,为了躲避不安全才建立政府;政治社会的功能是使人们变得安全。政治社会的所有潜在成员都同等地渴望安全,且唯有通过所有这些成员的统一才能获得安全;安全是一种共同善,因为人们必须分有安全才能享有安全。政治社会通过政治权力来发挥自己的功能,且政治权力恰恰易于威胁安全,而人们正是为了安全才建立政治权力。为了避免这种危险,多数人必须拥有与其能力(capacity)相称的公共权力份额。

但是,人们如果没有获得对自己潜在敌人们的优势,就不可能确保自己的安全。此外,人们一旦拥有了安全,就必然不满足于安全;人们不再珍视安全;人们把安全看得低于一种优越,这种优越就是在财富和荣誉上优于他人。保持警惕(constant vigilance),并周期性地回归诸开端,即周期性地陷入恐怖,仍然不够。如果不受到战争威胁,那么,人们不可能保持社会统一;而如果一次又一次威胁之后没有伴随着战争本身,那么,这种威胁会很快失去其有益性。由于某些社会成员渴望主宰自己的同伴们,故社会内部会发生压迫;就算没有由此而发生压迫,战争无论如何也会导致[征服者]压迫被征服者。①

因此,压迫或不义与政治社会始终同在。罪恶的僭政是以极端压迫为标志的状态。所以,在决定性方面,最好的共和国与最坏的僭政之间仅有程度差异。这种程度差异在实践中至关重要,没人比

---

① [原注199]《李维史论》1.1(95),1.2(98),1.6(112),1.16(138),1.37开头,1.46,3.16(381)。

马基雅维利更好地知道这一点。但是,程度差异不是类型差异。为了与马基雅维利的论证交锋,人们可以选择如下两种方式中的一种:第一种方式是诉诸一个更高的原则,这个原则把体面的社会所实行的压迫正当化(legitimates),同时谴责僭政的压迫;第二种方式是指向那些已在自身内部废除了压迫的政治社会。压迫存在于任何如下地方:在这种地方,执法并不平等地保护每个人的生命、自由、财产、荣誉,这里说的"每个人"排除了公正的(fair)法官们判为有罪的人们,[279]这些人的罪行侵害任何人或所有人的生命或自由或财产或荣誉。但是,压迫也许同样存在于如下地方:在这种地方,财富的极端不平等造成了穷人极端依赖富人。

76. 因为:人们是劣质的——即自私的

压迫与社会始终同在,或与人始终同在,因为自然强迫人进行压迫,或因为人劣质。人性正是嫉妒、野心、多疑、忘恩、不满足、崇尚掠夺。只有通过必然性,且尤其通过他人实行的强迫,从而也尤其通过法律,人们才会变得优质。劣质等于解除束缚或解除枷锁(to be untied or unchained)。若要人变得优质,就需要对人施加暴力,因为优质违背了人的质地(grain),或违背了人性。如果人们可以引用霍布斯的话而不无虔敬地说,人依据自然而劣质,那么,人们会不得不这么说。无论如何,人们并不具有向善的自然倾向。人们更倾向于恶而非善,故人们能更容易受到败坏,而非更容易变得不败坏。然而,由于人们能变得善,故人们并非彻底恶:人们患有可治之症。仅仅在非常罕见的情况下,人们才知道如何完全恶。这确实是由于如下事实:人们没有勇气完全恶,或人们可鄙;人们怯懦,在恶与善两方面都不稳定,而且质朴或易骗。然而,这番描述并不适用于所有人。因此,人们不得不说,大多数人依据自然而劣质,或者说,有多种多样的劣质属于多种多样的人。

然而,就算这样[说]也不够。马基雅维利质疑如下这些人,这些人用人们的劣质本性解释人们的劣质行为:人们依据自然而可塑,而非依据自然而要么低劣、要么优异;优质与劣质不是自然品质,而是养成习惯后的产物。①

我们已经看到:[第一,]在攻击"中间路线"时,马基雅维利事实上只攻击了某类中间路线;然而,[第二,]他对中间路线本身的攻击传达了一种教训,这种教训不等于拒绝某类中间路线。同样,在暗示人依据自然而劣质时,马基雅维利并非仅仅指出人并非依据自然而向善,也非仅仅指出可以蔑视大多数人或俗众。"人依据自然而劣质"这个断言在最重要的意义上意味着,人依据自然而自私,或人仅仅为自爱所促发。唯一自然的善是私人的善。既然如此,故[280]着眼于人们自私这个事实而声称人们劣质,是荒谬的。如果有些人看起来完全献身于共同善,或完全忘我地服务他人,那么,就连这些人做出这种行为,也是受到他们的特定天性和他们的自然欲望(their peculiar natures and their natural desire)驱使,这种自然欲望就是,想要看到他人服从自己,或想要获得名声,或想要通过使他人快乐而感到自己快乐。

卡弥卢斯在管理共和国的最高公务时,总是只考虑公共利益,而他看起来渴望变得能匹敌最高的神。只要不着眼于共同生活的需要而塑造人的自私,人的自私就是劣质;通过着眼于共同生活的需要而塑造人的自私,人的自私就变成了优质;但人的自私仍然总是自私。人们并非依据自然而向善,同理,人们也并非依据自然而倾向于[建立]社会。人并不具有一个严格意义上的自然目的(a natural end proper),这就是说,人没有如下自然倾向,这个自然倾向指向人所

---

① [原注200]《君主论》15(49),17(53),18(55-57);《李维史论》卷一前言开头,1.3,1.9(120),1.26-27,1.29(160-161),1.35(174),1.37开头,1.40(188),1.42,1.47-48,1.57,1.58(217-219,221),卷二前言(229),3.12(371),3.29。参霍布斯《论公民》前言。参上文第249页。

特有的本性的完美,这里说的本性属于理性的、社会的动物。①

人并非依据自然而是社会动物或政治动物。人们确实依据自然而相互需要,但人们也依据自然而相互对立,且相互对立并不少于相互需要;人们不能说,在这两种相互反对的必然性中,一种比另一种更自然。当采用珀律比俄斯对政治社会起源的描述时,马基雅维利甚至略去了珀律比俄斯的两番极其简短的话,一番话提及男女结合与生育子女,另一番话提及人的自然合理性(natural rationality);更不用说如下事实,即珀律比俄斯在这个语境中谈论了"自然",而马基雅维利谈论了"运气"。马基雅维利偶尔谈论臣民对自己君主的"自然感情"(natural affection),且马基雅维利并不否认,父母对子女有自然感情,反之亦然;但是,马基雅维利主张,子女对父母财产的自然感情并非不及子女对父母的感情那么强烈,而且一个母亲的复仇欲望也许比她的母爱更强烈。在地位上,对属人存在者们的各种自然感情,无异于对财富和荣誉的各种自然感情,也无异于对属人存在者们的各种自然仇恨;所有这些都同样是激情,即同样是考虑自己的(self-regarding)激情。②

77. 马基雅维利治国术的原则:人的自私,以及对自恃的需要(→ virtù[美德])

尽管人人都依据自然而只关注自己的福祉——他的[自我]保

---

① [译按]人依据自然而是理性动物和政治动物,是亚里士多德的著名主张。参亚里士多德《尼各马可伦理学》1102a5-1103a10;《论灵魂》433b31-434a21;《政治学》1253a1-18。《论灵魂》中译本:《灵魂论及其他》,吴寿彭译,北京:商务印书馆,1999。

② [原注 201]《君主论》2(6),9(32),10(35),17(53),20(69);《李维史论》1.2(98),1.37(175),1.57 结尾,3.6(354),3.12(371),3.23,3.30(409),3.34,3.43(235)。参珀律比俄斯《罗马兴志》6.6.2-4。马基雅维利再现李维《自建城以来》2.44.7 时,用 il nome Romano[罗马的名声]取代了 res Romana[罗马的事务](《李维史论》2.25 开头)。参上文第 270 页。

存、他的安全、他的安逸、他的快乐、他的名声、他的荣誉、他的荣耀——但人人都必须关注自己社会的福祉，[因为]他自己的福祉看起来取决于他自己社会的福祉。[281]如果一个社会最有利于大多数民众和大多数大人物（the large majority of the people and of the great）的福祉，那么，这个社会是好共和国。一种推理导致了如下要求，即人应该献身于共同善；这种推理尽管从自私这个前提出发，但不及激情那么强有力。人们需要额外的自私刺激（additional selfish incentives），才能遵从这种推理的结论。

因此，政治技艺的任务在于，引导激情乃至坏脾性，使其不可能在如下情况下得到满足：对其的满足并非有助于共同善，或甚至并非服务于共同善。人们不需要改变内心或意图。人们需要一类制度，这类制度使损害共同善的行动完全无利可图，并以所有方式鼓励那些有利于共同善的行动。

因此，私人善与公共善之间的联系是惩罚与奖赏，或换言之，是对政府的恐惧与对政府的热爱。某种程度上，政府必须试图获得被统治者的热爱，所用方式就是付出一种代价，即做出大方而温和的行动；这种热爱与感恩的义务相吻合；但是，人们感觉到，义务的纽带是负担，故每当这种纽带限制了承担义务者的自利时，人们就破坏这种纽带。因此，政府在必须避免引起仇恨时，至少必须同样关注如何令人恐惧。[政府]不可能保持完美地结合被热爱与被恐惧，但在一种情况下，偏离这条"中间路线"无关紧要，这种情况就是，治理者们是具有伟大美德的人，即头脑伟大而高贵的人，故人们把治理者们当作如下这种人来崇敬，这种人善于保护好人和朋友，并伤害坏人和敌人。

政治技艺的任务在于规定如下：不仅使最能干的人们能崛起到最高职位，而且最重要的是，使这些人在占据这些职位时能保持做好人。罗马人达到上述第一点，是通过使最重要的职位成为对卓越的奖赏，而非对出身或财富的奖赏，或者说，是通过明断地处理自由选举（free elections）。罗马人达到上述第二点，是通过设计一个方案,这个方案允许执政官们的对手以并不冒犯的方式监督执政官们的公职行为,同时,这个方案也没有扑灭执政官们的主动性。罗马人最信赖领导人们对荣耀的爱。罗马人判断道,对荣耀的爱是一种充分的"限制和[282]规则",用来使一个发号施令者(a commander)好好发挥作用;故罗马人规定,胜利的荣耀"完全属于他[这个发号施令者]"。对荣耀的欲望,作为对永恒荣耀的欲望,将人从如下关切中解放出来,这种关切指向生命和财产,即指向为了共同善而也许不得不牺牲的那些善;然而,荣耀是人的属己之善。因此,可能的乃至恰当的是,将整个政治教诲呈现为一种对个人的建议,这种建议关乎个人如何能为自己获得最高荣耀。

马基雅维利意在使[《君主论》和《李维史论》]这两本书得到直接的明智使用,而非意在使这两本书确保明智的基础稳固(for rendering secure the basis of prudence);在这个意义上,这两本书的宽泛意图在于表明需要做到如下两点:[第一,]需要考虑到,统治者们和被统治者们各自的自私欲望是政治的唯一自然基础;[第二,]由此需要既不信任人们的善意,也不信任雇佣军、要塞、金钱、运气,而是信任自己的美德(如果一个人拥有美德),这种美德是为自己获得最高荣耀的那种能力,从而也是为自己的国家获得任何使其强大、兴盛、受尊重的事物的那种能力。在不能不损害他人的活动中,智慧的统治者们将争取被统治者们的合作,而被统治者们[同统治者们]一样着眼于自己的利益而行动。由于多数人绝不可能获得大人物作为个人所能获得的永恒荣耀,故[大人物]必须诱导多数人做出最大的牺牲,而这需要[大人物]明断地培养[多数人]信仰另一类永恒。①

---

① [原注 202]《君主论》17(53);《李维史论》1.7(115),1.20,1.29(159-160),1.30(163-164),1.35-36,1.40(188),1.43,1.45 结尾,1.48,1.60(224),2.2(235-236,239),2.24(301,303),2.33(325),3.10 开头,3.15(379),3.21(390),3.28。比较 3.28 与 1.9。

78. 马基雅维利在"共和国还是僭政"这个问题上保持中立:唯一完全共同的善是真相①

马基雅维利关于君主国的书[《君主论》]和他关于共和国的书[《李维史论》]均具有共和国倾向:这本关于共和国的书中表达了对共和国的赞美,而这两本书中均有对君主国的赞美,这两种赞美绝非相互矛盾。远远更引人注目的是一种看似非人性的超然(detachment),凭借这种超然,马基雅维利既充当僭主的老师,又充当共和国的老师,从而既充当僭主的施益者,又充当共和国的施益者。

如果某人在善与恶之间一直无决断,或者说,如果某人尽管有益于我们,但同时也以同样的行动有益于我们最大的敌人们,那么,我们如何能尊重此人?我们称马基雅维利的超然(detachment)或中立是非人性的,因为如他所说,在人们卷入分裂的任何地方,人们都依据自然而站队。就算某人漠视荣誉和利益,从而也试图超然处之(to stay aloof),但他人不会允许此人这么做。或者说,这样的漠视可以解释马基雅维利的中立吗?马基雅维利写作《君主论》,是为了对理解[此书]的人有用。在《李维史论》中,马基雅维利在某种程度上更清楚地表达了自己。他[283]写作《李维史论》,是因为驱动他的是

> 那种总是存在于[他]身上的自然欲望,即在无视其他任何考虑的情况下去做那些[他]相信可以为每个人带来共同利益的事情的自然欲望。②

马基雅维利的作品给共和国与僭主均带来了利益。这种利益是[共

---

① [译按]在古人意义上,则当译作"真理"。这种含混并非不重要。
② [译按]《李维史论》卷一前言,对应中译本第 141 页第 3 至 4 行。方括号内容为施特劳斯所补,但所补的这两个"他"在原文中均为"我"。

和国与僭主的]共同利益,因为完全相同的(identically the same)建议,或行动规则,或因果规则,同等有益于共和国与僭主。例如,通过了解什么行为有益于共和国,我们同时也了解到什么行为有利于毁灭共和国。

在共和国与僭主之间的冲突中,马基雅维利看起来中立;如果共和国所意图拥有的共同善不是严格来讲的共同善,那么,上述中立就可辩护:唯一无条件充当所有人的共同善的那种善是真相,且尤其是关于人和社会的真相。看来,如下两者并不相容,一者是对这种真相有知,另一者是无条件偏向共和国而非僭政;存在这种不相容,并非因为"价值判断"不理性,而是因为"价值判断"是理性的:尽管人们能提出一个强有力的论据支持共和国,但人们也能提出一个并非完全可忽视的论据支持僭政。我们已经看到,马基雅维利看起来拒绝"中立路线",事实上是在推崇一种区别对待的不偏不倚(discriminating impartiality),从而也推崇——人们也许可以这么表述——最高形式的中立。据此,马基雅维利并非判断道,用种种理由为任何意见辩护都是一种缺陷;[既然说到任何意见,]故具体而言,任何意见既指支持共和国的意见,又指支持僭政的意见。

然而,仍然存在如下难题。马基雅维利向所有人传播他所发现的新模式和秩序,从而自称服务于每个人的共同利益。可是,如他指出的,新模式和秩序不可能有益于从旧模式和秩序中获益的人们。有两种方法可以解决这个难题。

第一种方法是,人们必须说,旧模式和秩序的捍卫者们从非真相中获利(profit from the untruth profit from it),这种获利的前提是,这些捍卫者所统治的人们信仰非真相,且这些捍卫者自己不按非真相来行动;马基雅维利也有益于这些捍卫者,因为他们从他那里了解到,他们必须根据什么全部真相来行动,以及他们必须不惜一切代价来防止公开传播什么;马基雅维利有益于这些捍卫者,是因为此前他们做某些事时一直或多或少良知不安(uneasy conscience),而现在他使他们做这些事时良知安稳了;这些捍卫者从马基雅维利这里学习像切萨雷·博尔贾那样思考,博尔贾也曾［284］从旧模式和秩序中获益,却凭借新模式或新精神而更新了旧秩序。

第二种方法是,人们必须说——这也是马基雅维利事实上所说的——无论多么大的善,都并非无条件地好。①

79. 在同样的层面,严格意义上的私人善(即爱)补充了政治意义上的共同善 → 探寻真相,即综合庄重与轻浮

政治意义上的共同善有缺陷,不仅是因为它作为(qua)共同善低于完全意义上的共同善(the common good simply),后者即真相。政治的共同善包含或保护或实现(procures)一些好事物;另一些好事物甚至不及政治的共同善那么有共同性,但这另一些好事物带来的满足并非不及荣耀那么令人快乐、那么华丽(resplendent)、②那么强烈,却比荣耀更容易让某些人获得;以上说的两种好事物之间并不相容。

对共同善的这种补充,存在于与共同善相同的层面上,即存在于比真相更低的层面上,且这种补充是马基雅维利谐剧《曼陀罗》的主题。充当该剧导引的 canzone［坎佐尼］③赞美了宁芙女神们和牧羊人们的引退生活,即非政治生活。该剧中的英雄④卡利马科(Callimaco)过着非政治生活。他在出身上是佛罗伦萨人,但他从小就被送往巴黎,在那里最幸福也最宁静地度过多年,他帮助每个人,且试图不冒犯任何人;他的福祉并不取决于他的祖国的福祉。因为

---

① ［原注 203］《君主论》6(19),7(26),15(48);《李维史论》卷一前言(89),1.58(217),3.2(333),3.27(404)。参上文第 242-244 页,本章［第 242 页］注 152,［第 244 页］注 159。

② ［译按］此词在第 86 页等处译作"穿上华服的"。

③ ［译按］中古时期产生的一种抒情诗体。

④ ［译按］hero,在此本指主角,但强烈暗示具有英雄之义。

导致他在巴黎呆了这么久的主要原因是，意大利毁灭了，且意大利普遍不安全，而这又是因为法国国王入侵了意大利。卡利马科后来回到了他的祖国，不是因为那是他的祖国，也不是因为他的祖国需要他的帮助，而是因为佛罗伦萨是那个最可投入欲望的女人的故乡，这是他从一个叫卡米洛(Cammillo)的人那里了解到的。卡利马科如此强烈地渴望见到那个女人并赢得她的欢心(favors)，以至于他既不能再考虑意大利的战争，也不能再考虑意大利的和平：令他不再担心自身安全的，既不是对共同善的关切，也不是对荣誉的欲望，而是对一个女人的欲望。

卢克蕾佳(Lucrezia)已婚，且在美德和虔敬上堪称模范；她看起来完全不可败坏。这位英雄[卡利马科]近乎绝望了。他必须二选一：要么死，要么不惜做任何事，无论多么罪恶，只为了有可能占有卢克蕾佳(might gain him the possession of Lucrezia)。这位英雄凭借一系列欺骗而救了自己。卢克蕾佳的丈夫是个愚蠢的律师——他的名字让我们想起了一个最有美德也最虔敬的将军①——这个律师被骗了，以至于希望卢克蕾佳陪别的男人睡觉。这当然不足以克服[285]卢克蕾佳的抗拒。因此，[这位英雄]需要一个祭司的帮助，故[这位英雄]把一个祭司说动了，让他支持这位英雄的事，因为[这位英雄]让这个祭司面临如下选择，即要么说服一个有美德的女人做出与一个有美德的女人最不相称的行动，要么得不到[这位英雄]施舍的钱财：多数人的善比一个人的善更可取。祭司说服了卢克蕾佳，所用方式是指出罗得(Lot)的女儿们的例证，这些女儿怀上了父亲的孩子，因为看起来有必要确保人类的生存：共同善所需要的东西优先于道德法。诉诸共同善是为了确保这位英雄的私人善。

---

① [译按]这个律师名叫尼洽(Nicia)，让人想起雅典将军尼基阿斯(Νικίας, 约前470—前413)。尼洽出现在第126页注105，尼基阿斯出现在第105页注45和第264页。

卢克蕾佳的爱恋者(lover)的情况,与僭主的情况严格对等。《曼陀罗》中赞颂的禁忌之爱(forbidden love)的胜利,与实施压迫或统治的禁忌之欲(the forbidden desire to oppress or to rule)的胜利严格对等。这两种情况下渴望的都是脱离自然目的(这两种情况下分别是生育与共同善)的强烈快乐。这两种情况下都正是必然性使人们"好好发挥作用",即通过明智,也通过意志的力量,来获得人们所渴望的东西。国事与情事(matters of love)之间的差异,对应于庄重与轻浮之间的差异,即对应于两种相反品质之间的差异;这两种品质之间的交替,或更确切地说,这两种品质的统一,构成了遵从自然的生活。我们猜测,据马基雅维利所说,要实现庄重与轻浮的统一,就需要探寻真相,或探寻既最共同又最私人的善(that good than which none is more common and none is more private)。①

如果我们掌握的信息正确,那么,人们普遍承认,马基雅维利着眼于共同善的需要,或祖国的需要,从而质疑道德的至高无上性。这并不令人意外。这不是因为,马基雅维利明确指出,道德的种种需要与祖国的种种需要之间存在紧张关系;毕竟他的教诲中还有另一些要素,这另一些要素并非不及[上述这一点]那么明确,只是人们没有普遍承认这另一些要素。[马基雅维利质疑道德的至高无上性,]实际上是因为,以爱国主义的名义质疑道德也许会伴随着庄重,而基于其他理由质疑道德则不能得到公开辩护。

80. 渴望荣耀 → 探寻作为有益真相的那种真相,而非超然 → 持有支持共和国的偏向

有些人会认为能回避我们被迫模仿②的那些隐晦之处,只要满足两个前提:[第一,]人们完全无视《曼陀罗》,就当它是很外在的

---

① [原注204]比较1513年12月10日致韦托里的信与上文第241页。
② [译按]to imitate,在此等于说"描摹"或"再现"。

(extraneous)作品,即当它所属的门类(department)完全无关于严肃思想的门类;[第二,][286]人们严格地仅限于讨论[《君主论》和《李维史论》]这两本以各自的方式包含了马基雅维利所知晓的一切的书。

读者应该已经观察到,我们为运用[《曼陀罗》]这部谐剧奠定了恰当的基础,这部谐剧无论多么不雅(unseemly),都并不比《君主论》和《李维史论》更不得体。这部谐剧的情节(action)符合马基雅维利的如下宣称:为每个人的利益工作的自然欲望总是驱动着他。然而,如果为共同善工作的欲望在马基雅维利身上自然而然,那么,人们应该期望,这种欲望依据自然而在所有人身上都有效力,哪怕在不同程度上有效力。马基雅维利的教诲没有证实这种期望。那么,什么是马基雅维利的自然欲望的"事实真相"?正如[马基雅维利]意在使为共同善工作的欲望为每个人都带来利益,[马基雅维利]也必须把这种欲望引向马基雅维利的属己之善。他希望因自己的成就而得到奖赏。

这种奖赏不会在于别的东西,而只会在于赞美。他所能希望的赞美必然远远不及人们赋予缔造者们的赞美,无论这些缔造者是宗教的缔造者,还是王国或共和国的缔造者。赞美(praise)近似于荣誉(honor),也近似于荣耀(glory)。在这三者中,荣耀是最高的,或是目的。由此,我们能看到,马基雅维利必定本会如何回答他的论证的某个层面上的一个关键问题。如果人们必须以法律使人们变得优质并保持优质,且正是法律的功能使人们变得优质并保持优质,那么,原初的立法者们或缔造者们必定本会是如下劣质之人,他们富有激情地关注如何强迫自己的同伴们及其子孙万代(innumerable generations of their descendants)变得优质并保持优质。

唯有一种自私欲望能促使人们富有激情地关注遥远后世的福祉,这种自私欲望就是对恒久荣耀或不朽荣耀的欲望。对这种荣耀的欲望是劣质与优质之间的联系,因为尽管这种欲望本身自私,但要满足这种欲望,只能通过尽可能多地服务于他人。对不朽荣耀的欲望是最高欲望,因为这种欲望必然伴随着最伟大的自然美德。这种欲望是具有最伟大自然美德的人们唯一的欲望。这种欲望把人们从对微末事物(petty things)——舒适、财富、荣誉——的欲望中解放出来,也把人们从对死亡的恐惧中解放出来。

然而,由于荣耀的行动需要长期准备,故在做这种准备时,渴望最高荣耀的人必须关切自己的安全、自己的生存、自己的安宁。对荣耀的欲望并不总是[287]能区别于对有用事物的欲望。由此,马基雅维利能够偶尔把"强力"(force)与"荣耀"用作同义词。对于真正有权力者(the powerful as powerful),有用的事物与有荣誉的事物相吻合:有荣誉的事物就是对于拥有强力、明智、勇气的人来说的好事物。由于无人绝对有权力,故荣誉或荣耀与利益(interest)之间的冲突不可避免。在这样的冲突中,慷慨的或骄傲的天性往往更喜欢荣誉或荣耀,但那些自认为是自由人却[实际上]不是自由人的[天性]同样如此。

明智命令(dictates)君主和共和国把利益放在荣誉或荣耀之前,或者说,真正的慷慨要求人们咽下自己的傲慢。就算在绝望的处境中,明智的统帅会宁愿荣耀地战败,而非临阵脱逃,但引导他的仍然是如下考虑:他也许可以凭借某一次好运(some stroke of good luck)赢得这场战斗。也许可以说,唯有对荣耀的考虑对一个国家的建议者具有决定性,这个建议者会想到,[国家]也许不接受他的建议,结果就是他的君主或他的祖国就此毁灭;由此,这个建议者获得了"非常大的荣耀",此外一无所获。①

单纯拥有荣耀可能是给无权力者的特权(the privilege)吗?人

---

① [原注205]《李维史论》卷一前言(89,90),1.2(100),1.10 开头和结尾,1.38(179),1.58(219),2.2(237-238),2.13 结尾,2.23(297-298),2.26(309),2.27(311),2.28(313),2.30(318),2.33(325),3.2(332,333),3.10(367-368),3.21(389),3.35(423),3.41;比较 2.10(258)与《战争的技艺》卷四(546-547),卷六(585-586),卷七(612);《君主论》25(79);Opere, vol. ii, pp. 538-539;1513 年 12 月 10 日致韦托里的信。参托马斯·阿奎那《神学大全》第二集,第二部,问题 132,第 4 条,答异议理据 2。参上文第 281—282 页。

们将最高荣耀赋予如下这些人：人们相信，可以把最大利益归因于这些人，故人们认为，这些人在智慧和善意方面很突出。然而，人们把荣耀不仅赋予施益者们。由于所有人都力争获得财富或荣耀，故人们若善于获得财富或荣耀，就会受到赞美，而不管这种成功对赞美这种成功的人们有益还是有害；由于所有人都依据自然而关切"获得"，故所有人都依据自然而敏感于何为善于获得与何为劣于获得（sensitive to goodness and badness at acquiring），或敏感于美德与虚弱，而且所有人都禁不住要以某种方式表达他们感知的东西。

但是，大多数人在评判美德时很低劣，尤其在评判种种更高形式的美德时很低劣。大多数人以成功［与否］来评判，并钦羡仅有好运或低级狡狯的人们。权力会慑服（overawed）大多数人。表面而非现实会驱动大多数人。比起坚实的事物（the solid），壮观的事物更令大多数人印象深刻：大多数人不关切他们所偏爱的人们的智慧。例如，比起布鲁图斯在装傻中透露智慧，曼利乌斯·托夸图斯杀死自己的儿子更令大多数人印象深刻。

俗众关于荣耀的种种错觉，最重要地体现为俗众崇敬单独缔造者，即体现为俗众看不到如下事实：在每个繁荣着的社会中，缔造行动都可以说[288]持续不断。［俗众把］最高荣耀归于遥远过去的一些人，俗众认为这些人是人类最大的施益者，但事实上，这些人至多是最有影响也最严重的那些错误的始作俑者，且很可能（may well）只是为那些错误的始作俑者担了虚名而已。真正的不朽荣耀所需要的是，如果一个人要求获得这样的荣耀，或［他人］代表一个人（on whose behalf）要求获得这样的荣耀，那么，此人就得亲身出现在后世面前：真正的不朽荣耀专属于最卓越的艺术家或著作家。①

---

① ［原注 206］《君主论》3（12），18（57），25（79）；《李维史论》1. 10（122-123），1. 25 开头，1. 27（158），1. 53，1. 58（218），3. 2 开头，3. 34，3. 35（422），3. 49（443）；《佛罗伦萨史》前言；Opere, vol. ii, p. 538. 参上文第 274 页（塞维鲁斯），第 44 页，第 136 页。

最高荣耀归于绝对重要的真相的发现者,归于人和社会的真相的发现者,归于遵从自然的新模式和秩序的发现者。这种发现者能正当地自称在美德上优于[其他]所有人,并自称为[其他]所有人最大的施益者。这种发现者能正当地要求获得一般会为或多或少有神话色彩的缔造者们赋予的荣耀。这种发现者并非从理论来看待社会,而是作为缔造者们的老师,从缔造者们的视角来看待社会。对最高荣耀的欲望就是对共同善的自然欲望的事实真相,并为这种真相的探寻注入生命;对最高荣耀的欲望需要对属人事物的超然(detachment)低于或让位于一种特定的介入(attachment)。缔造者们的老师的视角既包括僭主的视角,也包括共和国的视角。

　　但是,[第一,]最高意义上的缔造者会既值得多数人钦羡,也值得有辨识力的少数人钦羡,且这种缔造者本身关切如何准备建立最稳定、最幸福、最荣耀的社会;[第二,]这样描述的社会必然是共和国社会——由于以上两点,这种缔造者必然持有一种支持共和国的偏向。这种缔造者认识到,原则上,如果人们无视或多或少不利的情况下的需要,那么,正是具有最伟大天赋的那些人,作为共和国中的领导人,能觅得政治人(political men)所能得到的最高荣耀;尽管平民把卡弥卢斯流放了一段时间,但"他在他整个有生之年都被当作君主来崇拜"。①

　　81. 对荣耀产生错觉 → 真正的动机是渴望真相——庄重之于轻浮,正如知道真相之于传播知识

　　马基雅维利起初中立地对待僭政与共和国之间的冲突,后来转向共和主义;或者说,他从自私转向对共同善的献身;又或者说,他从劣质转向优质;他实现以上转向时所用的方式,使人们记起柏拉

---

① [原注207][345]《李维史论》1.29(161)([译按]对应中译本第229页末行至次页首行)。参上文第253页。

图《王制》①的情节。

在《王制》卷一,忒拉绪马科斯质疑了正义,即追问了正义好不好。格劳孔(Glauco)和阿得曼托斯(Adeimantus)对这个论证感到困惑,[289]这至少是因为当苏格拉底明白地(apparent)反驳忒拉绪马科斯的主张时,格劳孔和阿得曼托斯感到彻底不快。在格劳孔和阿得曼托斯重述了忒拉绪马科斯的论点后,苏格拉底没有立即转而直接反驳这个论点。相反,苏格拉底开始缔造一个言辞中的城邦,或者说,开始帮助格劳孔和阿得曼托斯缔造一个言辞中的城邦。尽管"正义是好的"早已变得彻底成问题,但在这番言辞中,苏格拉底理所当然地认为"正义是好的"。

苏格拉底借此要表达什么意思?"不义是好的"这个断言意味着,僭主的生活是对最优异的人们来说最好的生活,因为那种源于权威或荣誉的快乐是最高的快乐,或绝对全面的快乐。苏格拉底对自己的青年同伴们建议道,他们应该一起缔造一个城邦;由此,苏格拉底从僭主的微末目的诉诸缔造者的伟大目的:相比于伴随着缔造者的荣耀,尤其相比于伴随着最佳城邦缔造者的荣耀,伴随着僭主的荣誉很微末,[毕竟]僭主仅仅使用已经存在的城邦。然而,缔造者必须完全献身于他的城邦的福祉;缔造者被迫关切共同善,或被迫做正义的人。

对荣耀的欲望看起来是一种激情,如果扩大这种激情的范围,那么,这种激情会把爱僭政的人——更不用说爱身体快乐的人——改造成爱正义的人。在柏拉图的《王制》中,这种改造被证明只是在为一种真正的转变(the true conversion)作准备,这种转变是从低劣转变为优异,即转向哲学(the transition to philosophy),就算这种转变不是哲学本身;要实现这种转变,就得理解每一种政治事物的种种本质限度。

在马基雅维利那里,人通过对荣耀的欲望而得到改造,似乎是唯一的转变;第二个且更高的转变似乎遭到了遗忘。然而,这个结

---

① [译按]注意这里用的英译名为 Republic,呼应语境中的"共和国"。

论并不相容于马基雅维利的如下清楚意识:存在着对荣耀的错觉,也存在着政治事物的种种限度。不朽的荣耀没有可能,所谓不朽的荣耀取决于运气。因此,在荣耀中看到最高善,意味着否认幸福的可能性。这就是为什么马基雅维利发现,好生活或遵从自然的生活存在于庄重与轻浮之间的交替中,即存在于一种期待与一种享受之间的交替中:这种期待指向一种总是本质上属于未来的满足或快乐,而这种享受指向当下的快乐。

但是,正如前面所指出的,马基雅维利超越了一个层面,在这个层面上,政治的善与爱欲的(erotic)①善既相互补充又相互冲突。[290]最卓越的人既不同于最卓越的统帅,也不同于战争或情爱的战士(soldier of war or of love),因为最卓越的人对"此世"有知,从而获得了充分满足,且不受运气的力量影响。②

这种知识在多大程度上渗透了一个人,就在多大程度上在此人身上造就了一种人性,这种人性伴随着对大多数人的某种蔑视。由于共和国本身比君主国更有利于人性,故这种知识在此人身上造就了一种支持共和国的偏向。如果仍然千真万确的是,甚至在最高层面,在庄重与轻浮之间交替也是遵从自然的,那么,人们必须说,庄重同有关真相的知识相互从属,而轻浮在传播真相时发挥作用。如果有一个人是缔造者们或君主们的老师,也是"此世"真实特性的发现者,那么,正是这同一个人把这种真相[即"此世"真实特性]传播给青年。在前一种身份[即老师和发现者]中,此人是半人半兽,或者说,在人性与非人性之间交替。在后一种身份[即传播者]中,此

---

① [译按]全书仅有此处用到此词,且全书未使用其同源词 eros[爱欲]。
② [原注 208]比较《李维史论》3.31 开头,与《君主论》8(28);《佛罗伦萨史》5.1 结尾。参上文第 218 页,第 253 页,第 282-283 页。据托马斯·阿奎那所说(《神学大全》第二集,第二部,问题 80,第 1 条,答异议理据 2),人性就是一种美德,这种美德规制我们与低于我们的人们(our inferiors)之间的关系。参上文第 208 页。

人在庄重与轻浮之间交替。因为在后一种身份中,此人带来了一束光,这束光照亮(illumines)了太阳不可能照亮的东西。知识与知识传播之间的统一,也可以比作人与马之间的结合,哪怕不可以比作马人。

82. 马基雅维利与整个苏格拉底传统决裂——他遗忘了苏格拉底

马基雅维利自称走了一条任何人都没有走过的路,从而也发现了新的模式和秩序。[他]在一条原则中暗示了他的发现,这条原则就是,一个人必须通过一个人[实际上]如何生活,而非通过一个人应该如何生活,来找到自己的定位,或者说,一个人必须恰当地考虑到人的劣质,即考虑到社会的根源——社会的前政治根源或次政治根源——或考虑到"全新国家中的全新君主"这个表述所指出的现象:透露了人或社会的真实性的,并非天空中可见的且依据自然为所有人共同具有的那一个目的,即并非天上展开的一个蓝图,而是隐藏在地下的那些根源(not the one end by nature common to all which is visible in the sky—a pattern laid out in heaven—but the roots hidden in the earth)。源自这个原则的教诲,显然反对古典政治哲学的教诲,或反对苏格拉底传统的教诲。

对于柏拉图、亚里士多德、政治哲人西塞罗,更不用说对于经院主义,马基雅维利几乎完全保持沉默,这充分表达了上述事态。在《李维史论》靠近开头处,马基雅维利几乎照抄了史学家珀律比俄斯的一个哲学性文段;但是,且不说马基雅维利在任何地方都没有提到珀律比俄斯,也不说马基雅维利[291]对珀律比俄斯的陈述作了一些彻底改动,①由于马基雅维利宁愿把他的全部攻击力度保留到[一本书的]最后,故他不太可能(not likely)在一本书的开头就透露他在多大程度上偏离了最受崇敬的传统。

---

① [原注 209]参上文第 279-280 页。

对马基雅维利来说,古典政治哲学最卓越的代表是色诺芬,马基雅维利提到色诺芬著作的次数,比他提到柏拉图、亚里士多德、西塞罗著作的次数加起来更多,也比他提到其他任何著作家(李维除外)的著作的次数更多。对马基雅维利来说,色诺芬的《居鲁士的教育》经典地呈现了想象出来的君主。① 同时,色诺芬也是这样一个著作家:对马基雅维利来说,这个著作家最接近于在为马基雅维利的一个行动作准备,这个行动就是质疑想象出来的君主。色诺芬的《希耶罗》是一个智者对僭政作出的经典辩护,而《居鲁士的教育》描述了如何能通过降低道德标准来把一种贤良制改造成一种统治着大帝国的绝对君主制(an absolute monarchy)。

我们可以补充如下观察:色诺芬的《齐家者》(*Oeconomicus*)②从这样一个观点出发,即贤人适合管理自己的地产(landed estate),而非增加自己的地产,更不用说从事手艺和交易(crafts and trade),而后来《齐家者》引出了一个倡议,即在高贵的事物与有利可图的事物之间进行妥协,如从事某一类地产交易;色诺芬看起来(appears)比其他任何古典著作家都远远更容忍"那种自然而寻常的获得[他物]的欲望"。

但是,马基雅维利只提及了《希耶罗》和《居鲁士的教育》,而没有提及《齐家者》,也没有提及色诺芬的其他任何苏格拉底式著作(Socratic writings)。色诺芬的思想和作品有两个焦点(foci),即居鲁士与苏格拉底。马基雅维利非常关注居鲁士,却遗忘了苏格拉底。

83. 马基雅维利遗忘了肃剧③

当马基雅维利自称走了一条任何人都没有走过的路时,他暗示

---

① [原注210]参上文第58—59页。

② [译按]一译《经济论》或《齐家》。较善的中译本收在施特劳斯,《色诺芬的苏格拉底言辞:〈齐家〉义疏》,杜佳译,程志敏、张爽校,上海:华东师范大学出版社,2010,页1—94。

③ [译按]tragedy,旧译"悲剧"。

了,尽管在许多要点上,他禁不住一方面赞同苏格拉底传统,另一方面赞同一个反苏格拉底传统,但他在与苏格拉底传统决裂时,没有回归这个反苏格拉底传统。

我们已经指出过,马基雅维利的思想与快乐主义(hedonism)之间存在亲缘关系。但是,马基雅维利在承认政治生活具有崇高尊严时,赞同古典政治哲学,而反对古典快乐主义。① 对古典快乐主义来说,荣誉和荣耀均值得蔑视;而对马基雅维利来说,源于荣誉和荣耀的快乐才是真正的、也许最高的快乐。我们可以说,古典快乐主义不够关注最高快乐的条件和背景,而是认为最高快乐取决于哲学。由于哲学在于[292]从意见上升到知识,且意见首先是政治意见,故哲学在本质上关系到城邦;当哲学超越城邦时,哲学预设了城邦;因此,哲学必须关切城邦,或必须在政治上负责(be politically responsible)。在这个重要方面,马基雅维利赞同古典政治哲学,而反对古典快乐主义。② 至于具体到伊壁鸠鲁主义,它教诲道,幸福预设了与道德恶德相反的道德美德;此外,伊壁鸠鲁主义像古典政治哲学一样不信任"获得"。

马基雅维利的教诲据说使人们记起"智术师们"的教诲。③ 若从现代的种种假设转向亚里士多德作保的种种事实,则智术师式政治科学要么等于修辞术,要么从属于修辞术;此外,智术师式政治科

---

① [译按]在施特劳斯稍早(1953)的标志性著作《自然正当与历史》中,他曾把这个描述用在霍布斯身上。当时,施特劳斯也曾把霍布斯的主张追溯到马基雅维利,但没有提及快乐主义。参中译本:《自然权利与历史》,前揭,页171-174,页181(对应英文本第168-170页,第177-178页)。

② [原注211]关于阿里斯提珀斯(参上文第224页),参色诺芬《回忆苏格拉底》(Memorabilia)2.1。

③ [译按]在这方面,尼采似乎也未能免俗,他曾将修昔底德和马基雅维利一并归入智术师阵营(这样一来,下一小段的"另一些当代读者"同样包括尼采)。参尼采《偶像的黄昏》,"我感谢古人什么",第2节。中译本:卫茂平译,上海:华东师范大学出版社,2007。

学以某种方式关注,如何通过收集著名法律(collecting renowned laws)来传授立法技艺。① 至于像柏拉图放进忒拉绪马科斯和卡利克勒斯之口的那种教诲,人们在此只需说,柏拉图笔下的这些人物在苏格拉底与马基雅维利共同起步的地方停下了脚步;这种教诲的创始人们甚至没有理解统治与服从之间的本质关联,甚至也没有理解私人恶德与公共利益之间的本质关联,因为他们在看待政治事物时,采用了城邦剥削者的视角,而非城邦缔造者的视角。

马基雅维利的教诲让另一些当代读者记起修昔底德;这些读者在[马基雅维利与修昔底德]这两个著作家身上发现了同一种"现实主义",这就是说,二人都否认诸神或正义有力量,也都敏感于严酷的必然性与难以捉摸的运气。然而,修昔底德从未质疑高贵相对于低贱具有内在优越性,②当低贱事物摧毁高贵事物时,这种优越性尤其闪耀夺目的光辉(shines forth)。因此,修昔底德的《战争志》(History)③引起了读者的一种悲伤(a sadness),而马基雅维利的书从未引起这种悲伤。④

在马基雅维利那里,我们发现了谐剧、戏仿、讽刺,⑤却丝毫没有发现任何让人们想起肃剧(tragedy)的内容。人性的一半仍然外在于马基雅维利的思想。在马基雅维利那里不存在肃剧,是因为他感觉不到"共同事物"的神圣。无论切萨雷·博尔贾,还是曼利乌斯·卡皮托利努斯,都不具有肃剧式命运,马基雅维利也没有把此二人的命运理解为肃剧式命运;此二人失败,是因为他们的运气或时代不利于他们。至于一般而言的运气,则能征服之;人是主人。

---

① [原注212]亚里士多德《尼各马可伦理学》1181a12—15。
② [原注213]参《李维史论》3.41。
③ [译按]较善的中译本的出版社信息见第10页译按。
④ [译按]本着这个精神,几年后(1964)施特劳斯写了《城邦与人》讨论修昔底德的第三章。
⑤ [译按]这三个词的原文均为复数。"谐剧"在此并不特定指谐剧作品。

84. 马基雅维利只看到了道德的社会起源：他遗忘了灵魂

现代史学家使用着一个庞大的[考据]机制(an immense apparatus)，①该机制为现代史学家提供一些能够轻易调用的信息，[293]而之所以能够轻易调用，不过是因为这些信息流于表面；因此，现代史学家受到诱惑而试图变得比自己所研究的往昔大人物们更智慧。这种说法尤其适用于现代史学家的如下努力，即努力根据这些大人物的前辈们来判断这些大人物的立场。因此，我们要重申，马基雅维利更强有力地指向色诺芬，而非其他任何思想家。也许可以说，马基雅维利从色诺芬的某些观察或暗示出发，进而全面思考了这些观察或暗示，却放弃了这些观察或暗示所属的那个整全。

对于马基雅维利由此提出的新异教诲，人们不能将其刻画为第一番恰当对待(gives its due to)对外政策的政治教诲，或第一番承认对外政策具有首要性的政治教诲。相比于任何更早或更晚的思想家，马基雅维利[不过是]更清楚地陈述了支持帝国主义的论据，或支持"实力政治"的论据。但是，这个使他得以这么做的原则，也同等地适用于国内政策；据他所说，根本的属人事实是获得[他物]的欲望，或竞争(acquisitiveness or competition)。②

我们也不能接受如下断言，即他是第一个认识到——有些人会这么表述——对僭政的传统谴责具有狭隘性的人。有一个事实确实证实而非反驳了这个断言，这个事实就是，马基雅维利有时采纳了亚里士多德关于如何保存僭政的说法；③因为，一旦考虑语境，我

---

① [译按]apparatus 本是拉丁文，本指准备，转指储备、设备、机制。因而，此处亦可译为"一个庞大的[考据]储备"。西方古书的现代考订本会用 apparatus criticus [考据机制/储备]这个拉丁文表述指称考订性注释。

② [原注 214]《君主论》3(12);《李维史论》2.2(239),3.11,3.30(409)。

③ [译按]关于这种说法，参第 272 页注 194 所引的亚里士多德《政治学》1297b1-10,1308b33-1309a9。

们就会看到,亚里士多德把僭政当作大怪物(a monstrosity),而马基雅维利宁愿认为,僭政对社会本身的缔造具有本质意义。

在这个方面,也在其他一些相同性质的方面,马基雅维利更接近柏拉图而非亚里士多德。柏拉图毫不犹豫就使自己笔下好社会的缔造者——智慧的立法者——要求一位僭主支持支持他。[关于柏拉图,]有如下两个事实:[第一,]柏拉图使一个无名外邦人陈述了上述要求;[第二,]甚至这个无名外邦人也主要以一位不在场的、无名的立法者的名义提出上述要求——如果不考虑以上两个事实,那么,柏拉图要求僭主为有智慧、有美德的立法者仅仅充当帮手或工具。换言之,柏拉图非常谨慎地陈述了,有什么论据支持一位僭主为一个共和国作准备,在这个共和国中,人们能实践道德美德。然而,也许可以说,马基雅维利论证了,为什么一位僭主要为一个共和国作准备,在这个共和国中,共和国式美德不可或缺。①

马基雅维利甚至论证了,为什么要实行纯粹而完全的僭政(tyranny pure and simple)。然而,他能这么做,不是因为他比古典著作家们更彻底地或更全面地分析了政治现象本身,而是因为他毁灭性地分析了道德美德,或是因为——人们可以这么表述——他解放了获得[他物]的欲望。马基雅维利[294]对"所有著作家"最着重的攻击,不是要批评对僭政的传统谴责,而是要批评对多数人的传统蔑视。②

这也许使我们倾向于相信,马基雅维利是创始了民主传统的哲人;由此,古典政治哲学所具有的不可否认的非民主性(non-democratic character),似乎在某种程度上把马基雅维利的反叛正当化,

---

① [原注215]《李维史论》1.18,1.55,3.26(参本章上文注192)。柏拉图《法义》709d10-710b2,711a6-7,735d2-e5;参690a1-c4。

② [原注216]《李维史论》1.58。亦参《李维史论》3.13如何为民众辩护而反对李维,以及第3.15开头如何对于李维的一个叙事(《自建城以来》4.31.3-4)作出相应改动。比较1.49开头和结尾,与李维《自建城以来》4.4.1-4和4.35.5-9中平民的演说。参上文第127-132页。

这种反叛经由斯宾诺莎和卢梭而导致了严格意义上的民主理论（democracy theory proper）。但是，正如在僭政的情况下一样，在这里我们同样必须注意到，判断的改变只是一个全面论证的一部分，[马基雅维利]意在使这个全面论证暴露出道德在本质上取决于社会：[第一，]当他揭露古典著作家们所谓的贤良制不过是寡头制时，他必然导致一个多少更支持普通民众的判断；[第二，]当他揭露有道德价值的人的统治[的真相]时，他这个做法从属于他对道德美德所作的毁灭性分析。

这种分析的结论可以陈述如下。社会希望且需要具有道德美德，而道德美德取决于社会，从而也受制于社会的原初需要。道德美德不在于灵魂的恰当秩序。道德美德起源于社会的需要，此外别无起源；道德美德并非在第二个且更高的层面起源于头脑的需要。有一种反讽超越了马基雅维利的反讽，正是通过这种反讽，马基雅维利对灵魂保持的沉默完美地表现出他的教诲没有灵魂（the soulless character of his teaching）：他对灵魂保持沉默，是因为他遗忘了灵魂，正如他遗忘了肃剧与苏格拉底。这很反讽，正如他对哲学保持的半沉默也很反讽。

85. 马基雅维利模糊了哲学及其地位 → 彻底的新异确实是表面状况①

否认哲学出现在马基雅维利的思想中，是一个错误；为了避免这个错误，人们只需记起他关于一个关系的说明，这个关系的一边是"最卓越的人"相对于命运而具有的优势，另一边是"最卓越的人"关于"此世"的知识。② 然而，如我们的呈现必会表明的，人们有

---

① [译按]"表面状况"原文为斜体强调，此处补入"确实"以示强调。
② [原注217]亦参《卡斯特鲁乔·卡斯特拉卡尼传》对欧根尼·拉尔修的奇怪"凭靠"（dependence）（参上文第224-225页）。

理由说,不仅在马基雅维利的教诲中,而且在他的思想中,哲学及其地位遭到了遮蔽(is obfuscated)。[有如下两点:第一,]社会在一定条件下需要道德美德;[第二,]哲学需要道德美德,或头脑的生活需要道德美德——上述前一点比后一点对马基雅维利来说绝对更清楚。

因此,马基雅维利没有能力清楚地描述他自己的所作所为。立足于他自己对人性的狭隘看法,人们不可能恰当地理解他身上的最伟大之处。甚至他所谈论的庄重与轻浮相统一,也看起来[仅仅]暗淡地反映了柏拉图所说的严肃[295]与玩耍(play)相统一。马基雅维利有两大主题,一个是荣耀,另一个是情爱的种种快乐;古典谐剧诗人阿里斯托芬有三大主题,第一个是正义,第二个是情爱的种种快乐,第三个是智者(如欧里庇得斯与苏格拉底):智慧不是马基雅维利的一大主题,因为正义不是他的一大主题。

马基雅维利没有描述,卓越所具有的稳定性(或关于"此世"的知识所具有的坚实性,即灵魂平和所具有的坚实性,亦即意志的力量和明智的力量各自所具有的坚实性)如何相容于所有属人事物和自然各自所具有的可变性;他的论证似乎需要两种运动,一种是从卓越到可鄙的运动,另一种是从道德美德到道德恶德的运动。为了社会的福祉,人们需要人性与非人性——这个事实向马基雅维利证明了,人性并不比其反面更"遵从自然":他否认存在灵魂秩序,从而也否认存在诸生活方式之间或诸善之间的等级关系。

因此,当马基雅维利断言任何善都不会没有其特定的恶时,他等于在荒谬地说,因为上帝缺少自己所创造的种种存在者本身所能拥有的种种特定卓越,所以上帝不可能是最完美的存在者。① 尽管在马基雅维利的思想中,超政治事物无时无处不在场并有效,但他在分析政治事物时,仿佛政治事物并非趋向超政治事物而获得秩序似的,或仿佛超政治事物并不存在似的。

---

① [原注218]参上文第241-244页,第282-283页。

这造成了一种严重的(enormous)简化,且最重要的是,这造成了如下表面状况(appearance),即仿佛他发现了迄今还完全未知的(unsuspected)一整块大陆似的。但事实上,马基雅维利并未阐明哪怕一个如下政治现象;这个政治现象无论如何在根本上很重要,且古典著作家们不完全知晓这个政治现象。马基雅维利表面上的发现,只是对最重要事物的遗忘[这同一枚硬币]的另一面:如果人们第一次在一束特定地暗淡的光中看到所有事物,则所有事物必然表面上在一束新的光中现身。对于马基雅维利及其后继者们,视野的一种惊人收缩(a stupendous contraction of the horizon)表面上呈现为视野的一种奇异扩大(a wondrous enlargement of the horizon)。

86. 哲学 → 哲人们与δῆμος[民众]之间的鸿沟 → 惩罚性修辞术;马基雅维利接受了τέλη του δήμου[民众的诸目的],因为他受多数人欢迎——征服自然——降低种种标准

与其说哲学的地位在马基雅维利的思想中变得模糊,也许不如说哲学的意义在他的思想中正在经历变化。古典著作家们从人的最高美德或人的完美性——哲人生活或沉思生活——来理解道德-政治(moral-political)现象。和平优于战争,或闲暇优于忙碌,反映了思考优于行动或制作。对政治问题的一些解决方案[296]令好公民完全满意,却被证明并不充分,这只是因为这些解决方案使人们遗忘了人的最高完美性。这就是为什么最佳政制如此崇高,以至于实现起来非常没可能(very improbable);或者说,这就是为什么最佳政制实现起来如此取决于运气。

哲学超越了城邦,而城邦的价值最终取决于城邦对哲学开放,或城邦遵从哲学。然而,除非城邦对哲学既开放又封闭,否则城邦不可能履行其功能;城邦必然是洞穴。当城邦对哲学封闭时,这样理解的城邦是哲学意义上的δῆμος[民众],即没能力或不愿意遵从

哲学的全体公民。一条鸿沟隔开了哲人们与上述意义上的 δῆμος[民众],二者的目的彻底不同。能跨越这条鸿沟的只有一种高贵的修辞术,即我们可以暂时称为指控性修辞术或惩罚性修辞术(accusatory or punitive rhetoric)的某类高贵修辞术。哲学没有能力提供这类修辞术。除了勾勒这类修辞术的轮廓,哲学不可能做更多事情。实行这类修辞术的任务,必须留给演说家们或诗人们。①

另一方面,马基雅维利的哲学探究(philosophizing)仍然总体上处于对哲学封闭的城邦所设定的那些限度之内。他接受 δῆμος[民众]的种种目的,而不去诉诸[更高的目的],故他寻求有利于这些目的的最佳手段。②

通过马基雅维利的努力,哲学变得在如下意义上有益:δῆμος[民众]理解或可能理解这种有益。马基雅维利实现了朝着如下哲学观念的决定性转向,根据这种哲学观念,哲学的意图在于救助人的生存状态(to relieve man's estate),③或增加人的力量,或引导人趋向理性社会,而理性社会的纽带和目的是启蒙的自利(enlightened self-interest),或是理性社会的每个成员舒适的自我保存。洞穴变成了"实质"(the substance)。哲学为所有人提供了其所渴望的那些善,这就是说,哲学是所有人明显的女施益者(benefactress);由此,哲学

---

① [原注219]探寻这类高贵修辞术,而非探寻柏拉图《斐德若》(Phaedrus)中讨论的另一类修辞术,是柏拉图《高尔吉亚》特有的主题。参亚里士多德《形而上学》1074b1-4。参上文第125-126页。
[译按]参施特劳斯两部《高尔吉亚》讲课录音稿:《追求高贵的修辞术:柏拉图〈高尔吉亚〉讲疏(1957)》,王江涛译,北京:华夏出版社,2023;《修辞、政治与哲学:柏拉图〈高尔吉亚〉讲疏(1963年)》,李致远译,上海:华东师范大学出版社,2017。此外,《形而上学》中译本:苗力田译,北京:中国人民大学出版社,2003。
② [原注220]柏拉图《王制》493a6-494a7。
③ [译按]the relief of man's estate 见于培根《学术的进展》(The Advancement of Learning,1605)1.11。中译本:刘运同译,上海:上海人民出版社,2007。

（或科学）不再是可疑的或外来的。除非哲学所实现（procures）的那些善必须仍然通过广告才能出售，否则哲学不再需要修辞术，因为人们不可能渴望自己所不知晓的东西。

对新哲学观念的这种展示，清楚地见于马基雅维利的书中；如果回归这种展示，那么，通过一个人［实际上］如何生活，而非通过一个人应该如何生活，新哲学找到了自己的定位；新哲学蔑视对想象出来的共和国和想象出来的君主国的关切。新哲学承认的标准"低级却坚实"（low but solid）。新哲学的象征是与神人相反的兽人；[297]新哲学并非从超人事物而是从次人事物来理解人。因此，新哲学所规划的好社会方案在原则上有可能（likely）通过人们的努力来实现；或者说，相比于古典"乌托邦"［的实现］，这个方案的实现远远更少取决于运气：人们应该征服运气，而这不是通过放弃对运气的诸善和身体的诸善所付出的富有激情的关切，而是通过让这种关切信马由缰（giving free rein to it）。

这种新意义上的好社会在每时每地都有可能，因为足够有头脑的人们能明断地应用必然的力量（the necessary force），从而把最败坏的民众，即最败坏的质料，改造成不败坏的民众，即不败坏的质料。由于人并非依据自然而趋向一些确定目的以便获得秩序，故人可以说无限可塑。在哲人们开始思考"进化"之前很久，上述观点就变成了确定的信念。由于人并非依据自然而趋向善以便获得秩序，或由于人们只有被强迫才能变得优质并保持优质，所以文明，或使人们变得优质的活动，是人对自然的反叛；按［马基雅维利的］暗中理解，人身上的属人事物（the human in man）居于自然之外的一个阿基米德支点之上。

自由的"唯心主义"哲学（the "idealistic" philosophy of freedom）恰恰在否定其所预设的"唯物主义"哲学时，补充了这种"唯物主义"哲学，并使这种"唯物主义"哲学变得高贵。如果某种头脑能改造政治质料，那么，这种头脑也会很快学会思考如何改造每一种质料，或很快学会思考如何征服自然。这种能力所散发的魅力首先完全迷倒(bewitches)了少数大人物,然后完全迷倒了一些民族全体,并确实可以说完全迷倒了全人类。

然而,在能够开始这场大反叛或大解放之前,必须打破旧模式和秩序对几乎所有人头脑的掌控。不可能通过正面进攻来打破这种掌控,因为尚不存在一支誓死效忠(sworn to)新模式和秩序的军队。所以,仍然需要一种最精微的修辞术,来为这支[未来的]新军队招募最高将领们或一般士兵们(the highest officers or the general staff)。从一开始,新哲学就生活在一个希望中,这个希望近乎确定了,或相当于确定了(equals certainty),这个希望就是未来的征服,或对未来的征服;这就是说,这个希望就是期待一个时代,在这个时代中,真相将为王,就算不在所有人的头脑中为王,无论如何也在塑造了所有人的种种制度中为王。

宣传将确保哲学和政治权力相吻合(the coincidence)。哲学将既履行哲学的功能,又履行宗教的功能。发现外在于既有一切事物的那个阿基米德支点,或发现一种彻底自由,[298]应许了对既有一切事物的征服,从而也毁灭了哲人们与非哲人们之间根本差异的自然基础。①

然而,当我们预见马基雅维利行动的种种极端后果时,我们不应该遗忘如下事实:对马基雅维利本人来说,主宰必然性一直是每一项伟大成就不可或缺的条件,并尤其是马基雅维利自己的伟大成

---

① [原注221]请从这个观点出发来比较黑格尔的《亨利希斯宗教哲学前言》(Vorrede zu Hinrichs' Religionsphilosophie)一文(Berliner Schriften, ed. Hoffmeister, pp. 78-79)与柏拉图《王制》中的对等内容。
——参上文第171-173页,第251-253页。
[译按]亨利希斯,全名赫尔曼·弗里德里希·威廉·亨利希斯(Hermann Friedrich Wilhelm Hinrichs, 1794—1861),黑格尔(1770—1831)晚年的学生,1822年出版了《与科学内在相关的宗教》(Die Religion im inneren Verhältnisse zur Wissenschaft)一书。施特劳斯注中提及的文章是黑格尔1822年为此书撰写的前言。

就不可或缺的条件:从必然王国转向或跃入自由王国,将正是属人卓越的可能性并不荣耀的死亡(the inglorious death of the very possibility of human excellence)。

87. 马基雅维利的批判的切入点:鼓励有关战争的发明——没有周期性大灾难——需要重新定义"自然的仁慈"

有一种必然性刺激过马基雅维利及其伟大后继者们,但一段时间以前,这种必然性耗尽了自身。当马基雅维利及其伟大后继者们的对立面[即上述必然性]曾经强有力时,他们的努力曾经拥有[对自身]证明,但现在这种努力所剩[无几],从而不再拥有[对自身的]证明;现在人们必须完全基于这种努力的种种内在品质(its intrinsic merits)来评判这种努力。

与前现代人一样,现代人几乎不可避免按自己理解自然的方式模仿自然。通过模仿一个膨胀的宇宙,现代人越来越膨胀,从而也越来越肤浅。面对这个惊人的过程,我们不禁好奇:古典政治哲学的什么本质缺陷,可能引出了现代的冒险这样一项[马基雅维利]意在使之合理化的事业?

[对这个问题]许多回答假定了现代种种前提为真,我们要无视这些回答。出于几乎所有实践意图,古典著作家们都是现在所谓的保守主义者。然而,与许多当今的保守主义者相反,古典著作家们知道,人们如果并非不信任技术变革,就不可能不信任政治变革或社会变革。因此,古典著作家们不支持对发明的鼓励,也许例外存在于种种僭政之中,[因为]僭政这种政制发生变革显然值得渴望。古典著作家们要求在道德-政治上严格监管发明;优异而智慧的城邦会决定,应该使用哪些发明,并应该压制哪些发明。

然而,古典著作家们被迫提出一个关键例外。古典著作家们不得不承认一种必然性,即鼓励有关战争技艺的发明的必然性。① 古典著作家们不得不屈服于一种必然性,即防守[自身]或抵抗[外敌]的必然性。然而,这意味着,古典著作家们不得不承认,优异而智慧的城邦在道德-政治上监管发明时,必然受限于如下需要,即需要适应一些道德低劣的城邦的种种实践;这些道德低劣的城邦蔑视上述监管,因为这些城邦的目的是获得[他物]或安逸(acquisition or ease)。换言之,古典著作家们不得不承认,在一个重要方面,优异城邦[299]不得不通过低劣城邦的实践来找到自己的定位;或者说,古典著作家们不得不承认,低劣者把自身的法则强加给优异者。

仅仅在这一点上,马基雅维利的一个主张才被证明有根基,这个主张就是,优质者不可能优质,因为存在如此多劣质者。马基雅维利曾经把好武装夸大陈述为好法律的必要且充分条件,或者说曾经把最卓越的人最终等同于最卓越的统帅;我们认可我们曾经在这种夸大陈述或这种最终等同中勾勒出的那种思考。当承认必须鼓励有关战争技艺的发明时,这种承认中暗含的难题是为马基雅维利批评古典政治哲学提供了基础的唯一难题。然而,人们也许能说,不是发明本身(inventions as such),而是将科学用于这种发明(such inventions),才使古典意义上的优异城邦成为不可能。从古典著作家们的观点来看,科学作为理论行当②所具有的本性排除了对科学的这种使用。

此外,事实上,"有周期性的大灾难"这个意见顾及了任何如下忧虑:技术会过度发展,或人的发明会引发一个危险,即人的发明可能变成人的主人和毁灭者。从这个角度着眼,自然的大灾难似乎充

---

① [译按]施特劳斯在《自然正当与历史》第 160-162 页论亚里士多德式自然正当时,尽管没有提及战争技艺的发明,但已在公共安全方面涉及过这个问题("例外与规则同样是正当的"),且同样讲到了马基雅维利。

② [译按]参看 12 页第 8 大段标题中"理论人"处的译按。且第 88 页也用到"行当",并提及马基雅维利没有提及"四个学科"中的哲学。

当了自然的恩惠(the beneficence of nature)。① 马基雅维利本人就表达了这种对自然的大灾难的意见,而近几个世纪的经验已使这种意见变得不可信。② 看来,必须恢复关于自然的恩惠的观念,或恢复关于善本身的首要性(the primacy of the Good)的观念,而这需要回归那些引出这种观念的根本经验,以便重新思考这种观念。因为尽管"哲学必须提防想要进行教化的愿望(beware of wishing to be edifying)",③但哲学必然进行教化。

---

① [译按]塞涅卡《道德书简》53.11:ille naturae beneficio non timet, suo sapiens[神因自然的恩惠而无畏,智者因自己而无畏]。中译本:刘晴译,北京:社会科学文献出版社,2021。

② [原注 222]《李维史论》2.5。参亚里士多德《尼各马可伦理学》1094a26-b7;《政治学》1268b22 以下,1331a1-18(参托马斯·阿奎那《亚里士多德〈政治学〉疏解》的续书之 7.9);色诺芬《希耶罗》9.9-10。参上文第二章注 53。

[译按]对上述续书的引用原为:[Thomas Aquinas'] *Commentary on the Politics*, VII, lectio IX,现在的写法是译者所改。《亚里士多德〈政治学〉疏解》从 3.7 开始就不是阿奎那所撰,而是其学生奥弗涅的彼得(Petrus de Alvernia,1304 年去世)所续写。阿奎那撰写的部分有中译本:《〈政治学〉疏证》,黄涛译,北京:华夏出版社,2013。

③ [译按]黑格尔《精神现象学》序言,第 1 节,第 2 小节,倒数第二段。中译本:黑格尔,《精神现象学》,上卷,贺麟、王玖兴译,北京:商务印书馆,1979/1981,第 6 页第 2 段最后两行。施特劳斯在《古今自由主义》第 8 页也引用了这句,见叶然等人的中译本(上海:华东师范大学出版社,2019)第 9 页,但叶然把 edifying 误译作"启蒙"了。

索 引①

Adams, Henry［亨利·亚当斯］,301

Aristippus［阿里斯提珀斯］,224-225,345

Aristophanes［阿里斯托芬］,295

Aristotle［亚里士多德］,23,32,59,159,185,208,221-222,224-225,236,237-238,244,252-253,254-255,258,270,273,290-293,302,305,321,339,341-345

Averroes［阿威罗伊］,202,330,333,334

Bacon, Francis［弗朗西斯·培根］,176,301

Bacon, Roger［罗杰·培根］,328

Bayle［培尔］,314

Biondo［比昂多］,305②

Boccaccio［薄伽丘］,51,316,333

---

① ［译按］本索引每个条目内容依次为:专名原文,专名中译,英文本页码(中译本随文方括号页码)。由于原书尾注均转换成了中译本脚注,故自第301页起的方括号页码均见于脚注中。为便于查阅,现将自第301页起的方括号页码位置列在此处。如301-10-1表示［301］位于第10页原注1,余者类推:302-18-9,303-26-30,304-40-48,305-45-58,306-51-68,307-60-15,308-67-29,309-72-40,310-80-53,311-82-60,312-97-17,313-100-24,314-101-27,315-102-36,316-103-39,317-106-47,318-110-59,319-115-71,320-120-86,321-124-100,322-134-120,323-148-146,324-155-157,325-157-164,326-160-172,327-168-186,328-170-187,329-172-192,330-178-10,331-187-29,332-192-42,333-198-55,334-202-68,335-205-76,336-211-91,337-220-111,338-227-122,339-236-139,340-242-152,341-247-164,342-251-170,343-262-182,344-269-192,345-288-207。

② ［译按］原误作308,今改。

Burckhardt, Jakob[雅各布·布克哈特],333
Burd, L. A.[L·A·伯德],334
Cicero[西塞罗],95,107,125,290,291,317,335,337
Dante[但丁],222,224,227,234,306,313,314,322,329,331,333,335,337
Democritus[德谟克利特],222
Diodorus Siculus[西西里的狄奥多罗斯],144
Diogenes the Cynic[犬儒派的第欧根尼],224-225
Diogenes Laertius[第欧根尼·拉尔修],224,345
Epicurus[伊壁鸠鲁],203,222,292
Farabi[法拉比],318,328
Fichte[费希特],329
Fustel de Coulanges[菲斯泰尔·库朗热],321
Gemistus Plethon[格弥斯托斯·卜列东],328
Goethe[歌德],174-175,329
Guicciardini[圭恰迪尼],324
Hegel[黑格尔],345
Herodian[希罗狄阿诺斯],196
Hobbes[霍布斯],15,55,176,279,311,344

Hume[休谟],330
Jordan, W. K.[W·K·乔丹] 311
Justinus[尤斯蒂努斯],302,309,334
Livy[李维],24,29-30,41,42,48,49,52,88-94,96-115,121-158,160,162-164,170,172,205,206,211,212,213-214,215,228,259,263,275,291,303,305,307,308,310,311-313,315-329,330-332,334-339,341,343-345
Locke[洛克],55
Marlowe[马洛],13
Marsilius of Padua[帕多瓦的马西利乌斯],317
Marxism[马克思主义],203
McDonald, A. H.[A·H·麦克唐纳],305
de' Medici, Lorenzo[洛伦佐·美第奇],305
Montesquieu[孟德斯鸠],321
Nietzsche[尼采],303,332
Paine, Thomas[托马斯·潘恩],13,14
Petrarca[彼特拉克],305
Pico della Mirandola[米兰多拉的皮科],328,331

Plato［柏拉图］, 10, 15, 27,① 59, 83, 185, 222, 224, 254, 258, 269, 288-294, 304, 327,337,342,345

Plutarch［普鲁塔克］,137,311, 324,328,334

Polybius［珀律比俄斯］, 111, 134, 201, 222, 280, 290-291,311,333,337,339,344

Pomponazzo, Pietro［彼得罗·彭波纳齐］,33,335

Prescott, William H.［威廉·H·普雷斯科特］,342

Ranke［兰克］,308

Rousseau［卢梭］,26,294

Sallustius［撒路斯提乌斯］, 124,137,167,342

Savonarola［萨沃纳罗拉］, 18, 58, 72, 92, 112, 175, 183, 202, 305, 324, 326, 328, 329,331,333,334,335,337

Seneca［塞涅卡］,126

Spinoza［斯宾诺莎］, 26, 294, 319,343

Statius［斯塔提乌斯］,312

Swift［斯威夫特］,309

Tacitus［塔西佗］,50,124,160-165, 168, 187, 189, 195, 199, 320, 323, 325-326, 338,339

Thomas Aquinas［托马斯·阿奎那］,333,339,340,344,345

Thucydides［修昔底德］, 10, 264,292

Virgil［维吉尔］,313,322

Voltaire［伏尔泰］,321

Wolfson, Harry A.［哈里·A·沃尔夫森］,334

Xenophon［色诺芬］,59,78,83, 139, 161, 162, 163, 291, 293,307,322,345

---

① ［译按］原漏了27,今补。

附 录

瓦尔克的马基雅维利[*]

（1953）

刘振 译

[437]瓦尔克在他所译《李维史论》(*Discorsi*)的卷首撰写了长篇导言，他在这篇导言中既解释又批评了马基雅维利的观点。他认为，马基雅维利可能是"迄今为止此世所见证的对政治最有影响的著作家"（页6）。瓦尔克确信，马基雅维利的原创性若非主要在于发现了一种新方法，则某种程度上在于发现了一种新方法（页80-82）。这种新方法的意图在于发现"经验法则"，这些法则表现"原因与结果之间，即属人行动与其后果（无论有害还是有益的后果）之间"的关系（页2，页63，页69）。所以，这种新方法导致了"总是基于目的论"的种种"一般化概括和准则"(generalizations and maxims)：种种目的事先得到设定。这并不意味着，马基雅维利预设——即认同——任何目的：他为政治人(politicians)提出如下建议，即"为了实现他们的目标而应该做什么，而不管这些目标可能是什么"。"他为所有人和各色人等(all and sundry)提出建议，因为他渴望让他的读者们信服，他的方法普遍适用。"（页72-73，页69，页118)这等于说，马基雅维利的新方法不仅是其划时代成就的一部分，而且是其划时代成就的核心。马基雅维利发明的方法就是"归纳法"。在培根对这种方法"进行哲学探究"很久以前，马基雅维利

---

[*] [校按]本文原无脚注，今将较长的随文注挪为脚注，并标为"原注"。

就在使用这种方法(页92)。马基雅维利所实践的方法就是,通过诉诸明断地"收集与同一个要点相关的所有例证"(by reference to a judicious "collection of examples all bearing on the same point")而在原因和结果(无论结果可欲还是不可欲)方面证明一个一般命题(页85,页82-83)。所以,"这种方法的基本立足点"是"权宜(expediency)的立足点",而非"道德的立足点"(页8)。

瓦尔克感到,当他认为马基雅维利方法很新异时,他需要证明这一点。他断言,[438]"圣托马斯·阿奎那(St. Thomas Aquinas)比马基雅维利远远更广泛地运用一种做法(practice),即考虑反面情况(negative instances),在这方面马基雅维利不过是个新手(tyro)"。"但是,圣托马斯和其他任何中世纪思想家都没有……通过援引古代和同时代历史中产生的类似情况来[证明自己的]①定理(theorems)",更不用说他们的处理方式与马基雅维利的处理方式之间还有其他区别(页84)。瓦尔克承认,在马基雅维利与亚里士多德之间"存在……方法上的类似之处,有些类似之处还相当引人注目"。但是,"也有明显的区别":

> 与马基雅维利的《李维史论》相比,亚里士多德的《政治学》即使并非包含更多规范和准则,至少也包含同样多规范和准则,但亚里士多德极少援引哪怕一个历史例证来表明这些规范和准则在实践中有效,而马基雅维利总是援引不少例证……

再者,与亚里士多德的方法不同,马基雅维利的方法"本质上是史学的"。"马基雅维利对史学有兴趣,并且认识到史学对于政治人很重要,这无疑源于他对古代史学家们的阅读",而显然并非源于他对亚里士多德的研究(页86-89)。那么,新方法的出现所凭靠的似乎是,在亚里士多德的政治哲学与"史学"之间进行综合,这里说"史

---

① [校按]方括号内容为施特劳斯所补。

学"就是对过去的事件所作的内在一致的记载。

瓦尔克没有十分清楚地指出,他把"权宜的立足点"理解成什么。在谈到马基雅维利的方法时,他给人这样的印象:从权宜的立足点出发,人们考虑达到任何预定目的的手段合适与否,却不能或不愿区分好目的与坏目的。但是,瓦尔克在其他一些地方承认,马基雅维利至少在《李维史论》中区分了好目的与坏目的(页119)。根据瓦尔克的这条解释线索,他不赞同有些人认为"马基雅维利所谓的virtù[美德]纯粹只是技术":virtù[美德]通常与李维笔下的virtus[美德]含义相同,且尤指"献身于共同善"。可是"存在一些困难,也存在一些例外"。尽管塞维鲁斯、切萨雷·博尔贾、阿伽托克勒斯的一生"明确排除了对共同善的献身",或至少视这种献身为"无关紧要的"事,但马基雅维利将这三个人描写成"有美德的"人(页100-102)。所以,"权宜"的含义似乎仍然隐晦。不论如何,完全清楚的是,据马基雅维利所说,[439]"在政治领域中,一个好目的"当然"可以把道德上的错事正当化"(页120-121,页103)。

尤其有趣的是瓦尔克关于马基雅维利对宗教的态度不得不说的那些话。瓦尔克承认,相比于钦羡基督教,马基雅维利更钦羡罗马人的宗教;也就是说,马基雅维利是"一个彻头彻尾的异教徒";或者说,他的"著作从始至终都完全是异教的"。然而,瓦尔克在同样的语境下又说,马基雅维利不反对"任何"基督教教义。他说,马基雅维利"在《君主论》第11章['论教会君主国']①坦率地承认,神意不仅看管教会,而且看管教宗的现世产业"。因此,瓦尔克发现,"没有理由认为马基雅维利的异教曾经导致他在内心最深处(heart of hearts)否定教会"(页117;参页3,页7)。瓦尔克为《君主论》第11章赋予了决定性的重要意义。他正是借助这一章来理解马基雅维利谈论机运及其"意图性"(purposiveness)的文段:机运女神就是上帝。人们"经常指责"马基雅维利"是无神论者,但是,我

---

① [校按]方括号内容为施特劳斯所补。

无论在《李维史论》中还是在《君主论》中都没有找到无神论的任何证据"。为了支持自己的主张，瓦尔克引用了布克哈特关于人文主义者们的这个陈述：

> 如果他们表现得对宗教漠不关心，并且自由地批评教会，那么，他们很容易得到无神论者的名号；但是，他们当中没有一个人曾经宣扬或**敢于**宣扬一种正式的、哲学的无神论。（页78-80，强调为引者所加）

人们很容易从这一切当中引出如下怀疑：为了知道马基雅维利如何思考宗教真理，人们只需要知道，[马基雅维利]是严肃地还是戏谑地提出《君主论》关于教会君主国的教诲。

瓦尔克远远不会赞同马基雅维利在《李维史论》中所说的一切。瓦尔克一上来就"明确地陈述"道，他"彻彻底底"（root and branch）反对"目的把手段正当化这个著名原则，并且认为这个原则连同其后果均最为有害"（页2）。可是，他相信，只有"从权宜的立足点出发"而非"从道德的立足点出发"才能公道地批评马基雅维利，"因为，马基雅维利自己诉诸权宜，且这是他的方法允许他使用的唯一标准（criterion）"（页8）。不仅如此，[440]马基雅维利就政治事物而提出的新异问题——这个问题涉及政治行为和政治制度的后果而非其道德价值，或者说涉及道德行为的政治后果——"极其有趣，且至关重要"。因此，对马基雅维利的批评应该仅限于考察他的如下答案：道德行为有时导致政治毁灭（页84，页104）。所以，瓦尔克试图证明，不道德行为从来不会导致政治优势（页104-114）。

认为马基雅维利的成就主要或完全在于发现一种新方法，瓦尔克并非第一人。事实上，如今关于马基雅维利的主流意见看起来是两种观点之间的一种含混折中，其中一种观点是瓦尔克所采纳的意见，另一种观点是瓦尔克所反对的历史主义者对马基雅维利思想的解释。无论如何,这两种解释——将马基雅维利解释成"科学家",以及将马基雅维利作历史主义解释——如今构成了理解马基雅维利的思想时面临的最大障碍。瓦尔克自己写道,"马基雅维利很少明确地谈论"方法(页135)。根据瓦尔克举出的证据,可以更为确切地说,马基雅维利从不谈论方法。瓦尔克所引用的或许可以被视为涉及新方法的唯一文段,是《李维史论》卷一前言中的一个陈述;我们的译者翻译为"我已决定走上一条新道路(a new way),其他任何人都尚未涉足过这条道路",而且译者解释说这个陈述意指"一种新方式(a new way)和一种新方法"(页82)。但是,马基雅维利决定走上的"道路",就像哥伦布在探索未知海洋和陆地时踏上的道路一样,算不上一种"方法"。马基雅维利着手发现的,不是"新的方式和方法"(瓦尔克译文),而是 modi ed ordini nuovi[新的模式和秩序]。modus et ordo[模式和秩序]是亚里士多德所说的 τάξις[安排]的拉丁文译文。① 所以,马基雅维利着手发现的,不是研究政治事物的一种新方法,而是既涉及[政治]结构又涉及政策的一些新政治"安排"。瓦尔克也许会极力主张,问题不在于马基雅维利只字不提——或几乎只字不提——他的方法及其新异性,[441]因为马基雅维利并非哲人(页93)。瓦尔克把哲人理解成什么,我还真没有什么正当途径得知。但是,他肯定会承认,必须假定马基雅维利是知道自己在做什么的人。

不过,尤其与亚里士多德不同,马基雅维利总是援引不少例证来展示采纳或不采纳他所建议的制度或政策会带来哪些结果——难道这一点不是千真万确吗?马基雅维利走上了一条其他任何人都从未涉足的道路,这条道路使人们发现,现代人能够且应该模仿古典古代的制度和政策:整部《李维史论》的意图就在于把人们从

---

① [原注]参托马斯·阿奎那《亚里士多德〈政治学〉疏解》的续书之4.1,涉及《政治学》1289a2—6。[校按]注释原文作:*cf.* Thomas on *Politics*, 1289a2—6, liber IV., lectio I. 注释方式参《思索马基雅维利》第299页译按。

如下错误中解放出来,这个错误就是相信现代人不能且不该模仿古典古代的制度和政策。所以,马基雅维利不得不在所有情形下都展示如下三点:[第一,]古代人的某个制度或政策是好的(因此,应该模仿这个制度或政策);[第二,]这个制度或政策的现代对应物是坏的;[第三,]有时候某个现代国家或个人确实像古代人那样行动(因此,现代人能够模仿古代实践)。马基雅维利并没有通过在所有情形下都为这三点各自至少援引一个例证(citing at least one example for each)而证明这三点,原因之一是他并非学究(apedant)。无论如何,他被迫"总是援引不少例证",不是因为他偏离了古代人,尤其偏离了亚里士多德,而是因为他被迫与一个不曾妨碍古代人的成见作斗争。再者,马基雅维利明确陈述了,发现新的——哪怕只是相对新的——模式和秩序"有危险"(《李维史论》卷一开头)。比起以"准则或一般化概括"的形式陈述新异教诲,以叙事(援引例证就意味着叙事)来陈述新异教诲,并没有那么危险,因为叙事沉默地施教。所以,人们必须探究:马基雅维利援引的例证所传达的东西,难道没有超出这些例证据说可以证明的准则?

马基雅维利在《李维史论》3.18 讨论了,为何难以理解敌人"当下和近处"的行动。他援引了四个例证。① 四个例证全部处理这样的情况:人们在辨认敌人"当下和近处"的行动时犯了错。[442]四个例证中存在严格的平行关系:一个古代例证后面跟着一个现代例证,又一个古代例证后面跟着又一个现代例证。后两个例证明确处理"胜利"。古代的"胜利"有如下特征:罗马人与埃魁人曾经有过一场鏖战;双方军队都相信自己的敌人赢了,所以各自回师;出于意外,一名罗马百夫长从一些埃魁伤兵那里得知,埃魁人放弃了其营地;于是,他劫掠了埃魁人的营地,并作为胜利者回到罗马。现代的"胜利"有如下特征:佛罗伦萨人的军队与威尼斯人的军队已然对峙数日,双方都不敢攻击对方;由于两支军队都开始苦于缺少给养

---

① [校按]以下关于这四个例证的讨论亦见《思索马基雅维利》第 39 页。

(necessities),故双方都决定撤军;有一个妇人"由于又老又穷才平安无事",她要到佛罗伦萨人的营地探望她的几个亲人,出于意外,佛罗伦萨统帅们从这个妇人处得知,威尼斯人已经撤军;于是,佛罗伦萨统帅们改变计划,他们给佛罗伦萨写信,说他们已经击退敌人,打赢了战争。在这个古代例证中,我们发现了一场血战、敌军伤兵,以及劫掠敌营。在这个现代例证中,我们发现了一场虚假战斗、一个又老又穷的妇人,以及一封自吹自擂的信。或许千真万确的是,关于古代人与现代人在 virtù[美德]方面的差别,这些例证没有传达多少新教诲。但是,就理解《李维史论》来说,如下认识有点儿重要:尽管这部作品的主题似乎容不得任何不庄重的东西,但这部作品并非完全缺少谐剧精神,哪怕不说轻浮。

马基雅维利在《李维史论》3.48 注意到,

> 一支军队的将军不应该相信敌人被看到犯下的一个明显错误,因为这个错误总是欺诈,毕竟人们如此不谨慎并不合理。(瓦尔克译文,强调为笔者所加)

在注意到这个所谓的普遍规则后,他马上举了这样一个例证:一个敌人在毫无欺诈迹象的情况下犯了一个明显错误。这个例证迫使读者重构马基雅维利明确的"一般化概括或准则",也迫使读者思考为何马基雅维利在谈论明显错误时自己竟然犯下一个明显错误。因为,[443]如果就像瓦尔克毫不犹豫地说的,我们必须"在字里行间"(between the lines)阅读马基雅维利的《佛罗伦萨史》(页 17),那么,刚好(barely)有如下可能:我们或许也不得不"在字里行间"阅读《李维史论》。

当怀疑马基雅维利的方法与亚里士多德的方法未必相一致时,瓦尔克没有提出哪怕一个有效的理由。当人们观察到马基雅维利"总是"援引例证,而亚里士多德只在极少情况下援引例证时,人们无法证明亚里士多德未曾从例证出发而抵达他的"一般化概括和准则":《政治学》几乎以"我们看到"这个表述开头。此外,"马基雅维利对史学有兴趣,并且认识到史学对于政治人很重要"这一点完全符合亚里士多德的规范和例证。在谈到古代史学家时,瓦尔克提到了色诺芬——他这么做的正确之处在于,比起其他任何著作家(李维显然是个例外),色诺芬是马基雅维利在《李维史论》中更频繁地引用的著作家;但是,他这么做的错误之处在于,马基雅维利只引用《希耶罗》和《居鲁士的教育》,也就是说,只引用马基雅维利明知并非史学著作的[色诺芬]著作(参《李维史论》2.13)。我们也有必要质疑瓦尔克的如下断言:马基雅维利与托马斯·阿奎那不同,他在"[运用]一种做法,即考虑反面情况"这方面"不过是个新手"。《李维史论》2.12 充分证明了:[第一,]马基雅维利完美地掌握了经院派论辩技艺;[第二,]只要他渴望以 quaestiones disputatae[论辩中的问题]的形式写出这整部作品,他就可以写得出来。这并不是要否认,我们讨论的这一章是在戏仿经院派论辩:占优势的观点所求助的居中"权威"是"诗性传说"。

  关于马基雅维利对道德和宗教的看法,我在这里必须仅限于提出两个评论。像瓦尔克那样说 virtù[美德]"通常(normally)没有伦理意义"(页 100)是在误导人,因为他没有清楚地界定"通常",而且人们很可能(might very likely)认为此词指统计意义上的平均数。远远更好的说法是:[第一,]马基雅维利有时将 virtù[美德]理解为每个人所理解的"美德"(virtue),即道德美德;[第二,]马基雅维利有时又将 virtù[美德]仅仅理解为政治美德,即公民或治国者或具有公共精神的缔造者的美德;[第三,]马基雅维利有时又将 virtù[美德]仅仅理解为男子气与精明的结合(卡利克勒斯所理解的"美德")。一言以蔽之,[444]对于马基雅维利而言,virtù[美德]这个词具有故意的含混性;①除非让读者记起道德美德,否则马基雅维利不能批评道德美德,即不能批评道德美德的如下宣称——道德美

---

  ① [校按]关于"美德"含混性的讨论亦见《思索马基雅维利》第 47 页。

德是政治生活的标准(the norm)。马基雅维利先以政治美德的名义批评道德美德,然后以"卡利克勒斯式"美德的名义批评政治美德。由于政治美德比道德美德更接近根本,即更接近"卡利克勒斯式"美德,故政治美德具有 verità effettuale[实效真实性]:"政治美德"指维持既自由又荣耀的社会时所需的所有习惯。人们只有认识到政治美德不稳定,即认识到自由社会"非自然"(unnatural),才能设计出那种建立并保持自由社会时所需的恰当手段,也才能设计出属于自由社会的美德。因此,人们必须先从政治美德下降到卡利克勒斯式美德,后者可以说是唯一自然的美德。马基雅维利用"权宜的立足点"(这个叫法相当不充分)取代了"道德的立足点",这不是因为新方法的种种应许鼓舞了他,而是因为他相信自己发现了,受到普遍接受的道德观念源于对道德的社会功能的遗忘:人们错误地却又必然地将仅仅有条件地且在大多数情况下(only conditionally and in most cases)有效(即合理)的行为规则理解为绝对且普遍(categorically and universally)有效的行为规则。① 瓦尔克相信,他在马基雅维利关于宗教的说法中发现了一个矛盾。

马基雅维利在《李维史论》1.11 犬儒似地评论道,萨沃纳罗拉劝说民众——他们既非无知也非粗鲁——相信,尽管从来没有人看到他做出什么超常的事情,但他跟上帝交谈过。正是根据这一章更靠前的地方摆出的那些原则,这应该被算作一种美德,但在萨沃纳罗拉这里,这看起来是个错误。(页18-19)

如果对比萨沃纳罗拉与帕皮里乌斯各自对属神指引的态度,则这个难题马上就会消失。

或许,瓦尔克的导言最站不住脚的地方在于,他试图从"权宜的

---

① [原注]参马西利乌斯《和平的保卫者》2.12.7-8。[校按]中译本参《思索马基雅维利》第109页译按。

立足点"出发来驳斥马基雅维利的观点。我必须仅限于讨论一两个典型例证。马基雅维利"建议,在一个被征服的行省中,一个统治者应该仿效马其顿的腓力二世,①'更新一切',即[445]在铲除异己时具备彻彻底底且无所顾忌的无情"。为了反对这个建议,瓦尔克说:

> 马基雅维利完全健全的基本原则是,除非拥有被统治者的善意,否则任何政府都不可能安稳,这又怎么说呢?

恐怕马基雅维利不会认为,这是一个站得住脚的反对意见。他很可能会(would probably)作出如下回击。一个政府不必恐惧死者的恶意。如果一个统治者以外国人为代价,并且或许奴役或消灭那些外国人,从而让他的统治对象变得富裕,那么,他不会失去这些统治对象的善意。马基雅维利认为,除非一个政府拥有"被统治者"即多数人的善意,否则这个政府不可能安稳;但是,多数人有时并不在意是否消灭少数人。瓦尔克最终认同马基雅维利坚持的一切:

> 腓力的成功绝非完全源于他有时表现出野蛮。

因为,马基雅维利的意思从来不过是:"一种头脑开通的治国术"(a broad-minded statesmanship)是成功不可或缺的条件,但这种治国术可能"有时"也少不了"野蛮"(页124-125,强调为笔者所加)。

马基雅维利建议"杀死布鲁图斯②的儿子们",即"谋杀任何对新建立的政制构成潜在危险的人"。为了反对这个建议,瓦尔克说,据马基雅维利自己所说,

> 如果民众反对一个新政制,则不论用多么野蛮的方法都不

---

① [校按]即亚历山大大帝之父,参《思索马基雅维利》第61页译按。
② [校按]罗马共和国首任执政官,参《思索马基雅维利》第168页译按。

可能建立这个新政制。

瓦尔克自己说"如果"：如果把这些野蛮方法用在少数人或外国人身上，则"民众"不会总是反对这些野蛮方法。

……在佛罗伦萨，极度严酷地对待政治对手，通常会激起一种支持旧政制的反动（areaction in favor of the old regime）。

马基雅维利认为，并非"通常"应该下最猛的药（use the strongest medicine），相反，只有在可能（likely）导致成功的极少情况下才该如此。

所以，就马基雅维利的例证而言，他必须依赖久远的过去，可是即使在久远的过去，使用这类方法也绝非总能成功。

马基雅维利并未宣称，这总能成功。瓦尔克"几乎会认为"，马基雅维利"已经视角错乱（has lost his sense of perspective），看来他更喜欢野蛮状态下的方法，而非他自己这个更文明的时代的方法"（页112）。我想知道，通过区分野蛮与文明，难道瓦尔克没有放弃权宜的立足点？

[446]如果一个"最有害的"教诲的始作俑者马基雅维利或许是"迄今为止此世所见证的对政治最有影响的著作家"，且如果"此世"并不仅仅是马基雅维利的影响的旁观者（the spectator），那么，"此世"容易受到马基雅维利影响。"此世"之所以可能受到马基雅维利败坏，是因为它在某种意义上已经"受到败坏"，或已经自带败坏的种子。如果像瓦尔克所说的，马基雅维利像[此世]所见证的那样有影响，那么，"此世"似乎会是一个好地方，在这个好地方，一个人可以明断地实践缺德，或可以采用如下生活方式，即在大部分时间里"使用"美德，而仅仅在极少数——却具有决定性的——时

刻诉诸恶德。事实上，所有名副其实的(worth their salt)道德主义者都总是感到，在此世，纯粹的、毫不妥协的正义不是通往优势的道路，而是通往毒药、绞刑架、火刑柱的道路。"压迫者的错待、骄傲者的冷眼、法律的迁延、官吏的无礼，以及任劳任怨的俊杰大才从得势小人那里得到的践踏(the spurns that patient merit of the unworthy takes)"①——所有这些都让让哈姆雷特绝望，却似乎没有引起瓦尔克的多少注意。我相信，若非如此，则瓦尔克不会认为"权宜"的道路总是通往毫不妥协的正义。

至于[对《李维史论》的]翻译，瓦尔克"努力做到尽可能信实"（页162）。我得遗憾地说，他并不十分成功。不能说他译得胜过代特莫尔德(Detmold)。② 瓦尔克的工作中最有价值的那部分是，他在注释中征引了李维，并提供了《李维史论》提及或引用的著作家们的索引。

---

① ［校按］莎士比亚《哈姆雷特》3.1 第 79 至 82 行，注意在"骄傲者的冷眼"之后——有意？——漏引了"被轻蔑的爱情的惨痛"(the pangs of dispriz'd love)。校订时参考了朱生豪先生译文，有所改动。of the unworthy takes 意即 takes from the unworthy。

② ［校按］Christian E. Detmold 于 1882 推出英译本，题为 *Discourses on the First Ten Books of Titus Livius*。

马基雅维利与古典文学[*]

（1970）

彭磊 译

1. [7]我的主题不是"马基雅维利与古典的古代"。某种意义上，"马基雅维利与古典文学"这个主题先于"马基雅维利与古典的古代"这个主题；因为，马基雅维利知晓古典古代的唯一途径——或说近乎唯一的途径——就是古典文学。其次，我应当尽可能仅限于讨论马基雅维利对古典文学的明确提及。对于一个特定的主题，马基雅维利的态度（sentiment）可能与一位或多位古典著作家的态度一致，但人们并不能由这个事实推断，古典著作家在这一点上引导着马基雅维利；这种一致或许只是巧合。最后，我将集中讨论马基雅维利的两部 magna opera[大著]，即《君主论》和《李维史论》。

2. 不过，如果我们先来看一下马基雅维利的其他散文著作，则并不至于有什么不妥。就《佛罗伦萨史》而言，这部作品是否模仿了古代史学家们，以及在多大程度上模仿了古代史学家们，这与我当前的意图并不相干。在《佛罗伦萨史》中，马基雅维利极少提及

---

[*] [校按]原标题为"Machiavelli and Classical Literature"，发表在 Review of National Literatures 这本杂志上。杂志名中的 Literatures 为复数，而本文标题亦用到单数 Literature。Literature 在本文中并非如在杂志名中那样指现代所谓的文学，而是指运用写作技艺完成的古典作品。校者为全文各大段标了序号，并将有些大段进一步切分为小段。本文的许多内容与《思索马基雅维利》有些内容高度相似，故校者在必要的时候直接调用了《思想马基雅维利》中译文，并注出了对应的页码。

佛罗伦萨著作家们。他甚至更少提及古代著作家们;严格说来,只有在讨论佛罗伦萨的古代起源时,他才提及古代著作家们;在这样的语境下,他提到了普林尼(Pliny)、弗龙蒂努斯(Frontinus)、塔西佗。当马基雅维利颂扬科西莫·美第奇时,他谈到科西莫钟爱文人(literary men),尤其钟爱马尔西利奥·斐奇诺(Marsilio Ficino),就在这时马基雅维利提到了柏拉图:斐奇诺是"柏拉图哲学的再生之父(the second father)"。①

[马基雅维利]意在使《战争的技艺》[8]造就古人(尤其罗马人)军事技艺的复兴,即重生。出于这个意图,马基雅维利运用了狭义上的罗马军事著作家(弗龙蒂努斯、韦格蒂乌斯[Vegetius])②的著作,但没有提及他们的名字。与此相一致的是如下事实:《战争的技艺》是发生在军事技艺的一位杰出实践者法布里齐奥·科隆纳(Fabrizio Colonna)、科西莫以及佛罗伦萨几位前程远大的青年贤人③之间的对话,这场对话据说发生在科西莫的一座花园中。马基雅维利提到了istoria nostra[我们的史书],意指古代罗马的史学家们,但他也提到了"他们的史书"。在这部著作中,马基雅维利点名提到的古代著作家仅有李维、约瑟夫斯(Josephus)、④修昔底德;他

---

① [校按]《思索马基雅维利》第27页提到《佛罗伦萨史》的这个片断。"斐奇诺"亦译为"费奇诺"。

② [译按]参弗龙蒂努斯,《谋略》,袁坚译,北京:解放军出版社,2014;韦格蒂乌斯,《兵法简述》,袁坚译,北京:商务印书馆,2013。

③ [校按]gentlemen,在马基雅维利意义上,使用"贤人"这个译法(包括在后文第9页)似乎不恰当,但《思索马基雅维利》中多处出现并非马基雅维利意义上的"贤人",为了体现该术语的一贯性,仍勉强使用这个译法。

④ [校按]约瑟夫斯(约37—100),全名弗拉维乌斯·约瑟夫斯(Flavius Josephus),罗马帝国时期的犹太史学家,著有《犹太战纪》《犹太古史》《驳阿庇安》。三书中译本:约瑟夫,《犹太战记》,吴轶凡译,上海:上海三联书店,2017;约瑟夫,《犹太古史》,冯万以文等译,金京来校,上海:上海三联书店,2017;约瑟夫斯,《驳希腊人》,杨之涵译,上海:华东师范大学出版社,2016。前两书的选本合集:《约瑟夫著作精选》,保罗·梅尔编,王志勇译,北京:北京大学出版社,2004。

提到约瑟夫斯和修昔底德各一次,提到李维两次;在这两次中的一次中,他甚至以意大利语译文引用了李维。在这样的情境下李维得到如此殊荣,并不会让我们惊讶;马基雅维利的《李维史论》就是关于李维史书前十卷的论说。

3. 我应当稍微不那么简略地谈谈《卢卡的卡斯特鲁乔·卡斯特拉卡尼传》(*La Vita de Castruccio Castracani da Lucca*)。与马基雅维利的大著(great works)相比,这部优雅的小作品(this graceful little work)以一种更直接(或更质朴)也更精炼的方式透露了马基雅维利的道德品味。同时,这部作品还异常明确地透露了一个关系,这个关系的一边是马基雅维利,另一边是古典道德思想或古典政治思想的两大趋势或两大学派。① 为了表明这一点,我不可能不越出我在本文中为自己规定的界限,但后文将不动声色地把我这明目张胆的越轨正当化。

4. 马基雅维利把卡斯特鲁乔描绘成后古典时代最伟大的人:如果他生在古代,他本会超越亚历山大大帝之父腓力和斯基皮奥。② 卡斯特鲁乔活了44岁,这很像腓力和斯基皮奥。③ 他超越腓力和斯基皮奥,是因为他从"低微的开端和无闻的出身"崛起到伟大的地步。他很像某些一流人物,这些人物要么全都曾暴露在野兽面前,要么拥有太值得轻视的父亲,[9]以至于使自己成为尤皮特之子,或其他某位神之子。

卡斯特鲁乔还是婴儿时,一位祭司的姐姐在她的花园里发现了他,她就和她弟弟养育了他,并指定他以后做祭司。可是,一旦他长

---

① [校按]理想主义与现实主义。《思想马基雅维利》第14页也提及"政治思想的两种根本抉择"。

② [校按]从本句一直到本大段倒数第二小段,均对应《思想马基雅维利》第223-225页。

③ [译按]腓力是在46岁时遇刺,斯基皮奥享年52岁,马基雅维利显然是在刻意拉平卡斯特鲁乔与两人的年龄差距。

到14岁,他就抛开了教会书籍,转向了武装。他得到了自己城邦最显赫的人的青睐,此人是一位吉伯林派condottiere[雇佣军头领],他把卡斯特鲁乔带到自己家,并把他教育成了军人。在最短的时间内,卡斯特鲁乔变成了完美的贤人,凭借他的明智、他的优雅、他的勇气而显赫起来。他的主人在将死之时,使他成为他主人幼子的傅保和他主人财产的护卫者。卡斯特鲁乔别无选择,只能使自己变成自己城邦的统治者。他赢得了一次次辉煌的胜利,崛起为托斯卡纳和伦巴第吉伯林派的领袖,并最终几乎变成托斯卡纳的君主。他从未结婚,以免对子女的爱妨碍他对其恩主的血脉表示应有的感恩。

马基雅维利在描述了卡斯特鲁乔的身世、生平、死亡之后,花了半页篇幅描述他的性格,又花了三页多篇幅给出了一组机智的评论,这些评论要么由卡斯特鲁乔作出,要么由卡斯特鲁乔听来。这些格言向我们透露了卡斯特鲁乔的头脑。这样的格言共有34则。几乎所有格言,即其中31则,都能追溯到第欧根尼·拉尔修的《名哲言行录》。毋庸赘言,马基雅维利并没有提及第欧根尼·拉尔修,也没有提及他按自己的意图借用并加以改写的格言出自哪些哲人。与这种沉默相一致的是,马基雅维利事实上极少提及哲学和哲人们:《君主论》和《李维史论》加起来都只有一次提到亚里士多德,也只有一次提到柏拉图。在《卡斯特鲁乔》结尾所复述的这些格言中,只有一则[第19则]源于亚里士多德。

亚里士多德的这一则格言前后各有某个名叫彼翁的人的两则格言。彼翁是恶名昭彰的无神论者忒俄多洛斯的学生,彼翁自己也是诡计多端的人,即巧言令色的智术师,而且无耻到在[10]他的同伴们之中像无神论者一样行动。这五则格言[第17至21则]前面是库瑞涅的阿里斯提珀斯的15则格言,后面是犬儒派的第欧根尼的11则格言。阿里斯提珀斯和第欧根尼均极度蔑视与自然相对立的习俗。如马基雅维利的模范君主的格言所透露的,这位君主的头脑使人们最强烈地记起那些未受尊崇的哲人们,如阿里斯提珀斯和第欧根尼,而几乎完全没有使人们记起亚里士多德。这些格言以一种反讽的方式透露了马基雅维利最为内在的思考:这些格言指出了这样一种思考,在这种思考的核心处,彼翁一直限制或压倒亚里士多德,而这种思考的外围由一种令人震惊的道德教诲构成。

我们能够——我相信,我们也应该——这样解释这条线索(pointer):马基雅维利与道德哲学和政治哲学的伟大传统决裂了,这个传统由苏格拉底缔造,并以亚里士多德的作品为顶点;根据马基雅维利与之决裂的这个传统,存在着自然正当。① 马基雅维利转而选择了[与这个古典传统]形成竞争的另一个古典传统(the classical alternative),即选择了"所有正当都是习俗性的"这种观点。与阿里斯提珀斯和第欧根尼不同,马基雅维利是政治哲人,他关心好社会;但他理解好社会时,从习俗主义的假定出发,即从极端个人主义的前提出发:人依据自然不是政治的,人依据自然不被引向政治社会。马基雅维利实现了对两个古典传统的综合。他从所有古典思想运行其上的水平(plane)切换到了一个新的水平,从而实现了上述综合。若几乎借用他自家的说法,则可以说他发现了这样一块新大陆,这块大陆不同于在他之前的人们所知的唯一大陆。

5. 现在,我们已经准备好在我们当前的讨论所可能抵达的范围内来思考《君主论》。② 从献辞中,我们得知三件事:[第一,]马基雅维利关于大人物行动的知识,来自对现代事物的长期经验和对古代事物的持续阅读;[11][第二,]《君主论》在最短的篇幅之内囊括了马基雅维利所知晓的一切;[第三,]这种知识涉及君主们的本性和君主统治的种种规则。马基雅维利称《君主论》为论著。与此同时,《君主论》也是为时代而作的小册子:面对同时代的一位意大利君主,它炮制了一番雄辩的吁请,并以之为顶点或终点,这番吁请就是,请[这位君主]将意大利从侵占(overrun)自己的外国人们手中

---

① [校按]关于本小段,参《思想马基雅维利》第 291-292 页和第 85 页。
② [校按]本大段基本上是对《思想马基雅维利》第二章的自由勾勒,但本大段末尾对色诺芬的提及则见于该书第 291 页。

解放出来。至少初看起来,这部作品致力于为同时代意大利的行动作准备,但对古代的钦羡为这部作品注入了生命,并引导着这部作品:为了好好行动,现代人必须模仿古代人。每一章的标题都是拉丁文。

在某种意义上,这部作品在第 6 章达到了高潮,此章致力于讨论凭靠一个人自己的武装和美德而获得的新君主国。在此章,马基雅维利举出了最伟大的例证,即摩西、居鲁士、罗慕卢斯、忒修斯,这些例证预示着一个人可能模仿的最高目标。尽管提到了摩西和居鲁士,但总体而言,重点还是在古典的古代。马基雅维利只有一次提到圣经,如他自己所说,他提到的是旧约中出现的一个寓言(an allegory);①但他从未引用圣经。他有一次提到古代史书,两次提到著作家,一次提到古代著作家,一次提到史书,这些情况全都是指古典著作家。他四次引用拉丁文散文著作家——尤斯蒂努斯②和塔西佗各一次,李维两次,但均未提及著作家的名字。③ 他有一次明确引用维吉尔,正如他有一次明确引用彼特拉克的一首意大利语诗歌。④

作为四个最伟大例证之一的居鲁士,乃是色诺芬所描述的居鲁士。马基雅维利着重提及了色诺芬的《居鲁士的教育》,而且这次提及正好位于《君主论》最著名的一章即第 15 章之前,在第 15 章马基雅维利陈述了他的政治哲学方案,即一种彻底反对政治哲学伟大传统的政治哲学。他说,他有意要写一些有用的东西,所以[12]他将谈论"事物的事实真相",而非对事物的想象。因为许多人都曾经想象过人们从未见过或从不知道其真实存在的共和国和君主国。个中原因在于,这里说的许多人通过一个人应该如何生活来找到自

---

① [译按]《君主论》13。
② [校按]参《思索马基雅维利》第 26 页译按。
③ [译按]《君主论》6,13,21,26。
④ [译按]《君主论》17,26。

己的定位,而马基雅维利将通过一个人[实际上]如何生活来找到自己的定位。话锋尽管除了针对哲人们,也很可能(probably)针对上帝的王国,但主要针对哲人们,即柏拉图和亚里士多德。不管怎样,马基雅维利在此以一种从未被超越的明晰和精确指出了,他的政治哲学如何彻底反对古典政治哲学,以及这种反对的根据何在。然而,恰恰在这种挑战或挑衅之前,马基雅维利刚刚表示认同古典哲人之一色诺芬的教诲。色诺芬对马基雅维利有着绝无仅有的重要性:在《君主论》和《李维史论》中,他提及色诺芬的次数比他提及柏拉图、亚里士多德、西塞罗的次数加起来还多。这是意外还是有意?

6. 要回答这一问题,我们必须先来理解色诺芬的独特性。① 马基雅维利谈到——而且深表认同地提及——色诺芬的两部著作,即《居鲁士的教育》和《希耶罗》。在《居鲁士的教育》中,色诺芬呈现了居鲁士与其父之间的一场对话,这场对话使居鲁士入了政治-军事道德之门(by which Cyrus is initiated into politico-military morality)。从有贤人品性的(gentlemanly)父亲那里,居鲁士震惊地了解到(他很快就克服了这种震惊),正义的种种普通规则只适用于公民同胞之间的种种关系,或者说,无论如何都不适用于一个人与外敌们的种种关系。② 但是,如马基雅维利挑明的,色诺芬在《居鲁士的教育》中传授的教训比色诺芬明确陈述的教训更为广泛;强力与欺诈——但尤其是欺诈——不可或缺,不仅对于击败外敌如此,对于克服自己的共同体内部的如下这股抵抗力量同样如此,这股抵抗力量阻止一个人把自己确立为绝对统治者。《希耶罗》是一位智者与一位僭主之间的对话。由于身为僭主,故这位僭主最不幸福,或装作最不幸福。[13]这位智者向这位僭主表明,如果这位僭主会变

---

① [校按]本大段是对《思索马基雅维利》第 290-291 页的扩写,但其中对智术师的讨论与第 293 页相关。

② [译按]色诺芬《居鲁士的教育》1.6。

成自己臣民的施益者，这位僭主就会变得最幸福。在这个语境中，这意味着，在一个人通过犯下无数最严重的罪行而变成了自己城邦的统治者后，此人若将自己由此获得的权力用来施益于自己的臣民，则也能变得非常幸福。

因此，我们把色诺芬视为这样一位古典思想家，他比其他任何古典思想家都更多地为马基雅维利铺平了道路。由此，我们否认扮演这个角色的是人们所熟知的智术师。在这方面，马基雅维利对智术师完全保持沉默，尤其对修昔底德笔下雅典人与米洛斯人(the Melians)①之间的对话完全保持沉默，这场对话常被看作智术师式思想的一份文献；不仅如此，根据一个最有能力的人(a most competent man)即亚里士多德的判断，智术师的典型特征不在于"强权造就正当"(might makes right)这番教诲，而在于把政治技艺等同于(或几乎等同于)修辞术。② 相应地，色诺芬把高尔吉亚的一个学生呈现为颇能指挥贤人们——贤人们就是能受到言辞左右的人——却丝毫不能让非贤人们听命于自己的将军；③色诺芬把自己呈现为有能力统治这两类人的一个人：高尔吉亚的学生不能做到的，苏格拉底的学生却能做到，因为作为苏格拉底的学生，色诺芬并不相信言辞是全能的或准全能的，而是知道只有混合劝说与强制才能统治人们，劝说就是一种特定的言辞，强制就是使用拳脚力量(brachial power)。④

几乎毋庸赘述，色诺芬并不是"马基雅维利主义者"这个词出现之前的马基雅维利主义者(a Machiavellian avant la lettre)：色诺芬

---

① ［校按］《思索马基雅维利》第 10 页也提及了米洛斯岛。"米洛斯"也译作"墨罗斯"。

② ［校按］亚里士多德《尼各马可伦理学》1181a12-15。

③ ［译按］色诺芬《上行记》卷二结尾。中译本：《长征记》，崔金戎译，北京：商务印书馆，1985。

④ ［校按］关于本小段对高尔吉亚的讨论，颇可比较《思索马基雅维利》第 296 页注 219 对《高尔吉亚》的提及。

的道德宇宙有两极,政治上的大人物(the great political man)比如居鲁士指向一极,色诺芬所崇敬的大师(master)苏格拉底则指向另一极。但在马基雅维利的道德宇宙里,并没有苏格拉底的位置。要从色诺芬出发而抵达马基雅维利的思想,就必须做到与苏格拉底式思想彻底决裂,即必须发现一块道德的新大陆。

7. 跟《君主论》一样,《李维史论》[14]结合了如下两方面:一方面模仿古代,即温顺地听从古代著作家们所说的,另一方面提出全新的模式和秩序,即实际上与古典政治哲学完全决裂;但《李维史论》结合以上两方面的方式即调子(key)不同于《君主论》。从[完整的]书名《李维史书前十卷论》可以看出,[马基雅维利]意在使《李维史论》为古代精神的重生作准备。从前言(prooemium)①可以看出,《李维史论》提出了某种全新的东西:前言暗中提到,马基雅维利是道德世界的哥伦布。《君主论》每一章的标题均为拉丁文,而《李维史论》每一章的标题均为俗语[意大利语]。甫一开始,人们就能发现,当马基雅维利渴望揭示并复兴(to bring to light and life)罗马共和国的制度和精神时,那两种迥然不同的倾向②相互调和了:与现今存在的制度和精神相比,那些制度和那种精神是全新的。对于《李维史论》的这个谜题,如上解答既健全又不健全,就像如下观点一样:《君主论》讨论君主的统治,而《李维史论》讨论共和国的统治。这些观点健全,是因为它们立足于马基雅维利的一些明确言论;这些观点不健全,是因为它们没有考虑马基雅维利的另一些明确言论,最重要的是,没有考虑马基雅维利在[《君主论》和《李维史论》]这两本书中做什么。

8.《李维史论》远比《君主论》难以理解。这方面的一个明显迹

---

① [校按]指《李维史论》卷一前言。
② [校按]见本大段开头。

象是,《君主论》具有远比《李维史论》更为清晰的谋篇和结构。① 个中原因似乎在于,马基雅维利在《李维史论》中遵从两个不同的谋篇:他自己的谋篇(对此有好些[quite a few]说明),以及李维叙事的次序强加给他的谋篇。更贴近[文本]的研究表明,决定马基雅维利对李维文段的所有使用(即选择)的,不是李维的次序,而是马基雅维利自己的谋篇,这种谋篇不会从他的明确说明中变得足够清楚。哪怕当马基雅维利似乎只是在遵从李维的次序时,这么做也有一个马基雅维利式理由。如下假设是智慧的,至少[15]一开始是智慧的:当马基雅维利在制定《李维史论》的谋篇时,他没有丧失他那清晰而有序的头脑。

为了发现这样谋篇的理由,人们除了必须悉心观察其他方面,还必须悉心地观察他对李维的使用和不使用,以及他以哪些不同方式使用李维。我把马基雅维利对李维的使用首先理解成他对李维的明确使用。② 这种明确的使用包括:明确引用李维的拉丁文原文,暗中引用李维的拉丁文原文,明确提及而非引用李维,暗中却明白无误地提及李维,比如提及 questo testo[这个文本]或 la istoria[这部史书]。当然,人们会说,有时候马基雅维利使用李维的材料(material),却对这个材料的来源完全保持沉默,或者甚至通过不提(suppressing)李维的叙事来使用李维的材料。不过,只有在一种情况下,我们才能充分地掌握马基雅维利在这种宽泛意义上对李维的使用,这种情况就是,我们能以马基雅维利的眼睛来阅读李维的整部作品,即我们具有如下程度的穿透力:如果我们有智慧,则我们不会宣称自己拥有这种程度的穿透力。然而,人人都能轻易看到,马基雅维利提及还是没有提及李维。

9. 为了理解马基雅维利的谋篇与李维的次序之间的关系,人

---

① [校按]以下关于《李维史论》的谋篇,参《思索马基雅维利》第 97 页以下。

② [校按]《思索马基雅维利》第 104 页也谈到何谓对李维的使用。

们必须首先掌握马基雅维利的意图与李维的意图之间的差异。仅仅当马基雅维利的论证抵达一个非常高级的部分时,他才谈论了这种差异。在2.31("相信流亡者们有多么危险"),他提到李维举出的一个例证,这个例证无关于李维的意图:它并非无关于马基雅维利的意图。这个例证无关于李维的意图,是因为它并不是罗马例证。马基雅维利的意图并不仅仅关乎罗马。他希望激励自己的读者模仿共和国时期罗马人的美德。描述未败坏状态下的罗马共和国的真正(the)史学家是李维。但是,李维不可能向我们传授如下教诲:现代人能够模仿他所称赞的那些美德。人们会说——且马基雅维利本人确实说过——对人来说一度有可能的,原则上对人来说永远都有可能。但是,如果他可以通过相当多样的例证来表明,[16]古代的行事方式智慧,而现代的行事方式愚蠢,或有些现代人确实像古代人那般行动,那么,这会更加有说服力。

马基雅维利作为一个现代人为现代人们写作——仅仅这个事实就暗示出,马基雅维利的意图不同于李维的意图。此外,上面提及的一般性思考证明了模仿古代人在自然上(physically)可能,却还没有证明模仿古代人在道德上可能:古代人是异教徒,而且人们可以质疑异教徒的美德,视之为穿上华服的恶德。因此,马基雅维利必须表明,古代人的美德是真正的美德,且古代人的诋毁者们所推崇的美德不是真正的美德;他必须面对并克服一个对李维来说不存在的困难。①

10. 我们由此理解了《李维史论》中典型的一章的特征,它讨论了一个罗马例证和一个现代例证。② 但不可能每一章都是典型的。有些章只包含古代例证,有些章只包含现代例证,有些章只包含古代例证,却没有一个属于罗马,还有些章只包含古代例证和土耳其

---

① [校按]《思索马基雅维利》第86页也谈到以上两句的内容。

② [校按]本大段对应《思索马基雅维利》第89-90页。这里说的典型的一章是3.7。

例证。

11. 粗略地阅读整部《李维史论》可能会让人认为,马基雅维利几乎在每一章都引用了一次李维的陈述。然而,没有什么比这更远离真相。马基雅维利在卷一前半部分的处理方式尤其令人惊诧。前 11 章没有引用李维,接下来的四章总共四次引用李维,①此后 24 章均未引用李维。这样的节俭②在这部作品的其余部分并未再次出现。③ 通过理解马基雅维利在前 39 章的处理方式,我们可以更好地理解他对李维的使用有何意义。

12. 马基雅维利开始引用李维的那个章群(the group of chapters)④[1.11-15]讨论罗马人的宗教。包含李维引文的第 1 章富有激情地攻击了罗马教会,认为它导致了意大利人的反宗教[17]和意大利的政治虚弱。[该章群的]第 2 章表明,罗马人——等于说罗马贵族——如何明智地利用宗教来让平民保持恐惧和顺从。[该章群的]最后一章表明,"罗马人的美德"(Roman virtue)如何克服了罗马的敌人们通过"笃信宗教这种美德"(virtue of religion)而获得的毫不妥协的品质。⑤ 罗马凯撒们(caesars)⑥治下的著作家们不能谴责凯撒是僭主,就只好转而赞美布鲁图斯[1.10];同样,教会治下的马基雅维利不能攻击基督教,就只好转而推崇罗马异教徒们的宗教。⑦ 马基雅维利用李维的权威来对抗圣经的权威。李维的史书

---

① [译按]以拉丁文引用李维:1.12 和 1.13 各一次,1.15 两次。
② [校按]指尽可能少引用李维。
③ [校按]以上两句对应《思索马基雅维利》第 111 页。
④ [校按]这个章群在《思索马基雅维利》中独立成"篇",但本文似乎并未使用"篇"的概念,故 group of chapters 和后文的 section 均只译为章群。
⑤ [校按]本句对应《思索马基雅维利》第 110 页。参彼处关于"笃信宗教这种美德"的译按。
⑥ [校按]"凯撒"成为了罗马皇帝的尊号。
⑦ [校按]本句对应《思索马基雅维利》第 33 页。

是马基雅维利的圣经。①

13. 在作为整体的《君主论》和《李维史论》中,只有一次引用圣经。②《李维史论》1.26表明,新君主在其夺得的城邦或国家中必须更新一切;他必须引入新名号(titles)和新职权(authorities),③并起用新人;他必须使富人变穷,并使穷人变富,正如大卫当王后所做的那样;"他叫饥饿的人得饱美食,并叫富足的人空手离去",马基雅维利从"尊主颂"中引用了这句。④ 他补充说,这些处事方式最为残忍,不仅最有害于每一种基督教生活方式,而且最有害于每一种人道的生活方式。⑤ 只有那些记得马基雅维利在前一章[1.25]结尾所言的读者,才能感觉到这个陈述的全部分量;马基雅维利在前一章结尾说,下一章讨论著作家们所说的僭政。正如碰巧由26章组成的《君主论》一样,《李维史论》全书第26章也严格避免使用"僭主"一词。所以,大卫王是僭主。作为僭主,大卫王的所作所为与"尊主颂"中的上帝无异。完整说出马基雅维利强迫他的读者想到的渎神,令我反感。

14. 我已经谈到李维的权威。⑥ 我在此处用的是这个表达的最充分含义:[马基雅维利]意在使李维的史书取代圣经。但是,李维的权威取决于——即预设了——古代罗马的权威性。只有确立古代罗马的权威,[18]马基雅维利才能确立李维的权威。由此我们可以理解马基雅维利在《李维史论》前六章中的处理方式。

---

① [校按]本句对应《思索马基雅维利》第92-93页。
② [校按]本大段对应《思索马基雅维利》第49页。
③ [校按]其本义"权威"在此似亦通。
④ [译按]这句中的引文原为拉丁文,引文出自《圣经·新约·路加福音》1:53。"尊主颂"即《路加福音》1:46-55。马利亚在生耶稣以前,圣灵指示她将生圣子,于是她开口赞美上主,是为"尊主颂"。换句话说,"尊主颂"歌颂的是上帝,而不是大卫王。[校按]本句对应《思索马基雅维利》第49页。
⑤ [校按]本句对应《思索马基雅维利》第68页。
⑥ [校按]本大段对应《思索马基雅维利》第92-96页。

第1章一般地讨论了诸城邦的开端,并特别地讨论了罗马的开端;在这一章,马基雅维利高度赞美了古代埃及,即一个兴盛"于最古老的古代"的政治社会。这种赞美完全是暂时的;在卷二开头,马基雅维利不动声色却也明白无误地撤回了这种赞美。这就是说,在卷一开头,马基雅维利所秉持的原则是,古老的就是好的,因此最古老的就是最好的:要证明最古老者的是最好的,只需要表明最古老的确实是最古老的,此外不需要进一步的任何证据。但是,这意味着,古代罗马的好还需要证明,因为古代罗马不属于最古老的古代。接下来的五章给出了这番证明。

第2章讨论了共和国的各种类型,并特别讨论了罗马的政体(polity)。马基雅维利追问道:简单政体还是混合政体更可取?认为混合政制(regime)更可取的是如下这些人,依据多数人的意见,这些人比信奉简单政制的人们更智慧:马基雅维利不仅跟随更智慧的人(the wiser man),而且跟随依据多数人的意见更智慧的人们(the wiser men);他跟随权威。事实上,珀律比俄斯作出过马基雅维利呈现的论证,但马基雅维利没有提到珀律比俄斯。在跟随珀律比俄斯时,马基雅维利谈到了斯巴达和罗马各自的混合政制。从吕库尔戈斯一人那里,斯巴达在其开端就获得了它的政体;罗马的政体则因平民与元老院之间的不和而意外出现。这似乎表明,斯巴达的政策优于罗马的政策。正是"多数人的意见"才认为这是[支持斯巴达的]论据。

但是,马基雅维利现在敢于说,这些多数人并未深思熟虑就判断道:早期罗马的严重不和是罗马自由的首要原因[1.4]。再者,罗马与斯巴达的不同在于,在罗马由平民护卫自由,而在斯巴达由贵族护卫自由;[19]斯巴达的安排似乎更为可取,因为自由在斯巴达比在罗马长久得多。同一个论据可以支持两种取向(both preferences)。马基雅维利通过作出如下区分而克服了这个两难:对一个非扩张性的共和国而言,斯巴达的安排最好,而对一个倾向于变成大帝国的共和国而言,罗马的安排最好[1.5]。然而,所有属人事物都处于运动中，所以斯巴达所追求的稳定有违事物的本性，且只有通过幸运的意外(lucky accident)才能达成。

马基雅维利凭借以上方式用证明(demonstration)确立了罗马的权威；但是，在作出他的决断时，他四次说到 credo[我相信][1.6]。马基雅维利此时已经证明了罗马优于斯巴达吗？抑或，他所表明的仅仅是，在无助的理性法庭面前，支持罗马的论据像支持斯巴达的论据一样强有力，所以人们有自由去相信罗马更优越？这番讨论以四次"我相信"结尾，这个事实似乎表明，马基雅维利承认罗马更优越，并不只是基于理性的根据；在承认罗马更优越时，他向权威低头。

15. 在确立罗马的权威时，马基雅维利批评了罗马的某些批评者，但并未以他自己的名义公开批评任何古代著作家。在下一个章群(section)[1.7-10]——此章群正好位于讨论宗教的章群[1.11-15]之前，且包括对李维的第一次密集引用——马基雅维利质疑了"许多人""也许"持有的一个意见，依据这个意见，罗慕卢斯应受谴责，是因为他谋杀了自己的兄弟瑞穆斯，即因为他像该隐(Cain)那样行动。① 马基雅维利没有诉诸任何权威，而是诉诸"一条一般规则"，以驳斥这种意见，但他只字未提这条一般规则是否得到一般接受[1.10]。在更靠前的一章[1.4]，他曾攻击"许多人"的一个意见，这个意见因平民与元老院不和而谴责罗马；当他作出如上攻击时，他最终提及了西塞罗的权威。然而，此刻值得辩解的行动不再是更靠前的那一章[1.4]所说的在街上吼叫和关闭店铺，[20]而是谋杀，即谋杀自己仅有的兄弟；就在这时，马基雅维利丝毫没有流露出他需要权威的支持。不过，人们会说，正是罗马的属神缔造者的权威使马基雅维利得以用一条真正的规则反对一条虚假的规则，前一条规则允许在某些条件下实施谋杀，后一条规则无条件地禁止谋杀。

---

① [校按]本句至本大段结束对应《思索马基雅维利》第107-108页。

16. 必须稍微谈一下马基雅维利对李维的第二次密集引用。① 在开启对十人团的讨论的那一章[1.40]，引用李维共计六次。在这场讨论中，马基雅维利完全中立地讨论了拯救自由所需的政策与确立僭政所需的政策。为了表明潜在的僭主如何能取得成功，马基雅维利研究了阿皮乌斯·克劳狄乌斯的种种行动（据他所说，此人是罗马所有公法和私法的缔造者），此人企图确立僭政，却以失败告终，而且尽管此人归于覆灭和暴死，但此人的法律保持具有效力。这种中立态度在《李维史论》的其他地方作为政治不道德的顶峰出现，从而也作为不道德本身的顶峰出现；因此，这种中立态度实乃异端，在严重性上堪比异教与圣经宗教之间的中立态度；若关联到对李维的第一次密集引用，则可以透露出这后一种中立态度。马基雅维利也许唯有用这种方式才能最清楚地指出，作为他所编网络的线索，对李维的引用是不祥的，而非人文主义的。

17. 马基雅维利被迫确立罗马的权威，因为罗马的模式和秩序何以优于其他所有——如斯巴达的——模式和秩序，并非一目了然，或并非得到普遍承认。② 在这个语境中，马基雅维利不得不谈到罗马的某些所谓的缺陷，他并没有否认这些所谓的缺陷，但他认为如下事实把这些所谓的缺陷正当化了：这些所谓的缺陷是人们为了最好的模式和秩序而不得不付出的代价。

卷一前半部分剩余内容中的论说，还进一步巩固了罗马的地位。此后，一个根本变化令人们感觉到了它自身的存在。马基雅维利尽管谨慎地却相当突兀地开始批评[21]最远离败坏时期的罗马共和国，然后尽管他一次又一次回归对罗马的赞美，但他继续从事这里所说的批评。

凭借"种种最明显的理由"，马基雅维利为罗马专政官制度辩护，而反对"某个著作家"的意见，这个著作家未曾"好好思考这个

---

① ［校按］本大段对应《思索马基雅维利》第 111 页。
② ［校按］本大段对应《思索马基雅维利》第 113-116 页。

话题"，且人们"已然非常不理性地相信"这个著作家的评判。马基雅维利表明，罗马专政官制度并不优于一项与此不同的威尼斯制度，后者能同样好地实现同样的意图：古代罗马的模式和秩序并非完全是现代人的榜样[1.34]。

此后，他尽管用了相当多婉辞，却明确谈论了罗马土地法的"缺陷"。若不使用婉辞，[他]就不得不说，归根结底造成这个缺陷的是罗马贵族的贪婪。正是由于这种贪婪，罗马才没有像斯巴达那样遵守如下基本规则：公家应该保持富裕，所有公民则应该保持贫穷[1.37]。在这样批评罗马的语境中，马基雅维利从关于宗教的那个章群[1.11-15]结束以来首次以提及名字的方式提及李维：李维被证明不仅是罗马的称赞者，而且是罗马的批评者。

[马基雅维利]需要李维，不再只是为了向现代人输送一个对立的权威，这个对立的权威使马基雅维利能攻击既定的权威；从此往后，[马基雅维利]需要李维，也是为了使这个对立的权威不受信任。换言之，权威从此不再是古代罗马的实践和政体，而是李维，即一本书：只有从这里往后，李维才是马基雅维利的圣经，或者说，才是马基雅维利的圣经对应物。

正是在1.39，通过批评罗马人，马基雅维利决定性地总结道，勤勉地考察过去的事情，使人们能做以下两件事情：[第一，]人们能预见到，如果不及时采取古代人用过的必要的补救措施，则每个未来的共和国会发生什么；[第二，]人们能发现一些恰当的补救措施，兴许连古人也不曾使用或知晓这些补救措施。由于[马基雅维利]已经表明，罗马的模式和秩序在不只一个方面有缺陷，[22]故我们被迫得出结论道，据马基雅维利所说，一种超越古代模式和秩序的进步有其必要，或者说，必须探索全新的模式和秩序。上述进步之所以必要，根本原因在于：古代罗马政体是运气的作品，哪怕是经常得到明智运用的运气的作品；为了应对意外出现的事件，古代罗马人发现了他们的模式和秩序，且出于崇敬祖传事物而坚持他们的模式和秩序。

无论如何,马基雅维利是实现解剖①罗马共和国的第一人,从而也是彻底理解罗马共和国种种美德和种种恶德的第一人。因此,他能教诲自己的读者们,如何能有意把一个政体建构得既类似于又优越于罗马政体。至此为止,[罗马政体]是一个幸运的意外,从而本质上有缺陷;而从此之后,在马基雅维利发现的新大陆上,这个幸运的意外能变成有理性的欲望和行动所指向的目标。正是出于这个理由,马基雅维利才可以将他推崇的模式和秩序,甚至将他从古代罗马照搬来的模式和秩序,正确地描述为新的模式和秩序。

18. 在卷二开头,这个问题的一个新维度出现了。②"许多人"持有某种意见,且"一位最庄重的著作家"普鲁塔克尤其持有这种意见;在反对这种意见而为罗马辩护之后,马基雅维利表明,归根结底正是罗马共和国在西方毁灭了自由,这种毁灭状态维持了许多世纪。紧接着,马基雅维利认为要修正他先前关于罗马与斯巴达孰优孰劣的评判。罗马得以在西方毁灭自由(东方从不知晓自由),并得以使罗马自身成为此世的女主人,是因为罗马大方地为外国人授予了公民身份;斯巴达尽管作为共和国得到很好的武装,也有非常好的法律,还明显比罗马更少发生骚乱,却没有达到罗马的伟大,因为斯巴达担心,新居民们在它内部杂居,会败坏它的古代惯例[2.3]。

作为有史以来最伟大的共和国或最具政治性的共同体,[23]罗马共和国使西方世界既为屈服东方作了准备,也为压制政治生活或公共生活的至高无上性作了准备。罗马共和国一方面与基督教共和国直接对立,另一方面构成基督教共和国出现的一个原因,甚至也构成基督教共和国的榜样。这最终解释了,为什么马基雅维利评判罗马共和国时很含混。

19. 马基雅维利对罗马权威的质疑先于他对李维权威的质疑,

---

① [校按]《思索马基雅维利》第 87-88 页讨论了解剖。
② [校按]本大段对应《思索马基雅维利》第 117-118 页。

并为他对李维权威的质疑作了准备。① 首次明确攻击李维,发生在全书第58章,即马基雅维利开始明确批评古代罗马[1.39]之后大约20章。但是,在全书第49章,他已经承认,李维的史书可能在某一点上有缺陷。在同一章,马基雅维利谈及佛罗伦萨时指出,超过某个时间点后就不再能获得对佛罗伦萨事务的"真实记忆"。李维的史书具有那个可能的缺陷,有没有可能是因为在马基雅维利所提及的文段中,李维记载了一个事件,却对此事件没有"真实记忆"?确定的是,李维本人在此文段中谈论了对年代久远的那些事件的不确定。

在更靠前的地方[1.16],马基雅维利已经谈论过"在古代史书的记忆里读到的"事情;李维的史书,确切来说即其前十卷,就由古代史书的这些记忆构成。但是,马基雅维利不仅质疑了李维史书基本的可信性(the simple reliability),而且质疑了李维对史实的挑选和李维的种种强调。马基雅维利在重述有关十人团的叙事时,几乎没有提到了李维相当详尽地讲述过的维尔吉尼娅事件,更不用说马基雅维利在谈论阿皮乌斯·克劳狄乌斯的错误时,事实上并未提及那个十恶不赦的罪行。在另一个场合[1.57],马基雅维利引用了李维的一些陈述,这些陈述指出平民已经变得"顺从",而马基雅维利使李维说到平民已经变得"可鄙而虚弱"。

一位现代批评者谴责道,马基雅维利完全扭曲了李维叙事的意义,并篡改了李维叙事的精神。② 如果[这位批评者]意在使这番批评[24]暗示,马基雅维利这么做时完全清楚自己在做什么,那么,这番批评完全正当。马基雅维利有意识地用李维来达到属于马基雅维利而不属于李维的种种意图。马基雅维利有意将罗马统治阶级实际上之所是改造成了他所认为的统治阶级原本应该之所是;他使罗马统治阶级变得比其实际上之所是"更好";他将一个群体改造

---

① [校按]本小段和下一小段对应《思索马基雅维利》第123-125页。
② [校按]本小段对应《思索马基雅维利》第134页。

成了另一个群体,前一个群体中最好的成员们是具备杰出美德和虔敬的人,后一个群体中最好的成员们则从所有的俗众成见中完全解放出来了,从而只受马基雅维利式明智引导,这种明智服务于每个人对此世永恒荣耀抱有的不可满足的欲望。

20. 马基雅维利起初把李维的作品用作一个对立的权威,或一部对立的圣经;马基雅维利不动声色地把圣经教义替换为通过李维史书来传达的学说。① 此后,马基雅维利明确质疑了李维的权威,从而也提醒我们注意马基雅维利不动声色地对圣经做过什么。人们可以稍微夸张地说,马基雅维利把李维用作这样一个 corpus vile[可鄙之物],凭借此物,马基雅维利能指出他已然如何不动声色地处理了 corpus nobilissimum[最高贵之物]。这种对李维的双重运用关系到异教罗马的双重性:异教罗马既是基督教会的敌人,又是基督教会的榜样。

21. 最后,马基雅维利质疑了权威本身,或质疑了所有权威。在讨论宗教的章群[1.11-15]之前的那一章,他带着赞美的口吻谈论了从涅尔瓦到马尔库斯·奥勒留的罗马皇帝,并说他们统治的时代是一个黄金时代,在这个时代人人都可以持有并捍卫自己向往的任何意见。九章过后[1.18],马基雅维利说——哪怕他似乎说得相当随意——"对一切进行推理是好事",而他在《君主论》中说:[第一,]"人们不应该对摩西进行推理,因为摩西不过是上帝命令他做的事情的执行者"[第 6 章];[第二,]人们不应该对教会君主国进行推理,"因为上帝抬举并维持着它们,所以讨论它们是一个张狂且鲁莽的人才会做的工作"[第 11 章]。②

在马基雅维利质疑李维的第一章(1.58),马基雅维利事实上质疑了"所有著作家"。[25]他在那里说:

---

① [校按]此句原文中"教义"和"学说"是同一个词 doctrine。本大段对应《思索马基雅维利》第 141-142 页。

② [校按]本句至本大段结束对应《思索马基雅维利》第 126-127 页。

假如人们甚至不会希望要么使用权威,要么使用强力来为任何意见辩护,那么,我现在和将来都不会判断道,用道理为任何意见辩护会是一个缺陷。①

马基雅维利再清楚不过也再温和不过地陈述了如下原则:只有理性②而非权威才能赢得他的同意。原则上拒斥权威,意味着拒斥"好的等于古老的"这个等式,从而也拒斥"最好的等于最古老的"这个等式;原则上拒斥权威,意味着减损对古人们的崇敬,这里说的古人们即最接近古老时代的人们。

《李维史论》卷一几乎以赞美最古老的古代开头,并严格来讲以赞美"最年轻时就已取得胜利"的许多罗马人结尾。马基雅维利把他那充满激情又缄默无言的召唤说给一些青年人听,这些人的明智没有弱化他们的头脑的青春活力、他们的敏捷、他们的尚武、他们的冲动,还有他们的无畏。理性、青年、现代起而反对权威、老年、古代。研究《李维史论》时,我们变得见证了所有青年运动中最伟大的那场运动如何诞生,并且不禁变得受到这种见证的驱动:那场运动就是现代哲学,而我们仅仅在[现代哲学]这个现象的衰败、堕落状态、年老昏聩之中通过看到而非阅读来知晓这个现象。

22. 在《李维史论》中,除了提及李维,马基雅维利还提及21位著作家;如果我给你们读读这21个人的名单,那会枯燥乏味。若不算李维,则马基雅维利最频繁提及的著作家是色诺芬。第二频繁提及的是维吉尔,第三是塔西佗,第四是撒路斯提乌斯。塔西佗是如下意义上的唯一著作家:马基雅维利在表明这个著作家的意见并非显然正确后,又试图"挽救"这个意见[3.19]。唯有塔西佗得到了马基雅维利如此充满崇敬的讨论。③ 我们必须对如下问题存而不

---

① [校按]《李维史论》1.58,对应中译本第303页第1至2行。
② [校按]引文中的"道理"原文作不可数名词时即"理性"。
③ [校按]《思索马基雅维利》第160页提及这一点。

论:能否认为以上事实意味着,马基雅维利是如下这种 Tacitismo[塔西佗主义]的创始人? 这种 Tacitismo[塔西佗主义]在 16 和 17 世纪发挥过相当重大的作用,但把这种 Tacitismo[塔西佗主义]与这个时期的马基雅维利主义区分开来可能有难度。①

---

① [译按]文艺复兴时期的人文主义者重新发现了塔西佗,他们通过演绎塔西佗的史书,或者研究罗马帝王和政治人物的事迹,来提出自己马基雅维利式的政治学说。这种塔西佗主义常被视为马基雅维利主义的隐秘形式,因为在当时谈论马基雅维利是危险之举,而谈论塔西佗则可明哲保身。[校按]参莫米利亚诺,《现代史学的古典基础》,冯洁音译,上海:华东师范大学出版社,2009,页 145-178;莫米利亚诺,《论古代与近代的历史学》,晏绍祥译,黄洋校,北京:北京大学出版社,2015,页 205-240。

尼可洛·马基雅维利*

（1972）

张觅 译

1. [210]人们经常不用"美德"一词本身，而代之以"生命的品质"(the quality of life)或"伟大的社会"(the great society)①或"伦理的"(ethical)甚或"正直的"(square)来谈论美德。但是我们知道美德是什么吗？苏格拉底得出了这样的结论：对一个属人存在者来说，每天都就美德而制作言辞(to make speeches)乃是最大的善②——[人们]显然从未找到一个关于美德的完全令人满意的定义。

然而，如果我们要寻找这个真正生命攸关的(truly vital)问题最为详尽且最少含混的答案，则我们应该转向亚里士多德的《伦理学》。③ 我们在那里读到，除了别的东西，还存在一种第一等的美德(a virtue of the first order)叫作灵魂伟大，即一种为自己要求种种高等荣誉的习性(habit)，这种要求是出于理解了自己配得上(worthy

---

* [校按]校者为全文各大段标了序号，并将有些大段进一步切分为小段。

① [校按]"伟大的社会"是美国总统约翰逊(Lyndon B. Johnson)1964年和1965年发起的一项民主规划。施特劳斯在文集《古今自由主义》(1968)绪论第一段也谈及约翰逊的"脱贫战争"规划。这个文集还收录了1963年所写的"关于好社会的诸视角"，就字面而言与"伟大的社会"相关。

② [校按]色诺芬《回忆苏格拉底》1.6.13-14。

③ [校按]即《尼各马可伦理学》。

of)这些荣誉。① 我们同样在那里读到,羞耻感并非一种美德:羞耻感适合于某些青年人,而不适合于某些成熟且教养良好的人,这些青年人因不成熟而不禁要犯错,这些成熟且教养良好的人则纯然总是做正确且恰当之事。

尽管这一切令人惊异(wonderful),但我们从一个相当不同的来源(quarter)接收到一种相当不同的教训(message)。当先知以赛亚(Isaiah)接受神的召唤(vocation)时,他的不配之感(the sense of his unworthiness)折服了他:

> 我是嘴唇不洁的(unclean)人,又住在嘴唇不洁的民中。

这等于暗中谴责灵魂伟大,并暗中为羞耻感辩护。其理由可见于其所在的语境:

> 圣洁(holy)!圣洁!圣洁!万军之主(the lord of hosts)。②

一般来说,对亚里士多德与希腊人而言,不存在圣洁的神。

谁正确?希腊人抑或犹太人?雅典抑或耶路撒冷?而为了发现谁正确又该如何着手?我们难道不应承认,属人智慧没有能力解决这个问题,且每个答案都立足于一个信仰行动(an act of faith)?但这难道不是构成了雅典完全[211]且最终的失败?因为一种立足于信仰的哲学就不再是哲学。也许正是这个未解决的冲突一直防止西方思想陷入停滞(coming to rest)。也许正是这个冲突处于某

---

① [校按]亚里士多德《尼各马可伦理学》1123a35-1125a35。《思索马基雅维利》第 208 页和第 236 页提及灵魂伟大。

② [校按]以上两条独立引文依次见于《圣经·旧约·以赛亚书》6:5 和 6:3,中译参照了但并未完全遵循中文和合本圣经。

种思想的底部,这种思想确实是哲学性的,但不复是希腊的:[这就是]现代哲学。正是试图理解现代哲学时,我们与马基雅维利相遇。①

2. 马基雅维利是唯一这样的政治思想家,他的名字通常用来指称一种政治(has come into common use for designating a kind of politics),这种政治独立于他的影响而存在,并将继续存在;引导这种政治的只是对权宜(expediency)②的考虑,这种政治为了达到自己的目的——此目的即扩张自己的国家(country)或祖国——而不择手段(不论用正当手段还是歪门邪道,也不论用铁还是毒),③当然,也利用祖国来服务于政治人(或治国者,或自己的党派)的自我扩张。但是,如果这个现象与政治社会本身同样古老,那么,为什么它用马基雅维利来命名? 毕竟,马基雅维利从事思考和写作,不过是不久前的事,即大约五百年前的事。马基雅维利是在署上自己名字的书中为上述现象公开辩护的第一人。马基雅维利使上述现象变得可以得到公开辩护。这意味着,不论马基雅维利的成就令人憎恶还是值得钦羡,人们都不可能就政治本身或就政治史(如意大利文艺复兴)来理解这种成就,而只可能就政治思想(即政治哲学,亦即政治哲学史)来理解这种成就。

3. 马基雅维利看起来与他之前的所有政治哲人都决裂了。存在着有力的证据支持这个观点。然而,他篇幅最大的政治著作④[《李维史论》]号称(ostensibly)寻求造就古代罗马共和国的重生;马基雅维利远非彻底的创新者,而是某些旧的且被遗忘的事物的恢

---

① [校按]《思索马基雅维利》第 127 页谈及现代哲学。
② [校按]《瓦尔克的马基雅维利》一文多次出现此词,如第 437 页。
③ [校按]《思索马基雅维利》第 104 页提及"正当手段"和"歪门邪道",第 67 页等处提及"铁与毒的政策"。
④ [校按]his largest political work,亦译为"最大的政治作品",后文第 212 页将马基雅维利说成"政治人",他当然可以有政治作品。

复者。

4. 为了找到我们的定位,让我们先将目光投向两位后马基雅维利的(post-Machiavellian)思想家,即霍布斯和斯宾诺莎。霍布斯将自己的政治哲学视作全新的政治哲学。不仅如此,他还否认在他的工作之前存在过任何名副其实的政治哲学或政治科学。他将自己视作真正政治哲学的缔造者,即视作政治哲学的真正缔造者。霍布斯当然知道,自苏格拉底以来,就存在着一种自称为真的政治学说。但是,据霍布斯所说,这种学说是一个梦,而非科学。他将苏格拉底及其后继者们看作无政府主义者,因为他们允许从大地法(the law of the land)①即实定法诉诸一种更高的法律即自然法;由此,他们培植了一种与公民社会完全不相容的无序。另一方面,据霍布斯所说,更高的法律即自然法可以说有且仅有如下一个要求:无条件服从主权者的权力(the sovereign power)。

不难表明,这条推理路线与霍布斯本人的教诲相矛盾;无论如何,这尚未触及事情的根本。霍布斯针对所有更早的政治哲学而作出的严肃反驳,在以下陈述中表现得最为清晰:

> 那些就一般而言的正义[212]和政策写过东西的人,确实都相互攻讦且自相矛盾。为了将这种学说化约为种种规则,并使这种学说具有理性的无误性(To reduce this doctrine to the rules and infallibility of reason),除了如下办法以外别无他法:首先,为了有根基而制定一类原则,而那种不去怀疑的激情(passion not mistrusting)也许不会寻求取代这类原则;其次,立即在自然法中建构种种论据的真实性(to build thereon the truth of cases in the law of nature)(迄今为止这种真实性还只被建构在

---

① [校按]施特劳斯的老熟人施米特(Carl Schmitt)著有 *Der Nomos der Erde*(1950)一书。中译本:施米特,《大地的法》,刘毅、张陈果译,上海:上海人民出版社,2017。

空中),直至其整体不能被推翻(till the whole be inexpugnable)。①

政治教诲的合理性在于它可以为激情所接受,即可以为激情所同意。有一种激情必须充当合理的政治教诲的基础,这种激情就是对暴死的恐惧。

初看起来,似乎存在着与这种激情形成竞争的替代物,即慷慨的激情,亦即"一种在看起来无需违背[自己的话]②时产生的荣耀或高傲"(a glory, or pride in appearing not to need to break [one's word])——但这"是这样一种慷慨,它太过罕见,以至于无法遭到滥用(to be presumed on),在追逐财富或统治权(command)或感官快乐的人们身上尤其如此;而追逐这些东西的人们是人类中的最大多数"。③霍布斯试图[将他的教诲]建构在最为普通的基础之上,这个基础被公认为低下,却在坚实方面具有优势,而传统教诲建构在空中。相应地,在这个新的基础之上,必须降低道德的地位;道德不过是由恐惧激发的平和(fear-inspired peaceableness)。[霍布斯]把道德法或自然法理解成从自然正当(the right of nature)④——即自我保存的权利——中衍生出来的东西;根本的道德事实是一种权利,而非一种义务。

这种新精神变成了现时代(the modern era)的精神,这里说的现时代包括了我们自己的时代。尽管霍布斯的学说在其伟大后继者们手中经历了重要修改,但这种精神得到了保存。洛克将自我保存

---

① [校按]霍布斯《法律原理》献辞。本文所涉的所有霍布斯作品的中译本信息均见《思索马基雅维利》第15页译按。
② [校按]方括号内容为施特劳斯所补。
③ [校按]霍布斯《利维坦》14靠近结尾处。
④ [校按]自然正当是古代术语,现代沿用之,并同时赋予新含义,即自然权利。因此,这里宜保留"自然正当"这个译法。当然,随后出现的right强调权利,就只能译为"权利"。这种处理方式是刘小枫老师所教。

扩展为舒适的自我保存,从而也为这个渴望获得他物的社会(the acquisitive society)奠定了理论基础。依据一个传统观点,正义的社会是正义的人们在其中施行统治的社会;康德反对这个传统观点而断言:"尽管可能难听,但建立国家[正义的社会秩序]①的问题,哪怕对一个魔鬼民族而言也可以解决,只要魔鬼有理智(sense)"②——即只要魔鬼是精明算计者。③ 我们在马克思的种种教诲中也辨识出了这种思想,因为马克思所寄予厚望的无产阶级当然不是天使。尽管马基雅维利为霍布斯所引发的革命决定性地作了准备,但霍布斯没有提及马基雅维利。[我们]需要进一步考察这个事实。

5. 霍布斯在某种程度上是斯宾诺莎的老师。尽管如此,斯宾诺莎还是在其《政治论》(*Political Treatise*)④开头就攻击那些(the)哲人。他说,那些哲人将激情视为恶德。通过嘲弄或谴责激情,那些哲人赞美并表明了他们的一个信念,即相信有一种并不存在的人性;那些哲人并不把人们设想成人们[实际上]之所是,而是设想成那些哲人希望人们之所是。因此,那些哲人的政治教诲全然无用。

那些politici⑤[政治人]的情形与此相当不同。他们从经验中了解到,只要有属人存在者,就会有恶德。因此,他们的政治教诲非常有价值,而斯宾诺莎正在将自己的教诲建构在他们的教诲之上。这些politici[政治人]中最伟大的是那个最具有穿透力的佛罗伦萨

---

① [校按]方括号内容为施特劳斯所补。
② [校按]康德《论永久和平》(1795)第 2 章第 1 条附论靠近结尾处标有序号 1 的段落。中译文:《康德著作全集:第 8 卷》,李秋零主编,北京:中国人民大学出版社,2010,页 372。
③ [校按]后文第 227 页提及"精明算计"。
④ [校按]中译本:《斯宾诺莎文集:第 2 卷》,新版,王荫庭、冯炳昆译,北京:商务印书馆,2021。
⑤ [校按]此处为意大利语。

人马基雅维利。斯宾诺莎不过是照搬①了马基雅维利对传统政治哲学所做的更为克制的攻击,[213]并将其翻译为霍布斯那种更少保留的(less reserved)语言。至于"只要会有属人存在者,就会有恶德"这句话,则是斯宾诺莎从塔西佗那里不动声色地借来的;②在斯宾诺莎口中,这句话等于无条件拒绝信仰一个弥赛亚时代(a Messianic age);③弥赛亚时代的来临需要属神干预,或需要一个神迹,但据斯宾诺莎所说,神迹不可能。

6. 斯宾诺莎《政治论》引言显然以马基雅维利《君主论》第15章为榜样。在那里,马基雅维利说:

> 因为我知道,许多人已经[就君主们应该如何统治]写过东西,所以我恐怕,若我也就此写东西,还背离了其他人,尤其在讨论这样一个主题时背离了其他人,则[人们]会认为我张狂。可是,因为我意图写一些对理解[我]的人有用的东西,所以我似乎更适合直奔事情的实际真相(to go straight to the effective truth of the matter),而非直奔对事情的想象。因为许多人已经想象过[人们]从未见过或从不知道其真实存在的共和国和君主国。可是人们[实际上]如何生活与人们应当如何生活,其间的距离如此之大,以至于人们若为了人们应该做的事而拒绝了人们[实际上]做的事,则会导致自己遭受毁灭,而非自己得到保存;因为一个人若希望在每件事上都做好事(do in every matter what is good),则会在如此多不好的人们中间遭到毁灭。所以,君主若希望维持自身(to maintain himself),就有必要学习如何能够不做好人(to be able not to be good),或如何

---

① [校按]《思索马基雅维利》第116页用过"照搬"一词。
② [校按]塔西佗《纪事》4.74。中译本:《历史》,王以铸、崔妙因译,北京:商务印书馆,1985。斯宾芬的引用见其《政治论》引言第2节。
③ [校按]弥赛亚(Messiah)源于希伯来语,指救世主。

能够视情况需要而使用善(goodness)并避免使用善。①

如果人们通过人应该如何生活——即通过美德——来找到自己的定位,则人们抵达了想象出来的王国或共和国。古典哲人们正是这样做的。由此,他们抵达了《王制》和《政治学》中的最佳政制。但是,当谈及想象出来的王国时,马基雅维利并非仅仅想到了古典哲人们;他还想到了上帝的王国,从他的观点看,此王国是空想者们的一个奇异构思(a conceit of visionaries),因为正如马基雅维利的学生斯宾诺莎所说,只有在正义的人们施行统治的地方,正义才施行统治。但是,与古典哲人们一样,他们[空想者]将最佳政制的实现视作有可能却只有极小可能的(possible, but extremely improbable)事。据柏拉图所说,严格意义上,最佳政制的实现取决于一种碰巧吻合,即一种最小可能的(most unlikely)碰巧相吻合,亦即哲学与政治权力碰巧相吻合。② 最佳政制的实现取决于运气,即取决于Fortuna[机运女神],亦即取决于本质上超出属人控制的某种东西。

然而,据马基雅维利所说,Fortuna[机运女神]是女人,必须撞击她,鞭打她,以便一直把她压在下面;正确类型的人能征服Fortuna[机运女神]。③ 这种对待Fortuna[机运女神]的立场,关系到如何通过多数人[实际上]如何生活而找到自己的定位(the orientation by how many do live):通过降低政治卓越性的标准,人们保证了唯一那类在原则上有可能的政治秩序的实现。用后马基雅维利的措辞来说:正确类型的理想必然变成现实;理想与现实必然交汇。这种思考方式已经取得了惊人的成功;如果[214]今天有人仍坚持认为没有什么可以保证实现理想,那么,此人必定担心被称作犬儒派。

7. 马基雅维利关注人们[实际上]如何生活,并不只是为了描

---

① [校按]《君主论》15,对应中译本第59页第1行至次页第3行。
② [校按]《思索马基雅维利》第173页也谈到这一点,并参第297页。
③ [校按]《君主论》25。《思索马基雅维利》第216页也谈到这一点。

述这种情况;不如说,他的意图在于,立足于关于人们[实际上]如何生活的知识,向君主们传授他们应该如何统治,乃至应该如何生活的教诲。因此,可以说,马基雅维利重写了亚里士多德的《伦理学》。在某种程度上,马基雅维利承认如下传统教诲为真:人们有义务在亚里士多德的意义上有美德地生活。但是,马基雅维利否认,有美德地生活就是幸福地生活,或导致幸福。

"如果你以你有义务使用大方的方式使用大方,则大方会伤害你;因为如果你有美德地并以人们应该使用大方的方式使用大方",①则君主会自我毁灭,也会被迫通过压迫来统治自己的臣民,以便得到必要的金钱。作为大方的反面,小气(miserliness)②是"使君主有能力统治的恶德之一"。然而,君主应该对他人的财产大方,因为这会增进他的名声。

类似的考虑也适用于同情及其反面,即残忍。这将马基雅维利导向了这样的问题:对君主而言,受人爱戴比令人恐惧更好,还是反之?③[一个人]难以既受人爱戴又令人恐惧。既然一个人必须做选择,那么一个人应该选择令人恐惧而非受人爱戴,毕竟一个人是否受人爱戴取决于他人,而令人恐惧则取决于自己。但是,一个人必须避免变得受人仇恨;在一种情况下,君主会避免变得受人仇恨,这种情况就是,君主克制住而不碰自己臣民的财产和女眷——尤其不碰自己臣民的财产,因为人们如此热爱财产,以至于他们对父亲被谋杀的怨恨也不及对丧失祖产的怨恨。

在战争中,残忍的名声不会带来任何损害。最大的例证就是汉尼拔,他的士兵们总是绝对(implicitly)服从他,且不管胜利之后还是失败之后,他都从来不必与兵变(mutinies)作斗争。

---

① [校按]《君主论》16,对应中译本第61页第2至3行。
② [校按]意大利语作 parsimonia,用在《君主论》第16章标题中。《思索马基雅维利》在第239页等处直接使用了此词的英语化形式 parsimony。
③ [校按]《君主论》17。

> 这不可能是由于别的什么,而只可能是由于他[汉尼拔]非人性的残忍;这种残忍连同他无数的美德,使他在士兵们眼中总是既可敬又可怕;而如果没有这种残忍,则他其余的美德本不足以起作用。由于没有特别深思熟虑过[这一点],故著作家们一方面钦羡他[汉尼拔]的行动,另一方面却谴责造成他的行动的主要原因。①

我们注意到,非人性的残忍是汉尼拔的美德之一。

切萨雷·博尔贾如何平定罗马涅,为"好好使用"残忍提供了另一个例证。② 为了平定这个国家,切萨雷任命"一个残忍且迅捷的人"(a man of cruelty and dispatch)即奥尔科的雷米罗(Ramirro d'Orco)③为这个国家的领导人,并授之以最完全的权力(the fullest power)。雷米罗没过多久就取得成功,获得了最大的声望。但是,接下来切萨雷认为,如此过度的一种权力不再有必要,并有可能使他本人受到仇恨;他知道,雷米罗所采用的严厉措施已经引起了不少仇恨。因此,切萨雷希望表明,如果有人做出了任何残忍的行动,则这种行动并不是他所做,而是他的部下[雷米罗]的严酷天性所致。因此,某日早上,他在主城广场(the Piazza of the chief town)将雷米罗劈成两段,在其身旁还放置了一块木头和一把血淋淋的刀。这个景象之凶残(ferocity)④在民众中造就了一种既满足又麻木(stupor)的状态。

8. [215]这样,马基雅维利的新的"应该"要求根据环境所需而

---

① [校按]《君主论》17,对应中译本第 66 页第 2 段最后五行。
② [校按]下面这个故事见于《君主论》7,对应中译本第 27—28 页。
③ [校按]更常见的叫法是"罗尔卡的雷米罗"(Ramiro de Lorca)。
④ [校按]其同源形容词的最高级 most ferocious(意大利语作 ferocissimo)在《君主论》第 19 章结尾用于形容狮子。在《思索马基雅维利》中,这个表述译作"最凶猛的",如在第 46 页。

明断地且有力地(vigorous)既使用美德又使用恶德。美德与恶德之间的明断交替才是马基雅维利意义上的美德(virtú)。马基雅维利既在传统意义上又在他的意义上使用"美德"一词,他以此娱乐自己,而且我相信,他也以此娱乐他的某些读者。①

马基雅维利偶尔区分 virtú[美德]与 bontà[善]。西塞罗在某种程度上为这种区分作了准备,西塞罗说,称人们为"好"人,是因为人们的适度(modesty)、节制(temperance),且最重要的是因为人们的正义和守信,而非因为人们的勇气和智慧。② 在美德之中作出这种西塞罗式区分,倒使我们想起柏拉图的《王制》,书中把节制和正义呈现为要求所有人都具备的美德,而把勇气和智慧呈现为只要求某些人具备的美德。马基雅维利在善与其他美德之间所作的区分,往往变成善与美德之间的对立:要求统治者们和军人们具备美德,并要求投身和平职业(peaceful occupations)的民众具备善,或者说,善为这些民众所独有;结果,善几乎意味着恐惧所培养的(fear-bred)对政府的服从,或者甚至意味着可鄙。

9. 在《君主论》的好些(quite a few)文段中,马基雅维利以体面人素来谈论道德的方式谈论道德。他在第19章中解决了[上面]这个矛盾,在那里他讨论了自哲人-皇帝马尔库斯·奥勒留之后直至马克西穆斯的罗马皇帝。这番讨论的顶点是他对塞维鲁斯皇帝的讨论。塞维鲁斯属于最为残忍而豪夺的皇帝。然而,他身上具有如此伟大的美德,以至于他总是可以顺畅地统治(reign with felicity),因为他深知如何使用狐狸与狮子的人格——君主必须模仿的正是这两种[野兽]本性。一个新君主国中的新君主,不可能模仿好皇帝马尔库斯·奥勒留的行动,也没有必要效法塞维鲁斯的行动;相反,这个新君主应该从塞维鲁斯那里习得对于缔造自己的国家而言

---

① [校按]《思索马基雅维利》第82页也用到"逗乐"。
② [校按]西塞罗《论义务》1.15。中译本:《西塞罗文集》,王焕生译,北京:中央编译出版社,2009。

必要的那些做法(portions)，并从马尔库斯·奥勒留那里习得对于保存一个已经稳固建立的国家而言恰如其分且带来荣耀的那些做法。《君主论》的主要论题是一个全新国家中的全新君主，即缔造者。而真正缔造者(the founder as founder)的榜样正是极度聪明而罪恶的塞维鲁斯。

这意味着，正义恰恰不是奥古斯丁所说的 fundamentum regnorum[诸王国之根基]；①正义的根基是不义；道德的根基是不道德；正当性(legitimacy)的根基是不正当性或革命；自由的根基是僭政。

---

① [校按]"诸王国"在此亦泛指"诸国家"。奥古斯丁(354—430)是西罗马帝国灭亡前夕的主要基督教神学家，著有《上帝之城》等。笔者浅陋，未在奥古斯丁原文中找到 fundamentum regnorum[诸王国之根基]这个拉丁语表述。但我们知道 Iustia fundamentum regnorum[正义是诸王国之根基]是近代欧洲王侯——如神圣罗马帝国皇帝弗朗茨一世(Franz I, 1708—1765)——喜用的拉丁文谚语。

关于奥古斯丁如何谈论正义，参其《上帝之城》4.4, 2.21, 19.21, 19.24；《书简集》91.3-4, 137.5, 137.17；《论自由意志》卷一。有关译本及研究文献：《上帝之城：驳异教徒》，吴飞译，上海：上海三联书店，2007；《论自由意志：奥古斯丁对话录二篇》，修订译本，成官泯译，上海：上海人民出版社，2020；Ph. Schaff, ed., *A Select Library of the Nicene and Post-Nicene Fathers of the Christian Church*, Vol. I: *The Confessions and Letters of St. Augustine*, Grand Rapids: Eerdmans, 1956；列奥·施特劳斯、约瑟夫·克罗波西主编，《政治哲学史》，李洪润等译，北京：法律出版社，2009，页 162-190。

一方面，奥古斯丁并没有否认从柏拉图到西塞罗的古典哲人所强调的一点，即正义对诸国家至关重要。尤其注意在《上帝之城》2.21.1，奥古斯丁叙述道，西塞罗笔下的斯基皮奥力主"若没有最高的正义，就不可能统治(regi)共和国"(regi 为 regna[王国]的动词化)，而这是为了反驳古代的一个马基雅维利式主张，即"若没有不义，就不可能统治共和国"。但另一方面，奥古斯丁批评道，古典哲人们无力拥有真正的正义，因为古典哲人们的国家概念是错的，所以他们不明白，爱——尤其爱上帝——才能保障真正的正义。由此，在《上帝之城》19.24，奥古斯丁得出了自己的国家概念(他按当时的罗马习惯，用的是"共和国"一词)。这才是他讨论正义的落脚点。

在开端,存在着恐怖,而不存在和谐或爱——但两种恐怖之间当然存在巨大差异,一种恐怖致力于其自身,即致力于其自身永存,而另一种恐怖仅限于为某种程度的人性和自由(the degree of humanity and freedom)奠基,这种程度的人性和自由与属人的境况相容。但是,以上区分在《君主论》中充其量只是得到了暗示。

10.《君主论》最后一章给出了鼓舞人的讯息,此章是在劝谏一位意大利君主洛伦佐·美第奇将意大利从蛮族——即法国人、[216]西班牙人、日耳曼人——手中解放出来。马基雅维利告诉洛伦佐,解放意大利并非十分困难。他给出的理由之一是,

[我们]见到了上帝成就的那些没有先例的不寻常事件:大海已经分开,云彩为你指路,岩石涌出泉水,吗哪如雨降下。①

这些没有先例的事件实际上有先例,即以色列从埃及的奴役中获得

至于施特劳斯把 Iustia fundamentum regnorum[正义是诸王国之根基]这句谚语归于奥古斯丁,恐怕涉及奥古斯丁在古典政治哲学与马基雅维利之间的微妙位置。施特劳斯似乎一般较少提及奥古斯丁,但我们也许值得参考两处:第一,在《自然正当与历史》(1953)关于古典自然正当的那一章最后八页,施特劳斯讨论了奥古斯丁的后辈阿奎那。在那里,施特劳斯指出,中古基督教世界的阿奎那与中古伊斯兰世界的阿威罗伊各自只取了亚里士多德式自然正当的一个极端。也正是在这个语境中,施特劳斯专门谈到了,马基雅维利在何种意义上告别了亚里士多德式自然正当,以及更一般而言的现代政治思想又在何种意义上比阿奎那更靠近古典政治哲学。
第二,施特劳斯在《城邦与人》(1964)原书第 32 页注释中说,奥古斯丁在《上帝之城》2.20 就像亚里士多德在《政治学》1280a25–b35 一样拒斥过一种类似现代的观点,即一种去除了城邦道德目的的观点。而我们知道,《上帝之城》2.20 正是奥古斯丁开始探讨西塞罗的国家概念(2.21)之前的一章。

① [校按]《君主论》26,对应中译本第 103 页倒数第 5 至 3 行。《思索马基雅维利》第 72 页引用了这条引文的一部分。

解放之后出现的种种神迹。马基雅维利似乎暗示,意大利就是应许给洛伦佐的土地。但是,这里存在着一个难题:尽管摩西将以色列带出奴役之所,并引向应许之地,但摩西并没有到达应许之地;摩西死在应许之地的边界上。由此,马基雅维利隐晦地预言了洛伦佐不会解放意大利,原因之一在于洛伦佐缺乏把这项伟大工作引向完满所需的不寻常 virtú[美德]。

但是,关于这些没有先例的不寻常事件,除了马基雅维利所断言的,人们对它们的更多情况一无所知。所有这些不寻常事件都曾发生在西奈山上的启示之前。那么,马基雅维利预言,一个新的启示迫近了,即一个新十诫的启示迫近了。带来这个启示的当然不是那个平庸者洛伦佐,而是一个新摩西。这个新摩西就是马基雅维利自己,这个新十诫则是关于全新国家中全新君主的全新教诲。千真万确的是,摩西是武装起来的先知,而马基雅维利则属于必然走向毁灭的未武装的先知。为了找到这个难题的解决办法,我们必须转向马基雅维利的另一部大著《李维史书前十卷论》。

11. 然而,为了找到《君主论》中未解决的那些难题的解决办法,若人们从《君主论》转向《李维史论》,则人们方出油锅又入火坑 (goes from the frying pan into the fire)。因为《李维史论》远比《君主论》更难以理解。为了表明这一点,不可能不首先引发读者产生一种特定的困惑(bewilderment);但是,这种困惑正是理解的开端。

12. 让我们从真正的开端即献辞开始。《君主论》被献给马基雅维利的主人洛伦佐·美第奇。马基雅维利把自己呈现为这样的人:他的处境最为低下,由于生活在低位,故他如此折服于他的主人的伟大,以至于他认为《君主论》就算是他最珍爱的所有物,也还是配不上洛伦佐的威仪(the presence)。马基雅维利以如下评论来推荐自己的作品:尽管这部作品体现了作者多年来在巨大艰危中逐渐知道并理解的一切,但这部作品篇幅短小,能让它的言说对象[洛伦佐]在最短的时间内理解它。

《李维史论》被献给马基雅维利的两位青年朋友,正是他们迫使马基雅维利写作此书。同时,此书也象征着马基雅维利因受益于他的这两位朋友而表达的感恩。马基雅维利将《君主论》献给他的主人,以期能从主人那里获得恩宠。而且他不知道,洛伦佐是否会对《君主论》报以任何关注——[217]收到一匹骏马是否会令洛伦佐更快乐。据此种种,马基雅维利在《李维史论》献辞中贬低了他在《君主论》献辞中所遵从的惯例——把一个人的作品献给君主们的惯例:《李维史论》并非献给君主们,而是献给配做君主的人们。洛伦佐是否配做君主,尚存疑问。

13. 这两本书之间的这些差异可以用以下事实来说明:在《君主论》中,马基雅维利避免使用他在《李维史论》中使用的特定术语。《君主论》并未提及良知、共同善、僭主们(等于说国王们与僭主们之间的区分)、天;同样,在《君主论》中,"我们"从不意味着"我们基督徒"。在此,有人也许会指出,在这两部作品中,马基雅维利均未提及此世与来世之间的区分,或此生与来生之间的区分,亦未提及魔鬼或地狱,最重要的是从未提及灵魂。

14. 现在让我们进入《李维史论》的文本。《李维史论》讲什么?这是一部何种类型的书?关于《君主论》不存在此类困难。《君主论》是一部君主镜鉴,而君主镜鉴乃是一种传统文体。与此相应,《君主论》的所有章题皆为拉丁文。这并非否认而是恰恰强调了如下事实:《君主论》在一种传统的伪装下传达了一种革命的教诲。但是,这种传统的伪装在《李维史论》中消失了。尽管这部作品讨论了一个古代的、传统的主题,即古代罗马,但这部作品的章题皆非拉丁文。此外,《君主论》还算(tolerably)容易理解,因为它有还算清晰的谋篇。然而,《李维史论》的谋篇极度隐晦,以至于人们受到诱惑而追问:它是否拥有任何谋篇?

此外,《李维史论》把自身呈现为一本致力于讨论李维史书前十卷的书。李维史书的前十卷从罗马的开端正好写到第一次布匿战争之前,即截至未败坏的罗马共和国的顶峰,亦即写到罗马征服意大利本土(the Italian mainland)之外的土地之前。但是,在某种程度上，马基雅维利在《李维史论》中讨论了李维的作品所涵盖的整个罗马史：李维的作品由 142 卷构成，而《李维史论》由 142 章构成。李维的作品直书至奥古斯都皇帝的时代，即直书至基督教的开端。无论如何，《李维史论》在篇幅上是《君主论》的四倍多，似乎比《君主论》全面得多。

马基雅维利只将一个主题明确排除在《李维史论》的讨论之外：

> 使自己成为牵涉许多人的新事物的领头人，有多么危险？掌管这个新事物，把它引向完满，然后维持它，有多么困难？以上会是一个说来话太长，也太超拔，以至于无法讨论的话题；因此，我会把以上话题留到一个更合适的地方去讨论。①

然而，马基雅维利在《君主论》中恰恰明确讨论了这个既说来话长又超拔的话题：

> 人们必须思考，何以没有什么事情比使自己成为引入新秩序的领头人更难处理，或更令人对成功产生怀疑，[218]或经营起来更有风险……②

千真万确的是，马基雅维利在此未谈及"维持"。正如我们从《李维史论》[1.58]中了解到的，这种维持最好由民众实行，而引入新模式和秩序最好由君主们实行。基于这一点，人们也许会得出结论：与《君主论》不同，《李维史论》以民众为其独有的主题——这个结

---

① ［校按］《李维史论》3.35，对应中译本第 556 页第 1 至 3 行。《思索马基雅维利》中多次引用此段（第一次见第 19 页），但此处英译略有变化，中译亦有体现。

② ［校按］《君主论》6，对应中译本第 22 页第 2 段第 4 至 5 行。《思索马基雅维利》第 29 页引用了此段，但此处英译略有变化，中译亦有体现。

论绝不荒谬,却相当不充分,甚至在人们刚开始理解这部作品时就是如此。

15. 也许可以通过另一类难题的两个例证来进一步说明《李维史论》的特性。在2.13,马基雅维利断言并以某种方式证明了,从低等的或卑微的处境崛起到超拔的处境,靠的是欺诈而非强力。这正是罗马共和国在其开端的所作所为。然而,在谈论罗马共和国之前,马基雅维利谈论了四位从低等的或卑微的地位崛起到高位的君主。他最为广泛地谈论了波斯帝国的缔造者居鲁士。居鲁士的例证是居中的例证。居鲁士通过欺骗自己的舅舅米底亚(Media)王而崛起到掌权。但是,如果他从一开始就是米底亚王的外甥,又怎么能说他崛起于低等的或卑微的处境呢?为了自圆其说,马基雅维利接下来提到了焦万·伽勒亚佐(Giovan Galeazzo),此人通过欺诈而从叔叔贝尔纳博(Bernabò)那里篡夺了国家和权力。由此,伽勒亚佐同样从一开始就是在位君主的侄子,①而不能说是崛起于低等的或卑微的地位。

那么,马基雅维利以这种谜一般的方式言说,是为了指出什么呢?3.48:当有人看到敌人犯下了一个巨大错误时,他必须相信这个错误之下藏着欺诈;这是此章标题中所说的;在正文中,马基雅维利走得更远,他说"在这之下总是藏着欺诈"。然而,马基雅维利旋即在居中的例证中表明,罗马人有一次由于士气低落(demoralization)而犯下一个巨大的错误,也就是说,犯下这个错误不是由于欺诈。

16. 人们应该如何处理我们在《李维史论》中遇到的这些难题呢?让我们回到它的书名:李维史书前十卷论。这个书名从字面上看并不正确,但说这部作品首先是李维史书前十卷论,则是稳妥的。

---

① [校按]英语中"外甥"和"侄子"是同一个词,相应地,"舅舅"和"叔叔"也是同一个词,故这里用到"同样"一词是因为上文出现过"外甥"。《思索马基雅维利》第42页也谈到正文中的这一点。

此外,我们已注意到《李维史论》缺少一个清晰的谋篇:如果我们严肃对待"这部作品致力于讨论李维"这个事实,则它的谋篇也许会变得可见;马基雅维利也许通过跟随李维的次序来跟随李维。这一点同样并不完全真实,但倘若凭借理智能力(intelligently)加以理解,则如下这一点倒不失为真实:马基雅维利对李维的使用和不使用,乃是理解这部作品的钥匙。马基雅维利以多种不同方式使用李维:有时他不动声色地使用李维的叙事,有时他提及"这个文本",有时他以提及名字的方式提及李维,有时他在不提及或提及李维名字的情况下(以拉丁文)引用李维。有两个事实可以展现马基雅维利对李维的使用和不使用:[第一,]在前十章中他未引用李维;[第二,]他在接下来的五章中引用李维,继而在接下来的 24 章中未引用李维。[219]理解这些事实背后的原因,乃是理解《李维史论》的钥匙。

17. 我不可能在我所能支配的篇幅内把这个话题讨论出结论(treat this matter conclusively),但我将选取以下五章(或准章[quasi-chapters])来讨论这个话题:卷一前言、卷二前言、2. 1、1. 26、2. 5。

18. 在卷一前言中,马基雅维利使我们得知,他发现了新模式和秩序,也就是说,他走上了任何前人都未涉足的一条道路。他将自己的成就比作对未知水域和陆地的发现:他把自己呈现为道德-政治世界的哥伦布。激发马基雅维利这样做的是他一直具有的如下自然欲望,即做那些依他的意见能给人人都带来共同利益的事情。因此,他勇敢地面对他知道正在前方等候着他的危险。这些危险是什么?就发现未知海洋和陆地而言,危险在于探索它们;一旦你发现了未知陆地并开始返乡,你就安全了。然而,就发现新模式和秩序而言,危险正在于发现它们[之后],即在于使它们为公众所知。因为,正如我们已从马基雅维利处听闻的,使自己成为影响多数人的新事物的领头人是危险的。

19. 令我们大感惊讶的是,马基雅维利随后立即将新模式和秩序等同于古代模式和秩序:他的发现只不过是一种重新发现。他提到了同时代对古代雕塑残片的关切,这些残片享有很高的尊荣(are held in high honor),并被同时代的雕塑师用作范本。而远远更令人惊讶的是,没有人想到要模仿古代王国和共和国那些最有美德的行动,其可叹的后果便是,古代美德的踪迹不复存在。当今的法律人士(lawyers)从古代法律人士那里学得他们的手艺(craft)。当今的医生(physicians)将他们的判断建立在古代医生的经验之上。因此,远远更令人惊讶的是,在政治和军事事务上,当今的君主和共和国并不求助于古代的榜样。与其说,这缘于当今的宗教已使此世导向虚弱,或缘于野心勃勃的闲暇(ambitious leisure)①已对许多基督教国家和城邦造成恶果,不如说,这缘于[人们]对史书,尤其对李维的史书,理解得还不充分。结果,马基雅维利的同时代人们相信,模仿古代人不仅有困难,而且不可能。但这明显荒谬:[因为]自然秩序,包括人性,与古代并无不同。

20. 我们现在理解了,为什么对新模式和秩序的发现——这只是对古代模式和秩序的重新发现——是危险的。这种重新发现引出了"当今的人们应该模仿古代人的美德"这样的要求,故这种重新发现与当今的宗教背道而驰:正是这种宗教对人们教诲道,不可能模仿古代美德,且这是道德上的不可能,因为异教徒的美德只是穿上华服的[220]恶德。在《李维史论》中,马基雅维利将不得不做到,为了反驳基督教[对古代美德]的批评,不仅呈现古代美德,而且为古代美德重新赋予力量(re-habilitation)。这并未解决如下难题:发现新模式和秩序只是重新发现古代模式和秩序。

21. 无论如何,以下这点是清晰的。马基雅维利不可能把古代人的优越视为理所当然,他必须确立这种优越。因此,他必须首先在钦羡古代的人们与贬低古代的人们之间找到一个共同基础。这

---

① [校按]译者原译作"骄奢淫逸",颇得神韵。但"野心"和"闲暇"均为关键词,故笔者姑且生硬地译作"野心勃勃的闲暇"。该表述出自《李维史论》卷一前言,对应中译本第142页第1段倒数第7行。

个共同基础便是崇敬古代,不论崇敬圣经的古代还是异教的古代。马基雅维利从"好的是古老的,因而最好的是最古老的"这个暗中预设的前提出发。由此,他首先被引向古代埃及,古代埃及兴盛于最古老的古代。但是,这并无多大裨益,因为人们关于古代埃及所知太少。

因此,马基雅维利满足于那个为人们所充分了解且同时属于他自己的最古老事物:古代罗马。然而,古代罗马并非在每个重要方面都显然值得钦羡。一个有力的论据可以用来——并已经用来——说明斯巴达比罗马更优越。因此,马基雅维利必须确立古代罗马的权威。而他这么做时所使用的一般方式,让人想起神学家们从前针对无信仰者而确立圣经权威的方式。但古代罗马并不像圣经那样是一本书。然而,通过确立古代罗马的权威,马基雅维利确立了描述古代罗马的主要史学家李维的权威,并由此而确立了[李维]这本书的权威。李维的史书是马基雅维利的圣经。由此引出的结果是,马基雅维利若要能够开始使用李维,就得先确立罗马的权威。

22. 马基雅维利在关于罗马宗教的章群①(1.11-15)中开始引用李维。在这个章群之前的一章[1.10],马基雅维利曾将作为僭政缔造者的凯撒与作为自由城邦缔造者的罗慕卢斯进行了对比。凯撒的荣耀源于一些著作家,这些著作家之所以称赞凯撒,是因为凯撒非同寻常的成功已经败坏了他们的判断,这种成功就是为皇帝们的统治奠定了基础;皇帝们不允许著作家们自由地谈论凯撒。但自由的著作家们知道如何规避这种限制:他们谴责凯撒那霉运缠身的先兆喀提林,并称赞凯撒的敌人布鲁图斯。但并非所有皇帝都坏。从涅尔瓦至马尔库斯·奥勒留这几位皇帝的时代便是黄金时代,那时人人都可以持有并捍卫自己所喜欢的任何意见:黄金时代正是思

---

① [校按]与《马基雅维利与古典文学》一文相同,本文似乎也没有使用"篇"这个术语,故 section 均译作"章群"。

想及其表达不受权威限制的时代。

实际上,这些评论[1.10]构成了马基雅维利关于罗马宗教的讨论[1.11–15]的引言。在那里,他将异教看作至少可以匹敌圣经宗教的宗教。所有宗教的原则都是权威,而马基雅维利刚好在此之前质疑了权威。但对古代罗马统治阶级而言,宗教并非一种权威;他们将宗教用于他们的政治意图,并以最令人钦羡的方式这么做。对古代罗马宗教的赞美暗示了——且并非仅仅暗示了——[221]对现代罗马宗教的一种批评。受凯撒们①的权威支配的那些自由著作家为什么赞美布鲁图斯,马基雅维利就为什么赞美古代罗马宗教:他不能公开谴责支配他的基督教的权威。因此,如果李维的史书是马基雅维利的圣经,那就是他的敌圣经(anti-Bible)。②

23. 在马基雅维利确立古代罗马的权威,并通过许多例证展现古代罗马比现代人更优越之后,他开始暗示古代罗马所不幸具有的种种缺陷。仅仅从这一刻开始,李维——即一本书——而非罗马才成为了马基雅维利唯一的权威。然而,就在卷一靠近结尾处,在最重要的一件事上,马基雅维利公开质疑了包括李维在内的所有著作家的意见。由此,他引导我们逐步认识到,为什么他所重新发现的旧模式和秩序乃是新的:(1)古代罗马的模式和秩序是受环境所迫而由试验和错误确立的,而没有自我一致的谋划,也没有对这些模式和秩序的种种原因的理解;马基雅维利提出了这些原因,并由此而能够修正旧模式和秩序中的某些部分。(2)曾为旧模式和秩序注入生命的那种精神就是崇敬传统,即崇敬权威,亦即虔敬精神,而为马基雅维利注入生命的是一种完全不同的精神。[马基雅维利]最清楚地指出了卷一中的论证进程。卷一尽管以对最古老的古代的最高赞美开头,却以"非常年轻"(very young)这个表述结尾:许多

---

① [校按]"凯撒"成为了罗马皇帝的尊号。
② [校按]指一种反向的圣经,有似《思索马基雅维利》第171页出现的 Anti-Christ[敌基督者],故权且译作"敌圣经"。

罗马人在 giovanissimi[最年轻]时就曾欢庆自己的胜利。

24. 这样,我们就为理解卷二前言作了准备。在那里,马基雅维利公开地质疑了那个支持古代的成见:

> 人们总是赞美古代而谴责当代,却并非总是凭借理性这么做。①

就真相来说,此世总是保持同一;善与恶的数量总是保持同一。变化的是不同的国家和民族,它们有充满美德的时代,也有充满堕落(degeneracy)的时代。在古代,美德起初驻足于亚述而最终驻足于罗马。在罗马帝国毁灭之后,美德只在帝国[废墟]的某些地方重生,尤其在土耳其重生。因此,一个在我们的时代生于希腊的人,若没有变成土耳其人,便可以合理地谴责当代而赞美古代。相应地,马基雅维利完全有理由赞美古代罗马人的时代,而谴责他自己的时代:古代美德在罗马和意大利已经消失无踪。因此,马基雅维利规劝青年人们,无论什么时候,只要机运给了他们有利条件,就应该模仿古代罗马人,这就是说,应该做时代和机运的恶意阻止他们做的事情。

25. 卷二前言传达的教训可能看起来相当贫乏,至少与卷一前言相比是如此。这是由于如下事实:卷一前言是整部作品的引言,而卷二前言仅是卷二的引言,且更为特定而言,只是卷二前几章的引言。在卷二前言,马基雅维利首先质疑了普鲁塔克——马基雅维利称他为一位有分量的著作家,却从未[222]将这个称谓用在李维身上——的一个意见,即一个也为李维乃至罗马民众本身所共有的意见:这个意见就是,罗马人通过机运而非美德而获得了他们的帝国。

在罗马进行征服之前,三个民族居住在整个欧洲,它们顽强地

---

① [校按]《李维史论》卷二前言,对应中译本第 315 页第 1 行。

捍卫着自身的自由,并自由地——即作为共和国——统治着它们自身。因此,为了征服它们,罗马需要过度的(excessive)①美德。那么,何以这些民族在古代比在当今更是自由的伟大热爱者(were greater lovers of freedom)？据马基雅维利所说,这最终是因为古代宗教与我们的宗教之间存在区别。我们的宗教将最高的善置于(has placed the highest good in)谦卑、卑微、对属人事物的轻视之中,而古代宗教将最高的善置于头脑的伟大、身体的有力,以及其他所有易于使人们变得最为强大的事物之中。但是,此世和天本身被解除武装,最终是因为罗马帝国毁灭了,即因为整个共和国式生活毁灭了。

除了罗马过度的美德,罗马之所以伟大的第二个原因在于它大方地为外国人们授予公民身份。但这样的一项政策使一个国家暴露在巨大的危险之中,雅典人以及尤其斯巴达人明白这一点,从而担心新居民在它们内部杂居会败坏种种古代惯例。由于罗马的这个政策,许多从来不知道也并不关心共和国式生活的人,即许多东方人,变成了罗马公民。由此,罗马对东方的征服完成了(completed)②它对西方的征服所开始的[事业]。并且,这导致了这样的结果:一方面,罗马共和国与基督教共和国直接对立;另一方面,罗马共和国是基督教共和国产生的原因,甚至也是基督教共和国的榜样。

26. 卷三没有前言,但其第一章发挥了前言的功能。通过这种细微的不规则,马基雅维利强调了如下事实:[第一,]《李维史论》的章数与李维史书的卷数相等;[第二,]正如我们之前注意到的,李维的史书从罗马的起源一直写到基督教出现的时代。卷三第一

---

① [校按]用"过度"形容美德,见于《李维史论》2.2开头(中译本第324页译为"特别的"),亦见于其他地方。"过度"听起来似有贬义,但这里也许强调,为了克服敌人的"顽强"乃至顽固,就需要某种"过度"。

② [校按]如下一句所示,此词在此亦有"终结"之义。

章的标题如下:

> 如果人们希望一个宗派或一个共和国长存(live long),人们就必须经常将其带回到其开端。

尽管标题只谈论了宗派和共和国,但此章正文却讨论了共和国、宗派、王国;宗派即宗教占据了居中位置。此世一切事物的进程(course)都有其限度——由天设定的限度。但是,只有当它们保持有秩序时,它们才能抵达这种限度,而它们保持有秩序就意味着它们经常被带回到其开端;因为,它们在其开端必定曾具有某种善,否则它们本来不会获得最初的声誉和长进。

通过"罗马人在被高卢人击败之后重获新生命和新美德"这个例证,马基雅维利首先在共和国方面证明了他的论题:罗马由此重新开始遵从宗教和正义,即遵从旧秩序,尤其宗教的旧秩序,正是对这种旧秩序的忽视曾使罗马遭受灾难。恢复古代美德[223]在于重新强加(the reimposition of)恐怖和恐惧,正是恐怖和恐惧曾使人们在开端成为好人。马基雅维利由此解释了,当他关切如何恢复古代模式和秩序时,这种关切根本上意味着什么:人们之所以在开端时是好人,并不是因为人们天真,而是因为恐怖和恐惧掌控了人们——原初且彻底的恐怖和恐惧掌控了他们;在开端,没有爱(Love),只有恐怖(Terror);马基雅维利的全新教诲正是立足于这个所谓的洞见(它先于霍布斯的自然状态学说)。

然后,马基雅维利转而讨论宗派;他以"我们的宗教"为例证说明了自己的论题:

> 如果圣方济各和圣多明我不曾把我们的宗教带回到其开端或原则,则我们的宗教本会完全遭到灭绝,因为通过贫穷,也通过基督的榜样,圣方济各和圣多明我把这种宗教带回到人们的头脑中,而在此之前,这种宗教已经在人们的头脑中遭到灭绝;

[圣方济各和圣多明我的]这些新秩序(new orders)①如此强有力,以至于阻止了高级教士们和宗教首领们的不道德毁灭我们的宗教;因为圣方济各会修士们和圣多明我会修士们仍然生活在贫穷之中,且通过忏悔和布道而如此受到诸民众信任,以至于他们让诸民众深信,以恶言对待恶是恶的(it is evil to speak evil of evil),而顺从高级教士们而活着,且如果高级教士们犯下罪孽,就让上帝惩罚他们,则是善的。由此,高级教士们会在作恶上无所不用其极(do the worst they can),因为他们并不恐惧他们看不见且不信的那种惩罚。因此,[圣方济各和圣多明我的]这种创新维持了并仍在维持这种宗教。②

在这里,引入新秩序造成了回归开端。马基雅维利在这里之所以确定无疑地这样说,是因为他认为,圣方济各和圣多明我的改革并不等于简单地恢复原始基督教,毕竟这些改革并未触及基督教等级制(the Christian hierarchy)。③

但正如马基雅维利在《李维史论》最后一章强调的,引入新秩序在共和国中也有必要:在任何情况下,包括在马基雅维利本人的情况下,恢复古代模式和秩序都是引入新模式和秩序。然而,圣方济各和圣多明我的更新与共和国的种种更新之间存在着巨大区别:共和国的种种更新使整个共和国,乃至使其领导人,都受原初的恐怖和恐惧支配,正是因为这些更新可以抵抗恶——因为这些更新可见地、从而也可信地惩罚恶。基督教命令或建议[人们]不要抵抗恶,是基于如下前提:开端或原则是爱。这种命令或建议只可能导

---

① [校按]此处本指"新修会",但双关"新秩序"。
② [校按]《李维史论》3.1,对应中译本第442页最后一段。《思索马基雅维利》第180页以独立引文形式引用了这段话的一小部分,那里给出的译文略有不同。参彼处的译按。
③ [校按]约等于"教阶制"(ecclesiastical hierarchy)。

致要么极度无序,要么逃避。无论如何,["开端或原则是爱"]这个前提转变成了它的极端对立物。

27. 我们已经看到,《李维史论》的章数意味深长,且经过了有意的选择。这也许会使我们好奇:《君主论》的章数是否也意味深长?《君主论》由 26 章组成。26 是希伯来文上帝圣名 Tetragrammaton① 的字母数值。但马基雅维利知道这一点吗?我不知道他知不知道。26 等于 13 的两倍。[224]13 在现在和过去相当长一段时间内(for quite some time)都被视为带来厄运的数字,但在更早的时候它也被视为——乃至主要被视为——带来好运的数字。所以,"13 的两倍"可能既意味着好运又意味着厄运,总之意味着运气,即 fortuna[机运]。一种观点认为,可以用 Deus sive fortuna[上帝或机运]②这个表达式(区别于斯宾诺莎的 Deus sive natura[上帝或自然])来表述马基雅维利的神学——为了支持以上观点,可以提出一个论据,即上帝是被认为受属人影响(诅咒[imprecation])支配的机运。

但是,若要确立这一个论据,就需要一番对于当下的场合而言"说来话太长,也太超拔的"论证。因此,让我们看看:难道我们不能通过考察《李维史论》全书第 26 章而获得一些帮助吗?这一章的标题如下:

一位新君主在他所夺得的城邦或国家中必须更新一切。

所以,这一章的主题是一个新国家中的新君主,即《君主论》最超拔的主题。在前一章[1.25]结尾,马基雅维利曾说:谁希望确立一种

---

① [校按]该词本身并非希伯来文,而是古希腊文 Τετραγράμματον[那四个字母]的拉丁字母转写,所谓"那四个字母"就是表示上帝的四个希伯来文字母 יהוה,转写成拉丁字母即 YHWH,在汉语中常音译为"耶和华"。

② [校按]"或"在此相当于"即"。

绝对权力,即著作家们所谓的僭政,谁就必须更新一切。由此,我们这一章[1.26]的主题是僭政,但"僭政"这个术语从未在此章出现:正如由 26 章组成的《君主论》一样,《李维史论》全书第 26 章也避免使用"僭政"这个术语。

此章正文的教训如下:[第一,]一个希望在自己的国家中确立绝对权力的新君主必须更新一切;[第二,]他必须以新名称、新职权(authorities)以及新人来确立新官职(magistracies);[第三,]他必须使富人变穷而使穷人变富,正如大卫在其变成国王时所做的:

qui esurientes implevit bonis, et divites dimisit inanes[他叫饥饿的人得饱美食,并叫富足的人空手离去]。①

总之,这个新君主不应该听任自己的国家中有任何事物保持原样,而且他的国家中不应该存在任何如下这样的官阶(rank)或财富:其所有者们不承认这样的官阶或财富源于这位新君主。这位新君主所必须使用的模式最为残忍,不仅有损于每一种基督教生活,而且甚至有损于每一种人道生活;这样一来,人人都必定宁愿像普通人一样生活,而非像给属人存在者们带来如此巨大的毁灭的国王一样生活。②

此章中出现的拉丁文引文在英文修订本(the Revised Version)③圣经中的译文为:

He hath filled the hungry with good things; and the rich he

---

① [校按]《圣经·新约·路加福音》1:53。引自拉丁文通行本(Vulgate)圣经。
② [校按]句号后原多出一个双引号,今删。
③ [校按]19 世纪后期英国推出的对"詹姆士国王钦定英译本"(the King James Version)的修订本。

hath sent empty away[他叫饥饿的人得饱美食,并叫富足的人空手离去]。

这句引文构成了"尊主颂"的一部分,"尊主颂"是童贞女马利亚的感恩祈祷,当时她刚从天使加百列(Gabriel)那里听说她会生下一个儿子叫作耶稣;那"叫饥饿的人得饱美食,并叫富足的人空手离去"的不是别的谁,而正是上帝自己。在这一章[1.26]的语境中,这既意味着上帝是僭主,也意味着那使富人变穷并使穷人变富的大卫王是像上帝一样的(Godly)①国王,即一位因以僭主的方式行事而行主之道(walked in the ways of the Lord because he proceeded in the tyrannical way)的国王。我们必须注意到,这是出现在《李维史论》或《君主论》中唯一的新约引文。而这唯一的新约引文则用来表达一种最可怕的渎神。

有人也许会为马基雅维利辩护说,这种渎神并未直接表达,而只得到了暗示。但这种辩护远远帮不上马基雅维利,反而使他的情况更糟,原因如下:当一个人公开表达或口吐(vomit)一种渎神[225]时,所有好人都会战栗并转身远离他,或给予他应得的惩罚(punish him according to his deserts);罪孽完全在他。但是,一种隐藏起来的渎神如此诡诈(insidious),这不仅是因为这种渎神保护了渎神者免受正当法律程序惩罚,而且最重要的是因为这种渎神实际上强迫听者或读者凭自己来思考这种渎神,并由此变成渎神者的共犯。

由此,通过诱使他最卓越的读者们——他称之为"青年"——思考被禁止的或罪恶的想法,马基雅维利确立了他与他们之间的一种亲密联系。每一位检察官或法官似乎也都会确立这样一种亲密联系,为了证明罪犯有罪,每一位检察官或法官都必须思罪犯之所

---

① [校按]在《思索马基雅维利》第44页和第49页该词作 godly[神样的]。

思,但罪犯憎恶这种亲密联系。然而,马基雅维利意图并渴望确立这种亲密联系。这是他对青年的教育的重要部分,或用一种由来已久的表述,这是他对青年的败坏的重要部分。

28. 如果篇幅允许,则我们也许可以思考一下《李维史论》中章数为13的倍数的其他几章,那将是有益的。我将只思考其中的一章,即2.5。此章的标题如下:

>宗派和语言的变化,再加上洪水和瘟疫,毁灭了对于事物的记忆。

在此章开头,马基雅维利就陈述了对某些哲人的主张的一个反驳,从而质疑了这些哲人。这些哲人说,此世是永恒的。马基雅维利"相信",人们可以这样回应这些哲人:如果此世像这些哲人主张的那样古老,那么,存在超过五千年的记忆(即我们因圣经而拥有的记忆)就会是合理的。马基雅维利以圣经的名义反对亚里士多德。

但他继续说道:在一种情况下,人们可以作出这种反驳,这种情况就是,人们没有看到,多种多样的原因摧毁了对许多时代的记忆,而这些原因中有些源于属人存在者,有些则源于天。由此,马基雅维利反驳了一种所谓的亚里士多德的反驳,即亚里士多德派最为人所知的反圣经论证。

他继续说道:那些源于属人存在者的原因就是宗派和语言的变化。因为当一个新宗派即一个新宗教出现时,为了获得声誉,其最先关切的便是灭绝旧宗教;而当那些确立新宗派秩序的人使用另一门不同的语言时,他们可以容易地摧毁旧宗派。通过思考基督教这个宗派①对付异教这个宗派时所用的做法,人们可以认识到以上这一点;基督教这个宗派毁灭了异教这个宗派的所有秩序,即其所有

---

① [校按]指整个基督教作为一个宗派,参《思索马基雅维利》第88页译按。

仪式,并摧毁了对古代神学的所有记忆。千真万确的是,基督教这个宗派没有成功地完全摧毁关于异教徒中卓越人物所作所为的知识,而这是由于"基督教这个宗派保存了拉丁语"这个事实,毕竟基督徒被迫使用拉丁语书写他们的新律法。因为,如果基督徒能够以一门新语言书写他们的律法,就不会存在任何对过往事物的记载。人们只需读一读圣格里高利(St. Gregory)①与其他基督宗教首领的会议记录便可看到,他们多么顽固地迫害所有古代记忆,[226]他们所用方式是,焚毁诗人们和史学家们的作品,毁坏塑像,并破坏其他所有古代痕迹;如果他们能将[引入]一门新语言与这种迫害结合起来,那么,一切事物原本会在最短的时间内遭到遗忘。通过这些不寻常的夸大陈述,马基雅维利为自己的作品勾勒了背景,尤其为他对他所珍爱的李维的重新发现勾勒了背景,李维史书的绝大部分都因为"时代的恶意"而佚失了(1.2)。

再者,马基雅维利在这里还沉默地对比了基督徒的行为与穆斯林的行为,穆斯林的新律法就是以一门新语言书写的。基督徒与穆斯林之间的区别不在于基督徒比穆斯林更尊重异教的古代,而在于如下三点:[第一,]基督徒没有像穆斯林征服东罗马帝国那样征服西罗马帝国;[第二,]基督徒由此而被迫采用了拉丁语,也由此而被迫在某种程度上保存了异教罗马的文献;[第三,]基督徒就这样保存了他们不共戴天的敌人(their mortal enemy)。

其后不久,马基雅维利说道,这些宗派在五千或六千年间发生了两次或三次变化。由此,他确定了基督教的寿命;至多会是三千年,至少会是1666年。这意味着,基督教有可能在《李维史论》写成150年之后走向终结。马基雅维利并非作出这类沉思(speculations)的第一人(请比较格弥斯托斯·卜列东,他比马基雅

---

① [校按]即《思索马基雅维利》第 92 页的"教宗大格里高利",参彼处译按。

维利远远更热血或更忧虑[more sanguine or apprehensive])。①

29. 不论如何，马基雅维利通过这个陈述而表达的最重要的一点是：所有宗教，包括基督教，都源于人而非天。那些源于天并摧毁了对事物的记忆的变化，就是瘟疫、饥饿、洪水：属天的是自然的，超自然的是属人的。

30. 至于马基雅维利关于宗教所说的或所暗示的，其实质并不是原创的。他用"宗派"一词指宗教，这一点表明了，他走在阿威罗伊主义的道路上，即走在中世纪亚里士多德派的道路上，这些亚里士多德派作为哲人拒绝对启示宗教作出任何让步。尽管马基雅维利的宗教教诲的实质并不是原创的，但他提出这种教诲的方式非常精巧(ingenious)。事实上，除了公民神学(civil theology)，他不承认任何神学，公民神学服务于国家，而且国家是否使用公民神学取决于环境的需要。马基雅维利指出，如果存在强大且能干的独一统治者(monarch)，则可以摒弃宗教。这事实上暗示了，在共和国中不可以摒弃宗教。

31. 《李维史论》的道德-政治教诲与《君主论》的道德-政治教诲之间，除了一个重要差别以外，均是相同的：[这个差别就是，]《李维史论》强有力地陈述了支持共和国的论据，但也教导了潜在的僭主如何摧毁共和国式生活。然而，几乎无可怀疑的是，马基雅维利更偏向共和国而非君主国，无论僭政式君主国还是非僭制式君主国。他憎恶如下压迫：这种压迫并非服务于民众的福祉，从而也并非服务于有效的统治，尤其并非服务于不偏不倚且[227]不拘小

---

① [译按]Gemistos Plethon，约1355—约1452，原名Georgius Gemistos，因仰慕Platon[柏拉图]而在自己名字中加入Plethon。他是拜占庭帝国的希腊学者，也是柏拉图哲学和新柏拉图主义哲学的传播者，亦是希腊学问得以在西欧复兴的先驱。[校按]《思索马基雅维利》第171页注188提及卜列东，第215页提及此处正文中的"热血"。如彼处译按所示，"热血"原文本指"血的"，转指乐观。"忧虑"恰与乐观相反。这恐怕是施特劳斯的笔法。

节的惩罚性正义①(impartial and unsqueamishpunitive justice)。马基雅维利是慷慨之人,但他又深知,在政治生活中被当作慷慨的事物,绝大多数时候不过是精明算计,而精明算计本身值得赞许。

在《李维史论》中,通过赞美马尔库斯·孚里乌斯·卡弥卢斯,马基雅维利最为清晰地表达了他的取向。李维曾经高度赞美卡弥卢斯,将其说成第二个罗慕卢斯,即罗马的第二位缔造者,亦即宗教仪式最有良知的实践者;李维甚至把卡弥卢斯说成所有 imperatores[统帅]中最伟大的那一位,②但李维的这个形容很可能(probably)指直到卡弥卢斯的时代为止所有统帅(commanders)中最伟大的那一位。然而,马基雅维利称卡弥卢斯为"所有罗马统帅(captains)中最明智的那一位";③由于卡弥卢斯既拥有"善"又拥有"美德",既拥有人性又拥有正直,所以马基雅维利把卡弥卢斯赞美为一个既好又智慧的人——一言以蔽之,赞美为一个最卓越的人。

马基雅维利尤其想到了卡弥卢斯的灵魂平和(equanimity),④即尤其想到了如下事实:卡弥卢斯无论身处好运还是厄运时都具有同样的头脑状态,⑤这里说的好运就是他从高卢人手中拯救了罗马,从而赢得了不朽的荣耀,这里说的厄运就是他被判处流放。马基雅维利将卡弥卢斯之所以战胜机运的无常(superiority to the whims of fortune),追溯到卡弥卢斯更优越地知晓此世(superior knowledge of the world)。⑥

尽管卡弥卢斯具有非同寻常的功绩,但他还是被判处流放。至于他为什么被判处流放,马基雅维利在特别的一章(3.23)有过讨

---

① [校按]如译成法学术语,则作"惩罚性司法"。
② [校按]李维《自建城以来》5.23.1。
③ [校按]《李维史论》3.12 结尾。
④ [校按]《思索马基雅维利》第 238 页和第 295 页出现过此词。
⑤ [校按]关于"头脑状态",参《思索马基雅维利》第 267 页译按。
⑥ [校按]"战胜"与"更优越"为同源词。

论。立足于李维,马基雅维利列举了三个理由。但是,如果我没弄错,李维从未将这三个理由放在一起当作卡弥卢斯被流放的原因来提及。事实上,马基雅维利在这里并未遵从李维,而是遵从了普鲁塔克。但他作了如下独特的改动:他将[三个理由的]居中位置分配给了这样一个事实,即当卡弥卢斯取得胜利时,他曾用四匹白马来拉他的凯旋战车;因此,民众曾说,他因傲慢而希望与太阳神相匹敌,或据普鲁塔克所说,与尤皮特相匹敌(李维说:Jupiter et sol[尤皮特和太阳神])。① 我相信,这个相当令人震惊的 superbia[傲慢]行动,在马基雅维利眼中正是卡弥卢斯灵魂伟大的一个标志。

32. 如马基雅维利所无疑知晓的,正是卡弥卢斯的傲慢表明,存在着一种超越于卡弥卢斯的伟大之上的伟大。毕竟,卡弥卢斯并非新模式和秩序的缔造者或发现者。若[我们]稍微不同地作出陈述,则[可以说]卡弥卢斯是一个具有最高尊严的罗马人,且正如马基雅维利以其谐剧《曼陀罗》最明显地表明的,属人生活同样需要轻浮。在那里,他赞美豪华者洛伦佐·美第奇以一种近乎不可能的结合方式结合了庄重与轻浮——马基雅维利认为这种近乎不可能的结合方式值得赞扬,是因为在从庄重到轻浮或从轻浮到庄重的变化中,一个人模仿了自然,而自然善变(changeable)。②

33. 人们不禁好奇:人们应该如何合理地判断作为一个整体的马基雅维利教诲?回答这个问题最简单的方式似乎如下。马基雅维利最频繁地提及并遵从的著作家——当然,除了李维之外——是色诺芬。但马基雅维利只提及色诺芬的两部著作:《居鲁士的教育》和《希耶罗》;他没有关注色诺芬的苏格拉底著作,即没有关注色诺芬道德宇宙的另一极:苏格拉底。色诺芬的一半,即在色诺芬

---

① [校按]李维《自建城以来》5.23.6。Jupiter et sol 在李维原文中作属格 Iouis Solisque。

② [校按]关于"近乎不可能的结合方式",参《思索马基雅维利》第 40 页。"善变"在《思索马基雅维利》第 216 页用于形容机运女神。

看来更好的一半,为马基雅维利所隐去(is suppressed)。人们可以[228]稳妥地说,若马基雅维利知晓一些道德现象或政治现象,或因发现这些现象而闻名,那么,这些现象之中没有什么不是色诺芬所完美知晓的,更不用说柏拉图和亚里士多德了。千真万确的是,在马基雅维利那里,所有事物都表面上在一束新的光中现身,但这不是因为视野的扩大,而是因为视野的窄化。现代许多关于人的发现都具有这种特性。

34. 人们经常将马基雅维利与智术师相比。关于智术师或通常以智术师为人们所知的人(of the Sophists or of the men commonly known as Sophists),马基雅维利并未说过什么。但他在《卡斯特鲁乔·卡斯特拉卡尼传》中——哪怕间接地——就这个主题说过一些话,这是一本非常吸引人的小作品(a very charming little work),包含了对14世纪一位雇佣军头领或僭主的理想化描述。在这部作品结尾,马基雅维利记载了卡斯特鲁乔说过或听来的若干机智格言。几乎所有这些格言都是马基雅维利从第欧根尼·拉尔修的《名哲言行录》中借来的。为了使这些格言适合卡斯特鲁乔,马基雅维利在某些情况下改动了这些格言。在第欧根尼笔下,据记载,一位古代哲人说过自己会希望像苏格拉底那般死去;马基雅维利将这话变成了卡斯特鲁乔的格言,但卡斯特鲁乔会希望像凯撒那般死去。这部《卡斯特鲁乔》所记载的大部分格言都来自阿里斯提珀斯和犬儒派的第欧根尼。如果我们对学者们所谓的马基雅维利的"来源"问题感兴趣,那么,参照阿里斯提珀斯和第欧根尼——此二人未被归为智术师——可能会带给我们有益的指引。

35. 在《尼各马可伦理学》靠近结尾处[1181a12-15],亚里士多德谈论了人们可能会称之为智术师的政治哲学的东西。他的主要观点是,智术师们将政治学等同于或几乎等同于修辞术。① 换言之,智术师们相信或往往相信言辞的全能。毫无疑问,不可能指责

---

① [校按]亦可译作"将政治等同于或几乎等同于修辞",参本大段末句。

马基雅维利犯有这种错误。

　　色诺芬谈到自己的朋友普罗克塞诺斯(Proxenos),此人在居鲁士征讨波斯王时指挥过一支分遣队(a contingent),而且此人是最著名的修辞术师高尔吉亚的学生。色诺芬说,普罗克塞诺斯是个正直的人(an honest man),并有能力指挥贤人们,却不能使士兵们对他充满畏惧;此人没有能力惩罚那些并非贤人的人,或者甚至没有能力训斥他们。① 但色诺芬作为苏格拉底的学生被证明是一位最成功的统帅(commander),②这正是因为他既能驾驭(manage)贤人,又能驾驭非贤人。色诺芬作为苏格拉底的学生,对于政治的苛刻(sternness)和严酷,即对于那种超越言辞的政治要素,并不抱任何幻想。在这个重要方面,马基雅维利与苏格拉底结成了一条对抗智术师的统一战线(a common front)。③

---

① ［校按］色诺芬《上行记》卷二结尾。
② ［校按］本大段在军事层面用到的"指挥"即此词的动词化。
③ ［校按］关于本大段对高尔吉亚的讨论,颇可比较《思索马基雅维利》第 296 页注 219 对《高尔吉亚》的提及。

图书在版编目(CIP)数据

思索马基雅维利 /（美）列奥·施特劳斯（Leo Strauss）著；叶然，马勇译. -- 北京：华夏出版社有限公司，2025. -- （西方传统：经典与解释）. -- ISBN 978-7-5222-0919-7

Ⅰ．D095.463

中国国家版本馆 CIP 数据核字第 202555QF03 号

思索马基雅维利

作　　者	[美]列奥·施特劳斯
译　　者	叶　然　马　勇
责任编辑	李安琴
责任印制	刘　洋
出版发行	华夏出版社有限公司
经　　销	新华书店
印　　装	北京汇林印务有限公司
版　　次	2025 年 9 月北京第 1 版
	2025 年 9 月北京第 1 次印刷
开　　本	880 ×1230　1/32
印　　张	19.625
字　　数	502 千字
定　　价	148.00 元

华夏出版社有限公司　地址：北京市东直门外香河园北里 4 号　邮编：100028
网址：www.hxph.com.cn　电话：(010)64663331(转)
若发现本版图书有印装质量问题，请与我社营销中心联系调换。

西方传统：经典与解释
Classici et Commentarii
HERMES
刘小枫◎主编

古今丛编

迷宫的线团　[英]弗朗西斯·培根 著
伊菲革涅亚　吴雅凌 编译
欧洲中世纪诗学选译　宋旭红 编译
克尔凯郭尔　[美]江思图 著
货币哲学　[德]西美尔 著
孟德斯鸠的自由主义哲学　[美]潘戈 著
莫尔及其乌托邦　[德]考茨基 著
试论古今革命　[法]夏多布里昂 著
但丁：皈依的诗学　[美]弗里切罗 著
在西方的目光下　[英]康拉德 著
大学与博雅教育　董成龙 编
探究哲学与信仰　[美]郝岚 著
民主的本性　[法]马南 著
梅尔维尔的政治哲学　李小均 编/译
席勒美学的哲学背景　[美]维塞尔 著
果戈里与鬼　[俄]梅列日科夫斯基 著
自传性反思　[美]沃格林 著
黑格尔与普世秩序　[美]希克斯 等著
新的方式与制度　[美]曼斯菲尔德 著
科耶夫的新拉丁帝国　[法]科耶夫 等著
《利维坦》附录　[英]霍布斯 著
或此或彼（上、下）　[丹麦]基尔克果 著
海德格尔式的现代神学　刘小枫 选编
双重束缚　[法]基拉尔 著
古今之争中的核心问题　[德]迈尔 著
论永恒的智慧　[德]苏索 著
宗教经验种种　[美]詹姆斯 著
尼采反卢梭　[美]凯斯·安塞尔-皮尔逊 著
舍勒思想评述　[美]弗林斯 著

诗与哲学之争　[美]罗森 著
神圣与世俗　[罗]伊利亚德 著
但丁的圣约书　[美]霍金斯 著

古典学丛编

伊壁鸠鲁主义的政治哲学
　[意]詹姆斯·尼古拉斯 著
迷狂与真实之间　[美]哈利威尔 著
品达《皮托凯歌》通释　[英]伯顿 著
俄耳甫斯祷歌　吴雅凌 译注
荷马笔下的诸神与人类德行　[美]阿伦斯多夫 著
赫西俄德的宇宙　[美]珍妮·施特劳斯·克莱 著
论王政　[古罗马]金嘴狄翁 著
论希罗多德　[苏]卢里叶 著
探究希腊人的灵魂　[美]戴维斯 著
尤利安文选　马勇 编/译
论月面　[古罗马]普鲁塔克 著
雅典谐剧与逻各斯　[美]奥里根 著
菜园哲人伊壁鸠鲁　罗晓颖 选编
劳作与时日（笺注本）　[古希腊]赫西俄德 著
神谱（笺注本）　[古希腊]赫西俄德 著
赫西俄德：神话之艺　[法]居代·德拉孔波 编
希腊古风时期的真理大师　[法]德蒂安 著
古罗马的教育　[英]葛怀恩 著
古典学与现代性　刘小枫 编
表演文化与雅典民主政制
　[英]戈尔德希尔、奥斯本 编
西方古典文献学发凡　刘小枫 编
古典语文学常谈　[德]克拉夫特 著
古希腊文学常谈　[英]多佛 等著
撒路斯特与政治史学　刘小枫 编
希罗多德的王霸之辨　吴小锋 编/译
第二代智术师　[英]安德森 著
英雄诗系笺释　[古希腊]荷马 著
统治的热望　[美]福特 著
论埃及神学与哲学　[古希腊]普鲁塔克 著
凯撒的剑与笔　李世祥 编/译

修昔底德笔下的人性　[美]欧文 著
修昔底德笔下的演说　[美]斯塔特 著
古希腊政治理论　[美]格雷纳 著
赫拉克勒斯之盾笺释　罗逍然 译笺
《埃涅阿斯纪》章义　王承教 选编
维吉尔的帝国　[美]阿德勒 著
塔西佗的政治史学　曾维术 编
幽暗的诱惑　[美]汉密尔顿 著

古希腊诗歌丛编
古希腊早期诉歌诗人　[英]鲍勒 著
诗歌与城邦　[美]费拉格、纳吉 主编
阿尔戈英雄纪（上、下）
[古希腊]阿波罗尼俄斯 著
俄耳甫斯教辑语　吴雅凌 编译

古希腊肃剧注疏
欧里庇得斯及其对雅典人的教诲
[美]格里高利 著
欧里庇得斯与智术师　[加]科纳彻 著
欧里庇得斯的现代性　[法]德·罗米伊 著
自由与僭越　罗峰 编译
希腊肃剧与政治哲学　[美]阿伦斯多夫 著

古希腊礼法研究
宙斯的正义　[英]劳埃德-琼斯 著
希腊人的正义观　[英]哈夫洛克 著

廊下派集
剑桥廊下派指南　[加]英伍德 编
廊下派的苏格拉底　程志敏 徐健 选编
廊下派的神和宇宙　[墨]里卡多·萨勒斯 编
廊下派的城邦观　[英]斯科菲尔德 著

希伯莱圣经历代注疏
希腊化世界中的犹太人　[英]威廉逊 著
第一亚当和第二亚当　[德]朋霍费尔 著

新约历代经解
属灵的寓意　[古罗马]俄里根 著

基督教与古典传统
保罗与马克安　[德]文森 著
加尔文与现代政治的基础　[美]汉考克 著
无执之道　[德]文森 著
恐惧与战栗　[丹麦]基尔克果 著
托尔斯泰与陀思妥耶夫斯基
[俄]梅列日科夫斯基 著
论宗教大法官的传说　[俄]罗赞诺夫 著
海德格尔与有限性思想（重订版）
刘小枫 选编
上帝国的信息　[德]拉加茨 著
基督教理论与现代　[德]特洛尔奇 著
亚历山大的克雷芒　[意]塞尔瓦托·利拉 著
中世纪的心灵之旅　[意]圣·波纳文图拉 著

德意志古典传统丛编
论德意志文学及其他　[德]弗里德里希二世 著
卢琴德　[德]弗里德里希·施勒格尔 著
黑格尔论自我意识　[美]皮平 著
克劳塞维茨论现代战争　[澳]休·史密斯 著
《浮士德》发微　谷裕 选编
尼伯龙人　[德]黑贝尔 著
论荷尔德林　[德]沃尔夫冈·宾德尔 著
彭忒西勒亚　[德]克莱斯特 著
穆佐书简　[奥]里尔克 著
纪念苏格拉底——哈曼文选　刘新利 选编
夜颂中的革命和宗教　[德]诺瓦利斯 著
大革命与诗化小说　[德]诺瓦利斯 著
黑格尔的观念论　[美]皮平 著
浪漫派风格——施勒格尔批评文集　[德]施勒格尔

巴洛克戏剧丛编
克里奥帕特拉　[德]罗恩施坦 著
君士坦丁大帝　[德]阿旺西尼 著
被弑的国王　[德]格吕菲乌斯 著

美国宪政与古典传统
美国1787年宪法讲疏　[美]阿纳斯塔普罗 著

启蒙研究丛编
动物哲学　[法]拉马克 著
赫尔德的社会政治思想　[加]巴纳德 著
论古今学问　[英]坦普尔 著
历史主义与民族精神　冯庆 编
浪漫的律令　[美]拜泽尔 著
现实与理性　[法]科维纲 著
论古人的智慧　[英]培根 著
托兰德与激进启蒙　刘小枫 编
图书馆里的古今之战　[英]斯威夫特 著

政治史学丛编
布克哈特书信选　[瑞士]雅各布·布克哈特 著
启蒙叙事　[英]欧布里恩 著
历史分期与主权　[美]凯瑟琳·戴维斯 著
驳马基雅维利　[普鲁士]弗里德里希二世 著
现代欧洲的基础　[英]赖希 著
克服历史主义　[德]特洛尔奇 等著
胡克与英国保守主义　姚啸宇 编
古希腊传记的嬗变　[意]莫米利亚诺 著
伊丽莎白时代的世界图景　[英]蒂利亚德 著
西方古代的天下观　刘小枫 编
从普遍历史到历史主义　刘小枫 编
自然科学史与玫瑰　[法]雷比瑟 著

地缘政治学丛编
地缘政治学的黄昏　[美]汉斯·魏格特 著
大地法的地理学　[英]斯蒂芬·莱格 编
地缘政治学的起源与拉采尔　[希腊]斯托杨诺斯 著
施米特的国际政治思想　[美]欧迪瑟乌斯/佩蒂托 编
克劳塞维茨之谜　[英]赫伯格-罗特 著
太平洋地缘政治学　[德]卡尔·豪斯霍弗 著

荷马注疏集
不为人知的奥德修斯　[美]诺特维克 著
模仿荷马　[美]丹尼斯·麦克唐纳 著

阿里斯托芬集
《阿卡奈人》笺释　[古希腊]阿里斯托芬 著

色诺芬注疏集
居鲁士的教育　[古希腊]色诺芬 著
色诺芬的《会饮》　[古希腊]色诺芬 著

柏拉图注疏集
《苏格拉底的申辩》集注　程志敏 辑译
挑战戈尔戈　李致远 选编
论柏拉图《高尔吉亚》的统一性　[美]斯托弗 著
立法与德性——柏拉图《法义》发微　林志猛 编
柏拉图的灵魂学　[加]罗宾逊 著
柏拉图书简　彭磊 译注
克力同章句　程志敏 郑兴凤 撰
哲学的奥德赛——《王制》引论　[美]郝兰 著
爱欲与启蒙的迷醉　[美]贝尔格 著
为哲学的写作技艺一辩　[美]伯格 著
柏拉图式的迷宫——《斐多》义疏　[美]伯格 著
苏格拉底与希琵阿斯　王江涛 编译
理想国　[古希腊]柏拉图 著
谁来教育老师　刘小枫 编
立法者的神学　林志猛 编
柏拉图对话中的神　[法]薇依 著
厄庇诺米斯　[古希腊]柏拉图 著
智慧与幸福　程志敏 选编
论柏拉图对话　[德]施莱尔马赫 著
柏拉图《美诺》疏证　[美]克莱因 著
政治哲学的悖论　[美]郝岚 著
神话诗人柏拉图　张文涛 选编
阿尔喀比亚德　[古希腊]柏拉图 著
叙拉古的雅典异乡人　彭磊 选编
阿威罗伊论《王制》　[阿拉伯]阿威罗伊 著
《王制》要义　刘小枫 选编
柏拉图的《会饮》　[古希腊]柏拉图 等著
苏格拉底的申辩（修订版）　[古希腊]柏拉图 著
苏格拉底与政治共同体　[美]尼柯尔斯 著

政制与美德——柏拉图《法义》疏解　[美]潘戈 著
《法义》导读　[法]卡斯代尔·布舒奇 著
论真理的本质　[德]海德格尔 著
哲人的无知　[德]费勃 著
米诺斯　[古希腊]柏拉图 著
情敌　[古希腊]柏拉图 著

亚里士多德注疏集

亚里士多德论政体　崔嵬、程志敏 编
《诗术》译笺与通绎　陈明珠 撰
亚里士多德《政治学》中的教诲　[美]潘戈 著
品格的技艺　[美]加佛 著
亚里士多德哲学的基本概念　[德]海德格尔 著
《政治学》疏证　[意]托马斯·阿奎那 著
尼各马可伦理学义疏　[美]罗娜·伯格 著
哲学之诗　[美]戴维斯 著
对亚里士多德的现象学解释　[德]海德格尔 著
城邦与自然——亚里士多德与现代性　刘小枫 编
论诗术中篇义疏　[阿拉伯]阿威罗伊 著
哲学的政治　[美]戴维斯 著

普鲁塔克集

普鲁塔克的《对比列传》　[英]达夫 著
普鲁塔克的实践伦理学　[比利时]胡芙 著

阿尔法拉比集

政治制度与政治箴言　阿尔法拉比 著

马基雅维利集

解读马基雅维利　[美]麦考米克 著
君主及其战争技艺　娄林 选编

莎士比亚绎读

哲人与王者　[加]克雷格 著
莎士比亚的罗马　[美]坎托 著
莎士比亚的政治智慧　[美]伯恩斯 著
脱节的时代　[匈]阿格尼斯·赫勒 著
莎士比亚的历史剧　[英]蒂利亚德 著
莎士比亚戏剧与政治哲学　彭磊 选编

莎士比亚的政治盛典　[美]阿鲁里斯/苏利文 编
丹麦王子与马基雅维利　罗峰 选编

洛克集

洛克现代性政治学之根　[加]金·I.帕克 著
上帝、洛克与平等　[美]沃尔德伦 著

卢梭集

致博蒙书　[法]卢梭 著
政治制度论　[法]卢梭 著
哲学的自传　[美]戴维斯 著
文学与道德杂篇　[法]卢梭 著
设计论证　[美]吉尔丁 著
卢梭的自然状态　[美]普拉特纳 等著
卢梭的榜样人生　[美]凯利 著

莱辛注疏集

汉堡剧评　[德]莱辛 著
关于悲剧的通信　[德]莱辛 著
智者纳坦（研究版）　[德]莱辛 等著
启蒙运动的内在问题　[美]维塞尔 著
莱辛剧作七种　[德]莱辛 著
历史与启示——莱辛神学文选　[德]莱辛 著
论人类的教育　[德]莱辛 著

尼采注疏集

尼采引论　[德]施特格迈尔 著
尼采与基督教　刘小枫 编
尼采眼中的苏格拉底　[美]丹豪瑟 著
动物与超人之间的绳索　[德]A.彼珀 著

施特劳斯集

论法拉比与迈蒙尼德
苏格拉底与阿里斯托芬
论僭政（重订本）　[美]施特劳斯 [法]科耶夫
苏格拉底问题与现代性（第三版）
犹太哲人与启蒙（增订本）
霍布斯的宗教批判
斯宾诺莎的宗教批判

德尔松与莱辛
哲学与律法——论迈蒙尼德及其先驱
迫害与写作艺术
柏拉图式政治哲学研究
论柏拉图的《会饮》
柏拉图《法义》的论辩与情节
什么是政治哲学
古典政治理性主义的重生（重订本）
回归古典政治哲学——施特劳斯通信集
　　　＊＊＊
哲学、历史与僭政　[美]伯恩斯、弗罗斯特 编
追忆施特劳斯　张培均 编
施特劳斯学述　[德]考夫曼 著
伦源初遗忘　[美]维克利 著
阅读施特劳斯　[美]斯密什 著
施特劳斯与流亡政治学　[美]谢帕德 著
驯服欲望　[法]科耶夫 等著

施特劳斯讲学录
维柯讲疏
苏格拉底与居鲁士
追求高贵的修辞术
——柏拉图《高尔吉亚》讲疏（1957）
斯宾诺莎的政治哲学

施米特集
施米特与国际战略　[德]埃里希·瓦德 著
宪法专政　[美]罗斯托 著
施米特对自由主义的批判　[美]约翰·麦考米克 著

伯纳德特集
古典诗学之路（第二版）　[美]伯格 编
弓与琴（第三版）　[美]伯纳德特 著
神圣的罪业　[美]伯纳德特 著

布鲁姆集
伊索克拉底的政治哲学
巨人与侏儒（1960-1990）

人应该如何生活——柏拉图《王制》释义
爱的设计——卢梭与浪漫派
爱的戏剧——莎士比亚与自然
爱的阶梯——柏拉图的《会饮》

沃格林集
自传体反思录

朗佩特集
哲学与哲学之诗
尼采与现时代
尼采的使命
哲学如何成为苏格拉底式的
施特劳斯的持久重要性

迈尔集
施米特的教训
何为尼采的扎拉图斯特拉
政治哲学与启示宗教的挑战
隐匿的对话
论哲学生活的幸福

大学素质教育读本
　　古典诗文绎读 西学卷·古代编（上、下）
　　古典诗文绎读 西学卷·现代编（上、下）